전면개정 제8판

공인노무사
행정쟁송법

박균성 저

Administrative
Dispute Act

고시계사

이 번 개정에서는 2020년 8월 25일 발행된 제7판 전후의 이론 및 관례의 발전과 법령의 제정.개정을 모두 반영하였다. 특히 「행정기본법」이 2021년 3월 23일 제정되어 2021년 3월 24일부터 시행됨에 따라 이 번 개정에 「행정기본법」을 전부 반영하였다. 「행정기본법」의 일부 규정은 2021년 9월 24일부터 시행되고, 일부 규정은 2023년 3월 24일부터 시행되지만, 시행일을 명시하여 이 번 개정에 모두 반영하는 것으로 하였다.

「행정기본법」은 행정법의 일반원칙 등 행정법 총칙을 명문화하고, 그 밖에 행정에 관한 공통사항을 정하는 것을 목적으로 제정된 법이다. 기존에 행정에 관한 일반법으로 행정절차법, 행정심판법, 행정소송법, 지방자치법, 국가공무원법 등이 있었는데, 「행정기본법」은 이들 법률을 그대로 두면서 이들 법률에서 정한 사항 이외의 기본적이고 일반적인 사항을 입법 합의가 이루어진 한도내에서 규정하고 있다. 따라서, 「행정기본법」은 행정법전도 아니고, 일반행정법도 아니다. 「행정기본법」은 행정에 관한 기본법으로서도 완결된 법이 아니고, 보완해야 할 사항이 적지 않다. 「행정기본법」의 흠결은 끊임없는 보완입법을 통해 보충되어야 할 것이다.

「행정기본법」은 행정법에 대한 새로운 패러다임을 제시하고 있다. 그 동안 행정법은 행정재판규범으로서의 성격이 중시되었고, 사법(司法)을 위한 법의 성격이 강하였다. 「행정기본법」은 행정재판규범이 될 수도 있지만, 실제로 행정을 수행하는 공무원을 위한 행정법, 행정의 상대방이 되는 국민을 위한 행정법의 성격이 강하다. 「행정기본법」은 행정재판규범보다는 행정규범으로서의 행정법에 중점을 두고 있다.

행정쟁송법 시험에서 좋은 성적을 받기 위해서는 요약서가 아니라 기본서로 공부하는 것이 필요하다는 것을 다시 한 번 강조하고자 한다. 기본서로 공부하여야 논리적이고 체계적으로 이해할 수 있게 되어 논리적인 답안작성이 가능해지고, 응용력이 길러져 예상치 못한 문제가 나와도 문제를 잘 해결할 수 있게 된다. 또한 해를 거듭할수록 시험문제의 난이도가 점차 높아지고 있으므로 기본서로 실력을 쌓을 필요가 있다.

마지막으로 많은 도움을 준 윤기중 박사님과 이 번 개정을 지원해 준 정상훈 사장님, 전병주 국장님 그리고 편집을 맡아준 신아름 디자인 팀장님 등 고시계 관계자 여러분에게 깊이 감사드린다.

2021년 8월
저 자 씀

이 책은 공인노무사시험의 행정쟁송법을 준비하는 수험생을 위하여 저술되었다. 그 동안 공인노무사 행정쟁송법을 위한 수험서가 없는 상황하에서 「행정법기본강의」 또는 「행정법강의」가 행정쟁송법을 위한 수험서로 많이 애독되었다. 그런데 행정쟁송법 시험문제가 주로 행정심판법 및 행정소송법에서 출제되지만, 행정법총론(행정법총칙, 행정조직법, 행정작용법)에서도 행정쟁송법과 관련된 문제가 출제되기도 하고 행정심판법과 행정소송법을 체계적으로 이해하기 위해서라도 행정법총론을 공부할 필요가 있었다. 그렇지만, 수험생 입장에서 행정법총론을 어디까지 공부하여야 하는지 몰라 어려움을 겪어 왔고, 이런 면에서 「행정법기본강의」와 「행정법강의」는 공인노무사시험만을 위한 수험서로는 수험적합성 측면에서 다소 미흡한 점이 없지 않았다. 이러한 점을 고려하여 이번에 「행정법강의」를 기초로 공인노무사시험의 행정쟁송법 수험서를 저술한 것이다.

행정쟁송법이 필수과목으로 된지 얼마 안 되는 지금은 「행정법기본강의」에 있는 내용만으로도 행정쟁송법 시험에서 무난한 점수를 받을 수 있을 것이지만, 고득점을 받기에는 그 내용이 간략하다. 행정쟁송법이 필수시험과목으로 된 이상 앞으로 행정쟁송법이 점차 어렵게 출제될 것으로 보이고, 수험생의 수준도 높아질 것으로 보이므로 「행정법강의」 수준으로 행정쟁송법을 준비할 필요가 있다. 이러한 연유에서 「행정법기본강의」가 아닌 「행정법강의」를 기초로 공인노무사시험의 행정쟁송법 수험서를 저술한 것이다. 다만, 「행정법강의」 중 너무 기술적인 부분을 줄이거나 삭제하였다.

이 책의 장점은 다음과 같다. 첫째, 이 책은 어려운 행정쟁송법을 잘 이해할 수 있도록 쉽고 그리고 논리적으로 서술하였다는 점이다. 또한 판례를 잘 이해할 수 있도록 판례의 요지를 먼저 제시하고, 판례에 밑줄도 긋고, 해설도 붙였다. 그리하여 이 책을 읽다 보면 저절로 행정쟁송법을 잘 이해할 수 있게 될 것이다. 둘째, 판례를 유형화하고, 이론과 연결하여 제시하였기 때문에 이론을 이해하는 데에도 도움이 되고, 사례형문제에도 유용하다. 많은 경우 사례형문제가 판례를 기초로 하여 출제된다는 점에서 더욱 그러하다. 셋째, 이 책은 심판의 진행순서에 맞게 소송요건문제, 본안문제 그리고 판결의 순으로 구분하여 논하였기 때문에 이해가 쉽고, 사례형문제에도 유용할 것이다. 넷째, 행시·사시 및 공인노무사의 기출문제를 해당 관련부분에 표시함으로써 중요한 부분 및 출제가능성이 있는 부분을 쉽게 알 수 있도록 하였다.

이 책은 2011년 8월 15일 현재의 법령 및 관례를 반영하고 있다. 개정 행정심판법도 당연히 반영되었다. 그리고 부록으로 답안작성방법과 공인노무사 기출문제가 첨부되었다.

끝으로 이 책의 출판을 주관해주신 고시계 정상훈 사장님과 전병주 편집국장님 그리고 편집을 맡아 준 민지영 디자인팀장님께 깊이 감사드린다.

2011년 8월

저 자 씀

Contents

┃ 제2편 행정조직법 ┃

제1장 행정조직법 개설 ─────────────

제2장 행정기관 ─────────────────

❙ 제3편 행정작용법 ❙

┃ 제4편 행정상 손해전보 ┃

제3장 소송요건

제6장 행정소송의 판결

◆◆◆

부 록

제 1 부 행정법의 기초

제1편 행정법 서설

제1장 행정법의 기초적 이해

제1절 행정법의 의의

행정법이란 행정의 조직, 작용 및 행정구제에 관한 '국내공법'이다. 행정법은 행정에 관한 공법(公法)이다. 행정에 관한 법이 모두 행정법은 아니며 행정에 관한 공법만이 행정법이다. 행정에 관한 사법(私法)은 행정법이 아니다.

행정작용 중 행정주체가 공권력의 주체로서 행하는 작용[즉, 법률상 우월한 의사주체로서 행하는 작용(권력작용)과 행정주체가 사인과 대등한 지위에서 하는 활동 중 그 작용이 공익과 밀접한 관련이 있는 작용(관리작용)]은 행정법의 규율대상이 되지만, 물품의 구입, 청사의 건설도급계약, 국·공유재산(일반재산)의 관리·매각과 같이 행정주체가 국고[國庫, 사법상(私法上)의 재산권의 주체], 즉 사인(私人)으로서 행하는 작용(국고작용)은 사법에 의해 규율된다.

제2절 행정법의 분류

Ⅰ. 일반행정법과 특별행정법(개별행정법)

일반행정법은 모든 행정분야에 공통적으로 적용되는 법규와 법원칙 전체를 말한다. 특별행정법은 개별행정법이라고도 하는데, 특별행정분야에 적용되는 행정법을 지칭한다(예 지방자치법, 공물법, 경찰행정법, 경제행정법, 환경행정법, 도시계획법, 건축법, 도로법, 교육법 등).

Ⅱ. 행정조직법, 행정작용법, 행정구제법

행정조직법은 행정주체의 내부조직에 관한 법을 말한다. 달리 말하면 행정조직법은 행정기관의 조직과 행정기관 상호간의 관계 및 행정기관의 권한을 규율하는 법을 말한다. 행정작용법은 행정주체의 국민에 대한 대외적인 활동을 규율하는 법을 말한다. 행정구제법은 행정권에 의해 가해진 권익침해에 대한 구제를 규율하는 법이다. 국가배상법, 손실보상에 관한 법(공익사업을 위한 토지 등의 취득 및 보상에 관한 법률 등), 행정심판법, 행정소송법, 헌법소원에 관한 법(헌법재판소법)이 이에 속한다.

제3절 법치행정의 원칙

> **행정기본법 제8조** 행정작용은 법률에 위반되어서는 아니 되며, 국민의 권리를 제한하거나 의무를 부과하는 경우와 그 밖에 국민생활에 중요한 영향을 미치는 경우에는 법률에 근거하여야 한다.

법치행정의 원칙이란 행정권도 법에 따라서 행하여져야 하며(법의 지배), 만일 행정권에 의하여 국민의 권익이 침해된 경우에는 이의 구제를 위한 제도가 보장되어야 한다는 것(행정통제제도 내지 행정구제제도의 확립)을 의미한다.

Ⅰ. 법률의 법규창조력

법률의 법규창조력이란 국가작용 중 법규(국민의 권리의무에 관한 새로운 규율)를 정립하는 입법은 모두 의회가 행하여야 한다는 원칙을 말한다. 헌법 제40조는 "입법권은 국회에 속한다."고 규정함으로써 국회입법의 원칙을 선언하고 있다. 다만, 입법의 명령에의 구체적 위임은 허용되고 있다.

Ⅱ. 법우위의 원칙

1. 의 의

법우위의 원칙이란 법은 행정에 우월한 것이며 행정이 법에 위반하여서는 안 된다는 원칙이다. 법우위의 원칙은 다음의 두 가지 의미를 갖는다.

① 행정은 법을 위반하여서는 안 된다. 법적 행위뿐만 아니라 사실행위도 법에 위반하여서는 안 된다. 행정은 법률뿐만 아니라 헌법, 법률, 명령, 자치법규, 법의 일반원칙 등 모든 법을 위반하여서는 안 된다.

② 법의 우위는 법률의 행정입법에 대한 우위를 포함한다. 법규명령이 법률에 위반되는 경우 위법한 명령으로 법원 및 헌법재판소에 의한 직접·간접적 통제의 대상이 된다.

2. 위반의 법적 효과

행정작용이 법우위의 원칙을 위반하면 위법한 행정작용이 되는데, 위법한 행정작용의 효력은 행정의 행위형식(예 행정행위, 법규명령, 공법상 계약, 사실행위)에 따라 다르다. 즉, 행정행위의 경우 그 위법이 중대하고도 명백하면 무효인 행정행위가 되고, 그 위법이 중대하고 명백하지 않은 경우에는 취소할 수 있는 행정행위가 된다. 위법한 법규명령은 후술하는 법규명령의 하자론에 따른 효력을 갖는다. 위법한 공법상 계약은 원칙상 무효이다. 위법한 사실행위에는 공정력이 인정되지 않는다. 위법한 행정작용으로 손해가 발생한 경우 손해배상이 인정될 수 있다.

Ⅲ. 법률유보의 원칙

1. 의 의

법률유보의 원칙은 행정권의 발동에는 법적 근거가 있어야 한다는 것을 의미한다.

2. 내 용

법률유보의 원칙이 적용되는 경우 행정상 필요하다는 사실만으로 행정권은 행사될 수 없고, 법적 근거가 있어야 행정권 행사가 가능하다.

법률유보의 원칙에서 요구되는 법적 근거는 **작용법적 근거**를 말한다. 조직법적 근거(예 조직법상 권한)는 모든 행정권 행사에 있어서 당연히 요구된다. 행정권 행사의 근거가 되는 법(근거규범, 작용법상 권한규범)은 원칙상 법률이지만, 법률에 근거한 명령일 수도 있다.

법률유보의 원칙상 행정권 행사에 요구되는 법적 근거는 개별적 근거를 말하는데, 예외적으로 포괄적 근거도 가능하다(예 경찰권의 발동 등).

3. 적용범위

법우위의 원칙은 행정의 모든 분야에서 적용되지만 법률유보의 원칙에 있어서는 법률유보의 원칙이 적용되는 행정의 범위가 문제된다. 어떠한 행정권의 행사에는 법적 근거가 요구되고, 어떠한 행정권의 행사는 법적 근거가 없어도 가능한지가 문제된다.

이에 관하여는 국민의 자유와 재산을 침해하는 행정작용은 법률의 근거가 있어야 한다는 침해유보설, 국민의 자유와 재산에 대한 침해행정뿐만 아니라 급부행정에도 원칙상 법률의 근거가 있어야 한다고 주장하는 급부행정유보설, 민주주의원칙에 의하면 국민에 의한 행정을 실현하기 위해 모든 행정에는 법률의 근거가 필요하다고 보는 전부유보설 등이 있으나 공동체나 시민에게 중요한(본질적인) 행정권의 조치는 침해행정뿐만 아니라 급부행정에 있어서도 법률의 근거를 요하고, 그 중요성의 정도에 비례하여 구체적인(강도 있는) 규율을 하여야 한다는 중요사항유보설(본질사항유보설)이 통설·판례의 입장이나. 「행정기본법」도 중요사항유보설을 취하고 있다. 즉, 행정작용은 국민생활에 중요한 영향을 미치는 경우에는 법률에 근거하여야 한다(제8조).

제4절 법치행정의 원칙의 한계

오늘날에도 일정한 행정활동에는 법치행정의 원칙이 적용되지 않는다. 통치행위와 내부행위가 그러하다.

Ⅰ. 통치행위

통치행위는 정치적 성격이 강하기 때문에 법에 의해 규율되거나 사법심사의 대상이 되는 것이 적당하지 않은 행위를 말한다.

법치국가하에서 법적 통제에서 벗어나는 통치행위를 인정할 수 있는가에 대하여 학설은 나누어지고 있는데, 다수설은 긍정설의 입장이다. 판례 역시 통치행위를 인정하고 있다.

통치행위의 구체적 범위에 관하여는 의견의 대립이 있지만 일반적으로 통치행위가 다음의 두 경우에 인정된다고 보고 있다.

　① 집행권과 입법권 사이의 관계에 관한 것. 그 예로 비상계엄의 선포, 국민투표의 실시, 법률의 공포와 같은 대통령의 일정한 행위를 들 수 있다.

　② 외교적 관계에서의 행위. 그 예로 외교적 권한의 행사, 국제조약의 체결절차 등을 들 수 있다.

통치행위는 사법심사의 대상이 되지 않는다. 따라서 통치행위에 대한 소송은 각하된다. 다만, 통치행위가 국민의 기본권 침해와 직접 관련되는 경우에는 헌법소원의 대상이 된다[헌재 1996.2.29, 93헌마186(긴급재정명령 등 위헌확인)].

Ⅱ. 내부행위

전통적으로 내부행위는 사법심사의 대상이 되지 않는다고 보고 있다. 오늘날에도 이 원칙에는 변함이 없다. 다만, 오늘날에는 내부행위에 대하여도 협의 등 절차적 통제가 가하여지는 경우가 있고, 또한 이 경우에 있어서 내부행위의 절차상의 하자가 그 내부행위를 전제로 하여 취해지는 종국적 처분의 하자로 되어 사법심사의 대상이 되는 경우가 있다.

또한 종래 내부행위로 보았던 것을 처분으로 보는 경우가 점점 늘고 있다. 특별권력관계 내에서의 행위, 공시지가의 결정, 지목 변경 등의 경우가 그러하다.

Ⅲ. 재량행위

행정의 대상은 매우 다양하기 때문에 구체적 타당성을 확보하기 위하여 행정권에게 재량권을 주어야 할 필요가 있는 경우(예 행정법규위반에 대한 제재처분)가 있고, 일정한 경우에 행정이 매우 전문적이고 복잡하기 때문에 행정권에게 판단의 여지를 인정하는 것이 타당한 경우(예 원자력발전소의 안전성의 판단)가 있다.

재량행위도 원칙상 사법심사의 대상이 되지만, 재량권의 한계를 넘지 않는 한 위법한 것으로 되지 않으며 재량권과 판단의 여지가 인정되는 한도내에서는 사법적 통제의 대상이 되지 않는다.

Ⅳ. 특별권력관계

특별권력관계는 특별한 목적을 달성하기 위하여 특별권력주체에게 포괄적인 지배권이 인정되고 그 상대방인 특별한 신분에 있는 자(예 공무원, 군인, 국공립대학의 학생, 교도소 재소자 등)가 이에 복종하는 관계를 말한다.

19세기 말 독일의 외견적 입헌군주제하에서 발전된 이론인데 이 이론에 의하면 특별권력관계에서는 법치주의가 배제된다고 보았다. 그러나 오늘날의 민주주의, 법치국가하에서는 특별권력관계에도 법치주의가 원칙적으로 적용된다고 보고 있다.

제2장 | 행정법의 법원

제1절 법원의 의의

법원(法源)이란 법의 존재형식을 말한다. 행정법의 법원의 문제는 행정법이 어떠한 형식의 법규범으로 이루어져 있는가에 관한 문제이다.

제2절 행정법상 법원의 특징

Ⅰ. 행정법의 성문법주의

법치행정의 원칙의 내용이 되는 법률유보의 원칙 내지는 법률의 법규창조력의 원칙에 비추어 볼 때 행정법은 성문법임을 원칙으로 한다.

그런데 행정법에 있어서는 행정법전이나 행정법총칙이 존재하지 않는다. 그리하여 행정법에는 법이 불비(흠결)된 경우가 적지 않다. 이 경우에는 불문법이 적용되는데, 행정법분야에서는 불문법 중에서 법의 일반원칙이 특히 중요한 법원이 되고 있다.

Ⅱ. 법전화 및 총칙적 규정의 불비

행정법의 규율대상인 행정은 매우 복잡하고 다양하기 때문에 행정에 관한 단일법전을 만들거나 행정실체법의 총칙을 만드는 것이 매우 어렵다. 그리하여 행정법에는 행정법이라는 이름의 단일법전은 존재하지 않고 행정법은 무수한 법령에 의해 이루어져 있다. 그러나 행정법총칙, 일반행정작용법, 행정기본법의 성격을 갖는「행정기본법」과 행정절차에 관한 일반법인「행정절차법」이 제정되어 있다.

제3절 성문법원

Ⅰ. 헌 법

행정법의 기본적인 사항이 헌법에 의해 정해지고 헌법은 최고의 효력을 갖는 점에서 헌법은 행정법의 중요한 법원이 된다.

1. 행정법의 기본적인 사항의 규율

① 행정조직의 기본원칙이 헌법에 규정되어 있다(헌법 제4장 등).

② 기본권규정 등 헌법규정은 행정권을 포함하여 국가권력을 직접 구속한다. 행정권이 헌법규정을 위반하면 그 행정권 행사는 위법한 행위가 된다.

③ 헌법은 지방자치제도를 보장하고 지방자치의 기본원칙을 정하고 있다.

④ 헌법은 법규명령의 근거와 한계규정을 두고 있다. 위임명령과 집행명령의 근거가 두어져 있고(헌법 제75조, 제95조), 헌법 제75조는 포괄적 위임을 금지하고 있다.

⑤ 헌법의 일부규정으로부터 행정법의 일반원칙이 도출될 수 있고, 도출된 행정법의 일반원칙은 행정법의 중요한 법원이다.

⑥ 기본권은 일정한 경우 보충적으로 행정법상 개인적 공권으로 인정된다.

2. 헌법의 효력

헌법은 국내법질서에서 최고의 효력을 갖는 법원이다. 헌법에 위반되는 여타의 법규범은 위헌이고 위헌 통제의 대상이 된다. 법규범의 위헌통제는 법률에 대하여는 헌법재판소가 담당하고 명령·규칙·처분에 대하여는 일반법원에서 담당한다. 헌법재판소는 명령에 대한 헌법소원을 통하여 명령의 위헌성을 통제할 수 있다.

Ⅱ. 국제법규

헌법은 국제법규를 국내법과 동일한 효력을 갖는다(제6조 제1항)라고 규정하면서 국제법규가 별도의 입법조치 없이 일반적으로 국내법으로 수용되는 것으로 하고 있다. 국회의 동의를 받은 조약은 원칙상 법률과 같은 효력이 있고, 국회의 동의를 받지 않은 조약은 명령(대통령령)과 같은 효력이 있다.

Ⅲ. 법 률

법률이란 헌법에서 정해진 절차에 따라 국회에서 제정된 법규범이다. 이는 형식적 의미의 법률개념이다.

기본적이거나 중요한 사항은 법률로 정하여야 하고(중요사항유보설, 의회유보설), 국민의 기본권의 제한은 법률로 하여야 한다(헌법 제37조 제2항). 행정권에 포괄적인 위임을 해서는 안 된다(헌법 제75조). 이러한 점에 비추어 법률은 행정법의 기본적 법원이 된다.

IV. 명 령

명령이란 행정권에 의해 정립되는 법을 말한다. 명령은 헌법에서 인정한 것으로 긴급명령과 긴급재정·경제명령(헌법 제76조), 대통령령(헌법 제75조), 총리령과 부령(헌법 제95조), 중앙선거관리위원회규칙(헌법 제114조), 국회규칙(헌법 제64조), 대법원규칙(헌법 제108조), 헌법재판소규칙(헌법 제113조)이 있다. 그리고 명령 중에는 법률에서 인정한 감사원규칙(감사원법 제52조), 노동위원회규칙(노동위원회법 제25조)이 있다. '규칙'이라는 명칭은 일반적으로 제정기관이 다소 독립적이고 중립적인 기관이고 행정권으로부터 독립하여 제정되는 명령에 붙여진다.

V. 자치법규

자치법규란 지방자치단체의 기관이 제정하는 지방자치에 관한 법규범을 말한다. 자치법규에는 지방의회가 제정하는 조례와 지방자치단체의 집행기관이 제정하는 규칙이 있다. 규칙에는 일반사무의 집행기관이 제정하는 규칙(지방자치법 제16조)과 교육집행기관이 제정하는 교육규칙이 있다.

제4절 불문법원

제1항 관습법

관습법이란 사회의 거듭된 관행으로 생성한 사회생활규범이 사회의 법적 확신과 인식에 의하여 법적 규범으로 승인·강행되기에 이른 것을 말한다(대판 전원합의체 2005.7.21, 2002다1178, 법적 확신설).
관습법은 성문법 및 법의 일반원칙이 존재하지 않거나 불완전한 경우에 보충적으로만 인정된다. 그리고 관습법이 성립된 경우에도 그와 모순되는 법이 제정된 경우에는 그 관습법은 효력을 상실하게 된다.

제2항 판 례

성문법국가에 있어서 법원은 법을 집행하는 권한만을 갖고 법을 창설하는 권한은 갖지 않는 것이 원칙이다. 대륙법계 국가에서처럼 우리나라에서는 영미법계 국가에서와 달리 선례(先例)가 법상 구속력을 갖지 않는다. 법원은 기존의 판례를 변경할 수 있다. 하급법원도 이론상 상급법원의 판결에 구속되지 않는다.
그러나 실제에 있어서 판례는 사실상 구속력을 갖는다. 그 이유는 법원 특히 대법원은 법적안정성을 위하여 판례를 잘 변경하지 않는 경향이 있고, 하급심이 상급심의 판결을 따르지 않는 경우 하급심의 판결이 상급심에서 파기될 가능성이 높으므로 하급심은 상급심의 판결을 존중하는 경향이 있기 때문이다.

제3항 법의 일반원칙

Ⅰ. 의 의

행정법상 법의 일반원칙이란 현행 행정법질서의 기초를 이룬다고 생각되는 일반 법원칙을 의미한다. 이에는 신의성실의 원칙, 권리·권한남용금지의 원칙, 신뢰보호의 원칙, 평등의 원칙, 비례의 원칙, 부당결부금지의 원칙 등이 있다.

Ⅱ. 헌법으로부터 도출되는 법의 일반원칙

헌법으로부터 도출되는 행정법의 일반원칙으로는 신뢰보호의 원칙, 평등의 원칙, 비례의 원칙 및 적법절차의 원칙 등이 있으며, 이들 원칙은 헌법적 효력을 갖는다.

1. 평등원칙

> **행정기본법 제9조** 행정청은 합리적 이유 없이 국민을 차별하여서는 아니 된다.

(1) 의 의
평등의 원칙은 불합리한 차별을 하여서는 안 된다는 원칙이다. 따라서 합리적인 이유가 있어서 다르게 취급하는 것은 평등원칙의 위반이 아니다.

(2) 적용례
1) 재량권 통제원칙
평등원칙은 모든 공권력 행사를 통제하는 법원칙인데, 특히 재량권을 통제하는 원칙이다. 행정청이 재량권을 행사함에 있어 甲에게 어떤 처분을 한 경우에 그 자체로는 재량권의 일탈 또는 남용인 위법이 아니라고 하더라도 이미 행해진 동종 사안에서의 제3지에 대한 처분과 비교하여 불합리하게 불리한 처분에 해당하는 경우에는 평등원칙에 반하는 위법한 재량권 행사가 된다.

2) 재량준칙과 평등원칙

재량준칙(裁量準則)은 행정규칙으로서 직접 대외적인 구속력을 갖지는 않지만 평등원칙을 매개로 하여 간접적인 대외적 효력을 갖는다고 보는 것이 다수의 견해이다. 평등원칙은 재량준칙이 대외적 효력을 갖게 하는 전환규범으로서의 기능을 갖는다(후술 재량준칙의 대외적 구속력 참조).

2. 행정의 자기구속의 원칙

(1) 의 의

행정의 자기구속의 원칙이란 행정관행이 성립된 경우 행정청은 특별한 사정이 없는 한 같은 사안에서 행정관행과 같은 결정을 하여야 한다는 원칙을 말한다.

(2) 적용요건

① 행정관행이 존재하여야 한다.

재량준칙이 존재하는 경우 행정의 자기구속의 법리를 적용함에 있어서 행정선례가 필요한가에 대하여는 선례필요설과 선례불필요설의 대립이 있으나 선례필요설이 다수설이다. 판례는 재량준칙이 공표된 것만으로는 자기구속의 법리가 적용될 수 없고, 재량준칙이 되풀이 시행되어 행정관행이 성립한 경우 자기구속의 법리가 적용될 수 있다고 본다(대판 2009.12.24, 2009두7967).

재량준칙이 존재하지 않는 경우에 자기구속의 법리가 적용되기 위하여는 선례로서 행정관행이 존재하여야 한다. 재량준칙이 없는 경우에는 재량준칙이 있는 경우보다 되풀이 시행된 횟수가 더 많아야 할 것이다.

② 행정관행과 동일한 사안이어야 한다.

3. 비례의 원칙

행정기본법 제10조 행정작용은 다음 각 호의 원칙에 따라야 한다.
1. 행정목적을 달성하는 데 유효하고 적절할 것
2. 행정목적을 달성하는 데 필요한 최소한도에 그칠 것
3. 행정작용으로 인한 국민의 이익 침해가 그 행정작용이 의도하는 공익보다 크지 아니할 것

(1) 의 의

비례의 원칙이란 과잉조치금지의 원칙이라고도 하는데, 행정작용에 있어서 행정목적과 행정수단 사이에는 합리적인 비례관계가 있어야 한다는 원칙을 말한다.

(2) 내 용

적합성의 원칙(행정은 추구하는 행정목적의 달성에 적합한(적절한)수단을 선택하여야 한다는 원칙), 필요성의 원칙(최소침해의 원칙) (적합한 수단이 여러 가지인 경우에 국민의 권리를 최소한으로 침해하는 수단을 선택하여야 한다는 원칙), 협의의 비례원칙(법익의 균형성의 원칙, 상당성의 원칙) (행정조치를 취함에 따른 불이익이 그것에 의해 달성되는 이익보다 심히 큰 경우에는 그 행정조치를 취해서는 안 된다는 원칙)을 내용으로 한다.

4. 신뢰보호의 원칙

행정기본법 제12조(신뢰보호의 원칙) ① 행정청은 공익 또는 제3자의 이익을 현저히 해칠 우려가 있는 경우를 제외하고는 행정에 대한 국민의 정당하고 합리적인 신뢰를 보호하여야 한다.

(1) 의 의

행정법상의 신뢰보호의 원칙이라 함은 행정기관의 어떠한 언동[言動(말 또는 행동)]에 대해 국민이 신뢰를 갖고 행위를 한 경우 그 국민의 신뢰가 보호가치 있는 경우에 그 신뢰를 보호해 주어야 한다는 원칙을 말한다.

(2) 적용요건

① 행정권의 행사에 관하여 상대방인 국민에게 신뢰를 주는 선행조치[언동(言動), 공적 견해표명]가 있어야 한다.

② 선행조치에 대한 관계인의 신뢰가 보호가치 있는 것이어야 한다. 즉, 상대방 등 관계인에게 귀책사유(책임 있는 사유)가 있어서는 안 된다. 신뢰보호의 원칙에서 귀책사유라 함은 상대방등 관계자가 행정청의 견해표명에 하자가 있음을 알았거나 중대한 과실로 알지 못한 경우 등을 의미한다. 법규 위반에 내한 제재치분에 관한 명확한 법령규정이 있는 경우 이 규정을 잘 알 수 있었던 자는 귀책사유가 있으나, 이 규정을 잘 알 수 없었던 자에게는 귀책사유를 인정할 수 없다. 귀책사유의 유무는 상대방과 그로부터 신청행위를 위임받은 수임인 등 관

계자 모두를 기준으로 판단하여야 한다(대판 2002.11.8, 2001두1512).

③ 상대방인 국민이 행정기관의 선행조치(언동)에 대한 신뢰에 입각하여 어떠한 조치(자본투하, 업무수행 등)를 취하였어야 한다.

④ 행정기관이 상대방의 신뢰를 저버리는 행정권행사를 하였고 그로 인하여 상대방의 권익이 침해되어야 한다.

⑤ 신뢰를 주는 선행조치와 개인의 조치 또는 권익의 침해 사이에 인과관계가 있어야 한다.

⑥ 공익 또는 제3자의 정당한 이익을 현저히 해할 우려가 있는 경우가 아니어야 한다. 판례는 '견해 표명에 따른 행정처분을 할 경우 이로 인하여 공익 또는 제3자의 정당한 이익을 현저히 해할 우려가 있는 경우가 아니어야 한다는 것'을 신뢰보호의 원칙이 적용되기 위한 소극적 요건으로 보고 있다(대판 2008.1.17, 2006두10931 등).

5. 실권(실효)의 법리

> **행정기본법 제12조(신뢰보호의 원칙)** ② 행정청은 권한 행사의 기회가 있음에도 불구하고 장기간 권한을 행사하지 아니하여 국민이 그 권한이 행사되지 아니할 것으로 믿을 만한 정당한 사유가 있는 경우에는 그 권한을 행사해서는 아니 된다. 다만, 공익 또는 제3자의 이익을 현저히 해칠 우려가 있는 경우는 예외로 한다.

(1) 의 의

실권(失權)의 법리라 함은 행정청에게 취소권, 영업정지권 또는 철회권 등 권리의 행사의 기회(가능성)가 있음에도 불구하고 행정청이 장기간에 걸쳐 그의 권리를 행사하지 아니하였기 때문에 상대방인 국민이 행정청이 그의 권리를 행사하지 아니할 것으로 신뢰할 만한 정당한 사유가 있게 되는 경우에는 그 권리를 행사할 수 없다는 법리를 말한다. 실효의 법리라고도 한다.

실권의 법리는 신뢰보호의 원칙의 파생법리이다.

(2) 적용요건

① 행정청이 취소사유나 철회사유 등을 앎으로써 권리행사 가능성이 있었어야 한다.

② 행정권 행사가 가능함에도 불구하고 행정청이 장기간 권리행사를 하지 않았어야 한다.

③ 상대방인 국민이 행정청이 이제는 권리를 행사하지 않을 것으로 신뢰하였고 그에 정당한 사유가 있어야 한다.

④ 공익 또는 제3자의 이익을 현저히 해칠 우려가 있는 경우가 아니어야 한다.

(3) 적용효과

실권의 법리의 적용요건에 해당하는 경우에 행정청이 갖고 있는 제재권은 소멸된다. 취소권뿐만 아니라 정지권도 소멸된다.

6. 적법절차의 원칙

적법절차의 원칙이란 개인의 권익을 제한하는 모든 국가작용은 적법절차(due process)에 따라 행하여져야 한다는 원칙이다.

「헌법」제12조 제1항에서 규정하고 있는 적법절차의 원칙은 형사소송절차에 국한되지 아니하고 모든 국가작용 전반에 대하여 적용된다(헌재 1992.12.24, 92헌가8 결정 등 ; 대판 2014.6.26, 2012두911).「행정절차법」에 규정이 없는 경우에도 행정권 행사가 적정한 절차에 따라 행해지지 아니한 경우에는 그 행정권 행사는 적법절차의 원칙 위반으로 위헌·위법이다(대판 전원합의체 2012.10.18, 2010두12347).

적법절차의 원칙은 헌법원칙이다. 따라서 적법절차에 반하는 법률은 위헌이다.

Ⅲ. 모든 법의 일반원칙

1. 신의성실의 원칙

> **행정기본법 제11조(성실의무 및 권한남용금지의 원칙)** ① 행정청은 법령등에 따른 의무를 성실히 수행하여야 한다.

신의성실의 원칙은 모든 사람은 공동체의 일원으로서 상대방의 신뢰를 헛되이 하지 않도록 성의 있게 행동하여야 한다는 원칙이다. 신의성실의 원칙은 민법만의 일반원칙은 아니며 모든 법의 일반원칙이다. 따라서 신의성실의 원칙은 행정법의 일반원칙이기도 하다.

2. 권한남용금지의 원칙

> **행정기본법 제11조(성실의무 및 권한남용금지의 원칙)** ② 행정청은 행정권한을 남용하거나 그 권한의 범위를 넘어서는 아니 된다.

행정법상 권한의 남용이란 행정기관의 권한을 법상 정해진 공익 목적에 반하여 행사하는 것을 말한다. 권한남용금지의 원칙은 법치국가원리 내지 법치주의에 기초한 것이다(대판 2016.12.15, 2016두47659). 권한남용금지의 원칙은 행정의 목적 및 행정권한을 행사한 행정공무원의 내심의 의도까지 통제하는 원칙이다.

행정법상의 권한이 사적(개인적) 목적으로 행사된 경우에 권한의 남용이 됨은 명백하다. 예를 들면, 공무원이 영업허가의 취소권을 허가취소의 대상이 되는 영업자와 경쟁관계에 있고 본인이 잘 알고 있는 다른 영업자의 이익을 위하여 행사한 것은 권리의 남용이 된다. 행정권을 정치적 목적으로 행사하는 것도 권한남용에 해당한다.

판례는 세무조사가 과세자료의 수집 또는 신고내용의 정확성 검증이라는 본연의 목적이 아니라 부정한 목적을 위하여 행하여진 것이라면 이는 세무조사에 중대한 위법사유가 있는 경우에 해당하고 이러한 세무조사에 의하여 수집된 과세자료를 기초로 한 과세처분 역시 위법하다고 보았다(대판 2016.12.15, 2016두47659).

Ⅳ. 기타의 행정법상 법의 일반원칙

1. 부당결부금지의 원칙

> **행정기본법 제13조(부당결부금지의 원칙)** 행정청은 행정작용을 할 때 상대방에게 해당 행정작용과 실질적인 관련이 없는 의무를 부과해서는 아니 된다.

(1) 의 의

부당결부금지의 원칙이라 함은 행정기관이 행정권을 행사함에 있어서 그것과 실질적인(실제적인) 관련이 없는 반대급부를 결부시켜서는 안된다는 원칙을 말한다. 부당결부금지의 원칙은 판례가 인정하는 법원칙으로서 행정권의 자의적인 권한행사를 통제하고 국민의 권리를 보호하는 기능을 한다.

(2) 내 용

행정권의 행사와 그에 결부된 반대급부 사이에 목적과 원인에서 실질적 관련성이 있어야 하며 실제적 관련성이 없는 경우에 당해 행정권 행사는 부당결부금지의 원칙에 반한다. 보다 구체적으로 말하면 행정권 행사(수익적 행정행위)가 반대급부(부관)의 원인이 되어야 하고(원인적 관련성), 반대급부(부관)가 행정권 행사(수익적 행정행위)의 목적과 실질적 관련(목적적 관련성)이 있어야 한다. 예컨대 기부채납의무의 부담, 관허사업의 제한 등에서 부당결부금지의 원칙에 반하는 것인지가 문제될 수 있다.

2. 공익목적의 원칙

행정권은 공익목적을 위해 행사되어야 한다. 행정은 사익을 추구할 수는 없다. 다만, 공익을 목적으로 하면서 관련되는 사익을 부수적으로 고려하고 조정하는 것은 가능하다.

3. 행정계속성의 원칙

행정계속성의 원칙이라 함은 행정서비스는 중단 없이 계속 제공되어야 한다는 원직을 말한다. 특히 최소한 기본적인 행정서비스는 어떠한 경우에도 제공되어야 한다.

이 원칙으로부터 공무를 위탁하는 행정계약의 수탁자에 의한 해지의 제한 및 공역무를 수행하는 공무원의 파업권 행사의 제한이 도출된다.

제4항 조 리

조리(條理)란 사회 일반의 정의감에서 마땅히 그러하여야 할 것이라고 인정되는 것을 말한다.

조리는 법해석의 기본원리가 된다. 법령은 가능한 한 조리에 맞도록 해석하여야 한다. 또한 조리는 법의 흠결이 있는 경우에 최종적이고 보충적인 법원이 된다.

제5절 법원의 단계구조

Ⅰ. 법원의 상호관계

행정법의 법원(法源)은 다음과 같은 상하의 관계에 있다.

```
┌─────────────────────────────────────────────────────────────┐
│              헌법, 헌법적 효력을 갖는 법의 일반원칙                  │
│                              │                                │
│     법률, 국회의 승인을 받은 긴급명령 및 법률적 효력을 갖는 법의 일반원칙  │
│                              │                                │
│                명령 : 대통령령–총리령 또는 부령                    │
│                              │                                │
│         자치법규 : 광역자치단체의 자치법규(조례–규칙)                │
│            — 기초자치단체의  자치법규(조례–규칙)                   │
└─────────────────────────────────────────────────────────────┘
```

총리령과 부령은 상하의 관계에 있지 않다.

동일단계의 자치단체의 조례와 규칙 사이에는 지방의회가 제정하는 조례가 지방자치단체의 장이 제정하는 규칙보다 상위법이다.

동일한 효력을 갖는 법 상호간에 모순이 있는 경우에는 특별법우선의 원칙과 신법우선의 원칙에 의해 특별법이 일반법보다 신법이 구법보다 우선한다. 또한 특별법우선의 원칙이 신법우선의 원칙보다 우월하므로 구법인 특별법이 신법인 일반법보다 우선한다.

Ⅱ. 위헌·위법인 법령의 효력과 통제

상위법에 위반되는 하위법규정은 위법한 법규정이 된다.

상위법령(예 법률)이 그보다 상위의 법(예 헌법)에 반하는 위법한 경우에는 하위법은 최상위의 법에 위반하지 않는 한 위법한 법이 되지 않는다. 위법한 법규정의 효력은 어떠한가.

① 헌법에 위반되는 법률은 법원의 위헌법률심판의 제청에 따라 헌법재판소에 의한 위헌법률심사의 대상이 된다. 헌법재판소의 결정에 의해 위헌판결이 나면 그 법률은 장래에 향하여 효력을 상실한다.

② 헌법 및 상위법령에 위반하는 명령 또는 자치법규는 구체적인 사건에서 재판의 전제가 된 경우에 법원의 심사의 대상이 된다. 위헌 또는 위법이 확인된 명령 또는 자치법규는 당연히 효력을 상실하는 것이 아니며 당해 사건에 한하여 적용이 배제된다.

③ 처분적 명령이 무효확인소송의 대상이 되어 무효확인된 경우에는 처음부터 효력이 없었던 것으로 확인된다. 다만, 명령의 처분성을 넓게 보는 경우 당해 처분적 명령에 근거하여 무효확인판결 전에 행해진 처분에 대하여도 소급효가 미치는지에 대하여는 논란의 여지가 있다.

④ 명령에 대한 헌법소원이 인용된 경우 해당 명령은 장래에 향하여 효력을 상실한다.

⑤ 상위법령에 반하는 조례안은 일정한 요건하에 지방자치법상의 기관소송(무효확인소송)의
대상이 된다.

제6절 행정법규정의 흠결과 보충

Ⅰ. 개 설

행정법의 규율대상은 매우 다양하고 복잡하여 이를 규율하는 개별법규정이 없는 경우가 적지
않다. 또한 행정법에 있어서는 행정법총칙이 존재하지 않는다. 그리하여 행정법관계에서는 적
용할 행정법규정이 없는 경우가 적지 않다.

그런데 적용할 법규정이 없다는 이유로 재판을 거부할 수는 없다. 법의 흠결이 있는 경우 해석
을 통하여 법을 보충하여야 한다.

Ⅱ. 행정법규정의 유추적용

성문의 행정법규정의 흠결이 있는 경우에는 우선 유사한 행정법규정(공법규정)을 유추적용하
여야 한다(대판 1987.7.21, 84누126; 대판 2019.10.31, 2016두50907). 유추적용이라 함은 적용할
법령이 없는 경우에 유사한 법령규정을 적용하는 것을 말한다. 행정법규정의 유추적용에 있어
서는 헌법규정이 함께 고려될 수 있다.

Ⅲ. 헌법규정 및 법의 일반원칙의 적용

유추적용할 행정법규정이 없는 경우에는 헌법규정 및 법의 일반원칙을 적용할 수 있다.

Ⅳ. 사법규정의 적용

행정법관계를 규율할 어떠한 공법도 존재하지 않는 경우에는 사법규정을 적용 또는 유추적용
할 수 있다.

Ⅴ. 조리의 적용

조리는 최종적인 법원이다. 행정법관계에 적용할 어떠한 공법이나 사법도 없는 경우 조리를
적용한다. 법원은 적용할 법이 없다는 이유로 재판을 거부할 수 없고, 이 경우에는 조리에 따라
재판하여야 한다.

제3장 행정법관계(공법관계)와 사법관계

제1절 행정법관계의 의의 및 공법관계와 사법관계의 구별

Ⅰ. 행정법관계의 의의

행정활동을 기초로 하여 맺어지는 법률관계를 행정상 법률관계라고 말한다. 행정상 성립되는 법률관계에는 행정주체와 국민간에 맺어지는 법률관계와 행정주체와 공무원간에 맺어지는 법률관계, 행정주체 상호간에 맺어지는 법률관계가 있다. 법률관계란 법주체 상호간의 권리의무관계를 말한다. 행정법관계는 행정상 법률관계 중 공법이 적용되는 법률관계를 말한다. 행정법관계는 공법관계와 동의어로 사용된다.

Ⅱ. 공법관계와 사법관계의 구별

공법관계와 사법관계의 구별의 문제는 공법행위와 사법행위의 구별의 문제와 같은 실익과 기준을 가지므로 공법관계와 사법관계의 구별의 실익과 기준에 관한 논의는 공법행위와 사법행위의 구별에도 그대로 적용될 수 있다.

1. 공법관계와 사법관계의 구별실익

(1) 적용법규 및 적용법원리의 결정

우선 적용할 법규정과 적용할 법원리를 결정하기 위하여 문제의 법률관계가 공법관계(권력관계 또는 관리관계)인지 사법관계인지 구별할 필요가 있다.

행정상 법률관계가 사법관계(국고관계)[1]로 판정된 경우에는 사법규정 및 사법원리가 적용된다. 다만, 행정사법관계[2]에는 일부 공법원리가 적용된다.

---

1) 행정주체가 일반 사인과 같은 지위에서 사법상의 행위를 하면서 사인과 맺는 관계[例 사법상 계약(국·공유재산의 매각, 물품 공급계약, 도로·교량 등의 건설도급계약)]
2) 행정주체가 사법형식에 의해 공행정을 수행하면서 국민과 맺는 법률관계[급부행정(철도, 시영버스, 전기), 유도행정, 자금지원행정(융자, 보조금지급)]. 다만, 현행법상 수도료 부과징수와 이에 따른 수도료의 납부관계는 공법상 권리의무관계로 규정되어 있다(대판 1977.2.22, 76다2517).

공법관계인 경우에는 권력관계인 경우와 관리관계(비권력적 공행정관계)인 경우를 구별하고, 적용할 공법규정이 있는 경우와 없는 경우를 구별하여야 한다. 권력관계[3]로 판정된 경우 적용할 법규정이 존재하는 경우에는 그 법규정은 통상 공법이 되며 공법원리에 맞게 해석되어야 한다. 적용할 법규정이 존재하지 않는 경우에는 우선 공법규정을 유추적용하고 유추적용할 공법규정도 없는 경우에는 공법원리에 맞게 민법상의 일반법원리적 규정을 유추적용한다. 관리관계(비권력적 공행정관계)[4]로 판정된 경우에 적용할 법규정이 있는 경우에는 그 법규정을 공익의 보호를 도모할 수 있도록 해석하고, 적용할 법규정이 없는 경우에는 원칙상 사법이 적용되지만, 공익의 보호를 위하여 필요한 한도 내에서는 사법규정을 수정하여 적용하여야 한다.

(2) 소송형식 및 소송절차의 결정

① 공법관계에 관한 소송은 행정소송으로 제기하여야 하고 사법관계에 관한 소송은 민사소송으로 제기하여야 한다. 처분에 대하여는 항고소송을 제기하고, 공법상 법률관계에 관한 분쟁에 있어서는 공법상 당사자소송을 제기하여야 한다.

민사소송의 관할법원은 제1심이 지방법원 또는 지방법원지원 또는 시군법원이고 제2심이 고등법원이고 제3심이 대법원이다. 행정소송의 관할법원은 제1심이 행정법원이 있는 서울에서는 행정법원이고 행정법원이 없는 지역에서는 지방법원 본원 합의부이고, 제2심이 고등법원이고 제3심이 대법원이다.

② 행정소송절차는 민사소송절차와 다른 특별한 소송절차이다.

2. 공법관계와 사법관계의 구별기준

공법관계와 사법관계의 구별은 기본적으로 관련법규정과 법률관계의 성질을 고려하여 결정하여야 한다.

(1) 제1차적 기준: 관련법 규정

우선 문제의 법률관계를 규율하는 관련법규정이 제1차적 기준이 된다.

---

3) 행정주체가 공권력 주체로서 국민에게 일방적으로 명령·강제하고, 법률관계를 형성·변경·소멸시키는 등 우월적 지위가 인정되는 법률관계(예 경찰행정, 조세행정, 영업행정, 인허가 및 취소, 과세처분, 토지수용, 행정행위, 행정강제)

4) 행정주체가 공물이나 영조물을 설치하고 공기업을 경영하는 등 비권력·강제적 성격이 약하고 공법상의 계약과 같이 비권력적 행정수단을 사용하는 법률관계[예 하천·도로등공물관리, 철도·우편등공기업관리, 공법상계약관계(민자유치계약)]

관련법규가 문제의 법률관계가 공법관계라는 것을 전제로 하고 있는 법규정인 경우에는 그 법률관계는 공법관계이다. 공법에 의해 규율되는 법률관계는 공법관계이다.

어떤 법률관계(행정작용)가 사법형식에 의해 규율되고 있는 것이 명백한 경우에 그 법률관계(행정작용)는 사법관계(사법행위)가 된다.

(2) 제2차적 기준: 법률관계(또는 행위)의 성질

관련법규에 의해 공법관계(공법행위)와 사법관계(사법행위)가 명확하게 구별되지 못하는 경우가 있는데 이 경우에는 관련법규정과 함께 법률관계(또는 행위)의 성질을 기준으로 공법관계와 사법관계를 구별하여야 한다.

법률관계의 성질을 기준으로 한 공법관계와 사법관계의 구별에 관하여 권력설(지배복종관계인지 대등한 관계인지), 이익설(공익의 보호목적인지 사익상호간의 이익조정목적인지) 및 귀속설(공권력의 담당자의 지위를 갖는 자에게만 권리 또는 의무를 귀속시키는 법률관계인지 누구에게나 권리 또는 의무를 귀속시키는 법률관계인지)이 대립되고 있다. 판례는 복수기준설(종합설)[위의 네 이론을 종합적으로 고려하여 문제의 법률관계(행위)가 공법관계(공법행위)인지 사법관계(사법행위)인지를 **개별적으로 판단**]의 입장이다.

제2절 행정법관계의 당사자(행정주체와 행정객체)

제1항 행정주체와 행정기관

Ⅰ. 의 의

행정주체라 함은 행정을 행하는 법주체를 말한다. 행정주체에는 국가, 지방자치단체, 공공조합, 영조물법인, 공법상 재단, 공무수탁사인이 있다.

행정을 실제로 행하는 것은 행정주체가 아니라 행정주체의 기관이다. 그러나 이들 기관의 행위의 법적 효과는 법인격체인 행정주체에게 귀속된다. 협의의 공공단체와 공무수탁사인은 행정주체이면서 동시에 행정기관이다.

행정기관의 예로는 대통령, 국무총리, 장관, 차관, 차관보, 국장, 담당관, 과장, 계장 등이 있는데 이들 행정기관은 상이한 법적 지위를 갖는 여러 종류의 행정기관(에 행정청, 보조기관, 보좌기관, 지원기관 등)으로 분류될 수 있다.

이 중에서 행정청이 행정법에서 가장 중요한 행정기관이다. 그것은 국민과의 관계에서 행정권의 행사는 원칙상 행정청의 지위를 갖는 행정기관의 결정에 의해 그의 이름으로 행해지기 때문이다. 국가에 있어서는 통상 장관, 청장과 특별지방행정기관의 장이 행정청이 되고 지방자치단체에 있어서는 지방자치단체의 장이 행정청이 된다.

II. 행정주체의 종류

1. 국 가

국가행정의 주체는 국가가 된다. 국가는 법인격을 가진 법인으로서 행정법관계의 법주체가 된다.

2. 공공단체

공공단체는 지방자치단체와 협의의 공공단체를 포함한다.

(1) 지방자치단체

지방자치단체라 함은 국가의 영토 내에서 일정한 지역 및 그 지역의 주민으로 구성되며 그 지역 내에서 일정한 통치권을 행사하는 법인격을 갖는 공공단체를 말한다.

지방자치단체도 넓은 의미에서는 공공단체에 포함되나 협의의 공공단체와 달리 일정한 지역과 주민을 갖고 있다는 점과 일반적인 행정을 담당한다는 점에서 국가와 유사하며 타 공공단체와 구별된다. 타 공공단체(협의의 공공단체)는 특정한 사업수행만을 담당한다.

지방자치단체에는 보통지방자치단체(서울특별시, 광역시, 도, 시, 군, 자치구)와 특별 지방자치단체(지방자치단체조합 등)가 있다. 보통지방자치단체는 광역자치단체(서울특별시, 광역시, 도)와 기초자치단체(시, 군, 자치구)로 구별된다.

지방자치단체는 지방자치단체에 고유한 고유사무와 국가로부터 위임받은 위임사무를 수행한다. **고유사무와 단체위임사무는 지방자치단체의 사무**가 되므로 지방자치단체의 행정기관의 활동의 법적 효과는 법주체인 지방자치단체에 귀속된다. **기관위임사무**는 지방자치단체 자체가 아니라 지방자치단체의 행정기관(특히 지방자치단체의 장)에게 위임된 사무로 그 사무는 지방자치단체의 사무가 아니라 **국가사무 또는 위임기관(⑩ 광역자치단체의 장)이 속한 지방자치단체의 사무**이다. 따라서 그 기관위임 사무의 수행의 법적 효과는 위임기관이 속한 국가 또는 지방자치단체에 귀속된다. 따라서 지방자치단체의 사무와 기관위임사무를 구별하여야 한다.

(2) 협의의 공공단체

협의의 공공단체라 함은 특정한 국가목적을 위하여 설립된 법인격이 부여된 단체를 말한다. 공공단체에는 공공조합[5], 영조물법인[6], 공법상 재단[7]이 있다. 공공단체는 공법상의 법인이다.

협의의 공공단체는 특정한 행정목적을 수행함에 있어서 필요한 한도 내에서 행정주체의 지위에 서게 되며 그 자체가 행정청이 되고 항고소송의 피고가 된다. 공공단체는 법정의 고유한 행정사무 뿐만 아니라 행정기관이 임의로 위탁한 행정사무도 수행한다.

3. 공무수탁사인

(1) 의 의

공무수탁사인(公務受託私人)이란 공행정사무를 위탁받아 자신의 이름으로 처리하는 권한을 갖고 있는 행정주체인 사인을 말한다. 공무수탁사인은 처분을 함에 있어서는 행정주체이면서 동시에 행정청의 지위를 갖는다.

공무수탁사인의 예로는 사립대학이 교육법에 의해 학위를 수여하는 경우, 사선(私船)의 선장 또는 해원(海員)이 일정한 경찰사무를 행하는 경우, 민간철도회사의 직원이 철도경찰사무를 수행하는 경우, 사인이 별정우체국의 지정을 받아 체신업무를 경영하는 경우, 사인이 산림 감시 또는 수렵 감시업무를 수행하는 경우, 사인이 사업시행자로서 토지를 수용하고 이주대책을 수립하는 경우가 있다.

공무수탁사인은 자연인일 수도 있고 사법인 또는 법인격 없는 단체일 수도 있다. 사인이 공행정사무를 수행하는 경우에도 행정기관의 보조인에 불과한 경우(예 아르바이트로 우편 업무를 수행하는 사인)나 행정을 대행하는 것에 불과한 경우(예 차량등록의 대행, 자동차 검사의 대행)에는 행정주체가 아니므로 공무수탁사인이 아니다. 협의의 위탁의 경우에는 그 법적 효과가 사인에게 귀속되고, 대행이나 보조위탁의 경우에는 위임자인 국가 등에 귀속된다.

---

5) 공공조합이라 함은 법정의 자격을 가진 조합원으로 구성된 공법상의 사단법인이다(예 농지개량조합, 토지구획정리조합, 상공회의소, 의료보험조합, 재개발조합, 재건축조합 등).

6) 공법상 재단이라 함은 국가나 지방자치단체가 공공 목적을 위하여 출연한 재산을 관리하기 위하여 설립된 공법상의 재단법인을 말한다.

7) 영조물법인이라 함은 행정법상의 영조물에 독립된 법인격이 부여된 것을 말한다. 영조물이라 함은 특정한 국가목적에 제공된 인적·물적 종합시설을 말한다(예 한국은행 등).

공무의 사인에 대한 위탁에 있어서는 권한이 이전되므로 법률에 근거가 있어야 한다.

사인은 여러 방식에 의해 공무를 수탁받을 수 있다. 법률·계약·행정행위가 그것이다. 공무위탁계약은 국가적 공권을 부여하므로 그 법적 성질을 공법상 계약으로 보아야 한다. 공무를 위탁하는 행정행위는 통상 공무수행권을 사인에게 부여하므로 특허라고 보아야 한다.

(2) 공무수탁자의 공무수행과 권리구제

1) 항고소송

공무수탁자가 일방적 처분을 할 수 있는 경우가 있다. 이 경우 그 처분의 위법을 다투는 항고소송의 제기는 처분청인 공무수탁자를 상대방으로(피고로) 제기하여야 한다(행정소송법 제2조 제2항).

예를 들면, 구 건축법 제69조에 근거한 위법건축물 등에 대한 한국전력공사의 전기공급거부 또는 전기공급 중단조치를 사법행위로 보는 견해도 있으나, 행정처분이고 취소소송의 대상이 되는 것으로 보는 것이 타당한데, 이 경우에 피고는 한국전력공사가 된다.

2) 당사자소송 또는 민사소송

공무수탁자가 계약이라는 법형식을 사용하는 경우에 그 계약은 공법상 계약인 경우도 있고, 사법계약인 경우도 있다. 공법상 계약에 관한 분쟁은 당사자소송의 대상이 되고 사법계약에 관한 분쟁은 민사소송의 대상이 된다.

3) 손해배상

공무수탁사인의 불법행위로 손해가 발생한 경우 공무수탁사인을 행정주체로 보는 견해에 의하면 공무수탁사인이 배상주체가 되고, 공무수탁사인을 행정주체가 아니라 행정청으로 보는 견해에 의하면 위탁청이 속한 국가 또는 지방자치단체가 배상주체가 된다.

4) 손실보상

공무수탁사인의 적법한 공권력 행사에 의해 특별한 손해를 받은 자는 공무수탁사인에게 손실보상을 청구할 수 있다.

제2항 행정객체

행정의 상대방을 행정객체라 한다. 행정객체에는 사인, 공공단체와 지방자치단체가 있다.

공공단체는 행정주체임과 동시에 국가나 다른 공공단체에 대한 관계에서 행정객체가 될 수 있다. 지방자치단체는 국가에 대한 관계에서 행정객체가 될 수 있다. 국가에 대한 수도료의 부과, 건축허가처분에서와 같이 국가도 예외적이지만 행정객체가 될 수 있다.

제3절 행정법관계의 특질

행정법관계에 대하여는 사법관계에서와는 다른 여러 특질이 인정되고 있다. 그 주된 이유는 공익목적을 달성하기 위하여 행정주체에게 일정한 우월적인 지위가 부여되어야 한다는데 있다.

제1항 행정주체의 특권

Ⅰ. 일방적 조치권

행정주체에게 '행정결정'에 의해 일방적으로 법질서에 변경을 가할 수 있는 권한이 주어지는 경우가 있다. 즉 행정결정에 의해 사인에게 권리가 창설되기도 하고 의무가 부과되기도 한다.

또한 공익상 필요한 경우에 행정주체는 행정행위의 철회에 의해 이미 발생된 권리를 상실시키거나 의무를 소멸 시킬 수 있다.

또한 행정주체는 일방적으로 국민의 자유와 재산에 물리력을 행사할 수 있는 권한이 부여된다. 일방적 조치권은 법률유보의 원칙에 비추어 원칙상 법률의 근거가 있어야 한다.

Ⅱ. 행정행위의 공정력과 구성요건적 효력

1. 공정력과 구성요건적 효력의 구별

전통적 견해에 의하면 **공정력(公定力)**이라 함은 일단 행정행위가 행하여지면 비록 행정행위에 하자(또는 흠)가 있다 하더라도(위법 또는 부당하더라도) 그 흠이 중대하고 명백하여 무효로 되는 경우를 제외하고는 권한 있는 기관(취소권 있는 행정기관 또는 受訴法院)에 의해 취소되기 전까지는 **상대방 및 이해관계인뿐만 아니라 다른 행정청 및 법원**에 대하여 일단 유효한 것으로 통용되는 힘을 말한다고 정의하고 있다. 즉, 전통적 견해는 공정력을 행정행위의 상대방 및 이해관계인 뿐만 아니라 타 국가기관에도 미치는 효력이라고 보고 있다.

판례	행정행위의 공정력이란 행정행위가 위법하더라도 취소되지 않는 한 유효한 것으로 통용되는 효력을 의미한다[대판 1994.4.12, 93누21088(토지형질변경허가반려처분취소)].

　그런데 최근의 유력한 견해는 공정력과 구성요건적 효력을 구분한다.

　공정력과 구성요건적 효력을 구별하는 견해(구별긍정설)는 효력의 상대방의 차이에 따라 공정력과 구성요건적 효력을 구분하고 있다. 즉, 공정력은 행정행위의 상대방 또는 이해관계인에 대한 구속력이고, 구성요건적 효력은 제3의 국가기관에 대한 구속력(◉ 교육공무원임용시 법무부장관의 귀화허가의 교육부장관에 대한 구속력)이라고 보고 있다.

	공정력	구성요건적 효력
내 용	행정행위가 무효가 아닌 한 상대방 또는 이해 관계인은 행정행위가 권한 있는 기관(처분청, 행정심판위원회 또는 수소법원)에 의해 취소되기까지는 그의 효력을 부인할 수 없는 힘	무효가 아닌 행정행위가 존재하는 이상 비록 흠(하자)이 있는 행정행위일지라도, 모든 국가기관(지방자치단체 기관을 포함한 행정기관 및 법원 등)은 그의 존재, 유효성 및 내용을 존중하며, 스스로의 판단의 기초 내지는 구성요건으로 삼아야 하는 구속력
범 위	상대방 또는 이해관계인에 대한 구속력	모든 국가기관(지방자치단체기관을 포함한 행정기관 및 법원 등)에 대한 구속력
이론적 근거	행정의 안정성과 실효성 확보	권한과 직무 또는 관할을 달리하는 국가기관은 상호 타 기관의 권한을 존중하며 침해해서는 안 된다(국가기관간 권한존중의 원칙).
실정법상의 근거	행정소송법상의 취소소송에 관한 규정, 직권취소에 관한 규정, 처분의 쟁송기간을 제한하는 규정, 처분의 집행정지제도	행정권과 사법권의 분립규정, 행정기관 상호간의 사무분장 규정

생각건대, 공정력과 구성요건적 효력을 구별할 실익은 없지만, 다음 대비표에서와 같이 그 효력의 내용과 범위 및 이론적·법적 근거 등 상호 그 실질이 다른 것이므로 학문상 양자를 구별하는 것이 타당하다.

2. 공정력(행정행위의 잠정적 통용력)

> **행정기본법 제15조(처분의 효력)** 처분은 권한이 있는 기관이 취소 또는 철회하거나 기간의 경과 등으로 소멸되기 전까지는 유효한 것으로 통용된다. 다만, 무효인 처분은 처음부터 그 효력이 발생하지 아니한다.

(1) 개 념

공정력이라 함은 일단 행정행위가 행하여지면 비록 행정행위에 하자(또는 흠)가 있다 하더라도(위법 또는 부당하더라도) 그 흠이 중대하고 명백하여 무효로 되는 경우를 제외하고는 권한 있는 기관(취소권 있는 행정기관 또는 수소법원)에 의해 취소되기 전까지는 **상대방 및 이해관계인에 대하여 일단 유효**한 것으로 통용되는 힘을 말한다.

공정력은 행정행위의 적법성을 추정하는 효력은 아니다.

(2) 이론적 근거

오늘날에는 행정정책설(또는 법적 안정성설)이 통설로 되어 있다. 즉, 공정력은 행정의 원활한 수행, 행정법관계의 안정성(행정의 안정성과 행정행위의 상대방이나 제3자의 신뢰보호)을 보장하기 위하여 필요하다.

(3) 공정력의 한계

공정력은 처분에 대해 인정되는 효력이다.

처분이 무효 또는 부존재인 경우에는 공정력이 인정되지 않는다는 것이 일반적 견해이다.

3. 구성요건적 효력

(1) 개 념

구성요건적 효력(構成要件的 效力)이란 행정행위가 존재하는 이상 비록 흠(하자)이 있는 행정행위일지라도 무효가 아닌 한 제3의 국가기관은 법률에 특별한 규정이 없는 한 그 행정행위의 존재 및 내용을 존중하며, 스스로의 판단의 기초 내지는 구성요건으로 삼아야 하는 구속력을 말한다.

예를 들면, 법무부장관이 甲에게 귀화허가를 해 준 경우 동 귀화허가는 무효가 아닌 한 모든 국가 기관을 구속하므로 각 부장관은 甲을 국민으로 보고 처분 등을 하여야 한다.

(2) 근 거

구성요건적 효력을 직접 인정하는 법규정은 없다. 그러나 국가기관 상호간의 권한분배에서 그 근거를 찾을 수 있다. 즉, 국가는 법인체로서 통일된 의사를 가져야 하므로 국가기관은 특별한 규정이 없는 한 상호간에 타 기관의 권한 및 그 권한의 행사를 존중하여야 한다. 다만, 법률에 의해 권한이 부여된 경우에는 그 한도 내에서 구성요건적 효력이 배제된다.

(3) 구성요건적 효력의 범위와 한계

행정행위가 무효인 경우에는 구성요건적 효력이 미치지 않는다.

심화학습

[구성요건적 효력과 선결문제]

Ⅰ. 의 의

구성요건적 효력이 민사소송이나 형사소송에서의 **선결문제**에 미치는가 하는 문제가 제기된다. 보다 구체적으로 말하면 행정행위의 위법 여부, 효력 유무 또는 효력 부인이 민사소송이나 형사소송에서 선결문제로 되는 경우에 구성요건적 효력 때문에 민사소송이나 형사소송의 수소법원이 당해 선결문제를 심리·판단할 수 없게 되는가 하는 문제이다. 선결문제란 소송에서 본안판단을 함에 있어서 그 해결이 필수적으로 전제가 되는 법문제를 말한다.

Ⅱ. 민사소송에서의 선결문제와 구성요건적 효력

행정행위의 효력을 부인하는 것이 선결문제인 경우와 행정행위의 위법성을 확인하는 것이 선결문제인 경우를 구분하여야 한다. 민사소송에서의 선결문제와 구성요건적 효력에 관한 논의는 당사자 소송에도 그대로 타당하다.

1. 행정행위의 효력을 부인하는 것이 선결문제인 경우(부당이득반환청구소송의 경우)

행정행위의 효력을 상실시키는(부인하는) 것이 민사소송에서 선결문제가 된 경우에 **민사법원은 위법한 행정행위의 효력을 상실시킬 수 없다.** 공정력과 구성요건적 효력을 구분하지 않는 종래의 통설은 이것이 공정력에 반하기 때문이라고 하고, 공정력과 구성요건적 효력을 구별하는 견해는 구성 요건적 효력에 반하기 때문이라고 한다.

예를 들면, 국민이 조세부과처분의 위법을 이유로 이미 납부한 세금의 반환을 청구하는 소송(이 소송을 과오납금환급소송이라고 하는데 그 성질은 부당이득반환청구소송이다)을 제기한 경우에 당해 민사법원은 조세부과처분이 무효가 아닌 한 스스로 조세부과처분을 취소하고 납부된 세금의 반환을 명할 수 없다. 조세부과 처분의 취소가 본안문제(납부한 세금이 부당이득인지의 문제)에 대해 선결문제이며 조세부과처분이 취소되지 않는 한 이미 납부한 세금은 위법하지만 유효한 조세부과처분에 따라 납부된 것이므로, 부당이득이 되지 않는다.

2. 행정행위의 무효를 확인하는 것이 선결문제인 경우(부당이득반환청구소송(예 조세과오납금환급청구소송)의 경우)

구성요건적 효력은 행정행위가 무효인 경우에는 인정되지 않는다. 누구든지 행정행위의 무효를 주장 할 수 있고, **어느 법원도 행정행위의 무효를 확인할 수 있다.**

> **판례**
> 국세 등의 부과 및 징수처분 등과 같은 행정처분이 당연무효임을 전제로 하여 민사소송을 제기한 때에는 그 행정처분의 당연무효인지의 여부가 선결문제이므로, 법원은 이를 심사하여 그 행정처분의 하자가 중대하고 명백하여 당연무효라고 인정될 경우에는 이를 전제로 하여 판단할 수 있으나, 그 하자가 단순한 취소사유에 그칠 때에는 법원은 그 효력을 부인할 수 없다 할 것이다(대판 1973.7.10, 70다1439).

3. 행정행위의 위법성을 확인하는 것이 선결문제인 경우(국가배상청구소송의 경우)

행정행위의 효력을 상실시키는 것이 아니라 행정행위의 위법성을 확인하는 것이 민사소송에서 선결 문제가 된 경우에 행정행위의 효력 자체를 상실시키는 것이 아니라 행정행위의 위법성을 확인하는 데 그치는 것은 공정력(공정력과 구성요건적 효력을 구별하지 않는 견해) 또는 구성요건적 효력(공정력과 구성요건적 효력을 구별하는 견해)에 반하는 것이 아니므로 민사법원은 행정행위의 위법을 확인할 수 있다는 것이 다수견해이며 판례의 입장이다.

예를 들면, 영업허가의 취소에 의해 손해를 입은 자가 국가배상을 청구한 경우에 영업허가의 취소가 위법한지의 여부가 국가배상청구소송에서 선결문제가 된다. 왜냐하면 가해행위(손해를 발생시킨 행위)의 위법이 국가배상의 요건 중의 하나이기 때문이다. 국가배상책임을 인정하기 위하여는 영업허가의 취소의 위법만을 인정하면 되는 것이지 영업허가의 취소를 취소할 필요는 없다.

Ⅲ. 형사소송에서의 선결문제와 구성요건적 효력

형사소송에서도 행정행위의 효력을 부인하는 것이 선결문제인 경우와 행정행위의 위법성을 확인하는 것이 선결문제인 경우를 구분하여야 한다.

일반적 견해는 형사소송에서도 민사소송에서와 동일한 논거에 입각하여 동일한 해결을 하고 있다. 그러나 일부 견해는 형사소송의 특수성을 들어 공정력(또는 구성요건적 효력)은 형사재판에 미치지 않는다고 보고 있다.

1. 행정행위의 효력을 부인하는 것이 선결문제인 경우

행정행위의 효력을 부인하는 것이 형사소송에서 선결문제가 된 경우(영업허가가 취소되었음에도 영업을 계속한 자에 대하여 무허가영업을 한 죄로 기소한 경우에 영업허가의 취소처분의 효력을 부인하여야 무허가영업이 되지 않으므로 영업허가의 취소처분의 효력을 부인하는 것이 선결문제가 되는 경우), 형사법원이 행정행위의 하자를 심사하여 행정행위의 효력을 부인하는 것은 민사소송에서처럼 공정력(또는 구성요건적 효력)에 반하므로 인정될 수 없다고 보는 것이 다수의 견해이며 판례의 입장이다.

판례 1	대법원은 연령미달의 결격자인 피고인이 소외인(자신의 형)의 이름으로 운전면허시험에 응시하여 합격함으로 써 교부받은 운전면허를 가지고 운전한 것에 대해 무면허운전으로 기소된 사건에서 당해 운전면허는 당연무효가 아니고 취소되지 않는 한 유효하므로 무면허운전행위에 해당하지 않는다고 판시하였다[대판 1982.6.8, 80도2646(도로교통법 위반)].
판례 2	하자 있는 수입승인에 기초하여 수입면허를 받고 물품을 통관한 경우 당해 수입면허가 당연무효가 아닌 이상 무면허수입죄가 성립되지 않는다고 한 사례[대판 1989.3.28, 89도149(특정범죄가중처벌법 등에관한법률 위반)].

이 견해에 의하면 허가취소처분 후 영업을 하면 무허가영업이 되고, 형사법원이 허가취소처분의 효력을 부인할 수 없으므로 형사법원은 당해 허가취소처분이 위법하더라도 유죄판결을 내려야 한다. 만일 형사법원이 판결을 내리기전에 당해허가 취소처분이 취소소송에서 취소되면 그 허가 취소처분은 소급하여 효력을 상실하여 허가취소처분후의 영업행위는 무허가행위가 아닌 것이 되므로 형사법원은 무죄를 선고하여야한다.

판례 1	영업허가취소처분이 행정쟁송절차에 의하여 취소된 경우와 무허가영업: 영업의 금지를 명한 영업허가 취소처분 자체가 나중에 행정쟁송절차에 의하여 취소되었다면 그 영업허가취소처분은 그 처분시에 소급하여 효력을 잃게 되며, 그 영업허가취소처분에 복종할 의무가 원래부터 없었음이 확정되었다고 봄이 타당하고, 영업허가취소처분이 장래에 향하여서만 효력을 잃게 된다고 볼 것은 아니므로 그 영업허가취소처분 이후의 영업행위를 무허가영업이라고 볼 수는 없다[대판 1993.6.25, 93도277(식품위생법위반)].
판례 2	**운전면허취소처분을 받은 후 자동차를 운전하였으나 위 취소처분이 행정쟁송절차에 의하여 취소된 경우, 무면허운전의 성립 여부(소극):** 피고인이 행정청으로부터 자동차 운전면허취소처분을 받았으나 나중에 그 행정처분자체가 행정쟁송절차에 의하여 취소되었다면, 위 운전면허취소처분은 그 처분시에 소급하여 효력을 잃게 되고, 피고인은 위 운전면허취소처분에 복종할 의무가 원래부터 없었음이 후에 확정되었다고 봄이 타당할 것이고, 행정행위에 공정력의 효력이 인정된다고 하여 행정소송에 의하여 적법하게 취소된 운전면허취소처분이 단지 장래에 향하여서만 효력을 잃게 된다고 볼 수는 없다[대판 1999.2.5, 98도4239(도로교통법위반)].

판례 3	피고인 甲이 어업면허를 받아 피고인 乙과 동업계약을 맺고 피고인 乙의 비용으로 어장시설을 복구 또는 증설하여 어류를 양식하던 중 어업면허가 취소되었으나 피고인 甲이 행정소송을 제기하여 면허취소처분의 효력정지가처분결정을 받은 후 면허취소처분을 취소하는 판결이 확정되었다면, 피고인들 간의 거래는 어업권의 임대가 아니며 면허취소 후 판결로 그 처분이 취소되기까지 사이에 어장을 그대로 유지한 행위를 무면허어업행위라고 보아서 처벌할 수는 없다[대판 1991.5.14, 91도627(수산업법위반)]. 〈해설〉 판례는 유죄(무면허영업으로 인한 죄)의 판결이 선고되기 전에 그 행정행위(면허취소처분)가 하자 있는 행정행위로서 취소되었다면 그 행정행위는 처분시에 소급하여 효력을 잃게 되므로 범죄가 성립되지 않는다고 본 것이다.
판례 4	판례는 그 위법한 행정행위(조세부과처분)의 취소가 유죄판결(조세포탈죄)확정 후에 이루어진 경우에 형사소송법 제420조 제5호 소정의 재심사유에 해당한다고 보았다[대판 1985.10.22, 83도2933(여권법위반·외국환관리법위반·특정범죄가중처벌등에관한법률위반·조세범처벌법위반)].
판례 5	구 담배사업법(2014.1.21. 법률 제12269호로 개정되기 전의 것, 이하 '구 담배사업법'이라 한다) 제12조 제2항, 제16조 제1항, 제17조 제1항 제4호, 제2항, 제27조의3 제1호의 내용과 형식, 문언상 의미 등과 함께 형벌법규의 확장해석을 금지하는 죄형법정주의의 일반원칙 등에 비추어 보면, 구 담배사업법 제27조의3 제1호의 적용대상이 되는 '소매인 지정을 받지 아니한 자'는 처음부터 소매인 지정을 받지 않거나 소매인 지정을 받았으나 이후 소매인 지정이 취소되어 소매인자격을 상실한 자만을 의미하는 것으로 보아야 하고, 영업정지처분을 받았으나 아직 적법하게 소매인지정이 취소되지 않은 자는 여기에 해당하지 않는다[대판 2015.1.15, 2010도15213(담배사업법위반)].

이에 대하여 형사소송에서는 피고인의 인권보장이 고려되어야 하고 신속한 재판을 받을 권리가 보장 되어야 한다는 형사소송의 특수성을 이유로 형사재판에는 공정력(또는 구성요건적 효력)이 미치지 않는다고 보는 견해도 있다(박윤흔, 131면).

2. 행정행위의 위법성을 확인하는 것이 선결문제인 경우

행정행위의 위법성을 확인하는 것이 선결문제인 경우(시설개선명령에 따르지 않은 것을 이유로 기소된 경우에 철거명령 등 시설개선명령의 위법성 여부가 선결문제가 된다) 민사소송에서와 동일하게 행정행위의 위법성을 확인하는 것은 행정행위의 효력을 부인하는 것은 아니므로 공정력(또는 구성요건적 효력)에 반하지 않는다고 보는 것이 일반적 견해이다.

판례 1	도시계획법 제78조 제1항에 정한 처분이나 조치명령에 위반한 자에 대한 동법 제92조의 위반죄는 동 처분이나 조치가 위법한 경우에는 성립될 수 없다[대판 1992.8.18, 90도1709(도시계획법위반)].
판례 2	[1] 개발제한구역의 지정 및 관리에 관한 특별조치법(이하 '개발제한구역법'이라 한다) 제30조 제1항에 의하여 행정청으로부터 시정명령을 받은 자가 이를 위반한 경우, 그로 인하여 개발제한구역법 제32조 제2호에 정한 처벌을 하기 위하여는 시정명령이 적법한 것이라야 하고, 시정명령이 당연무효가 아니더라도 위법한 것으로 인정되는 한 개발제한구역법 제32조 제2호 위반죄가 성립될 수 없다. [2] 관할관청이 침해적 행정처분인 시정명령을 하면서 적법한 사전통지를 하거나 의견제출 기회를 부여하지 않았고 이를 정당화할 사유도 없어 시정명령은 절차적 하자가 있어 위법하므로, 피고인 乙에 대하여 같은 법 제32조 제2호 위반죄가 성립하지 않는다고 한 사례(대판 2017.9.21, 2017도7321).

행정행위의 위법 여부가 범죄구성요건의 문제로 되는 경우, 즉 위법한 명령에 따르지 않은 경우에는 범죄가 성립하지 않는다고 보는 경우에는 행정행위의 효력의 부인이 아니라 행정행위의 위법성을 확인하는 것이 형사소송의 선결문제가 된다. 행정기관의 하명(예 시정명령, 철거명령 등)의 위반죄의 경우에는 명문의 규정이 없는 경우(통상 법률은 하명위반죄의 경우 하명의 적법성을 구성요건으로 명시하고 있지 않다)에도 당해 하명이 적법할 것이 범죄구성요건이 된다고 보는 것이 일반적 견해이다. 왜냐하면, 통상 하명처분 위반죄의 보호법익은 당해 하명을 통해 보호하고자 하는 법익이 보호법익이고, 하명의 이행 자체가 보호법익이 아니며(최계영, 행정처분과 형벌, 21면) 위법한 명령에 따르지 않았다고 하여 처벌하는 것은 법치주의의 원칙 및 기본권보장규정을 위반하는 것이기 때문이다.

3. 행정행위의 무효를 확인하는 것이 선결문제인 경우

구성요건적 효력은 행정행위가 무효인 경우에는 인정되지 않으므로 형사법원은 행정행위의 무효를 확인하여 무죄를 선고할 수 있다.

Ⅲ. 구속력

1. 의 의

행정행위의 구속력이라 함은 유효한 행정행위의 내용상 구속력을 말한다. 행정행위는 효력이 있는 한 처분청 및 관계 행정청 그리고 상대방 및 이해관계인에 대하여 미친다. 무효인 행정행위는 구속력이 없다.

구속력은 공정력과 다르다. 공정력은 위법하더라도 무효가 아닌 한 유효한 행위로 하는 효력이고, 구속력은 적법한 행위 그리고 위법한 행위에서는 공정력을 전제로 유효한 행정행위의 내용상의 구속력이다.

행정행위가 철회되거나 취소되어 실효되면 행정행위는 효력과 구속력을 상실한다.

2. 종류 및 한계

행정행위의 구속력은 그 상대방에 따라 자기구속력, 구성요건적 효력, 규준력(선행행위의 후행행위에 대한 구속력)으로 나뉜다.

(1) 자기구속력

행정행위가 내용에 따라 처분행정청을 구속하는 힘을 자기구속력이라 한다. 처분청은 자신이 한 행정행위의 내용에 구속되며 그 내용과 모순되는 결정을 하여서는 안된다는 효력이다.

자기구속력은 자박력(自縛力)이라고도 한다.

부분허가의 자기구속력에 관하여는 이견이 없지만, 사전결정이 자기구속력을 갖는지에 관하여는 후술하는 바와 같이 긍정설과 부정설이 대립하고 있다. 긍정설에서도 자기구속력의 정도에 관하여 견해의 대립이 있다. 잠정적 행정행위는 자기구속력을 갖지 않는다(단계적 행정결정 참조).

(2) 구성요건적 효력

구성요건적 효력은 행정행위가 관계 행정청 및 법원 등 국가기관을 구속하는 효력이다. 이에 관하여는 전술한 바와 같다. 구성요건적 효력은 위법하더라도 무효가 아닌 한 효력을 부인할 수 없게 하는 효력과 그 내용에 따라 관계 행정청 및 법원을 구속하는 효력이다.

(3) 규준력

선행행정행위를 전제로 후행행정행위가 행해지는 경우에 선행행정행위가 후행행성행위에 미치는 구속력을 규준력(規準力)이라 한다(하자의 승계 참조).

Ⅳ. 존속력(또는 확정력)

행정행위가 일단 행하여진 경우에는 그 행정행위에 기초하여 법률관계가 계속 형성되므로 그 행정행위의 효력을 가능한 한 존속시키는 것이 법적 안정성을 위하여 필요하다. 그리하여 하자 있는 행정행위라도 일정한 경우(불복제기기간의 경과 또는 특수한 성질의 행정행위)에는 행정행위에 취소될 수 없는 힘이 부여되는데 이것을 **존속력(또는 확정력)**이라 한다. 존속력에는 불가쟁력과 불가변력이 있다.

1. 불가쟁력(형식적 확정력)

불가쟁력(不可爭力)이란 하자 있는 행정행위라 할지라도 그에 대한 불복기간[행정불복제기 기간 또는 출소기간(出訴期間)]이 경과하거나 쟁송절차가 종료된 경우에는 더 이상 그 행정행위의 효력을 다툴 수 없게 하는 효력을 말한다. 불가쟁력은 형식적 확정력 또는 절차적 확정력이라고도 한다.

이와 같은 불가쟁력을 인정하는 것은 행정행위의 효력을 신속히 확정하여 행정법관계의 안정성을 확보하기 위한 것이다.

위법한 행정행위를 다투고자 하는 자는 법상 정해진 단기의 불복기간 내에 행정심판 또는 행정소송을 제기하여야 하며 그러하지 않으면 더 이상 다툴 수 없게 된다. 만일 불복기간이 넘어 행정심판이나 행정소송을 제기하면 부적법으로 각하된다.

2. 불가변력(실질적 확정력)

(1) 의 의

불가변력(不可變力)이라 함은 행정행위를 한 행정청이 당해 행정행위를 직권으로 취소 또는 변경할 수 없게 하는 힘을 말한다. 불가변력을 **실질적 확정력 또는 실체적 존속력**이라고도 부른다. 불가변력은 법령에 명문의 규정이 없는 경우에도 행정행위의 성질에 비추어 인정되는 효력이다.

(2) 인정범위

1) 준사법적 행정행위 등

준사법적 행정행위에 불가변력을 인정하는 것이 일반적 견해이다. 일정한 쟁송절차를 거쳐 행해지는 사법적 성질의 행정행위(예 행정심판의 재결)는 그 행위의 성질상 법원의 재판행위에서처럼 법률상 인정된 별도의 불복절차를 통하지 않고는 취소 또는 변경될 수 없는 것으로 하여야 한다.

2) 확인행위

확인행위(예 국가시험합격자결정 또는 당선인결정 등)는 쟁송절차를 거쳐 행해지지는 않지만 다툼이 있는 사실 또는 법률관계에 대하여 공적 권위를 가지고 확인하는 행위이므로 성질상 처분청이 스스로 변경할 수 없고, 다만 중대한 공익상 필요가 있거나, 상대방에게 귀책사유가 있는 경우 예외적으로 취소할 수 있는 상대적 불가변력이 발생하는 것으로 보는 것이 다수견해이지만, 취소권이 제한되는 경우로 보는 것이 타당하다.

V. 강제력

행정결정의 실효성을 확보하기 위하여 행정결정에 강제력이라는 우월한 힘이 인정된다. 강제력에는 자력집행력과 제재력이 있다.

자력집행력이란 행정법상의 의무를 이행하지 아니할 경우에 행정청이 직접 실력을 행사하여 자력으로 그 의무의 이행을 실현시킬 수 있는 힘을 말한다.

제재력이란 행정행위의 상대방이 행정행위에 의해 부과된 의무를 위반하는 경우에는 그에 대한 제재로서 행정벌(행정형벌 또는 행정질서벌)이 과해지는 경우를 말한다.

제2항 권리구제수단의 특수성

행정권의 행사에 의해 국민의 권리가 침해된 경우에는 사권(私權)의 구제수단과는 다른 특별한 구제수단이 인정되고 있다. 그 주된 이유는 권리침해가 우월한 지위에 있는 공권력주체에 의해 행하여졌다는 점과 국민의 권리구제와 함께 공익의 보장도 고려하여야 한다는 데 있다.

I. 행정상 손해전보

행정상 손해전보(行政上 損害塡補)라 함은 공권력 행사로 야기된 손해를 전보하여 주는 제도를 말한다. 현행 행정상 손해전보제도는 위법한 공권력 행사로 인하여 발생된 손해를 국가나 지방자치단체가 배상하도록 하는 국가배상(행정상 손해배상)과 적법한 공권력 행사로 인하여 발생한 손실을 보상하여 주는 행정상 손실보상으로 나누어진다.

II. 행정쟁송

행정상 쟁송제도에는 행정심판, 행정소송, 헌법소원이 있다. 행정심판과 행정소송은 선통석인 구제제도이다. 그리고 현행 헌법은 공권력 행사에 의해 국민의 기본권이 침해된 경우에 그 침해된 기본권의 구제를 위해 전통적인 구제제도의 보충적인 구제제도인 헌법소원을 인정하고 있다.

행정심판은 사법분야에서는 볼 수 없는 구제제도이고, 행정소송법은 행정사건의 특수성에 비추어 민사소송에 대한 여러 가지 특례(출소기간의 제한, 집행부정지의 원칙, 사정판결 등)를 규정하고 있다.

제4절 공 권

제1항 공권의 의의와 종류

공권(公權)이란 공법관계에서 직접 자기를 위하여 일정한 이익을 주장할 수 있는 법률상의 힘을 말한다.

공권에는 국가적 공권과 개인적 공권이 있다. 행정법에서 통상 공권이라 함은 개인적 공권을 말한다.

국가적 공권[8]이라 함은 행정주체가 우월한 의사의 주체로서 행정객체에 대하여 가지는 권리를 말한다. 개인적 공권이라 함은 개인이 행정주체에 대하여 가지는 공권을 말한다.

제2항 개인적 공권

Ⅰ. 개인적 공권의 의의

개인적 공권[9]이란 개인이 직접 자기의 이익을 위하여 행정주체에게 일정한 행위를 할 것을 요구할 수 있는 공법에 의해 주어진 법적인 힘이다.

개인적 공권에 대응하여 행정권에게는 일정한 작위 또는 부작위의 의무가 부과된다.

Ⅱ. 개인적 공권의 성립요건(공권의 3요소론에서 공권의 2요소론으로)

오늘날 공권이 성립하기 위하여는 다음의 두 요건이 갖추어져야 한다.

---

8) 목적 기준 – 조직권, 경찰권, 행정계획권, 공용부담특권, 공기업특권, 조세권, 전매권, 재정권
   내용 기준 – 명령권, 강제권, 형성권, 공법상 물권
9) 자유권 – 신체의 자유, 통신의 자유, 거주이전의 자유, 신앙의 자유, 직업선택의 자유
   수익권 – 특정행위요구권, 공물사용권, 공법상 금전청구권, 영조물이용권, 공기업이용권
   참정권 – 공무원선거권, 공무담임권, 국민투표권

① 강행법규(공법)에 의해 행정주체에게 일정한 행위(작위 또는 부작위)를 하여야 할 의무가 부과되고 있어야 한다(강행법규성). 행정주체의 의무에는 기속행위에서의 특정행위를 할 의무뿐만 아니라 재량행위에서의 하자 없이 행정권을 행사할 의무도 포함된다. 즉, 재량행위에서도 공권이 성립될 수 있다.

② 그 법규가 공익의 보호와 함께 사익의 보호를 목적으로 하고 있어야 한다(사익보호성). 일반적으로 공법법규는 공익의 보호를 제1차적 목적으로 한다. 그런데 공법법규가 공익의 보호와 함께 사익의 보호를 목적으로 하는 경우가 있고 이 경우에만 공권이 성립하게 된다.

Ⅲ. 공권, 법적 이익 및 반사적 이익의 구별

1. 공권과 법적 이익

종래에는 공권과 법적 이익을 구별하였다. 그것은 법에 의해 보호된 이익이라도 재판을 통한 이익의 실현이 보장되지 않는 경우(청구권능이 부여되지 않은 경우)가 있었고 이 경우는 법적 이익(법상 보호된 이익)이지만 권리는 아니라고 보았다.

그러나 오늘날 공권의 성립에 별도의 청구권능의 부여는 요구되지 않게 되었고 공법에 의한 사익의 보호만으로 공권이 성립되는 것으로 되었으므로 공권과 법적 이익의 구별은 없어졌고 법적이익은 공권에 포섭되었다.

2. 공권(법적 이익)과 반사적 이익의 구별

공권과 반사적 이익은 구별하여야 한다. 반사적 이익이란 공법이 공익을 위하여 행정주체나 그 객체에게 어떠한 작위 또는 부작위의 의무를 부과하거나 또는 행정주체가 어떠한 공공시설을 운영함으로써 결과적으로 개인이 반사적으로 받게 되는 이익을 말한다.

예컨대, 의료법에서 의사에게 환자를 진료할 의무를 부과함으로써 일반인이 반사적으로 진료를 받게 되는 이익이 그 예이다.

(1) 공권과 반사적 이익의 구별실익

1) 법에 의한 보호여부

반사적 이익은 법에 의해 직접 보호된 이익이 아니므로 그 이익이 침해되어도 재판을 통하여 구제되지 않는다. 공권(법적 이익 포함)은 법에 의해 보호되는 이익이므로 공권이 침해된 자는 재판을 통하여 권익의 구제를 청구할 수 있다.

2) 원고적격

공권이 침해된 자는 행정소송에서 원고적격(소송을 제기할 자격)이 인정되지만, 반사적 이익이 침해된 자는 원고적격이 인정되지 않는다. 다만, 위와 같은 결론은 원고적격에 관하여 통설 및 판례의 견해인 '법적이익구제설'을 취하는 견해에 입각할 때 타당하다.

원고적격에 관하여 '소송상 구제할 가치 있는 이익설'을 취하는 견해에 따르면 실체법상의 문제인 법적 이익의 범위의 문제와 소송법적 문제인 원고적격의 문제는 다른 차원의 문제이다. 소송상 구제할 가치 있는 이익설에 의하면 법적 이익이 침해된 경우에는 당연히 원고적격이 인정되고, 법적 이익이 아닌 사실상 이익이 침해된 경우에도 소송상 구제할 가치가 있다고 판단되는 경우에는 원고적격이 인정되게 된다.

3) 국가배상에서의 손해의 발생

국가배상에서 단순한 반사적 이익이 침해된 경우 손해가 발생하였다고 할 수 없다.

(2) 공권과 반사적 이익의 구별기준

공권과 반사적 이익의 구별기준은 처분의 근거 및 관계법규의 목적이 된다. 근거 내지 관계법규가 공익의 보호와 함께 사익(개인의 이익)의 보호도 그 목적으로 하고 있다고 해석되는 경우에 공권이 성립된다.

근거법규란 공익목적을 위하여 행정주체에게 일정한 작위 또는 부작위를 발생시키는 실정법규를 말한다.
근거법규는 처분의 근거법규를 말한다. 다만, 근거법규는 광의로는 처분의 직접적인 근거법규뿐만 아니라 환경영향평가를 규정하는 환경영향평가법과 같은 관계법규도 포함한다.

근거법규 내지 관계법규에 의해 보호되는 이익은 개인적 이익이어야 한다. 법에 의해 보호되는 공익은 법적 이익(공권)이 아니다.

예를 들면, 이웃의 채광을 보호하는 건축법의 규정은 주거환경의 보호라는 공익목적과 함께 인근주민의 채광(採光)의 이익(개인적 이익, 사익)을 아울러 보호하는 것을 목적으로 하고 있다고 해석되는데 이 경우 인근주민의 채광의 이익은 공권이다. 이에 반하여 건축물의 색채의 규제는 미관의 보호라는 공익목적만을 갖는 규정이므로 건축물의 색채의 규제에 따른 주민이 향유하는 미관의 이익은 반사적 이익이다.

Ⅳ. 공권과 기본권

행정법상 공권은 법적으로 주장할 수 있는 구체적 권리이다. 헌법상의 기본권도 그것이 구체적인 내용을 갖고 있어 법률에 의해 구체화되지 않아도 직접 적용될 수 있는 경우에는 보충적으로 재판상 주장될 수 있는 공권으로 보아야 할 것이다. 자유권, 평등권과 재산권이 그 예이다.

Ⅴ. 무하자재량행사청구권

1. 의 의

무하자재량행사청구권(無瑕疵裁量行使請求權)이라 함은 행정청에게 재량권이 부여된 경우에 행정청에 대하여 재량권을 흠 없이 행사하여 줄 것을 청구할 수 있는 권리를 말한다.

2. 무하자재량행사청구권의 독자성 인정 여부

무하자재량행사청구권을 독자적 권리로 인정할 필요가 있는가에 관하여 그 권리의 독자적인 존재 의의를 부정하는 견해와 긍정하는 견해의 대립이 있다.

무하자재량행사청구권은 재량행위에 대한 항고소송에서 원고적격을 인정하기 위하여는 그 실익이 없으나(무하자재량행사청구권이라는 개념이 없어도 원고적격이 인정될 수 있다), 재량행위에서도 공권이 인정될 수 있다는 것과 인정되는 권리가 어떠한 권리인지를 설명하여 줄 수 있고, 의무이행심판이나 의무이행소송에서 적법재량행사를 명하는 재결이나 판결의 실체법적 근거가 된다는 점에서 그 인정 실익이 있다.

3. 재량권의 영(零)으로의 수축

재량권의 영으로의 수축이라 함은 일정한 예외적인 경우에 재량권이 있는 행정청에게 선택의 여지가 없어지고 특정한 내용의 처분을 하여야 할 의무가 생기는 것을 말한다. 일반적으로 다음과 같은 경우에 재량권이 영으로 수축된다고 본다: ① 사람의 생명, 신체 및 재산 등 중요한 법익에 급박하고 현저한(중대한) 위험이 존재하고(예 공장으로부터 배출기준을 초과하는 유해한 폐수가 하천으로 배출되어 식수로 사용하는 인근의 지하수를 오염시키고 있는 경우), ② 그러한 위험이 행정권의 발동(예 시정명령 또는 조업중지명령)에 의해 제거될 수 있는 것으로 판단되며, ③ 피해자의 개인적인 노력으로는 권익침해의 방지가 충분하게 이루어질 수 없다고 인정되는 경우가 그러하다. 재량권이 영으로 수축하는 경우 행정청은 특정한 내용의 처분을 하여야 할 의무를 진다. 재량권이 영으로 수축하는 경우에는 무하자재량행사청구권은 특정한 내용의 처분을 하여 줄 것을 청구할 수 있는 행정행위발급청구권 또는 행정개입청구권으로 전환된다.

4. 무하자재량행사청구권의 실현수단

재량권이 부담적 행정행위(예 제재처분, 허가의 취소나 정지처분) 에 있어서 인정되고 그 경우에 재량권의 행사가 재량권의 한계를 넘은 경우(선택재량의 하자)에 당사자는 처분의 취소를 구하는 취소심판 또는 취소소송을 제기하여 무하자재량행사청구권을 실현할 수 있다.

재량권이 수익적 행정행위에 있어서 인정되는 경우에 수익적 행정행위의 신청(예 공직임용의 신청, 특허의 신청)에 대하여 **거부**를 함에 있어서 재량권이 남용된 경우(결정재량의 하자)에 당사자는 의무이행 심판 또는 거부처분에 대하여 취소소송을 제기하여 무하자재량행사청구권을 실현할 수 있다. 거부처분에 대한 구제수단으로는 의무이행소송이 보다 직접적인 구제수단이지만 현행법상 인정 되고 있지 않다.

재량권이 수익적 행정행위에 있어서 인정되는 경우에 수익적 행정행위의 신청에 대하여 행정기관이 그 신청을 방치하므로 **부작위**가 성립하는 경우에 당사자는 의무이행심판이나 부작위위법확인소송을 제기할 수 있다. 이 경우의 구제수단으로는 의무이행소송이 보다 직접적인 구제수단이지만 현행법상 인정되고 있지 않다.

재량권이 수익적 행위에 있어서 인정되는 경우에 수익적 행정행위의 신청에 대하여 행정기관이 일부 인용의 수익적 처분을 내린 경우 이를 거부처분으로 보고 취소소송을 제기하여 무하자재량행사청구권을 실현할 수 있다.

행정권 발동의 청구에 대해 행정청이 당해 행정권을 발동하지 않은 경우의 쟁송수단은 재량행위인 수익적 행정행위를 청구한 경우와 같다.

행정소송법 개정에 따라 의무이행소송이 도입되면 무하자재량행사청구권에 대응하여 적법재량행사명령판결이 가능하게 된다.

5. 무하자재량행사청구권과 원고적격의 관계

무하자재량행사청구권은 재량법규가 사익을 보호하는 경우에 인정되는 실체적 권리이므로 무하자 재량행사청구권이 인정되는 경우에는 원고적격이 인정된다. 원고적격을 인정하기 위해 무하자재량행사청구권이라는 개념이 반드시 필요한 것은 아니다. 원고적격론에 따라 재량처분의 근거법규가 사익을 보호하는 경우 원고적격이 인정되는 것이다.

[행정권발동청구권]

Ⅰ. 의 의

행정권발동청구권은 자신의 권익을 위하여 행정권의 적극적 발동을 청구할 수 있는 권리이다. 광의의 행정개입청구권이라고도 한다. 행정권발동청구권은 자신에 대하여 행정권의 발동을 청구하도록 요구하는 권리(행정행위발급청구권)와 제3자에 대한 행정권의 발동을 청구하는 권리(협의의 행정개입청구권)로 나눌 수 있다.

Ⅱ. 행정행위발급청구권

1. 개 념

행정행위발급청구권이라함은 개인이 자기의 권익을 위하여 자기에 대하여 특정한 내용의 행정권을 발동하여 줄 것을 청구할 수 있는 권리를 말한다.

행정행위발급청구권이 인정되기 위하여는 ① 강행법규가 행정청에게 일정한 행위를 하여야 할 의무를 부과하고 있고(강행법규성, 발급의무), ② 그러한 법규가 공익의 보호뿐만 아니라 개인의 이익도 보호하는 것을 목적으로 하고 있어야 한다(사익보호성).

2. 실현수단

행정행위발급청구권이 침해된 경우라는 것은 그 권리를 갖는 개인이 행정청에게 특정 내용의 행정권행사를 하여줄 것을 청구했음에도 행정청이 거부하거나 방치(부작위)한 경우를 말한다. 이 경우에 권리자는 의무이행심판을 제기한 후 다음과 같은 행정소송을 제기하거나 아니면 의무이행심판을 제기함이 없이 직접 다음과 같은 행정소송을 제기할 수 있다. 행정소송수단으로는 거부처분에 대하여는 거부처분의 취소소송을 제기하고, 부작위에 대하여는 부작위위법확인소송을 제기한다. 취소소송이나 부작위위법확인소송에서 인용판결이 났음에도 행정청이 청구된 행정권의 행사를 계속하지 않는 경우에는 간접강제제도에 의해 그 판결의 이행이 강제된다(행정소송법 제3조, 제3조 제2항).

Ⅲ. 협의의 행정개입청구권

[문 제] 공장으로부터 배출기준을 초과하는 유해한 폐수가 하천으로 배출되어 식수로 사용되고 있는 인근 지하수를 오염시키고 있는 경우에 지하수를 이용하는 인근주민은 공장사업자에게 공해배출의 금지를 명하도록 행정청에게 청구할 수 있는가?

1. 개 념

협의의 행정개입청구권이라 함은 어떠한 행정권의 발동(유해한 폐수를 배출하는 기업에 대한 조업중지명령)이 그 상대방(기업)에 대하여는 침해적이고 제3자(인근주민)에 대하여는 수익적인 경우에 그 행정권의 발동으로 이익을 받는 제3자가 행정청에게 그 상대방에 대한 행정권의 발동을 청구할 수 있는 권리를 말한다.

2. 성립요건

행정개입청구권이 인정되기 위하여는 ① 행정청에게 개입의무(행정권의 발동의무)가 있어야 하고(강행법규성 및 개입의무), ② 행정권의 발동에 관한 법규가 공익뿐만 아니라 제3자(행정개입청구자)의 사익을 보호하고 있어야 한다(사익보호성).

(1) 행정청의 개입의무(행정권의 발동의무)의 존재

행정권의 발동여부는 원칙상 행정청의 재량에 속한다. 왜냐하면, 행정권 발동의 대상이 되는 행정현실이 매우 다양하며 행정수단이 제약되어 있기 때문이다. 그러나 법에서 행정권의 발동여부에 관하여 행정권의 재량을 인정하지 않고 있는 경우가 있고, 법에서 행정권의 발동에 관하여 행정청에게 재량권을 부여하고 있는 경우에도 당해 재량권이 영으로 수축하는 경우와 이익형량상 개입의무가 인정되는 경우에는 행정청에게 개입의무가 존재한다.

(2) 사익보호성

오늘날 행정권의 발동을 규율하는 법규가 공익의 보호뿐만 아니라 개인의 이익도 보호하는 것을 목적으로 하고 있는 경우도 있고 이 경우에 개인이 받는 이익은 법적이익이 된다.

3. 인정범위

행정개입청구권은 이론적으로는 모든 행정영역에서 인정될 수 있다. 그런데 행정개입청구권은 주로 행정개입을 청구하는 국민의 생명·신체 및 재산을 보호하기 위하여 인정되는 것이기 때문에 경찰행정(질서행정)분야에서 주로 인정된다.

행정개입청구권은 기속행위의 경우에는 당연히 인정된다. 재량행위의 경우에는 무하자재량행사청구권이 인정되고 행정개입청구권은 원칙상 인정되지 않지만, 전술한 바와같이 재량권이 영[0]으로 수축하는 경우와 이익형량상 개입의무가 인정되는 경우에는 무하자재량행사청구권은 행정개입청구권으로 전환되어 행정개입청구권이 인정된다.

4. 실현수단

(1) 행정쟁송

현행 행정쟁송법상행정권이 발동되지 않음으로써 침해된 제3자(행정권의 발동을 청구한 자)의 권익의 구제를 위한 쟁송수단이 마련되어 있다. 행정심판으로는 의무이행심판이 인정되고 있다.

행정개입청구권의 보장을 위한 가장 적절한 소송수단은 의무이행소송이지만 현행법상 인정되고 있지 않다. 그러나 행정개입청구권은 거부처분의 취소소송 또는 부작위위법확인소송을 통하여 실현될 수 있다(행정소송법 제3조, 제3조 제2항).

(2) 국가배상

행정권이 발동되지 않음으로써 손해를 입은 경우에는 항고쟁송의 제기와 별도로 국가배상을 청구할 수 있다.

권리침해가 이미 발생하여 항고쟁송의 제기로 구제될 수 있는 이익(소의 이익)이 존재하지 않는 경우에는 국가배상만이 가능하다.

예를들면, 무장공비가 민가에 침입하여 주민과 격투가 벌어지고 있는 경우에 경찰력의 출동을 요청하였음에도 경찰력이 출동하지 않아 공비와 격투를 벌이던 주민이 사망하게 된 경우에는 국가배상청구만이 가능하다.

[문제의 해결] 인근주민에게 행정개입청구권이 있는가 하는 것이 문제된다. 인근주민의 이익은 법적 이익으로 보이고, 행정청의 공해배출금지명령은 원칙상 재량행위이나 사안에서 행정청의 재량권이 영[0]으로 수축하는 것으로 보이므로 인근주민은 공해배출금지를 명하도록 행정청에게 청구할 수 있고, 행정청은 공해배출금지명령을 발할 의무가 있다.

제5절 특별행정법관계(종전의 특별권력관계)

Ⅰ. 개 념

특별행정법관계란 특별한 행정목적을 달성하기 위하여 특별권력기관과 특별한 신분을 가진 자와의 사이에 성립되는 특별한 법률관계를 말한다(예 군인의 군복무관계, 공무원의 근무관계, 교도소재소관계, 국공립학교의 재학관계 등).

특별행정법관계는 행정주체와 일반 국민 사이에 성립되는 일반행정법관계에 대응하는 개념이다. 특별행정법관계는 특별권력관계라는 개념을 대체하는 개념으로 사용된다.

Ⅱ. 특별행정법관계의 종류

특별행정법관계는 다음의 네 가지로 분류한다. 공법상의 근무관계(예 군복무관계, 국가공무원의 근무관계, 지방공무원의 근무관계), 공법상의 영조물이용관계(예 국공립학교에의 재학관계, 국공립도서관이용관계, 교도소 재소관계, 전염병환자의 국공립병원에의 입원관계), 공법상 특별감독관계(예 공공조합, 공무수탁자와 국가와의 특별감독관계), 공법상의 사단관계(예 공공조합과 그 조합원과의 관계)가 그것이다.

Ⅲ. 특별행정법관계와 법치주의

종전의 특별권력관계를 어떠한 성질의 관계로 보는가에 따라 그 관계에 대한 법치주의의 적용에 관하여 다른 견해를 취하게 되나 오늘날에는 일반적으로 특별권력관계에도 법치주의원리가 적용된다고 본다. 따라서 법률유보의 원칙이 적용되며, 제한된 범위에서는 사법심사가 가능하다고 본다.

제6절 행정법관계의 변동(발생·변경·소멸)

제1항 법률요건

법률관계의 발생·변경·소멸의 원인이 되는 것을 법률요건이라 한다. 법률요건은 법률관계의 변동원인이다. 법률요건에는 행위, 사건 등이 있다.

행정법상의 법률관계는 행정주체의 공법행위 또는 사인의 공법행위 및 사건에 의해 발생·변경·소멸된다.

제2항 행정주체의 행위

행정주체의 공법행위는 매우 다양하다. 행정주체의 공법행위를 성질에 따라 유형화한 것이 행위 형식인데, 행정입법, 행정행위, 공법상 계약, 사실행위 등이 이에 속한다. 이에 관하여는 후술한다.

법적 행위만이 법률관계에 변동을 가져오며 사실행위는 법률관계의 변동을 가져오지 않는다.

제3항 사인의 공법상 행위

Ⅰ. 개 념

사인의 공법상 행위란 사인이 공법상의 권리와 의무로서 하는 행위를 말한다. 사인의 공법행위는 사인의 공법상 행위 중 법률행위의 성질을 갖는 것만을 지칭하는 것이다.

Ⅱ. 사인의 공법상 행위의 종류

사인의 공법상 행위는 여러 기준에 의해 분류할 수 있다.

① 법적 행위인 경우도 있고, 사실행위인 경우도 있다. 사실행위의 예로는 행정감시행위, 쓰레기 분리배출행위 등이 있다. 법적 행위는 다시 다음과 같이 구분될 수 있다. 행위의 성질을 기준으로 단독행위(허가신청, 이의신청, 신청, 신고 등), 공법상 계약(사인 상호간의 토지수용에 관한 협의), 공법상 합동행위(공공조합 설립행위)로 나누어진다.

② 행위의 효과를 기준으로 그 행위 자체로서 법률효과를 완결하는 **자기완결적 공법행위**(예 자기완결적 신고, 사인 상호간의 공법행위, 투표행위)와 행정주체의 어떠한 공법행위의 요건이 되는 데 그치고 그 자체로서 완결된 법률효과를 발생시키지 못하는 **행위요건적 공법행위**(예 신청행위, 동의, 승낙, 사직원의 제출)로 나눈다.

Ⅲ. 사인의 공법행위

1. 개 념

사인의 공법행위라 함은 공법적 효과의 발생을 목적으로 하는 사인의 법적 행위를 말한다.

2. 사인의 공법행위에 대한 적용법규

사인의 공법행위에 대한 **일반법은 없다**. 다만, 행정절차법은 처분의 신청절차, 신고절차에 대한 일반적 규정을 두고 있다.

사인의 공법행위에 적용할 법규정이 없는 경우에는 민법상의 법원칙, 의사표시나 법률행위에 관한 규정을 원칙상 적용할 수 있다. 다만, 사인의 공법행위와 사법행위의 성질상의 차이가 있는 경우에는 그 한도 내에서 사법규정을 적용할 수 없거나 수정하여 적용하여야 한다.

3. 사인의 공법행위의 효과

사인의 공법행위 중 자기완결적 공법행위는 사인의 공법행위로 효력이 발생하고 행정청의 별도의 조치가 필요 없다. 그런데 신청 등 일정한 행위요건적 공법행위에 대하여는 행정청에게 처리의무(응답의무 또는 신청에 따른 처분의무)가 부과된다.

4. 신 청

(1) 신청의 의의

신청이라 함은 사인이 행정청에 대하여 일정한 조치를 취하여 줄 것을 요구하는 의사표시를 말한다. 신청은 공법상 의사표시이다(대판 2018.6.15, 2017두49119).

행정절차법은 제17조에서 처분을 구하는 신청의 절차를 규정하고 있다. 이에 반하여 민원사무처리에 관한 법률 시행령 제2조 제2항은 처분에 대한 신청, 법령해석의 신청 등을 규율하고 있다.

(2) 신청과 권리구제

신청에 대한 거부처분에 대하여는 의무이행심판이나 취소심판 또는 취소소송으로, 부작위에 대하여는 의무이행심판 또는 부작위위법확인소송으로 다툴 수 있다.

신청인은 접수거부와 부당하게 보완을 요구하는 신청서의 반려조치를 신청에 대한 거부처분으로 보고 항고소송을 제기할 수 있고, 그로 인하여 손해를 입은 경우에 국가배상을 청구할 수 있다. 적법한 신청에 대해 접수는 하였지만, 반려함이 없이 부당하게 보완명령을 한 경우 보완명령은 처분이 아니므로 당해 보완명령을 다툴 수는 없다. 다만, 신청인은 부작위위법확인소송을 제기하거나 보완명령이 실질적으로 거부처분에 해당하는 경우 거부처분취소소송을 제기할 수 있다.

[신 고]

Ⅰ. 신고의 의의

신고라 함은 사인이 행정기관에게 일정한 사항에 대하여 알려야 하는 의무가 있는 경우에 그것을 알리는 것을 말한다.

Ⅱ. 신고의 종류

1. 자기완결적 신고와 수리를 요하는 신고   [2012 사시 사례]

(1) 자기완결적 신고

1) 의 의

자기완결적 신고는 신고의 요건을 갖춘 신고만 하면 신고의무를 이행한 것이 되는 신고를 말한다. 자기완결적 신고는 자족적 신고, 자체완성적공법행위로서의 신고등으로도 불린다.

자기완결적 신고의 경우 적법한 신고만 있으면 신고의무를 이행한 것이 되고 신고의 효과가 발생한다. 따라서 적법한 신고만 있으면 행정청의 수리가 없더라도 신고의 대상이 되는 행위를 적법하게 할 수 있고, 과태료나 벌금의 부과 등 어떠한 불이익도 받지 않는다.

2) 성질과 권리구제

자기완결적 신고의 수리는 단순한 접수행위로서 법적 효과를 발생시키지 않는 사실행위이다.

따라서 자기완결적 신고의 수리행위나 수리거부행위는 원칙상 항고소송의 대상이 되는 처분이 아니다.

판례 1	구 건축법 제9조 제1항에 의하여 건축신고를 함으로써 건축허가를 받은 것으로 간주되는 경우에는 건축을 하고자 하는 자가 적법한 요건을 갖춘 신고만 하면 행정청의 수리행위 등 별다른 조치를 기다릴 필요 없이 건축을 할 수 있는 것이므로, 행정청이 위 신고를 수리한 행위가 건축주는 물론이고 제3자인 인근 토지 소유자나 주민들의 구체적인 권리 의무에 직접 변동을 초래하는 행정처분이라 할 수 없다[대판 1999.10.22, 98두18435(증축신고수리처분취소)]. 〈해설〉 이에 대하여 건축신고로 건축허가가 의제되므로(건축허가는 처분이므로) 건축신고수리도 처분으로 볼 수 있다는 견해가 있다. 건축신고 및 건축신고철회를 처분으로 본 판례도 있다(대판 2012.3.15, 2011두27322). 그리고 건축신고의 반려행위 또는 수리거부행위는 항고소송의 대상이 되는 처분이라는 것이 판례의 입장이다(대판 전원합의체 2010.11.18, 2008두167).
판례 2	구 체육시설의설치·이용에관한법률 제16조, 제34조, 같은법시행령 제16조의 규정을 종합하여 볼 때, 등록체육시설업에 대한 사업계획의 승인을 얻은 자는 규정된 기한 내에 사업시설의 착공계획서를 제출하고 그 수리 여부에 상관없이 설치공사에 착수하면 되는 것이지, 착공계획서가 수리되어야만 비로소 공사에 착수할 수 있다거나 그 밖에 착공계획서 제출 및 수리로 인하여 사업계획의 승인을 얻은 자에게 어떠한 권리를 설정하거나 의무를 부담케 하는 법률효과가 발생하는 것이 아니므로 행정청이 사업계획의 승인을 얻은 자의 착공계획서를 수리하고 이를 통보한 행위는 그 착공계획서 제출사실을 확인하는 행정행위에 불과하고 그를 항고소송이나 행정심판의 대상이 되는 행정처분으로 볼 수 없다(대판 2001.5.29, 99두10292).

　다만, 자기완결적 신고 중 건축신고와 같은 금지해제적 신고의 경우에 신고가 반려될 경우 당해 신고의 대상이 되는 행위를 하면 시정명령, 이행강제금, 벌금의 대상이 되는 등 신고인이 법적 불이익을 받을 위험이 있는 경우에는 그 위험을 제거할 수 있도록 하기 위하여 신고거부(반려)행위의 처분성을 인정할 필요가 있다. 판례도 이러한 입장을 취하고 있다.

판례 1	**행정청의 건축신고 반려행위 또는 수리거부행위가 항고소송의 대상인지 여부(적극):** 건축법 (2008.3.21. 법률 제8974호로 전부 개정되기 전의 것) 관련 규정의 내용 및 취지에 의하면, 건축주 등으로서는 신고제하에서도 건축신고가 반려될 경우 당해 건축물의 건축을 개시하면 시정명령, 이행강제금, 벌금의 대상이 되거나 당해 건축물을 사용하여 행할 행위의 허가가 거부될 우려가 있어 불안정한 지위에 놓이게 된다. 따라서 건축신고 반려행위가 이루어진 단계에서 당사자로 하여금 반려행위의 적법성을 다투어 그 법적 불안을 해소한 다음 건축행위에 나아가도록 함으로써 장차 있을지도 모르는 위험에서 미리 벗어날 수 있도록 길을 열어 주고, 위법한 건축물의 양산과 그 철거를 둘러싼 분쟁을 조기에 근본적으로 해결할 수 있게 하는 것이 법치행정의 원리에 부합한다. 그러므로 이 사건 건축신고 반려행위는 항고소송의 대상이 된다고 보는 것이 옳다[대판 전원합의체 2010.11.18, 2008두167(건축신고불허(또는 반려)처분취소)]. **〈해설〉** 건축신고 반려행위의 처분성을 부인한 종전의 판례를 변경하는 판례이다. 대법원 전원합의체 판결은 실질적으로는 건축신고거부만의 처분성을 인정한 것에 한정되지 않고, 자기완결적 신고 중 금지해제적 신고의 경우에 신고가 반려될 경우 당해 신고의 대상이 되는 행위를 하면 시정명령, 이행강제금, 벌금의 대상이 되거나, 신고거부가 원인이 되어 불이익처분을 받을 위험이 있는 등 신고인이 법적 불이익을 받을 위험이 있어 그 위험을 제거할 필요가 있는 경우에 일반적으로 신고거부행위의 처분성을 인정한 것으로 이해하여야 할 것이다. 대법원은 건축신고거부의 처분성을 인정한 것일뿐 건축신고를 수리를 요하는 신고로 본 것은 아니다.
판례 2	건축신고수리 철회의 처분성을 인정한 사례[대판 2012.3.15, 2011두27322(건축신고철회처분취소)].

⑵ 수리를 요하는 신고

[2009 행시(일반행정직) 사례형 약술, 2011 행시(재경직) 사례, 2016 공인노무사]

1) 의 의

수리(受理)를 요하는 신고는 신고가 수리되어야 신고의 효과가 발생하는 신고를 말한다. 수리를 요하는 신고는 행위요건적 신고, 행정요건적 공법행위로서의 신고, 수리행위가 있는 신고 등으로도 불린다.

2) 성질과 권리구제

① 신고의 요건을 갖춘 신고가 있었다 하더라도 수리되지 않으면 신고가 되지 않은 것으로 보는 것이 다수설 및 판례의 입장이다.

　　수리를 요하는 신고의 경우에 수리는 행정행위인 수리행위이고, 수리거부는 거부처분에 해당하며 항고소송의 대상이 될 수 있다는 것이 일반적 견해이다.

② 수리를 요하는 신고를 실질적으로 허가라고 보는 견해, 수리를 요하는 신고를 실질적으로 등록이라고 보는 견해, 수리를 요하는 신고를 허가 및 등록과 구별되는 독자적 행위형식으로 보는 견해가 있다. 본래 등록(전형적 등록)은 공적 장부인 등록부에 등재하여 공시하는 행정행위(공증행위)의 성질을 갖는다. 전형적 등록은 신청을 전제로 하는 점에서 신고와 구별되고, 항상 금지해제의 효과를 갖는 것은 아닌 점에서 허가와 구별된다. 그런데 실정법령상 전형적 등록과 신고는 명확히 구별되지 않고 있다. 예를 들면, 주민등록은 강학상 등록으로 보아야 하는데, 실정법령상 신고로 규정되어 있다. 등록은 기속행위인 점, 오늘날 신고의 경우에도 신고된 사항을 기재하여 공시하는 경우가 늘어나고 있는 점 등에서 신고와 전형적 등록은 접근해가고 있다. 실정법령상 등록이라는 명칭을 사용하는 경우 중 요건이 완화되었을 뿐 실질은 허가인 경우(예 석유판매업등록)가 많다. 이러한 등록을 변형된 등록이라 할 수 있는데, 변형된 등록은 허가 보다 요건이 완화되었을 뿐 실질은 허가라고 보아야 한다. 판례는 수리를 요하는 신고를 허가와 구별하고 있지만[후술 대판 2014.4.10, 2011두6998(노동조합설립신고반려처분취소)], 수리를 요하는 신고와 허가가 어떻게 구별되는지에 관하여는 아직 판례가 충분히 형성되어 있지 못하다. 대규모점포의 개설 등록을 이른바 '수리를 요하는 신고'로 본 사례가 있다[대판 전원합의체 2015.11.19, 2015두295(영업시간제한등처분취소)]. 대규모점포의 개설등록은 '변형된 허가 내지 완화된 허가의 성질을 갖는 등록'인데, 수리를 요하는 신고로 본 것이다. 그런데, 이 판례는 해당 사건의 해결과 무관할 뿐만 아니라 논거의 제시도 없는 점, 수리를 요하는 신고와 허가(변형된 등록)를 구별하여야 하는 점에서 문제가 있다. 따라서 이 판례를 법원의 확립된 판례로 보기는 어렵다.

생각건대, 신고와 허가는 명확히 구별되는 것이고, 수리를 요하는 신고도 신고인 이상 허가와 구별하는 것이 타당하다. 입법자가 신고로 규정한 것을 허가와 유사한 것으로 보는 것은 입법자의 의사에 반하는 것이다. '수리를 요하는 신고'는 신고의 한 유형으로서 전형적 신고인 자기완결적 신고와 허가 또는 등록의 중간적인 규제수단으로 보는 것이 타당하다.

다음과 같이 수리를 요하는 신고를 허가와 구별하는 것이 타당하다. ① 신고제와 허가제는 구별되는 것이다. 신고는 수리행위가 아니라 신고행위에 중점이 있고, 허가는 신청행위가 아니라 허가에 중점이 있다. ② 수리를 요하는 신고는 신고의 성질에 비추어 신고요건을 충족하면 신고의 대상이 되는 행위를 할 수 있는 것으로 보아야 하므로 예외 없이 기속행위로 보아야 한다. 판례는 극히 예외적으로 납골당설치신고를 수리를 요하는 신고로 보면서도 기속(거부)재량행위로 보았는데(대판 2010.9.9, 2008두22631), 신고제의 성격에 비추어 이 판례는 타당하지 않다고 생각한다. ③ 허가의 경우 허가요건을 충족한 신청의 경우 허가가 거부되었음에도 허가의 대상이 되는 행위를 하는 것은 무허가영업으로 처벌되는 것에 이견이 없다. 수리를 요하는 신고의 경우 적법한 신고(신고요건을 충족한 신고)가 있으면 수리되지 않아도 신고의무를 이행한 것으로 보고, 신고의 대상이 되는 행위를 하여도 미신고 행위(영업)가 되는 것이 아니므로 처벌의 대상에서 제외되는 것으로 볼 수 없다는 견해가 있다. 후술하는 바와 같이 형사판결은 이러한 입장을 취하고 있는 것으로 보인다. ④ 수리를 요하는 신고의 절차는 허가절차와 달리 완화된 절차로 규정된다.

> **판례**
>
> **사설납골(봉안)시설의 설치신고 수리 여부의 판단 기준:** 구 '장사 등에 관한 법률'(2007.5.25. 법률 제8489호로 전부 개정되기 전의 것)의 관계 규정들에 비추어 보면, 같은 법 제14조 제1항에 의한 사설납골시설의 설치신고는, 같은 법 제15조 각 호에 정한 사설납골시설설치 금지지역에 해당하지 않고 같은 법 제14조 제3항 및 같은 법 시행령(2008.5.26. 대통령령 제20791호로 전부 개정되기 전의 것) 제13조 제1항의 별표 3에 정한 설치기준에 부합하는 한, 수리하여야 하나, 보건위생상의 위해를 방지하거나 국토의 효율적 이용 및 공공복리의 증진 등 중대한 공익상 필요가 있는 경우에는 그 수리를 거부할 수 있다고 보는 것이 타당하다[대판 2010.9.9, 2008두22631(납골당설치신고불가처분취소)]. 〈해설〉 수리를 요하는 신고인 사설납골시설의 설치신고의 수리행위를 기속재량행위로 본 판례이다.

3) 신고요건의 심사

수리를 요하는 신고의 경우에는 요건에 대한 형식적 심사만을 거친다고 보는 견해(홍정선)도 있지만, 다수견해는 수리를 요하는 신고에서는 행정청이 실체적 요건(실질적 요건)에 대한 실질적 심사를 행한다고 본다. 판례의 입장도 그러하다. 다만, 노동조합설립신고의 경우에는 허가제와 구별되는 신고제로서의 성격을 고려하여 우선 제출서류 등으로 형식적 심사를 행하고 그 요건에의 해당여부가 문제된다고 볼만한 객관적인 사정이 있는 경우에 한하여 실질적인 심사를 하는 것이 타당하다는 입장이다[대판 2014.4.10, 2011두6998(노동조합설립신고반려처분취소)].

(3) 자기완결적 신고와 수리를 요하는 신고의 구별기준

자기완결적 신고와 수리를 요하는 신고는 신고요건과 심사의 내용(방식)을 구분기준으로하여 구분된다. 형식적 요건이라 함은 신고서, 첨부서류 등 신고서류만으로 확인되는 요건을 말한다. 실질(실체)적 요건이라 함은 안전 등 공익을 보장하기 위하여 요구되는 인적·물적요건을 말한다.

형식적 심사라함은 신고요건의 충족여부를 신고서류만에 의해 행하는 것을 말하고, 실질적 심사라함은 신고요건의 충족여부를 심사함에 있어 신고서류를 심사할 뿐만 아니라 필요한 경우 현장조사 등을 통해 실질적으로 행할 수 있는 심사를 말한다.

1) 학 설

자기완결적 신고와 수리를 요하는 신고의 구별기준에 관하여는 다양한 학설이 제기되고 있다.

입법자의 객관적 의사 즉 당해 법령의 목적과 당해 법령에서 나타나고 있는 관련조문에 대한 합리적이고 유기적인 해석을 통해 개별적으로 양자를 구별하여야 한다는 견해(입법자의사설), 입법자의 의사가 분명하지 않는 한 신고요건을 기준으로 신고요건이 형식적 요건만인 경우에는 자기완결적 신고이고, 신고의 요건이 형식적 요건외에 실질적 요건(실체적 요건)을 포함하고 있으면 원칙상 수리를 요하는 신고로 보는 견해(신고요건 기준설), 신고요건에 대한 심사방식을 기준으로 형식적 심사만 하는 신고를 자기완결적 신고, 실질적 심사를 할 수 있는 신고를 수리를 요하는 신고로 보는 견해(심사방식기준설), 일반적인 구별기준은 관련법규정에 의해 추론되는 입법자의 객관적 의사라고 보면서도 복수의 구체적인 구별기준을 유형화하여 제시하는 견해(복수기준설) 등이 있다.

2) 판 례

판례의 입장에 대한 학설의 해설도 다양하지만, 판례는 관련법규정에 따르되 기본적으로 신고요건 및 심사방식을 기준으로 자기완결적 신고와 수리를 요하는 신고를 구별하고 있다고 보는 것이 타당하다.

> **판례** 인·허가의제 효과를 수반하는 건축신고는 일반적인 건축신고와는 달리, 특별한 사정이 없는한 행정청이 그 실체적 요건에 관한 (실질적) 심사를 한 후 수리하여야 하는 이른바 '수리를 요하는 신고'로 보는 것이 옳다[대판 전원합의체 2011.1.20, 2010두14954(건축(신축)신고불가취소)].

3) 결 어

생각건대, 자기완결적 신고와 수리를 요하는 신고의 일반적인 구별기준은 관련법규정에 의해 추론되는 입법자의 객관적 의사라고 보는 것이 타당하다. 그런데, 이 기준은 너무 일반적이고 추상적인 기준이다. 따라서, 다음과 같이 보다 구체적인 기준을 도출하는 것이 타당하다(복수기준설). ① 입법자의 의사가 명확한 경우에는 그에 따른다. ② 형식적 요건만이 신고요건인 신고는 원칙상 자기완결적 신고로 보는 것이 타당하다. 시설기준 등 '실체적 요건'이 신고요건인 경우에도 신고서의 기재사항으로 형식적 요건으로 규정된 경우에는 형식적 심사만 가능하고 자기완결적 신고로 보아야 한다. 형식적 요건뿐만 아니라 실체적 요건이 신고요건이고 실체적 요건에 대해 실질적 심사를 거쳐 수리여부를 결정하도록 하고 있는 경우에는 수리를 요하는 신고로 보아야 한다. ③ 신고의 수리가 있어야 구체적인 법적 효과가 발생하는 것으로 규정되어 있는 경우(예 혼인신고 등)에는 형식적 심사만 하는 것으로 규정되어 있더라도 수리를 요하는 신고로 보아야 한다.

판례

1. 자기완결적 신고로 본 사례: ① 수산제조업의 신고를 하고자 하는 자가 그 신고서를 구비서류까지 첨부하여 제출한 경우 시장·군수·구청장으로서는 형식적 요건에 하자가 없는 한 수리하여야 할 것이고, 나아가 관할 관청에 신고업의 신고서가 제출되었다면 담당공무원이 법령에 규정되지 아니한 다른 사유를 들어 그 신고를 수리하지 아니하고 반려하였다고 하더라도, 그 신고서가 제출된 때에 신고가 있었다고 볼 것이다(대판 1999.12.24, 98다57419, 57426).

② 건축법상 건축신고를 자기완결적 신고로 본 사례(대판 1999.4.27, 97누6780).

③ 체육시설의 설치·이용에 관한 법률 제18조에 의한 골프장이용료변경신고를 자기완결적 신고로 본 사례(대결 1993.7.6, 자 93마635).

2. 수리를 요하는 신고로 본 사례: ① [대판 2007.1.11, 2006두14537(노인주거복지시설설치신고반려처분취소)]: 구노인복지법상 유료노인복지주택의 설치신고를 받은 행정관청으로서는 그 유료노인복지주택의 시설 및 운영기준이 위 법령에 부합하는지와 아울러 그 유료노인복지주택이 적법한 입소대상자에게 분양되었는지와 설치신고 당시 부적격자들이 입소하고 있지는 않은지 여부까지 심사하여 그 신고의 수리 여부를 결정할 수 있다. 〈해설〉 실질적 심사도 할 수 있는 것으로 보아 유료노인복지주택의 설치신고를 수리를 요하는 신고로 본 것으로 해석된다.

② [대판 2009.2.26, 2006두16243(골프장회원권모집계획승인처분취소)]: 체육시설의 회원을 모집하고자 하는 자의 시·도지사 등에 대한 체육시설인 골프장회원모집계획서 제출은 수리를 요하는 신고에서의 신고에 해당하며, 시·도지사 등의 검토결과 통보는 수리행위로서 행정처분에 해당한다.

③ [대판 전원합의체 2009.6.18, 2008두10997]: [1] 주민들의 거주지 이동에 따른 주민등록전입신고에 대하여 행정청이 이를 심사하여 그 수리를 거부할 수는 있다고 하더라도, 전입신고를 받은 시장·군수 또는 구청장의 심사 대상은 전입신고자가 30일 이상 생활의 근거로 거주할 목적으로 거주지를 옮기는지 여부만으로 제한된다고 보아야 한다. 따라서 전입신고자가 거주의

> 판례

목적 이외에 다른 이해관계에 관한 의도를 가지고 있는지 여부, 무허가 건축물의 관리, 전입신고를 수리함으로써 당해 지방자치단체에 미치는 영향 등과 같은 사유는 주민등록법이 아닌 다른 법률에 의하여 규율되어야 하고, 주민등록전입신고의 수리 여부를 심사하는 단계에서는 고려대상이 될 수 없다. [2] 무허가 건축물을 실제 생활의 근거지로 삼아 10년 이상 거주해 온 사람의 주민등록전입신고를 거부한 사안에서, 투기나 이주대책 요구 등을 방지할 목적으로 주민등록전입신고를 거부하는 것은 주민등록법의 입법목적과 취지 등에 비추어 허용될 수 없다고 한 사례. 〈해설〉 주민등록의 대상이 되는 실질적 의미에서의 거주지인지 여부를 심사하기 위하여 주민등록법의 입법목적과 주민등록의 법률상 효과 이외에 지방자치법 및 지방자치의 이념까지도 고려하여야 한다고 판시하였던 대법원 2002.7.9, 2002두1748 판결을 위 판결의 견해에 배치되는 범위 내에서 변경한 판례이다.

④ 판례는 舊 체육시설의 설치·이용에 관한 법률 제8조(현행법 제22조)의 규정에 따른 체육시설업(볼링장업) 신고(대판 1996.2.27, 94누6062), 영업허가명의변경신고(대판 1990.10.30, 90누1649), 액화석유가스의 안전 및 사업관리법 제7조 제2항에 의한 사업양수에 의한 지위승계신고(대판 1993.6.8, 91누11544), 채석허가수허가자명의변경신고(대판 2005.12.23, 2005두3554), 건축물 양수인의 건축대장상의 수리 또는 건축주명의변경신고(대판 1992.3.31, 91누4911), 납골당설치신고(대판 2005.2.25, 2004두4031), 수산업법 제44조 소정의 어업신고(대판 2000.5.26, 99다37382), 의료기관개설신고(대판 2018.10.25, 2018두44302)를 수리를 요하는 신고로 보았다.

④ 자기완결적 신고로 인허가가 의제되는 경우에는 **신고수리기관이 의제되는 인허가의 실질적인 요건을 심사하여야 하므로** 당해 신고는 수리를 요하는 신고로 되고 신고의 수리 및 수리거부는 처분이 된다고 보아야 할 것이다(대판 전원합의체 2011.1.20, 2010두14954).

> 판례

[1] 건축법 제14조 제2항에 의한 인·허가의제 효과를 수반하는 건축신고가, 행정청이 그 실체적 요건에 관한 심사를 한 후 수리하여야 하는 이른바 '수리를 요하는 신고'인지 여부: [다수의견] 건축법 제14조 제1항의 건축신고 대상 건축물에 관하여는 원칙적으로 건축 또는 대수선을 하고자 하는 자가 적법한 요건을 갖춘 신고를 하면 행정청의 수리 등 별도의 조치를 기다릴 필요 없이 건축행위를 할 수 있다고 보아야 한다…건축신고를 하려는 자는 인·허가의제사항 관련 법령에서 제출하도록 의무화하고 있는 신청서와 구비서류를 제출하여야 하는데, 이는 건축신고를 수리하는 행정청으로 하여금 인·허가의제사항 관련 법률에 규정된 요건에 관하여도 심사를

하도록 하기 위한 것으로 볼 수밖에 없다. 따라서 인·허가의제 효과를 수반하는 건축신고는 일반적인 건축신고와 는 달리, 특별한 사정이 없는 한 행정청이 그 실체적 요건에 관한 심사를 한 후 수리하여야 하는 이른바 '수리를 요하는 신고'로 보는 것이 옳다. [대법관 박시환, 대법관 이홍훈의 반대의견]··· "건축법상 신고사항에 관하여 건축을 하고자 하는 자가 적법한 요건을 갖춘 신고만 하면 건축을 할 수 있고, 행정청의 수리 등 별단의 조처를 기다릴 필요는 없다."는 대법원의 종래 견해(대판 1968.4.30, 68누12; 대판 1990.6.12, 90누2468; 대판 1999.4.27, 97누6780; 대판 2004.9.3, 2004도3908 등 참조)를 인·허가가 의제되는 건축신고의 경우에도 그대로 유지하는 편이 보다 합리적인 선택이라고 여겨진다. 〈해설〉 다수의견은 건축신고로 인허가가 의제되는 경우 건축신고를 수리하는 행정청이 의제되는 인허가의 요건도 심사하여야 하고, 따라서 인허가가 의제되는 건축신고의 경우에는 실체적 요건에 대한 심사 후 수리하여야 하므로 수리를 요하는 신고로 보아야 한다는 것이다. 이에 대하여 반대의견은 적법한 건축신고가 있었음에도 건축을 한 것을 이유로 형사처벌을 하는 것은 국민의 자유권을 부당히 침해하는 것이고, 신고제를 허가제와 같이 운용하는 것은 타당하지 않다는 것이다. [2] 국토의 계획 및 이용에 관한 법률상의 개발행위허가로 의제되는 건축신고가 개발행위허가의 기준을 갖추지 못한 경우, 행정청이 수리를 거부할 수 있는지 여부: [다수의견] 일정한 건축물에 관한 건축신고는 건축법 제14조 제2항, 제11조 제5항 제3호에 의하여 국토의 계획 및 이용에 관한 법률 제56조에 따른 개발행위허가를 받은 것으로 의제되는데, 국토의 계획 및 이용에 관한 법률 제58조 제1항 제4호에서는 개발행위허가의 기준으로 주변 지역의 토지이용실태 또는 토지이용계획, 건축물의 높이, 토지의 경사도, 수목의 상태, 물의 배수, 하천·호소·습지의 배수 등 주변 환경이나 경관과 조화를 이룰 것을 규정하고 있으므로, 국토의 계획 및 이용에 관한 법률상의 개발행위허가로 의제되는 건축신고가 위와 같은 기준을 갖추지 못한 경우 행정청으로서는 이를 이유로 그 수리를 거부할 수 있다고 보아야 한다. [3] 그 후 이 사건 토지는 이 사건 건축신고 수리거부처분이 있은 2009. 3. 6.까지 약 17년 7개월 동안 아스팔트 및 콘크리트 포장이 된 상태로 다세대주택의 거주자들이 공로에 이르는 유일한 통행로로 사용되어 왔으며, 한편 원고는 2006. 3. 7. 이 사건 토지를 경매절차에서 취득하였는데, 원고가 이 사건 건축신고 내용대로 이 사건 토지상에 건물을 신축하면 다세대주택의 거주자 등 인근주민들이 공로에 이르는 유일한 통행로가 막히게 됨을 알 수 있다. 이와 같이 이 사건 토지는 원래의 소유자의 의사에 기하여 인근주민들의 통행에 제공되었고, 그에 따라 현재에 이르기까지 장기간 인근주민들의 통행로로 사용되어 왔는데, 이곳에 이 사건 건축신고 내용대로 건물이 신축되면 인근주민들이 공로에 이르는 유일한 통행로가 막히게 될 것이다. 그리고 일반적으로 경매에 의하여 토지의 소유권을 취득하려는 자는 매각기일의 공고내용이나 매각물건명세서 또는 집행기록의 열람 등의 방법에 의하여 해당 토지의 위치, 현황과

판례 부근 토지의 상황 등을 미리 점검해 볼 것이 경험칙상 당연히 예상되기 때문에, 원고도 이 사건 토지가 인근주민들의 통행로로 제공되고 있다는 사정을 용인하거나 적어도 그러한 사정이 있음을 알고서 소유권을 취득하였다고 볼 수 있어 원래의 소유자와 마찬가지로 이 사건 토지에 대한 인근주민들의 통행을 수인하여야 한다고 볼 여지도 있다. 이처럼 인근주민들이 이 사건 토지를 통행로로 사용하는 현재의 토지이용실태가 위법하다고 판명되지 아니한 이상, 이 사건 건축신고 대상 건축물의 건축은 이 사건 토지를 통행로로 사용하는 주변 지역의 토지이용실태 등과 조화를 이룬다고 보기 어려워 국토계획법 제58조 제1항 제4호에서 정한 개발행위허가의 기준을 갖추었다고 할 수 없다. 따라서 이를 이유로 한 이 사건 건축신고 수리거부처분은 적법하다(대판 2011.1.20, 2010두14954). 〈판례 전체에 대한 해설〉 건축신고로 인허가가 의제되는 경우 당해 건축신고를 자기완결적 신고로 볼 것인지 아니면 수리를 요하는 신고로 볼 것인지의 문제는 신고제의 본질과 적법한 신고자의 권리보호, 실체집중의 문제 및 의제되는 인허가의 실재여부 그리고, 의제되는 인허가에 대한 불복시 불복대상이 되는 처분의 문제 등과 관련이 있는 문제로서 보다 심도있는 이론적 검토가 필요하다.

반대의견에 의하면 의제되는 인허가의 요건을 충족하지 않은 건축신고의 경우 의제되는 인허가의 요건이 충족되지 않은 것을 이유로 건축신고의 수리가 거부된 경우에도 건축신고는 여전히 자기완결적 신고로서 적법한 건축신고가 있으면 신고의 효과가 발생하는 것으로 보고, 의제되는 인허가의 효력은 발생하지 않은 것으로 보는 것이 타당하다. 다만, 의제되는 인허가의 요건이 충족되지 않은 것을 이유로 한 건축신고의 수리거부는 실질에 있어서는 의제되는 인허가의 거부의 성질도 갖는 것으로 볼 수 있을 것이다. 이 판결에서 의제되는 인허가의 실재 여부에 관한 논의가 없었던 것은 중대한 문제이다.

⑤ 신고의 수리로 구체적인 법적효과가 발생하는 경우(예 신고영업자지위승계신고수리)에는 당해신고를 수리를 요하는 신고로 보아야 한다.

관례는 영업양도 등의 신고(영업자지위승계신고)를 영업의 종류에 따라 허가영업의 양도·양수의 신고는 허가의 변경신청으로, 등록영업의 양도·양수의 신고는 등록의 변경신청으로, 수리를 요하는 신고영업인 경우에는 수리를 요하는 신고의 변경신고(즉 수리를 요하는 신고)로, 자기완결적 신고영업인 경우에는 자기완결적 신고의 변경 신고(즉 자기완결적 신고)로 본다. 이러한 관례의 견해를 지지하는 견해가 적지 않지만, 영업양도 등의 신고(영업자지위승계신고)는 신고로 규정한 입법자의 의사를 존중하여 신고(구별기준에 따라 수리를 요하는 신고 또는 자기완결적 신고)로 보는 것이 타당하다.

> **판례**
>
> 액화석유가스충전사업 지위승계신고 수리행위가 행정처분에 해당하는지 여부(적극): 액화석유가스의 안전 및 사업관리법 제7조 제2항에 의한 사업양수에 의한 지위승계신고를 수리하는 허가관청의 행위는 단순히 양도, 양수자사이에 발생한 사법상의 사업양도의 법률효과에 의하여 양수자가 사업을 승계하였다는 사실의 신고를 접수하는 행위에 그치는 것이 아니라 실질에 있어서 양도자의 사업허가를 취소함과 아울러 양수자에게 적법히 사업을 할 수 있는 법규상 권리를 설정하여 주는 행위로서 사업허가자의 변경이라는 법률효과를 발생시키는 행위이므로 허가관청이 법 제7조 제2항에 의한 사업양수에 의한 지위승계신고를 수리하는 행위는 행정처분에 해당한다[대판 1993.6.8, 91누11544(건축허가무효확인등); 대판 2012.12.13, 2011두29144(유원시설업 허가처분등취소)]. 〈**해설**〉 판례는 허가사업양수에 의한 지위승계신고수리의 실질을 허가의 변경 처분(양도인에 대한 허가의 취소와 양수인에 대한 허가의 부여)로 보았다.

2. 정보제공적 신고와 금지해제적 신고

행정청에게 행정의 대상이 되는 사실에 관한 정보를 제공하는 기능을 갖는 신고를 정보제공적신고(사실파악형신고)라고 한다. 정보제공적 신고의 대상은 금지된 행위가 아니라 본래 자유롭게 할 수 있는 행위이다. 따라서 정보제공적 신고의 경우에는 신고없이 행위를 하여도 신고없이 한 행위자체는 위법하지 않다. 따라서 정보제공적 신고에서의 신고의무 위반에 대하여는 논리상 형벌이 아니라 과태료를 부과하여야 한다. 집회신고는 정보제공적 신고인데[대판 전원합의체 2012.4.19, 2010도6388(국가공무원법위반·집회및시위에관한법률위반)], 그 신고의무 위반에 대해 형벌을 과하는 것으로 규정되어 있다(집회 및 시위에 관한 법률 제21조). 정보제공적 신고는 항상 자기완결적 신고이다.

금지된 행위를 해제하는 효력을 갖는 신고 **규제적 신고** 내지 **금지 해제적 신고(신고유보부 금지)**라고 한다. 금지 해제적 신고의 대상은 법상 금지된 행위로서 신고에 의해 그 금지가 해제된다. 금지 해제적 신고의 경우에는 신고없이 한 행위는 법상 금지된 행위로서 위법한 행위가 되므로 행정형벌의 대상이 될 수 있으며 시정조치의 대상이 된다. 수리를 요하는 신고는 금지해제적 신고이다. 자기완결적 신고는 정보제공적 신고인 경우도 있고, 건축신고 등과 같이 금지 해제적 신고인 경우도 있다. 금지 해제적 신고로 해석되는 신고는 일응 정보제공적 신고로서의 성격을 포함한다고 볼 것이다.

3. 행정절차법상의 신고

행정절차법 제40조의 규율대상이 되는 신고는 자기완결적 신고이다. 그러나 행정절차법 제40조 제3항과 제4항은 수리를 요하는 신고에도 준용된다고 보아야 한다.

III. 신고요건

1. 자기완결적 신고의 요건

자기완결적 신고는 행정절차법 제40조 제2항의 신고요건을 갖추어야 한다(행정절차법 제40조 제2항). 자기완결적 신고의 요건은 원칙상 형식적 요건이다. 예외적으로 실질적 요건이 신고요건에 포함되어 있더라도 형식적 심사만 가능한 경우에는 자기완결적 신고로 보아야한다. 자기완결적 신고에서 행정청은 실체적 사유를 들어 신고 수리를 거부할 수 없다.

> **판례** 허가대상 건축물의 양수인이 구 건축법 시행규칙에 규정되어 있는 형식적 요건을 갖추어 시장·군수 등 행정관청에 적법하게 건축주의 명의변경을 신고한 때에는 행정관청은 그 신고를 수리하여야지 실체적인 이유를 내세워 신고의 수리를 거부할 수는 없다(대판 2014.10.15, 2014두37658).

2. 수리를 요하는 신고의 요건

수리를 요하는 신고는 형식적인 요건 이외에 일정한 실질적 요건을 신고의 요건으로 하고 있다.

예를 들면, 체육시설의 설치·이용에 관한 법률 제22조는 체육시설업의 신고에 일정한 시설기준(동법 제11조 제1항, 동법시행규칙 제8조 별표4)을 갖출 것을 요건으로 하고 있다.

판례는 수리를 요하는 신고에서 행정청의 실질적 요건에 관한 심사는 해당 법령에 정한 요건만에 한정되는 것이 아니라 관계되는 다른 법령에서 요구하는 실질적 요건도 대상으로 할 수 있고, 이를 충족시키지 못하면 그 신고는 수리할 수 없는 것으로 본다(대판 1993.4.27, 93누1374 등).

건축법상 무허가건물에 대한 체육시설의설치·이용에관한법률에 따른 골프연습장의 신고[대판 1993.4.27, 93누1374(체육시설업신고서반려처분취소)], 학교보건법소정의 요건을 갖추지 아니한 체육시설업(당구장업)의 신고는 적법한 신고라고 할 수 없다(대판 1998.4.24, 97도3121).

Ⅳ. 적법한 신고의 효력

적법한 신고란 신고요건을 갖춘 신고를 말한다. 신고의 효력에는 신고로서의 효력과 신고 및 수리에 따른 법적 효력으로 나누어 볼 수 있다. 신고로서의 효력은 신고의무의 이행을 말하고, 신고 및 수리에 따른 효력은 금지해제의 효과, 신고된 영업자의 지위의 취득 등을 말한다.

1. 자기완결적 신고의 효력

적법한 신고가 있으면 행정청의 수리여부에 관계없이 신고서가 접수기관에 도달한 때에 신고의무가 이행된 것으로 보고(행정절차법 제40조 제2항), 신고의 효력도 발생한다. 따라서 행정청이 신고서를 접수하지 않고 반려하여도 신고의무는 이행된 것으로 본다. 따라서 적법한 신고가 있었지만 행정청이 수리를 하지 아니한 경우에 신고의 대상이 되는 행위를 하여도 행정벌의 대상이 되지 않는다.

판례	신고대상인 건축물의 건축행위를 하고자 할 경우에는 그 관계 법령에 정해진 적법한 요건을 갖춘 (건축)신고만을 하면 그와 같은 건축행위를 할 수 있고, 행정청의 수리처분 등 별단의 조처를 기다릴 필요가 없다고 할 것이며, 또한 이와 같은 신고를 받은 행정청으로서는 그 신고가 같은 법 및 그 시행령 등 관계 법령에 신고만으로 건축할 수 있는 경우에 해당하는 여부 및 그 구비서류 등이 갖추어져 있는지 여부 등을 심사하여 그것이 법규정에 부합하는 이상 이를 수리하여야 하고, 같은 법 규정에 정하지 아니한 사유를 심사하여 이를 이유로 신고수리를 거부할 수는 없다 (대판 1999.4.27, 97누6780).

금지해제적 자기완결적 신고의 경우 적법한 신고가 있으면 그것만으로 금지해제의 효과가 발생한다.

2. 수리를 요하는 신고의 효력

이른바 수리를 요하는 신고의 경우에는 적법한 신고가 있더라도 행정청의 수리행위가 있어야 신고의 효력이 발생한다고 하는 것이 일반적 견해이고 판례의 입장이다(대판 2000.5.26, 99다37382 등).

> **판례** 주민등록은 단순히 주민의 거주인구의 동태를 파악뿐 아니라, 주민등록에 따라 공법관계상의 여러가지 법률상 효과가 발생하므로, 주민등록의 신고는 행정청에 도달하기만 하면 신고로서의 효력이 발생하는 것이 아니라 행정청이 수리한 경우에 비로소 신고의 효력이 발생한다[대판 2009.1.30, 2006다17850(주민등록법상 전입신고)]. 〈**해설**〉 다만 주민등록신고를 수리를 요하는 신고로 보는 것이 타당한지는 의문이다. 주민등록은 강학상 등록으로 보는 것이 타당하다.

생각건대, 수리를 요하는 신고로 별도의 법적 효력이 발생하는 것으로 규정되어 있는 경우에는 수리를 요하는 신고에 따른 법적 효력은 적법한 신고만으로는 발생하지 않고 수리행위가 있어야 발생하는 것으로 보는 것이 타당하다. 그렇지만, 처벌과 관련하여서는 수리를 요하는 신고도 신고인 점, 실정법령에서 신고를 하지 않은 것에 대한 처벌을 통상 '신고를 하지 아니하고 신고의 대상이 되는 행위를 한 것'으로 규정하고 있는 점 등에 비추어 적법한 신고를 하였지만 수리가 거부된 경우에는 신고대상이 되는 행위를 하여도 처벌할 수 없다고 보는 것이 타당하다.

제4항 행정법상 사건

사람의 정신작용과는 관계가 없는 사실로서 법률요건이 되는 것이 사건이다. 행정법상 사건에는 출생, 사망, 시간의 경과, 물건의 점유, 일정한 장소에의 거주 등이 있다.

Ⅰ. 기간의 경과

행정상 법률관계가 일정한 기간의 경과에 의해 변동되는 경우가 있다. 예를 들면 허가의 존속기간이 경과하면 허가의 효력은 상실한다.

행정에 관한 기간의 계산에 관하여는 이 법 또는 다른 법령등에 특별한 규정이 있는 경우를 제외하고는 「민법」을 준용한다(행정기본법 제6조 제1항). 법령등 또는 처분에서 국민의 권익을 제한하거나 의무를 부과하는 경우 **권익이 제한되거나 의무가 지속되는 기간의 계산은 민법과 달리** 다음 각 호의 기준에 따른다. 다만, 다음 각 호의 기준에 따르는 것이 국민에게 불리한 경우에는 그러하지 아니하다. 1. 기간을 일, 주, 월 또는 연으로 정한 경우에는 기간의 첫날을 산입한다. 2. 기간의 말일이 토요일 또는 공휴일인 경우에도 기간은 그 날로 만료한다(행정기본법 제6조 제2항). **민법상 기간의 계산에 있어서** 기간의 초일은 원칙상 산입하지 않으며 익일(다음 날)부터 기산한다. 기간말일의 종료로 기간은 만료하는데, 기간의 말일이 공휴일인 때에는 기간은 그 익일로 만료한다.

법령등(훈령·예규·고시·지침 등을 포함한다. 이하 이 조에서 같다)의 시행일을 정하거나 계산할 때에는 다음 각 호의 기준에 따른다. 1. 법령등을 공포한 날부터 시행하는 경우에는 공포한 날을 시행일로 한다. 2. 법령등을 공포한 날부터 일정 기간이 경과한 날부터 시행하는 경우 법령등을 공포한 날을 첫날에 산입하지 아니한다. 3. 법령등을 공포한 날부터 일정 기간이 경과한 날부터 시행하는 경우 그 기간의 말일이 토요일 또는 공휴일인 때에는 민법상의 원칙과 달리 그 말일로 기간이 만료한다(행정기본법 제7조).

Ⅱ. 시 효

시효는 일정한 사실상태가 오랫동안 계속한 경우에 그 사실상태에 따라 권리관계를 형성(취득 또는 소멸)하는 법률요건이다. 시효에는 소멸시효와 취득시효가 있다.

민법의 시효에 관한 규정은 행정법관계에도 유추적용된다.

1. 소멸시효

소멸시효는 권리자가 그의 권리를 행사할 수 있음에도 불구하고 일정한 기간 동안 그 권리를 행사하지 않은 경우 그 권리를 소멸시키는 시효이다.

국가재정법은 금전의 급부를 목적으로 하는 국가의 권리 또는 국가에 대한 권리는 시효에 관하여 다른 법률에 규정이 없는 한 5년간 행사하지 아니할 때에는 시효로 인하여 소멸한다고 규정하고 있다(제96조). 여기서 다른 법률의 규정이라 함은 5년의 소멸시효기간보다 짧은 기간의 소멸시효의 규정이 있는 경우를 가리키는 것으로, 이보다 긴 소멸시효를 규정하고 있는 것은 해당하지 않는다(대판 2001.4.24, 2000다57856). 공법상 금전채권뿐만 아니라 사법상 금전채권도 이 규정의 적용대상이 된다.

2. 취득시효

취득시효라 함은 어떤 사람이 권리자인 것과 같이 권리를 행사하고 있는 상태가 일정한 기간 동안 계속한 경우에 처음부터 그 사람이 권리자이었던 것으로 인정하는 제도이다.

Ⅲ. 제척기간

제척기간이라 함은 일정한 권리에 관하여 법률이 정한 존속기간이다. 제척기간이 소멸시효와 다른 점은 제척기간의 목적은 법률관계를 속히 확정하려는 데 있으므로 그 기간이 상대적으로 짧고, 중단제도가 없다는 점 등이다. 제척기간의 예로는 행정심판제기기간, 행정소송제기기간 등이 있다.

Ⅳ. 공법상 사무관리

사무관리라 함은 법률상 의무없이 타인의 사무를 관리하는 행위를 말한다. 공법분야에서도 사무관리가 인정된다는 것이 일반적 견해이다.

사무관리의 예로는 시·군·구의 행려병자의 관리, 자연재해시 빈 상점의 물건의 처분 등이 있다. 그러나 경찰관직무집행법상 보호조치 등 법령상 또는 조리상 보호조치의무에 근거한 행위는 사무관리가 아니다.

공법상 사무관리에는 특별한 규정이 없는 한 민법상 사무관리에 관한 규정이 준용된다. 공법상 사무관리를 행한 행정기관은 통지의무를 지고, 비용상환청구권을 갖는다.

V. 공법상 부당이득

1. 의의 및 법적 규율

부당이득이라 함은 법률상 원인없이 타인의 재산 또는 노무로 인하여 이익을 얻고 이로 인하여 타인에게 손해를 가하는 것을 말한다. 부당이득은 이를 반환하여야 하는데(민법 제741조), 이를 부당이득반환의 법리라고 한다.

공법상 부당이득이라 함은 공법상 원인(예 무효인 조세부과처분에 근거한 조세의 납부)에 의하여 발생한 부당이득을 말한다.

공법상 부당이득의 예로는 조세과오납, 처분이 무효 또는 소급 취소된 경우의 무자격자의 기초 생활보장금의 수령 등이 있다. 행정주체가 사인의 토지를 무단으로 사용한 경우에는 민법상의 부당이득반환이 문제된다.

공법상 부당이득에 관하여 특별한 규정이 없는 경우에는 민법의 부당이득반환의 법리가 준용된다. 즉, 공법상 부당이득으로 손해를 입은 자는 부당이득반환청구권을 갖는다.

2. 공법상 부당이득반환청구권의 성질

공법상 원인에 의한 부당이득반환청구권이 공권인지 사권인지가 권리구제 수단과 관련하여 다투어진다. 부당이득반환청구권을 공권으로 보면 부당이득반환청구소송을 당사자소송을 제기하여야 하고, 사권으로 보면 부당이득반환청구소송을 민사소송으로 제기하여야 한다.

(1) 사권설

이 견해는 부당이득의 문제는 법률상 원인이 없는 경우에 생기고 또한 부당이득제도는 순수하게 경제적 견지에서 인정되는 이해조절적 제도이므로 공법상의 원인에 의한 부당이득반환청구권은 사권이라고 한다. 우리 판례는 이 입장을 취하고 있다.

(2) 공권설

이 견해는 공법상 원인에 의한 부당이득반환은 공법상 원인에 의하여 발생한 결과를 조정하기 위한 것으로서 공법상 원인의 유무의 탐구와 밀접한 관계가 있으므로 공법상의 원인에 의한 부당이득반환청구권은 공권이라고 한다.

(3) 결 어

공법상 부당이득반환청구권은 공법상 원인에 의해 발생된 것이고 행정소송법 제3조 2호의 입법 취지에 비추어 볼 때 공법상의 부당이득반환청구권을 공권으로 보고 이에 관한 소송은 공법상 당사자 소송에 의하여야 한다고 보는 것이 타당하다.

행정소송법 전면개정안에서는 이를 명문화하여 종래 실무상 민사소송의 대상이 되어 왔던 부당이득반환청구소송을 행정소송인 당사자소송의 대상으로 하였다.

제2편

행정조직법

제1장 행정조직법 개설

제2장 행정기관

제3장 행정청의 권한

제1장 행정조직법 개설

Ⅰ. 행정조직법의 의의

행정조직법은 행정주체의 조직에 관한 법을 말한다. 보다 구체적으로 정의하면 행정조직법은 행정기관의 설치, 폐지, 구성, 권한 및 행정기관 상호간의 관계를 정한 법이다.

Ⅱ. 행정조직법정주의

행정조직에 관한 사항은 기본적으로 법률로 정하여야 한다는 원칙을 행정조직법정주의라고 한다. 현행 헌법 제96조는 "행정각부의 설치·조직과 직무범위는 법률로 정한다."고 규정하여 행정조직법정주의를 채택하고 있다. 이에 근거하여 정부조직법이 제정되었다. 정부조직법은 중앙 행정기관(부·처·청)의 설치와 직무범위는 법률로 정하도록 하고 있다(동법 제2조).

제2장 행정기관

I. 행정기관의 개념

행정기관이라 함은 행정권한을 행사하는 행정조직의 구성단위를 말한다. 행정기관의 개념은 크게 나누어 행정작용법적 관점과 행정조직법적 관점에서 논해진다.

1. 행정작용법적 행정기관 개념

행정작용법적 관점에서는 대외적으로 행정권한을 행사하는 행정기관을 중심으로 행정기관개념을 구성한다. 그리하여 행정작용법적 관점에서 행정기관을 논하는 경우에는 소관사무에 관하여 스스로 의사를 결정하고 이를 자기의 이름으로 외부에 표시하는 권한을 가진 행정청이라는 개념이 행정기관 개념의 중심이 되고, 행정청과의 관계하에서 보조기관, 보좌기관, 자문기관, 집행기관, 지원기관 등의 행정기관이 행정청의 주위에 설치된다.

행정청[1]이라 함은 국가뿐만 아니라 지방자치단체의 의사를 결정하여 자신의 이름으로 외부에 표시할 수 있는 권한을 가진 행정기관을 말한다.

행정작용법상 행정청은 위와 같은 국가와 지방자치단체의 행정청뿐만 아니라 공공단체(이들을 본래의 행정청이라 한다) 그리고 이들 본래의 행정청으로부터 행정권한의 위임 또는 위탁을 받은 행정기관·공공단체 및 그 기관 또는 사인을 포함한다. 행정소송법 및 행정심판법상 행정청은 행정 작용법상의 행정청의 개념을 말한다.

---

[1] 행정청의 예로는 독임제 행정청으로 장관, 처장, 청장 및 외국(外局)의 장(경찰서장, 소방서장 등), 지방자치단체의 장(특별시장, 광역시장, 도지사, 시장, 군수), 권한의 위임을 받은 행정기관이 있다. 합의제 행정청으로 행정심판위원회, 토지수용위원회, 중앙선거관리위원회, 감사원, 배상심의회, 노동위원회, 소청심사위원회, 금융통화위원회가 있다. 위원회 중 의사를 결정하여 그 결정된 의사를 자기의 이름으로 대외적으로 표시할 수 있는 권한을 가진 위원회만 행정청이다. 대외적인 표시권이 없이 심리권이나 의결권만 갖고 있는 위원회는 행정청이 아니다.

2. 행정조직법적 행정기관 개념

행정조직법적 행정기관은 행정조직법상 권한인 행정사무를 수행하는 단위가 되는 행정주체의 기관을 말한다. 행정조직법적 관점에서는 어떻게 하면 행정업무를 적정하고 효율적으로 수행 하도록 할 것인가라는 관점에서 행정기관을 구성하고 그 권한을 정한다. 행정조직법상 권한(행정사무)은 수평적으로 또한 수직적으로 배분된다.

3. 현행 실정법

정부조직법은 국가기관의 행정조직에 대하여 규율하고 있다. 정부조직법은 기본적으로 행정조직법적 행정기관 개념을 채택하고 있다. 지방자치단체의 행정조직에 대하여는 지방자치법이 규율하고 있다.

행정절차법(제2조 제1항)과 행정소송법(제2조 제2항)은 행정작용법적 행정기관 개념을 채용하고 있다.

4. 독임제 행정기관과 합의제 행정기관

행정기관은 그 구성원의 수에 따라 독임제 행정기관과 합의제 행정기관으로 나누어진다.

(1) 독임제 행정기관

독임제 행정기관이라 함은 그 구성원이 1명인 행정기관을 말한다. 독임제 행정기관은 행정기관의 책임을 분명히 하고 신속한 행정을 할 수 있도록 하는 장점을 가지고 있다. 이러한 점 때문에 행정 기관은 독임제가 원칙이다.

(2) 합의제 행정기관

합의제 행정기관이라 함은 그 구성원이 2명 이상이며 행정기관의 의사결정이 복수인 구성원의 합의에 의해 이루어지는 행정기관을 말한다(例 공정거래위원회, 노동위원회, 금융위원회, 소청심사 위원회, 징계위원회, 인사위원회, 정보공개심의회 등). 합의제 행정기관은 행정기관의 독립성과 행정결정의 공정성이 요구되는 경우 또는 대립되는 이해의 공평한 조정이 요구되는 경우 등에 설치된다.

Ⅱ. 행정주체와 행정기관

행정주체는 행정을 담당하는 법적 주체이며 행정법상 국민과의 관계에서 권리의무의 주체가 된다. 행정주체에는 국가, 지방자치단체와 공공단체 및 공무수탁사인이 있다.

행정주체 중 국가와 지방자치단체는 스스로 행정작용을 하는 것이 아니라 행정기관을 통하여 행정작용을 행한다. 국가와 지방자치단체의 경우 국민과의 관계에서 행위를 하는 것은 행정기관이며 행정기관의 행위의 효과는 행정기관이 아니라 행정주체에게 귀속된다.

행정주체 중 공공단체도 실제에 있어서는 그 기관을 통하여 행정작용을 하지만 공공단체의 기관은 행정기관이 아니며 그 기관구성은 행정조직의 문제가 아니다. 공공단체는 독립된 공법인이며 대외적인 행정작용을 할 때 공공단체 자체가 행정청이 된다. 공무수탁사인은 법인인 경우와 자연인인 경우가 있는데, 공무수탁사인이 행정작용을 행함에 있어서도 공무수탁사인 자체가 행정청이 된다. 즉, 공공단체와 공무수탁사인은 그 자신이 행정주체이면서 행정청이 된다.

제3장 행정청의 권한

제1절 권한의 의의

행정청의 권한이라 함은 행정청이 행정주체를 대표하여 의사를 결정하고 표시할 수 있는 범위를 말한다. 행정청의 권한에는 일반적 권한과 개별적인 작용법적 권한이 있다. 행정청의 일반적 권한이라 함은 행정청이 가지는 일반적인 사항적·지역적·대인적 권한을 말하며 행정조직법상의 권한이다. 개별적 작용법적 권한이라 함은 행정청이 국민에 대하여 행사할 수 있는 개별적인 권한을 의미한다.

행정청의 권한은 원칙상 법률에 의해 정해져야 한다. 이를 행정권한법정주의라 한다. 행정청의 권한에 관한 사항은 국민의 권익에 중대한 영향을 미치므로 특히 법률로 정하여야 할 필요가 있다. 다만, 권한에 관한 세부적인 사항은 명령에 위임할 수 있다.

제2절 권한의 효과

Ⅰ. 외부적 효과

행정청은 독립된 법인격을 갖지 않고 행정주체를 대표하는 기관이므로 행정청의 대외적인 권한 행사의 법적 효과는 행정청 자신이 아니라 행정주체에 귀속된다.

법령에서 정해진 행정권한의 한계를 벗어난 행정권 행사는 주체의 하자(무권한의 하자)가 있는 위법한 행위가 되며 무권한의 하자는 원칙상 무효사유가 된다.

Ⅱ. 내부적 효과

행정청의 권한은 행정청 상호간에 있어서 활동범위의 한계를 정한다. 즉, 행정청은 권한의 범위 내에서 활동할 수 있고, 다른 행정청의 권한에 속하는 행위를 할 수 없다.

제3절 권한의 대리

제1항 의 의

I. 개 념

권한의 대리라 함은 행정청의 권한의 전부 또는 일부를 다른 행정기관(다른 행정청 또는 보조기관)이 대신 행사하고 그 행위가 피대리행정청의 행위로서 효력을 발생하는 것을 말한다.

II. 유사개념과의 구별

1. 권한의 위임과의 구별

권한의 대리와 권한의 위임은 양자 모두 행정청의 행위를 다른 행정기관이 대신하여 행사한다는 점에서 공통점을 가지지만, 다음과 같이 구별된다.

① 권한의 위임에 있어서는 위임청의 권한이 수임 행정기관에 이전되는 데 반하여 권한의 대리는 행정청이 그의 권한을 일시적으로 대리기관으로 하여금 대신하여 행사하게 하는 것에 지나지 않으며 권한 자체가 이전되는 것은 아니다.

② 권한의 위임은 법령상 정해진 권한분배를 변경하는 것이므로 법적 근거를 요하지만, 권한의 대리 중 수권대리는 통설에 의하면 법적 근거를 요하지 않는다.

③ 권한의 위임에 있어서 수임자는 보통 하급행정기관(특히 하급행정청)이지만 권한의 대리에 있어서 대리자는 보통 보조기관이다.

2. 위임전결, 내부위임과의 구별

대리와 위임전결 및 내부위임에 있어서 모두 권한이 이전되지 않고, 다른 행정기관이 행정청을 대신하여 권한행사를 위한 최종적인 결정을 내린다는 점에서는 공통점을 가지지만, 다음과 같이 구별된다.

대리는 대외적인 권한행사에 관한 것이고, 수권대리의 경우 법적 근거의 필요성에 관하여 견해의 대립이 있다. 이에 반하여 위임전결 및 내부위임은 기본적으로 행정조직 내부의 권한분배에 관한 것이며 법률의 근거를 요하지 않는다. 또한 대외적인 권한행사에 있어서 위임전결이나 내부위임의 경우 전결권자나 수임기관은 대외적으로 권한 있는 행정청과의 관계를 명시함이 없이 권한 있는 행정청의 이름으로 행위를 하지만, 대리의 경우에는 원칙상 대리행위임을 표시하고 행정청의 권한을 자신의 명의로 행한다. 다만, 대리의 경우에도 대리관계를 표시함이 없이 피대리청의 이름으로 행정권을 행사하는 것도 가능하다.

제2항 종 류

대리는 발생원인에 따라 수권대리(임의대리)와 법정대리로 구분된다.

Ⅰ. 수권대리(임의대리)

1. 의 의

수권대리라 함은 피대리관청의 수권에 의해 대리관계가 발생하는 경우를 말한다. 임의대리라고도 한다.

2. 수권행정청(피대리행정청)과 대리기관과의 관계

수권행정청과 대리기관 사이에는 대리관계가 형성된다. 대리기관은 수권받은 권한을 수권행정청에 대신하여 행사하되 대리관계를 표시하여야 하며 대리행위는 피대리행정청의 행위로서 효력을 발생한다.

수권행정청은 대리기관을 지휘감독하는 권한을 가지며 대리기관의 권한행사에 대하여 책임을 진다.

Ⅱ. 법정대리

1. 의 의

법정대리는 일정한 법정사실이 발생한 경우에 수권행위 없이 법령의 규정에 의하여 대리관계가 발생하는 경우를 말한다. 직무대리규정(대통령령)은 직무대리(기관장, 부기관장이나 그 밖의 공무원에게 사고가 발생한 경우에는 직무상의 공백이 생기지 아니하도록 해당 공무원의 직무를 대신 수행하는 것)를 규율하고 있는데(제2조 제1호), 동규정상의 직무대리는 법정대리이다.

2. 피대리관청과 대리기관의 관계

법정대리의 경우 원칙상 피대리행정청은 대리자를 지휘·감독할 수 없고, 대리자는 자기의 책임으로 그 권한을 행사한다. 그러나 피대리행정청의 국외여행 등으로 인한 법정대리에 있어서는 오늘날 통신기술의 발달로 피대리행정청이 대리자에 대하여 지휘·감독권을 행사할 수 있을 것이며 피대리행정정은 그 한도 내에서 책임을 진다.

제3항 대리권의 행사방식

권한의 대리에는 민법 제114조의 현명주의(顯名主義) 및 제125조 및 제126조의 표현대리(表見代理)에 관한 규정이 유추적용된다.

① **현명주의**: 대리자는 피대리관청과의 대리관계를 표시하여 대리권을 행사하여야 한다. 이와 같은 현명을 하지 않고 대리자 자신의 이름으로 행정권을 행사한 경우에는 대리자의 행위는 대리자 자신의 무권한의 행위로 보면 무효라고 볼 수 있지만, 대리권 행사방식에 하자가 있는 행위로서 형식의 하자가 있는 행위로 보는 것이 타당하므로 취소할 수 있는 행위로 보는 것이 타당하다.

② **표현대리**: 대리자가 자신의 이름으로 행정권을 행사한 경우에도 이해관계인이 피대리행정청의 행위로 믿을 만한 사정이 있을 때에는 민법상 표현대리에 관한 규정을 유추적용하여 적법한 대리행위로 볼 수 있다.

③ 대리자가 피대리행정청의 이름으로 대리권을 행사한 경우에도 적법하다고 보아야 할 것이다.

제4항 대리권행사의 효과

법상 권한은 여전히 수권행정청이 가지며 대리권 행사의 법적 효과는 피대리행정청이 속한 행정주체에 귀속된다. 따라서 처분청은 피대리관청이며 대리행위에 대한 항고소송은 피대리관청을 피고로 하여 제기하여야 한다.

제5항 대리권 없는 대리자의 행위의 효력

대리권이 없는 자가 대리자로서 행한 행위는 무권한의 행위로 원칙상 무효이다(대판 1967.1.29, 67다1694). 다만, 상대방이 행위자에게 대리권이 있다고 믿을 만한 상당한 이유가 있을 때에는 표현대리가 성립되어 당해 행정행위가 유효하게 된다[대판 1963.12.5, 63다519(수납기관(농업은행)이 아닌 군청직원에 의한 양곡대금수납행위)].

제6항 대리기관의 처분에 대한 권리구제

대리기관이 대리관계를 밝히고 처분을 한 경우 피대리관청이 처분청으로 피고가 된다.

대리권을 수여받은 행정기관이 대리관계를 밝힘이 없이 자신의 명의로 행정처분을 한 경우, 처분명의자인 당해 행정기관(대리기관)이 항고소송의 피고가 되어야 하는 것이 원칙이다. 다만,

비록 대리관계를 명시적으로 밝히지는 아니하였다 하더라도 처분명의자가 피대리 행정청산하의 행정기관으로서 실제로 피대리 행정청으로부터 대리권한을 수여받아 피대리 행정청을 대리한다는 의사로 행정처분을 하였고 처분명의자는 물론 그 상대방도 그 행정처분이 피대리행정청을 대리하여 한 것임을 알고서 이를 받아들인 예외적인 경우에는 피대리 행정청이 피고가 되어야 한다(대결 2006.2.23, 자 2005부4: 근로복지공단의 이사장으로부터 보험료의 부과 등에 관한 대리권을 수여받은 지역본부장이 대리의 취지를 명시적으로 표시하지 않고서 산재보험료 부과처분을 한 경우, 그러한 관행이 약 10년간 계속되어 왔고, 실무상 근로복지공단을 상대로 산재보험료 부과처분에 대한 항고소송을 제기하여 온 점 등에 비추어 지역본부장은 물론 그 상대방 등도 근로복지공단과 지역본부장의 대리관계를 알고 받아 들였다는 이유로, 위 부과처분에 대한 항고소송의 피고적격이 피대리행정청인 근로복지공단에 있다고 한 사례).

제4절 권한의 위임

제1항 권한의 위임의 의의

Ⅰ. 개 념

권한의 위임이란 광의로는 행정청이 그의 권한의 일부를 다른 행정기관에 위양(委讓)하여 수임기관의 권한으로 행사하게 하는 것을 말한다. 광의의 권한의 위임 중 지휘감독하에 있는 행정기관에 대한 위임을 **협의의 권한의 위임**이라 하고, 지휘감독하에 있지 않는 행정기관이나 단체에 대한 위임을 **권한의 위탁**이라 한다. **촉탁**이란 권한의 위탁 중에서 등기·소송에 관한 사무를 위탁하는 것을 말한다.

Ⅱ. 유사개념과의 구분

1. 권한의 대리와의 구별

이에 관하여는 전술한 바와 같다.

2. 내부위임과의 구별

내부위임이란 행정청이 보조기관 또는 하급행정기관에게 내부적으로 일정한 사항의 결정권을 위임하여 수임기관이 위임청의 이름으로 그의 권한을 사실상 대리행사하도록 하는 것을 말한다.

내부위임에서는 대외적으로 권한의 이전이 없는 점에서 권한의 위임과 구별된다. 따라서 내부위임은 법률의 근거가 없이도 가능하나 위임은 법률의 근거를 요한다.

권한위임의 경우에는 수임자가 자기의 이름으로 그 권한을 행사할 수 있다 할 것이나 내부위임의 경우에는 수임자는 위임관청의 이름으로 이를 할 수 있을 뿐 자기의 이름으로는 할 수 없다.

제2항 위임의 효과

1. 권한의 위임의 경우

권한이 위임되면 위임기관은 그 사무를 처리할 권한을 잃고 그 권한은 수임기관의 권한이 된다.

수임기관은 자기의 이름과 책임 아래 그 권한을 행사한다.

2. 내부위임의 경우

내부위임의 경우에 권한이 대내적으로 이전될 뿐이며 대외적으로는 이전되지 않는다. 따라서 수임기관은 수임사무의 처리를 위해 처분을 할 때에는 위임청의 이름으로 하거나 내부위임관계를 명시하여야 한다.

3. 내부위임을 받은 자가 자신의 이름으로 처분을 한 경우

만일 내부위임의 경우 수임기관이 자신의 이름으로 처분을 한 경우 당해 처분은 위법하다.

문제는 이 위법이 무효사유인가 아니면 취소사유에 불과한 것인가 하는 것이다. 판례는 수임기관은 대외적으로는 처분권을 갖고 있지 못하므로 무권한의 행위로 보고 무효인 행위가 된다고 한다(대판 1993.5.27, 93누6621).

4. 항고소송의 피고

처분을 함에 있어 실제로 처분청으로 표시된 자가 행정소송법상 항고소송의 피고가 되는 처분청이 된다. 따라서 내부위임의 경우 수임기관이 자기의 이름으로 처분을 한 경우 항고소송의 피고는 실제로 처분을 한 기관인 수임기관이 되고[대판 1991.10.8, 91누520(파면처분 등 무효확인)], 수임기관이 위임청의 이름으로 처분을 한 경우에는 위임청이 항고소송의 피고가 된다.

제5절 권한의 위탁

제1항 권한의 위탁의 의의

권한의 위탁이라 함은 국가 또는 지방자치단체가 행정권한을 독립적 지위에 있는 자(예 공공단체 또는 사인 등)에게 위탁하는 것을 말한다. 공무를 수탁받는 자(공무수탁자)는 단체(예 사단 또는 재단, 공공단체 또는 사법인)인 경우도 있고, 개인인 경우도 있다.

제2항 위탁의 유형

위탁은 위탁기관과 수탁사인 사이의 관계를 기준으로 위탁, 대행, 보조위탁으로 구분할 수 있다. 실정법률상 대행이라는 용어를 사용하는 경우에도 실질에 있어서는 권한의 대행이 아니라 권한의 위탁인 경우도 있고(예 고속국도법 제6조상의 한국도로공사에 의한 고속국도에 관한 국토해양부 장관의 권한의 대행) 행정보조에 불과한 경우도 있다.

정부조직법 제6조 제3항, 지방자치법 제104조 제3항, 행정권한의 위임 및 위탁에 관한 규정은 협의의 위탁, 대행위탁과 보조위탁을 구분함이 없이 광의의 위탁 개념을 사용하고 있다.

Ⅰ. 협의의 위탁

협의의 위탁이라 함은 행정기관의 권한이 위탁에 의해 공공단체 또는 사인에게 법적으로 이전하는 경우를 말한다. 협의의 위탁의 경우 행정권한이 독립된 법주체인 공무수탁자에게 법적으로 이전되는 것이므로 공무수탁자는 자율적으로 의사를 결정하여 자신의 이름으로 행정 권한을 행사할 수 있고, 그 행정권 행사의 법적 효과는 공무수탁자에게 귀속된다.

Ⅱ. 권한의 대행(대행위탁)

행정권한의 대행이라 함은 대행자에게 행정권 행사를 사실상 독립적으로 행하는 권한이 주어지지만, 위탁기관(피대행기관)의 권한이 법적으로는 이전되지 않는 경우를 말한다. 민간위탁에서 대행은 권한의 대리와 유사한 것으로 볼 수 있다. 권한의 대행에서는 권한의 행사가 사실상 대행기관으로 이전되지만, 법상의 처분권이 이전되는 것은 아닌 점에서 협의의 위탁과 구별된다.

권한의 위탁의 경우에는 수탁지가 자신의 이름으로 권한을 행사하고, 그 권한행사의 효과는 수탁자에게 귀속된다. 이에 반하여 권한의 대행에 있어서 대행기관은 자신의 이름으로 권한을 행사 하지만, 대행의 법적 효과는 피대행기관이 속한 행정주체에 귀속된다.

Ⅲ. 보조위탁

보조위탁이라 함은 위탁에 의해 행정기관의 권한이 수탁자에게 이전되지 않고, 수탁자는 위탁기관의 행정보조자로서 활동하는 경우를 말한다. 보조수탁자는 권한행사를 독립적으로 할 수 없고, 위탁기관의 지시를 받아 권한을 행사한다. 보조수탁자는 위탁기관을 보조하는 지위를 가지며 위탁기관의 도구에 불과하다. 보조위탁의 경우 행정권한 행사의 법적 효과는 위탁기관이 속한 행정주체에 귀속되며 공무수탁자는 행정권한의 상대방 및 제3자와의 관계에서 권리의무의 주체가 되지 않는다. 보조위탁은 법률의 근거 없이도 가능하다.

제3항 수탁자의 권한행사에 대한 권리구제

Ⅰ. 민사소송

수탁자의 행정권한의 행사가 사법적 형식으로 행해지는 경우에 그에 관한 법적 분쟁은 민사소송의 대상이 된다.

Ⅱ. 항고소송

수탁자의 행위가 처분의 성질을 갖는 경우에는 항고소송으로 이를 다툴 수 있다. 이 경우에 위탁의 경우에는 공무수탁자가 처분청이므로(행정소송법 제2조 제2항) 공무수탁자를 피고로, 대행과 보조의 경우에는 위탁기관이 처분청이므로 위탁기관을 피고로 하여야 한다.

제3편 행정작용법

제1장 행정입법

제1절 개 설

Ⅰ. 의 의

행정입법이라 함은 행정권이 일반적·추상적 규범을 정립하는 작용을 말한다. 행정입법은 실정법상의 개념이 아니라 학문상의 개념이다. 광의의 행정입법은 법규명령과 행정규칙을 포함한다. 그런데 법률에 대응하여 사용되는 협의의 행정입법은 법규명령을 의미한다.

Ⅱ. 법규명령과 행정규칙의 비교

1. 유사점

법규명령과 행정규칙은 다 같이 일반적·추상적 성질을 갖는 규범으로서 행정의 기준이 되는 규범이라는 점과 행정기관은 이 둘을 모두 준수하여야 할 법적 의무를 진다는 점에서 유사하다.

2. 상이점

법규명령은 행정주체와 국민간의 관계를 규율하는 법규범인 반면에 행정규칙은 행정조직 내부에서 적용되기 위하여 제정된 규범이다. 법규명령은 일반적으로 대외적 구속력을 갖는다.

따라서 법규명령에 반하는 행정권 행사는 위법하다. 이에 반하여 행정규칙은 그 자체로서는 행정기관만을 구속하며 원칙상 대외적 구속력을 갖지 않는다. 따라서 행정권 행사가 행정규칙을 위반한 경우에도 그 위반사실 자체에 의해 그 행정권 행사는 위법한 것으로 판단되지 않는다. 다만, 후술하는 바와 같이 오늘날 학설은 재량준칙 등 일부 행정규칙에는 대외적 구속력이 있는 것으로 인정하고 있다. 판례는 행정규칙의 대외적 구속력을 원칙상 인정하지 않고 있다.

법규명령은 법규 명령의 형식을 취하고 공포가 효력발생요건이다. 그러나 행정규칙은 그러하지 아니하며 공표도 의무적인 것이 아니다.

제2절 법규명령

Ⅰ. 개 념

법규명령이라 함은 행정권이 제정하는 법규를 말한다. 실무에서는 통상 명령이라는 용어를 사용한다. 법규명령은 행정권이 제정하는 법인 점에서 행정입법이라고도 부른다.

자치법규(조례와 규칙)도 행정입법의 성질을 가지는 것으로 볼 수 있다. 다만, 조례는 법률에 준하는 성격을 아울러 갖는 것으로 보아야 할 것이다.

Ⅱ. 법규명령의 종류

1. 법률과의 관계에 따른 분류

헌법적 효력을 가지는 계엄조치(헌법 제77조 제2항), 법률과 같은 효력을 갖는 긴급명령(헌법 제76조 제2항) 및 긴급재정·경제명령(헌법 제76조 제1항), 법률보다 하위의 효력을 갖는 종속명령이 있다. 종속명령에는 법률 또는 상위명령의 위임에 의해 제정되는 명령으로서 새로운 법규사항을 정할 수 있는 위임명령과 상위법령의 집행을 위하여 필요한 사항(신고서양식 등)을 법령의 위임 없이 직권으로 발하는 명령으로서 새로운 법규사항을 정할 수 없는 집행명령이 있다.

2. 제정권자에 따른 분류

대통령이 제정하는 명령을 **대통령령**, 총리가 발하는 명령을 **총리령**, 행정각부의 장이 발하는 명령을 **부령**이라 한다. 입법실제에 있어서 대통령령에는 통상 **시행령**이라는 이름을 붙이고 총리령과 부령에는 **시행규칙**이라는 이름을 붙인다.

Ⅲ. 법규명령의 성립·효력·소멸

1. 법규명령의 성립요건

법규명령은 법규명령제정권자가 제정하여 법규명령의 형식으로 공포함으로써 성립한다.

2. 법규명령의 적법요건과 위법한 명령의 효력

(1) 법규명령의 적법요건과 위법

① 위임명령은 상위법령의 수권이 있어야 제정될 수 있으며 수권의 범위 내에서 제정되어야 한다. 집행명령은 위임 없이 직권으로 제정될 수 있다.

② 근거가 되는 상위법령이 위법할 때에는 그에 근거한 명령도 위법하다.

③ 상위법령에 위반되는 명령은 위법하다.
④ 입법예고제 등 행정입법절차를 위반하여서는 안된다.

(2) 위법한 법규명령의 효력

위법한 법규명령은 어떠한 효력을 갖는가에 대하여 학설상 논란이 있으나, 판례는 위법한 법규명령을 무효로 보고 있다. 처분적 명령에 대한 항고소송도 무효확인소송으로 하는 것이 실무이다. 이에 반하여 법규명령의 효력을 갖는 행정규칙에 대한 항고소송은 통상 취소소송으로 하는 것이 실무이다.

위법한 명령을 다투는 길은 법원에 의한 통제(항고소송, 부수적 통제)와 헌법소원에 의한 통제가 인정되고 있다. 헌법소원에 의해 위헌이 확인된 경우에는 당해 명령은 장래에 향하여 효력을 상실한다. 법원에 의해 선결문제에서 위헌 또는 위법이 확인된 경우에는 그 명령은 효력을 상실하는 것은 아니며 당해 사건에 한하여 적용되지 않고, 위법한 처분적 명령에 대한 무효확인 소송(취소소송)에서 무효확인(취소)된 경우에는 애초부터 무효임이 확인된다(원칙상 소급적으로 효력을 상실한다).

3. 법규명령의 소멸

법규명령은 폐지, 해제조건의 성취, 근거법령의 효력 상실로 소멸된다.

Ⅳ. 사법적 통제 [2004 사시, 2006 행시 사례, 2014 변시 사례]

행정입법에 대한 사법적 통제라 함은 사법기관인 법원 및 헌법재판소에 의한 통제를 말한다.

1. 법원에 의한 통제

법원에 의한 행정입법의 통제로는 간접적 규범통제와 항고소송에 의한 직접적 통제가 있다.

(1) 간접적 통제(부수적 통제) [2010 행시(재경직) 사례]

간접적 통제라 함은 다른 구체적인 사건에 관한 재판에서 행정입법의 위법 여부가 선결문제가 되는 경우 당해 행정입법의 위법 여부를 통제하는 것을 말한다. 간접적 통제는 헌법 제107조 제2항에 근거한다. 헌법 제107조 제2항은 "명령·규칙 또는 처분이 헌법이나 법률에 위반되는 여부가 재판의 전제가 된 경우에는 대법원은 이를 최종적으로 심사할 권한을 가진다."라고 규정하고 있다.

(2) 처분적 명령에 대한 항고소송(직접적 통제)

[2004 사시, 2007·2011 공인노무사, 2019 변시 사례]

행정입법은 일반적·추상적 규범이므로 원칙상 처분이 아니고 따라서 항고소송의 대상이 될 수 없다. 그러나 명령(법령보충적 행정규칙 포함) 중 처분적 성질을 갖는 명령(처분적 명령)은 항고소송의 대상이 된다는 것이 일반적 견해이다. 다만, 처분적 명령의 인정기준 및 범위에 관하여는 견해의 대립이 있다(자세한 것은 후술 제2부 제3편 제3장 제1절 행정소송의 대상 참조).

2. 헌법재판소에 의한 통제

현행 헌법상 행정입법에 대한 헌법소원(헌법재판소법 제68조 제1항의 헌법소원)이 가능한지에 관하여는 적극설과 소극설의 대립이 있다.

심화학습

[행정입법부작위]

Ⅰ. 의 의

행정입법부작위라 함은 행정권에게 명령을 제정·개정 또는 폐지할 법적 의무가 있음에도 합리적인 이유없이 지체하여 명령을 제정·개정 또는 폐지하지 않는 것을 말한다.

Ⅱ. 행정입법부작위의 요건

행정입법부작위가 인정되기 위하여는 ① 행정권에게 명령을 제정·개폐할 법적 의무가 있어야 하고, ② 상당한 기간이 지났음에도 불구하고, ③ 명령이 제정 또는 개폐되지 않았어야 한다.

[문 제] 법률은 제정되었으나 시행명령 또는 조례가 제정되지 않아 권익을 침해받고 있는 자는 어떠한 구제를 받을 수 있는가?

1. 시행명령제정의무

(1) 인정근거

현행법상 행정권의 시행명령제정의무를 규정하는 명시적인 법률규정은 없다. 그러나 삼권분립의 원칙·법치행정의 원칙을 당연한 전제로 하고 있는 헌법 하에서 행정권의 시행명령 제정·개정의무는 법적의무로 보아야 할 것이다.

(2) 인정요건

주의할 것은 시행명령제정 의무가 인정되기 위하여는 시행명령의 제정이 법률집행의 전제조건이 되어야 한다. 시행명령의 개입 없이 법률의 규정만으로 집행될 수 있는 경우에는 행정권에게 시행명령제정 의무는 없다. 시행명령의 개입없이 법률의 규정만으로 집행될 수 있는 경우라 함은 법률의 규정이 그 내용에 있어서 무조건적이고 충분하게 명확한 경우를 말한다.

2. 상당한 기간의 경과

법률을 시행하는 명령을 제정하기 위하여는 행정권에게 상당한 기간이 필요하다.

3. 명령의 제정 또는 개폐가 없었을 것

시행명령을 제정 또는 개정하였지만 그것이 불충분 또는 불완전하게 된 경우(부진정행정입법부작위)에는 행정입법의 부작위가 아니다. 그러나 시행명령으로 제정될 입법사항이 여럿이 있고 이들이 상호 독립적인 경우에 시행명령이 제정되었지만 입법사항 중 일부를 빠뜨리고 있는 경우에는 그 입법사항에 관하여는 입법부작위에 해당한다.

Ⅲ. 행정입법부작위에 대한 권리구제

행정입법부작위에 의하여 국민의 권익이 침해된 경우에 국민은 어떠한 법적 구제를 받을 수 있는가.

1. 행정입법부작위에 대한 항고소송의 가능성

행정입법부작위가 부작위위법확인소송의 대상이 되는 행정소송법상의 '부작위'인가. 현행 행정소송법상의 부작위개념(행정소송법 제2조 제1항 제2호)에 의할 때 행정입법부작위가 부작위위법확인소송의 대상이 된다고 보기 위하여 해결해야 할 가장 큰 문제는 부작위가 성립하기 위하여는 행정청에게 '처분을 하여야 할 법률상 의무'가 있어야 한다는 점이다.

(1) 부정설

판례는 행정입법부작위는 성질상 부작위위법확인소송의 대상이 되지 않는다고 본다[대판 1992.5.8, 91누11261(행정입법부작위처분위법확인)].

(2) 긍정설

이 견해는 시행명령제정신청에 대한 부작위로 직접 구체적으로 권익침해를 당한 경우 당해 행정입법부작위는 행정소송법상 부작위위법확인소송의 대상이 되는 부작위라고 보고 부작위위법확인소송이 제기될 수 있다고 본다.

(3) 결 어

다음과 같은 이유에서 긍정설이 타당하다. 처분적 명령이 항고소송의 대상이 되므로 처분성이 있는 행정입법의 부작위도 부작위위법확인소송의 대상이 된다고 보아야한다. 다만, 시행명령제정을 신청하고 행정권이 이를 거부 또는 보류한 경우에만 그 거부처분이나 부작위에 대하여 항고소송이 인정된다. 행정소송법상 부작위는 신청을 전제로 하여 상당한 기간 내에 일정한 처분을 하지 아니하는 것을 의미하는 것이기 때문이다.

입법론으로는 행정입법부작위를 항고소송의 대상으로 하는 명문의 규정을 두어야 할 것이다.

2. 행정입법부작위에 대한 당사자소송의 가능성

항고소송의 대상이 되지 않는 행정작용에 대한 국민의 재판을 받을 권리를 보장하기 위하여 행정입법부작위에 대해 규범제정의 이행을 요구하거나 행정입법부작위가 위법하다는 확인을 구하는 당사자소송을 인정하여야 한다는 견해가 있다. 이에 대하여는 규범제정과 같은 권력적 행위는 공법상 권리의무관계에 관한 소송인 당사자소송의 대상이 될 수 없다는 비판이 가능하다.

3. 행정입법부작위에 대한 헌법소원의 가능성

행정입법에 대한 헌법소원을 긍정하는 견해에 의하면 시행명령을 제정할 법적 의무가 있는 경우에 명령 제정의 거부나 입법부작위도 '공권력의 행사나 불행사'이므로 당연히 헌법소원의 대상이 된다[헌재 2004.2.26, 2001헌마718(입법부작위위헌확인)]. 다만, 헌법소원이 인정되기 위하여는 행정입법권의 불행사로 기본권이 직접·구체적으로 침해되었어야 한다.

헌법소원의 대상이 되는 불행사란 공권력이 행사될 법적 의무가 있음에도 공권력이 행사되지 않는 것을 말하며 국민의 신청을 전제로 하지 않는다. 따라서 시행명령제정의 지체가 지나친 경우에는 사전에 시행명령제정의 신청을 할 필요 없이 시행명령제정의 불행사에 대하여 헌법소원을 제기할 수 있다.

행정입법부작위에 대하여 부작위위법확인소송이 제기될 수 있다면 보충성의 원칙에 의해 헌법소원이 인정될 수 없다.

4. 국가배상청구의 가능성

행정입법부작위로 인하여 손해가 발생한 경우에 과실이 인정되는 경우에는 국가배상청구가 가능하다.

[문제의 해결] 시행명령 또는 시행조례의 미제정이 행정소송법상 부작위에 해당하는 경우 부작위위법확인소송을 제기할 수 있고, 시행명령 또는 시행조례의 미제정을 행정소송법상의 부작위로 보지 않는 견해(대법원 판례)에 의하면 헌법소원을 제기할 수 있다. 판례는 시행명령 또는 시행조례의 미제정을 항고소송법상 부작위로 보지 않고 부작위위법확인소송의 대상으로 보지 않는다.

제3절 행정규칙

Ⅰ. 행정규칙의 의의

행정규칙이라 함은 행정조직내부에서의 행정의 사무처리기준으로서 제정된 일반적·추상적 규범을 말한다. 실무에서의 훈령·통첩·예규 등이 행정규칙에 해당한다.

Ⅱ. 행정규칙의 종류

1. 행정규칙의 규율대상 및 내용에 따른 분류

행정조직 내부에서의 행정기관의 구성 및 권한배분 및 업무처리절차를 정하는 조직규칙(예 전결권을 정하는 직무대리규정), 영조물의 관리청이 영조물의 조직·관리 및 사용을 규율하기 위하여 제정하는 영조물규칙, 법령의 해석을 규정한 법령해석규칙, 재량권 행사의 기준을 제시하는 재량준칙, 행정권 행사의 기준 및 방법에 관하여 법령에 의한 규율이 없는 영역에서 행정권 행사의 기준을 정하는 법률대체적 규칙(예 급부행정이나 행정지도분야)이 있다.

2. 법령상의 분류

(1) 「행정 효율과 협업 촉진에 관한 규정」상의 분류

상급기관이 하급기관의 근무에 관한 사항을 계속적으로 규율하기 위하여 발하는 행정규칙을 근무규칙이라 하는데 이에는 상급기관이 하급기관에 대하여 상당히 장기간에 걸쳐서 그 권한의 행사를 일반적으로 지시하기 위하여 발하는 명령인 훈령(훈령 중 일반적·추상적 성질을 갖는 것만이 행정규칙이다), 상급기관이 직권 또는 하급기관의 문의에 의하여 개별적·구체적으로 발하는 명령인 지시, 법규문서 이외의 문서로서 반복적 행정사무의 기준을 제시하는 예규, 당직·출장·시간외근무 등 일일업무에 관한 명령인 일일명령이 있다.

(2) 고 시

① 고시가 행정사무의 처리기준이 되는 일반적·추상적 규범의 성질을 갖는 경우 행정규칙이다. 이 행정규칙인 고시는 행정기관이 일정한 사항을 불특정 다수인에게 통지하는 방법인 고시와 구별되어야 한다.
② 고시가 일반적·구체적 성질을 가질 때에는 '일반처분'에 해당하며 고시의 내용이 어떤 물건의 성질 또는 상태를 규율하는 내용을 담고 있을 때에는 물적 행정행위라고 보아야 한다(김남진, 192면).

③ 행정규칙인 고시가 법령의 수권에 의해 법령을 보충하는 사항을 정하는 경우(행정규제기본법 제4조 제2항)에는 법령보충적 고시로서 근거법령규정과 결합하여 대외적으로 구속력 있는 법규명령의 효력을 갖는다[대판 1999.11.26, 97누13474(부동산양도허가신청반려처분취소)].

Ⅲ. 행정규칙의 법적 성질 및 구속력

행정규칙의 법적 성질의 문제라 함은 행정규칙이 법규인가 아니면 법규가 아닌가 또는 행정규칙은 준법규인가 하는 행정규칙의 법규성의 문제를 말한다.

행정규칙의 구속력이란 행정규칙이 법적 구속력을 갖는가 하는 문제이다. 행정규칙의 법적구속력 에는 행정조직 내부에서의 구속력(대내적 구속력)과 행정행위의 상대방인 국민 또는 법원에 대한 구속력(대외적 구속력)이 있다.

> **판례**
>
> [1] 행정기관이 소속 공무원이나 하급행정기관에 대하여 세부적인 업무처리절차나 법령의 해석·적용 기준을 정해 주는 '행정규칙'은 상위법령의 구체적 위임이 있지 않는 한 조직 내부에서만 효력을 가질 뿐 대외적으로 국민이나 법원을 구속하는 효력이 없다. [2] 행정규칙이 이를 정한 행정기관의 재량에 속하는 사항에 관한 것인 때에는 그 규정 내용이 객관적 합리성을 결여하였다는 등의 특별한 사정이 없는 한 법원은 이를 존중하는 것이 바람직하다. [3] 그러나 행정규칙의 내용이 상위법령이나 법의 일반원칙에 반하는 것이라면 법질서상 당연무효이고, 행정내부적 효력도 인정될 수 없다. 이러한 경우 법원은 해당 행정규칙이 법질서상 부존재하는 것으로 취급하여 행정기관이 한 조치의 당부를 상위법령의 규정과 입법 목적 등에 따라서 판단하여야 한다. [4] 한국수력원자력 주식회사가 조달하는 기자재, 용역 및 정비공사, 기기수리의 공급자에 대한 관리업무 절차를 규정함을 목적으로 제정·운용하고 있는 '공급자관리지침' 중 등록취소 및 그에 따른 일정 기간의 거래제한조치에 관한 규정들은 공공기관으로서 행정청에 해당하는 한국수력원자력 주식회사가 상위법령의 구체적 위임 없이 정한 것이어서 대외적 구속력이 없는 행정규칙이다(대판 2020.5.28, 2017두66541).

1. 행정규칙의 대내적 구속력(효력)

행정규칙은 원칙상 대내적 구속력이 있다. 행정규칙(특히 훈령)은 상급행정기관의 감독권에 근거 하여 하급행정기관에 대하여 발해지는 것이므로 행정규칙은 하급행정기관에 대한 상급행정기관의 직무명령의 성격을 아울러 가지므로 하급행정기관은 공무원법상의 복종의무(例 국가공무원법 제57조)에 따라 행정규칙을 준수할 법적 의무를 진다. 그리하여 하급행정기관이 행정규칙에 따르지 않고 처분을 한 것은 징계사유가 된다.

2. 행정규칙의 외부적(대외적) 구속력과 법적 성질

행정규칙의 대외적인 법적 구속력이란 국민이 행정행위가 행정규칙에 위반하였다는 것을 이유로 행정행위의 위법을 주장할 수 있는가 하는 것과 행정규칙이 법원에 대하여 재판규범이 되는가 하는 문제이다.

(1) 재량준칙

1) 의 의

재량준칙이라 함은 재량권 행사의 기준을 정하는 행정규칙을 말한다.

재량준칙은 행정권 행사의 기준을 정하는 일반적 성격의 규범인 점에서 법규명령과 유사하지만, 다음과 같이 법규명령과 구별된다. 즉, 재량준칙은 법규명령과 달리 행정권 행사의 일반적 기준 내지 방침을 제시할 뿐이며 그 자체로서는 국민에게 직접적인 법적 효과를 미치지 않는다. 재량준칙은 기본적으로 행정내부조치이다. 또한 법규명령의 경우에는 법규명령 자체에 명문의 규정이 없는 한 그 규정내용과 다른 결정을 할 수 없지만 재량준칙의 경우에는 구체적 사안의 특수성 또는 공익상의 필요에 의해 재량준칙에서 정해진 행정기준과 다른 결정을 할 수 있다.

2) 기 능

재량준칙은 국민에게 법적 안정성을 보장하고, 행정에 일관성을 보장하고, 재량권의 자의적인 행사를 방지하고, 행정권 행사의 편의성을 보장하기 위하여 사용된다. 또한 재량준칙은 재량권 행사의 기준을 국민에게 미리 알려주는 기능도 갖는다.

3) 재량준칙의 법적 효력과 성질

가. 부정설

전통적 견해는 재량준칙은 행정조직내부에서의 재량권 행사의 기준을 정한 행정규칙이므로 외부적 구속력이 없다고 본다.

나. 간접적 대외적 구속력설(평등원칙설)

재량준칙은 **평등원칙을 매개**로 하여 간접적으로 대외적인 구속력을 갖는다고 보는 것이 다수의 견해이며 타당하다. 재량준칙은 그 자체가 직접 대외적 구속력을 갖는 것은 아니지만 특별한 사유 없이 특정한 자에게 그 재량준칙을 적용하지 않고 재량준칙의 내용과 다른 처분을 하는 것은 평등원칙에 반하여 위법한 처분이 된다.

다. 자기구속설

이 견해는 행정의 자기구속의 법리에 근거하여 재량준칙의 대외적 구속력을 인정하는 견해이다.

라. 판 례

판례는 원칙상 행정규칙에 대해 대외적 구속력을 인정하지 않지만, 재량준칙이 객관적으로 보아 합리적이 아니라거나 타당하지 않다고 볼 만한 특별한 사정이 없는 이상 행정청의 의사는 가능한 한 존중되어야 한다고 하고[대판 2013.11.14, 2011두28783(과징금감경결정 취소청구)], 이러한 재량준칙에 따른 처분은 적법하다고 본다[대판 2011.1.27, 2010두23033(국제멸종위기종용도변경승인신청반려처분취소)]. 또한 그러한 재량준칙을 따르지 않은 처분은 특별한 사정이 없는 한 재량권의 일탈·남용에 해당하는 위법한 처분으로 본다(대판 2010.1.28, 2009두19137). 이러한 판례의 태도는 평등원칙을 매개로 재량준칙의 간접적인 대외적 구속력을 인정하는 다수설의 견해와 유사하다.

또한 대법원 판례는 재량준칙이 되풀이 시행되어 행정관행이 성립한 경우 당해 재량준칙에 자기구속력을 인정한다[대판 2009.12.24, 2009두7967(신규건조저장시설사업자인정신청반려처분취소)].

마. 결 어

평등원칙을 매개로 하여 재량준칙의 간접적 대외적 구속력을 인정하는 견해가 타당하다.

재량준칙에 따른 처분은 재량준칙에 의해 설정된 기준이 객관적으로 타당하다고 보여지고 당해 재량준칙을 적용 해서는 안 될 특별한 사정이 없는 한 위법하다고 할 수 없다. 또한 **공익상 필요 등 특별한 사정이 있는 경우**에는 재량준칙과 다른 처분을 하여도 위법하다고 할 수 없다. **재량준칙에 따른 행정관행이 성립되어 자기구속력이 인정되는 경우**에는 단순한 재량준칙보다 강한 법적 구속력이 인정된다고 보아야 한다.

4) 재량준칙에 대한 재판적 통제 [2014 변시 사례]

재량준칙은 그 자체로서는 국민의 법적 지위에 직접적인 영향을 미치지 않는 행정내부조치에 불과하므로 재량준칙 자체는 취소소송의 대상이 되지 않는다. 다만, 예외적으로 재량준칙이라도 국민의 권익에 직접 영향을 미치는 경우에는 행정소송법상 처분이 되며 취소소송의 대상이 된다고 보는 것이 타당하다.

재량준칙에 대한 간접적 통제(부수적 통제)를 인정하지 않는 것이 일반적인 견해이지만, 재량준칙의 대외적 간접적 구속력을 인정하는 견해에 선다면 재판에서 전제문제로서 간접적으로 통제된다고 보아야 한다.

5) 법규명령 형식의 재량준칙

재량권 행사의 기준이 법규명령의 형식으로 제정된 경우의 법적 성질 및 효력에 관하여는 후술하는 바와 같다.

(2) 행정규칙 형식의 법규명령

후술하는 바와 같이 판례는 법령의 수권에 의해 법령을 보충하는 사항을 정하는 행정규칙을 법규명령과 같은 효력을 갖는 것으로 보고 있다. 또한 집행명령으로 정하여야 할 사항을 행정규칙으로 정한 경우에도 법규명령과 같은 효력을 인정하고 있다.

(3) 기 타

① **조직규칙** : 조직규칙에 대하여 외부적 구속력을 인정할 것인가에 관하여 견해가 대립하고 있다.

② **영조물규칙** : 영조물규칙(예 교도소규칙 등)중에는 조직규칙인 것도 있고 재량준칙(영조물 이용규칙의 경우)인 것도 있으며 학칙과 같이 법규명령(자치법규)인 것도 있다. 영조물이용규칙을 특별명령으로 보고 법규성을 인정하는 견해도 있다.

협의의 학칙(교육에 관한 기본규칙)의 법적 성질에 관하여는 행정규칙(재량준칙)으로 보는 견해, 특별명령으로 보는 견해, 법령보충적 행정규칙으로 보는 견해, 자치법규로 보는 견해, 사립학교의 학칙은 약관으로 보는 견해 등이 있으나, 헌법상 교육의 자주성과 대학의 자율성이 보장되고 있으므로(제31조 제4항) 학교를 자치조직으로 보는 것이 타당하고 따라서 학칙을 자치권에 근거한 자치법규로 보는 견해가 타당하다. 판례는 학칙의 양면적 법적 구속력을 인정하고 있다(대판 1991.11.22, 91누2144).

③ **법령해석규칙** : 법령해석규칙은 대외적 구속력을 갖지 않는다. 다만, 해석규칙에 대한 국민의 신뢰는 보호되어야 한다(행정절차법 제4조 제2항).

④ **법률대체적 규칙** : 법률대체적 규칙에 직접적 대외적 효력을 인정하는 견해가 있으나 법률 대체적 규칙을 재량준칙에 준하는 것으로 보는 것이 타당하다.

Ⅳ. 행정규칙의 통제

1. 행정적 통제

대통령훈령과 국무총리훈령은 관례적으로 법제처의 사전심사를 받고 있다. 중앙행정기관의 훈령이나 예규에 대해서는 대통령령인 법제업무운영규정에 의해 법제처의 사후평가제가 실시되고 있다.

2. 사법적 통제

(1) 법원에 의한 통제

1) 항고소송의 대상 여부

행정규칙에는 원칙상 대외적 효력이 인정되지 않으며 간접적 대외적 효력이 인정되는 경우에도 행정의 기준이 될 뿐 국민의 권리의무에 직접 구체적인 효과를 미치지 않기 때문에 행정규칙은 원칙상 행정소송법상의 처분에 해당하지 않고 따라서 항고소송의 대상이 되지 않는다[대판 1994.9.10, 94두33(대학입시기본계획 철회처분 효력정지)]. 다만, 직접 대외적 구속력이 있는 행정규칙으로 인하여 직접 구체적으로 국민의 권익이 침해된 경우에는 그 행정규칙은 처분이 되므로 항고소송의 대상이 된다.

2) 간접적 규범통제

행정규칙이 대외적 구속력을 갖지 않는 경우에는 행정처분의 위법 여부를 판단함에 있어서 행정규칙의 위법 여부가 전제문제가 되지 않으므로 법원에 의한 심판대상이 될 수 없을 것이다. 그러나 반대견해도 있지만, 행정규칙이 대외적 구속력을 갖고 행정처분의 취소소송에서 행정규칙의 위법 여부가 전제문제가 되었을 때에는 법원에 의한 심판대상이 된다고 볼 수 있다.

(2) 헌법재판소에 의한 통제

행정규칙은 대외적인 행위가 아니라 행정조직 내부에서의 행위이므로 원칙상 헌법소원의 대상이 되는 공권력 행사가 아니다.

그러나 행정규칙이 사실상 구속력을 갖고 있어 국민의 기본권을 현실적으로 침해하는 경우에는 헌법소원의 대상이 된다.

헌법재판소는 국립대학의 대학입학고사 주요요강을 사실상의 준비행위 내지 사전안내로 보고 항고소송의 대상인 처분으로 보지 않으면서도 헌법소원의 대상이 되는 공권력 행사로 보고 있다(헌재 1992.10.1, 92헌마68, 76). 그리고 법규성 또는 대외적 구속력이 인정되는 행정규칙은 헌법소원의 대상이 되는 공권력 행사에 해당한다(헌재 2001.5.31, 99헌마413).

제4절 법규명령 형식의 행정규칙과 법규적 성질(효력)을 갖는 행정규칙

Ⅰ. 법규명령 형식의 행정규칙

1. 의 의

법규명령의 형식을 취하고 있지만 그 내용이 행정규칙의 실질을 가지는 것을 '법규명령 형식의 행정규칙'이라 한다.

법규명령 형식의 행정규칙은 재량권 행사의 기준(재량준칙, 특히 제재적 처분의 기준)을 법규명령의 형식으로 제정한 경우가 보통이다.

2. 성질과 효력

(1) 성 질

법규명령 형식의 행정규칙이 법규명령인가 행정규칙(재량준칙)인가에 관하여 견해가 대립되고 있다.

1) 실질설(행정규칙설)

이 견해는 당해 규범의 실질을 중시하여 행정기관 내부에서의 행정사무처리기준이 법규명령의 형식을 취하고 있다 하더라도 당해 규범을 행정규칙으로 보아야 한다고 보는 견해이다.

2) 형식설(법규명령설)

이 견해는 규범의 형식을 중시하여 법규의 형식으로 제정된 이상 법규라고 보아야 한다고 보는 견해이다. 형식설이 다수설이다.

3) 수권여부기준설

상위법령의 수권에 근거한 기준설정은 위임입법에 해당하므로 법규명령으로 보아야 하고, 법령의 수권 없이 제정된 처분의 기준은 행정규칙으로 보아야 한다는 견해이다.

(2) 효 력

1) 실질설에서의 효력

실질설에 의하면 법규명령형식의 행정규칙은 행정규칙(특히 재량준칙)으로서의 효력과 구속력을 가진다.

2) 형식설에서의 효력

형식설에 의하면 법규명령의 형식으로 된 처분의 기준은 법규명령으로서의 효력을 갖는다.

그런데 형식설은 제재적 처분기준을 정하는 당해 법규명령의 대외적 구속력에 대하여는 엄격한 대외적 구속력을 갖는다는 견해, 신축적인 구속력만을 인정하는 견해(박윤흔, 252면) 및 제재기준인 경우 최고한도로서의 구속력만을 갖는다는 견해로 나뉘고 있다.

가. 엄격한 대외적 구속력을 인정하는 견해의 문제점

형식설 중 제재적 처분기준을 정액 등으로 엄격히 정하는 법규명령이 기속규정임에도 엄격한 대외적 구속력을 갖는 다는 견해에 의하면 법률의 수권 없이 법규사항인 재량권 행사의 기준을 법규명령의 형식으로 정한 것이므로 당해 법규명령은 상위 수권법령에 반하는 위법한 법규명령이 되고, 법률의 수권이 있는 경우에도 재량권 행사의 기준을 정하는 법규명령이 재량의 여지없이 재량권 행사의 기준을 정하고 있는 경우(예 종래 통상 이렇게 정하고 있었다. 가장 대표적인 예는 음주운전에 대한 제재기준을 혈중 알콜농도에 따라 정하는 경우이다)에는 재량권 행사의 기준을 정하는 법규는 상위법령에서 재량 행위로 규정한 사항을 기속행위로 규정하는 것이 되어 상위법령에 반하는 위법한 법규명령이 된다.

이러한 문제점 때문에 최근에는 법규명령의 형식으로 재량권 행사의 기준을 정하면서 특별한 사정을 고려하여 법규명령의 형식으로 정한 재량권 행사의 기준을 가중 또는 특히 감경할 수 있다는 예외규정을 두는 경우가 많다.

나. 최고한도로서의 구속력만 인정하는 견해와 그 비판

법규명령 형식의 행정규칙에 법규명령의 효력을 인정하면서도 법규명령 형식의 행정규칙에 의해 정해진 제재기준은 최고한도를 정한 것이라고 보는 견해가 있으나, 이 견해는 명문의 규정이 없음에도 제재처분의 기준을 최고한도로 해석함으로써 해석의 한계를 넘는 문제가 있고, 사안에 따라서는 최고한도보다 더 중한 제재처분을 내려야 하는 것이 타당한 경우에도 그러한 가중처분을 하지 못하게 되어 이 한도 내에서는 상위법률에 반하여 구체적 타당성 있는 행정을 막는 문제가 있다.

(3) 판 례

1) 부령의 형식으로 정해진 경우

판례는 부령의 형식(시행규칙)으로 정해진 제재적 처분(예 영업허가의 취소 또는 정지, 과징금 부과 등)기준은 그 규정의 성질과 내용이 행정청 내의 사무처리기준을 규정한 것에 불과하므로 행정규칙(재량준칙)의 성질을 가지며 대외적으로 국민이나 법원을 구속하는 것은 아니라고 본다(대판 1990.1.25, 89누3564; 대판 1993.6.29, 93누5635). 즉, **판례**는 실질설을 취하고 있다. 제재처분기준이 지방자치단체장의 규칙으로 정해진 경우에도 그러하다(대판 전원합의체 1995.10.17, 94누14148).

다만, 판례는 제재적 행정처분의 기준이 부령의 형식으로 규정되어 있는 경우 당해 제재처분기준을 존중하여야 한다고 본다(대판 2007.9.20, 2007두6946). 달리 말하면 부령 형식으로 규정된 처분기준이 그 자체로 헌법 또는 법률에 합치되지 않거나 그 기준을 적용한 결과가 처분사유인 위반행위의 내용 및 관계 법령의 규정과 취지에 비추어 현저히 부당하다고 인정할 만한 합리적인 이유가 없는 한, 섣불리 그 기준에 따른 처분이 재량권의 범위를 일탈하였다거나 재량권을 남용한 것으로 판단해서는 안 된다(대판 2019.9.26, 2017두48406).

2) 대통령령의 형식으로 제정된 경우

대법원은 제재처분의 기준이 대통령령의 형식(시행령)으로 정해진 경우 법규명령으로 보면서 재량권 행사의 여지를 인정하기 위하여 처분기준(과징금 처분기준)을 최고한도(최고한도액)를 정한 것으로 본다(대판 2001.3.9, 99두5207).

(4) 결 론

결론적으로 말하면 법규명령의 형식으로 규정되어 있는 한 법규명령으로 보아야 한다(형식설).

그런데 형식설은 재량권 행사의 기준을 정하는 법규명령에서 특별한 사정이 있는 경우 가중 또는 감경할 수 있다는 규정을 둔 경우를 제외하고는 수권법령에서 재량행위로 정한 것을 기속규정으로 정하였다는 문제가 있다.

문제의 근본적 해결은 판례가 평등원칙을 매개로 한 재량준칙의 간접적인 대외적 구속력을 인정하고, 행정기관은 재량권 행사의 기준을 행정규칙의 형식으로 정하는 것이다.

법규명령의 형식으로 재량권 행사의 기준을 정하는 경우에는 가중·감경규정을 두어 재량권 행사가 가능하도록 하여야 할 것이다.

Ⅱ. 법규적 성질을 갖는 행정규칙

1. 의 의

판례는 일정한 경우에 행정규칙의 형식으로 제정되었지만 그 내용이 실질에 있어서 법규적 성질을 갖는 경우에 법규와 같은 효력을 인정하고 있다. 이에 따라 '법규적 성질(효력)을 갖는 행정규칙'이라는 개념이 탄생하였다. 이를 '행정규칙형식의 법규명령'이라고 부르는 견해도 있다.

2. 법령보충적 행정규칙

(1) 의 의

법령보충적 행정규칙이라 함은 법령의 위임에 의해 법령을 보충하는 법규사항을 정하는 행정규칙을 말한다. 판례는 법령보충적 행정규칙을 **수권법령과 결합하여** 대외적인 구속력이 있는 법규명령으로서의 효력을 갖는다고 본다(대판 1987.9.29, 86누484; 대판 1992.1.21, 91누5334).

(2) 법적 성질

법령보충적 행정규칙의 법적 성질에 대하여는 견해가 대립하고 있다. 규범구체화 행정규칙으로 보는 견해, 법규명령으로 보는 견해, 행정규칙으로 보는 견해, 법규명령의 효력을 갖는 행정규칙으로 보는 견해가 있다. 이에 대하여 고시가 일반적·추상적 성격을 가질 때에는 법령보충적 행정규칙(고시)로 보고, 개별적·구체적 규율의 성격을 가질 때에는 법령보충적 행정규칙(고시)로 보지 않고 처분(일반처분)으로 보는 견해도 있다.

(3) 법적 효력

법령보충적 행정규칙은 수권법령규정과 결합하여 대외적으로 구속력이 있는 법규명령으로서의 효력을 가진다.

(4) 법령보충적 행정규칙의 한계

① 법령보충적 행정규칙의 제정에는 법령의 수권이 있어야 한다.

② 법령보충적 행정규칙이 법령의 위임의 범위를 벗어난 경우 법규명령으로서의 대외적 구속력이 인정되지 않는다(대결 2006.4.28, 자 2003마715; 대판 2006.8.17, 2015두51132). 이 경우 당해 법령보충적 행정규칙은 위법한 법규명령의 효력을 갖는 것이 아니라 행정규칙에 불과한 것이 된다.

(5) 법령보충적 행정규칙의 사법적 통제

법령보충적 행정규칙은 법규명령과 같이 직접적 통제(항고소송 또는 헌법소원)와 간접적 통제(부수적 통제)의 대상이 된다.

1) 법원에 의한 통제

법령보충적 행정규칙은 법규명령의 효력을 가지므로 법규명령과 같이 재판에서 전제가 된 경우에 법원이 간접적으로 통제하고, 처분성을 갖는 경우 직접 항고소송의 대상이 된다.

> **판례** 어떠한 고시가 일반적·추상적 성격을 가질 때에는 법규명령 또는 행정규칙에 해당할 것이지만, 다른 집행행위의 매개 없이 그 자체로서 직접 국민의 구체적인 권리의무나 법률관계를 규율하는 성격을 가질 때에는 항고소송의 대상이 되는 행정처분에 해당한다[대결 2003.10.9, 자 2003무23(집행정지)]: 항정신병 치료제의 요양급여 인정기준에 관한 보건복지부 고시가 다른 집행행위의 매개 없이 그 자체로서 제약회사, 요양기관, 환자 및 국민건강보험공단 사이의 법률관계를 직접 규율한다는 이유로 항고소송의 대상이 되는 행정처분에 해당한다고 한 사례; 대판 2006.9.22, 2005두2506(보험약가인하처분취소): 보건복지부 고시인 약제급여·비급여목록 및 급여상한금액표(보건복지부 고시 제2002-46호로 개정된 것) 는 다른 집행행위의 매개 없이 그 자체로서 국민건강보험가입자, 국민건강보험공단, 요양기관 등의 법률관계를 직접 규율하는 성격을 가지므로 항고소송의 대상이 되는 행정처분에 해당한다고 한 사례.

2) 헌법재판소에 의한 통제

법령보충적 행정규칙이 명백히 처분이 아니고(헌법소원의 보충성 원칙) 직접 구체적으로 국민의 권익을 침해하는 경우에는 헌법소원의 대상이 된다[헌재 1992.6.26, 91헌마25(공무원임용령 제35조의2 등에 대한 헌법소원)].

제2장   행정계획

Ⅰ. 개 설

행정계획이라 함은 행정주체 또는 그 기관이 일정한 행정활동을 행함에 있어서 일정한 목표를 설정하고 그 목표를 달성하기 위하여 필요한 수단을 선정하고 그러한 수단들을 조정하고 종합화한 것을 말한다(예 도시관리계획, 경제개발계획, 환경계획 등). 이러한 행정계획은 상위계획과 하위계획, 기본계획과 시행계획(집행계획), 구속적 행정계획(예 도시관리계획, 토지구획정리사업계획, 수도권정비 계획, 지역·지구·구역의 지정 또는 변경에 관한 계획 등)과 비구속적 행정계획(예 교육진흥계획,체육진흥계획 등) 등 다양한 형태로 분류할 수 있다.

Ⅱ. 행정계획의 법적 성질

1. 일반적 검토

행정계획이 특정의 법적 형식에 의해 수립된 경우에 당해 행정계획은 그 법적 형식의 성질을 갖는다.

즉, 법률의 형식에 의해 수립되는 행정계획은 법률의 성질을 가지고, 법규명령의 형식에 의해 수립된 행정계획은 법규명령의 성질을 가지며 조례의 형식에 의해 수립되는 계획은 조례의 성질을 갖는다.

행정계획이 특정의 행위형식을 취하지 않는 경우에 당해 행정계획은 어떠한 법적 성질을 갖는가 하는 것이 문제된다. 행정계획의 법적 성질을 논하는 이유는 행정계획이 항고소송의 대상이 될 수 있는지 여부를 판단하기 위함이다. 우리나라에서는 입법행위는 원칙상 항고소송의 대상이 되지 않고 행정행위 등 '처분'만이 항고소송의 대상이 된다. 그리하여 행정계획이 항고소송의 대상이 되는 처분인지 아닌지(또는 행정행위인지 아니면 입법행위인지)하는 것이 문제된다.

2. 도시·군관리계획의 법적 성질

구 도시계획법 제12조의 도시계획[현행 국토의 계획 및 이용에 관한 법률(이하 '국토계획법'이라 한다)제30조의 도시·군관리계획 결정]의 법적 성질이 다투어신 에가 있디[대판 1982.3.9, 80누105(도시계획변경 처분취소)]. 도시관리계획(군관리계획)의 법적 성질에 관하여 다음과 같이 견해가 대립되고 있다.

(1) 입법행위설

도시관리계획은 도시계획행정의 기준이 되는 일반적·추상적인 성질의 것이고 도시관리계획 자체만으로는 특정 개인에게 어떤 구체적인 권리침해를 가져오는 것이 아니므로 행정계획은 처분이 아니며 입법행위의 성질을 가진다는 견해이다. 도시관리계획이 결정되면 법령에 근거하여 일정한 권리제한의 효과가 생기게 되지만 이는 법령의 효과이며 도시관리계획은 법령을 보충하는 것으로서 입법행위의 성질을 가진다고 본다.

이 견해에 의하면 도시관리계획이 위법한 경우에 직접 그 도시관리계획의 취소를 청구할 수는 없고, 그 위법한 도시관리계획에 따라 위법한 처분이 행하여져(예 건축허가가 거부되어) 국민의 권리가 침해된 때 당해 처분의 취소를 구하는 소송을 제기하여야 한다고 한다.

(2) 행정행위설

도시관리계획의 결정이 고시되면 도시관리계획구역 안의 토지나 건물소유자의 토지형질변경, 건축물의 신축·개축 또는 증축 등 권리행사가 일정한 제한을 받게 되는데, 이 점에 비추어 볼때 당해 도시관리계획결정은 특정 개인의 권리 내지 법률상의 이익을 개별적이고 구체적으로 규제하는 효과를 가져오므로 행정청의 처분이라 할 수 있고, 따라서 항고소송의 대상이 된다[대판 1982.3.9, 80누105(도시계획변경처분취소)].

(3) 독자성설

행정계획은 법규범도 아니고 행정행위도 아닌 독자적인 행위형식이지만 도시관리계획은 국민의 권익에 직접 구체적인 영향을 미치는 점에서 행정행위에 준하여 행정소송의 대상이 된다고 한다.

(4) 결 론

① 행정계획은 행정행위나 입법행위와도 다른 독자적인 성질을 갖는 독자적인 행위형식으로 보는 것이 행정계획의 성질에 비추어 타당하다.
② 행정계획이 항고소송의 대상이 되는지 여부를 논함에 있어서는 행정계획이 처분성을 갖는지 여부를 논하면 족하고 행정계획이 행정행위인지 입법행위인지까지 논할 필요는 없다.
③ 국토계획법 제30조 소정의 도시관리계획(군관리계획) 결정은 다음과 같은 이유에서 처분성을 갖는 것으로 보는 것이 타당하다. (i) 도시관리계획이 결정되면 도시계획 관계법령의 규정에 따라 건축이 제한되는 등 국민의 권리의무에 직접 구체적인 영향을 미치기 때문이다. (ii) 도시관리계획이 국민의 권리의무에 구체적인 영향을 미치는 경우인데도 당해 도시관리

계획에 근거한 처분이 있은 후에 그 처분의 취소를 구하도록 하는 것보다는 도시관리계획자
체의 처분성을 인정하여 직접 도시관리계획의 취소를 구할 수 있도록 하는 것이 국민의 권
리를 조속히 구제해 주는 길이 된다.

Ⅲ. 계획재량과 통제

1. 계획재량의 개념

계획재량이라 함은 행정계획을 수립·변경함에 있어서 계획청에게 인정되는 재량을 말한다.

계획재량은 행정목표의 설정이나 행정목표를 효과적으로 달성할 수 있는 수단의 선택 및 조정
에 있어서 인정된다.

판례는 개발제한구역지정처분을 그 입안·결정에 관하여 광범위한 형성의 자유를 가지는 계
획재량처분으로 보고 있다[대판 1997.6.24, 96누1313(토지수용이의재결처분취소 등)].

2. 계획재량의 통제 : 형량명령

(1) 의 의

형량명령이란 행정계획을 수립·변경함에 있어서 관련된 이익을 정당하게 형량하여야 한다는
원칙을 말한다. 형량명령은 계획재량의 통제를 위하여 형성된 이론이다.

형량명령이론은 독일에서 발전된 이론인데 우리나라의 판례도 형량명령이론을 수용하고 있
다.

다수의 학설은 형량명령을 행정계획에 특유한 독자적인 이론으로 보지만 형량명령은 기본적
으로 비례의 원칙의 행정계획분야에의 적용례라고 보는 것이 타당하다. 따라서 형량명령이론이
적용되는 경우는 비례의 원칙이 별도로 적용될 필요가 없다.

(2) 형량하자와 그 효과

행정계획결정이 형량명령의 내용에 반하는 경우에 형량하자가 있게 된다. 그 중에서 ① 조사
의무를 이행하지 않은 하자를 **조사의 결함**이라 한다. ② 고려하여야 할 이익을 빠뜨리는 것을
형량의 흠결(또는 형량의 누락)이라 한다. ③ 관련된 공익 또는 사익의 가치를 잘못 평가한 경우
는 평가의 과오라 한다. ④ 형량에 있어 비례성을 결한 것을 **형량불비례**라 한다.

형량하자의 효과는 다음과 같이 형량의 하자의 유형별로 논하는 것이 타당하다.

① 행정계획의 수립에 있어서 이익형량을 전혀 하지 않은 경우 행정계획은 위법하다. 즉, 행성
계획과 관련이 있는 이익을 전혀 조사하지 않은 것은 위법하다. 조사가 미흡한 경우에는 형량의

결과에 영향을 미칠 정도의 미흡인 경우에 한하여 위법하다. ② 고려하여야 할 이익을 빠뜨린 형량의 흠결(형량의 누락)의 경우에는 형량결과에 영향을 미치지 않을 정도의 가치가 적은 이익이 형량에서 고려되지 않은 경우에는 행정계획은 위법하다고 볼 수 없을 것이다. 행정계획이 영향을 미치는 모든 이익의 파악이 쉽지 않고, 그 수도 적지 않을 것임에도 형량의 흠결을 모두 위반사유로 본다면 적법한 행정계획은 많지 않을 것이다. ③ 평가의 과오는 사소한 이익에 대한 가치평가상의 과오가 아닌 한 위법사유가 된다고 보아야 한다. ④ 형량불비례는 심히 균형을 잃은 경우 위법사유가 된다.

①, ②는 **절차상 하자**(형식상 하자)이므로 이를 이유로 취소판결이 나면 처분청은 다시 적법하게 형량하여 동일한 내용의 처분을 할 수 있지만, ③과 ④(평가의 과오와 형량불비례)는 **내용상 하자**이므로 이를 이유로 취소판결이 나면 특별한 사정이 없는 한 동일한 내용의 처분을 할 수 없다.

다만, 부관을 붙여 동일한 내용의 주된 행위를 할 수는 있다.

Ⅳ. 행정계획과 권리구제제도   [2011 행시(재경직)사례]

국민의 권리침해는 행정계획결정으로 발생될 수 있을 뿐만 아니라 행정계획의 폐지 또는 변경으로 인하여 발생될 수 있다.

1. 위법한 행정계획과 국가배상

이론상 위법한 행정계획의 수립·변경 또는 폐지로 인하여 손해를 받은 자는 국가배상을 청구할 수 있다.

2. 적법한 행정계획과 손실보상 등 권리구제

적법한 행정계획의 수립·변경 또는 폐지로 인하여 손실을 받은 경우에는 손실보상의 요건을 갖춘 경우에 손실보상을 청구할 수 있다. 특히 문제가 되는 것은 행정계획으로 인한 재산상의 손실이 보상을 요하지 않는 '재산권에 내재하는 사회적 제약'에 불과한지 아니면 보상을 요하는 '특별한 희생'인지를 판단하는 것이다.

3. 행정계획의 사법적 통제(취소소송과 헌법소원)

행정계획의 처분성 유무에 따라 통제유형이 달라질 수 있다.

(1) 행정계획이 처분인 경우 : 취소소송

취소소송으로 권리구제가 되기 위하여는 행정계획이 위법하다고 판단되어야 한다. 그런데 계획청에게 계획재량이라는 폭넓은 재량이 인정되므로 행정계획의 위법성을 인정하기가 쉽지 않을 것이다.

행정계획의 변경 또는 폐지의 경우에 있어서도 위법성을 인정함에 있어서 많은 어려움이 있다.

그것은 행정계획에 내재하는 변경가능성으로 인하여 행정계획은 필요한 경우에 변경 또는 폐지될 수 있고, 국민의 신뢰보호를 위하여 행정계획의 변경 또는 철회가 제한된다고 하지만 일반적으로 행정계획의 변경 또는 폐지로 달성되는 이익이 상대방의 신뢰이익보다 클 것이기 때문이다.

행정계획이 위법한 경우에도 행정계획이 성립되면 그에 따라 많은 법률관계가 형성되고 이 경우에는 행정계획의 취소로 인하여 침해되는 공익이 크게 되기 때문에 사정판결에 의해 행정계획이 취소되지 않을 가능성이 많다.

(2) 행정계획이 공권력 행사이지만 처분이 아닌 경우 : 헌법소원

행정계획이 공권력 행사이지만 처분이 아닌 경우 헌법소원의 대상이 된다[헌재 2000.6.1, 99헌마538(개발제한구역제도개선방안 확정발표 위헌확인)].

4. 사전적 구제

위에서 보았듯이 행정계획에 대한 사후적 구제에는 한계가 있다. 따라서 행정계획분야에서는 특히 행정절차에 의한 통제가 중요하다.

제3장   행정행위

제1절 행정행위의 개념[1]

Ⅰ. 행정행위의 개념요소

행정행위라는 개념은 학문상의 필요에 의해 만들어진 개념이며 실정법에서나 실무상 사용되는 개념이 아니다. 실무상으로는 '처분', '행정처분'이라는 개념이 사용되고 있다.

통설에 의하면 **행정행위 개념**은 다음과 같이 정의된다: 행정청이 구체적인 사실에 대한 법집행으로서 행하는 외부에 대하여 직접·구체적인 법적 효과를 발생시키는 권력적 단독행위인 공법행위이다.

행정행위라는 개념을 개념적 요소로 나누어 설명하면 다음과 같다.

① 행정청의 행위이다. 행정청에는 엄격한 의미의 행정청(조직법상 의미의 행정청)이외에 법령에 의하여 행정권을 위임 또는 위탁받은 행정기관, 공공단체 또는 사인이 포함된다. 이는 행정작용법상 의미의 행정청이다.

② 법적 행위이다. 법적 행위란 외부에 대하여 직접 법적 효과를 발생시키는 행위를 말한다. 따라서 법적 효과를 발생시키지 않는 내부적 행위(예 직무명령)는 행정행위가 아니다. 행정행위는 사실행위가 아니다. 통치행위는 정치적 성격이 강한 행위로 법적으로 해결되는 것이 바람직하지 않은 행위이며 항고소송의 대상이 되는 행정행위는 아니다.

③ 구체적 사실에 관한 법적 행위이다. 달리 말하면 **구체적인 법적 효과**를 가져오는 행위이다. 법규명령은 법질서에 변경을 가져오는 법적 효과를 가져오므로 법적 행위이다. 그러나 법규명령은 원칙상 구체적인 법적 효과, 즉 국민의 권리의무관계에 직접 변경을 가져오지 않으므로 행정행위는 아니다.

그러나 직접 국민의 구체적인 권리의무관계에 직접 변동을 가져오는 명령(법규명령의 처분성에 관한 협의설에서의 처분적 명령)은 실질적으로는 행정행위라고 할 수 있다.

그러나 법규명령을 형식적으로 정의하는 형식설에 의하면 처분적 명령도 법규명령에 속하며 행정행위와 구별된다. 처분적 명령은 행정행위와 같이 행정소송법상의 처분에 해당한다. 불특정 다수를 상대방으로 하지만 구체적 사실을 규율하는 '일반처분'(예 통행금지, 집회금지,

---

1) 행정심판·행정소송의 대상인 처분과 관련, 행정행위는 원칙상 행정심판·행정소송의 대상인 처분에 해당한다.

입산금지)은 행정행위이다. 물건을 직접적인 규율대상으로 하며 이를 통하여 사람에 대해서는 간접적인 법적 효과를 미치는 행정행위인 '물적 행정행위'(예 주차금지구역의 지정 등)도 일반처분의 일종으로서 구체적인 법적효과(그 구역에 주차를 하여서는 안 되는 의무가 생긴다)를 가져오므로 행정행위로 보아야 한다. 물적 행정행위의 직접적인 대상은 물건이지만 그를 통하여 사람에게도 구체적인 법적 효과를 발생시킨다.

④ 행정행위는 **권력적 단독행위**이다. 비권력적인 공법상 계약 및 공법상 합동행위는 행정행위가 아니다. 소극적 형태를 취하는 거부처분도 행정행위이다. 부작위도 행정행위로 보는 견해도 있으나 부작위를 행정행위와 구별하는 것이 타당하다.

⑤ 공법행위이다. 사법행위(예 일반재산의 매각결정)는 행정행위가 아니다.

Ⅱ. 행정행위의 특질

행정행위의 특질이라 함은 통상 사법상의 법률행위에 대한 특질을 말한다. 행정행위의 특질 중 가장 대표적인 것은 행정의사의 우월성이다. 이외에 행정행위의 특수성으로는 공정력, 구성요건적 효력, 구속력, 존속력(불가쟁력, 불가변력), 강제력(자력집행력, 제재력), 권리구제수단의 특수성이 있는데 이에 관하여는 전술하였다.

제2절 행정행위의 분류

Ⅰ. 법률행위적 행정행위와 준법률행위적 행정행위의 구별

종래 통설은 행위자의 효과의사의 유무 내지 행정행위의 법적 효과의 발생원인에 따라 행정행위를 법률행위적 행정행위와 준법률행위적 행정행위로 구분하였다. 그러나 오늘날에는 법률행위적 행정행위와 준법률행위적 행정행위의 이러한 구별을 부정하는 견해가 유력해지고 있다.

Ⅱ. 행정행위의 법적 효과의 내용에 따른 분류

법률행위적 행정행위는 법률효과의 내용에 따라 인간이 본래 가지는 자연적 자유를 규율하는 **명령적 행위**(예 하명, 허가, 면제)와 상대방에게 권리나 능력을 창설하는 **형성적 행위**(예 특허, 인가, 대리)로 구분된다.

준법률행위적 행정행위는 법률효과의 내용에 따라 확인행위, 공증행위, 통지행위, 수리행위로 구분된다.

Ⅲ. 기속행위와 재량행위

행정행위는 법에 기속되는 정도에 따라 기속행위와 재량행위로 나누어진다. **기속행위**는 행정권 행사의 요건과 효과가 법에 일의적으로 규정되어 있어서 행정청에게 판단의 여지가 전혀 인정되지 않고 행정청은 법에 정해진 행위를 하여야 하는 의무를 지는 행위를 말한다. **재량행위**는 행위의 요건이나 효과의 선택에 관하여 법이 행정권에게 판단의 여지 내지 재량권을 인정한 경우에 행해지는 행정청의 행정행위를 말한다.

Ⅳ. 침해적 행정행위·수익적 행정행위·이중효과적 행정행위(복효적 행정행위)

행정행위가 초래하는 이익 및 불이익 상황에 따라 행해지는 구분이다. 행정행위의 상대방의 권익을 침해하는(권익을 제한하거나 의무를 부과하는) **침해적 행정행위**, 행위의 상대방에게 이익을 부여하는 **수익적 행정행위** 및 하나의 행정행위가 이익과 불이익의 효과를 동시에 발생시키는 **이중 효과적 행정행위**(복효적 행정행위)가 있다.

1. 수익적 행정행위와 침해적 행정행위의 구별실익

(1) 사인의 공법행위

수익적 행정행위는 통상 상대방의 신청을 요하는 쌍방적 행정행위인데 반하여 침해적 행정행위는 통상 행정청의 직권에 의해 일방적으로 행하여진다.

(2) 취소 또는 철회

수익적 행정행위에 대하여는 쟁송취소를 제기할 소의 이익이 전혀 인정되지 않으므로 행정쟁송으로 다툴 수 없다. 부담적 행정행위에 대하여는 원칙상 소의 이익이 인정된다. 수익적 행정행위의 직권취소 또는 철회는 상대방의 신뢰보호의 원칙상 일정한 제한이 가해지지만, 침해적 행정행위의 취소 또는 철회는 이러한 제한이 없다.

(3) 구제수단

수익적 행정행위의 거부 또는 부작위에 대하여는 거부의 경우에는 거부처분 취소심판, 의무이행 심판 또는 거부처분의 취소소송을 제기하고 부작위의 경우에는 의무이행심판 또는 부작위위법확인 소송을 제기할 수 있다.

침해적 행정행위에 대하여는 취소심판 또는 취소소송을 제기할 수 있다.

2. 이중효과적 행정행위

이중효과적 행정행위(복효적 행정행위)는 하나의 행정행위가 이익과 불이익의 효과를 동시에 발생시키는 행정행위를 말한다. 이중효과적 행정행위는 **제3자효 행정행위**[상대방에게는 이익을 주고 제3자에게는 불이익을 주거나 (예) 건축허가) 상대방에게는 불이익을 주고 제3자에게는 이익을 주는 (예) 공해배출시설 조업중지명령)행정행위]와 **혼합효 행정행위**[상대방에 대하여 동시에 수익적 효과와 침해적 효과를 발생(예) 부담부 행정행위)하는 행정행위]를 포함한다.

3. 제3자효 행정행위

(1) 의 의

제3자효 행정행위는 상대방에게는 이익을 주고 제3자에게는 불이익을 주거나 상대방에게는 불이익을 주고 제3자에게는 이익을 주는 행정행위를 말한다. 이것이 협의의 이중효과적 행정행위이다(예) 인근주민에게 불이익을 주는 건축허가, 기존업자에게 불이익을 주는 영업허가, 제3자에게 이익을 주는 공해배출중지명령).

(2) 행정쟁송상의 문제

1) 원고적격　　　　　　　　　　　　　　　　　　　　　[2016 공인노무사]

행정행위의 상대방에게는 이익이 되지만 제3자에게 불이익이 되는 경우에 불이익을 받는 제3자 (인근주민 또는 경쟁관계에 있는 기존업자)에게 항고소송의 원고적격이 인정되는 경우가 점차 늘고 있다. 이 경우에 제3자의 원고적격은 근거·관계법규의 해석에 의해 근거·관계법규가 공익과 함께 제3자의 개인적 이익도 아울러 보호하고 있다라고 해석되는 경우에 인정된다. 헌법상 기본권이 침해된 경우에도 원고적격이 인정될 수 있는지에 관하여는 학설이 대립되고 있다.

2) 제3자의 소송참가

제3자에 의해 항고소송이 제기된 경우에 제3자효 행정행위의 상대방은 소송참가를 할 수 있고 (행정소송법 제16조), 책임 없는 사유로 소송에 참가하지 못함으로써 판결의 결과에 영향을 미칠 공격방어방법을 제출하지 못한 때에는 확정된 종국판결에 대하여 재심을 청구할 수 있다(행정소송법 제31조 제1항).

3) 불복제기기간

행정심판이나 취소소송은 처분이 있음을 안 날로부터 90일 이내에 제기하여야 한다(행정심판법 제18조, 행정소송법 제20조). 처분이 있음을 알지 못한 경우에는 행정심판의 경우에는 처분이 있은 날로부터 180일 이내에 제기하여야 하며, 취소소송의 경우에는 1년을 경과하면 제기하지 못한다. 다만, 행정심판이나 행정소송이나 정당한 사유가 있는 때에는 그러하지 아니하다(행정심판법 제18조, 행정소송법 제20조).

현행법상 행정처분은 제3자에게 통지되지 않으므로 제3자는 특별한 사정이 없는 한 행정행위가 있음을 알았다고 할 수 없다. 또한 제3자가 행정처분이 있었음을 알지 못한 경우에는 행정불복을 제기할 수 없으므로 제3자가 행정처분이 있었음을 알지 못한 것은 정당한 사유에 해당한다.

제3자가 어떠한 방법에 의하든지 행정처분이 있었음을 안 경우에는 안 날로부터 90일 이내에 행정심판이나 행정소송을 제기하여야 한다.

4) 불이익을 받은 제3자의 가구제

제3자효 행정행위에 의해 법률상 이익을 침해받은 제3자(예 건축허가로 불이익을 받은 인근주민)는 취소소송을 제기한 경우 소송당사자로서 당연히 행정소송법 제23조에 근거하여 그가 다투는 행정행위의 집행정지를 신청할 수 있다.

이 경우에 제3자효 행정행위에 대하여 집행정지결정이 확정된 경우에 이중효과적 행정행위의 상대방은 소송참가를 한 경우 제23조 제5항에 근거한 즉시항고 또는 행정소송법 제24조에 근거한 집행정지결정의 취소를 청구할 수 있는지에 대하여 명문의 규정이 없는데, 이를 긍정할 것인지에 관하여 견해가 대립되고 있다. 소송참가인은 보조참가인이며 소송당사자가 아니므로 집행정지결정의 취소 등을 청구할 수 없다는 견해도 있으나 제3자효 행정행위의 상대방인 소송참가인은 공동소송적 참가인의 지위를 가지며 당사자에 준하는 지위를 갖는다고 보는 것이 타당하므로 이를 긍정하는 것이 타당하다.

V. 일반처분과 개별처분

1. 개별처분

개별처분은 행정행위의 상대방이 특정되어 있는 행정행위이다. 개별처분의 상대방은 1인인 것이 보통이지만 다수일 수도 있다.

2. 일반처분

(1) 의의와 성질

일반처분은 불특정 다수인을 상대방으로 하여 불특정다수인에게 효과를 미치는 행정행위를 말한다 (⑩ 일정한 장소에의 출입금지).

일반처분은 **법규명령과 구별**된다. 일반처분은 일반적이기는 하나 구체적인 법적 효과를 가져오는 행위인 점에서 일반적일 뿐만 아니라 추상적인 성격을 갖는 법규명령과 구별된다. 다만, 법규명령에도 예외적이기는 하지만 구체적인 법적 효과를 가져오는 명령이 있고 이는 처분적 명령이며 이 협의의 처분적 명령과 일반처분은 실질에 있어서는 동일하고, 형식에 의해서만 구별될 수 있다.

즉, 처분명령은 법규명령의 형식으로 제정되지만 일반처분은 그러하지 아니하다.

(2) 종 류

1) 대인적 일반처분

대인적 일반처분이라 함은 일정한 기준에 의해 결정되는 불특정 다수인을 대상으로 하는 행정행위를 말한다(⑩ 일정장소에서의 집회금지처분이나 통행금지처분).

2) 물적 행정행위로서의 일반처분

물적 행정행위는 행정행위의 직접적 규율대상이 물건이고, 사람에 대해서는 물건과의 관계를 통하여 간접적으로 규율하는 행정행위를 말한다(⑩ 공물의 공용개시행위, 교통표지판, 개별공시지가 결정).

(3) 일반처분에 대한 항고소송

일반처분은 행정행위이므로 일반처분에 의해 법률상 이익이 침해된 자는 항고소송을 제기할 수 있다.

일반처분의 취소는 원고에게는 일반처분을 소급적으로 취소시키는 효력을 갖는다.

문제는 일반처분의 쟁송취소의 효과가 소송을 제기하지 않은 자에게도 미치는가하는 것인데, 이에 관하여 견해가 대립되고 있다.

제3절 재량권과 판단여지

Ⅰ. 재량권

1. 재량권과 재량행위의 개념과 의의

재량권이란 행정기관이 행정권을 행사함에 있어서 둘 이상의 다른 내용의 결정 또는 행태 중에서 선택할 수 있는 권한을 말한다. 재량권은 구체적 타당성(합목적성)있는 행정을 위하여 입법자에 의해 행정권에 부여된다.

재량권의 행사에 의해 행해지는 행정행위를 **재량행위**라고 한다. 재량권이 행정기관에게 부여되는 경우에 행정기관이 행정권을 행사함에 있어 어떠한 행정결정을 하거나 하지 않을 수 있는 권한을 갖는 경우와 둘 이상의 조치 중 선택을 할 수 있는 권한을 갖는 경우가 있다. 전자를 **결정재량권**이라 하고 후자를 **선택재량권**이라 한다. 또한 결정재량권과 선택재량권을 모두 갖는 경우가 있다.

예를 들면, 공무원이 직무상 과실로 잘못을 저지른 경우에 행정기관은 당해 공무원에 대하여 징계처분을 하는 결정과 당해 공무원의 과거의 성실한 직무수행, 당해 공무원의 건강상태 등과 같은 사정을 고려하여 징계처분을 하지 않는 결정 사이에 선택권을 갖고(결정재량), 행정기관이 징계처분을 하기로 결정한 경우에도 당해 공무원의 과실의 중대성을 고려하여 징계처분을 내림에 있어서 여러 종류의 징계처분의 종류 사이에 선택권을 갖는다(선택재량).

2. 재량과 판단여지의 구분

판단여지를 재량과 구별하는 견해와 그 구별을 부인하고 모두 재량의 문제로 보는 견해가 대립하고 있다. 판례는 판단여지설의 논리를 일부 수용하면서도 재량권과 판단여지를 구분하지 않고, 판단여지가 인정될 수 있는 경우도 재량권이 인정되는 것으로 본다.

3. 재량행위와 기속행위의 구별

(1) 재량행위와 기속행위의 구별실익

1) 행정소송에 있어서의 구별실익

가. 법원의 통제

재량행위는 재량권의 한계를 넘지 않는 한 (재량권의 행사에 일탈 또는 남용이 없는 한) 재량을 그르친 경우에도 위법한 것이 되지 않고 부당한 행위가 되는 데 불과하므로 재량권의 한계를 넘지 않는 한 법원에 의해 통제되지 않는다.

이에 반하여 기속행위에 있어 행정권 행사에 잘못이 있는 경우에 위법한 행위가 되므로 기속행위에 대한 법원의 통제에는 그러한 제한이 없고, 전면적 통제가 행해진다.

나. 사법심사방식

기속행위의 경우에 법원은 행정청의 판단과 결정 모두를 심사대상으로 하여 행정청의 판단이 법원의 판단과 다른 경우 법원의 판단을 행정청의 판단에 대체하여 행정청의 행위를 위법한 것으로 판단할 수 있다(완전심사 및 판단대체방식).

그러나 재량행위에 있어서는 행정청의 판단이 공익판단인 경우에는 재량권의 일탈·남용이 있거나 행정청의 판단이 심히 부당한 경우가 아닌 한 법원은 당해 행정청의 결정을 위법하다고 판단할 수 없다(제한심사방식). 판단여지에 있어서는 행정청의 판단이 심히 부당한 경우가 아니면 행정청의 판단은 존중되어야 한다.

2) 부관과의 관계

재량행위의 경우에는 재량권의 범위 내에서 법적 근거 없이도 행정행위의 법률효과를 일부제한 하거나 상대방에게 특별한 부담을 지우는 부관을 붙일 수 있지만, 기속행위의 경우에는 법상 요건이 충족되면 일정한 행위를 하여야 하므로 행위요건의 일부가 충족되지 않은 경우에 법령에 특별한 근거가 없는 한 그 요건의 충족을 조건으로 하는 부관만을 붙일 수 있을 뿐 행위의 효과를 제한하는 부관을 붙일 수 없는 점에서 기속행위와 재량행위를 구별할 실익이 있다.

(2) 재량행위와 기속행위의 구별기준

① 재량행위와 기속행위의 구별에 있어 법률규정이 일차적 기준이 된다. 왜냐하면 재량권은 입법권에 의해 행정기관에 부여되는 것이기 때문이다. 다만, 법률규정의 문리적 표현 뿐만 아니라 관련규정, 입법취지 및 입법목적을 아울러 고려하여야 한다. 예를 들면, 법률에서 효과규정을 "(행정청은) …할 수 있다."라고 규정하고 있는 경우에는 원칙적으로 재량행위이고, "(행정청은) …하여야 한다."라고 규정하고 있는 경우에는 원칙적으로 기속행위이다.

법률에서 "… 한다."라고 규정하고 있는 경우에는 입법취지 및 입법목적 그리고 문제의 행위의 성질을 고려하여 해석을 통하여 문제의 행위가 재량행위인지 기속행위인지를 판단하여야 한다.

② 그리고 법령의 규정이 명확하지 않은 경우 당해 법령의 규정과 함께 문제가 되는 행위의 성질, 기본권 관련성 및 공익관련성을 종합적으로 고려하여야 한다.

4. 기속재량행위

판례는 기속재량(거부재량)행위를 원칙적으로 요건을 총족하면 법적 효과를 부여하여야 하는 기속행위이지만 예외적으로 요건을 충족한 신청을 인용하는 처분을 하는 것이 중대한 공익에 배치되는 경우 거부처분을 할 수 있는 행위로 보고 있다. 예를 들면, 개발행위허가를 의제하지 않거나 토지형질변경을 수반하지 않는 순수한 의미에서의 건축허가는 거부재량(기속재량행위)라는 것이 판례의 입장이다. 즉, "건축허가신청이 건축법 등 관계법령에서 정하는 어떠한 제한에 해당되지 않는 이상 같은 법령에서 정하는 건축허가를 하여야 하고, 중대한 공익상의 필요가 없음에도 불구하고 요건을 갖춘 자에 대한 허가를 관계법령에서 정하는 제한사유 이외의 사유를 들어 거부할 수는 없다."(대판 전원합의체 2012.11.22, 2010두22962).

판례는 구 약사법상 의약품제조업허가사항변경허가(대판 1985.12.10, 85누674), 채광계획인가(대판 1997.6.13, 96누12269 ; 대판 2002.10.11, 2001두151), 불법전용산림신고지산림형질변경허가처분(대판 1998.9.25, 97누19564), 구 사설납골(봉안)당설치허가(대판 1994.9.13, 94누3544), 납골(봉안)당설치신고(대판 2010.9.9, 2008두22631), 주유소등록(대판 1998.9.25, 98두7503), 건축허가[대판 2009.9.24, 2009두8946(건축허가거부처분취소)] 등을 재량행위의 일종인 기속재량행위로 보았다.

판례가 인정하는 기속재량은 엄격한 의미의 기속행위도 아니고 재량행위도 아닌 기속행위와 재량행위의 중간에 위치하는 독자적인 개념이다.

5. 재량권에 대한 사법적 통제

재량행위도 행정소송법상 처분으로서 항고소송의 대상이 되지만, 재량권의 행사가 한계를 넘지 않으면 재량행위는 위법한 행위가 되지 않고 법원에 의한 통제의 대상이 되지 않는다. 그러나 재량권의 한계를 넘어 위법하게 되는 재량처분은 취소소송에 의해 취소된다. 재량권의 한계를 넘지는 않았지만 재량권의 행사를 그르친 경우 당해 재량행위는 부당한 행위가 된다.

부당한 재량행위는 취소소송의 대상은 되지 않지만 행정심판에 의해 취소될 수 있다.

재량행위에 대하여 취소소송이 제기되어 재량권의 일탈·남용이 다투어지는 경우에 법원은 재량권의 일탈 또는 남용이 없는지 여부에 관하여 본안심사를 하여 재량권의 일탈 또는 남용이 있으면 취소판결을 내리고, 재량권의 일탈·남용이 없으면 각하판결을 하는 것이 아니라 기각판결을 한다.

재량권의 일탈 또는 남용으로 손해를 입은 국민은 국가배상을 청구할 수 있다. 다만, 이 경우에 공무원의 과실을 별도로 입증하여야 국가배상책임이 인정된다.

Ⅱ. 판단여지

1. 불확정개념과 판단여지

법률이 행위의 요건을 규정함에 있어서 개념상으로 명확한 확정개념을 사용하는 경우도 있지만 많은 경우에 불확정개념을 사용하고 있다.

불확정개념이란 그 개념 자체로서는 그 의미가 명확하지 않고 해석의 여지가 있는 개념을 말한다(⑩ 공공의 안녕과 질서, 중대한 사유, 식품의 안전, 환경의 보전 등).

판단여지라 함은 요건을 이루는 불확정개념의 해석·적용에 있어서 이론상 하나의 판단만이 가능한 것이지만, 둘 이상의 판단이 모두 적법한 판단으로 인정될 수 있는 가능성이 있는 것을 말한다.

2. 판단여지의 인정근거

불확정개념이 여러 상이한 가치판단을 허용한 것으로 해석될 경우 행정기관은 법원보다 전문성을 가지고 있고, 구체적인 행정문제에 책임을 지고 있으므로 법원은 행정기관의 전문성과 책임성을 존중하여 행정기관의 판단을 존중하여야 한다.

3. 판단여지의 인정범위 및 인정기준

판단여지는 주로 비대체적 결정의 영역(⑩ 전문위원회에 의한 청소년 유해도서의 판단, 보호대상 문화재 해당 여부의 판단), 구속적 가치평가의 영역(시험), 예측결정의 영역(⑩ 환경상 위험의 예측평가, 경제여건의 변화예측), 정책적 결정의 영역(⑩ 외국인의 체류갱신 허가의 필요성 판단)등에서 인정된다.

판단여지는 고도로 전문적이고 기술적인 판단이나 고도로 정책적인 판단에 속하는 불확정개념의 적용에 한하여 인정된다. 시험의 경우에서와 같이 다시 실시할 수 없다는 점도 판단여지 인정에 있어 고려사항이 된다.

구체적으로 어떠한 경우에 판단여지가 인정될 것인가는 판례에 의해 결정될 것이다. 판례는 재량권과 판단여지를 구분하지 않고 판단여지가 인정될 수 있는 경우도 재량권이 있는 것으로 보고 있는데, 다음과 같은 경우에 판단여지를 인정하는 대신에 재량권을 인정하고 있다. ① 검정을 신청한 중고등학교용 도서의 검정기준에의 적합 여부의 판단(대판 1988.11.8, 86누618), ② 시험분야에서의 결정(채점기준, 정답의 결정), ③ 학교분야에서의 시험유사적 결정(학위수여여부에 대한 결정, 대판 1976.6.8, 76누63).

4. 판단여지의 법적 효과 및 한계

판단의 여지가 인정되는 범위 내에서 내려진 행정청의 판단은 법원에 의한 통제의 대상이 되지 않는다. 달리 말하면 판단의 여지가 인정되어 가능한 복수의 판단이 존재하는 경우 행정청이 그 중 하나를 신중하게 선택한 경우에는 그 행정기관의 판단은 법원에 의해 배척될 수 없고 그 판단에 기초하여 내려진 행정행위는 위법한 처분이 되지 않는다.

다만, 판단여지가 인정되는 경우에도 명확히 법을 위반하거나(예 판단기관의 위법한 구성, 법의 일반 원칙, 절차규정 위반, 다른 법규정 위반) 사실의 인정을 잘못했거나 명백히 판단을 잘못한 것은 위법이 된다. 전문적·정책적 판단이 심히 부실하게 행해진 것도 위법사유가 된다고 보아야 한다.

제4절 행정행위의 법적 효과의 내용

Ⅰ. 법률행위적 행정행위

법률행위적 행정행위는 법률효과의 내용에 따라 명령적 행위와 형성적 행위로 구분한다. 명령적 행위는 인간이 본래 가지는 자연적 자유를 규율하는 행위인 반면에 형성적 행위는 상대방에게 권리나 능력을 새롭게 창설하는 행위라는 점에서 양자를 구분하고 있다.

1. 명령적 행위

명령적 행위는 하명, 허가, 면제로 구분된다.

(1) 하 명

1) 개 념

하명(下命)이란 행정청이 국민에게 작위, 부작위, 급부 또는 수인의무를 명하는 행위를 말한다. 이 중 부작위의무를 명하는 행위를 금지라 한다.

법령규정 자체에 의해 직접 하명의 효과(구체적인 의무)가 발생하는 경우가 있는데, 그 법령규정을 법규하명이라 한다. 법규하명은 처분성을 가지며 명령의 형식을 취하는 경우 항고소송의 대상이 되고, 법률의 형식을 취하는 경우(예 이륜자동차에 대한 고속도로 등 통행금지를 명하는 도로교통법 제58조) 헌법소원의 대상이 된다(헌재 2007.1.17, 2005헌마1111, 2006헌마18). 법규하명은 엄밀한 의미의 하명(행정행위인 하명)이 아니다.

2) 하명의 효과

하명의 내용에 따라 상대방에게 일정한 공법상 의무가 발생한다. 작위하명(예 시정 명령)에 의해서는 상대방에게 일정한 행위를 적극적으로 행하여야 할 의무(예 시정의무)가 생기고, 부작위하명(예 금지 통행금지)에 의해서는 일정한 행위를 하지 않을 의무(예 통행하지 않을 의무)가 생기고, 급부하명(예 조세 부과처분)에 의해서는 일정한 급부를 하여야 할 의무(예 조세납부의무)가 생기고, 수인하명(예 강제 입원명령)에 의해서는 행정청에 의한 강제를 감수하고 이를 수인할 의무(예 강제입원을 수인할 의무)가 생긴다.

3) 하명위반의 효과

하명에 의해 부과된 의무(예 위법건축물 의 철거의무)를 이행하지 않는 자에 대해서는 행정상 강제집행이 행해지고, 하명에 의해 부과된 의무(예 미성년자에게 담배를 팔지 말아야 할 의무)를 위반한 때에는 행정벌이 과하여진다.

(2) 허 가

1) 허가의 개념

허가라 함은 법령에 의한 자연적 자유에 대한 일반적인 상대적 금지(허가조건부 금지)를 일정한 요건을 갖춘 경우에 해제하여 일정한 행위를 적법하게 할 수 있게 하는 행정행위를 말한다(예 영업허가, 건축허가, 어업허가, 주류판매업 면허, 기부금품모집허가, 운전면허, 은행업의 인가, 신탁업의 인가).

허가는 **학문상의 개념**이다. 허가라는 개념은 실정법상으로도 사용되나 허가 이외에 면허, 인허, 승인 등의 용어가 실무상 사용되고 있다. 또한 실정법상 사용 되는 허가라는 용어 중에는 학문상의 특허(예 광업허가) 또는 인가(예 광업토지거래허가)에 해당하는 것도 있다.

2) 허가의 법적 성질

가. 허가는 명령적 행위인가 형성적 행위인가

종래의 통설은 허가는 권리를 설정하여 주는 행위가 아니라 인간이 본래 가지고 있는 자연적 자유를 회복시켜 주는 것에 불과한 것으로 명령적 행위에 해당한다고 보았다. 그러나 오늘날 허가도 형성적 행위라고 보는 견해가 유력해지고 있다. 즉, 허가는 단순히 자연적 자유를 회복시켜 주는데 그치는 것이 아니라 적법하게 일정한 행위를 할 수 있는 법적 지위를 창설하여 주는 형성적 행위라고 보는 입장이다. 그 밖에 허가를 명령적 행위와 형성적 행위의 양면성을 갖는다고 보는 견해도 있다. 판례는 허가를 명령적 행위로 본다.

나. 기속행위인가 재량행위인가

① 허가는 법령에 특별한 규정이 없는 한 원칙상 **기속행위**라고 보아야 한다. 그 **이유**는 허가는 인간의 자유권을 공익목적상 제한하고 일정한 요건을 충족시키는 경우에 회복시켜 주는 행위이므로 허가요건을 충족하였는데도 허가를 거부하는 것은 정당한 사유 없이 헌법상 자유권을 제한하는 것이 되므로 허용되지 않는다고 보아야 하기 때문이다. 다만, 허가의 요건이 불확정개념으로 규정되어 있는 경우 중 행정청에게 판단여지가 인정될 수 있는 경우가 있다.

② 판례는 **건축허가 등 일정한 허가**를 원칙상 기속행위라고 보면서도 예외적으로 심히 중대한 공익상 필요가 있는 경우 거부할 수 있는 재량권(기속재량권)을 인정하고 있다. 즉, 그 허가를 **기속재량행위**로 보는 경우가 있다.

3) 허가의 효과

① 허가를 받으면 상대방은 적법하게 일정한 행위를 할 수 있는 권리 내지 법률상 이익을 향유하게 된다. 따라서 정당한 사유 없이 철회를 당한 경우에는 취소소송을 통하여 철회의 취소를 청구할 수 있다.

② 일반적으로 말하면 **허가로 인하여 누리는 영업상 이익은 원칙상 반사적 이익**에 불과하다. 왜냐하면 허가제도를 설정하는 법규정은 공익의 달성(질서유지 등)을 목적으로 하고 있을 뿐 허가를 받은 자의 경제적인 영업상의 이익을 보호하고 있다고 볼 수 없기 때문이다. 판례도 허가로 인하여 누리는 영업상 이익은 원칙상 반사적 이익에 불과하다고 본다.

③ 다만, 허가요건규정이 공익뿐만 아니라 개인의 이익도 보호하고 있다고 해석되는 경우 허가로 인한 영업상 이익은 **법적 이익**이 된다.

예를 들면, 허가요건 중 거리제한 또는 영업허가구역 규정이 두어지는 경우에 이 거리제한 또는 영업허가구역 규정에 의해 기존업자가 독점적 이익을 누리고 있는 경우에 그 이익은 법률상 이익에 해당하는 것으로 인정될 수 있는 경우가 있다. 즉 거리제한 또는 영업허가구역을 규정하는 법규정이 공익의 보호만을 목적으로 하고 있는 경우에 기존업자의 독점적 이익은 반사적 이익에 불과하고, 당해 규정이 공익의 보호와 함께 기존업자의 이익도 보호하고 있다라고 해석되는 경우에 기존업자가 거리제한 또는 영업허가구역 규정으로 인하여 받는 독점적 이익은 법률상 이익이다.

(3) 면 제

면제라 함은 법령에 의해 정해진 작위의무, 급부의무 또는 수인의무를 해제해 주는 행정행위를 말한다(예 예방접종면제).

2. 형성적 행위

형성적 행위라 함은 상대방에게 특정한 권리, 능력(권리능력, 행위능력), 법률상의 지위 또는 포괄적 법률관계 기타 법률상의 힘을 발생·변경 또는 소멸시키는 행위를 말한다.

형성적 행위는 특허, 인가, 대리행위로 나누어진다.

(1) 특 허

1) 개 념

특허라 함은 상대방에게 직접 권리, 능력, 법적 지위, 포괄적 법률관계를 설정하는 행위를 말한다.

권리를 설정하는 행위의 예로는 특허기업의 특허(버스운송사업면허, 전기사업허가, 도시가스사업허가, 국제항공운송사업면허, 통신사업허가, 폐기물처리업허가 등), 광업허가, 도로점용허가(도로의 일부에 대한 특별사용(배타적 사용)의 허가), 어업면허, 공유수면 점용·사용허가 등을 들 수 있고, 능력을 설정하는 예로는 행정주체(공법인)로서의 지위를 설립하거나 부여하는 행위(예 재건축정비조합설립인가)를 들 수 있고, 포괄적 법률관계를 설정하는 예로는 공무원임명, 귀화허가를 들 수 있다. 이 중에서 권리를 설정하는 행위를 **협의의 특허**라 한다. 특허란 **학문상의 개념**이다. 실정법에서는 허가(예 광업허가) 또는 면허(예 어업면허) 라는 용어를 사용한다.

특허법상의 특허는 학문상의 특허가 아니고 준법률행위적 행정행위의 하나인 확인행위이다.

2) 특허의 성질

특허는 허가와 달리 상대방에게 권리나 이익을 새로이 설정하는 형성적 행위이고, 특허에 있어서는 공익을 고려하여야 하므로 원칙상 재량행위로 본다. 판례도 원칙상 특허를 재량행위로 본다(대판 2002.1.22, 2001두8414). 다만, 난민인정 등과 같이 법령규정, 중대한 기본권 관련성 등을 고려하여 기속행위로 보아야 하는 경우도 있다.

3) 특허의 효과

특허는 상대방에게 새로운 권리, 능력 기타 법률상의 힘을 발생시킨다. 특허에 의해 창설되는 권리는 배타적 권리로서 공권(예 사업 경영권)인 것이 보통이나 사권(예 광업권, 어업권)인 경우도 있다.

4) 특허와 허가의 구별실익 및 구별기준

가. 구별 실익

종래 허가와 특허를 구별하는 것이 종래의 통설적 견해이었지만 오늘날 허가와 특허의 구별은 상대화하고 있고 양자는 상호 접근하는 경향이 있다.

나. 허가와 특허(설권적 처분)의 구별기준

① 허가 등의 대상: 본래 인간의 자연적 자유에 속하는 것을 대상으로 하는 것은 허가이고, 인간의 자연적 자유에 속하지 않고, 공익성이 강한 사업(예 국민이 생활에 필수적인 재화와 서비스를 제공하는 사업)을 대상으로 하는 것은 특허이다.

② 요건 충족의 경우 처분기준: 요건 충족의 경우 특별한 사정이 없는 한 신청에 따른 처분을 해주어야 하는 것은 허가이고, 요건을 충족하여도 공급과잉, 미래 환경의 변화 등 공익을 이유로 거부할 수 있는 것은 특허이다.

③ 효 과: 허가 등의 효과가 기본적으로 본래의 자연적 자유를 회복하여 주는 것이고, 허가 등으로 주어지는 영업상 이익이 반사적 이익에 불과한 것은 허가이고, 허가 등의 효과가 제한적일 수는 있지만 배타적인 경영권을 설정하여 주고, 이에 따라 허가 등으로 주어지는 영업상 이익이 법적 이익인 것은 특허이다.

(2) 인 가

1) 인가의 개념

인가라 함은 타인의 법률적 행위를 보충하여 그 법률적 효력을 완성시켜 주는 행정행위를 말한다.

예를 들면 협동조합의 임원의 선출에 관한 행정청의 인가가 그것이다. 협동조합의 임원은 조합원이 선출하는 것이지만 조합원의 선출행위만으로는 선출행위의 효력이 완성되지 못하고 행정청의 인가가 있어야 선출행위가 완벽하게 효력을 발생한다. 기본적 행위는 조합원의 선출행위이고 인가는 기본적 행위의 효력을 완성시키는 보충행위이다. 그 밖에 인가의 예로는 사립학교법인임원의 선임행위에 대한 승인, 토지거래허가, 자동차관리사업자단체인 조합 또는 협회 설립인가, 정비조합 정관변경인가, 정비조합 조합장 명의변경인가 등이 있다. 관례는 주거환경정비법상의 정비조합(재건축조합, 재개발조합)설립인가처분을 특허의 성질을 갖는 것으로 본다(대관 2009.9.24, 2008다60568).

인가도 허가나 특허처럼 **학문상의 개념**이다. 실무상 인가라는 개념이 사용되기도 하나 승인, 허가(민법 제32조)나 인허라는 개념도 사용된다.

2) 인가의 대상

인가의 대상이 되는 행위는 제3자의 행위이며 **법률적 행위**에 한한다. 인가의 대상이 되는 행위는 공법상 행위(예 정비조합의 사업시행계획결의)일 수도 있고 사법상 행위(예 비영리법인 설립, 사립학교 법인 이사의 선임행위)일 수도 있다.

3) 인가의 효과

인가가 행해져야 인가의 대상이 된 제3자의 법률적 행위가 법적 효력을 발생한다. **인가**는 기본행위가 효력을 발생하기 위한 **효력요건**이다.

무인가행위는 효력을 발생하지 않는다. 그러나 허가와 달리 강제집행이나 처벌의 대상은 되지 않는다.

4) 기본행위와 인가

가. 인가의 보충성

인가는 신청에 따라 기본행위의 효력을 완성시켜 주는 보충적 행위이다. 따라서 ① 인가는 항상 상대방의 신청에 의해 행해지고, 인가의 대상이 되는 행위의 내용은 신청인이 결정하며 행정청은 인가를 할 것인지의 여부만을 결정한다. 인가의 대상이 되는 행위의 내용을 수정하여 인가하는 것(수정인가)은 인정되지 않는다. ② 인가의 대상이 되는 행위는 인가가 있어야 비로소 효력을 발생한다. 인가의 대상이 됨에도 인가를 받지 않은 행위(무인가 행위)는 효력을 발생하지 않는다.

나. 기본행위의 하자 및 실효와 인가

인가는 기본행위의 효력을 완성시켜 주는 보충적 행위이므로 인가의 효력은 기본행위의 유무 및 하자에 의해 영향을 받는다.

① 기본행위가 성립하지 않거나 무효인 경우에 인가가 있어도 당해 인가는 무효가 된다.
② 유효한 기본적 행위를 대상으로 인가가 행해진 후에 기본적 행위가 취소되거나 실효된 경우에는 인가도 실효된다.
③ 기본행위에 취소원인이 있는 경우에는 기본행위가 취소되지 않는 한 인가의 효력에는 영향이 없다. 취소원인이 있는 기본행위는 인가가 있은 후에도 취소될 수 있고, 기본행

위가 취소되면 인가도 실효된다.

④ 기본행위에 하자가 있는 경우에 그 기본행위의 하자를 다투어야 하며 기본행위의 하자를 이유로 인가처분의 취소 또는 무효확인을 소구할 법률상 이익(협의의 소의 이익)이 없다.

⑤ 인가는 기본행위의 하자를 치유하지 않는다.

다. 인가의 하자

기본행위가 적법유효하고 보충행위인 인가처분 자체에만 하자가 있다면 그 인가처분의 무효나 취소를 주장할 수 있다. 인가처분이 무효이거나 인가처분이 취소된 경우에는 기본행위는 무인가 행위가 된다.

(3) 공법상 대리행위

공법상 대리라 함은 제3자가 하여야 할 행위를 행정기관이 대신하여 행함으로써 제3자가 스스로 행한 것과 같은 효과를 발생시키는 행정행위를 말한다(예 체납처분절차에서의 압류재산의 공매처분, 감독청에 의한 공법인의 정관작성 또는 임원 임명, 토지수용위원회의 수용 재결, 행려병자 또는 사자의 유류품처분 등).

여기에서의 대리는 행정기관이 국민을 대리하는 것을 말하므로 행정조직 내부에서의 행정기관간의 대리와 구별되어야 한다.

3. 영업허가의 양도와 제재처분의 효과 및 제재사유의 승계

영업허가의 양도가 가능한지 여부 및 그 절차가 문제된다. 그리고 영업허가가 양도되는 경우 양도자에 대한 제재처분의 효과 및 제재사유가 양수인에게도 승계되는지가 문제된다. 영업허가의 양도와 제재처분의 효과 및 제재사유의 승계의 법리는 영업신고의 경우에도 그대로 타당하다.

(1) 영업허가의 양도

1) 영업허가 양도의 가능성

영업허가 양도의 가능 여부는 양도의 대상이 되는 허가의 성질에 따라 다르다. 대물적 허가는 명문의 규정이 없는 경우에도 양도가 가능하다. 대인적 허가는 이론상 양도가 가능하지 않다. 혼합적 허가는 이론상 양도가 가능하나 법령의 근거를 요한다.

2) 영업허가의 양도절차

영업허가 양도의 경우 양도인과 양수인은 영업양도에 관한 사법상 계약을 체결한다.

영업허가양도의 경우에는 통상 법령상 행정청의 인가를 받거나 영업양도양수를 신고하도록 규정하고 있다.

영업허가 양도의 인가나 신고수리는 행정절차법상 처분이므로 행정절차법의 적용대상이 된다.

3) 영업허가 양도의 효과

영업허가의 양도로 양수인은 양도인의 영업허가자의 법적 지위를 승계한다. 문제는 영업양도로 승계되는 양도인의 지위에 양도인의 위법행위로 인한 제재처분의 효과 또는 제재사유(허가취소 또는 정지사유)가 포함되는가 하는 것이다.

(2) 영업허가의 양도와 제재처분의 효과의 승계

양도인의 위법행위로 양도인에게 이미 제재처분이 내려진 경우에 그 제재처분(예 허가취소, 영업정지 처분 또는 과징금부과처분)의 효과는 이미 양도인의 영업자의 지위에 포함된 것이고 물적 상태이므로 양수인에게 당연히 이전된다(대판 2003.10.23, 2003두8005).

영업허가가 취소되었거나 정지된 사실을 모르고 영업을 양수한 자는 양도인에게 민사 책임을 물을 수 있을 뿐 제재처분의 효과를 부인할 수 없다.

법규위반에 대한 과징금부과처분의 경우 과징금납부의무의 양수인에 대한 승계를 공의무의 승계의 문제로 볼 수도 있는데, 과징금납부의무는 일신전속적인 의무가 아니고, 양도인의 지위에는 제재처분의 효과인 과징금납부의무가 포함되므로 영업양도시 과징금납부의무도 양수인에게 승계 된다고 보는 것이 타당하다. 다만, 선의의 양수인에 대해 제재처분 효과의 승계를 부인하는 규정을 두는 경우가 있다(예 석유 및 석유대체연료 사업법 제8조).

(3) 영업허가의 양도와 제재사유의 승계

1) 제재사유의 승계에 관한 명문의 규정이 있는 경우

명문의 규정으로 양도인의 위법행위로 인한 제재처분의 효과 또는 제재사유의 양수인에 대한 승계를 규정하는 경우 선의의 양수인이 면책에 관한 규정을 두는 것이 타당하나, 명문의 규정이 없는 경우 선의의 양수인은 면책되지 않는다고 해석하여야 한다. 다만, 선의의 양수인에게 제재사유를 승계시키는 것이 비례의 원칙에 위반할 소지가 있는 경우가 있을 수 있다. 그리고, 선의라는 입증책임은 양수인에 있다고 보아야 한다.

선의의 양수인에 대해서는 제재사유가 승계되지 않는다고 규정한 경우도 있다.

2) 제재사유의 승계에 관한 명문의 규정이 없는 경우

제재사유의 승계에 관한 명문의 규정이 없는 경우 영업양도로 양도인의 위법행위로 인한 제재사유가 양수인에게도 승계되는지, 달리 말하면 행정청은 양도인의 위법행위를 이유로 양수인에 대하여 제재처분을 할 수 있는지가 문제되는데, 이에 관하여 견해가 나뉜다.

가. 긍정설

이 견해는 양도인의 법령위반사실을 이유로 양수인에게 제재처분을 할 수 있다는 견해이다. 그 **논거**는 다음과 같다. ① 영업허가의 양도로 양도인의 법적 지위는 양수인에게 승계되는데, 제재사유는 승계되는 양도인의 법적 지위에 포함된다. ② 제재사유의 승계를 부정하면 영업허가의 양도가 제재처분의 회피수단으로 악용될 수 있다. 따라서 양수인에 대한 제재처분을 통하여 법령위반의 방지라는 행정목적을 실현할 수 있도록 하여야 한다.

나. 부정설

이 견해는 양도인의 법령위반사실을 이유로 양수인에게 제재처분을 할 수 없다는 견해이다. 그 **논거**는 다음과 같다. ① 양도인의 법령위반으로 인한 제재사유는 인적 사유이므로 명문의 규정이 없는 한 양수인에게 이전될 수 없다. ② 양도인의 위법행위로 인한 제재는 경찰행정법상 행위책임에 속하는 문제이므로 양도인의 위법행위로 인한 제재사유는 명문의 규정이 없는 한 양수인에게 승계되지 않는다고 보아야 한다.

다. 절충설

이 견해는 허가의 이전가능성과 제재사유의 이전가능성은 별개의 문제라고 하면서 제재사유가 설비 등 물적 사정에 관련되는 경우에는 양수인에게 승계되지만, 제재사유가 양도인의 자격상실이나 부정영업 등 인적인 사유인 경우에는 원칙적으로 그 사유가 승계되지 않는다고 본다.

라. 판 례(긍정설)

판례는 **긍정설**을 취하고 있다. 그 **논거**는 다음과 같다. ① 영업양도의 효과로 양수인에게 승계되는 '양도인의 지위'(석유정제업자의 지위)에는 양도인의 위법행위로 인한 제재사유가 포함된다(대판 1986.7.22, 86누203). ② 양수인에 의한 양도인의 영업자의 지위의 승계에 관한 규정이 있는 경우 이 규정은 제재사유의 승계에 관한 근거규정으로 볼 수 있다(대판 2010.4.8, 2009두17018). ③ 제재처분은 대물적 처분이므로 양도인의 지위를 승계한 자에 대하여 양도인이 위법행위를 하였다는 이유로 양수인에게 사업정지 등 제재처분을 취할 수 있다(대판 2003.10.23, 2003두8005).

지위승계의 효과에 있어서 (변형된) 과징금부과처분을 사업정지처분과 달리 볼 이유가 없다(대판 2003.10.23, 2003두8005).

나아가 판례는 영업양도시 제재사유[예 취소사유(양도인의 운전면허 취소)]가 현실적으로 발생하지 않았더라도 그 원인되는 사실이 이미 존재하였다면 양도양수 후 제재사유[예 양도양수 후 발생한 운송사업면허 취소사유(양도인의 운전면허 취소)]로 양수인에게 제재처분(취소처분)을 할 수 있다고 본다[대판 2010.4.8, 2009두17018(개인택시운송사업면허취소처분취소)].

마. 결 어(부정설)

다음과 같은 이유에서 영업양도시 양수인에 승계되는 양도인의 지위에는 양도인의 위법행위로 인한 제재사유는 포함되지 않는다고 보는 부정설이 타당하다. ① 위법행위로 인한 제재사유는 항상 인적 사유이고, 경찰책임 중 행위책임의 문제이다. ② 양도인의 지위의 승계에 관한 규정만 으로는 양도인의 위법행위로 인한 제재사유의 승계의 근거규정이 될 수 없다고 보는 것이 타당하다. ③ 특히 선의의 양수인에 대한 제재사유의 승계 및 제재처분은 **비례의 원칙**에 반할 수 있다. 양수인이 선의·무과실인 경우 제재사유의 승계를 부정하는 것으로 규정하고 있는 경우가 있다.

Ⅱ. 준법률행위적 행정행위

준법률행위적 행정행위는 법률효과의 내용에 따라 확인행위, 공증행위, 통지행위, 수리행위로 구분한다.

1. 확인행위

확인행위라 함은 특정한 사실 또는 법률관계의 존부 또는 정부(正否)에 관하여 의문이 있거나 다툼이 있는 경우에 행정청이 이를 공권적으로 확인하는 행위를 말한다(예 당선인 결정, 민주화운동관련자결정, 국가시험합격자의 결정, 교과서의 검정, 이의신청의 재결, 행정심판의 재결 등). 당연퇴직의 통보, 국세환급거부결정 통보 등 기존의 다툼이 없이 명확한 법률관계를 단순히 확인하는 행위는 단순한 사실행위이며 행정행위인 확인행위와 구별하여야 한다. 확인행위는 사실 또는 법률관계의 존부 또는 정부를 공적으로 확인하는 효과를 갖는다.

확인행위에 의해 별도의 법적 효과(예 발명특허권의 취득)가 발생하는 경우가 있는데 이는 법률의 규정에 의한 효과이지 확인행위 자체의 효과는 아니다.

2. 공증행위

공증행위라 함은 특정의 사실 또는 법률관계의 존재를 공적으로 증명하는 행정행위를 말한다(例 부동산등기, 선거인명부에의 등록, 광업원부에의 등록 등).

공증행위의 효력은 사실 또는 법률관계의 존재에 대하여 **공적 증거력**을 **부여**하는 것이다.

공증에 의한 공적 증거력은 반증에 의하지 아니하고는 번복될 수 없다. 반증이 있으면 공증행위의 취소없이 공적 증거력이 번복된다.

공증행위에는 공적 증거력의 발생 이외에 법규정에 의해 일정한 법률효과가 부여되는 경우도 있다. 즉, 권리행사의 요건(例 선거인 명부에의 등록)이 되기도 하고 권리의 성립요건(例 부동산등기부에의 등기)이 되기도 한다.

3. 통지행위

통지행위라 함은 특정인 또는 불특정다수인에게 특정한 사실을 알리는 행정행위를 말한다(例 특허출원의 공고, 귀화의 고시, 대집행의 계고, 납세의 독촉 등). 통지행위는 그 자체가 일정한 법률효과를 발생시키는 행정행위이다. 통지행위는 행정행위의 효력발생요건인 통지 또는 고지와 구별되어야 한다. 단순한 사실의 통지(例 당연퇴직의 통보, 법률효과 를 발생시키지 않는 경고)도 통지행위가 아니다.

4. 수리행위

수리행위라 함은 법상 행정청에게 수리의무가 있는 경우에 신고, 신청 등 타인의 행위를 행정청이 적법한 행위로서 받아들이는 행위를 말한다(例 사직서의 수리, 행정심판청구서의 수리, 혼인신고서의 수리 등).

수리행위는 행정청의 수리의무를 전제로 하여 행해지는 행정행위이다. 따라서 수리행위는 내부적 사실행위인 단순한 접수행위와 구별되어야 한다. 전술한 바와 같이 자기완결적 신고의 경우 형식적 요건을 갖춘 신고서가 행정기관에 도달한 때 신고가 행해진 것으로 보며 신고에는 행정청에게 별도의 수리행위를 요하지 않는다. 실무에서는 자기완결적 신고에 대하여 행정청이 수리하는 것으로 말하는 경우가 많은데 이 때의 수리는 단순한 사실행위인 접수행위이며 행정행위인 수리행위는 아니다. 그러나 수리행위의 거부는 소극적 행정행위이다.

제5절 행정행위의 부관

Ⅰ. 부관의 개념

행정행위의 부관(附款)이라 함은 행정청에 의해 주된 행정행위에 부가된 종된 규율이다. 행정행위의 부관은 **학문상 개념**이며 실정법에서는 오히려 '조건'으로 표시되고 있다.

부관의 기능이나 목적은 매우 다양하다. 부관은 행정행위의 효과를 제한하는 기능만을 갖는 것이 아니라 행정행위의 요건을 충족시키는 기능을 갖기도 하고, 부담은 행정행위의 효과를 제한하는 것이라기보다는 상대방에게 특별한 의무를 부과하는 부관이라고 보아야 한다.

부관은 주된 행정행위에 부가된 종된 규율로서 부종성(附從性)을 가지므로 명문의 규정이나 명문의 약정이 없는 한 주된 행정행위가 효력을 상실하면 부관도 효력을 상실한다.

Ⅱ. 부관의 종류

1. 조 건

조건이라 함은 행정행위의 효력의 발생 또는 소멸을 **장래의 불확실한 사실**에 의존시키는 부관을 말한다.

조건이 성취되어야 행정행위가 비로소 효력을 발생하는 조건을 정지조건이라 하고 행정행위가 일단 효력을 발생하고 조건이 성취되면 행정행위가 효력을 상실하는 조건을 해제조건이라 한다.

예를 들면, 일정한 기간 내에 공사에 착수할 것을 조건으로 하는 공유수면매립면허는 해제조건부면허로 보는 것이 타당하다.

2. 기 한

(1) 의 의

기한이라 함은 행정행위의 효력의 발생 또는 소멸을 **장래의 발생이 확실한 사실**에 의존시키는 부관을 말한다.

(2) 종 류

기한이 도래함으로써 행정행위의 효력이 발생하는 기한을 시기라 하고, 기한이 도래함으로써 행정행위가 효력을 상실하는 기한을 종기라 한다. 기한 중 도래시점이 확정된 기한을 확정기한이라 하고, 도래시점이 확정되지 않은 기한을 불확정기한이라 한다.

(3) 조건과 구별

기한이나 조건은 행정행위의 시간상의 효력범위를 정하는 점에서 같다. 그러나 기한은 사건의 발생이 확실하다는 점에서 사건의 발생 자체가 불확실한 조건과 구별된다.

심화학습

[허가 자체의 존속기간과 허가 조건의 존속기간의 구별]

허가 등 행정행위에 종기의 일종인 유효기간이 부가된 경우에 그 기한은 '행정행위 자체의 존속기간'인가 아니면 '허가조건의 존속기간'인가.

1. 구별기준

행정행위(例 영업허가)가 그 내용상 장기간에 걸쳐 계속될 것이 예상되는데 유효기간이 허가 또는 특허된 **사업의 성질상 부당하게 단기로 정해진 경우**에는 그 유효기간을 '허가조건의 존속기간'으로 보아야 한다[대판 1995.11.10, 94누11866(옥외광고물 등 표시허가연장거부처분취소)]. 허가조건의 존속기간이 아닌 유효기간은 행정행위 자체의 존속기간이다.

> **판례**
>
> 일반적으로 행정처분에 효력기간이 정하여져 있는 경우에는 그 기간의 경과로 그 행정처분의 효력은 상실되며, 다만 허가에 붙은 기한이 그 허가된 사업의 성질상 부당하게 짧은 경우에는 이를 그 허가 자체의 존속기간이 아니라 그 허가조건의 존속기간으로 보아 그 기한이 도래함으로써 그 조건의 개정을 고려한다는 뜻으로 해석할 수 있지만, 이와 같이 당초에 붙은 기한을 허가 자체의 존속기간이 아니라 허가조건의 존속기간으로 보더라도 그 후 당초의 기한이 상당 기간 연장되어 연장된 기간을 포함한 존속기간 전체를 기준으로 볼 경우 더 이상 허가된 사업의 성질상 부당하게 짧은 경우에 해당하지 않게 된 때에는 관계 법령의 규정에 따라 허가 여부의 재량권을 가진 행정청으로서는 그 때에도 허가조건의 개정만을 고려하여야 하는 것은 아니고 재량권의 행사로서 더 이상의 기간연장을 불허가할 수도 있는 것이며, 이로써 허가의 효력은 상실된다 [대판 2004.3.25, 2003두12837(개발제한구역내행위허가(기간연장)신청불허가처분취소)].

2. 허가조건의 존속기간의 효과

허가조건의 존속기간의 경우 유효기간이 도과하기 전에 당사자의 갱신신청이 있는 경우에는 특별한 사정이 없는 한 그 조건의 개정을 고려할 수 있으나 행정행위의 유효기간을 갱신 내지 연장하여 주어야 한다.

갱신허가시 허가요건의 변경 등 사정변경이 있는 경우 신뢰보호이익과 공익(법률 적합성 원칙 등)을 비교형량하여야 한다.

허가조건의 존속기간 내에 적법한 갱신신청이 있었음에도 갱신가부의 결정이 없는 경우에는 유효기간이 지나도 주된 행정행위는 효력이 상실되지 않는다. 그러나 갱신신청 없이 유효기간이 지나면 주된 행정행위는 효력이 상실되므로 갱신기간이 지나 신청한 경우에는 기간연장신청이 아니라 새로운 허가신청으로 보아야 한다(대판 1995.11.10, 94누11866; 대판 2007.10.11, 2005두12404).

판례	종전의 허가가 기한의 도래로 실효한 이상 원고가 종전 허가의 유효기간이 지나서 신청한 이 사건 기간연장신청은 그에 대한 종전의 허가처분을 전제로 하여 단순히 그 유효기간을 연장하여 주는 행정처분을 구하는 것이라기보다는 종전의 허가처분과는 별도의 새로운 허가를 내용으로 하는 행정처분을 구하는 것이라고 보아야 할 것이어서, 이러한 경우 허가권자는 이를 새로운 허가신청으로 보아 법의 관계 규정에 의하여 허가요건의 적합 여부를 새로이 판단하여 그 허가 여부를 결정하여야 할 것이다[대판 1995.11.10, 94누11866(옥외광고물 등 표시허가연장거부처분취소): 서울 영등포구 양화동 성산대교 남쪽 88올림픽대로변에 가로 19.8m, 세로 9.9m의 지주이용 야립간판 3개에 관하여 설치기간을 1990.10.17.부터 1993.10.16.까지 3년으로 한 광고물표시허가를 받아 설치 이용하여 오다가 허가기간 3년이 지난 후인 1994.1.11. 피고에게 위 야립간판의 표시허가기간을 연장해 줄 것을 신청한 사례].

3. 허가 자체의 존속기간의 효과

행정행위 자체의 존속기간인 경우에는 종기의 도래로 주된 행정행위는 당연히 효력을 상실한다. 또한 당사자는 기간연장에 있어 어떠한 기득권도 주장할 수 없다. 기간연장신청은 새로운 행정행위의 신청이다.

4. 허가갱신의 효과

허가의 갱신으로 갱신 전의 허가는 동일성을 유지하면서 효력을 유지한다.

3. 부 담

(1) 의의와 법적 규율

부담이라 함은 행정행위의 주된 내용에 부가하여 그 행정행위의 상대방에게 작위, 부작위, 급부, 수인 등의 의무를 부과하는 부관을 말한다. 부담은 다른 부관과 달리 그 자체가 행정행위이다. 따라서 부담만이 독립하여 항고소송의 대상이 될 수 있다.

(2) 부담과 조건의 구별

1) 부담과 정지조건의 구별실익

① 부담부 행정행위는 부담의 이행을 필요로 함이 없이 즉시 효력을 발생하지만(예 진입도로 조건부 주택건설사업계획승인) 정지조건부 행정행위는 조건이 성취되어야 비로소 효력이 발생한다(예 조건부학교설립인가).

② 부담은 부담만이 취소소송의 대상이 될 수 있지만 정지조건은 독립하여 취소소송의 대상이 되지 못하며 정지조건부 행정행위가 취소소송의 대상이 된다. 상대방은 정지조건부 행정행위를 대상으로 하여 정지조건만의 일부취소를 주장할 수 있다(판례는 부정).

2) 부담과 해제조건의 구별실익

해제조건의 경우에는 조건이 성취되면 행정행위의 효력이 당연히 소멸하게 되는데, 부담의 경우에는 부담에 의해 부가된 의무의 불이행이 있는 경우에 행정행위가 당연히 효력을 상실하는 것이 아니며 행정행위의 철회사유가 될 뿐이다. 또한 부담은 부담만이 독립하여 취소소송의 대상이 되지만 해제조건은 그러하지 않다.

4. 사후부담의 유보 또는 부담의 사후변경의 유보

사후부담의 유보라 함은 행정행위를 발하면서 사후에 부담을 부가할 수 있는 권한을 유보하는 부관을 말한다.

부담의 사후변경의 유보라 함은 행정행위를 발하면서 이미 부가된 부담의 내용을 사후에 변경할 수 있는 권한을 유보하는 부관을 말한다.

5. 철회권(변경권)의 유보

철회권(변경권)의 유보라 함은 행정행위를 행함에 있어 일정한 경우에는 행정행위를 철회(변경)할 수 있음을 정한 부관을 말한다.

Ⅲ. 부관의 한계

1. 부관의 부가가능성

행정기본법 제17조(부관) ① 행정청은 처분에 재량이 있는 경우에는 부관(조건, 기한, 부담, 철회권의 유보 등을 말한다. 이하 이 조에서 같다)을 붙일 수 있다.
② 행정청은 처분에 재량이 없는 경우에는 법률에 근거가 있는 경우에 부관을 붙일 수 있다.
③ 행정청은 부관을 붙일 수 있는 처분이 다음 각 호의 어느 하나에 해당하는 경우에는 그 처분을 한 후에도 부관을 새로 붙이거나 종전의 부관을 변경할 수 있다.
 1. 법률에 근거가 있는 경우
 2. 당사자의 동의가 있는 경우
 3. 사정이 변경되어 부관을 새로 붙이거나 종전의 부관을 변경하지 아니하면 해당 처분의 목적을
    달성할 수 없다고 인정되는 경우

부관의 부가가능성이란 어떠한 종류의 행정행위에 대하여 부관을 붙일 수 있는가에 관한 문제이다.

재량행위에는 법에 근거가 없는 경우에도 부관을 붙일 수 있다. 법률유보의 원칙상 효과를 제한하거나 의무를 부과하는 부관에는 법률의 근거가 있어야 한다는 견해도 있지만, 재량권에는 재량권의 범위내에서 법률의 명시적 근거없이 부관을 붙일 수 있는 권한이 포함되어 있다고 보는 것이 타당하다. 예를 들면, 수익적 행정행위가 재량행위인 경우 수익적 행정행위를 수여하면서 부관을 붙이는 것은 원칙상 재량권의 범위내에 속한다고 볼 수 있다. 그러나 기속행위와 기속

재량행위에 있어서는 행정행위의 요건이 충족된 경우에는 일정한 효과를 갖는 행정행위를 하도록 법에 규정되어 있으므로 명문의 근거가 없는 한 행정행위의 효과를 제한하는 부관을 붙일 수 없다. 만일 기속행위 또는 기속재량행위에 그 효과를 제한하는 부관을 붙이면 그 부관은 무효이다(대판 1995.6.13, 94다56883).

그러나 기속행위에 있어서도 법률에 부관을 붙일 수 있다는 명시적인 근거가 있는 경우에는 그 한도 내에서 부관을 붙일 수 있고, 부관의 법적 근거가 없는 경우에도 요건을 충족하는 것을 정지조건으로 하는 부관은 붙일 수 있다.

행정청은 부관을 붙일 수 있는 처분이 다음 각 호의 어느 하나에 해당하는 경우에는 그 처분을 한 후에도 부관(사후부관)을 새로 붙이거나 종전의 부관을 변경(부관의 사후변경)할 수 있다. 1. 법률에 근거가 있는 경우, 2. 당사자의 동의가 있는 경우, 3. 사정이 변경되어 부관을 새로 붙이거나 종전의 부관을 변경하지 아니하면 해당 처분의 목적을 달성할 수 없다고 인정되는 경우(행정기본법 제17조 제3항).

2. 부관의 내용상 한계

> **행정기본법 제17조(부관)** ④ 부관은 다음 각 호의 요건에 적합하여야 한다.
> 1. 해당 처분의 목적에 위배되지 아니할 것
> 2. 해당 처분과 실질적인 관련이 있을 것
> 3. 해당 처분의 목적을 달성하기 위하여 필요한 최소한의 범위일 것

부관의 내용상의 한계라 함은 부관을 붙일 수 있는 경우, 즉 부관의 가능성이 있는 경우에도 부관의 내용이 넘어서는 안 되는 한계를 말한다.

① 부관은 법령에 위반되어서는 안 된다. ② 부관은 주된 행정행위의 목적에 반하여서는 안된다. ③ 부관은 주된 행정행위와 실체적 관련성이 있어야 하며 그렇지 못한 것은 부당결부금지의 원칙에 반하여 위법한 부관이 된다. ④ 부관은 평등원칙, 비례의 원칙 등 법의 일반원칙에 반하여서는 안된다. ⑤ 부관은 이행가능하여야 한다. 특히 요건충족적 부관의 경우 해당 요건의 충족이 가능하여야 한다. ⑥ 주된 행정행위의 본질적 효력을 해하지 아니하는 한도의 것이어야 한다. ⑦ 행정처분과 실제적 관련성이 없어 부관으로 붙일 수 없는 부담을 부당결부금지의 원칙, 비례의 원칙 등 공법상의 제한을 회피할 목적으로 사법상 계약의 형식으로 행정처분의 상대방에게 부과하는 것은 법치행정의 원리에 반하는 것으로서 위법하다[대판 2009.12.10, 2007다63966(약정금)].

Ⅳ. 위법한 부관과 권리구제

부관의 한계를 넘어 위법한 부관은 행정행위의 하자이론에 따라 무효이거나 취소할 수 있는 부관이 된다. 이러한 위법한 부관에 대한 권리구제와 관련해서는 위법한 부관만을 행정쟁송으로 다툴 수 있는가 하는 독립쟁송가능성과 그 쟁송형식의 문제, 그리고 부관만이 취소쟁송의 대상이 되거나 부관부행정행위 전체가 취소쟁송의 대상이 된 경우에 위법한 부관만의 취소 또는 무효확인이 가능한가 하는 독립취소가능성에 관한 문제가 제기되고 있다(자세한 것은 후술 제2부 제3편 제3장 제1절 행정소송의 대상 참조).

제6절 행정행위의 성립요건·효력발생요건·적법요건

Ⅰ. 개 설

행정행위가 성립하여 효력을 발생하기 위하여는 법에 정해진 일정한 요건을 갖추어야 한다.

이러한 요건을 불비한 행정행위를 흠 있는 행정행위라고 한다. 행정행위에 흠이 있는 경우에 행정행위는 완전한 법적 효력을 발생할 수 없게 된다.

행정행위의 요건을 성립요건, 효력발생요건, 적법요건 및 유효요건으로 구분할 수 있다.

Ⅱ. 성립요건

행정행위의 성립요건이라 함은 행정행위가 성립하여 존재하기 위한 최소한의 요건을 말한다.

행정행위가 성립하기 위하여는 어떤 행정기관에 의해 행정의사가 내부적으로 결정되고(내부적 성립), 외부적으로 표시되어야 한다(외부적 성립). 이러한 행정행위의 성립요건을 결여하면 행정행위는 부존재하는 것이 되며 부존재확인청구소송의 대상이 된다.

Ⅲ. 효력발생요건

행정행위의 효력발생요건이라 함은 행정행위가 상대방에 대하여 효력을 발생하기 위한 요건을 말한다.

상대방 있는 행정행위는 상대방에게 통지되어 도달되어야 효력을 발생한다. 제3자에 대한 통지는 효력발생 요건은 아니다.

> **판례**
>
> 상대방 있는 행정처분은 특별한 규정이 없는 한 의사표시에 관한 일반법리에 따라 상대방에게 고지되어야 효력이 발생하고, 상대방 있는 행정처분이 상대방에게 고지되지 아니한 경우에는 상대방이 다른 경로를 통해 행정처분의 내용을 알게 되었다 하더라도 행정처분의 효력이 발생한다고 볼 수 없다. [2] 피고가 인터넷 홈페이지에 원고에 대한 장해등급 결정 내용을 게시한 것만으로는 원고에게 행정절차법 제14조에서 정한 바에 따라 송달이 이루어졌다고 볼 수 없고, 원고가 그 홈페이지에 접속하여 결정 내용을 알게 되었다고 하더라도 마찬가지이다(대판 2019.8.9, 2019두38656).

통지의 방식으로는 송달과 공고 또는 고시가 있다. '도달'이라 함은 상대방이 알 수 있는 상태에 두어진 것을 말하고 상대방이 현실적으로 수령하여 알았을 것을 의미하지 않는다.

행정행위의 상대방이 특정되어 있는 행정행위의 상대방에 대한 통지는 원칙상 송달의 방법에 의한다(행정절차법 제14조 제1항).

통지의 상대방이 불특정다수인이거나 행정행위의 상대방의 주소 또는 거소가 불분명하여 송달이 불가능하거나 심히 곤란한 경우 고시 또는 공고의 방법에 의해 통지되도록 규정하고 있다(개별법령 및 행정절차법 제14조 제4항).

상대방이 존재하지 않는 행정행위(例 망인에 대한 서훈취소)에 있어서는 처분권자의 의사에 따라 상당한 방법으로 대외적으로 표시됨으로써 행정행위로서 성립하여 효력이 발생한다(대판 2014.9.26, 2013두2518).

Ⅳ. 적법요건

행정행위가 행해짐에 있어 법에 의해 요구되는 요건을 적법요건이라 한다.

① **주체에 관한 적법요건** : 행정행위는 당해 행정행위를 발할 수 있는 권한을 가진 자에 의해 행해져야 한다.

② **절차에 관한 적법요건** : 행정행위를 행함에 있어 일정한 절차, 예를 들면 청문, 다른 기관과의 협의 등을 거칠 것이 요구되는 경우에는 그 절차를 거쳐야 한다.

③ **형식에 관한 적법요건** : 행정청이 처분을 하는 때에는 다른 법령 등에 특별한 규정이 있는 경우를 제외하고는 문서로 하여야 하며, 전자문서로 하는 경우에는 당사자 등의 동의가 있어야 한다.

④ **내용에 관한 적법요건** : 행정행위는 그 내용에 있어 적법하여야 하며 법률상이나 사실상

으로 실현가능하고 관계인이 인식할 수 있을 정도로 명확하여야 한다.

⑤ **적법요건을 결여한 행정행위의 효력** : 행정행위가 적법요건을 충족시키지 못한 경우에는 위법하다. 적법요건을 충족하지 못한 행정행위는 흠 있는 행정행위가 되며 흠 있는 행정행위의 효력은 부존재, 무효 및 취소할 수 있지만 취소되기 전까지는 유효한 것으로 나누어진다.

V. 유효요건

유효요건이라 함은 위법한 행정행위가 무효가 되지 않고 효력을 갖기 위한 요건을 말한다.

행정행위의 유효요건은 행정행위의 무효요건에 대립되는 것으로 행정행위의 위법이 중대하고 명백하지 않을 것이다. 행정행위는 위법하더라도 그 위법이 중대하고 명백하여 무효가 되지 않는한 공정력에 의해 권한 있는 기관에 의해 취소되지 않는 한 유효하다.

제7절 행정행위의 하자(흠)와 그 효과

Ⅰ. 개 설

1. 행정행위의 하자(흠)의 개념

위법 또는 부당과 같이 행정행위의 효력의 발생을 방해하는 사정을 행정행위의 하자(흠)라 한다. **위법**이라 함은 법의 위반을 의미하며 부당이라 함은 법을 위반함이 없이 공익 또는 합목적성 판단을 잘못한 것을 말한다. 행정기관이 재량권의 한계를 넘지 않는 한도 내에서 재량권의 행사를 그르친 행정행위가 부당한 행정행위가 된다.

위법한 행정행위는 행정심판이나 행정청의 직권에 의해 취소될 수 있을 뿐만 아니라 법원에 의해서도 취소될 수 있다. 그러나 부당한 행정행위는 행정심판이나 행정청의 직권에 의해 취소될 수 있을 뿐 법원에 의해 취소될 수는 없다. 그런데 실제에 있어 행정행위가 부당하다고 하여 취소되는 예는 거의 없다. 그리하여 흠 있는 행정행위로서 문제가 되는 것은 주로 위법한 행정행위이다.

2. 행정행위의 위법 여부의 판단시점

행정행위의 위법 여부는 원칙상 행정행위시의 법령 및 사실상태를 기준으로 판단한다(후술행정소송 참조). 다만, 후술하는 바와 같이 일정한 예외가 있다.

3. 흠 있는 행정행위의 효과

흠이 있는 행정행위는 완전한 효력을 발생할 수 없다. 흠 있는 행정행위를 무효인 행위와 취소할 수 있는 행위로 구분하는 것이 일반적 견해이나 행정행위의 부존재를 흠의 한 효과로 논하는 견해도 있다.

II. 행정행위의 부존재·무효·취소

1. 부존재와 무효의 구별

행정행위의 무효와 부존재는 개념상 구별된다. 행정행위의 성립요건이 충족되지 못한 경우 및 행정행위의 외관을 갖추지 못한 경우 행정행위는 부존재이며, 행정행위가 성립하여 행정행위의 외관은 갖추었으나 행정행위의 위법이 중대하고 명백하여 행정행위가 애초부터 효력을 발생하지 않는 경우가 무효이다.

다만, 현행 행정소송법이 무효확인소송과 부존재확인소송을 동일하게 규율하고 있고, 실체법적 측면에서 무효인 행정행위나 부존재인 행정행위나 다같이 실체법상 법적 효력이 발생하지 않는다는 점에서 그 구별의 실익은 크지 않다.

2. 행정행위의 무효

행정행위의 무효라 함은 행정행위가 외관상 성립은 하였으나 그 하자의 중대함으로 인하여 행정행위가 애초부터 아무런 효력을 발생하지 않는 경우를 말한다. 행정행위가 무효인 경우에는 누구든지 그 효력을 부인할 수 있다.

행정행위의 일부에 무효사유인 하자가 있는 경우 무효부분이 본질적이거나(처분청이 무효부분이 없이는 행정행위를 발하지 않았을 경우)불가분적인 경우에는 행정행위 전부가 무효가 되고, 무효 부분이 본질적이지 않고 가분적인 경우 무효부분만이 무효가 된다.

3. 행정행위의 취소

행정행위의 취소라 함은 위법한 행정행위의 효력을 그 위법을 이유로 상실시키는 것을 말한다.

행정행위의 취소에는 쟁송취소와 직권취소가 있다. 쟁송취소는 행정심판에 따른 취소재결과 취소소송에 따른 취소판결이 있다. 직권취소는 처분청 또는 감독청이 취소하는 것을 말하며 행정행위의 성질을 갖는다.

4. 무효와 취소의 구별

(1) 무효와 취소의 구별실익

1) 행정쟁송에 있어서의 구별실익

현행 행정심판법이나 행정소송법은 무효인 행정행위와 취소할 수 있는 행정행위에 대한 항고쟁송의 방식을 달리 정하고 각각에 대하여 법적 규율을 달리 하고 있다.

가. 행정쟁송의 방식과의 관계

취소할 수 있는 행정행위의 경우에는 취소심판과 취소소송에 의해 취소를 구할 수 있고, 무효인 행정행위에 대하여는 무효확인심판과 무효확인소송에 의해 무효확인을 구할 수 있다. 무효인 행정행위에 대하여 무효선언을 구하는 취소소송을 제기할 수 있다.

> **판례** 판례는 무효선언을 구하는 취소소송을 인정하고 있다. 다만, 이 경우에도 소송의 형식이 취소소송이므로 취소소송의 제소요건을 구비하여야 한다[대판 1984.5.29, 84누175(납세의무자지정처분무효확인)]. 따라서 만일 취소소송의 소제기기간이 경과한 경우에는 당해 소는 각하된다.

또한 무효인 행정행위에 대해 취소소송을 제기할 수 있고, 이 경우 법원은 취소소송으로서의 소송요건이 충족된 경우 취소판결을 한다.

나. 행정불복제기기간과의 관계

취소쟁송은 단기의 제기기간 내에 제기되어야 하나, 무효확인쟁송을 제기함에는 그러한 제한을 받지 아니한다. 무효선언을 구하는 취소소송에는 행정불복제기기간이 적용된다는 것이 판례의 입장이다.

다. 행정심판전치주의와의 관계

행정심판전치주의는 취소소송(무효선언을 구하는 취소소송 포함)에는 적용되지만, 무효확인소송에는 적용되지 않는다.

라. 선결문제와의 관계

취소할 수 있는 행정행위(⑩ 위법한 조세부과처분)는 당사자소송이나 민사소송(⑩ 조세과오납금환급소송)에서 선결문제로서 그 효력을 부인할 수 없지만, 무효인 행정행위(⑩ 위법한 조세부과처분)는 당사자소송, 민사소송(⑩ 조세과오납금환급소송)이나 형사소송에서 그 선결문제로서 무효를 확인받을 수 있다.

마. 사정재결 및 사정판결과의 관계

취소할 수 있는 행정행위에 대하여서만 사정재결, 사정판결이 인정된다.

바. 간접강제와의 관계

현행 행정소송법상 거부처분의 취소판결에는 간접강제가 인정되고 있지만, 무효확인판결에는 인정되고 있지 않다(제38조 제1항). 이는 입법의 불비이다. 행정소송법 개정안은 무효확인판결에도 간접강제를 인정하는 것으로 하고 있다.

2) 행정행위의 효력

무효인 행정행위는 행정행위가 애초부터 효력을 발생하지 않는다. 무효인 행정행위에는 공정력, 불가쟁력이 인정되지 않는다.

취소할 수 있는 행정행위는 공정력이 인정되어 권한 있는 기관에 의해 취소되기 전까지는 유효하다. 취소할 수 있는 행정행위에 대하여 일정한 불복기간 내에 행정심판이나 행정소송을 제기하지 않으면 불가쟁력이 발생한다.

3) 하자의 치유와 전환과의 관계

통설에 의하면 하자의 치유는 취소할 수 있는 행정행위에 대하여만 인정된다. 하자의 전환은 무효인 행정행위에 대하여만 인정된다는 견해도 있고, 취소할 수 있는 행정행위에도 하자의 전환이 인정된다는 견해도 있다.

(2) 무효사유와 취소사유의 구별기준

통설·판례는 행정행위의 하자가 내용상 중대하고, 외관상 명백한 경우에 무효인 하자가 되고, 이 두 요건 중 하나라도 충족하지 않는 경우에는 취소사유로 보는 중대명백설(또는 외관상 일견 명백설)을 취하고 있다.

이와 같은 통설·판례의 중대명백설에 대하여는 이 견해의 엄격성을 비판하며 무효사유를 보다 완화하려는 조사의무위반설, 명백성보충요건설, 중대설이 주장되고 있고, 그 견해의 경직성을 비판하며 무효사유와 취소사유의 구별을 구체적인 경우마다 관계되는 구체적인 이익과 가치를 고려하여 결정하려는 구체적 가치형량설이 제기되고 있다.

(3) 무효와 취소의 구별의 어려움

전술한 바와 같이 무효와 취소가 구별되고 있으나 현실적으로 행정행위의 어떤 하자가 무효인 하자인지 취소사유인 하자인지 그 구별이 명백하지 않은 경우가 적지 않다.

① 실무상 적법한 취소소송이 제기된 경우에는 법원은 무효인 위법인지 취소할 수 있는 위법인지를 묻지 않고 위법하면 취소판결을 내린다[대판 1999.4.27, 97누6780(건축물철거대집행계고처분취소)].

② 당사자는 취소소송을 제기하면서 동시에 무효선언도 주장할 수 있는데, 판례는 무효선언을 취소소송의 형식으로 주장하는 경우에 출소기간 등의 취소소송의 요건을 갖추어야 한다고 본다.

③ 행정청은 무효인 행정행위가 유효인 행정행위라고 오해될 수 있으므로 그 무효임을 명백히 하기 위하여 그 무효인 행정행위를 직권으로 취소할 수 있다.

④ 취소소송이 제기되었으나 당해 취소소송이 부적법한 경우, 무효확인소송을 제기할 소의 이익이 있는 경우에는 무효확인소송으로 소를 변경할 수 있다. 취소의 청구에는 무효확인의 청구가 당연히 포함되어 있다고는 할 수 없다.

⑤ 무효확인소송이 제기되었으나 심리결과 취소할 수 있는 행정행위에 불과한 경우에 판례는 무효의 주장에는 취소의 주장이 포함된 것으로 보고(대판 1994.12.23, 94누477), 취소판결을 내릴 수 있다고 본다. 다만, 이 경우에 출소기간 등 취소소송의 소송요건을 갖추어야 한다.

⑥ 또한 무효확인의 소를 주위적 청구로 하고, 취소청구의 소를 예비적으로 제기하거나, 추가적으로 병합할 수 있다[대판 2005.12.23, 2005두3554(채석허가수허가자변경신고 수리처분취소)].

III. 행정행위의 하자(위법사유)

행정행위의 하자에는 주체에 관한 하자, 절차에 관한 하자, 형식에 관한 하자 및 내용에 관한 하자가 있는데 전3자를 광의의 '형식상(절차상) 하자'라 하고 후자는 '내용상 하자'라 한다.

형식상 하자와 내용상 하자를 구별하는 실익은 취소소송에서 행정행위가 형식상 하자로 인하여 취소된 경우에 행정청은 동일한 내용의 행정처분을 다시 내릴 수 있지만, 내용상 하자를 이유로 취소된 경우에 행정청은 원칙상 동일한 내용의 행정처분을 다시 내리지 못한다는 것인데, 이는 취소판결의 효력인 기속력 때문이다.

1. 주체에 관한 하자

행정행위는 정당한 권한을 가진 행정기관에 의해 그의 권한 내에서 정상적인 의사에 기하여 행하여져야 한다.

무권한의 행위는 원칙적으로 무효이다. 왜냐하면, 무권한은 중대한 하자이고, 행정권한법정주의에 의해 행정권한은 법령에 규정되어 있으므로 무권한의 하자는 원칙상 명백하기 때문이다.

다만, 무권한의 하자라도 중대·명백하지 않으면 취소할 수 있는 하자이다[대판 2007.7.26, 2005두15748(면직처분무효확인): 임면권자가 아닌 국가정보원장이 5급 이상의 국가정보원직원에 대하여 한 의원면직처분이 당연무효가 아니라고 한 사례].

2. 절차의 하자

절차의 하자란 행정행위가 행해지기 전에 거쳐야 하는 절차 중 하나를 거치지 않았거나 거쳤으나 절차상 하자가 있는 것을 말한다. 절차의 하자는 그 중요도에 따라 무효사유 또는 취소사유가 되며 경미한 하자는 효력에 영향을 미치지 않는다.

> **판례** 민원사무를 처리하는 행정기관이 민원 1회방문 처리제를 시행하는 절차의 일환으로 민원사항의 심의·조정 등을 위한 민원조정위원회를 개최하면서 민원인에게 회의일정 등을 사전에 통지하지 아니하였다 하더라도, 이러한 사정만으로 곧바로 민원사항에 대한 행정기관의 장의 거부처분에 취소사유에 이를 정도의 흠이 존재한다고 보기는 어렵다. 다만 행정기관의 장의 거부처분이 재량행위인 경우에, 위와 같은 사전통지의 흠결로 민원인에게 의견진술의 기회를 주지 아니한 결과 민원조정위원회의 심의과정에서 고려대상에 마땅히 포함시켜야 할 사항을 누락하는 등 재량권의 불행사 또는 해태로 볼 수 있는 구체적 사정이 있다면, 거부처분은 재량권을 일탈·남용한 것으로서 위법하다[대판 2015.8.27, 2013두1560(건축신고반려처분취소)].

판례는 원칙상 절차의 하자를 중요한 하자로 보지 않으면서 취소할 수 있는 하자로 본다. 다만, 환경영향평가절차를 거치지 않은 하자는 통상 중대·명백한 하자이므로 원칙상 당연무효로 본다.

3. 형식에 관한 하자

법령상 문서, 기타의 형식(예 이유제시 등)이 요구되는 경우에 이에 따르지 않으면 당해 행정행위는 형식의 하자가 있는 행위가 된다. 형식의 하자의 효과는 일률적으로 말하기 어렵다.

통설은 형식의 결여가 형식을 요구하는 본질적 요청, 즉 기관과 행위의 내용을 명확히 증명함으로써 법률생활의 안정을 기하려는 요청을 완전히 저해하는 정도일 때에는 그 형식의 결여는 무효사유에 해당하고, 형식의 결여가 행위의 확실성에 본질적인 영향이 없고 단지 행위의 내용을 명백히 하는 것에 불과한 경우에는 그 형식의 결여는 취소사유에 해당한다고 한다. 경미한 형식의 결여는 경우에 따라서 행위의 효력에 영향을 미치지 않는다(김도창, 480면).

4. 내용에 관한 하자

행정행위의 내용은 법의 일반원칙 및 헌법을 포함하여 모든 법에 위반하여서는 안 되며 법에 위반하면 위법한 행정행위가 된다. 법에 위반한 행정행위는 무효와 취소의 구별기준에 따라 무효 또는 취소할 수 있는 행정행위가 된다.

행정행위의 내용이 공익에 반하는 경우 당해 행정행위는 부당한 행정행위가 된다. 부당한 행정행위는 법원에 의한 통제의 대상이 되지 않으며 행정심판의 대상이 될 뿐이다. 재량권이 재량권의 한계 내에서 행해졌지만 공익에 반하는 경우 당해 재량행위는 부당한 행위가 된다.

Ⅳ. 하자의 승계

선행행위의 위법을 이유로 후행행위의 위법을 주장하거나 후행행위를 취소할 수 있는지에 관하여 하자의 승계론과 선행행위의 후행행위에 대한 구속력론(이하 '구속력론'이라 한다)이 대립하고 있다.

1. 하자의 승계론
(1) 하자의 승계의 의의

하자의 승계란 원칙상 선행행위의 위법을 이유로 후행행위를 취소할 수는 없는 것이지만, 국민의 권리보호를 위해 일정한 요건하에서 선행행위의 위법이 후행행위에 승계되어 후행행위의 위법사유로 주장할 수 있고 후행행위를 취소할 수 있는 것을 말한다.

(2) 하자의 승계의 전제조건

① 선행행위와 후행행위가 모두 항고소송의 대상이 되는 처분이어야 한다. 선행행위가 처분이 아닌 경우 선행행위의 위법은 당연히 후행처분의 위법이 되는데, 이는 하자의 승계와 구별하여야 한다.
② 선행행위에 취소할 수 있는 위법이 있어야 한다. **선행행위가 무효인 경우에는 후행행위도 당연히 무효이므로 하자의 승계문제가 제기되지 않는다.**

③ 선행행위에 대해 불가쟁력이 발생하여야 한다. 왜냐하면, 선행행위에 대한 취소기간이 도과하지 않은 경우에는 선행행위를 다투어 권리구제를 받을 수 있기 때문이다.

④ 후행행위가 적법하여야 한다. 후행행위가 위법하면 후행행위의 위법을 다투어 권리구제를 받을 수 있기 때문에 하자의 승계를 인정할 필요가 없다.

(3) 하자의 승계의 인정기준 및 인정범위

> **판례**
>
> 2개 이상의 행정처분이 연속적 또는 단계적으로 이루어지는 경우 선행처분과 후행처분이 서로 합하여 1개의 법률효과를 완성하는 때에는 선행처분에 하자가 있으면 그 하자는 후행처분에 승계된다. 이러한 경우에는 선행처분에 불가쟁력이 생겨 그 효력을 다툴 수 없게 되더라도 선행처분의 하자를 이유로 후행처분의 효력을 다툴 수 있다. 그러나 선행처분과 후행처분이 서로 독립하여 별개의 법률효과를 발생시키는 경우에는 선행처분에 불가쟁력이 생겨 그 효력을 다툴 수 없게 되면 선행처분의 하자가 중대하고 명백하여 선행처분이 당연무효인 경우를 제외하고는 특별한 사정이 없는 한 선행처분의 하자를 이유로 후행처분의 효력을 다툴 수 없는 것이 원칙이다. 다만 그 경우에도 선행처분의 불가쟁력이나 구속력이 그로 인하여 불이익을 입게 되는 자에게 수인한도를 넘는 가혹함을 가져오고, 그 결과가 당사자에게 예측가능한 것이 아니라면, 국민의 재판받을 권리를 보장하고 있는 헌법의 이념에 비추어 선행처분의 후행처분에 대한 구속력을 인정할 수 없다(대판 2019.1.31, 2017두40372).

1) 원 칙

2개 이상의 행정처분이 연속적 또는 단계적으로 이루어지는 경우 **선행처분과 후행처분이 서로 합하여 1개의 법률효과를 완성하는 때**에는 선행처분에 하자가 있으면 그 하자는 후행처분에 승계된다. 이러한 경우에는 선행처분에 불가쟁력이 생겨 그 효력을 다툴 수 없게 되더라도 선행처분의 하자를 이유로 후행처분의 효력을 다툴 수 있다. 그러나 **선행처분과 후행처분이 서로 독립하여 별개의 법률효과를 발생시키는 경우**에는 선행처분에 불가쟁력이 생겨 그 효력을 다툴 수 없게 되면 선행처분의 하자가 중대하고 명백하여 선행처분이 당연무효인 경우를 제외하고는 특별한 사정이 없는 한 선행처분의 하자를 이유로 후행처분의 효력을 다툴 수 없는 것이 **원칙**이다(대판 2019.1.31, 2017두40372).

판례는 하명처분(예 철거명령, 부과처분)과 집행처분[예 대집행처분(계고, 통지, 비용납부명령), 징수처분(납세고지, 압류처분, 공매처분, 환가처분)] 사이에는 하자의 승계를 인정하지 않고 집행처분이나 징수처분 사이에는 하자의 승계를 인정하고 있다.

판례

[1] **하자의 승계를 인정한 예**로는 계고처분과 대집행영장발부통보처분 사이(대판 1996.2.9, 95누12507), 계고처분과 대집행비용납부명령 사이(대판 1993.11.9, 93누14271), 독촉처분과 가산금·중가산금징수처분 사이(대판 1986.10.28, 86누147), 표준공시지가결정과 수용재결(보상금산정)사이[대판 2008.8.21, 2007두13845(토지보상금)], 일정한 경우 개별공시지가와 과세처분 사이(대판 1994.1.25, 93누8542) 등이 있다.

[2] **하자의 승계를 인정 하지 않은 예**로는 선행과세처분과 후행 체납처분 사이(대판 1961.10.26, 4292행상73), 건물철거명령과 대집행계고 처분 사이(대판 1998.9.8, 97누20502) 선행 직위해제처분과 후행 직권면직처분 사이(대판 1971.9.29, 71누96), 선행 변상판정과 후행 변상명령 사이(대판 1963.7.25, 63누65), 선행 사업인정과 후행 수용재결 사이(대판 1993.6.29, 91누2342), 도시·군계획시설결정과 도시·군계획시설사업실시계획인가(대판 2017.7.18, 2016두49938), 도시계획결정과 수용재결처분 사이(대판 1990.1.23, 87누947), 도시계획사업의 실시계획인가고시와 수용재결처분 사이(대판 1991.11.26, 90누9971), 표준공시지가와 개별공시지가 사이(대판 1995.3.28, 94누12920), 일정한 경우 개별공시지가와 과세처분 사이(대판 1998.3.13, 96누6059) 등이 있다.

2) 예 외

예외적으로 선행 행정행위와 후행 행정행위가 서로 독립하여 별개의 법률효과를 목적으로 하는 경우 (예 개별공시지가 결정과 양도소득세부과 처분)에도 선행 행정행위의 불가쟁력이나 구속력이 그로 인하여 불이익을 입게 되는 자에게 **수인한도를 넘는 가혹함을 가져오며, 그 결과가 당사자에게 예측가능한 것이 아닌 경우**에는 선행행위의 위법을 후행행위의 위법사유로 주장할 수 있다고 본다[대판 1994.1.25, 93누8542(양도소득세 등 부과처분취소); 대판 2008.8.21, 2007두13845(토지보상금)].

이에 반하여 **수인가능성이나 예측가능성이 있는 경우**에는 선행행위의 위법을 후행행위의 위법 사유로 주장할 수 없다[대판 1998.3.13, 96누6059(양도소득세부과처분취소)].

판례 중에는 선행처분이 '쟁송법적 처분'인 경우(선행처분의 처분성이 조기의 권리구제를 보장하기 위해 인정된 경우)로서 실질적으로 행정절차법에서 정한 처분절차를 준수하지 않아 선행처분 상대방에게 방어권행사 및 불복의 기회가 보장되지 않은 경우 후행처분에 대한 쟁송절차에서 선행처분의 위법성을 다툴 수 있다고 한 판례가 있다(대판 2020.4.3, 2019두61137).

판례

[**사업주가 근로복지공단의 사업종류 변경결정의 취소를 구하는 사건**] [1] 근로복지공단이 사업주에 대하여 하는 '개별 사업장의 사업종류 변경결정'은 행정청이 행하는 구체적 사실에 관한 법집행으로서의 공권력의 행사인 '처분'에 해당한다고 보아야 한다. 근로복지공단의 사업종류 변경결정에 따라 국민건강보험공단이 사업주에 대하여 하는 각각의 산재보험료 부과처분도 항고소송의 대상인 처분에 해당한다. [2] 근로복지공단이 사업종류 변경 결정을 하면서 개별 사업주에 대하여 사전통지 및 의견청취, 이유제시 및 불복방법 고지가 포함된 처분서를 작성하여 교부하는 등 실질적으로 행정절차법에서 정한 처분절차를 준수함으로써 사업주에게 방어권행사 및 불복의 기회가 보장된 경우에는, 그 사업종류 변경결정은 그 내용·형식·절차의 측면에서 단순히 조기의 권리구제를 가능하게 하기 위하여 행정소송법상 처분으로 인정되는 소위 '쟁송법적 처분'이 아니라, 개별·구체적 사안에 대한 규율로서 외부에 대하여 직접적 법적 효과를 갖는 행정청의 의사표시인 소위 '실체법적 처분'에 해당하는 것으로 보아야 한다. 이 경우 사업주가 행정심판법 및 행정소송법에서 정한 기간 내에 불복하지 않아 불가쟁력이 발생한 때에는 그 사업종류 변경결정이 중대·명백한 하자가 있어 당연무효가 아닌 한, 사업주는 그 사업종류 변경결정에 기초하여 이루어진 각각의 산재보험료 부과처분에 대한 쟁송절차에서는 선행처분인 사업종류 변경결정의 위법성을 주장할 수 없다고 봄이 타당하다. 이 경우 근로복지공단의 사업종류 변경결정을 항고소송의 대상인 처분으로 인정하여 행정소송법에 따른 불복기회를 보장하는 것은 '행정법관계의 조기 확정'이라는 단기의 제소기간 제도의 취지에도 부합한다. 다만 근로복지공단이 사업종류 변경결정을 하면서 실질적으로 행정절차법에서 정한 처분절차를 준수하지 않아 사업주에게 방어권행사 및 불복의 기회가 보장되지 않은 경우에는 이를 항고소송의 대상인 처분으로 인정하는 것은 사업주에게 조기의 권리구제기회를 보장하기 위한 것일 뿐이므로, 이 경우에는 사업주가 사업종류 변경결정에 대해 제소기간 내에 취소소송을 제기하지 않았다고 하더라도 후행처분인 각각의 산재보험료 부과처분에 대한 쟁송절차에서 비로소 선행처분인 사업종류 변경결정의 위법성을 다투는 것이 허용되어야 한다. 〈해설〉 원심은 [1] 근로복지공단의 사업종류 변경결정만으로는 원고의 권리·의무에 직접적인 변동이나 불이익이 발생한다고 볼 수 없고, 사업종류 변경결정에 따라 국민건강보험공단이 추가보험료 부과처분을 함으로써 비로소 원고에게 현실적인 불이익이 발생하며, 원고는 국민건강보험공단을 상대로 이 사건 추가보험료 부과처분의 취소를 청구하는 것만으로도 충분한 권리구제를 받는 것이 가능하다는 등의 이유로, 근로복지공단의 사업종류 변경결정은 항고소송의 대상이 되는 행정처분에 해당하지 않는다고 판단하여 각하하고, [2] 근로복지공단의 사업종류 변경결정이 잘못이라고 보아 국민건강보험공단에 대한 추가보험료 부과처분은 취소하는 판결을 선고하였음. 대법원은, 근로복지공단의 사업종류 변경결정은 그 자체로 행정처분에 해당할 뿐만 아니라, 개별 사업장의

사업종류를 변경하고 산재보험료를 산정하는 판단작용을 하는 행정청은 근로복지공단이며, 국민건강보험공단은 근로복지공단으로부터 그 자료를 넘겨받아 단순히 사업주에 대해서 산재보험료를 납부고지하고 징수하는 역할만을 수행하므로 근로복지공단의 사업종류 변경결정의 당부에 관하여 국민건강보험공단으로 하여금 소송상 방어를 하도록 하기 보다는, 그 결정의 행위주체인 근로복지공단으로 하여금 소송당사자가 되어 방어를 하도록 하는 것이 합리적이라는 이유에서, 파기환송한 사례임(대판 2020.4.3, 2019두61137).

(4) 하자의 승계의 효과

하자의 승계가 인정되는 경우 선행행위의 위법을 후행행위의 위법사유로 주장할 수 있고, 취소권자는 선행행위의 위법을 이유로 후행행위를 취소할 수 있다.

2. 선행 행정행위의 후행 행정행위에 대한 구속력(규준력)론

(1) 의 의

선행행위의 후행행위에 대한 구속력(규준력, 기결력)은 후행 행정행위의 단계에서 후행 행정행위의 전제가 되는 선행 행정행위에 배치되는 주장을 하지 못하는 효력을 말한다.

선행행위의 후행행위에 대한 구속력론은 하자의 승계론을 비판하면서 구속력론으로 하자의 승계론을 대체하자는 이론이다.

(2) 구속력의 근거

후행행위에 대한 규준력의 직접적인 근거는 존재하지 않으며 행정행위의 공정력과 불가쟁력이 간접적인 근거가 된다.

(3) 구속력의 인정요건 및 범위(한계)

① 선행행위와 후행행위가 동일한 목적을 추구하며 법적 효과가 기본적으로 일치되어야 한다 (사물적(객관적) 한계).
② 양 행위의 수범자(상대방)가 일치하여야 한다(대인적(주관적) 한계).
③ 선행행위의 사실 및 법상태가 유지되는 한도 내에서만 미친다(시간적 한계). 사실 및 법상태에 본질적인 변경이 있는 경우 선행행위의 구속력은 후행행위에 미치지 않고, 선행행위에 대한 신뢰이익과 구속력을 배제할 공익 사이의 이익형량에 따라 선행행위를 따르지 않은 후

행행위의 위법 여부가 결정된다.

④ 선행행위(웹 직위해제처분)의 후행행위(웹 직권면직처분)에 대한 구속력을 인정하는 것이 개인에게 지나치게 가혹하며, 선행행위의 결과가 예측 가능하지 않은 경우에는 구속력의 효력이 차단된다(예측가능성과 수인가능성이 없는 경우). 예측가능성과 수인가능성이 없음으로 인하여 선행행위의 후행행위에 대한 구속력이 차단되는 경우에는 행정청은 후행행위를 함에 있어 선취된 결정에 구속되지 않고 후행행위를 할 수 있다는 것이다.

(4) 구속력(규준력)의 예외의 효과

구속력의 예외가 인정되는 경우 선행행위의 후행행위에 대한 구속력이 인정되지 않고, 그 결과 선행행위의 위법을 이유로 후행행위를 취소할 수 있다.

3. 하자의 승계론과 구속력론의 관계 및 적용

(1) 학 설

선행행위의 위법을 이유로 후행행위를 위법한 것으로 볼 수 있는지에 관하여 하자의 승계론과 구속력론을 상호 배타적인 이론으로서 둘 중의 하나만 적용하여야 한다는 견해(배타적 적용설)와 하자의 승계론과 구속력론 상호 별개의 목적과 성질을 갖는 이론으로서 중첩적으로 적용될 수 있다는 견해(중첩적용설)이 있다. 그리고, 배타적 적용설에는 하자의 승계론이 타당하다는 견해와 구속력론이 타당하다는 견해가 있다.

하자의 승계론은 구속력론에서의 구속력은 판결과 같은 구속력으로서 너무 엄격한 것이고 그 예외는 매우 제한적으로 인정되므로 국민의 권리보호라는 관점에서 문제가 있다고 주장한다.

구속력론은 하자의 승계론이 제소기간제도의 의의를 본질적으로 훼손하고, 하자의 승계기준(하나의 법률효과를 발생시키는지 여부)은 너무 형식적이고 편의적인 것이라고 비판하면서 구속력 이론을 지지하고 있다(정하중).

(2) 판 례

원칙상 하자의 승계론에 따라 선행행위의 위법의 후행행위에의 승계 여부를 판단하고 있다.

다만 전술한 바와 같이 판례는 선행처분의 하자를 이유로 후행처분의 효력을 다툴 수 없게 하는 것이 당사자에게 수인한도를 넘는 불이익을 주고 그 결과가 당사자에게 예측가능한 것이라고 할 수 없기 때문에 선행처분의 후행처분에 대한 구속력을 인정할 수 없다고 보고, 그러므로 선행처분의 위법을 이유로 후행처분의 효력을 다툴 수 있다고 보고 있다[대판 1994.1.25, 93누8542 ; 대판 2013.3.14, 2012두6964(독립유공자법적용배제결정처분취소)]. 이 판례의 해석과 관련하여 이 판례가 하자의 승계를 확대하였다는 견해(하자의 승계확대설)와 이 판례가 구속력이론에 입각하여 선행행위의 위법을 이유로 후행행위의 위법을 주장할 수 있다고 보았다는 견해(구속력설)가 대립하고 있다. 생각건대, 판결문에서 구속력이라는 용어를 사용하고 있고 설시한 법리도 구속력론의 법리인 점에 비추어 구속력설이 타당하다.

(3) 결 어

하자의 승계론과 구속력론은 별개의 이론이므로 중첩적으로 적용될 수 있는 것으로 보는 것이 타당하고(중첩적용설) 이것이 판례의 입장이다.

V. 흠 있는 행정행위의 치유와 전환

1. 하자의 치유

(1) 개 념

하자의 치유라 함은 성립당시에 적법요건을 결한 흠 있는 행정행위라 하더라도 사후에 그 흠의 원인이 된 적법요건을 보완하거나 그 흠이 취소사유가 되지 않을 정도로 경미해진 경우에 그의 성립 당시의 흠에도 불구하고 하자 없는 적법한 행위로 그 효력을 그대로 유지시키는 것을 말한다.

(2) 인정범위와 한계

1) 일반적 기준

하자 있는 행정행위의 치유는 행정행위의 성질이나 법치주의의 관점에서 볼 때 원칙적으로 허용될 수 없는 것이고, 예외적으로 행정행위의 무용한 반복을 피하고 당사자의 법적 안정성을 위해 이를 허용할 수 있는 것인데 이때에도 다른 국민의 권리나 이익을 침해하지 않는 범위에서 구체적 사정에 따라 합목적적으로 인정하여야 할 것이다.

2) 하자의 치유사유

하자의 치유가 인정되는 사유로는 흠결된 요건의 사후보완이 있다(예 무권대리의 사후추인, 처분의 절차 또는 형식의 사후보완, 불특정목적물의 사후특정, 이유의 사후제시).

치유의 대상이 되는 하자는 절차법상의 하자(형식의 하자 포함)뿐만 아니라 실체법상(내용상)의 하자도 포함하지만, 하자의 치유가 주로 인정되는 것은 절차와 형식의 하자의 경우이다.

판례는 내용상 하자는 치유가 가능하지 않은 것으로 본다.

3) 개별적 검토

가. 수익적 행정행위의 흠결

수익적 행정행위의 흠결은 언제든지 보정되면 치유될 수 있다고 보아야 한다.

나. 의견진술절차의 하자

의견진술절차 불이행의 하자는 원칙상 하자가 치유되지 않는다고 보아야 한다. 왜냐하면 의견진술절차는 행정행위가 행하여지기 전에 인정되어야 처분전에 방어기회를 준다는 등의 인정이유를 충족시킬 수 있기 때문이다.

다. 이유 등의 사후제시

이유제시의 목적이 행정청으로 하여금 판단을 신중하고 합리적으로 행하도록 하고 자의를 억제 하려는 데 있다고 보는 견해에 따르면 이유의 사후보완은 인정될 수 없다고 본다.

그러나 이유제시의 주된 목적을 상대방의 쟁송제기에 편의를 제공하는 것으로 보면서 이유제시의 하자의 치유를 인정하는 것이 일반적 견해이다.

그런데 이유제시의 하자의 보완으로 인한 하자의 치유가 어느 시점까지 가능한지에 관하여 견해가 대립되고 있다.

판례는 이유제시의 하자를 치유하려면 늦어도 처분에 대한 불복여부의 결정 및 불복신청에 편의를 줄 수 있는 상당한 기간 내에 하여야 한다고 하고 있다(**행정쟁송제기전설**). 판례의 입장을 모든 절차의 하자의 경우 행정쟁송 제기 전 절차가 보완되면 치유가 가능한 것으로 소개하는 견해가 있는데, 이 견해는 타당하지 않다. 판례는 이유제시의 하자의 경우에 한하여 그렇게 보고 있다.

라. 무효인 행정행위와 하자의 치유

하자의 치유는 행정행위의 존재를 전제로 하여 그 흠을 치유하여 흠이 없는 행정행위로 하는 것이므로 무효인 행정행위의 치유는 인정될 수 없다는 부정설이 통설이며 판례의 입장이다[대판 1997.5.28, 96누5308(토지등급수정무효확인)].

이에 대하여 무효와 취소의 구별의 상대화를 전제로 무효인 행정행위의 치유도 인정할 수 있다고 보는 견해가 있다.

(3) 하자의 치유의 효과

행정행위의 하자가 치유되면 당해 행정행위는 처분시부터 하자가 없는 적법한 행정행위로 효력을 발생하게 된다.

2. 하자 있는 행정행위의 전환

(1) 개 념

행정행위의 전환이라 함은 행정행위가 본래의 행정행위로서는 무효이나 다른 행정행위로 보면 그 요건이 충족되는 경우에 흠 있는 행정행위를 흠 없는 다른 행정행위로 인정하는 것을 말한다.

사망자에 대한 귀속재산의 불하처분을 상속인에 대한 처분으로 전환하는 것을 그 예로 들 수 있다.

(2) 인정범위

행정행위의 전환은 무효인 행정행위에 대하여만 인정된다는 견해와 무효인 행위뿐만 아니라 취소할 수 있는 행정행위에도 인정된다는 견해가 있다.

(3) 효 과

무효의 전환이 인정되면 새로운 행정행위가 발생한다. 즉, 하자 있는 행정행위는 송달된 날에 전환된 행정행위로서 효력이 발생한다. 전환된 행정행위에 대하여는 행정쟁송을 제기할 수 있고, 불복기간은 전환행위가 있음을 안 날로부터 90일 이내이다.

제8절 행정행위의 취소와 철회

Ⅰ. 행정행위의 취소

> **행정기본법 제18조(위법 또는 부당한 처분의 취소)** ① 행정청은 위법 또는 부당한 처분의 전부나 일부를 소급하여 취소할 수 있다. 다만, 당사자의 신뢰를 보호할 가치가 있는 등 정당한 사유가 있는 경우에는 장래를 향하여 취소할 수 있다.
> ② 행정청은 제1항에 따라 당사자에게 권리나 이익을 부여하는 처분을 취소하려는 경우에는 취소로 인하여 당사자가 입게 될 불이익을 취소로 달성되는 공익과 비교·형량(衡量)하여야 한다. 다만, 다음 각 호의 어느 하나에 해당하는 경우에는 그러하지 아니하다.
> 1. 거짓이나 그 밖의 부정한 방법으로 처분을 받은 경우
> 2. 당사자가 처분의 위법성을 알고 있었거나 중대한 과실로 알지 못한 경우

1. 취소의 개념

행정행위의 취소는 **광의**로는 위법 또는 부당의 하자가 있음을 이유로 행정행위의 효력을 상실시키는 것을 말하며 직권취소와 함께 쟁송취소를 포함한다. 이에 대하여 **협의**로는 하자(위법 또는 부당)가 있지만 유효인 행정행위의 효력을 행정행위의 하자를 이유로 행정청이 소멸시키는 행정행위, 즉 직권취소만을 의미한다.

오늘날 '취소'라고 하는 경우에는 통상 직권취소만을 의미한다.

2. 직권취소와 쟁송취소의 구별

직권취소와 **쟁송취소**는 모두 하자 있는 행정행위의 효력을 상실시킨다는 점에서는 공통점을 갖지만 취소의 본질, 목적, 내용 및 효과 등에서 상이하므로 오늘날 쟁송취소와 직권취소를 구별하는 것이 일반적이다.

(1) 취소의 목적 내지 본질

쟁송취소는 위법한 행정행위로 인하여 권익침해를 받은 국민의 권익구제와 함께 행정의 적법성 회복을 목적으로 행해진다. 쟁송취소는 권익을 침해당한 자의 쟁송의 제기에 의해 심판기관이 쟁송절차를 거쳐 행정행위의 효력을 상실시키는 사법적 성질의 행위이다.

이에 반하여 **직권취소**는 적법성의 회복과 함께 장래에 향하여 행정목적을 적극적으로 실현하기 위하여 행해진다. 직권취소는 행정청이 쟁송의 제기와 관계없이 직권으로 위법한 행정행위의 효력을 상실시키는 행위로서 그 자체가 독립적인 행정행위이다.

(2) 취소권자

직권취소는 처분행정청 또는 법률에 근거가 있는 경우에 상급행정청이 행하지만 **쟁송취소**는 권익침해를 받은 처분의 상대방 또는 제3자의 청구에 의해 행정심판의 경우에는 행정심판기관인 행정심판위원회에 의해, 행정소송의 경우에는 법원에 의해 행해진다.

(3) 취소의 대상

직권취소의 대상은 모든 행정행위이다. 즉, 부담적 행정행위, 수익적 행정행위 및 제3자효행정행위 모두 직권취소의 대상이 된다.

이에 반하여 **쟁송취소**에 있어서는 부담적 행정행위와 제3자효 행정행위가 취소의 대상이 되며 수익적 행정행위는 소의 이익이 없으므로 취소의 대상이 되지 않는다.

불가변력이 발생한 행정행위에 대하여는 쟁송취소만이 가능하다.

(4) 취소사유

직권취소에 있어서는 위법뿐만 아니라 부당도 취소사유가 된다. **쟁송취소**에 있어서 행정심판을 통한 취소에 있어서는 부당도 취소사유가 되지만, 취소소송을 통한 취소에 있어서는 위법만이 취소사유가 된다.

(5) 취소의 제한

직권취소에 있어서는 취소로 인하여 상대방 또는 이해관계인이 받게 되는 불이익과 취소로 인하여 달성되는 공익 및 관계이익을 비교형량하여야 한다.

그러나 **쟁송취소**에 있어서는 위법한 경우에는 이익형량의 필요 없이 원칙상 취소하여야 한다. 다만, 쟁송취소의 경우에 취소로 인하여 공익이 심히 해를 입는다고 판단되는 경우에는 취소하지 않을 수 있다(사정재결 또는 사정판결).

(6) 취소기간

직권취소의 경우에는 실권의 경우를 제외하고는 취소기간의 제한이 없다. 이에 대하여 **쟁송취소**의 경우에는 단기의 쟁송기간이 정해져 있어서 이 기간을 지나면 더 이상 행정행위의 취소를 청구할 수 없다(불가쟁력).

(7) 취소절차

쟁송취소는 행정심판법, 행정소송법 등이 정한 쟁송절차에 따라 행해진다. 이에 대하여 **직권취소**는 개별법 또는 행정절차법에 정해진 행정절차에 따라 행해진다.

(8) 취소의 형식

쟁송취소는 재결 또는 판결의 형식에 의해 행해지지만, **직권취소**는 그 자체가 하나의 행정행위로서 특별한 형식을 요하지 않는다.

(9) 취소의 효과(소급효)

쟁송취소는 원칙적으로 소급효가 인정된다. **직권취소**의 경우에 그 대상이 수익적 행정행위인 경우에는 상대방에게 귀책사유가 있을 때를 제외하고는 상대방의 신뢰를 보호하기 위하여 취소의 효과가 소급하지 않는 것이 원칙이다. 상대방에게 귀책사유가 있는 경우 처분시까지 또는 처분시 이후 일정 시점까지 소급효 있는 취소가 가능하다.

(10) 취소의 내용(또는 범위)

직권취소는 처분의 적극적 변경을 내용으로 할 수 있다. **쟁송취소**는 행정심판에 의한 취소의 경우에는 적극적 변경이 가능하다고 보여지지만, 행정소송에 의한 취소의 경우에는 원칙적으로 소극적 변경(일부취소)만이 허용된다.

3. 취소의 취소

(1) 직권취소의 취소

판례는 침익적 행정행위의 취소의 취소는 인정하지 않지만, 수익적 행정행위의 취소에 대하여는 취소가 가능한 것으로 본다. 판례가 소극설을 취한 것으로 보는 학설이 있는데, 이는 타당하지 않다.

(2) 쟁송취소의 취소

1) 취소재결의 취소

취소재결은 준사법적 행정행위로서 불가변력이 인정되므로 직권취소는 인정될 수 없다. 허가 등 수익적 행정행위의 취소재결에 대해 수익적 행정행위의 상대방은 취소소송을 제기할 수 있고 취소재결이 위법한 경우 취소판결이 내려진다.

2) 취소판결의 취소

취소판결이 확정된 경우에는 재심을 통하여서만 취소할 수 있다.

(3) 취소의 취소의 효과

행정행위의 취소가 소급적으로 취소되면 취소가 없었던 것이 되므로 원행정행위는 애초부터 취소되지 않은 것으로 된다.

4. 급부처분의 직권취소 후 환수처분

수익적 행정행위가 소급적으로 직권취소되면 특별한 규정이 없는 한 이미 받은 이익은 부당이득이 되는 것이므로 부당이득반환청구가 가능한 것으로 볼 수 있다. 그런데 실정법령 및 실무상 수익적 행정행위의 직권취소와 별개로 환수처분(부당이득금반환결정처분)이 행해지고 있고, 판례가 이를 긍정하고 있다(대판 2017.3.30, 2015두43971).

Ⅱ. 행정행위의 철회

> **행정기본법 제19조(적법한 처분의 철회)** ① 행정청은 적법한 처분이 다음 각 호의 어느 하나에 해당하는 경우에는 그 처분의 전부 또는 일부를 장래를 향하여 철회할 수 있다.
>   1. 법률에서 정한 철회 사유에 해당하게 된 경우
>   2. 법령등의 변경이나 사정변경으로 처분을 더 이상 존속시킬 필요가 없게 된 경우
>   3. 중대한 공익을 위하여 필요한 경우
> ② 행정청은 제1항에 따라 처분을 철회하려는 경우에는 철회로 인하여 당사자가 입게 될 불이익을 철회로 달성되는 공익과 비교·형량하여야 한다.

1. 의 의

행정행위의 철회라 함은 적법하게 성립한 행정행위의 효력을 성립 후에 발생한 근거법령의 변경 또는 사실관계의 변경 등 새로운 사정으로 인하여 공익상 그 효력을 더 이상 존속시킬 수 없는 경우에 본래의 행정행위의 효력을 장래에 향하여 상실시키는 독립된 행정행위를 말한다.

철회는 그 대상이 적법한 행정행위라는 점에서 그 대상이 위법한 행정행위인 취소와 구별된다. 그러나 실정법상으로는 철회라는 용어를 사용하는 경우는 많지 않고 철회에 해당하는 경우도 취소라는 용어를 사용하는 경우가 많다.

2. 철회원인(철회사유)

① 원행정행위가 근거한 사실적 상황 또는 법적 상황의 변경으로 현재의 사정하에서 원행정행위를 하면 위법이 되는 경우(⑩ 수익처분을 함에 있어 신청권자에게 요구되는 허가요건이 사후적으로 충족되지 않는 경우, 법령의 개폐에 의해 현재의 사정하에서 원행정행위를 해 줄 수 없는 경우), ② 상대방의 유책행위에 대한 제재로서의 철회(⑩ 법령 위반, 의무 위반, 부담의 불이행), 수익처분을 받은 자가 수권법령 또는 관계법령을 위반한 경우, 수익처분을 받은 자가 수익처분의 근거법령에서 정하는 의무를 위반한 경우, 부관으로 부과된 부담을 이행하지 않는 경우, ③ 철회권의 유보, ④ 기타 철회하여야 할 보다 우월한 공익의 요구가 존재하는 경우. 다만, 기속행위의 경우 법치행정의 원칙상 단순한 공익만을 이유로 하여서는 철회할 수 없다고 보아야 한다.

3. 철회의 법적 근거

철회는 개별법률의 근거가 없어도 가능하다(행정기본법 제19조).

4. 철회절차

철회는 특별한 규정이 없는 한 일반행정행위와 같은 절차에 따른다. 수익적 행정행위의 철회는 '권리를 제한하는 처분'이므로 사전통지절차, 의견제출절차 등 행정절차법상의 절차에 따라 행해져야 한다.

국민에게 법령에 의해 또는 조리상 처분의 철회 또는 변경을 신청할 권한이 인정되는 경우가 있다. 이 경우 철회 또는 변경의 거부는 처분이 된다.

5. 철회의 효과

철회는 장래에 향하여 원행정행위의 효력을 상실시키는 효력을 갖는다.

행정행위의 철회시 별도의 법적 근거 없이 철회의 효력을 철회사유발생일로 소급할 수 없다. 다만, 예외적으로 별도의 법적 근거가 있는 경우에는 철회의 효력을 과거(예 철회사유 발생일)로 소급시킬 수 있다(대판 2018.6.28, 2015두58195).

상대방의 귀책사유로 인한 철회의 경우 또는 철회권이 유보된 경우 이외에, 즉 신뢰보호가 인정 되는 경우에는 철회로 인한 손실은 보상되어야 한다.

6. 철회의 취소

판례는 침익적 행정행위의 철회의 경우 당해 침익적 행정행위는 확정적으로 효력을 상실하므로 취소가 불가능하다고 본다(대판 2002.5.28, 2001두9653). 반면에 수익적 행정행위의 철회에 대하여는 취소가 가능한 것으로 본다[대판 2004.11.26, 2003두10251, 2003두10268(병합)].

판례가 소극설을 취한 것으로 보는 견해가 있는데, 이는 타당하지 않다.

Ⅲ. 처분의 변경

1. 처분변경의 의의

처분의 변경은 기존의 처분을 다른 처분으로 변경하는 것을 말한다. 처분은 당사자, 처분사유 및 처분내용으로 구성된다. 따라서, 처분의 변경은 처분의 당사자가 변경되는 것, 처분사유가 변경되는 것, 처분의 내용이 변경되는 것을 말한다.

2. 처분변경의 종류

(1) 처분 당사자의 변경

처분의 당사자의 변경은 처분변경에 해당한다.

(2) 처분사유의 추가·변경

처분사유의 추가·변경이 변경처분이 되기 위하여는 처분사유의 추가·변경이 종전처분의 처분사유와 기본적 사실관계의 동일성이 없는 사유이어야 한다.

(3) 처분내용의 변경

처분의 내용을 적극적으로 변경하는 경우 처분의 변경이 된다. 처분의 소극적 변경 즉 일부취소는 처분변경이 아니다.

처분내용의 변경에는 두 유형이 있다. ① 하나는 처분내용을 상당한 정도로 변경하는 처분내용의 실질적 변경처분이다. 이 경우 종전 처분은 변경처분에 의해 대체되고 장래에 향하여 효력을 상실한다. ② 다른 하나는 선행 처분의 내용 중 일부만을 소폭 변경하는 등 선행처분과 분리가능 한 일부변경처분이다. 경우 종전 선행처분은 일부 변경된 채로 효력을 유지하고 일부변경처분도 별도로 존재한다(대판 2012.10.11, 2010두12224, 행정구제법 적극적 변경처분 참조).

3. 처분변경의 근거

처분의 변경에 별도의 법적 근거는 필요하지 않다. 처분의 변경은 실질적으로 처분을 취소(철회)하고 새로운 처분을 하는 것과 같으므로 처분의 근거가 변경처분의 근거가 된다.

> **판례**
>
> [1] 법령의 규정체계, 취지와 목적 등에 비추어 살펴보면, 구 「도시 및 주거환경정비법」(이하 '구 도정법'이라고만 한다) 제69조 제1항 제6호에서 정한 '관리처분계획의 수립'에는 경미한 사항이 아닌 관리처분계획의 주요 부분을 실질적으로 변경하는 것이 포함된다고 해석함이 타당하고, 이러한 해석이 죄형법정주의 내지 형벌법규 명확성의 원칙을 위반하였다고 보기 어렵다. [2] 한편 대법원은 관리처분계획의 경미한 사항을 변경하는 경우와는 달리 당초 관리처분계획의 주요 부분을 실질적으로 변경하는 경우에는 새로운 관리처분계획을 수립한 것으로 해석하여 왔다(대판 2012.3.22, 2011두6400 전원합의체 등 참조). [3] 정비사업전문관리업 등록을 하지 아니한 자에게 관리처분계획을 변경하게 하였다는 이유로 기소된 사안에서, 구 도정법 제69조 제1항 제6호에서 정한 '관리처분계획의 수립'은 최초의 수립만을 의미하고 관리처분계획의 주요 부분을 실질적으로 변경하는 경우를 포함하지 않는다는 이유로 무죄를 선고한 원심을 파기한 사례(대판 2019.9.25, 2016도1306).

4. 변경처분의 형식과 절차

변경처분의 형식과 절차는 법령에 정해진 경우에는 그에 따른다. 허가 중 경미한 사항의 변경은 변경신고하도록 규정하고 있는 경우가 있다(예 구 화물자동차 운수사업법 제3조 제3항 단서).

변경처분의 절차에 관하여 법령에 명시적 규정이 없는 경우 중요한 사항을 변경하는 변경처분은 변경되는 처분과 동일한 절차에 따라 행해져야 하고, 경미한 사항을 변경하는 처분은 보다 간소한 절차에 따라 행해질 수 있다.

판례 1	**구 교과용도서에 관한 규정 제26조 제1항에 따른 검정도서에 대한 수정명령의 내용이 이미 검정을 거친 내용을 실질적으로 변경하는 결과를 가져오는 경우 거쳐야 할 절차**: 구 교과용도서에 관한 규정(2009. 8. 18. 대통령령 제21687호로 개정되기 전의 것, 이하 같다) 제26조 제1항에 따른 검정도서에 대한 수정 (변경)명령의 절차와 관련하여 구 교과용도서에 관한 규정에 수정명령을 할 때 교과용도서의 검정절차를 거쳐야 한다거나 이를 준용하는 명시적인 규정이 없으므로 교과용도서심의회의 심의 자체를 다시 거쳐야 한다고 보기는 어렵지만, 헌법 등에 근거를 둔 교육의 자주성·전문성·정치적 중립성 및 교과용도서에 관한 검정제도의 취지에 비추어 보면, 수정명령의 내용이 표현상의 잘못이나 기술적 사항 또는 객관적 오류를 바로 잡는 정도를 넘어서서 이미 검정을 거친 내용을 실질적으로 변경하는 결과를 가져오는 경우에는 새로운 검정절차를 취하는 것과 마찬가지라 할 수 있으므로 검정절차상의 교과용도서심의회의 심의에 준하는 절차를 거쳐야 한다. 그렇지 않으면 행정청이 수정명령을 통하여 검정제도의 취지를 훼손하거나 잠탈할 수 있고, 교과용도서심의회의 심의 등 적법한 검정절차를 거쳐 검정의 합격결정을 받은 자의 법률상 이익이 쉽게 침해될 수 있기 때문이다[대판 2013.2.15, 2011두21485(수정명령취소)]. 〈해설〉 변경처분이 아니라 변경명령처분의 절차에 관한 것이다.
판례 2	**도지사가 시장 또는 군수로부터 신청받은 당초의 도시관리계획안을 변경하고자 하는 경우 그 내용을 시장 또는 군수에게 송부하여 주민의 의견을 청취하는 절차를 거쳐야 하는지 여부**: 주민의견청취 절차의 의의와 필요성은 시장 또는 군수가 도시관리계획을 입안하는 과정에서뿐만 아니라 도시관리계획안이 도지사에게 신청된 이후에 내용이 관계 행정기관의 협의 및 도시계획위원회의 심의 등을 거치면서 변경되는 경우에도 마찬가지이고, 도지사가 도시관리계획의 결정 과정에서 신청받은 도시관리계획안의 중요한 사항을 변경하는 것은 그 범위에서 시장 또는 군수에 의하여 신청된 도시관리계획안을 배제하고 도지사가 직접 도시관리계획안을 입안하는 것과 다르지 않다. 그러므로 도지사가 관계 행정기관의 협의 등을 반영하여 신청받은 당초의 도시관리계획안을 변경하고자 하는 경우 내용이 해당 시 또는 군의 도시계획조례가 정하는 중요한 사항인 때에는 다른 특별한 사정이 없는 한 법 제28조 제2항, 시행령 제22조 제5항을 준용하여 그 내용을 관계 시장 또는 군수에게 송부하여 주민의 의견을 청취하는 절차를 거쳐야 한다[대판 2015.1.29, 2012두11164(도시관리계획결정처분취소)].

5. 처분변경의 효력

처분변경은 종전 처분을 취소 또는 변경하고 새로운 처분을 하는 효력을 갖는다. 첫째 유형의 변경처분의 경우 종전 선행처분은 변경처분에 의해 대체되고 장래에 향하여 효력을 상실한다. 둘째 유형의 변경처분의 경우 종전 선행처분은 일부 변경된 채로 효력을 유지한다.

처분 후의 새로운 사정에 따라 종전 처분을 변경하는 변경처분은 원칙상 장래효만을 갖는다.

판례 1	선행처분의 내용을 변경하는 후행처분이 있는 경우, 선행처분의 효력 존속 여부: 선행처분의 주요 부분을 실질적으로 변경하는 내용으로 후행처분(전부변경처분)을 한 경우에 선행처분은 특별한 사정이 없는 한 효력을 상실하지만, 후행처분이 선행처분의 내용 중 일부만을 소폭 변경하는 정도에 불과한 경우(일부변경처분)에는 선행처분은 소멸하는 것이 아니라 후행처분에 의하여 변경되지 아니한 범위 내에서는 그대로 존속한다(대판 2020.4.9, 2019두49953).
판례 2	구 도시 및 주거환경정비법(2012. 2. 1. 법률 제11293호로 개정되기 전의 것, 이하 '구 도시정비법'이라고 한다) 제48조 제1항의 내용, 형식 및 취지 등에 비추어 보면, 당초 관리처분계획의 경미한 사항을 변경하는 경우와는 달리 당초 관리처분계획의 주요 부분을 실질적으로 변경하는 내용으로 새로운 관리처분계획을 수립하여 시장·군수의 인가를 받은 경우에는 당초 관리처분계획은 달리 특별한 사정이 없는 한 효력을 상실한다. 이때 당초 관리처분계획이 효력을 상실한다는 것은 당초 관리처분계획이 유효하게 존속하다가 변경시점을 기준으로 장래를 향하여 실효된다는 의미이지 소급적으로 무효가 된다는 의미가 아니다. 그리고 이러한 법리는 변경된 관리처분계획이 당초 관리처분계획의 주요 부분을 실질적으로 변경하는 정도에 이르지 않는 경우에도 동일하게 적용되므로, 이와 같은 경우 당초 관리처분계획 중 변경되는 부분은 장래를 향하여 실효된다[대판 2016.6.23, 2014다16500(분담금연체이자반환)].
판례 3	**장해등급 변경으로 장해보상연금 지급 대상에서 제외되는 경우, 장해등급 변경결정 이후에 지급된 장해 보상연금만 부당이득의 징수 대상이 되는지 여부(적극):** 장해보상연금을 받던 사람이 재요양 후에 장해등급이 변경되어 장해보상연금의 지급 대상에서 제외되었음에도 장해보상연금을 받았다면 특별한 사정이 없는 한 이는 보험급여가 잘못 지급된 경우에 해당하지만, 이 경우 장해등급이 변경되었다고 하려면 장해등급 변경 결정이 있어야 할 것이므로, 장해등급 변경 결정 이후에 지급된 장해보상연금만 산업재해보상보험법 제84조 제1항에 따른 부당이득의 징수 대상이 된다고 할 것이다. 다만 장해보상연금을 받던 사람이 산업재해보상보험법 제51조에 따른 재요양 후에 장해상태가 호전됨으로써 장해등급이 변경되어 장해보상연금을

> **판례 3**
>
> 수령할 수는 없게 되었으나 산업재해보상보험법 시행령 제58조 제2항 제2호에서 정한 차액을 지급받을 수 있는 경우에는 여전히 그 금액을 장해보상일시금으로 수령할 수 있는 지위에 있으므로 그 금액의 범위 안에서는 부당이득의 징수 대상이 되지 않는다고 할 것이다[대판 2013.2.14, 2011두12054(장해등급결정처분취소 등)].

위법을 시정하기 위해 종전 처분을 변경하는 경우에는 소급적 변경처분도 가능하다. 다만, 처분 상대방의 신뢰이익 등과 이익형량을 하여야 한다.

> **판례**
>
> [차량진출입로의 도로점용허가에 따른 점용료 부과처분의 취소에 관한 사건] 당초 도로점용허가 당시 점용부분은 건물부지와 공원부지에 접하고 있음에도 피고가 건물부지만을 기준으로 위법하게 점용료를 산정하여 부과하자, 원고가 점용료부과처분 취소소송에서 그 위법을 다투고 피고가 소송 중 특별사용의 필요가 없는 공원부지에 접한 부분을 도로점용허가 대상에서 소급적으로 제외하는 변경허가처분을 한 사안에서, 이러한 변경허가처분은 장래를 향하여만 효력이 있다고 판단한 원심을 파기하고 그에 대하여 소급적 직권취소의 효력이 인정될 수 있다고 본 사례[대판 2019.1.17, 2016두56721, 56738(도로점용료부과처분취소)].

제9절 행정행위의 실효

Ⅰ. 의 의

행정행위의 실효라 함은 유효한 행정행위의 효력이 일정한 사실의 발생으로 장래에 향하여 소멸하는 것을 말한다. 일단 유효한 행정행위의 효력이 소멸되는 것인 점에서 무효나 부존재와 다르고, 행정청의 의사에 의해서가 아니라 일정한 사실의 발생으로 효력이 소멸된다는 점에서 직권 취소 및 철회와 다르다.

Ⅱ. 실효사유

행정행위의 대상이 소멸되면 행정행위는 실효된다(예 사람의 사망으로 인한 운전면허의 실효, 자동차가 소멸된 경우 자동차 검사합격처분의 실효, 사업면허의 대상의 소멸로 인한 사업면허의 실효 등).

영업허가가 실효된 후 영업허가 취소처분을 하여도 당해 취소처분은 당해 영업허가가 실효되었음을 사실상 확인하는 것에 불과하므로 취소소송의 대상이 되는 처분이 아니다. 해제조건이 성취되거나 종기가 도래하면 주된 행정행위는 당연히 효력을 상실한다. 행정행위의 목적이 달성 되거나 목적 달성이 불가능해지면 당해 행정행위는 당연히 실효된다(예 철거명령에 따른 대상물철거).

Ⅲ. 권리구제수단

행정행위의 실효가 다투어지는 경우에는 무효등확인소송의 하나인 행정행위실효확인소송 또는 행정행위효력존재확인소송을 제기한다. 또한 민사소송 또는 공법상 당사자소송에서 행정행위의 실효 여부가 전제문제로서 다투어질 수 있다.

제10절 단계적 행정결정

단계적 행정결정이란 행정청의 결정이 여러 단계의 행정결정을 통하여 연계적으로 이루어지는 것을 말한다(예 확약, 가행정행위, 사전결정, 부분허가).

심화학습

[단계적 행정결정의 유형별 검토]

Ⅰ. 확 약

1. 의 의

확약은 장래 일정한 행정행위를 하거나 하지 아니할 것을 약속하는 의사표시를 말한다. 확약은 신뢰보호 또는 금반언(禁反言)의 법리를 바탕으로 인정되는 행정청의 행위형식의 하나이다(예 공무원임명의 내정, 자진신고자에 대한 세율인하의 약속, 무허가건물의 자진철거자에게 아파트입주권을 주겠다는 약속, 주민에 대한 개발사업의 약속 등).

판례는 어업권면허에 선행하는 우선순위 결정을 확약으로 보고(대판 1995.1.20, 94누6529), 건축법상 사전결정을 주택건설사업계획승인처분을 하겠다는 내용의 확약은 아니라고 보았다[대판 1996.8.20, 85누10877(주택건설사업승인거부처분취소)].

행정실무상 사용되는 용어인 내인가(본인·허가의 전단계로서 행해지는 인·허가의 발급약속)도 확약의 일종이라고 할 수 있다. 현행법령상 내인가라는 명칭을 사용하는 사례는 없다. 실정법령상 조건부인허가(예 석유사업법 제11조의 석유정제업 등의 조건부등록, 먹는물관리법 제10조의 샘물등의 개발의 가허가 등) 및 행정규칙인 증권업감독규정에 의한 증권업의 예비인허가를 내인가로 볼 수 있다. 이에 대하여 석유정제업 등의 조건부등록, 샘물개발의 가허가를 가행정행위로 보는 견해도 있다.

가행정행위는 본행정행위와 동일한 효력을 발생하지만, 확약의 경우에는 확약만으로는 확약의 대상이 되는 행정행위의 효력이 발생하지 않는 점 등에서 양행위는 구별된다.

2. 법적 성질

(1) 처분성 긍정설(다수설)

확약의 법적 성격에 관해서 다수설은 확약이 행정청에 대하여 확약의 내용대로 이행할 법적의무를 발생시킨다는 점에 비추어 확약의 처분성을 인정한다.

(2) 처분성 부정설

확약은 사정변경에 의해 변경될 수 있으므로 종국적 규율성을 가지지 못한다는 점을 근거로 처분이 아니라고 보는 견해이다.

(3) 판 례(부정설)

판례는 확약의 처분성을 부정한다.

> **판례** 어업권면허에 선행하는 우선순위결정은 행정청이 우선권자로 결정된 자의 신청이 있으면 어업권면허처분을 하겠다는 것을 약속하는 행위로서 강학상 확약에 불과하고 행정처분은 아니므로 우선 순위결정에 공정력이나 불가쟁력과 같은 효력은 인정되지 아니하며, 따라서 우선순위결정이 잘못되었다는 이유로 종전의 어업권면허처분이 취소되면 행정청은 종전의 우선순위결정을 무시하고 다시 우선순위를 결정한 다음 새로운 우선순위결정에 기하여 새로운 어업권면허를 할 수 있다[대판 1995.1.20, 94누6529(행정처분취소)].

(4) 결 어(긍정설)

확약으로 행정청에게 확약을 준수할 의무가 발생하는 점, 확약의 처분성을 인정함으로써 조기의 권리구제를 도모할 수 있는 점을 고려하여 확약의 처분성을 인정하는 것이 타당하다.

3. 권리구제

전술한 바와 같이 확약은 처분이므로 항고소송의 대상이 된다. 그러나 관례는 확약의 처분성을 부인하고 있다.

행정청이 확약의 내용인 행위를 하지 아니하는 경우 현행법상 의무이행소송은 허용되지 않으므로, 상대방은 확약의 이행을 청구하고 거부처분이나 부작위에 대해 거부처분취소심판, 의무이행심판, 부작위위법확인소송 또는 거부처분취소소송을 제기할 수 있다. 또한 확약의 불이행으로 손해가 발생한 경우에는 손해배상청구소송을 제기할 수 있다.

Ⅱ. 가행정행위(잠정적 행정행위)

1. 의 의

가행정행위(假行政行爲)는 사실관계와 법률관계의 계속적인 심사를 유보한 상태에서 당해 행정법관계의 권리와 의무의 전부 또는 일부에 대해 잠정적으로 확정하는 행위를 의미한다.

예를들어, 소득액 등이 확정되지 아니한 경우에 과세관청이 상대방의 신고액에 따라 잠정적으로 세액을 결정하는 것(소득세법 제11조), 물품의 수입에 있어 일단 잠정세액을 적용하였다가 후일에 세액을 확정짓는 것(관세법 제3조 등 참조) 등이 해당될 수 있을 것이다.

2. 법적 성질

가행정행위는 잠정적이기는 하나 직접 법적 효력을 발생시키므로 행정행위라고 보아야 할 것이다.

3. 권리구제

가행정행위는 잠정적이기는 하지만 직접 법적 효력을 발생시키는행정행위이므로 가행정행위로 인해 권익침해를 받은 자는 취소소송을 제기할 수 있다.

가행정행위에 대한 취소소송 제기 중 본행정행위가 행해지면 가행정행위는 효력을 상실하며 동취소소송은 소의 이익이 없게 된다. 이 경우 본행정행위에 대한 소송으로 소변경을 할 수 있다.

가행정행위의 발령신청이 거부된 경우에는 의무이행소송이 직접적인 해결책이 되나, 우리의 경우 이 제도가 인정되지 않으므로 거부처분취소심판, 의무이행심판이나 거부처분의 취소소송만을 제기할 수 있다. 또한 가행정행위를 발령한 후에 행정기관이 상당한 기간 내에 종국적인 결정을 행하지 않는 경우에도 의무이행심판이나 부작위위법확인소송에 의해 해결할 수 밖에 없을 것이다.

III. 사전결정

1. 의 의

사전결정(예비결정)이란 최종적인 행정결정을 내리기 전에 사전적인 단계에서 최종적 행정결정의 요건 중 일부에 대해 종국적인 판단으로서 내려지는 결정을 의미한다.

사전결정의 예로서는 건축법 제1조 제1항의 사전결정, 구주택건설촉진법 제32조의 제1항의 사전결정과 구원자력법상 부지사전승인제도(1995.1.5. 이전법 제11조 제3항), 폐기물처리업허가 전의 사업계획에 대한 적정통보(대판 1998.4.28, 97누21086), 항공사업법 제18조의 운수권배분 처분(대판 2004.11.26, 2003두10251, 2003두10268)등을 들 수 있다. 현행 원자력안전법상 부지사전승인이 나면 법상 제한공사가 가능한 것으로 규정되어 있다(원자력안전법 제10조 제4항). 이러한 부지사전승인은 사전결정(부지 적합성 판단부분)과 부분허가(제한공사 승인부분)의 성질을 아울러 갖는다고 보는 것이 타당하다. 판례는 부지사전승인을 사전적 부분건설 허가처분의 성격을 가지고 있는 것으로 보고 있다(대판 1998.9.4, 97누19588).

2. 법적 성질

사전결정은 그자체가 하나의 행정행위이다. 최종처분이 기속행위인 경우 사전결정도 기속행위이다. 최종처분이 재량행위인 경우에 사전결정이 재량행위인지 여부는 최종처분의 재량판단 부분이 사전결정의 대상이 되는지에 의해 결정된다.

3. 권리구제

사전결정은 그 자체가 하나의 독립한 행정행위이므로 당사자나 일정한 범위의 제3자에 의한 취소소송의 대상이 된다.

사전결정에 대해 취소소송이 제기되기전에 최종행정행위가 있게 되면 사전결정은 최종행정행위에 흡수되므로 사전결정을 다툴 소의 이익이 없다.

사전결정에 대한 취소소송 계속 중 최종행정결정이 내려지면 당해 취소소송은 소의 이익을 상실하게 되며 최종행정행위에 대해 취소소송을 제기하여야 한다는 견해(판례의 입장)가 있으나,

사전결정에 대해 취소소송이 계속 중인 경우에는 최종행정행위가 행해져도 사전결정이 취소되면 최종행정행위도 효력을 상실하고, 최종처분에 대한 소송으로 소를 변경할 경우 사전결정에 대한 소송의 소송자료를 활용할 수 있도록 할 필요가 있으므로 소의 이익을 인정하는 것이 타당하다.

판례 1

원자로 및 관계 시설건설허가처분이 있는 경우, 선행의 부지사전승인처분의 취소를 구할 소의 이익이 없다는 판례: 원자로 및 관계 시설의 부지사전승인처분은 그 자체로서 건설부지를 확정하고 사전공사를 허용하는 법률효과를 지닌 독립한 행정처분이기는 하지만, 건설허가 전에 신청자의 편의를 위하여 미리 그 건설허가의 일부요건을 심사하여 행하는 사전적 부분 건설허가처분의 성격을 갖고 있는 것이어서 나중에 건설허가처분이 있게 되면 그 건설허가처분에 흡수되어 독립된 존재가치를 상실함으로써 그 건설허가처분만이 쟁송의 대상이 되는 것이므로, 부지사전승인처분의 취소를 구하는 소는 소의 이익을 잃게 되고, 따라서 부지사전승인처분의 위법성은 나중에 내려진 건설허가처분의 취소를 구하는 소송에서 이를 다투면 된다[대판 1998.9.4, 97누19588(부지사전승인처분취소)]. 〈해설〉 최근 대법원 전원합의체는 "선행처분과 후행처분이 단계적인 일련의 절차로 연속하여 행하여져 후행처분이 선행처분의 적법함을 전제로 이루어짐에 따라 선행처분의 하자가 후행처분에 승계된다고 볼 수 있어 이미 소를 제기하여 다투고 있는 선행처분의 위법성을 확인하여 줄 필요가 있는 경우 등에는 행정의 적법성 확보와 그에 대한 사법통제, 국민의 권리구제의 확대 등의 측면에서 여전히 그 처분의 취소를 구할 법률상 이익이 있다."고 선언하였다[대판 전원합의체 2007.7.19, 2006두19297(임원취임승인취소처분)〈경기학원 임시이사 사건〉]. 이 판례가 사전 결정에도 적용될 것인지 검토를 요한다. 판례에 의하면 사전결정은 최종처분에 흡수되어 소멸되므로 엄밀히 말하면 사전결정과 최종처분은 하자의 승계가 되는 관계는 아니다. 이렇게 본다면 이 판례는 사전결정에는 적용되지 않는다. 이에 반하여 사전결정의 위법은 최종처분의 위법이 되므로 하자가 승계되는 경우에 해당한다고 본다면 이 판례는 사전결정에 적용되어 최종처분이 난 경우 사전결정에 대한 취소소송의 소의 이익을 부정한 종전의 판례는 변경된 것으로 볼 수 있다. 앞으로 이에 관한 대법원의 명시적인 입장표명이 요구된다.

판례 2

운수권 배분처분은 노선면허를 받기 위한 중간적인 단계에 있는 것으로서 그에 기초하여 노선면허가 이루어진 경우에는 노선면허에 흡수되어 노선면허의 취소를 구하는 외에 독립적으로 운수권 배분의 취소를 구할 소의 이익은 상실된다[서울행법 2005.9.8, 2004구합35622(운수권배분처분취소)]. 〈해설〉 이 판례가 2006두19297 전원합의체 판결(경기학원임시이사사건)에 의해 변경된 것으로 볼 수 있는지는 의문이다.

Ⅳ. 부분허가

1. 의 의

부분허가는 원자력 발전소와 같이 그 건설에 비교적 장기간의 시간을 요하고 영향력이 큰 시설물의 건설에 있어서 단계적으로 시설의 일부분에 대하여 부여하는 허가를 의미한다.

2. 법적 성질

부분허가는 그 자체가 규율하는 내용에 대한 종국적 결정인 행정행위이다. 따라서 선행부분허가는 후속하는 최종적 결정에 구속력을 미친다.

3. 권리구제

부분허가는 행정행위이므로 당사자나 일정한 범위의 제3자는 취소소송을 제기할 수 있다. 또한 허가가 발령되지 않는 경우에는 거부처분의 존재시에는 거부처분취소심판, 의무이행심판이나 거부처분의 취소소송을, 부작위에 대해서는 의무이행심판이나 부작위위법확인소송을 제기할 수 있다.

제4장

공법상 계약

행정기본법 제27조(공법상 계약의 체결) ① 행정청은 법령등을 위반하지 아니하는 범위에서 행정목적을 달성하기 위하여 필요한 경우에는 공법상 법률관계에 관한 계약(이하 '공법상 계약'이라 한다)을 체결할 수 있다. 이 경우 계약의 목적 및 내용을 명확하게 적은 계약서를 작성하여야 한다.
② 행정청은 공법상 계약의 상대방을 선정하고 계약 내용을 정할 때 공법상 계약의 공공성과 제3자의 이해관계를 고려하여야 한다.

Ⅰ. 의 의

공법상 계약이란 공법적 효과를 발생시키는(공법상의 법률관계의 변경을 가져오는), 행정주체를 적어도 한쪽 당사자로 하는 계약(양 당사자 사이의 반대방향의 의사의 합치)을 말한다.

Ⅱ. 사법상 계약과의 구별실익

행정주체가 체결하는 계약은 사법의 적용을 받는 사법상 계약일 수도 있고 공법적 규율을 받는 공법상 계약일 수도 있다.

① 실체법상 공법상 계약은 공법적 효과를 발생시키고 공익과 밀접한 관계를 갖고 있으므로 사법과는 다른 특수한 공법적 규율의 대상이 된다. 행정주체가 당사자인 사업상 계약은 사법의 규율을 받는다.

> **판례** 지방자치단체가 일방 당사자가 되는 이른바 '공공계약'이 사경제의 주체로서 상대방과 대등한 위치에서 체결하는 사법상 계약에 해당하는 경우 그에 관한 법령에 특별한 정함이 있는 경우를 제외하고는 사적 자치와 계약자유의 원칙 등 사법의 원리가 그대로 적용된다(대판 2018.2.13, 2014두11328).

다만, 「국가를 당사자로 하는 계약에 관한 법률」 등은 국가나 공공기관이 당사자가 되는 계약에 대해 특별한 규정을 두고 있다.

② 소송법상 공법상 계약에 관한 소송은 민사소송이 아니라 공법상 당사자소송에 속한다.

③ 공법상 계약에 의한 의무의 불이행이 행정상 강제집행이나 행정벌의 대상이 되는 것으로 규정 되어 있는 경우가 있고 공법상 계약과 관련한 불법행위로 국민이 입은 손해는 국가배상법에 의한 손해배상의 대상이 된다.

Ⅲ. 공법상 계약의 종류

1. 행정주체 상호간에 체결되는 공법상 계약

행정주체 상호간의 사무위탁 등 행정사무의 집행과 관련하여 체결된다. 법에 의해 금지되지 않는 한 행정주체 상호간에 공법상 계약이 자유롭게 체결될 수 있다.

행정주체 상호간의 업무위탁계약, 행정비용부담계약 등이 이에 해당한다.

2. 행정주체와 사인간에 체결되는 공법상 계약

사인에 대한 행정사무의 위탁계약, 공무원의 채용계약, 서울특별시 시립무용단원이 가지는 지위가 공무원과 유사한 경우 서울특별시 시립무용단원의 위촉계약[대판 1995.12.22, 95누4636(해촉처분취소 등)], 국립중앙극장 전속단원 채용계약[대판 1996.8.27, 95나35953(전부금)], 민간투자사업상 실시협약(서울고법 2004.6.24, 2003누6483; 대판 2019.1.31, 2017두46455) 등이 이에 해당한다. 사업인정 전의 협의취득계약을 학설은 공법상 계약으로 보는 견해도 있지만 판례는 사법상 매매계약으로 보고 있다[대판 1981.5.26, 80다2109(전부금)]. 사인이 행정주체의 지위를 갖는 경우 행정주체의 지위에서 다른 사인과 공법상 계약을 체결할 수 있다.

물품납품계약, 건축도급계약 등 조달계약을 사법상 계약으로 보는 것이 일반적 견해이며 판례의 입장인데, 공법상 계약으로 보는 견해도 있다. 조달계약에서 낙찰자결정도 사법상 행위라고 보는 것이 판례의 입장인데, 조달계약에서 낙찰자결정은 처분에 해당한다고 보는 견해도 있다.

Ⅳ. 공법상 계약의 법적 규율

1. 실체법상 규율

공법상 계약은 공법적 효과를 발생시키며 공익의 실현수단인 점에 비추어 공법적 규율의 대상이 된다. 공법상 계약에 관하여 개별법에 특별한 규정이 없는 경우에는 『국가를 당사자로 하는 계약에 관한 법률』을 적용하고 동 법률에서도 정하지 않는 사항에 대하여는 계약에 관한 민법의 규정을 적용할 수 있다. 다만, 이 경우에도 공법상 계약은 공법적 효과를 발생시키고 공익의 실현과 밀접한 관련을 가지고 있으므로 사법상 계약에 관한 민법의 규정이 그대로 적용될 수 없고 유추적용되어야 한다.

2. 절차법상 규율

공법상 계약절차에 관한 일반적 규정이 존재하지 않는다. 행정절차법은 공법상 계약절차에 관한 규정을 두고 있지 않다.

3. 소송법상 특수한 규율

(1) 공법상 당사자소송

공법상 계약에 관한 소송은 민사소송이 아니라 공법상 당사자소송에 의한다. 공법상 계약의 무효 확인소송, 공법상 계약에 의한 의무의 확인에 관한 소송 및 계약의무불이행시의 의무의 이행을 구하는 소송도 공법상 당사자소송에 의한다.

또한 판례는 계약직공무원의 해촉 또는 계약직공무원채용계약 해지의 의사표시도 처분으로 보아야 하는 특별한 사정이 없는 한 공법상 당사자소송으로 해촉 또는 해지의 의사표시의 무효 확인을 청구하여야 한다고 보고 있다[대판 1996.5.31, 95누10617(공중보건의사전문직공무원채용계약 해지처분취소 등)]. 공법상 계약의 무효확인을 구하는 당사자소송은 확인소송이므로 확인의 이익(즉시확정의 이익)이 요구된다[대판 2008.6.12, 2006두16328(전임계약직공무원(나급)재계약거부처분 및 감봉처분 취소): 채용계약 해지의사표시의 무효확인청구부분은 확인의 이익이 없어 부적법하다고 한 사례].

(2) 항고소송의 대상이 되는 경우

행정청에 의한 공법상 계약의 체결 여부 또는 계약상대방의 결정은 처분성을 가지며 공법상 계약과 분리될 수 있는 경우 행정소송법상 처분에 해당하고, 항고소송의 대상이 된다고 보아야 한다.

판례 1	예를 들면, 사회기반시설에 대한 민간투자법 제13조 제3항상의 실시협약(동법에 의하여 주무관청과 민간투자사업을 시행하고자 하는 자간에 사업시행의 조건 등에 관하여 체결하는 계약)은 공법상 계약이고, 그 이전에 행해지는 동법 제13조 제2항 상의 행정청의 우선협상대상자(특별한 사정이 없는 한 사업시행자가 된다) 지정행위는 행정행위의 성질을 갖는 것으로 보아야 한다(서울고법 2004.6.24, 2003누6483).
판례 2	민간투자사업자지정을 행정소송법상 처분으로 본 사례[대판 2009.4.23, 2007두13159(도로 구역결정처분취소)]. 실시협약 체결 후 사업시행 전에 행해지는 민간투자법 제15조 제1항의 민간투자사업 실시계획의 승인도 처분(행정행위)이다.

　　또한 법에 근거하여 제재로서 행해지는 공법상 계약의 해지 등 계약상대방에 대한 권력적 성격이 강한 행위는 행정소송법상 처분으로 보아야 한다.

판례 1	[1] 지방계약직공무원에게도 징계에 관한 지방공무원법이 적용되며 지방공무원법 제73조의3과 지방공무원징계 및 소청규정 제13조 제4항에 의하여 지방계약직공무원에게도 지방공무원법 제69조 제1항 각 호의 징계사유가 있는 때에는 징계처분을 할 수 있다. [2] 보수의 삭감은 이를 당하는 공무원의 입장에서는 징계처분의 일종인 감봉과 다를 바 없고, 근로기준법 등의 입법취지, 지방공무원법과 지방공무원 징계 및 소청규정의 여러 규정에 비추어 볼 때, 채용계약상 특별한 약정이 없는 한, 지방계약직공무원에 대하여 지방공무원법, 지방공무원징계 및 소청규정에 정한 징계절차에 의하지 않고서는 보수를 삭감할 수 없다고 봄이 상당하다[대판 2008.6.12, 2006두16328(전임계약직공무원(나급)재계약거부처분 및 감봉처분취소)]. 〈해설〉 이미 상기 대판 95누10617에서 이러한 가능성을 선언하였었다.
판례 2	산업단지 입주계약의 해지통보는 단순히 대등한 당사자의 지위에서 형성된 공법상계약을 계약당사자의 지위에서 종료시키는 의사표시에 불과하다고 볼 것이 아니라 행정청인 관리권자로부터 관리업무를 위탁받은 피고(한국산업단지공단)가 우월적 지위에서 원고에게 일정한 법률상 효과를 발생하게 하는 것으로서 항고소송의 대상이 되는 행정처분에 해당한다고 한 사례(대판 2011.6.30, 2010두23859).
판례 3	과학기술기본법령상 사업 협약의 해지 통보는 단순히 대등 당사자의 지위에서 형성된 공법상계약을 계약당사자의 지위에서 종료시키는 의사표시에 불과한 것이 아니라 행정청이 우월적 지위에서 연구개발비의 회수 및 관련자에 대한 국가연구개발사업 참여제한 등의 법률상 효과를 발생시키는 행정처분에 해당한다[대판 2014.12.11, 2012두28704(2단계BK21사업처분취소)]. 〈해설〉 과학기술기본법령상 사업 협약의 해지 통보가 법령상 해지 통보이고, 국가연구개발사업 참여제한 등의 법률상 효과를 발생시킨다는 점을 주목하여야 한다. 한편 동 판결은 재단법인 한국연구재단이 甲 대학교 총장에게 연구개발비의 부당집행을 이유로 '해양생물유래 고부가식품·향장·한약 기초소재 개발 인력양성사업에 대한 2단계 두뇌한국(BK)21 사업' 협약을 해지하고 연구팀장 乙에 대한 대학자체 징계 요구 등을 통보한 사안에서, 재단법인 한국연구재단이 甲 대학교 총장에게 乙에 대한 대학 자체징계를 요구한 것은 법률상 구속력이 없는 권유 또는 사실상의 통지로서 乙의 권리, 의무 등 법률상 지위에 직접적인 법률적 변동을 일으키지 않는 행위에 해당하므로, 항고소송의 대상인 행정처분에 해당하지 않는다고 본 원심판단을 정당하다고 하였다[대판 2014.12.11, 2012두28704(2단계BK21사업처분취소)].

조달계약 및 공법상 계약에 관한 입찰참가자격제한이 법적 근거에 따른 경우 처분에 해당한다고 보는 것이 판례의 입장이다. 이에 반하여 입찰참가자격 제한 조치가 계약상의 의사표시인 경우에는 항고소송의 대상이 되는 처분이 아니다.

판례 1

[1] 공공기관의 입찰참가자격 제한 조치가 법령에 따른 행정처분인지 아니면 계약상 의사표시인지 모호할 경우에 이를 구별하는 기준: 공기업·준정부기관이 법령 또는 계약에 근거하여 선택적으로 입찰참가자격 제한 조치를 할 수 있는 경우, 계약상대방에 대한 입찰참가자격 제한 조치가 법령에 근거한 행정처분인지 아니면 계약에 근거한 권리행사인지는 원칙적으로 의사표시의 해석 문제이다. 이때에는 공기업·준정부기관이 계약상대방에게 통지한 문서의 내용과 해당 조치에 이르기까지의 과정을 객관적·종합적으로 고찰하여 판단하여야 한다. 그럼에도 불구하고 공기업·준정부기관이 법령에 근거를 둔 행정처분으로서의 입찰참가자격 제한 조치를 한 것인지 아니면 계약에 근거한 권리행사로서의 입찰참가자격 제한 조치를 한 것인지 여부가 여전히 불분명한 경우에는, 그에 대한 불복방법 선택에 중대한 이해관계를 가지는 그 조치 상대방의 인식가능성 내지 예측가능성을 중요하게 고려하여 규범적으로 이를 확정함이 타당하다. [2] 공공기관의 입찰참가자격 제한 조치가 법령에 따른 행정처분인지 아니면 계약상 의사표시인지 모호할 경우에는 그 불복방법 선택에 중대한 이해관계를 가지는 그 조치 상대방의 인식가능성 내지 예측가능성을 중요하게 고려하여 규범적으로 이를 확정하여야 한다고 보아 피고의 입찰참가자격 제한 조치가 항고소송의 대상이 아니라는 본안전 항변을 배척한 사례(대판 2018.10.25, 2016두33537). 〈해설〉 공기업·준정부기관이 법령에 근거하지 않고 계약에 근거하여 한 입찰참가자격 제한조치는 처분이 아니다.

판례 2

국가계약법 제27조(부정당업자의 입찰 참가자격 제한 등) ① 각 중앙관서의 장은 다음 각 호의 어느 하나에 해당하는 자(이하 '부정당업자'라 한다)에게는 2년 이내의 범위에서 대통령령으로 정하는 바에 따라 입찰 참가자격을 제한하여야 하며, 그 제한사실을 즉시 다른 중앙관서의 장에게 통보하여야 한다. 이 경우 통보를 받은 다른 중앙관서의 장은 대통령령으로 정하는 바에 따라 해당 부정당업자의 입찰 참가자격을 제한하여야 한다.

1. 계약을 이행함에 있어서 부실·조잡 또는 부당하게 하거나 부정한 행위를 한 자
2. 경쟁입찰, 계약 체결 또는 이행 과정에서 입찰자 또는 계약상대자 간에 서로 상의하여 미리 입찰가격, 수주 물량 또는 계약의 내용 등을 협정하였거나 특정인의 낙찰 또는 납품대상자 선정을 위하여 담합한 자
3. ~ 8. (생략)

판례 3

국가계약법 시행령 제76조 제2항: 각 중앙관서의 장은 계약상대자, 입찰자 또는 제30조 제20항에 따라 전자조달시스템을 이용하여 견적서를 제출하는 자(이하 이 조에서 '계약상대자등'이라 한다)로서 법 제27조제1항 각 호의 어느 하나에 해당하는 자(이하 '부정당업자'라 한다)에 대해서는 즉시 1개월 이상 2년 이하의 범위에서 입찰참가자격을 제한하여야 한다. 다만, 계약상대자등의 대리인, 지배인 또는 그 밖의 사용인이 법 제27조 제1항 각 호의 어느 하나에 해당하는 행위를 하여 입찰참가자격 제한 사유가 발생한 경우로서 계약상대자등이 대리인, 지배인 또는 그 밖의 사용인의 그 행위를 방지하기 위하여 상당한 주의와 감독을 게을리하지 아니한 경우에는 계약상대자등에 대한 입찰참가자격을 제한하지 아니한다.

입찰참가자격제한처분에 따른 입찰참가자격제한의 효과는 해당 계약의 당사자 사이에만 미치는 것이 아니라 특별한 정함이 없는 한 해당 계약 일반에 미친다. 해당 계약 일반에 미치는 입찰참가자격제한처분에 대해서는 비례원칙 위반 여부가 다투어지는 경우가 많다.

(3) 국가배상청구소송

공법상 계약에 의한 의무의 불이행으로 인한 손해에 대한 국가배상청구 및 공법상 계약의 체결상 및 집행상의 불법행위로 인한 손해에 대해서는 국가배상청구가 가능하다.

제5장 행정상 사실행위

I. 의 의

행정상 사실행위라 함은 행정목적을 달성하기 위하여 행해지는 물리력의 행사를 말한다(예 폐기물 수거, 행정지도, 대집행의 실행, 행정상 즉시강제 등).

행정기관의 행위는 직접적인 법적 효과를 발생시키는가를 기준으로 하여 법적행위와 사실행위로 구분되고 있다. 사실행위는 직접적인 법적 효과를 발생시키지 않는 행위이다. 달리 말하면 법질서에 직접적인 변경을 가져 오지 않는 행위이다. 그러나 사실행위도 간접적으로는 법적 효과를 발생시키는 경우가 있다.

예를 들면, 위법한 사실행위로 인하여 국민에게 손해가 발생한 경우에 국가 또는 지방자치단체는 피해 국민에 대하여 손해배상의무를 지고, 피해자인 국민은 손해배상청구권을 갖게 된다.

II. 행정상 사실행위에 대한 권리구제

사실행위에 대한 권리구제수단으로는 법정항고쟁송, 예방적 금지소송, 공법상 결과제거청구소송, 헌법소원, 손해전보 등이 고려될 수 있다(자세한 것은 후술 제2부 제3편 제3장 제1절 행정소송의 대상 참조).

제6장 행정지도

Ⅰ. 의의와 법적 성질

행정지도라 함은 일정한 행정목적을 실현하기 위하여 상대방인 국민에게 임의적인 협력을 요청하는 비권력적 사실행위를 말한다(예 권고, 권유, 요망, 정보제공 등). 행정절차법은 행정지도를 '행정기관이 그 소관사무의 범위 안에서 일정한 행정목적을 실현하기 위하여 특정인에게 일정한 행위를 하거나 하지 아니하도록 지도·권고·조언 등을 하는 행정작용'으로 정의하고 있다(제2조 제3호).

행정지도는 행정청이 행정목적의 달성을 위하여 직접 활동을 하는 것이 아니라 상대방인 국민의 임의적인 협력을 구하는 데 그 개념적 특징이 있다. 법상으로 행정지도의 상대방은 행정지도에 따르지 않을 수 있다. 달리 말하면 행정지도에 따르지 않는다고 하여도 행정지도가 강제되거나 그것만을 근거로 불이익이 주어지지는 않는다. 따라서 행정지도는 비권력적 행위이다. 그러나 현실에 있어서 행정지도는 사실상 강제력을 갖는 경우가 많다. 즉, 행정지도를 따르지 않으면 보조금지급, 수익적 처분 등의 이익을 수여하지 않거나 세무조사, 명단의 공표 등 불이익조치를 취하는 경우가 많다.

행정지도는 그 자체만으로는 직접 법적 효과를 가져오지 않는다. 그리하여 행정지도를 사실행위로 본다.

Ⅱ. 행정지도의 종류

행정지도는 그 기능에 따라 국민이나 기업의 활동이 발전적인 방향으로 행해지도록 유도하기 위하여 정보, 지식, 기술 등을 제공하는 조성적 행정지도(예 영농지도, 중소기업에 대한 경영지도, 생활개선지도), 사인 상호간 이해 대립의 조정이 공익목적상 필요한 경우에 그 조정을 행하는 조정적 행정지도(예 중복투자의 조정, 구조 조정을 위한 행정지도), 사적 활동에 대한 제한의 효과를 갖는 규제적 행정지도(예 물가의 억제를 위한 행정지도)로 구분된다.

Ⅲ. 행정지도의 법적 근거

행정지도에 따를 것인지의 여부가 상대방인 국민의 임의적 결정에 달려 있으므로 행정지도에는 법률의 근거가 없어도 된다는 것이 다수설과 판례의 입장이다. 그러나 행정지도가 사실상 강제력을 갖는 경우에는 법률의 근거가 있어야 한다고 보아야 한다. 특히 제3자효 행정지도는 제3자에게는 사실상 강제력이 있는 경우가 적지 않은데, 이 경우에는 법률의 근거가 있어야 한다고 보아야 한다.

Ⅳ. 행정지도의 한계

1. 조직법상의 한계

행정지도는 당해 행정기관의 소관사무의 범위 내에서 행해져야 한다. 그 범위를 넘는 행정지도는 무권한의 하자를 갖게 된다.

2. 작용법상의 한계

(1) 실체법상의 한계

① 행정지도는 법의 일반원칙을 포함하여 법에 위반하여서는 안 된다.
② 상대방의 의사에 반하여 부당하게 강요하는 행정지도는 위법하다(행정절차법 제48조 제1항).
③ 불이익 조치의 위법성: 상대방이 행정지도에 따르지 아니하였다는 것을 직접적인 이유로 불이익한 조치를 하면 그 불이익한 조치는 위법한 행위가 된다(행정절차법 제48조 제2항).

(2) 절차법상의 한계

① 행정지도를 하는 자는 그 상대방에게 그 행정지도의 취지 및 내용과 신분을 밝혀야 한다(행정절차법 제49조 제1항).
② 행정지도가 말로 이루어지는 경우에 상대방이 제49조 제1항의 사항을 적은 서면의 교부를 요구하면 그 행정지도를 하는 자는 직무수행에 특별한 지장이 없으면 이를 교부하여야한다(법 제49조 제2항).
③ 행정지도의 상대방은 해당 행정지도의 방식·내용 등에 관하어 행정기관에 의견제출을 할 수 있다(법 제50조).

Ⅴ. 행정지도와 행정구제

1. 항고쟁송에 의한 구제

(1) 행정지도의 처분성

1) 부정설

원칙상 행정지도는 항고쟁송의 대상이 되는 처분이 아니라고 보는 부정설의 논거는 다음과 같다. ① 행정지도는 비권력적인 행위일 뿐만 아니라 행정지도는 그 자체로서는 어떠한 법적 효과도 발생하지 않는다. ② 또한 행정지도에 따를 것인지의 여부는 상대방이 임의로 정할 수 있으므로 상대방은 행정지도에 따르지 않으면 될 것이고 취소쟁송을 제기할 필요는 없다.

2) 제한적 긍정설

행정지도 중 사실상 강제력을 갖고 사실상 국민의 권익을 침해하는 것은 예외적으로 행정심판법이나 행정소송법상의 '그 밖에 이에 준하는 행정작용'에 해당하는 것으로 보아 행정지도의 처분성을 인정할 수 있다고 본다.

3) 판 례(부정설)

판례는 원칙상 행정지도의 처분성을 부인한다. 제3자효 행정지도의 처분성도 부정한다.

판례1	판례는 위법 건축물에 대한 단전 및 전화통화 단절조치 요청행위의 처분성을 부인하였다[대판 1996.3.22, 96누433; 대판 1995.11.21, 95누9099(전기공급불가처분취소)].
판례2	세무당국이 소외 회사에 대하여 원고와의 주류거래를 일정기간 중지하여 줄 것을 요청한 행위는 권고 내지 협조를 요청하는 권고적 성격의 행위로서 소외 회사나 원고의 법률상의 지위에 직접적인 법률상의 변동을 가져오는 행정처분이라고 볼 수 없는 것이므로 항고소송의 대상이 될 수 없다[대판 1980.10.27, 80누395(주류출고정지처분취소)].

4) 결 어

행정지도가 국민의 권리의무에 사실상 강제력을 미치고 있는 경우에는 처분성을 인정하는 제한적 긍정설이 타당하다.

제3자효 행정지도에 대하여는 특별한 고찰을 하여야 한다. 제3자효 행정지도란 행정지도의 효과가 행정지도의 상대방뿐만 아니라 제3자에게도 미치는 행정지도를 말한다. 행정지도의 상대방은 특별한 이해가 없는 한 제3자의 이해는 고려하지 않고 행정청의 행정지도를 따르는 경우가 많다. 이 경우에는 행정지도가 제3자의 의사와 관계없이 제3자에게 사실상 강제력을 가지고 미치게 된다. 따라서 제3자에게 사실상 강제력을 미치는 제3자효 행정지도에 있어서는 제3자에 관한 한 당해 행정지도에 처분성을 인정하는 것이 타당하다.

행정지도의 강제성이 지나친 경우에는 그 행위는 외형적으로는 행정지도의 형식을 취한다할지라도 실질에 있어서는 행정지도가 아니라 권력적 사실행위라고 보아야 할 경우도 있을 것이다.

> **판례** 예를 들면, 헌법재판소는 재무부장관의 제일은행에 대한 행정지도의 형식으로 행하여진 국제그룹 해체 조치를 권력적 사실행위로 보았다[헌재 1993.7.29, 89헌마31(공권력행사로 인한 재산권침해에 대한 헌법소원)].

(2) 행정지도의 위법성

행정지도는 법적 근거가 없어도 가능하지만 전술한 바와 같은 한계를 넘으면 위법하다. 특히 행정지도가 강제성을 가지고, 법적 근거가 없이 국민의 권익을 침해하는 경우 당해 행정지도는 위법한 것이 된다. 또한 법의 일반원칙 등 법을 위반하는 행정지도는 위법하다.

2. 헌법소원에 의한 구제

헌법재판소는 행정지도가 단순한 행정지도로서의 한계를 넘어 규제적·구속적 성격을 상당히 강하게 갖는 것이면 헌법소원의 대상이 되는 공권력의 행사라고 볼 수 있다고 한다.

> **판례** 교육인적자원부장관의 대학총장들에 대한 이 사건 학칙시정요구는 고등교육법 제6조 제2항, 동법시행령 제4조 제3항에 따른 것으로서 그 법적 성격은 대학총장의 임의적인 협력을 통하여 사실상의 효과를 발생시키는 행정지도의 일종이지만, 그에 따르지 않을 경우 일정한 불이익조치를 예정하고 있어 사실상 상대방에게 그에 따를 의무를 부과하는 것과 다를 바 없으므로 단순한 행정지도로서의 한계를 넘어 규제적·구속적 성격을 상당히 강하게 갖는 것으로서 헌법소원의 대상이 되는 공권력의 행사라고 볼 수 있다[헌재 2003.6.26, 2002헌마337, 2003헌마7·8(병합) (학칙시정요구 등 위헌확인)].

3. 국가배상청구

위법한 행정지도로 손해가 발생한 경우 국가배상책임의 요건을 충족하는 한 국가배상책임이 인정된다는 것이 판례 및 일반적 견해이다.

4. 손실보상

행정지도가 전혀 강제성을 띠지 않으며 상대방이 자유로운 의사에 의하여 행정지도에 따른 이상 그로 인한 위험(손실의 가능성)을 상대방이 수인하여야 하므로 행정지도가 전혀 강제성을 띠지 않는 한 손실보상은 인정되지 않는다.

그러나 행정지도가 사실상 강제성을 띠고 있고, 국민이 행정지도를 따를 수밖에 없었던 경우에는 특별한 희생이 발생한 경우 손실보상을 해 주어야 할 것이다

제7장 행정조사

Ⅰ. 의 의

　행정조사라 함은 행정기관이 사인으로부터 행정상 필요한 자료나 정보를 수집하기 위하여 행하는 일체의 행정작용을 말한다.

　행정조사기본법은 행정조사를 '행정기관이 정책을 결정하거나 직무를 수행하는 데 필요한 정보나 자료를 수집하기 위하여 현장조사·문서열람·시료채취 등을 하거나 조사대상자에게 보고요구·자료제출요구 및 출석·진술요구를 행하는 활동'이라고 정의하고 있다(제2조 제1호).

Ⅱ. 행정조사의 법적 성질

　행정조사에는 보고서요구명령, 장부서류제출명령, 출두명령 등 행정행위의 형식을 취하는 것과 질문, 출입검사, 실시조사, 진찰, 검진, 앙케이트 조사 등 사실행위의 형식을 취하는 것이 있다.

Ⅲ. 행정조사의 법적 근거

　행정기관은 법령 등에서 행정조사를 규정하고 있는 경우에 한하여 행정조사를 실시할 수 있다. 다만, 조사대상자의 자발적인 협조를 얻어 실시하는 행정조사의 경우에는 그러하지 아니하다(행정조사기본법 제5조). 개별 법령 등에서 행정조사를 규정하고 있는 경우에도 행정기관이 행정조사기본법 제5조 단서에서 정한 '조사대상자의 자발적인 협조를 얻어 실시하는 행정조사'를 실시할 수 있다(대판 2016.10.27, 2016두41811).

　조사대상자 없이 정보를 수집하는 행정조사는 원칙상 법률의 근거를 요하지 않는다. 다만, 이 경우에도 조사의 대상이 개인정보 등이어서 조사 자체로서 국민의 권리를 침해하는 경우에는 개인의 동의에 의하지 않는 한 법적 근거가 있어야 한다고 보아야 한다.

Ⅳ. 행정조사와 권리구제

1. 적법한 행정조사에 대한 손실보상

　적법한 행정조사로 재산상 특별한 손해를 받은 자에 대하여는 손실보상을 해 주어야 한다. 문제는 보상규정이 없는 경우에 헌법 제23조 제3항을 근거로 손실보상을 청구할 수 있는가 하는 것이다.

2. 위법한 행정조사에 대한 구제

(1) 항고쟁송

위법한 행정조사에 대하여 항고쟁송이 가능하기 위해서는 행정조사의 처분성이 인정되어야 하며 소의 이익이 인정될 수 있도록 행정조사의 상태가 계속되어야 한다.

장부제출명령, 출두명령 등 행정행위의 형식을 취하는 행정조사는 물론 사실행위로서의 행정조사도 권력적인 경우에는 행정소송법상의 처분이라고 보아야 한다. 판례는 세무조사결정의 처분성을 인정하고, 위법한 행정조사는 그에 근거한 처분의 취소사유가 된다고 보았다.

위법한 행정조사를 이유로 그에 근거한 과세처분 등이 취소된 경우에 다시 적법한 행정조사를 거쳐 위법한 세무조사에 근거하여 수집한 과세자료에 근거하여 과세처분을 할 수 있는가 하는 것이 문제된다.

통상 절차의 하자를 이유로 처분이 취소된 겨우 적법한 절차를 거쳐 동일한 처분을 할 수 있는 것이다. 그런데, 위법한 행정조사에 따라 수집한 자료에 근거한 처분에 대한 취소판결의 취지는 행정조사절차가 위법하다는 것뿐만 아니라 위법한 행정조사에 의해 수집한 조사자료에 근거한 것이 위법하다는 것이므로 과세처분 등의 취소판결 후, 적법한 행정조사절차를 거치더라도 이전의 위법한 행정조사에 의해 수집한 조사자료에 근거하여 과세처분 등을 하는 것은 판결의 기속력에 반한다고 보아야 한다. 이에 대하여 행정조사의 위법사유가 행정조사의 실체적 요건(예 중복조사 등 선정사유) 위반인 경우에는 행정조사를 할 수 없으므로 동일한 내용의 처분을 할 수 없지만, 행정조사의 위법사유가 절차(행정조사대상 선정절차)의 위법인 경우에는 적법선정절차에 따른 행정조사를 거쳐 동일한 내용의 처분을 할 수 있다고 보는 견해가 있을 수 있다.

(2) 손해배상

위법한 행정조사로 손해를 입은 국민은 국가배상을 청구할 수 있다.

제8장 행정의 실효성 확보수단

행정강제	행정상 강제집행 (의무불이행 전제O)	대집행: 계고 – 통지 – 실행 — 비용징수 (통지) (통지) (권력적 사실행위) (하명)
		직접강제(권력적 사실행위)
		이행강제금=집행벌(하명)
		행정상 강제징수: 독촉 – 압류 – 매각 – 청산 (통지) (권력적 사실행위) (대리)
	행정상 즉시강제 (의무불이행 전제X)	
행정벌	행정형벌	행법총칙 적용, 형법상 형벌, 직접적 침해
	행정질서벌	형법총칙 적용X, 과태료, 간접적 침해
새로운 수단	과징금, 가산세, 가산금, 명단공표, 공급거부, 관허사업의 제한	

제1절 의 의

행정의 실효성을 확보하기 위하여 인정되는 법적 수단을 행정의 실효성 확보수단이라 한다.

행정의 실효성이라 함은 행정목적의 달성을 말한다.

행정의 실효성을 확보하기 위한 전통적 수단으로 행정강제와 행정벌이 인정되고 있다. 그런데 행정강제와 행정벌만으로 행정의 실효성을 확보하는 데에는 불충분하고 효과적이지 못한 경우가 있기 때문에 새로운 실효성 확보수단이 법상 또는 행정 실무상 등장하고 있다. 제재로서 가해지는 수익적 행정행위의 철회, 명단의 공표, 수익적 행정행위의 거부(예 관허(官許)사업의 제한, 공급거부), 과징금, 가산세 등이 그 예이다.

제2절 행정강제

행정강제라 함은 행정목적의 실현을 확보하기 위하여 사람의 신체 또는 재산에 실력을 가함으로써 행정권이 직접 행정상 필요한 상태를 실현하는 권력적 행위이다.

행정강제에는 행정상 강제집행과 행정상 즉시강제가 있다. 행정상 강제집행은 행정법상의 의무불이행을 전제로 하여 이 의무의 이행을 강제하는 것인데 반하여 행정상 즉시강제는 급박한 상황하에서 의무를 명할 수 없는 경우에 행하여지는 행정강제로서 행정법상의 의무불이행을 전제로 하지 않는다는 점에서 양자는 구분된다.

제1항 행정상 강제집행

행정기본법 제30조(행정상 강제) ① 행정청은 행정목적을 달성하기 위하여 필요한 경우에는 법률로 정하는 바에 따라 필요한 최소한의 범위에서 다음 각 호의 어느 하나에 해당하는 조치를 할 수 있다.

  1. 행정대집행: 의무자가 행정상 의무(법령등에서 직접 부과하거나 행정청이 법령등에 따라 부과한 의무를 말한다. 이하 이 절에서 같다)로서 타인이 대신하여 행할 수 있는 의무를 이행하지 아니하는 경우 법률로 정하는 다른 수단으로는 그 이행을 확보하기 곤란하고 그 불이행을 방치하면 공익을 크게 해칠 것으로 인정될 때에 행정청이 의무자가 하여야 할 행위를 스스로 하거나 제3자에게 하게 하고 그 비용을 의무자로부터 징수하는 것

  2. 이행강제금의 부과: 의무자가 행정상 의무를 이행하지 아니하는 경우 행정청이 적절한 이행기간을 부여하고, 그 기한까지 행정상 의무를 이행하지 아니하면 금전급부의무를 부과하는 것

  3. 직접강제: 의무자가 행정상 의무를 이행하지 아니하는 경우 행정청이 의무자의 신체나 재산에 실력을 행사하여 그 행정상 의무의 이행이 있었던 것과 같은 상태를 실현하는 것

  4. 강제징수: 의무자가 행정상 의무 중 금전급부의무를 이행하지 아니하는 경우 행정청이 의무자의 재산에 실력을 행사하여 그 행정상 의무가 실현된 것과 같은 상태를 실현하는 것

  5. 즉시강제: 현재의 급박한 행정상의 장해를 제거하기 위한 경우로서 다음 각 목의 어느 하나에 해당하는 경우에 행정청이 곧바로 국민의 신체 또는 재산에 실력을 행사하여 행정목적을 달성하는 것
    가. 행정청이 미리 행정상 의무 이행을 명할 시간적 여유가 없는 경우
    나. 그 성질상 행정상 의무의 이행을 명하는 것만으로는 행정목적 달성이 곤란한 경우

② 행정상 강제 조치에 관하여 이 법에서 정한 사항 외에 필요한 사항은 따로 법률로 정한다.

③ 형사(刑事), 행형(行刑) 및 보안처분 관계 법령에 따라 행하는 사항이나 외국인의 출입국·난민인정·귀화·국적회복에 관한 사항에 관하여는 이 절을 적용하지 아니한다.

[2023.3.24.부터 시행]

I. 의 의

행정상 강제집행이란 행정법상의 의무불이행이 있는 경우에 행정청이 의무자의 신체 또는 재산에 실력을 가하여 그 의무를 이행시키거나 이행한 것과 동일한 상태를 실현시키는 작용을 말한다.

행정상 강제집행에는 대집행, 강제징수, 직접강제, 집행벌이 있다. 현재 대집행과 강제징수는 일반적으로 인정되고 있지만 직접강제와 집행벌은 예외적으로만 인정되고 있다.

II. 근 거

행정상 강제집행은 국민의 기본권에 대한 제한을 수반하므로 법적 근거가 있어야 한다. 행정법상의 의무를 명할 수 있는 명령권의 근거가 되는 법이 동시에 행정강제의 근거가 될 수는 없다.

대집행의 근거법으로는 대집행에 관한 일반법인 행정대집행법과 대집행에 관한 개별법 규정이 있고, 행정상 강제징수에 대한 근거법으로 국세징수법과 국세징수법을 준용하는 여러 개별법 규정이 있다. 직접강제와 집행벌은 각 개별법에서 예외적으로 인정되고 있다.

III. 대집행

1. 의 의

행정대집행법상의 대집행이란 공법상 대체적 작위의무(타인이 대신하여 이행할 수 있는 작위의 불이행이 있는 경우에 당해 행정청이 스스로 의무자가 행할 행위를 하거나 제3자로 하여금 이를 행하게 하고 그 비용을 의무자로부터 징수하는 것을 말한다(행정대집행법 제2조).

2. 대집행권자(대집행의 주체)

대집행을 할 수 있는 권한을 가진 자는 '당해 행정청'이다(행정대집행법 제2조). '당해 행정청'이라 함은 대집행의 대상이 되는 의무를 명하는 처분을 한 행정청을 말한다. 행정청은 대집행을 스스로 하거나 타인에게 대집행을 위탁할 수 있다. **대집행의 수탁자**는 행정기관일 수도 있고 공공단체 또는 사인일 수도 있다.

3. 대집행의 요건

(1) 공법상 대체적 작위의무의 불이행

행정법상의 대체적 작위의무를 의무자가 이행하지 않고 있어야 한다. 공법상 대체적 작위의무라 함은 그 의무의 이행을 타인이 대신할 수 있는 작위의무이다(예 건물의 철거, 물건의 파기).

부작위의무와 수인의무는 성질상 대체적 작위의무가 아니다. 부작위의무의 경우에는 별도의 법률규정에 근거하여 작위의무(철거의무)를 명하는 명령(철거명령)을 발하고 그 작위의무 불이행에 대해 대집행을 행하여야 한다.

(2) 비례성 요건

"다른 수단으로써 이행을 확보하기 곤란하고 또한 그 불이행을 방치함이 심히 공익을 해할 것으로 인정될 때"에 한하여 대집행이 가능하다(행정대집행법 제2조). 이 규정은 비례의 원칙이 행정대집행에 적용된 것이다.

'다른 수단'이란 대집행보다 의무자의 권익을 적게 침해하는 수단을 말한다. '다른 수단'의 예로 의무자의 자발적 이행을 들 수 있다. 의무자가 자발적 이행을 약속하며 대집행의 연기를 진지하게 요청하였음에도 대집행을 강행하는 것은 위법하다.

'그 불이행을 방치함이 심히 공익을 해할 것으로 인정될 때'에 한하여 대집행이 인정되는 것으로 규정한 것은 협의의 비례원칙을 규정한 것인데, 대집행에 있어서 상대방의 권익보호를 위해 비례의 원칙을 다소 강화한 것이다.

4. 대집행의 절차

(1) 계 고

1) 의 의

계고는 상당한 기간 내에 의무의 이행을 하지 않으면 대집행을 한다는 의사를 사전에 통지하는 행위이다.

2) 법적 성질

계고처분이 행해지면 행정청은 제3조 제2항에 의해 대집행영장을 발급할 수 있는 권한을 갖게 되는 법적 효과가 발생하므로 계고의 법적 성질은 **준법률행위적 행정행위**이다. 따라서 계고는 그 자체가 독립하여 항고소송의 대상이 된다.

2차계고를 행한 경우에 2차계고는 대집행기한의 연기통지에 불과하므로 행정처분이 아니다[대판 1991.1.25, 90누5962(건물철거대집행계고처분취소)].

3) 요 건

① 대집행의 계고에 있어서는 의무자가 이행하여야 할 행위와 그 의무불이행시 대집행할 행위의 내용 및 범위가 구체적으로 특정되어야 한다. ② 계고처분은 문서로 하여야 한다(제3조 제1항). ③ 계고처분은 상당한 이행기간을 정하여야 한다(제3조 제1항). 이를 위반하면 계고는 위법한 처분이 된다[대판 1990.9.14, 90누2048(건축물무단용도변경원상복구명령계고처분취소)].

상당한 기간이라 함은 사회통념상 의무자가 스스로 의무를 이행하는 데 필요한 기간을 말한다(대판 1992.6.12, 91누13564). ④ 계고시에 대집행의 요건이 충족되고 있어야 한다.

(2) 대집행영장에 의한 통지

1) 의 의

대집행영장에 의한 통지는 의무자가 계고를 받고 그 지정 기한까지 그 의무를 이행하지 아니할 때에는 당해 행정청이 대집행영장으로써 대집행실행의 시기, 대집행책임자의 성명과 대집행비용의 개산액을 의무자에게 통지하는 행위를 말한다. 즉, 대집행을 실행하겠다는 의사를 구체적으로 통지하는 행위이다.

2) 법적 성질

대집행영장에 의한 통지로 의무자에게 대집행 수인의무가 발생하고 행정청은 대집행실행권을 갖게 되는 법적 효과를 발생하므로 그 법적 성질이 준법률행위적 행정행위이다. 따라서 대집행영장에 의한 통지는 그 자체가 독립하여 취소소송의 대상이 된다.

(3) 대집핵의 실행

1) 의 의

대집행의 실행은 당해 행정청이 스스로 또는 타인으로 하여금 대체적 작위의무를 이행시키는 물리력의 행사를 말한다.

2) 법적 성질

대집행 실행행위는 물리력을 행사하는 권력적 사실행위이다.

(4) 비용징수

대집행의 비용은 원칙상 의무자가 부담하여야 한다.

대집행비용의 징수에 있어서는 행정청은 그 금액과 그 납기일을 정하여 의무자에게 문서로서 그 납부를 명하여야 한다(제5조). 이 비용납부명령은 비용납부의무를 발생시키는 행정행위이다. 따라서 비용납부명령은 항고소송의 대상이 된다.

5. 행정구제

(1) 항고소송

1) 행정심판임의주의

대집행에 대하여는 행정심판을 제기할 수 있다(행정대집행법 제7조). 대집행에 대한 행정심판은 임의절차이며 행정심판법에 의해 규율된다.

2) 대 상

위에서 본 바와 같이 대집행은 네 단계의 절차를 거쳐 행해지는데 항고쟁송은 네 단계의 행위 중 어느 행위에 대하여 인정될 것인가.

계고와 대집행영장에 의한 통지는 준법률행위적 행정행위로서 그 자체가 독립하여 취소소송의 대상이 된다. 대집행의 실행은 권력적 사실행위의 성질을 가지는데 행정심판법 및 행정소송법상의 '처분'에는 권력적 사실행위도 포함된다고 해석하는 것이 타당하므로 취소소송의 대상이 된다. 비용납부명령은 공법상의 의무인 비용납부의무를 과하는 행정행위이다. 따라서 비용납부명령은 취소소송의 대상이 된다.

3) 소의 이익

대집행이 실행되어 버리면 계고 또는 통지행위에 대한 항고소송은 소의 이익을 상실한다[대판 1971.4.20, 71누22; 대판 1993.6.8, 93누6164(건물철거대집행계고처분취소)].

또한 이 경우 의무를 명하는 행정처분(철거명령)에 대한 항고소송도 원칙상 소의 이익을 상실한다. 따라서 의무자는 항고소송을 제기하면서 집행정지신청을 하여 대집행이 실행되는 것을 막을 필요가 있다.

4) 하자의 승계

철거명령과 대집행 절차를 이루는 행위는 별개의 법적 효과를 가져오는 행위이므로 철거명령의 하자가 대집행 절차를 이루는 각 행위에 승계되지 않는다는 것이 통설 및 판례의 입장이다. 다만, 철거명령이 무효이면 대집행 절차를 이루는 행위도 무효이다.

　대집행절차를 이루는 계고, 통지, 실행, 비용납부명령은 상호 결합하여 대집행이라는 하나의 법적 효과를 가져오므로 선행행위의 하자가 후행행위에 승계된다는 것이 통설 및 판례의 입장이다.

　그러나, 계고처분의 후속절차인 대집행에 위법이 있다고 하더라도, 그와 같은 후속절차에 위법성이 있다는 점을 들어 선행절차인 계고처분이 부적법하다는 사유로 삼을 수는 없다(대판 1997.2.14, 96누15428).

(2) 국가배상 및 결과제거청구

　대집행이 실행된 후에는 취소소송은 소의 이익을 상실한다. 그러나 대집행의 위법 또는 대집행방법의 잘못으로 손해가 발행한 경우 국가배상청구는 가능하다.

　또한 대집행의 실행으로 인하여 위법한 상태가 계속되는 경우에는 결과제거청구를 할 수 있다.

(3) 손실보상

　대집행은 의무자의 의무불이행을 전제로 의무를 대신 이행시키는 행위이므로 대집행으로 인한 손실은 원칙상 손실보상의 대상이 되지 않는다. 다만, 의무자의 의무가 경찰상 위해에 대한 의무자의 책임 없이 공익상 부과된 경우에는 대집행으로 인한 손실을 보상하여야 한다.

Ⅳ. 집행벌(이행강제금)

> **행정기본법 제31조(이행강제금의 부과)** ① 이행강제금 부과의 근거가 되는 법률에는 이행강제금에 관한 다음 각 호의 사항을 명확하게 규정하여야 한다. 다만, 제4호 또는 제5호를 규정할 경우 입법목적이나 입법취지를 훼손할 우려가 크다고 인정되는 경우로서 대통령령으로 정하는 경우는 제외한다.
> 1. 부과·징수 주체
> 2. 부과 요건
> 3. 부과 금액
> 4. 부과 금액 산정기준
> 5. 연간 부과 횟수나 횟수의 상한

② 행정청은 다음 각 호의 사항을 고려하여 이행강제금의 부과 금액을 가중하거나 감경할 수 있다.

1. 의무 불이행의 동기, 목적 및 결과

2. 의무 불이행의 정도 및 상습성

3. 그 밖에 행정목적을 달성하는 데 필요하다고 인정되는 사유

③ 행정청은 이행강제금을 부과하기 전에 미리 의무자에게 적절한 이행기간을 정하여 그 기한까지 행정상 의무를 이행하지 아니하면 이행강제금을 부과한다는 뜻을 문서로 계고(戒告)하여야 한다.

④ 행정청은 의무자가 제3항에 따른 계고에서 정한 기한까지 행정상 의무를 이행하지 아니한 경우 이행강제금의 부과 금액·사유·시기를 문서로 명확하게 적어 의무자에게 통지하여야 한다.

⑤ 행정청은 의무자가 행정상 의무를 이행할 때까지 이행강제금을 반복하여 부과할 수 있다. 다만, 의무자가 의무를 이행하면 새로운 이행강제금의 부과를 즉시 중지하되, 이미 부과한 이행강제금은 징수하여야 한다.

⑥ 행정청은 이행강제금을 부과받은 자가 납부기한까지 이행강제금을 내지 아니하면 국세 체납처분의 예 또는 「지방행정제재·부과금의 징수 등에 관한 법률」에 따라 징수한다.

[2023.3.24.부터 시행]

1. 의 의

집행벌이란 작위의무 또는 부작위의무를 불이행한 경우에 그 의무를 간접적으로 강제이행시키기 위하여 일정한 기간 안에 의무이행이 없을 때에는 일정한 이행강제금을 부과할 것을 계고하고 그 기간 안에 이행이 없는 경우에는 이행강제금을 부과하는 것을 말한다.

집행벌은 행정벌과 다르다. 행정벌은 의무자에게 심리적 압박을 가하여 간접적으로 의무의 이행을 강제하는 기능을 갖지만 집행벌과 달리 의무의 이행을 직접 목적으로 하는 것은 아니다. 행정벌은 과거의 법위반(의무불이행 포함)에 대한 제재를 주된 목적으로 한다. 집행벌은 의무이행의 강제를 직접목적으로 하여 부과되는 금전적 부담이며 행정벌과 달리 과거의 법위반에 대한 제재를 목적으로 하지 않는다. 양자는 규제목적을 달리 하므로 병행하여 부과될 수 있다.

2. 집행벌의 대상

집행벌은 부작위의무 또는 비대체적 작위의무의 불이행뿐만 아니라 대체적 작위의무의 불이행에 대하여도 가능하다[헌재 2004.2.26, 2001헌바80·84·102·103; 2002헌바26(병합)].

「건축법」제79조 제1항의 시정명령에 따른 시정의무 중 공사중지의무, 사용금지의무, 사용제한의무는 부작위의무이고, 개축·증축·수선·용도변경의무는 비대체적 작위의무이고, 철거의무는 대체적 작위의무에 해당한다고 할 수 있는데,「건축법」제80조도 건축물의 철거 등 대체적 작위의무에 대하여 이행강제금을 인정하고 있다.

3. 법적 근거

이행강제금의 부과는 권력적·침해적 행위이므로 법적 근거가 필요하다. 현재 이행강제금의 부과에 관한 일반법은 없고 개별법에서 인정되고 있다(예 건축법 제80조, 농지법 제62조 등).

4. 이행강제금 부과의 법적 성질

이행강제금 부과행위는 행정행위이다. 따라서 이행강제금 부과행위에는 행정절차법이 적용되고, 직권취소 또는 철회가 가능하다.

5. 이행강제금에 대한 불복

이행강제금에 대한 불복절차로는 두 유형이 있다.

① 이행강제금에 불복하는 자는 이의를 제기할 수 있는 것으로 규정하고, 이의를 제기한 경우에는 비송사건절차법에 의하여 이행강제금을 결정하는 것으로 규정하고 있는 경우(농지법 제65조). 이행강제금 부과처분은 항고소송의 대상이 되는 처분이 아니다(대판 2000.9.22, 2000두5722).

② 이행강제금의 부과처분에 대한 불복방법에 관하여 아무런 규정을 두고 있지 않은 경우에는 이행강제금 부과처분은 행정행위이므로 행정심판 또는 행정소송을 제기할 수 있다(건축법 제69조의2).

③ 이행강제금부과처분은 시행의무불이행에 대한 집행행위이므로 시행명령의 하자는 이행강제금부과처분에 승계되지 않는다고 보아야 한다. 상당한 이행기한을 통지하는 행위인 제2차 시정명령의 하자는 독립한 처분의 하자가 아니라 이행강제금의 절차의 하자이다.

V. 직접강제

> **행정기본법 제32조(직접강제)** ① 직접강제는 행정대집행이나 이행강제금 부과의 방법으로는 행정상 의무 이행을 확보할 수 없거나 그 실현이 불가능한 경우에 실시하여야 한다.
>
> ② 직접강제를 실시하기 위하여 현장에 파견되는 집행책임자는 그가 집행책임자임을 표시하는 증표를 보여 주어야 한다.
>
> ③ 직접강제의 계고 및 통지에 관하여는 제31조 제3항 및 제4항을 준용한다.
>
> [2023.3.24.부터 시행]

1. 의 의

직접강제란 행정법상의 의무의 불이행이 있는 경우에 의무자의 신체나 재산 또는 양자에 실력을 가하여 의무의 이행이 있었던 것과 동일한 상태를 실현하는 작용을 말한다.

2. 직접강제의 대상

직접강제는 비대체적 의무(⑩ 비대체적 작위의무·부작위의무·수인의무)뿐만 아니라 대체적 작위의무에도 행해질 수 있다는 것이 통설이다. 다만, 대체적 작위의무에 대하여 대집행이 가능한 경우에는 비례의 원칙상 직접 강제는 인정되지 않는다고 보아야 한다.

현행법상 인정되고 있는 직접강제의 수단으로는 영업장 또는 사업장의 폐쇄(먹는물관리법 제46조 제1항), 외국인의 강제퇴거(출입국관리법 제46조) 등이 있다.

3. 직접강제의 법적 성질과 권익구제

직접강제는 권력적 사실행위이다. 직접강제에 대한 권리구제는 권력적 사실행위에 대한 권리구제와 동일하게 행정쟁송, 국가배상, 공법상 결과제거가 문제된다.

인신구속의 경우에는 인신보호법상의 구제를 받을 수 있다.

VI. 행정상 강제징수

1. 의의 및 법적 근거

행정상 강제징수란 국민이 국가 등 행정주체에 대하여 부담하고 있는 공법상의 금전급부의무를 이행 하지 않은 경우에 행정청이 의무자의 재산에 실력을 가하여 의무가 이행된 것과 동일한 상태를 실현하는 행정상 강제집행수단을 말한다.

국세납부의무의 불이행에 대하여는 국세징수법에서 일반적으로 강제징수를 인정하고 있고, 다른 공법상의 금전급부의무의 불이행에 대하여는 통상 관련 개별법의 규정(지방세법 제28조 제4항, 토지취득보상법 제99조 등)에서 국세징수법상의 강제징수에 관한 규정을 준용하고 있다.

2. 행정상 강제징수의 절차

국세징수법에 의한 강제징수의 절차는 다음과 같다: ① **독촉**, ② **재산의 압류**, ③ **압류재산의 매각**(환가처분), ④ **청산**(충당)이 그것이다. 이 중 재산의 압류, 압류재산의 매각 및 청산을 체납처분이라 한다.

(1) 독 촉

독촉은 납세의무자에게 납세의무의 이행을 최고하고 최고기한까지 납부하지 않을 때에는 체납처분을 하겠다는 것을 예고하는 통지행위로서 **준법률행위적 행정행위**에 해당한다. 독촉은 이후에 행해지는 압류의 적법요건이 되며 최고기간 동안 조세채권의 소멸시효를 중단시키는 법적효과를 갖는다.

(2) 재산의 압류

압류는 권력적 사실행위로서의 성질을 갖는다. 압류된 재산에 대하여는 사실상·법률상의 처분이 금지된다.

(3) 압류해제

조세납부, 공매의 중지, 부과의 취소 등의 사유가 있는 때에는 압류를 해제하여야 하며, 사정변경에 의해 압류재산의 가격이 체납액을 현저히 초과하게 된 경우 등에는 압류재산의 전부 또는 일부에 대하여 압류를 해제할 수 있다(제53조 내지 제55조).

압류해제신청에 대한 거부는 행정행위이므로 행정쟁송의 대상이 된다.

(4) 압류재산의 매각

압류한 재산은 통화를 제외하고는 매각하여 금전으로 환가하여야 하는데, 매각은 원칙적으로 공매에 의하여야 한다(제61조). 예외적으로 수의계약이 허용된다(제62조).

공매는 입찰 또는 경매의 방법에 의한다(제67조 제1항).

공매에서 매각결정·통지는 공법상 대리행위로서 항고소송의 대상이 된다. 그러나 공매하기로 한 결정은 내부행위로서 처분이 아니고, 공매공고와 공매통지도 처분이 아니다.

(5) 청 산

세무서장은 압류재산의 매각대금 등 체납처분에 의해 취득한 금전을 국세·가산금과 체납처분비 기타의 채권에 배분한다(제80조, 제81조 제1항, 제2항). 배분한 금전에 잔액이 있는 때에는 이를 체납자에게 지급하여야 한다(제81조 제3항).

3. 행정상 강제징수에 대한 불복

행정상 강제징수에 대한 불복에 대하여는 국세기본법에서 특별한 규정을 두고 있다(국세기본법 제55조 이하). 즉, 독촉·압류·압류해제거부 및 공매처분에 대하여는 이의신청을 제기할 수 있고(국세청장이 조사·결정 또는 처리하거나 하였어야 할 것인 경우를 제외), 심사청구 또는 심판청구 중 하나에 대한 결정을 거친 후 행정소송을 제기하여야 한다(행정심판전치주의).

판례 1	과세관청이 체납처분으로서 행하는 공매는 우월한 공권력의 행사로서 행정소송의 대상이 되는 공법상의 행정처분이며 공매에 의하여 재산을 매수한 자는 그 공매처분이 취소된 경우에 그 취소처분의 위법을 주장하여 행정소송을 제기할 법률상 이익이 있다[대판 1984.9.25, 84누201(공매처분취소처분취소)].
판례 2	한국자산공사가 당해 부동산을 인터넷을 통하여 재공매(입찰)하기로 한 결정 자체는 내부적인 의사결정에 불과하여 항고소송의 대상이 되는 행정처분이라고 볼 수 없고, 또한 한국자산공사가 한 공매통지는 …… 통지의 상대방의 법적 지위나 권리 의무에 직접 영향을 주는 것이 아니라고 할 것이므로 이것 역시 행정처분에 해당한다고 할 수 없다[대판 2007.7.27, 2006두8464(공매처분취소)〈한국자산공사 재공매결정 사건〉].

체납자 등에 대한 공매통지는 국가의 강제력에 의하여 진행되는 공매에서 체납자 등의 권리 내지 재산상의 이익을 보호하기 위하여 법률로 규정한 절차적 요건이므로 체납자 등은 자신에 대한 공매 처분전 절차인 공매통지의 하자를 공매처분의 취소사유(절차의 하자)로 주장할 수 있지만, 다른 권리자에 대한 공매통지의 하자를 들어 공매처분의 위법사유로 주장하는 것은 허용되지 않는다[대판 전원합의체 2008.11.20, 2007두18154(매각결정취소) ; 대판 2012.7.26, 2010다50625].

제2항 행정상 즉시강제

행정기본법 제33조(즉시강제) ① 즉시강제는 다른 수단으로는 행정 목적을 달성할 수 없는 경우에만 허용되며, 이 경우에도 최소한으로만 실시하여야 한다.
② 즉시강제를 실시하기 위하여 현장에 파견되는 집행책임자는 그가 집행책임자임을 표시하는 증표를 보여 주어야 하며, 즉시강제의 이유와 내용을 고지하여야 한다.

[2023.3.24.부터 시행]

Ⅰ. 의 의

행정상 즉시강제라 함은 급박한 행정상의 장해를 제거할 필요가 있지만 미리 의무를 명할 시간적 여유가 없을 때 또는 급박하지는 않지만 성질상 의무를 명하여 가지고는 목적달성이 곤란할 때에 즉시 국민의 신체 또는 재산에 실력을 가하여 행정상의 필요한 상태를 실현하는 행정작용을 말한다(예 전염병환자의 강제입원, 소방장애물의 제거, 출입국관리법상의 강제퇴거조치, 도로교통법상의 주차위반차량의 견인·보관조치, 불법게임물의 수거·삭제·폐기 등). 행정상 즉시강제의 법적 성질은 권력적 사실행위이다. 행정상 즉시강제에는 묵시적으로 수인하명이 부수된다는 견해가 있다.

Ⅱ. 법적 근거

행정상 즉시강제에는 법적 근거가 필요하다. 행정상 즉시강제를 일반적으로 인정하는 법은 없고 각 개별법(예 전염병예방법, 정신보건법, 소방기본법, 경찰관직무집행법)에서 행정상 즉시강제를 인정하고 있다.

Ⅲ. 행정상 즉시강제에 대한 구제

1. 적법한 즉시강제에 대한 구제

행정상 장해의 발생에 책임이 있는 자는 즉시강제로 손실을 입어도 손실보상을 청구할 수 없다. 정신질환자의 강제입원과 같이 상대방의 권익을 보호하는 즉시강제에 있어서도 손실보상은 주어질 필요가 없다. 그런데 행정상 장해의 발생에 책임이 있는 자 이외의 제3자에 대하여 즉시강제가 행하여짐으로써 특별한 희생이 발생한 경우에는 평등의 원칙(특히 공적부담 앞의 평등의 원칙)상 손실보상이 주어져야 한다.

2. 위법한 즉시강제에 대한 구제

(1) 행정쟁송

행정상 즉시강제는 권력적 사실행위로서의 성질을 갖는데 행정쟁송법상 '처분'에 권력적 사실행위도 포함되는 것으로 보는 것이 타당하므로 행정상 즉시강제도 행정쟁송(행정심판 또는 행정소송)의 대상이 되는 처분에 해당한다.

그러나 소방장애물의 파괴와 같이 행정상 즉시강제가 단시간에 종료되는 경우에는 권리보호의 필요(협의의 소의 이익)가 없기 때문에 행정쟁송의 제기가 가능하지 않다. 이 경우에는 원상회복이나 행정상 손해배상을 통하여 권리구제를 받을 수밖에 없다. 그러나 전염병환자의 강제격리, 정신질환자의 강제입원과 같이 즉시강제가 계속적 성질을 갖는 경우에는 즉시강제가 계속되는 한 행정쟁송으로 다툴 소의 이익이 있다.

(2) 국가배상

위법한 즉시강제로 인적 또는 물적 손해를 받았을 때에는 국가배상법에 근거하여 국가배상을 청구 할 수 있다.

즉시강제가 적법한 경우에도 즉시강제의 집행방법이 위법하였던 경우에는 그로 인한 손해에 대하여는 국가배상을 청구할 수 있다.

(3) 공법상 결과제거

즉시강제로 위법한 상태가 야기된 경우 공법상 결과제거청구가 가능하다.

제3절 행정벌

제1항 의 의

행정벌이란 행정법상의 의무위반행위에 대하여 제재로서 가하는 처벌을 말한다.

행정벌은 과거의 의무 위반에 대한 제재를 직접적인 목적으로 하지만 간접적으로는 의무자에게 심리적 압박을 가함으로써 행정법상의 의무이행을 확보하는 기능을 가진다.

제2항 종 류

행정벌에는 행정형벌과 행정질서벌이 있다. **행정형벌**이란 형법상의 형벌을 과하는 행정벌을 말한다. **행정질서벌**은 과태료가 과하여지는 행정벌이다.

일반적으로 행정형벌은 행정목적을 직접적으로 침해하는 행위에 대하여 과하여지고, 행정질서벌은 신고의무 위반과 같이 행정목적을 간접적으로 침해하는 행위에 대하여 과하여진다.

또한 형벌을 과하여야 하는 행정법규 위반행위에 대하여 범칙금이 과하여지는 경우가 있다. 범칙금은 형벌이 아니며 행정형벌과 행정질서벌의 중간적 성격의 행정벌이다.

예를 들면 도로교통법 위반에 대하여 범칙금이 부과되는데 그 부과는 행정기관인 경찰서장이 통고처분에 의해 과하고 상대방이 이에 따르지 않는 경우에는 즉결심판에 회부하여 형사절차에 따라 형벌을 과하도록 하고 있다.

제3항 행정범과 행정형벌

I. 의 의

행정범이라 함은 행정법규의 위반으로 성립되는 범죄를 말한다.

행정형벌이라 함은 행정법규 위반에 대하여 과하여지는 형벌을 말한다.

II. 행정범과 행정형벌의 특수성과 법적 규율

1. 행정범과 행정형벌에 대한 형법총칙의 적용

행정범과 형사범은 모두 범죄이며 행정형벌과 형사벌은 다 같이 형벌인 점에서는 동일하다.

따라서 죄형법정주의 등 형사범과 형사벌에 대한 **형법총칙규정**이 행정범 및 행정형벌에도 **원칙적으로 적용**된다. 그리고, 형벌법규의 해석은 엄격하여야 하고 명문규정의 의미를 피고인에게 불리한 방향으로 지나치게 확장 해석하거나 유추 해석하는 것은 죄형법정주의의 원칙에 어긋나는 것으로서 허용되지 않으며, 이러한 법해석의 원리는 그 형벌법규의 적용대상이 되는 행정법규의 규정을 해석하는 데에도 마찬가지로 적용된다(대판 2007.6.29, 2006도4582).

2. 행정범과 행징형벌에 대한 특수한 법적 규율의 구체적 검토

(1) 양벌규정

범죄행위자와 함께 행위자 이외의 자를 함께 처벌하는 법규정을 양벌규정이라 한다. 형사범에서는 범죄를 행한 자만을 벌하지만 행정범에서는 범죄행위자 이외의 자를 벌하는 것으로 규정하는 경우가 있다(예 종업원의 위반행위에 대하여 사업주도 처벌, 미성년자나 금치산자의 위반행위에 대하여 법정대리인을 처벌).

(2) 행정형벌의 과벌절차

1) 원 칙

행정형벌도 원칙상 형사벌과 같이 **형사소송법**에 따라 과하여진다.

2) 예 외

가. 통고처분

(가) 의 의

통고처분은 행정범에 대하여 형사절차에 의한 형벌을 과하기 전에 행정청(예 세무서장등)이 형벌(예 벌금 또는 과료)을 대신하여 금전적 제재인 범칙금을 과하고 행정범을 범한 자가 그 금액을 납부하면 형사처벌을 하지 아니하고, 만일 지정된 기간 내에 그 금액을 납부하지 않으면 형사소송절차에 따라 형벌을 과하도록 하는 절차이다. 통고처분은 현행법상 조세범, 관세범, 출입국관리사범, 교통사범 등에 대하여 인정되고 있다.

(나) 통고처분에 의한 과벌절차

행정법규 위반자가 통고처분에 의해 부과된 금액을 납부하면 과벌절차는 종료되며 동일한 사건에 대하여 다시 처벌받지 아니한다. 통고처분에 의해 부과된 금액(범칙금)은 행정제재금이며 벌금이 아니다.

판례는 통고처분에 의해 부과된 범칙금을 납부한 경우 다시 처벌받지 아니한다고 규정하고 있는 것은 범칙금의 납부에 확정재판의 효력에 준하는 효력을 인정하는 취지로 해석하고 있다[대판 2002.11.22, 2001도849(교통사고처리특례법위반)].

> **판례**
>
> 종업원 등의 범죄행위에 대한 법인의 가담 여부나 이를 감독할 주의의무 위반 여부를 법인에 대한 처벌요건으로 규정하지 아니하고, 달리 법인이 면책될 가능성에 대해서도 정하지 아니한 채, 법인이 고용한 종업원 등이 업무에 관하여 범죄행위를 하였다는 이유만으로 법인에 대하여 형벌을 부과하도록 정하고 있는 것은 다른 사람의 범죄에 대하여 그 책임 유무를 묻지 않고 형사처벌하는 것이므로 헌법상 법치국가원리로부터 도출되는 책임주의원칙에 위배된다. 그러나 법인 대표자의 행위는 법인의 행위로 볼 수 있고, 따라서 법인 대표자의 법규위반행위에 대한 법인의 책임은 법인 자신의 법규위반행위로 평가될 수 있는 행위에 대한 법인의 직접책임이므로(대표자의 고의에 의한 위반행위에 대하여는 법인이 고의 책임을, 대표자의 과실에 의한 위반행위에 대하여는 법인이 과실 책임을 부담한다.), 법인 대표자의 범죄행위에 대하여는 법인이 책임을 부담하는 것은 책임주의원칙에 위배되지 않는다(헌재 2020.4.23, 2019헌가25).

행정법규 위반자가 법정기간 내에 통고처분에 의해 부과된 금액을 납부하지 않으면 관계 기관장의 즉결심판청구 또는 고발에 의해 형사소송절차로 이행한다. 이 경우 즉결심판 또는 정식의 형사재판에 의해 형벌이 부과된다.

(다) 법적 성질 및 불복절차

통고처분에 대해 이의가 있는 경우에는 통고처분에 따른 범칙금을 납부하지 않으면 되는 것으로 하고, 이 경우 법정기간이 지나면 통고처분은 효력을 상실하며 즉결심판 청구 또는 고발에 의해 형사소송절차로 이행되는 것으로 특별불복절차가 규정되어 있다. 따라서 판례는 통고처분을 행정소송의 대상이 되는 행정처분이 아니라고 보고 있다.

> **판례**
>
> 도로교통법 제118조에서 규정하는 경찰서장의 통고처분은 행정소송의 대상이 되는 행정처분이 아니므로 그 처분의 취소를 구하는 소송은 부적법하고, 도로교통법상의 통고처분을 받은 자가 그 처분에 대하여 이의가 있는 경우에는 통고처분에 따른 범칙금의 납부를 이행하지 아니함으로써 경찰서장의 즉결심판청구에 의하여 법원의 심판을 받을 수 있게 될 뿐이다[대판 1995.6.29, 95누4674(범칙금부과처분취소)].

그러나 통고처분을 행정행위라고 보고, 국민의 권리구제를 위해 통고처분을 항고소송의 대상으로 할 필요가 있다. 통고처분에 불복하면 곧바로 형사절차로 이행되도록 하여 형사절차에서 다투라고 하는 것은 가혹한 것이다.

나. 즉결심판

즉결심판에 관한 절차법에 따라 20만원 이하의 벌금·구류·과료의 형벌은 즉결심판에 의해 과벌된다(제2조). 즉결심판절차도 형사소송절차의 하나이다. 즉결심판에 불복이 있는 피고인은 정식재판을 청구할 수 있다(제14조). 즉결심판은 형사범에도 적용되므로 행정형벌에 특유한 과벌설자는 아니다.

3. 행정형벌규정의 변경·폐지와 행정형벌

종전에 허가를 받거나 신고를 하여야만 할 수 있던 행위 일부를 허가나 신고 없이 할 수 있도록 법령이 개정되었다 하더라도 이는 법률 이념의 변천으로 과거에 범죄로서 처벌하던 일부 행위에 대한 처벌 자체가 부당하다는 반성적 고려에서 비롯된 것(이 경우 가벌성이 소멸한다)이라기보다는 사정의 변천에 따른 규제 범위의 합리적 조정의 필요에 따른 것이라고 보이면(예 개발제한구역 내 비닐하우스 설치행위) 그 위반행위의 가벌성이 소멸하는 것은 아니다(대판 2007.9.6, 2007도4197).

제4항 행정질서벌(과태료)

Ⅰ. 의 의

행정질서벌이라 함은 행정법규 위반에 대하여 과태료가 과하여지는 행정벌이다.

행정질서벌인 과태료는 형벌과는 성질을 달리하는 것이다. 일반적으로 행정형벌은 행정목적을 직접적으로 침해하는 행위에 대하여 과하여지고, 행정질서벌은 정보제공적 신고의무 위반과 같이 행정목적을 간접적으로 침해하는 행위에 대하여 과하여진다. 그런데 행정형벌의 행정질서벌화정책에 의해 행정형벌을 과하여야 할 행위에 행정질서벌을 과하는 경우가 있다.

Ⅱ. 법적 근거

행정질서벌의 부과는 법률에 근거가 있어야 한다. 행정질서벌에는 국가의 법령에 근거한 것과 지방자치단체의 조례에 근거한 것(지방자치법 제27조, 제139조)이 있다.

질서위반행위규제법은 과태료 부과의 근거법률은 아니며 과태료부과의 요건, 절차, 징수 등을 정하는 법률이다. 과태료의 부과·징수, 재판 및 집행 등의 절차에 관한 다른 법률의 규정 중 질서위반행위규제법의 규정에 저촉되는 것은 질서위반행위규제법이 정하는 바에 따른다(질서위반행위규제법 제5조).

Ⅲ. 행정질서벌 부과행위의 법적 성질과 권리구제

① 행정질서벌인 과태료가 법원의 재판에 의해 부과되는 경우 과태료부과행위는 사법행위(司法行爲)의 성질을 가지며 질서위반행위규제법 및 비송사건절차법에 정해진 절차에 따라 부과 되고 다투어진다.

② 행정질서벌인 과태료가 행정청에 의해 부과되는 경우에 과태료 부과행위는 행정행위이다. 그런데 질서위반행위규제법은 행정청의 과태료 부과에 대해 이의가 제기된 경우에는 행정청의 과태료 부과처분은 그 효력을 상실한다고 규정하고(제20조 제2항), 이의제기를 받은 부과행정청은 관할법원에 통보하여 관할법원이 질서위반행위규제법에 따라 과태료를 결정하도록 규정 하고 있다(제21조 제1항, 제25조 이하). 행정청의 과태료 부과에 대한 이의는 과태료부과 통지를 받은 날부터 60일 이내에 제기하여야 한다(제20조 제1항).

제4절 새로운 행정의 실효성 확보수단

제1항 과징금

> **행정기본법 제28조(과징금의 기준)** ① 행정청은 법령등에 따른 의무를 위반한 자에 대하여 법률로 정하는 바에 따라 그 위반행위에 대한 제재로서 과징금을 부과할 수 있다.

Ⅰ. 의 의

과징금이란 행정법규의 위반이나 행정법상의 의무 위반으로 경제상의 이익을 얻게 되는 경우에 당해 위반으로 인한 경제적 이익을 박탈하기 위하여 그 이익액에 따라 행정기관이 과하는 행정상 제재금을 말한다.

행정법규 또는 행정법상 의무의 위반으로 막대한 경제적 이익을 얻는 경우에 있어서는 행정벌만으로는 그 위반을 막을 수 없는 것이 현실이다. 과징금은 행정법규 위반으로 발생하는 경제적 이득을 박탈함으로써 행정법규 위반행위를 막는 효과를 갖는다(예 독점규제 및 공정거래에 관한 법률 제5조, 제6조 제1항).

Ⅱ. 변형된 과징금

1. 의 의

영업정지처분에 갈음하여 과징금을 부과할 수 있는 것으로 규정하고 있는 경우가 적지 않은데, 이와 같이 영업정지에 갈음하여 부과되는 과징금을 변형된 과징금이라 한다.

2. 취 지

변형된 과징금의 취지는 행정법규 위반에 대하여 영업정지를 명하여야 하는 경우 행정법규위반자인 사업자의 영업을 정지함으로써 시민 등이 큰 불편을 겪거나 국민경제에 적지 않은 피해를 주는 등 공익을 해할 우려가 있는 경우에 그 영업정지로 인하여 초래될 공익에 대한 침해 등의 문제를 고려하여 영업정지를 하지 않고 그 대신 그 영업으로 인한 이익을 박탈하는 과징금을 할 수 있도록 한 것이다.

Ⅲ. 법적 성질, 법적 규율 및 법적 구제

과징금부과행위의 법적 성질은 침해적 행정행위이다. 따라서 과징금부과처분에는 원칙상 행정절차법이 적용되고, 과징금부과처분은 항고쟁송의 대상이 된다. 통상 과징금부과처분은 재량행위로 규정되어 있고, 이 경우 비례의 원칙 등 재량권의 일탈·남용이 있으면 당해 과징금부과처분은 위법하게 된다. 그러나 과징금부과가 기속행위인 경우도 있다(대판 2007.7.12, 2005두17287).

> **판례**
>
> 구 독점규제및공정거래에관한법률 제23조 제1항의 규정에 위반하여 불공정거래행위를 한 사업자에 대하여 같은 법 제24조의2 제1항의 규정에 의하여 부과되는 과징금은 행정법상의 의무를 위반한 자에 대하여 당해 위반행위로 얻게 된 경제적 이익을 박탈하기 위한 목적으로 부과하는 금전적인 제재로서, 같은 법이 규정한 범위 내에서 그 부과처분 당시까지 부과관청이 확인한 사실을 기초로 일의적으로 확정되어야 할 것이고, 그렇지 아니하고 부과관청이 과징금을 부과하면서 추후에 부과금 산정 기준이 되는 새로운 자료가 나올 경우에는 과징금액이 변경될 수도 있다고 유보한다든지, 실제로 추후에 새로운 자료가 나왔다고 하여 새로운 부과처분을 할 수는 없다 할 것인바, 왜냐하면 과징금의 부과와 같이 재산권의 직접적인 침해를 가져오는 처분을 변경하려면 법령에 그 요건 및 절차가 명백히 규정되어 있어야 할 것인데, 위와 같은 변경처분에 대한 법령상의 근거규정이 없고, 이를 인정하여야 할 합리적인 이유 또한 찾아 볼 수 없기 때문이다(대판 1999.5.28, 99두1571).

제2항 가산세

가산세란 세법상의 의무의 성실한 이행을 확보하기 위하여 그 세법에 의하여 산출된 세액에 가산하여 징수되는 세금을 말한다(국세기본법 제2조 제4호).

가산세에는 무신고가산세(국세기본법 제47조의2), 과소신고·초과환급신고가산세(제47조의3), 납부지연가산세(제47조의4), 원천징수납부 등 불성실가산세(제47조의5)가 있다.

세금 납부지연에 대하여 부과하는 구 국세기본법상의 납부불성실가산세와 구 국세징수법상의 가산금은 2020.1.1.부터 국세기본법상의 납부지연가산세로 통합되었다.

제3항 명단의 공표

Ⅰ. 의 의

명단의 공표란 행정법상의 의무 위반 또는 의무불이행이 있는 경우에 그 위반자의 성명, 위반 사실 등을 일반에게 공개하여 명예 또는 신용에 침해를 가함으로써 심리적인 압박을 가하여 행정법상의 의무이행을 확보하는 간접강제수단을 말한다.

체납발생일로부터 1년이 지난 국세가 2억원 이상인 체납자의 인적사항, 체납액 등(국세기본법 제85조의5), 유사석유제품의 제조·수입·판매금지 위반 사실의 공표(석유 및 석유대체연료사업법 제25조 제26항), 위반건축물표지의 설치(건축법 제79조 제4항, 동법 시행규칙 제40조)와 미성년자에 대한 성범죄자(아동청소년의 성보호에 관한 법률 제20조 제2항)의 등록정보의 공개가 그 예이다.

Ⅱ. 법적 근거

행정법상의 의무위반자의 명단을 공표하는 것은 그의 명예, 신용 또는 프라이버시에 대한 침해를 초래한다. 따라서 법에 근거가 있는 경우에 한하여 가능하다.

Ⅲ. 한 계

법에 근거가 있는 경우에도 비례의 원칙에 따라 명예, 신용, 인격권 또는 프라이버시권과 공표로 달성하고자 하는 공익(예 국민의 알권리, 표현의 자유, 공표를 통한 의무이행의 확보) 간에 이익형량을 하여 명단공표의 위법 여부를 판단하여야 한다(대판 1998.7.14, 96다17257: 수사기관이 피의사실을 공표함으로 명예를 훼손당하였다고 국가배상을 청구한 사건).

Ⅳ. 법적 성질

명단의 공표(결정)(병무청장이 병역법에 따라 병역의무 기피자의 인적사항 등을 인터넷 홈페이지에 게시한 것)는 항고소송의 대상인 **행정처분**에 해당한다(대판 2019.6.27, 2018두49130). 판례는 명단공표를 공권력 행사로 보면서도 공개라는 사실행위는 행정결정의 집행행위로 보고 있는 점에서 명단공표를 사실행위로 보지 않고 행정행위(일반처분)로 보고 있는 것으로 보인다.

> 판례 **[인적 사항 등 공개가 행정처분인지 여부가 쟁점인 사건]** [1] 병무청장이 병역법 제81조의 2 제1항에 따라 병역의무 기피자의 인적사항 등을 인터넷 홈페이지에 게시하는 등의 방법으로 공개한 경우 병무청장의 공개결정을 항고소송의 대상이 되는 행정처분으로 보아야 한다. 그 구체적인 이유는 다음과 같다. ① 병무청장이 하는 병역의무 기피자의 인적사항 등 공개는,

특정인을 병역의무 기피자로 판단하여 그 사실을 일반 대중에게 공표함으로써 그의 명예를 훼손하고 그에게 수치심을 느끼게 하여 병역의무 이행을 간접적으로 강제하려는 조치로서 병역법에 근거하여 이루어지는 공권력의 행사에 해당한다. ② 병무청장이 하는 병역의무 기피자의 인적사항 등 공개조치에는 특정인을 병역의무 기피자로 판단하여 그에게 불이익을 가한다는 행정결정이 전제되어 있고, 공개라는 사실행위는 행정결정의 집행행위라고 보아야 한다. 병무청장이 그러한 행정결정을 공개 대상자에게 미리 통보하지 않은 것이 적절한지 여부는 본안에서 해당 처분이 적법한가를 판단하는 단계에서 고려할 요소이며, 병무청장이 그러한 행정결정을 공개 대상자에게 미리 통보하지 않았다거나 처분서를 작성·교부하지 않았다는 점만으로 항고소송의 대상적격을 부정하여서는 아니 된다. ③ 병무청 인터넷 홈페이지에 공개 대상자의 인적사항 등이 게시되는 경우 그의 명예가 훼손되므로, 공개 대상자는 자신에 대한 공개결정이 병역법령에서 정한 요건과 절차를 준수한 것인지를 다툴 법률상 이익이 있다. 병무청장이 인터넷 홈페이지 등에 게시하는 사실행위를 함으로써 공개 대상자의 인적사항 등이 이미 공개되었다고 하더라도, 재판에서 병무청장의 공개결정이 위법함이 확인되어 취소판결이 선고되는 경우, 병무청장은 취소판결의 기속력에 따라 위법한 결과를 제거하는 조치를 할 의무가 있으므로 공개 대상자의 실효적 권리구제를 위해 병무청장의 공개결정을 행정처분으로 인정할 필요성이 있다(소의 이익이 있다). ④ 관할 지방병무청장의 공개 대상자 결정의 경우 상대방에게 통보하는 등 외부에 표시하는 절차가 관계 법령에 규정되어 있지 않아, 행정실무상으로도 상대방에게 통보되지 않는 경우가 많다. 또한 관할 지방병무청장이 위원회의 심의를 거쳐 공개 대상자를 1차로 결정하기는 하지만, 병무청장에게 최종적으로 공개 여부를 결정할 권한이 있으므로, 관할 지방병무청장의 공개 대상자 결정은 병무청장의 최종적인 결정에 앞서 이루어지는 행정기관 내부의 중간적 결정에 불과하다. 가까운 시일 내에 최종적인 결정과 외부적인 표시가 예정되어 있는 상황에서, 외부에 표시되지 않은 행정기관 내부의 결정을 항고소송의 대상인 처분으로 보아야 할 필요성은 크지 않다. 관할 지방병무청장이 1차로 공개 대상자 결정을 하고, 그에 따라 병무청장이 같은 내용으로 최종적 공개결정을 하였다면, 공개 대상자는 병무청장의 최종적 공개결정만을 다투는 것으로 충분하고, 관할 지방병무청장의 공개 대상자 결정을 별도로 다툴 소의 이익은 없어진다(대판 2018.6.15, 2016두57564 참조). [2] 병무청장이 '여호와의 증인' 신도인 원고들을 병역의무 기피자로 판단하여 그 인적사항 등을 인터넷 홈페이지에 게시하자 원고들이 이를 다투는 항고소송을 제기한 사안에서, 원심이 병무청장의 인적사항 등 공개결정이 항고소송의 대상인 '처분'에 해당하지 않는다고 판단한 것은 잘못이지만, 병무청장이 대법원 2018.11.1. 선고 2016도10912 전원합의체 판결의 취지(양심적 병역거부가 병역의무 불이행의 정당한 사유에 해당한다는 취지)를 존중하여 상고심 계속 중에

> 그 공개결정을 직권으로 취소한 이상 소의 이익이 소멸하였으므로 원고들의 소를 각하한 결론은 결국 정당하다고 보아 상고기각한 사례(대판 2019.6.27. 2018두49130). **〈해설〉** 판례는 명단공표를 명단공개결정과 인터넷 홈페이지에 공개 대상자의 인적사항 등을 게시하는 방식으로 고시하는 일반처분고시(명단공표결정고시)로 보고 있는 것으로 보인다. 판례는 공개라는 사실행위는 행정결정의 집행행위로 보고 있는 점에서 명단공표를 사실행위로 보지 않고 행정행위(일반처분)로 보고 있는 것으로 보인다.

제4항 공급거부

Ⅰ. 의 의

공급거부라 함은 행정법상의 의무를 위반하거나 불이행한 자에 대하여 행정상의 서비스 또는 재화의 공급을 거부하는 행위를 말한다.

국민생활에 필수적인 전기, 수도와 같은 재화 또는 서비스의 제공을 거부함으로써 행정법상의 의무의 이행을 간접적으로 강제하는 수단이다.

Ⅱ. 법적 근거

공급거부는 침해적·권력적 사실행위이므로 명시적인 법률상의 근거가 있어야 한다.

구 건축법 제69조 제1항과 제2항은 시장·군수·구청장은 이 법 또는 이 법의 규정에 의한 명령이나 처분에 위반하여 허가 또는 승인이 취소되었거나 철거, 개축 등의 시정명령을 받고 이행하지 아니한 건축물에 대하여 전기·전화·수도의 공급자, 도시가스사업자 또는 관계행정기관의 장에게 그 공급시설의 설치 또는 공급의 중지를 요청할 수 있으며 그 요청을 받은 자는 특별한 이유가 없는 한 이에 응하도록 규정하고 있었는데 2005년 폐지되었다.

Ⅲ. 법적 성질 및 법적 구제

① 지방자치단체의 장에 의한 수도의 공급거부는 권력적 사실행위로서 처분이므로 항고소송의 대상이 된다.
② 전화·전기의 공급거부를 사법행위로 보는 견해도 있으나 실효성 확보수단으로서의 전화·전기의 공급거부도 사용료납부의무불이행으로 인한 공급거부와 달리 처분으로 보아야 한다.
③ 문제는 시장·군수·구청장의 공급거부요청이 처분인가 하는 것이다. (ⅰ) 판례는 공급거부

요청권고에 불과하므로 처분이 아니라고 하고 있다[대판 1996.3.22, 96누433(시정명령 처분 등 취소)]. (ii) 그러나 구 건축법상 공급거부요청은 처분(행정소송법 제2조 제1항의 '그 밖에 이에 준하는 행정작용')에 해당한다고 보는 것이 타당하다. 왜냐하면, 구 건축법 제69조는 그 요청을 받은 자는 특별한 이유가 없는 한 이에 응하도록 규정하고 있기 때문이다.

제5항 관허사업의 제한

Ⅰ. 의 의

관허사업의 제한이라 함은 행정법상의 의무를 위반하거나 불이행한 자에 대하여 각종 인·허가를 거부할 수 있게 함으로써 행정법상 의무의 준수 또는 의무의 이행을 확보하는 간접적 강제수단을 말한다.

Ⅱ. 법적 근거

관허사업의 제한은 권익을 침해하는 권력적 행위이므로 법률의 근거가 있어야 한다.

Ⅲ. 권리구제

관허사업의 제한 중 인허가의 거부에 대하여는 거부처분취소심판, 의무이행심판, 거부처분취소소송을 제기할 수 있고, 인허가의 철회에 대하여는 취소심판 또는 취소소송을 제기할 수 있다.

관허사업제한 요청행위가 항고소송의 대상이 되는 처분인가 하는 것이 문제된다. 요청행위는 비권력적 행위로서 권고의 성질을 가지므로 처분성을 부인하는 견해가 있지만, 요청을 받은 자는 특별한 이유가 없는 한 이에 응하도록 규정되어 있으므로 처분으로 보는 것이 타당하다.

제6항 시정명령

시정명령은 행정법규 위반에 의해 초래된 위법상태를 제거하는 것을 명하는 행정행위이다.

시정명령은 강학상 하명에 해당한다. 시정명령을 받은 자는 시정의무를 부담하게 되며 시정의무를 이행하지 않은 경우에는 행정강제(대집행, 직접강제 또는 집행벌)의 대상이 될 수 있고, 시정의무위반에 대하여는 통상 행정벌이 부과된다.

제7항 행정법규 위반에 대한 제재처분

I. 행정기본법에서의 제재처분의 개념

행정기본법에서 '**제재처분**'이란 법령등에 따른 의무를 위반하거나 이행하지 아니하였음을 이유로 당사자에게 의무를 부과하거나 권익을 제한하는 처분을 말한다. 다만, 제30조 제1항 각 호에 따른 행정상 강제는 제외한다(행정기본법 제2조 제5호).

II. 제재처분의 대상

행정법규 위반에 대하여 가하는 제재조치(영업정지처분 등)는 행정목적의 달성을 위하여 행정법규 위반이라는 객관적 사실에 착안하여 가하는 제재이므로, 반드시 현실적인 행위자가 아니라도 법령상 책임자로 규정된 자에게 부과되고, 위반자의 의무해태를 탓할 수 없는 정당한 사유가 있는 등의 특별한 사정이 없는 한 위반자에게 고의나 과실이 없다고 하더라도 부과될 수 있다[대판 2012.5.10, 2012두1297; 대판 2003.9.2, 2002두5177(건설업등록말소처분취소) ; 대판 2017.5.11, 2014두8773 : 자신의 직원이 채권추심과 관련하여 채무자 또는 관계인을 협박하는 것을 방지하지 못한 원고는 법령상 책임자로서 영업정지 처분의 부과대상이 된다고 본 사례]. 그렇지만, 위반자의 의무 해태를 탓할 수 없는 정당한 사유가 있는 경우까지 부과할 수 있는 것은 아니다[대판 2014.12.24, 2010두6700(부정당업자제재처분 등)].

III. 제재처분시 고려사항

행정청은 재량이 있는 제재처분을 할 때에는 다음 각 호의 사항을 고려하여야 한다. 1. 위반행위의 동기, 목적 및 방법, 2. 위반행위의 결과, 3. 위반행위의 횟수, 4. 그 밖에 제1호부터 제3호까지에 준하는 사항으로서 대통령령으로 정하는 사항(행정기본법 제22조 제2항).

IV. 제재처분과 형벌의 병과

행정처분과 형벌은 각각 그 권력적 기초, 대상, 목적이 다르다. 일정한 법규 위반 사실이 행정처분의 전제사실이자 형사법규의 위반 사실이 되는 경우에 동일한 행위에 관하여 독립적으로 행정처분이나 형벌을 부과하거나 이를 병과할 수 있다. 법규가 예외적으로 형사소추 선행 원칙을 규정하고 있지 않은 이상 형사관결 확정에 앞서 일정한 위반사실을 들어 행정처분을 하였다고 하여 절차적 위반이 있다고 할 수 없다[대판 2017.6.19, 2015두59808(감사결과통보처분취소): 자신의 직원이 채권추심과 관련하여 채무자 또는 관계인을 협박하는 것을 방지하지 못한 원고(대부업의 등록을 한 법인)는 법령상 책임자로서 영업정지 처분의 부과대상이 된다고 본 사례].

V. 제재처분의 제척기간(2023.3.23.부터 시행)

행정청은 법령등의 위반행위가 종료된 날부터 5년이 지나면 해당 위반행위에 대하여 제재처분(**인허가의 정지·취소·철회, 등록 말소, 영업소 폐쇄와 정지를 갈음하는 과징금 부과만**을 말한다. 이하 **이 조**에서 같다)을 할 수 없다(행정기본법 제23조 제1항). 다만, 다음 각 호의 어느 하나에 해당하는 경우에는 제1항을 적용하지 아니한다. 1. 거짓이나 그 밖의 부정한 방법으로 인허가를 받거나 신고를 한 경우, 2. 당사자가 인허가나 신고의 위법성을 알고 있었거나 중대한 과실로 알지 못한 경우, 3. 정당한 사유 없이 행정청의 조사·출입·검사를 기피·방해·거부하여 제척기간이 지난 경우, 4. 제재처분을 하지 아니하면 국민의 안전·생명 또는 환경을 심각하게 해치거나 해칠 우려가 있는 경우(행정기본법 제23조 제2항).

행정청은 제1항에도 불구하고 행정심판의 재결이나 법원의 판결에 따라 제재처분이 취소·철회된 경우에는 재결이나 판결이 확정된 날부터 1년(합의제행정기관은 2년)이 지나기 전까지는 그 취지에 따른 새로운 제재처분을 할 수 있다(행정기본법 제23조 제3항).

다른 법률에서 제1항 및 제3항의 기간보다 짧거나 긴 기간을 규정하고 있으면 그 법률에서 정하는 바에 따른다(행정기본법 제23조 제4항).

제9장 행정절차

제1절 행정절차의 의의

보통 행정절차라 함은 행정활동을 함에 있어서 거치는 사전통지, 의견청취, 이유제시 등 사전절차만을 가리킨다.

행정절차는 행정의 절차적 통제, 행정에 대한 이해관계인 등 국민의 참여, 국민의 권익에 대한 침해의 예방 등의 기능을 갖는다.

제2절 행정절차법의 기본구조와 적용범위

Ⅰ. 행정절차법의 기본구조

행정절차법은 처분절차, 신고절차, 행정상 입법예고절차, 행정예고절차, 행정지도절차를 규율대상으로 하고 있다. 그 중에서 처분절차가 중심적인 내용이 되고 있다.

Ⅱ. 행정절차법의 적용범위

행정절차법 제3조는 행정절차법의 적용범위를 규정하고 있다.

행정절차에 관하여 다른 법률에 특별한 규정이 있는 경우에는 행정절차법이 배제된다. 이는 특별법우선의 원칙을 선언한 것으로 당연한 규정이다.

제3절 행정절차법의 내용

제1항 공통사항 및 공통절차

① **신의성실 및 신뢰보호(제4조):** 행정절차법은 신의성실의 원칙 및 신뢰보호의 원칙을 선언하고 있다.

② **투명성원칙과 법령해석요청권(제5조):** 행정청이 행하는 행정작용은 그 내용이 구체적이고 명확하여야 한다(제1항). 행정작용의 근거가 되는 법령 등의 내용이 명확하지 아니한 경

우 상대방은 해당 행정청에 대하여 그 해석을 요청할 수 있다. 이 경우 해당 행정청은 특별한 사유가 없으면 그 요청에 따라야 한다(제2항). 행정청은 상대방에게 행정작용과 관련된 정보를 충분히 제공하여야 한다(제3항).

③ **행정청의 관할(제6조)**: 국민이 행정청에게 신청을 하고자 하는 경우에 관할 행정청을 아는 것이 쉽지 않고, 관할 행정청이 아닌 행정청에 신청을 하여 신청이 반려되는 경우가 적지 않았다. 이러한 문제를 해결하기 위하여 행정절차법은 관할 행정청에의 이송제도와 행정청의 관할의 결정에 관한 규정을 두고 있다.

④ **행정청간의 협조의무 및 행정응원(제7조, 제8조)**: 행정절차법은 행정청간의 협조의무와 행정청 상호간의 행정응원에 대하여 규정하고 있다.

⑤ **행정절차의 '당사자 등'(제2조 제4호)**: 행정절차법상 '당사자 등'이라 함은 행정청의 처분에 대하여 직접 그 상대가 되는 당사자와 행정청이 직권으로 또는 신청에 따라 행정절차에 참여하게 한 이해관계인을 말한다.

⑥ **송 달**: 행정절차법은 제14조 내지 제16조에서 행정기관의 송달에 대하여 규정하고 있다.

제2항 처분절차

행정절차법상 '처분'이라 함은 행정청이 행하는 구체적 사실에 관한 법집행으로서의 공권력의 행사 또는 그 거부와 그 밖에 이에 준하는 행정작용을 말한다(제2조 제2호). 이러한 행정절차법상의 처분개념규정은 행정쟁송법상의 그것과 동일하다.

Ⅰ. 처분기준의 설정·공표

1. 처분기준 공표의 의의

처분기준의 설정·공표는 행정청의 자의적인 권한행사를 방지하고 행정의 통일성을 기하며 처분의 상대방에게 예측가능성을 부여하기 위하여 요청된다.

행정청은 필요한 처분기준을 당해 처분의 성질에 비추어 될 수 있는 한 구체적으로 정하여 공표하여야 한다. 처분기준을 변경하는 경우에도 또한 같다(제20조 제1항).

2. 설정·공표의무 위반의 효과

처분기준을 설정하여야 함에도 설정하지 않거나 설정된 처분기준이 구체적이지 못한 경우 그리고 처분기준을 공표하지 않은 경우에 그 하자는 관련 행정처분의 독립된 취소사유가 될 것인가에 대하여는 논란의 여지가 있으나 우리나라의 행정절차법은 일본 행정절차법과 달리, '… 하여야 한다'라고 규정하고 있고 처분기준 설정의무의 예외를 규정하고 있으므로 제20조 제1항은 의무규정으로 보아야 한다. 따라서 처분기준 불비의 하자는 절차의 하자가 되며 독립된 취소사유가 된다고 보아야 한다(긍정설).

판례에 따르면 행정청이 행정절차법 제20조 제1항의 처분기준 사전공표 의무를 위반하여 미리 공표하지 아니한 기준을 적용하여 처분을 하였다고 하더라도, 그러한 사정만으로 곧바로 해당 처분에 취소사유에 이를 정도의 흠이 존재한다고 볼 수는 없다(부정설). 다만 해당 처분에 적용한 기준이 상위법령의 규정이나 신뢰보호의 원칙 등과 같은 법의 일반원칙을 위반하였거나 객관적으로 합리성이 없다고 볼 수 있는 구체적인 사정이 있다면 해당 처분은 위법하다고 평가할 수 있다. 구체적인 이유는 다음과 같다. ① 행정청이 행정절차법 제20조 제1항에 따라 정하여 공표한 처분기준은, 그것이 해당 처분의 근거 법령에서 구체적 위임을 받아 제정·공포되었다는 특별한 사정이 없는 한, 원칙적으로 대외적 구속력이 없는 행정규칙에 해당한다. ② 처분이 적법한지는 행정규칙에 적합한지 여부가 아니라 상위법령의 규정과 입법 목적 등에 적합한지 여부에 따라 판단해야 한다. 처분이 행정규칙을 위반하였다고 하여 그러한 사정만으로 곧바로 위법하게 되는 것은 아니고, 처분이 행정규칙을 따른 것이라고 하여 적법성이 보장되는 것도 아니다. 행정청이 미리 공표한 기준, 즉 행정규칙을 따랐는지 여부가 처분의 적법성을 판단하는 결정적인 지표가 되지 못하는 것과 마찬가지로, 행정청이 미리 공표하지 않은 기준을 적용하였는지 여부도 처분의 적법성을 판단하는 결정적인 지표가 될 수 없다. ③ 행정청이 정하여 공표한 처분기준이 과연 구체적인지 또는 행정절차법 제20조 제2항에서 정한 처분기준 사전공표 의무의 예외 사유에 해당하는지는 일률적으로 단정하기 어렵고, 구체적인 사안에 따라 개별적으로 판단하여야 한다. 만약 행정청이 행정절차법 제20조 제1항에 따라 구체적인 처분기준을 사전에 공표한 경우에만 적법하게 처분을 할 수 있는 것이라고 보면, 처분의 적법성이 지나치게 불안정해지고 개별법령의 집행이 사실상 유보·지연되는 문제가 발생하게 된다(대판 2020.12.24, 2018두45633).

II. 처분의 이유제시

1. 의 의

이유제시라 함은 행정청이 처분을 함에 있어 처분의 근거와 이유를 제시하는 것을 말한다. 이유제시를 이유부기라고도 한다.

2. 이유제시의무 대상처분

행정절차법은 원칙상 모든 행정처분에 있어서 처분의 근거와 이유를 제시하도록 하고 있다. 다만, 다음의 어느 하나에 해당하는 경우 이유제시의무가 면제되고 있다: ① 신청 내용을 모두 그대로 인정하는 처분인 경우, ② 단순·반복적인 처분 또는 경미한 처분으로서 당사자가 그 이유를 명백히 알 수 있는 경우, ③ 긴급히 처분을 할 필요가 있는 경우(제23조 제1항). 그러나 행정청은 제1항 제2호 및 제3호의 경우에 처분 후 당사자가 요청하는 경우에는 그 근거와 이유를 제시하도록 하고 있다(제2항).

3. 이유제시의 하자와 치유

이유제시의 하자란 행정청이 처분이유를 제시하여야 함에도 처분이유를 전혀 제시하지 않거나 불충분하게 제시한 경우를 말한다.

일반적으로 이유제시의 하자의 치유가능성을 인정하고 있다. 문제가 되는 것은 어느 시점까지 이유제시의 하자의 치유가 인정될 것인가 하는 것이다.

이유제시의 취지의 중점은 상대방에게 쟁송제기상 편의를 제공하는 데 있다고 보는 것이 타당하므로 행정쟁송의 제기 전에 한하여 치유가 가능한 것으로 보아야 할 것이다. 판례도 이러한 입장이다.

Ⅲ. 신청에 의한 처분의 절차

① **처분의 신청**: 행정청에 대하여 처분을 구하는 신청은 문서로 하여야 한다. 다만, 다른 법령 등에 특별한 규정이 있는 경우와 행정청이 미리 다른 방법을 정하여 공시한 경우에는 그러하지 아니하다(제17조 제1항).

② **신청의 접수**: 행정청은 신청을 받았을 때에는 다른 법령 등에 특별한 규정이 있는 경우를 제외하고는 그 접수를 보류 또는 거부하거나 부당하게 되돌려 보내서는 아니되며, 신청을 접수한 경우에는 신청인에게 접수증을 주어야 한다. 다만, 대통령령으로 정하는 경우에는 접수증을 주지 아니할 수 있다(제4항).

③ **신청서의 보완**: 행정청은 신청에 구비서류의 미비 등 흠이 있는 경우에는 보완에 필요한 상당한 기간을 정하여 지체 없이 신청인에게 보완을 요구하여야 한다(제5항).

④ **신청의 처리**: 행정청은 다수의 행정청이 관여하는 처분을 구하는 신청을 접수한 경우에는 관계 행정청과의 신속한 협조를 통하여 그 처분이 지연되지 아니하도록 하여야 한다(제18조). 행정기관의 장은 민원인이 신청한 민원사항의 처리 결과를 민원인에게 문서로 통지하여야 한다. 다만, 대통령령으로 정하는 경우에는 구술 또는 정보통신망으로 통지할 수 있다. 이 경우 민원인이 요청할 때에는 지체 없이 처리 결과에 관한 문서를 내주어야 한다(민원사무처리에 관한 법률 제15조 제1항). 행정기관의 장은 제1항에 따라 처리 결과를 통지할 때에 민원인의 신청을 거부하는 경우에는 거부 이유와 구제절차를 함께 통지하여야 한다(제2항).

Ⅳ. 의견진술절차(의견청취절차)

1. 의견진술절차의 의의

행정처분을 함에 있어서 이해관계인에게 의견진술의 기회를 주는 것은 행정절차의 핵심적 요소이다. 특히 침해적 처분의 상대방에게 방어의 기회를 주는 것은 자연적 정의의 원칙으로부터 요청되는 것이며 이해관계인의 권익의 보호를 위하여 필요한 것이다. 또한 행정청으로서는 이해관계인의 의견진술을 들음으로써 처분과 관련한 문제상황(사실관계 및 이해관계)을 정확히 파악할 수 있고 이를 통하여 적정한 처분을 내릴 수 있다.

2. 의견진술절차의 종류

(1) 의견제출

행정절차법은 의견제출을 '행정청이 어떠한 행정작용을 하기 전에 당사자 등이 의견을 제시하는 절차로서 청문이나 공청회에 해당하지 아니하는 절차'를 의미하는 것으로 정의하고 있다(제2조 제7호). 즉, 의견제출이라 함은 행정청이 어떠한 행정작용을 하기에 앞서 당사자 등이 단순하게 의견을 제시하는 절차를 말한다. 청문에 비하여 절차가 간단한 절차이다. 이러한 점에서 의견제출절차를 약식 의견진술절차라고 할 수 있다.

행정절차법은 행정청이 당사자에게 의무를 과하거나 권익을 제한하는 처분을 함에 있어서 청문을 실시하거나 공청회를 개최하는 경우외에는 당사자등에게 의견제출의 기회를 주어야 한다고 규정하고 있다(제22조 제3항).

(2) 청 문

1) 의 의

청문이라 함은 '행정청이 어떠한 처분을 하기 전에 당사자 등의 의견을 직접 듣고 증거를 조사하는 절차'를 말한다(제2조 제5호). 청문이라 함은 당사자 등의 의견을 들을 뿐만 아니라 증거를 조사하는 의견진술절차를 말한다(제2조 제5호).

2) 인정범위

행정청이 처분을 할 때 다음의 어느 하나에 해당하는 경우에는 청문을 한다(제22조 제1항).

① 다른 법령등에서 청문을 하도록 규정하고 있는 경우(의무적 청문), ② 행정청이 필요하다고 인정하는 경우(임의적 청문), ③ 인허가 등의 취소, 신분·자격의 박탈, 법인이나 조합 등의 설립허가의 취소시 제21조 제1항 제6호에 따른 의견제출기한 내에 당사자등의 신청이 있는 경우(신청에 의한 청문).

일반적으로 말하면 처분으로 처분의 상대방 등이 중요한 불이익을 받게 되는 경우에는 적법절
차의 원칙상 청문을 하여야 한다.

3) 청문절차의 결여

관례는 청문절차의 결여를 취소사유에 해당한다고 보고[대판 2001.4.13, 2000두3337(영업허가
취소처분취소); 대판 2007.11.16, 2005두15700(주택조합설립인가취소처분취소)], 행정청과 당사자
사이의 합의에 의해 청문의 실시 등 의견청취절차를 배제하여도 청문의 실시에 관한 규정의 적
용이 배제되지 않으며 청문을 실시하지 않아도 되는 예외적인 경우에 해당하지 않는다고 본다
[대판 2004.7.8, 2002두8350(유희시설조성사업협약해지 및 사업시행자지정 거부처분취소)].

(3) 공청회

1) 의 의

공청회라 함은 '행정청이 공개적인 토론을 통하여 어떠한 행정작용에 대하여 당사자 등, 전문
지식과 경험을 가진 사람, 그 밖의 일반인으로부터 의견을 널리 수렴하는 절차'를 말한다(제2조
제6호). 공청회는 통상 행정작용과 관련이 있는 이해관계인이 다수인 경우에 행해지는 의견청취
절차이다. 또한 공청회에는 의견제출절차나 청문절차와 달리 전문지식을 가진 자 및 일반국민
등도 참여하는 경우가 많다.

2) 공청회의 개최요건 등

공청회는 다음과 같은 경우에 한하여 예외적으로 인정되고 있다. ① 다른 법령 등에서 공청회
를 개최하도록 규정하고 있는 경우, ② 해당 처분의 영향이 광범위하여 널리 의견을 수렴할 필요
가 있다고 행정청이 인정하는 경우, ③ 국민생활에 큰 영향을 미치는 처분으로서 대통령령으로
정하는 처분[1. 국민 다수의 생명, 안전 및 건강에 큰 영향을 미치는 처분, 2. 소음 및 악취 등 국민의 일
상생활과 관계되는 환경에 큰 영향을 미치는 처분. 다만, 행정청이 해당 처분과 관련하여 이미 공청회를
개최한 경우는 제외(동법 시행령 제13조의3 제1항)]의 경우 대통령령으로 정하는 수[**30명**(동법 시행
령 제13조의3 제3항)] 이상의 당사자등이 공청회 개최를 요구하는 경우(제22조 제2항).

제3항 신 고

신고라 함은 사인이 행정기관에게 일정한 사항에 대하여 통지하는 행위를 말한다. 신고에는
의무적인 것과 임의적인 것이 있다. 행정절차법의 규율대상이 되는 신고 즉, '법령 등에서 행정

청에 일정한 사항을 통지함으로써 의무가 끝나는 신고'(제40조 제1항)는 자기완결적 신고이다. 그러나 행정절차법 제40조 제3항과 제4항은 수리를 요하는 신고에도 준용된다고 보아야 한다.

제4절 절차의 하자

Ⅰ. 절차의 하자의 독자적 위법사유(취소 또는 무효사유)

행정처분에 절차상 위법이 있는 경우에 절차상 위법이 당해 행정처분의 독립된 위법사유(취소 또는 무효사유)가 되는가. 달리 말하면, 법원은 취소소송의 대상이 된 처분이 절차상 위법한 경우 당해 처분의 실체법상의 위법 여부를 따지지 않고 또는 실체법상 적법함에도 불구하고 절차상의 위법만을 이유로 취소 또는 무효확인할 수 있는가.

1. 소극설

절차상 하자만을 이유로 하여서는 행정처분의 무효를 확인하거나 또는 행정처분을 취소할 수 없고, 내용상 하자가 있어야 취소 또는 무효확인할 수 있다는 소극설의 주된 논거는 다음과 같다: 법원이 절차상 하자를 이유로 취소하더라도 행정청은 절차의 하자를 치유하여 동일한 내용의 처분을 다시 할 수 있으므로 절차상의 하자만을 이유로 취소하는 것은 행정상 및 소송상 경제에 반한다.

2. 적극설

이에 대하여 절차상 하자만을 이유로 행정처분의 무효를 확인하거나 행정처분을 취소할 수 있다는 적극설의 주된 논거는 다음과 같다.

① 행정소송법상 취소판결 등의 기속력이 절차의 위법을 이유로 취소되는 경우에 준용된다(행정소송법 제30조 제3항).

② 소극설을 취하는 경우에는 절차적 규제가 유명무실해질 우려가 있다. 행정절차의 실효성을 보장하기 위하여는 절차상의 하자를 독립된 취소사유로 보아야 한다.

③ 재량처분의 경우 적법한 절차를 거쳐 다시 처분을 하는 경우 반드시 동일한 내용의 처분을 반복한다고 말할 수 없다. 적법한 절차를 거치는 경우에 처분의 내용이 달라질 수 있다.

3. 절충설

절차의 하자가 독립된 무효 또는 취소사유가 될 수 있는가에 관하여 경우에 따라서 독립된 취소사유로 보거나 보지 않는 절충적 견해가 있다.

(1) 제1설

기속행위의 경우에는 행정절차가 실체적 판단에 영향을 미칠 수 없으므로 절차의 하자를 독립된 위법사유로 보지 않고, **재량행위**에 있어서는 행정청은 기본 처분과 다른 처분을 할 수도 있으므로 절차상의 위법사유가 독자적인 위법사유가 된다고 본다.

(2) 제2설

기속행위와 재량행위를 구별하여 **기속행위의 경우**에는 행정절차가 실체적 판단에 영향을 미칠 수 없으므로 절차의 하자가 독립된 위법사유가 되지 않는다고 보고, **재량행위의 경우**에는 절차의 하자가 행정청의 실체적 결정에 영향을 미칠 수 있는 경우에 한하여 독립된 위법사유가 된다고 보는 견해이다. 독일이나 프랑스법이 대체로 이러한 입장에 있는 것으로 보인다.

기속행위의 경우 절차의 하자를 독립된 위법사유로 보지 않는 것은 절차가 행정행위의 실체상의 내용에 어떠한 영향도 미칠 수 없기 때문이고, 재량행위의 경우 절차의 하자가 행정청의 실체적 결정에 영향을 미칠 수 없는 경우에는 절차를 거쳐 처분을 하여도 동일한 내용의 처분을 다시 내릴 수 있기 때문에 **행정 및 소송경제상** 절차의 하자를 취소사유로 보지 않는 것이다.

4. 판 례

판례는 재량행위뿐만 아니라 기속행위에 있어서도 적극설을 취하고 있다.

5. 결 어

현행 행정소송법이 절차의 위법을 이유로 한 취소판결을 인정하고 있으므로(행정소송법 제30조 제3항) 현행법상 부정설은 타당하지 않다.

행정기관의 절차경시의 사고가 강한 현재의 상황하에서 절차의 하자를 독립된 취소사유로 봄으로써 절차중시행정을 유도하는 것이 타당하므로 적극설이 타당하다.

다만, 국민의 절차적 권리를 크게 침해하지 않는 경미한 절차의 하자는 하자가 치유되므로 취소사유가 되지 않는다고 보아야 한다. 이에 대하여 하자가 경미한 것은 하자의 치유사유가 아니라 취소의 제한사유로 보아야 한다는 견해가 있다(김동희, 314면).

II. 절차의 하자의 치유

절차의 하자의 치유는 전술한 바와 같다(하자의 치유 참조).

제10장

정보공개제도

Ⅰ. 의 의

정보공개제도라 함은 공공기관(특히 행정기관)이 보유하고 있는 정보를 일부 비공개로 하여야 할 정보를 제외하고는 누구에게나 청구에 응해서 열람·복사·제공하도록 하는 제도를 말한다.

엄격한 의미의 정보공개는 국민의 청구에 의해 공개되는 경우를 지칭하고 또한 그 공개가 의무지워지는 경우를 가리킨다. 그리고 행정기관이 적극적으로 정보를 제공하는 적극적 정보제공을 포함하여 광의의 정보공개라 할 수 있다.

행정절차의 일환으로 정보가 공개되는 경우가 있다(행정절차법 제20조, 제37조 제1항, 제42조 제3항).

Ⅱ. 정보공개의 법적 근거

1. 정보공개의 법적 근거

(1) 헌법적 근거

정보공개청구권은 알 권리의 한 요소를 이루며 알 권리는 표현의 자유에 포함된다고 보는 것이 헌법재판소의 입장이다.

(2) 실정법률의 근거

정보공개청구권을 구체적으로 보장하기 위하여 '공공기관의 정보공개에 관한 법률'이 제정·시행되고 있다.

Ⅲ. 정보공개의 내용

1. 정보공개청구권자

'모든 국민'은 정보의 공개를 청구할 권리를 가진다(제5조 제1항). 정보공개청구권이 인정되는 '모든 국민'에는 자연인뿐만 아니라 법인, 권리능력 없는 사단·재단도 포함되고, 법인과 권리능력 없는 사단·재단 등의 경우에는 설립목적을 불문한다. 정보공개청구는 이해관계가 없는 공익을 위한 경우(예 시민단체의 정보공개청구 등)에도 인정된다[대판 2003.12.12, 2003두8050(사본공개

거부처분취소) 〈충주환경운동연합사건〉].

지방자치단체는 정보공개법 제5조에서 정한 정보공개청구권자인 '국민'에 해당되지 아니한다 [서울행법 2005.10.2, 2005구합10484(서울특별시 송파구가 서울특별시 선거관리위원회를 상대로 제기한 정보비공개처분 취소청구소송)].

2. 정보공개의 대상

정보공개의 대상이 되는 정보는 '공공기관이 보유·관리하는 정보'이다(제3조).

'공공기관'이라 함은 국가기관 ① 국회, 법원, 헌법재판소, 중앙선거관리위원회, ② 중앙행정기관(대통령 소속 기관과 국무총리 소속 기관을 포함한다) 및 그 소속 기관, ③ 「행정기관 소속위원회의 설치·운영에 관한 법률」에 따른 위원회, 지방자치단체, 「공공기관의 운영에 관한 법률」 제2조에 따른 공공기관, 그 밖에 대통령령으로 정하는 기관을 말한다(제2조 제3호).

'정보'라 함은 공공기관이 직무상 작성 또는 취득하여 관리하고 있는 문서(전자문서를 포함한다)·도면·사진·필름·테이프·슬라이드 및 그 밖에 이에 준하는 매체 등에 기록된 사항을 말한다(제2조 제1호).

3. 비공개대상 정보

① 다른 법률 또는 법률이 위임한 명령(국회규칙·대법원규칙·헌법재판소규칙·중앙선거관리위원회규칙·대통령령 및 조례에 한한다)에 의하여 비밀로 유지되거나 비공개사항으로 규정된 정보.

② 국가안전보장·국방·통일·외교관계 등에 관한 사항으로서 공개될 경우 국가의 중대한 이익을 현저히 해할 우려가 있다고 인정되는 정보.

③ 공개될 경우 국민의 생명·신체 및 재산의 보호에 현저한 지장을 초래할 우려가 있다고 인정되는 정보.

④ 진행중인 재판에 관련된 정보와 범죄의 예방, 수사, 공소의 제기 및 유지, 형의 집행, 교정, 보안처분에 관한 사항으로서 공개될 경우 그 직무 수행을 현저히 곤란하게 하거나 형사피고인의 공정한 재판을 받을 권리를 침해한다고 인정할 만한 상당한 이유가 있는 정보.

⑤ 감사·감독·검사·시험·규제·입찰계약·기술개발·인사관리에 관한 사항이나 의사결정 과정 또는 내부검토 과정에 있는 사항 등으로서 공개될 경우 업무의 공정한 수행이나 연구·개발에 현저한 지장을 초래한다고 인정할 만한 상당한 이유가 있는 정보. 다만, 의사결정 과정 또는 내부검토 과정을 이유로 비공개할 경우에는 의사결정 과정 및 내부검토 과정이 종료되면 제10조에 따른 청구인에게 이를 통지하여야 한다.

관례는 위원회 회의록의 공개에 관하여 의사결정전(의사결정과정 중)뿐만 아니라 의사결정 후에도 의사결정과정에 준하는 것으로 보아 '공개될 경우 업무의 공정한 수행에 현저한 지장을 초래한다고 인정할 만한 상당한 이유가 있는 경우' 비공개대상정보로 본다.

⑥ 해당 정보에 포함되어 있는 이름·주민등록번호 등 개인에 관한 사항으로서 공개될 경우 사생활의 비밀 또는 자유를 침해할 우려가 있다고 인정되는 정보(다만, 다음에 열거한 개인에 관한 정보를 제외한다. 가. 법령에서 정하는 바에 따라 열람할 수 있는 정보, 나. 공공기관이 공표를 목적으로 작성하거나 취득한 정보로서 개인의 사생활의 비밀 또는 자유를 부당하게 침해하지 아니하는 정보, 다. 공공기관이 작성하거나 취득한 정보로서 공개하는 것이 공익 또는 개인의 권리구제를 위하여 필요하다고 인정되는 정보, 라. 직무를 수행한 공무원의 성명·직위, 마. 공개하는 것이 공익을 위하여 필요한 경우로서 법령에 의하여 국가 또는 지방자치단체가 업무의 일부를 위탁 또는 위촉한 개인의 성명·직업).

⑦ 법인·단체 또는 개인(이하 '법인 등'이라 한다)의 경영·영업상 비밀에 관한 사항으로서 공개될 경우 법인 등의 정당한 이익을 현저히 해할 우려가 있다고 인정되는 정보(다만, 다음에 열거한 정보를 제외한다. 가. 사업활동에 의하여 발생하는 위해로부터 사람의 생명·신체 또는 건강을 보호하기 위하여 공개할 필요가 있는 정보, 나. 위법·부당한 사업활동으로부터 국민의 재산 또는 생활을 보호하기 위하여 공개할 필요가 있는 정보). 단서에 해당하는 정보의 공개에 있어서는 당해 법인의 이익과 정보공개이익을 이익형량하여야 한다.

⑧ 공개될 경우 부동산 투기·매점매석 등으로 특정인에게 이익 또는 불이익을 줄 우려가 있다고 인정되는 정보.

[정보공개쟁송]

Ⅰ. 필요성

정보공개청구에 대한 공공기관의 비공개결정에 대한 불복절차로 이의신청, 행정심판 및 행정
소송이 있다.

그런데 정보가 공개됨으로 인하여 제3자의 권익이 침해되는 경우가 있다. 개인정보 또는 기업
비밀정보 등의 공개의 경우가 그러하다. 이 경우에는 제3자에게 정보의 공개를 저지할 수 있는
법적 수단이 마련되어야 한다.

Ⅱ. 비공개결정에 대한 청구인의 불복절차

청구인은 이의신청 또는 행정심판을 청구할 수 있고 직접 행정소송을 제기할 수도 있다[서울
행법 1999.2.25, 98구36292(정보비공개처분)]. 또한 청구인은 이의신청을 거쳐 행정심판을 제기할
수도 있고 직접 행정심판을 제기할 수도 있다.

1. 이의신청

청구인이 정보공개와 관련한 공공기관의 비공개 또는 부분공개의 결정에 대하여 불복이 있거
나 정보공개청구 후 2일이 경과하도록 정보공개결정이 없는 때에는 공공기관으로부터 정보공
개 여부의 결정통지를 받은 날 또는 정보공개 청구후 2일이 경과한 날부터 3일이내에 당해 공
공기관에 문서로 이의신청을 할 수 있다(법 제1조 제1항). 이의신청은 임의절차이며 행정심판이
아니다.

공공기관은 이의신청을 받은 날부터 10일이내에 그 이의신청에 대하여 결정하고 그 결과를
청구인에게 지체없이 문서로 통지하여야 한다. 다만, 부득이한 사유로 정하여진 기간이내에 결
정할 수 없을 때에는 그 기간이 끝나는 날의 다음날부터 기산하여 일의 범위에서 연장할 수 있으
며, 연장사유를 청구인에게 통지하여야 한다(법 제1조 제3항). 공공기관은 이의신청을 각하 또는
기각하는 결정을 한 경우에는 청구인에게 행정심판 또는 행정소송을 제기할 수 있다는 사실을
제3항에 따른 결과통지와 함께 알려야한다(제4항).

2. 행정심판

청구인이 정보공개와 관련한 공공기관의 결정에 대하여 불복이 있거나 정보공개청구 후 2일이 경과하도록 정보공개결정이 없는 때에는 행정심판법에서 정하는 바에 따라 행정심판을 청구할 수 있다. 이 경우 국가기관 및 지방자치단체 외의 공공기관의 결정에 대한 감독행정기관은 관계중앙행정기관의 장 또는 지방자치단체의 장으로한다(법 제1조 제1항). 행정심판은 임의절차이다. 청구인은 제1조에 따른 이의신청절차를 거치지 아니하고 행정심판을 청구할 수 있다(제2항). 행정심판은 거부처분취소심판 또는 의무이행심판의 형식으로 제기된다.

정보공개심판의 경우 정보공개는 정보보유기관이 행하는 것이므로 성질상 행정심판위원회의 직접 처분은 불가능하다.

3. 행정소송

청구인이 정보공개와 관련한 공공기관의 결정에 대하여 불복이 있거나 정보공개청구 후 2일이 경과하도록 정보공개결정이 없는 때에는 행정소송법에서 정하는 바에 따라 행정소송을 제기할 수 있다(법 제2조 제1항).

(1) 소송형식

정보공개청구소송은 일반항고소송(취소소송, 무효확인소송, 부작위위법확인소송)의 형식으로 제기된다.

정보공개청구소송에서 이해관계를 묻지 않고 원고적격을 인정하는 점에 근거하여 정보공개청구소송이 민중소송이라는 견해도 있으나 법상 인정된 정보공개청구권이 침해되었다는 것에 근거하여 원고적격이 인정되는 것이므로 항고소송으로 보는 것이 타당하다.

(2) 처분성

정보공개청구권자의 정보공개신청에 대한 거부는 행정소송의 대상이 되는 거부처분이다. 그러나 정보공개청구권이 없는 자이 정보공개신청에 대한 거부는 신청권이 없는 신청에 대한 거부이므로 행정소송의 대상이 되는 거부처분에 해당하지 아니한다.

(3) 원고적격

정보공개청구권은 법률상 보호되는 구체적인 권리이므로 정보공개청구권이 있는 자는 개인적인 이해관계와 관계없이 공개거부로 그 권리를 침해받은 것이므로 당연히 공개거부를 다툴 원고적격을 갖는다(대판 2004.8.20, 2003두8320, 충북 참여자치 시민연대의 원고적격을 인정한 사례).

(4) 소의 이익

공공기관이 그 정보를 보유·관리하고 있지 아니한 경우에는 특별한 사정이 없는 한 정보공개 거부처분의 취소를 구할 법률상의 이익(소의이익)이 없다[대판 2006.1.13, 2003두9459(행정정보비 공개결정처분취소)]. 따라서, 공공기관이 공개를 구하는 정보를 보유·관리하고 있지 아니한 경우 그 부분에 대해서는 소각하판결을 내려야 한다[대판 2006.1.13, 2003두9459(행정정보비공개결정 처분취소)]. 청구인이 정보공개거부처분의 취소를 구하는 소송에서 공공기관이 청구정보를 증거 등으로 법원에 제출하여 법원을 통하여 그 사본을 청구인에게 교부 또는 송달되게 하여 결과적 으로 청구인에게 정보를 공개하는 셈이 되었다고 하더라도, 이러한 우회적인 방법은 정보공개 법이 예정하고 있지 아니한 방법으로서 정보공개법에 의한 공개라고 볼 수는 없으므로, 당해 정 보의 비공개결정의 취소를 구할 소의 이익은 소멸되지 않는다(대판 2004.3.26, 2002두6583; 대판 2015.12.15, 2012두11409, 11416).

(5) 비공개 열람·심사

재판장은 필요하다고 인정하면 당사자를 참여시키지 아니하고 제출된 공개청구정보를 비공 개로 열람·심사할 수 있다(제2조 제2항). 그러나 재판장은 행정소송의 대상이 제9조 제1항 제2 호의 규정에 따른 정보 중 국가안전보장·국방 또는 외교관계에 관한 정보의 비공개 또는 부분 공개 결정처분인 경우에 공공기관이 그 정보에 대한 비밀지정의 절차, 비밀의 등급·종류 및 성 질과 이를 비밀로 취급하게 된 실질적인 이유 및 공개를 하지 아니하는 사유 등을 입증하면 해당 정보를 제출하지 아니하게 할 수있다(제2조 제3항).

(6) 일부취소판결

정보공개거부취소소송에서 공개정보와 비공개정보를 분리할 수 있는 경우에는 분리되는 공개 정보에 대응하여 일부 취소판결을 내려야한다(제14조).

(7) 간접강제

정보공개 거부처분 취소판결이 확정되었음에도 해당 정보를 계속 공개하지 않는 경우 현행 행 정심판법 및 행정소송법상 간접강제제도에 의해 공개지연기간에 따라 일정한 배상을 할 것을 명하거나 즉시 손해배상을 할 것을 명할 수 있다.

(8) 가구제

정보공개거부에 대해서는 집행정지가 인정되지 않는다. 가처분이 가능하다는 견해가 있지만,

정보공개거부의 가처분은 본안소송을 대체하는 것이므로 가처분은 인정되지 않는다고 보아야 한다.

Ⅲ. 정보공개에 대하여 이해관계 있는 제3자의 보호수단

[문 제] 개인정보가 포함된 정보의 공개신청에 대하여 이해관계 있는 甲이 비공개요청을 하였음에도 행정기관이 공개 사유를 명시하여 甲에게 공개하기로 결정하였음을 통지한 경우에 甲의 권리구제방안을 논하시오.

비공개정보 중 기업비밀과 개인정보와 같이 공개되는 경우에 제3자의 권익이 침해되는 경우가 있다. 기업비밀과 개인정보 등은 비공개정보이지만 공개될 가능성이 전혀 없는 것이 아니며 만일 공개된다면 제3자의 권익이 침해되게 된다. 따라서 정보공개에 대하여 이해관계있는 제3자가 이해관계 있는 정보의 공개를 막을 수 있는 수단을 갖도록 하는 것이 형평의 원칙에 맞는다.

1. 정보공개법상 보호수단

(1) 공개청구된 사실의 통보 및 비공개요청권

공공기관은 공개청구된 공개대상 정보의 전부 또는 일부가 제3자와 관련이 있다고 인정할 때에는 그 사실을 제3자에게 지체없이 통지하여야 하며, 필요한 경우에는 그의 의견을 들을 수 있다(법 제11조 제3항). 공개청구된 사실을 통지받은 제3자는 그 통지를 받은 날부터 3일 이내에 해당 공공기관에 대하여 자신과 관련된 정보를 공개하지 아니할 것을 요청할 수 있다(법 제21조 제1항).

(2) 공개통지 및 행정쟁송제기권

제1항에 따른 비공개요청에도 불구하고 공공기관이 공개결정을 하는 때에는 공개결정 이유와 공개실시일을 분명히 밝혀 지체없이 문서로 통지하여야 하며, 제3자는 해당 공공기관에 문서로 이의신청을 하거나 행정심판 또는 행정소송을 제기할 수 있다. 이 경우 이의신청은 통지를 받은 날부터 7일이내에 하여야한다(법 제21조 제2항).

1) 처분성
정보공개의 결정·통보를 처분(행정행위)으로 보고 이에 대해 이의신청, 행정심판 또는 행정소송을 제기할 수 있다.

정보공개결정·통보를 비공개요청이라는 신청에 대한 거부처분으로 보는 견해가 있으나 위 비공개요청을 신청이라고 보는 것은 타당하지 않고, 거부처분에 대한 취소소송에서는 집행정지 신청이 인정되지 않는다는 문제가 있다.

2) 소의 이익과 집행정지 신청

정보는 일단 공개되면 취소할 이익이 없게 되므로 제3자의 이익을 보호하기 위하여는 정보공개를 사전에 막아야 한다. 정보가 일단 공개되면 구제가 불가능하다. 따라서 이해관계 있는 제3자는 정보공개통보행위에 대한 취소소송과 함께 집행정지신청을 하여야 할 것이다. 입법론으로는 이 경우 집행정지를 원칙으로 하여야 할 것이다.

3) 예방적 금지소송의 가능성

정보공개통보행위의 처분성을 인정하지 않는 견해에 의하면 정보공개라는 권력적 사실행위의 금지를 구하는 예방적 금지소송의 가능성이 검토되어야 한다.

4) 공법상 당사자소송

현행법하에서도 공개의 금지를 구하는 당사자소송을 인정하고, 이 소송을 제기하여야 한다는 견해도 있다.

2. 행정소송법상 보호수단: 제3자의 소송참가

제3자에 관한 정보의 공개가 거부된 경우 정보공개 청구자가 공개거부 취소소송을 제기하면 이해관계있는 제3자는 소송참가가 가능하다.

[문제의 해결] 甲은 공개결정통보행위에 대해 이의신청, 행정심판 또는 취소소송을 제기할 수 있다. 공개결정통보행위의 처분성이 검토되어야 한다. 甲은 실효적인 권리구제를 위해 집행정지를 신청할 필요가 있다.

제4편 행정상 손해전보

제1장 개 설

'행정상 손해전보'라 함은 통상 국가작용에 의해 개인에게 가해진 손해의 전보를 의미한다. 행정상 손해전보라는 개념 대신에 행정상 손해보전, 국가보상이라는 개념을 사용하는 경우도 있다. 행정상 손해배상과 행정상 손실보상이 이에 해당한다.

제2장 행정상 손해배상

제1절 서 론

Ⅰ. 개 념

행정상 손해배상은 행정권의 행사에 의해 우연히 발생한 손해에 대한 국가 등의 배상책임을 말한다. 행정상 손해배상은 국가배상이라고도 한다.

행정상 손해배상은 과실책임(공무원의 위법·과실행위로 인한 책임), 영조물책임, 공법상 위험책임으로 구분하는 것이 타당하다.

Ⅱ. 국가배상책임의 근거

1. 헌법상 근거

헌법 제29조 제1항은 "공무원의 직무상 불법행위로 손해를 받은 국민은 법률이 정하는 바에 의하여 국가 또는 공공단체에 정당한 배상을 청구할 수 있다."라고 규정하고 있다.

2. 실정법률의 근거

국가배상법은 국가와 지방자치단체의 과실책임(제2조) 및 영조물책임(제5조)을 규정하고 있다.

국가나 지방자치단체의 손해배상 책임에 관하여는 국가배상법에 규정된 사항 외에는 「민법」에 따른다. 다만, 「민법」외의 법률에 다른 규정이 있을 때에는 그 규정에 따른다(국가배상법 제8조). 무과실책임인 공법상 위험책임이 인정되기 위해서는 법률의 근거가 있어야 한다.

Ⅲ. 국가배상책임(또는 국가배상법)의 성격

판례는 국가배상책임을 민사상 손해배상책임의 일종으로 보고, 국가배상법을 민법의 특별법으로 보고 있다(대판 1972.10.10, 69다701; 대판 1971.4.6, 70다2955). 그리고 국가배상청구소송을 민사소송으로 다루고 있다. 그러나 국가배상책임의 원인이 되는 행위가 공행정작용이라는 것과 국가배상책임의 문제가 공익과 관련이 있다는 것을 논거로 국가배상법을 공법으로 보고 국가배상책임을 공법상 책임으로 보는 견해가 행정법학자의 일반적 견해이다. 이 견해에 의하면 국가배상청구소송은 공법상 당사자소송으로 제기되어야 한다.

제2절 국가의 과실책임(국가배상법 제2조 책임):공무원의 위법행위로 인한 국가배상책임

제1항 개 념

국가의 과실책임이란 공무원의 과실 있는 위법행위로 인하여 발생한 손해에 대한 배상책임을 말한다. 국가배상법 제2조가 이를 규정하고 있다.

국가배상법 제2조 ① 국가나 지방자치단체는 공무원 또는 공무를 위탁받은 사인(이하 '공무원'이라 한다)이 직무를 집행하면서 고의 또는 과실로 법령을 위반하여 타인에게 손해를 입히거나, 자동차손해배상 보장법에 따라 손해배상의 책임이 있을 때에는 이 법에 따라 그 손해를 배상하여야 한다. 다만, 군인·군무원·경찰공무원 또는 향토예비군대원이 전투·훈련 등 직무 집행과 관련하여 전사·순직하거나 공상을 입은 경우에 본인이나 그 유족이 다른 법령에 따라 재해보상금·유족연금·상이연금 등의 보상을 지급받을 수 있을 때에는 이 법 및 「민법」에 따른 손해배상을 청구할 수 없다.
② 제1항 본문의 경우에 공무원에게 고의 또는 중대한 과실이 있으면 국가나 지방자치단체는 그 공무원에게 구상할 수 있다.

제2항 국가배상책임의 성립요건

국가배상법 제2조에 의한 국가배상책임이 성립하기 위하여는 ① 공무원이 직무를 집행하면서 타인에게 손해를 가하였을 것, ② 공무원의 가해행위는 고의 또는 과실로 법령에 위반하여 행하여졌을 것, ③ 손해가 발생하였고, 공무원의 불법한 가해행위와 손해 사이에 인과관계(상당인과관계)가 있을 것이 요구된다.

Ⅰ. 공무원

국가배상법 제2조는 '공무원 또는 공무를 위탁받은 사인'을 국가배상법상 공무원으로 규정하고 있다. '공무를 위탁받은 사인'은 공무수행사인을 말하고 공무수행사인에는 공무수탁사인, 공무대행사인, 행정보조자가 있다(행정조직법 권한의 위탁 참조). 그러므로 공무수탁사인도 국가배상법 제2조의 공무원으로 보아야 한다.

국가배상법 제2조상의 '공무원'은 국가공무원법 또는 지방공무원법상의 공무원 등 실질적으로 공무를 수행하는 자, 즉 **기능적 공무원**을 말한다.

공무를 위탁받은 공공단체는 공무수탁자이고 공무수탁사인은 아니지만, 공무수탁사인에 준하여 국가배상법 제2조의 공무원으로 보는 것이 타당하다. 그러나 **판례**는 공무를 위탁받은 공공단체 자체는 국가배상법 제2조의 공무원으로 보지 않았고, 공공단체의 직원을 국가배상법 제2조의 공무원으로 보았다.

Ⅱ. 직무행위

국가배상법 제2조가 적용되는 직무행위에 관하여 판례 및 다수설은 권력작용뿐만 아니라 비권력적 공행정작용을 포함하는 **모든** 공행정작용 및 입법작용과 사법(司法)작용을 의미한다고 본다. 이러한 '직무행위'에는 입법작용과 사법작용도 포함된다.

국가 또는 공공단체라 할지라도 공권력의 행사가 아니고 순전히 대등한 지위에서 사경제의 주체로 활동하였을 경우에는 그 손해배상의 책임에 국가배상법의 규정이 적용될 수 없고 민법이 적용된다. 다만, 이 중에서 영조물의 설치·관리의 하자로 인한 배상책임은 국가배상법 제5조에 따로 규정이 있으므로 국가배상법에 의해 규율된다.

Ⅲ. 직무를 집행하면서(직무관련성)

공무원의 불법행위에 의한 국가의 배상책임은 공무원의 가해행위가 직무집행행위인 경우뿐만 아니라 그 자체는 직무집행행위가 아니더라도 직무와 일정한 관련이 있는 경우, 즉 '직무를 집행하면서' 행하여진 경우에 인정된다. 그런데 '직무를 집행하면서'의 해석과 관련하여 종래의 통설은 외형설을 취하고 있다. 외형설에 의하면 직무집행행위뿐만 아니라 실질적으로 직무집행행위가 아니더라도 외형상 직무행위로 보여질 때에는 '직무를 집행하면서 한 행위'로 본다.

이와 관련하여 판례가 외형설만을 취한 것으로 보는 것이 다수견해이지만, 판례는 '외형적 직무관련'과 '실질적 직무관련' 중의 하나에만 해당하면 직무관련성을 인정하고 있다고 보는 것이 타당하다.

Ⅳ. 법령위반(위법)

국가배상법은 '법령 위반'을 요구하고 있는데, 학설은 일반적으로 국가배상법상의 '법령위반'이 위법 일반을 의미하는 것으로 보고 있고 판례도 그러하다(대판 1973.1.30, 72다2062). 그러나 국가배상 법상의 위법의 구체적 의미, 내용에 관하여 견해가 대립하고 있다.

1. '법령'의 의미

국가배상법은 '법령'위반을 요구하고 있는데, 여기에서 '법령'이 무엇을 의미하는지에 관하여 학설의 일반적 견해는 '법 일반'을 의미한다고 본다. 성문법령뿐만 아니라 관습법, 법의 일반원칙, 조리 등 불문법도 포함한다.

행정규칙은 법규성을 갖지 않는 한 법령에 포함되지 않는다는 견해가 일반적 견해이다.

2. 국가배상법상 위법 개념(위법의 일반적 판단기준)

(1) 결과불법설

결과불법설은 국가배상법상의 위법을 가해행위의 결과인 손해의 불법을 의미한다고 보는 견해이다. 결과불법설에서의 위법성의 판단은 국민이 받은 손해가 시민법상의 원리에 비추어 볼때 수인되어야 할 것인가(정당한 것인가)의 여부가 그 기준이 된다. 결과불법설은 민법상 불법행위책임에서는 통설이며 타당한 이론이지만, 법치행정의 원칙상 행위의 위법 여부를 논하여야하는 국가배상책임에서는 타당하지 않은 이론이다.

(2) 행위위법설

행위위법설은 국가배상법상의 위법은 행위의 '법규범'에의 위반을 의미한다고 보는 견해이다.

(3) 직무의무위반설

이 견해는 국가배상법상의 위법을 대국민관계에서의 공무원의 직무의무 위반으로 보는 견해이다. 공무원의 직무의무는 기본적으로 국가에 대한 공무원의 내부의무이므로 직무의무 위반만으로는 위법하다고 할 수 없고, 그 직무의무가 국민의 이익에 기여하는 경우에 한하여 그 위반이위법한 것이 된다고 한다. 즉, 직무의무의 사익보호성을 국가배상법상 위법의 요소로 본다(박종수, 488~491면).

(4) 상대적 위법성설

상대적 위법성설은 국가배상법상의 위법성을 행위의 적법·위법뿐만 아니라, 피침해이익의성격과 침해의 정도 및 가해행위의 태양 등을 종합적으로 고려하여 행위가 객관적으로 정당성을 결여한 경우를 의미한다고 보는 견해이다. 상대적 위법성설은 피해자와의 관계에서 상대적으로 위법성을 인정한다.

상대적 위법성설은 일본의 다수설과 판례의 입장이다. 상대적 위법성설은 국가배상책임은 손해전보에 중점이 있으므로 국가배상법상 위법의 판단에서는 행위의 위법·적법과 함께 피침해 이익을 고려하여야 한다는 데 근거한다.

(5) 판 례

① 국가배상책임에 있어서 법령 위반(위법)이라 함은 엄격한 의미의 법령 위반뿐 아니라 인권 존중, 권력남용금지, 신의성실과 같이 공무원으로서 마땅히 지켜야 할 준칙이나 규범을 지키지 않고 위반한 경우를 포함하여 널리 그 행위가 객관적인 정당성을 결여하고 있음을 뜻하는 것이다(대판 2020.4.29, 2015다224797 등).

② 판례는 행위위법설을 취한 경우도 있고, 상대적 위법성설을 취한 경우도 있다. 행위위법설을 취한 경우에는 가해행위의 법에의 위반을 위법으로 보고 있다. 그리고 명문의 규정이 없는 경우에도 일정한 경우 공무원의 조리상 손해방지의무를 인정하고 있다(대판 2000.11.10, 2000다26807; 대판 1998.8.25, 98다16890). 특히 국민의 생명, 신체, 재산 등에 대하여 절박하고 중대한 위험상태가 발생하였거나 발생할 우려가 있어서 국민의 생명, 신체, 재산 등을 보호하는 것을 본래적 사명으로 하는 국가가 초법규적·일차적으로 그 위험 배제에 나서지 아니하면 국민의 생명, 신체, 재산 등을 보호할 수 없는 경우에는 형식적 의미의 법령에 근거가 없더라도 국가나 관련 공무원에 대하여 그러한 위험을 배제할 작위의무를 인정할 수 있다(대판 2005.6.10, 2002다53995).

③ 상대적 위법성설을 지지한 것으로 보이는 판결도 적지 않다[대판 2000.5.12, 99다70600 「손해배상(기)」].

(6) 결 어

통상 위법이란 행위의 법위반을 말하므로 국가배상법상의 위법 개념에 관한 학설 중 행위위법설이 타당하다.

법률에 의한 행정의 원리의 실질적 내용을 이루는 인권보장의 측면에서 볼 때 공무원에게 직무상의 일반적 손해방지의무를 인정하는 것이 타당하다는 점, 헌법 제10조도 국가의 기본권 보장의 일반적 의무를 규정하고 있다는 점에서 국가배상에 있어서는 행위 자체의 관계법령에의 위반 뿐 만 아니라 행위의 태양의 위법, 즉 피침해이익과 관련하여 요구되는 공무원의 '직무상 손해방지의무 위반'으로서의 위법도 국가배상법상 위법이 된다.

3. 행정소송법상의 위법과 국가배상법상의 위법
(1) 위법의 인정영역

국가배상소송상의 위법이 문제되는 범위는 항고소송상 위법이 문제되는 범위보다 넓다. 즉, 항고소송에서의 위법판단은 행정처분(권력적 사실행위 포함)에 한정되는 반면에, 국가배상청구소송에서의 위법은 모든 공행정작용(비권력적 공행정작용 및 입법작용과 사법작용 포함)에 대하여 행하여진다.

그리고 권력적 사실행위가 항고소송의 대상이 될 수 있다할지라도 항고소송의 요건으로 소의 이익이 요구되므로 권력적 사실행위의 위법성이 항고소송에서 다투어지는 것은 예외적인 경우(계속적 성질을 갖는 권력적 사실행위의 경우)에 한정된다. 이에 반하여 국가배상소송에서는 법률행위보다도 사실행위에 의한 손해의 배상이 보다 빈번히 문제된다.

또한 국가배상소송에서는 공권력 행사 자체의 위법뿐만 아니라 행위의 태양(수단 또는 방법)의 위법이 또한 문제가 된다.

(2) 국가배상법상의 위법과 항고소송의 위법의 이동(異同)과 취소소송판결의 국가배상소송에 대한 기판력 [2010 사시, 2013 행정(일반)]

취소판결에 의해 인정된 처분의 위법성에 대한 기판력이 국가배상소송에서 가해행위의 위법성 판단에 미치는가하는 것이 문제된다.

1) 부정설

결과불법설 또는 상대적 위법성설에 따르는 경우에는 국가배상소송에서의 위법은 항고소송에서의 위법과 다른 개념이다. 따라서 취소소송 판결의 기판력이 당연히 국가배상소송에 미치게 되는 것은 아니다.

2) 긍정설

행위위법설을 따르는 경우에는 국가배상법상의 위법성을 항고소송에서의 위법과 달리 볼 아무런 근거가 없고, 따라서 동일한 행위의 위법이 문제되는 경우 취소소송 판결의 기판력은 당연히 국가배상소송에 미친다.

3) 판 례

판례는 **동일한 행위의 위법이 문제되는 경우 행위위법설을 취하는 경우**에는 취소소송판결의 기판력이 국가배상소송에 **미친다**고 보고, **상대적 위법성설을 취하는 경우**에는 **미치지 않는다**고 본다.

> **판례**
>
> **어떠한 행정처분이 후에 항고소송에서 취소된 경우 국가배상책임의 성립요건과 판단기준:**
> 행정처분 이후에 항고소송에서 위법하다고 판단되어 취소되더라도 그것만으로는 그 행정처분이 공무원의 고의나 과실에 의한 불법행위라고 단정할 수 없지만, 그러한 행정처분이 보통 일반의 공무원을 표준으로 하여 볼 때 담당공무원이 객관적 주의의무를 소홀히 함으로써 객관적 정당성을 상실하게 된 경우라고 볼 수 있는 경우에는 공무원의 과실에 의한 불법행위가 성립한다고 할 것이므로 국가배상법 제2조 소정의 국가배상책임이 있다. 이때 행정처분이 객관적 정당성을 상실하였는지 여부는 그 행위의 태양과 목적, 피해자의 관여 여부 및 관여의 정도, 침해된 이익의 종류와 손해의 정도 등 여러 사정을 종합하여 판단하되, 손해의 전보책임을 국가 또는 지방자치단체가 부담할 만한 실질적 이유가 있는지도 살펴보아야 한다(대판 2012.5.24, 2011다8539).
> 〈해설〉상대적 위법성설에 입각하여 객관적 정당성을 상실한 것을 위법으로 보고 있는 것으로 보인다.

5) 결어(개별적 판단설)

항고소송에서의 위법성 인정의 기판력은 **항고소송의 위법과 국가배상의 위법이 동일한 한에서 국가배상청구소송에서의 위법성 판단에 미치지만, 과실판단에는 미치지 않는다.** 위법이 동일하기 위하여는 위법의 대상이 되는 행위와 위법의 기준 및 내용이 동일하여야 한다.

> **판례 1**
>
> 개간허가 취소처분이 후에 행정심판 또는 행정소송에서 취소되었으나 담당공무원에게 객관적 주의의무를 결한 직무집행상의 과실이 없다는 이유로 국가배상책임을 부인한 사례(대판 2000.5.12, 99다70600).
> ① 국가배상소송에서 처분 자체의 위법이 문제된 경우에는 항고소송 판결의 기판력이 당연히 미친다.
> ② 공무원의 직무상 손해방지의무 위반으로서의 위법, 즉 행위의 태양의 위법이 문제되는 경우에는 항고소송상의 위법과 판단의 대상과 내용을 달리 하므로 항고소송판결의 기판력이 이 경우에는 미치지 않는다.
> ③ 상대적 위법성설을 취하는 경우 위법의 기준과 내용이 다르므로 취소판결의 기판력이 미치지 않는다.
> ④ 가해행위인 처분에 대해 취소판결이 내려진 경우에도 취소판결의 기판력은 불법행위의 인정에 까지는 미치지 않는다. 왜냐하면 불법행위가 인정되기 위하여는 가해행위가 위법할 뿐만 아니라 고의 또는 과실이 있어야 하기 때문이다(대판 2007.5.10, 2005다31828).

판례 2	어떠한 행정처분이 후에 항고소송에서 취소된 사실만으로 당해 행정처분이 곧바로 공무원의 고의 또는 과실로 인한 것으로서 불법행위를 구성한다고 단정할 수 있는지 여부(소극) 및 이 경우 국가배상책임의 성립 요건과 그 판단 기준: 어떠한 행정처분이 후에 항고소송에서 취소되었다고 할지라도 그 기관력에 의하여 당해 행정처분이 곧바로 공무원의 고의 또는 과실로 인한 것으로서 불법행위를 구성한다고 단정할 수는 없는 것이고, 그 행정처분의 담당공무원이 보통 일반의 공무원을 표준으로 하여 볼 때 객관적 주의의무를 결하여 그 행정처분이 객관적 정당성을 상실하였다고 인정될 정도에 이른 경우에 국가배상법 제2조 소정의 국가배상책임의 요건을 충족하였다고 봄이 상당할 것이며, 이 때에 객관적 정당성을 상실하였는지 여부는 피침해이익의 종류 및 성질, 침해행위가 되는 행정처분의 태양 및 그 원인, 행정처분의 발동에 대한 피해자측의 관여의 유무, 정도 및 손해의 정도 등 제반 사정을 종합하여 손해의 전보책임을 국가 또는 지방자치단체에 부담시켜야 할 실질적인 이유가 있는지 여부에 의하여 판단하여야 한다(대판 2000.5.12, 99다70600: 개간허가 취소처분이 후에 행정심판 또는 행정소송에서 취소되었으나 담당공무원에게 객관적 주의의무를 결한 직무집행상의 과실이 없다는 이유로 국가배상책임을 부인한 사례; 대판 2004.6.11, 2002다31018 등 참조). 〈해설〉 취소판결의 기관력은 처분이 위법하다는 것에만 미치며 공무원의 고의 또는 과실에는 미치지 않는다. 그런데 국가배상책임이 인정되기 위하여는 가해처분이 위법하여야 할 뿐만 아니라 공무원에게 고의 또는 과실이 있어야 한다.

Ⅴ. 고의 또는 과실

고의란 일정한 결과가 발생하리라는 것을 알면서도 행위를 행하는 것을 말한다. 과실이란 주의의무를 해태하여 위법한 결과를 초래하는 것을 말한다.

다수설 또는 판례에 의한 국가배상법상의 과실은 기본적으로 주관적 개념이다. 주관설은 과실을 '당해 직무를 담당하는 평균적 공무원이 통상 갖추어야 할 주의의무를 해태한 것'으로 본다.

공무원의 과실이 인정되기 위하여는 공무원에게 위험 및 손해 발생에 대한 예측가능성과 회피가능성(손해방지가능성)이 있어야 한다.

최근 내법원은 위법한 처분을 행함에 있어서 과실의 인정기준으로 객관적 주의의무를 결하여 처분이 객관적 정당성을 상실하였다고 인정될 정도에 이르러야 한다고 하고 있는데(대판 2011.1.27, 2009다30946), 이는 주의의무 위반에 추가하여 객관적 정당성의 결여를 요구하는 것으로 타당하지 않다.

Ⅵ. 손 해

공무원의 불법행위가 있더라도 손해가 발생하지 않으면 국가배상책임이 인정되지 않는다.

국가배상책임으로서의 '손해'는 민법상 불법행위책임에 있어서의 그것과 다르지 않다. 다만, 순수한 반사적 이익의 침해만으로는 손해가 발생하였다고 할 수 없다는 점을 지적해둔다.

예를 들면, 공익보호만을 목적으로 하는 엄격한 허가요건으로 인하여 기존업자가 받는 사실상 독점적 이익은 반사적 이익에 불과하므로 위법한 영업허가가 행하여짐으로써 그 동안 누렸던 사실상 독점적 이익을 상실하게 된 경우에 국가배상법상 손해를 입었다고 볼 수 없다는 이유로 국가배상책임을 인정하지 않을 수 있을 것이다.

Ⅶ. 인과관계

공무원의 불법행위와 손해 사이에 인과관계가 있어야 한다. 국가배상에서의 인과관계는 민법상 불법행위책임에서의 그것과 동일하게 상당인과관계가 요구된다.

다만, 판례는 **직무상 의무의 사익보호성**을 국가배상에서의 상당인과관계의 판단요소의 하나로 보는 경향이 있다.

제3절 영조물의 설치·관리의 하자로 인한 배상책임

국가배상법 제5조는 다음과 같이 영조물의 설치·관리의 하자로 인한 배상책임을 공무원의 불법행위로 인한 배상책임과 별도로 규정하고 있다.

제5조(공공시설 등의 하자로 인한 책임) ① 도로·하천, 그 밖의 공공의 영조물의 설치나 관리에 하자가 있기 때문에 타인에게 손해를 발생하게 하였을 때에는 국가나 지방자치단체는 그 손해를 배상하여야 한다. 이 경우 제2조제1항 단서, 제3조 및 제3조의2를 준용한다.
② 제1항을 적용할 때 손해의 원인에 대하여 책임을 질 자가 따로 있으면 국가나 지방자치단체는 그 자에게 구상할 수 있다.

국가배상법 제5조에 의한 국가배상책임이 성립하기 위하여는 '공공의 영조물'의 설치 또는 관리의 '하자'로 인하여 타인에게 손해가 발생하였을 것을 요한다.

제3장 행정상 손실보상

제1절 행정상 손실보상의 의의

　행정상 손실보상은 적법한 공권력 행사에 의해 국민에게 가해진 특별한 손실을 보상하여 주는 것을 의미한다.

　간접손실보상, 생명 또는 신체에 대한 적법한 침해로 인한 손실의 보상은 손실보상에 포함시키는 것이 타당하지만, 위법한 행위로 인한 손해의 전보는 손실보상의 문제가 아니라 국가배상의 문제로 보아야 한다.

제2절 행정상 손실보상의 근거

Ⅰ. 이론적 근거

　손실보상의 이론적 근거는 재산권보장과 공적 부담 앞의 평등원칙이라고 보는 것이 타당하다.

Ⅱ. 실정법상 근거

　헌법 제23조 제3항은 "공공필요에 의한 재산권에 대한 수용·사용·제한 및 그에 대한 보상은 법률로써 하되, 정당한 보상을 지급하여야 한다."라고 규정하고 있다.

　『공익사업을 위한 토지 등의 취득 및 보상에 관한 법률』(이하 '토지보상법'이라 한다. '공익사업법' 이라고 부르기도 한다)은 공익사업을 위한 토지수용의 근거 및 보상의 기준과 절차 등을 규정하고 있다.

　토지취득보상법 이외에 하천법, 소방기본법 등 개별법에서 공공필요에 의한 재산권침해에 대한 보상이 규정되고 있다.

제3절 행정상 손실보상의 요건

행정상 손실보상이 인정되기 위하여는 적법한 공용침해로 손실이 발생하였고, 당해 손실이 특별한 손해(희생)에 해당하여야 한다.

Ⅰ. 적법한 공용침해

적법한 공용침해라 함은 공공필요에 의하여 법률에 근거하여 가해진 국민의 권익에 대한 침해를 말한다.

1. 공공필요

재산권에 대한 수용·사용·제한은 공공필요가 있는 경우에 한하여 인정된다(헌법 제23조 제3항). 즉 공공필요는 수용의 정당화사유가 된다.

공공필요라는 개념은 공익이라는 개념과 비례의 원칙을 포함하는 개념이다.

2. 법률의 근거

공공의 필요만으로 수용이 가능한 것은 아니며 **법률유보의 원칙상 법률의 근거가 있어야 한다.** 토지보상법 제4조는 토지를 수용 또는 사용할 수 있는 사업을 열거하고 있다. 기타 개별 법률에 수용 또는 사용의 근거가 규정되어 있다.

법률의 근거가 있다 하더라도 공공의 필요가 없으면 수용은 인정될 수 없다.

3. 공용침해

공용수용·공용사용·공용제한을 포괄하여 공용침해라고 한다.

Ⅱ. 공용침해로 손실이 발생하였을 것

① 손실보상이 인정되기 위하여는 손해가 현실적으로 발생하였어야 한다[대판 2010.12.9, 2007두6571(손실보상재결신청기각결정취소등)].

② 판례는 공익사업과 손실 사이에 상당인과관계가 있어야 손실보상의 대상인 손실이 된다고 본다[대판 2009.6.23, 2009두2672(토지수용이의재결처분취소)]. 그러나 손실보상의 요건으로 공익사업과 손실 사이에 국가배상책임에서 요구되는 상당인과관계가 있을 것을 요구하는 것은 타당하지 않다. 상당인과관계 대신 '당해 손실이 공익사업(공용침해)으로부터 예견된

것일 것'을 손실보상의 한 요건으로 요구하는 것이 타당하다. 의도된 손실(직접손실)뿐만 아니라 의도되지는 않았지만 예견가능한 손실(간접손실, 수용적 침해)도 손실보상의 대상이 되지만, 예견가능하지 않은 손실은 손실보상의 대상이 되지 않는다고 보아야 한다.

Ⅲ. 특별한 희생(손해)

공공필요를 위한 재산권의 침해가 있는 경우에 손실보상이 되기 위하여는 그 침해로 인한 손실이 '특별한 희생(손해)'에 해당하여야 한다. 그 손해가 '재산권에 내재하는 사회적 제약'에 불과한 경우에는 재산권자가 수인하여야 한다고 보고 있다.

그 판단기준에 관하여 형식적 기준설, 실질적 기준설의 견해 대립이 있다.

형식적 기준설은 재산권의 침해가 모든 국민에 대하여 균등한 손해를 발생시킨 경우에는 평등의 원칙에 반하지 않으므로 원칙상 보상의 대상이 되지 않는 사회적 제약에 해당한다. 다만, 재산권 침해가 일반적인 경우에도 재산권의 본질적인 내용이 침해된 경우에는 특별한 희생이라고 보아야 한다.

재산권의 침해가 특정 범위의 사람에 대하여 가해진 경우에는 실질적 기준설에 따라 특별한 희생 여부를 판단하여야 한다. 이에는 사적 효용설(예 재산권이 제한되고 있는 상태에서도 사적인 효용이 유지되는지를 기준), 목적위배설(예 재산권의 이용목적 내지 기능에 위배되는지 여부를 기준), 상황구속설(예 토지 등의 재산권이 처한 특수한 상황을 고려), 수인한도설(예 수인가능성을 기준) 등이 있다.

통설은 형식적 기준설과 각 실질적 기준설이 일면의 타당성만을 갖는다고 보고, 형식적 기준설과 실질적 기준설(특히 사적 효용설, 목적위배설, 상황구속설, 수인한도설)을 종합하여 특별한 희생과 사회적 제약을 구별하여야 한다고 본다(복수기준설). 즉, 토지 등을 종래의 목적대로 사용할 수 없거나 재산권의 이용이 제한되었음에도 손실보상을 하지 않는 것이 가혹한 경우 특별희생에 해당한다.

제4절 보상액의 결정방법 및 불복절차

보상액은 협의매수시에는 사업시행자와 토지소유자 사이의 협의에 의해 결정되고, 강제수용의 경우에는 행정청 또는 소송에 의해 결정된다.

제1항 협의에 의한 결정

토지보상법은 협의전치주의를 취하고 있다. 즉, 사업인정을 받은 사업시행자는 보상에 관하여 토지소유자 및 관계인과 협의하여야 한다(제26조 제1항). 사업인정 이전에 임의협의절차를 거쳤으나 협의가 성립되지 아니하여 사업인정을 받은 사업으로서 토지조서 및 물건조서의 내용에 변동이 없는 때에는 협의절차를 거치지 아니할 수 있다. 다만, 사업시행자 또는 토지소유자 및 관계인이 협의를 요구하는 때에는 협의하여야 한다(제26조 제2항).

제2항 행정청에 의한 결정

Ⅰ. 토지보상법상 토지수용위원회의 재결에 의한 결정

1. 재결의 신청

토지보상법 제28조, 제30조에 따르면, **사업시행자만이 재결을 신청**할 수 있고 토지소유자와 관계인은 사업시행자에게 재결신청을 청구할 수 있다.

제26조의 규정에 의한 보상 등의 협의가 성립되지 아니하거나 협의를 할 수 없는 때(제26조 제2항 단서에 따른 협의의 요구가 없는 때를 포함한다)에는 사업시행자는 사업인정고시가 있은 날부터 1년 이내에 대통령령이 정하는 바에 따라 관할 토지수용위원회에 재결을 신청할 수 있다(제28조 제1항).

2. 토지수용위원회에 의한 보상금의 결정

토지수용위원회는 보상액을 재결의 형식으로 수용 등과 함께 결정한다(제50조). 토지수용위원회의 수용재결은 행정심판의 재결이 아니라 원행정행위의 성질을 갖는다.

국가 또는 시·도가 사업시행자인 사업과 수용 또는 사용할 토지가 2 이상의 시·도에 걸치는 사업에 관한 것은 중앙토지수용위원회의 관할에 속하고 그 이외의 사업(기초자치단체, 기타 사인 등이 사업시행자인 사업)에 관한 것은 지방토지수용위원회의 관할에 속한다(토지취득보상법 제51조).

Ⅱ. 개별법령상 행정청 등의 처분에 의한 결정

개별법에서 행정청 또는 토지수용위원회가 보상금을 결정하도록 규정하고, 특별한 불복절차가 규정되지 않은 경우 개별 법률의 근거가 있어야 보상금증감청구소송이 인정된다는 일반적 견해에 의하면 당해 행정청 등의 보상금의 결정은 처분이므로 행정심판법상의 행정심판(취소심판) 및 행정소송법상의 행정소송(취소소송)의 대상이 된다[대판 2003.4.25, 2001두1369(재결신청기각처분취소 등)].

개별법령에서 손실보상에 관하여 토지취득보상법을 준용하도록 규정하고 있는 경우에는 보상금결정에 대한 불복소송은 보상금증감청구소송에 의한다.

제3항 소송에 의한 결정

구체적 손실보상청구권이 법상 이미 발생하였다고 볼 수 있는 경우(예 구 하천법 부칙 제2조, 소방기본법 제25조 제4항)에 토지소유자 등은 손실보상청구권이 공권인 경우에는 공법상 당사자소송으로, 손실보상청구권이 사권인 경우에는 민사소송으로 직접 보상금지급을 청구할 수 있다.

이 경우 법원이 직접 손실보상액을 결정한다. 유추적용에 따라 손실보상청구권이 인정되는 경우에도 그러하다.

제5절 손실보상청구권

Ⅰ. 손실보상청구권의 공권성

손실보상청구권이 공권인지 사권인지 이론상 다툼이 있다.

1. 사권설

손실보상청구권은 원인이 되는 공용침해행위와는 별개의 권리이며 기본적으로 금전지급청구권이므로 사법상의 금전지급청구권과 다르지 않다.

2. 공권설

손실보상청구권은 공권력 행사인 공용침해로 인하여 발생한 권리이며 공익성이 고려되어야 하므로 공권으로 보아야 한다.

3. 판 례

종전 판례는 손실보상청구권을 사권으로 보고 손실보상청구소송을 민사소송으로 보았다. 최근 대법원 전원합의체 판결[2006.5.18, 2004다6207(보상청구권확인)]은 하천법상 하천구역으로 편입된 토지에 대한 손실보상청구권을 공권으로 보고, 그 손실보상청구가 민사소송이 아니라 당사자소송의 대상이 된다고 판례를 변경하였다. 그러나, 판례는 아직도 「수산업법」 제81조의 규정에 의한 손실보상청구권이나 손실보상 관련 법령의 유추적용에 의한 손실보상청구권은 사권으로 보고 사업시행자를 상대로 한 민사소송의 방법에 의하여 행사하여야 한다고 하고 있다(대판 2001.6.29, 99다56468 ; 대판 2014.5.29, 2013두12478).

4. 결 어

손실보상청구권은 공권력행사로 인하여 발생한 권리이고 공익관련성이 있으므로 공권으로 보고, 손실보상청구소송은 공법상 당사자소송으로 보는 것이 타당하다.

제 2 부 행정쟁송법

제1편   행정쟁송 개설

Ⅰ. 행정쟁송의 의의

행정쟁송이라 함은 행정법관계에 있어서의 법적 분쟁을 당사자의 청구에 의하여 심리·판정하는 심판절차를 말한다.

오늘날 행정쟁송은 행정소송과 행정심판을 총칭하는 개념으로 사용하는 것이 타당하다. 그리고 헌법소원을 행정소송의 보충적인 권리구제제도로 볼 수 있으므로 헌법소원까지 포함하여 광의의 행정쟁송으로 부르는 것이 타당할 것이다.

Ⅱ. 행정쟁송의 종류

1. 행정심판과 행정소송

행정심판과 행정소송은 심판기관에 의해 구별된다. 행정심판은 행정기관이 심판하는 행정쟁송절차를 말하고, 행정소송은 법원이 심판하는 행정쟁송절차를 말한다.

2. 주관적 쟁송과 객관적 쟁송

쟁송의 목적에 따른 구별이다. 주관적 쟁송이라 함은 개인의 권리·이익의 구제를 주된 목적으로 하는 쟁송을 말한다. 이에 대하여 객관적 쟁송이라 함은 행정의 적법·타당성의 통제를 주된 목적으로 하는 쟁송을 말한다.

우리나라의 당사자소송은 주관적 소송이고, 기관소송과 민중소송은 객관적 소송이다. 항고쟁송(항고소송 및 행정심판)을 기본적으로 주관적 쟁송으로 보는 견해가 다수견해이지만, 항고쟁송은 주관쟁송적 성격과 함께 객관쟁송적 성격도 함께 갖고 있는 것으로 보는 것이 타당하다. 항고소송에서 처분의 위법성이 다투어지는 것은 객관소송적 측면이고, 법률상 이익이 침해될 것을 원고적격의 요소로 요구하는 것은 주관소송적 측면이다. 다만, 객관적 쟁송의 성격을 강하게 볼수록 원고적격과 소의 이익을 넓게 인정하게 되고, 주관적 쟁송의 성격을 강하게 볼수록 원고적격과 소의 이익을 좁게 인정하게 된다.

3. 정식쟁송과 약식쟁송

쟁송절차에 따른 구별이다. 정식쟁송이라 함은 심판기관이 독립된 지위를 갖는 제3자이고 당사자에게 구술변론의 기회가 보장되는 쟁송을 말하고, 약식쟁송이라 함은 이 두 요건 중 어느 하나라도 결여하거나 불충분한 쟁송을 말한다. 행정소송은 정식쟁송이고, 행정심판은 약식쟁송이다.

4. 항고쟁송과 당사자쟁송

항고쟁송은 일방적인 공권력 행사의 위법·부당을 다투는 쟁송이고, 당사자쟁송은 상호 대등한 당사자 상호간의 행정법상의 법률관계의 형성 또는 존부를 다투는 쟁송을 말한다. 행정심판과 항고소송은 항고쟁송이며 토지수용의 재결, 당사자소송은 당사자쟁송이다.

5. 민중쟁송과 기관쟁송

민중쟁송이라 함은 행정법규의 적법·타당한 적용을 확보하기 위하여 일반 민중에 의하여 제기되는 쟁송을 말한다. 선거인이 제기하는 선거소송 및 주민소송은 민중쟁송의 예이다.

기관쟁송이라 함은 국가 또는 공공단체의 기관 상호간의 분쟁을 해결하기 위하여 제기되는 쟁송을 말한다. 지방자치단체의 장에 의해 대법원에 제기되는 위법한 지방의회의 조례안재의결의 무효확인소송(지방자치법 제107조 제3항)은 기관소송의 예이다.

Ⅲ. 행정쟁송의 기능

행정쟁송은 행정통제 기능과 함께 권리구제 기능을 가진다. 행정쟁송이 이 두 기능 중에서 어디에 중점을 두고 있는가는 입법례 및 행정쟁송의 종류에 따라 다르다.

우리나라의 항고소송이 행정통제보다는 권리구제에 중점을 두고 있는 주관소송이라고 보는 견해가 다수견해이지만, 항고소송은 권리구제기능과 행정통제기능을 함께 갖고 있을 뿐만 아니라 주관소송적 성격과 객관소송적 성격을 함께 갖고 있는 것으로 보는 것이 타당하다.

공법상 당사자소송은 기본적으로 권리구제를 목적으로 하는 주관소송이다.

행정심판은 행정소송보다 행정통제 기능이 보다 강하다고 할 수 있다.

헌법소원은 국민의 권리(기본권)구제제도이기는 하지만 항고소송에 비하여 행정통제제도로서의 성격이 강하다고 할 수 있다.

Ⅳ. 행정쟁송제도

행정소송은 심판기관이 독립된 사법기관이고, 정식의 사법절차에 따른다. 행정소송의 심판기관을 일반법원(사법법원)으로 하는 입법례와 일반법원으로부터 독립된 행정법원으로 하는 입법례가 있다. 우리나라는 전자에 속한다(헌법 제107조 제2항). 다만, 행정소송의 공익성을 고려하여 행정소송을 민사소송과는 다른 특수한 소송절차를 정하는 행정소송법의 규율을 받도록 하고 있다.

행정심판의 심판기관은 행정기관이며 통상 정식의 사법절차보다 약식의 절차에 따른다. 헌법 제107조 제3항은 행정심판절차는 법률로 정하되, 사법절차에 준하는 절차가 되어야 한다고 규정하고 있다. 행정심판절차는 행정심판법과 각 개별법에 의해 규율되고 있다.

제2편   행정심판

제1장 행정심판의 의의

Ⅰ. 행정심판의 개념

행정심판이라 함은 행정청의 위법·부당한 처분 또는 부작위에 대한 불복에 대하여 행정기관이 심판하는 행정심판법상의 행정쟁송절차를 말한다.

행정심판을 규율하는 법으로는 일반법인 행정심판법이 있고, 각 개별법률에서 행정심판법에 대한 특칙을 규정하고 있다. 각 개별법률에서는 행정심판에 대하여 이의신청(예 토지보상법상 이의신청), 심사청구 또는 심판청구(국세기본법 등), 재심의 판정(감사원법) 또는 재심요구 등의 용어를 사용하고 있다.

행정기관이 심판기관이 되는 행정불복절차 모두가 엄밀한 의미의 행정심판(행정심판법의 규율대상이 되는 행정심판)이 아니며 준사법적 절차가 보장되는 행정불복절차만이 행정심판이라고 보아야 할 것이다. 왜냐하면, 현행 헌법 제107조 제3항은 행정심판은 준사법적 절차가 되어야 한다고 규정하고 있고, 행정심판법은 행정심판을 규율하는 준사법적 절차를 규정하고 있기 때문이다.

Ⅱ. 행정불복과 행정심판

행정불복이라 함은 행정결정에 대한 불복으로서 불복심사기관이 행정기관인 것을 말한다. 행정불복에는 이의신청과 행정심판이 있다.

Ⅲ. 이의신청

1. 이의신청의 의의

이의신청은 통싱 처분청에 제기하는 처분에 대한 불복절차를 말한다. 개별법령상(예 국민기초생활보장법 제40조) 또는 실무상 처분청이 아닌 기관(예 상급기관)에 대한 불복절차를 이의신청으로 부르는 경우도 있다. 해당 행정청에 불복하는 경우에도 이의신청이 아니라 심사청구(예 국민연금법 제108조)라는 용어를 사용하는 경우도 있다.

제1장 행정심판의 의의 **273**

2. 행정심판인 이의신청과 '행정심판이 아닌 이의신청 등'과의 구별

[2010 감평사례]

이의신청 중에는 행정심판의 성질을 갖는 것도 있고, 행정심판이 아닌 것도 있다.

(1) 구별실익

① 행정심판법 적용여부: 행정심판법상의 행정심판의 성질을 갖는 이의신청에는 행정심판법이 적용되게 된다. 또한 당해 불복절차를 거친 후에는 다시 행정심판법상의 행정심판을 제기할 수 없다(행정심판법 제51조). 이에 반하여 행정심판법상의 **행정심판이 아닌 이의신청의 경우** 행정심판법이 적용되지 않고, 당해 이의신청을 거친 후에도 명문의 규정이 없는 경우에는 원칙상 **행정심판을 제기할 수 있다**[1].

② 이의신청에 대한 결정의 성질: 행정심판인 이의신청에 대한 결정은 행정심판의 재결의 성질을 갖는다. 그렇지만 **행정심판이 아닌 이의신청**에 대해 원처분을 취소 또는 변경하는 결정은 새로운 최종적 처분으로서 이의신청의 대상이 된 처분을 취소 또는 변경하는 처분이다. 다만, 이의신청의 대상이 된 기존의 처분을 그대로 유지하는 결정(기각결정)은 단순한 사실행위로서 아무런 법적 효력을 갖지 않고 항고소송의 대상이 되지 않는다.

③ 불복의 대상: 행정심판의 대상은 처분에 한정되지만 **이의신청의 대상은** 처분에 한정되지 않고 **행정기관의 모든 결정**이 이의신청의 대상이 될 수 있다. 다만, 행정기본법상 이의신청은 처분만을 대상으로 한다.

④ 불가변력 인정 여부: 행정심판의 재결은 준사법적 행위로서 불가변력이 발생한다. 행정심판이 아닌 이의신청은 준사법적 행위는 아니지만, 불복절차인 점에서 이의신청결정에 불가변력과 유사한 효력을 인정하는 것이 타당하다. 예를 들면, 과세처분에 관한 이의신청 절차에서 과세관청이 그 이의신청 사유가 옳다고 인정하여 과세처분을 직권으로 취소한 경우 특별한 사유 없이 이를 번복하여 종전과 동일한 내용의 처분을 하는 것은 허용될 수 없다. 다만, 납세자가 허위의 자료를 제출하는 등 부정한 방법에 기초하여 직권취소되었다는 등의 특별한 사유가 있는 경우에는 이를 번복하고 종전과 동일한 과세처분을 할 수 있다[대판 2017.3.9, 2016두56790(재산세부과처분취소)].

⑤ 처분사유의 추가·변경: 행정심판에서는 기본적 사실관계의 동일성이 있다고 인정되는 한도 내에서만 당초 처분의 근거로 삼은 사유와 다른 사유를 추가 또는 변경할 수 있지만 (대판

---

1) 개별 토지가격결정에 대하여 재조사청구를 하여 결과통지를 받은 후 다시 행정심판법 소정의 행정심판을 제기하여 그 재결을 거쳐 행정소송 을 제기하는 것이 가능하다는 판결이 있다(대판 1993.12.24, 92누17204).

2014.5.16, 2013두26118), **행정심판이 아닌 이의신청의 경우**에는 기본적 사실관계의 동일성이 없는 사유라고 할지라도 처분의 적법성과 합목적성을 뒷받침하는 **처분사유로 추가ㆍ변경할 수 있다**[대판 2012.9.13, 2012두3859(장해급여부지급결정처분취소)].

(2) 구별기준

개별법상 이의신청(행정불복)이 행정심판이 아닌 단순 이의신청(행정불복)인지 행정심판인 이의신청(행정불복)인지 여부를 판단하는 기준에 관하여 견해의 대립이 있다.

1) 학 설

가. 심판기관기준설

이 견해는 처분청 자체에 제기하는 이의신청(행정불복)을 행정심판이 아닌 이의신청으로 보고, 처분청의 직근상급행정청 또는 행정심판위원회에 제기하는 이의신청을 행정심판인 이의신청으로 보는 견해이다.

나. 불복절차기준설

이 견해는 헌법 제107조 제3항은 행정심판절차는 사법심판절차가 준용되어야 한다고 규정하고 있는 점 에 비추어 개별법률에서 정하는 이의신청 중 준사법절차가 보장되는 것만을 행정심판으로 보고, 그렇지 않은 것은 행정심판이 아닌 것으로 보는 견해이다.

다. 판 례

판례도 절차 및 담당기관을 기준으로 구분하고 있으므로 불복절차기준설을 취하고 있는 것으로 보인다(대판 2010.1.28, 2008두19987).

> **판례 1**
>
> 개별공시지가에 대하여 이의가 있는 자가 행정심판을 거쳐 행정소송을 제기하는 경우 제소기간의 기산점: 「부동산 가격공시 및 감정평가에 관한 법률」 제12조, 「행정소송법」 제20조 제1항, 「행정심판법」 제3조 제1항의 규정 내용 및 취지와 아울러 「부동산 가격공시 및 감정평가에 관한 법률」에 행정심판의 제기를 배제하는 명시적인 규정이 없고 「부동산 가격공시 및 감정평가에 관한 법률」에 따른 이의신청과 행정심판은 그 절차 및 담당기관에 차이가 있는 점을 종합하면, 「부동산 가격공시 및 감정평가에 관한 법률」이 이의신청에 관하여 규정하고 있다고 하여 이를 구 「행정심판법」 제3조 제1항에서 행정심판의 제기를 배제하는 '다른 법률에 특별한 규정이 있는 경우'에 해당한다고 볼 수 없으므로, 개별공시지가에 대하여 이의가 있는 자는 곧바로

판례 1	행정소송을 제기하거나 「부동산 가격공시 및 감정평가에 관한 법률」에 따른 이의신청과 행정심판법에 따른 행정심판청구 중 어느 하나만을 거쳐 행정소송을 제기할 수 있을 뿐 아니라, 이의신청을 하여 그 결과 통지를 받은 후 다시 행정심판을 거쳐 행정소송을 제기할 수도 있다고 보아야 하고, 이 경우 행정소송의 제소기간은 그 행정심판 재결서 정본을 송달받은 날부터 기산한다[대판 2010.1.28, 2008두19987(개별공시지가결정처분취소)].
판례 2	구 공무원연금법상 공무원연금급여 재심위원회에 대한 심사청구는 특별행정심판에 해당한다 (대판 2019.8.9, 2019두38656).

라. 결 어

헌법 제107조 제3항이 행정심판절차는 사법절차가 준용되어야 한다고 규정하고 있는 점에 비추어 불복절차를 기준으로 행정심판과 행정심판이 아닌 이의신청을 구분하는 견해가 타당하다.

3. 행정기본법상 이의신청(2023.3.24.부터 시행)

행정기본법은 처분에 대한 이의신청을 일반적으로 규정하고 있다. 다른 법률에서 이의신청과 이에 준하는 절차에 대하여 정하고 있는 경우에도 그 법률에서 규정하지 아니한 사항에 관하여는 이 조에서 정하는 바에 따른다(**제36조 제5항**).

행정기본법 제36조(처분에 대한 이의신청) ① 행정청의 처분(「행정심판법」 제3조에 따라 같은 법에 따른 행정심판의 대상이 되는 처분을 말한다. 이하 이 조에서 같다)에 이의가 있는 당사자는 처분을 받은 날부터 30일 이내에 해당 행정청에 이의신청을 할 수 있다.
② 행정청은 제1항에 따른 이의신청을 받으면 그 신청을 받은 날부터 14일 이내에 그 이의신청에 대한 결과를 신청인에게 통지하여야 한다. 다만, 부득이한 사유로 14일 이내에 통지할 수 없는 경우에는 그 기간을 만료일 다음 날부터 기산하여 10일의 범위에서 한 차례 연장할 수 있으며, 연장 사유를 신청인에게 통지하여야 한다.
③ 제1항에 따라 이의신청을 한 경우에도 그 이의신청과 관계없이 「행정심판법」에 따른 행정심판 또는 「행정소송법」에 따른 행정소송을 제기할 수 있다.
④ 이의신청에 대한 결과를 통지받은 후 행정심판 또는 행정소송을 제기하려는 자는 그 결과를 통지받은 날(제2항에 따른 통지기간 내에 결과를 통지받지 못한 경우에는 같은 항에

따른 통지기간이 만료되는 날의 다음 날을 말한다)부터 90일 이내에 행정심판 또는 행정소송을 제기할 수 있다.

⑤ 다른 법률에서 이의신청과 이에 준하는 절차에 대하여 정하고 있는 경우에도 그 법률에서 규정하지 아니한 사항에 관하여는 이 조에서 정하는 바에 따른다.

⑥ 제1항부터 제5항까지에서 규정한 사항 외에 이의신청의 방법 및 절차 등에 관한 사항은 대통령령으로 정한다.

⑦ 다음 각 호의 어느 하나에 해당하는 사항에 관하여는 이 조를 적용하지 아니한다.

1. 공무원 인사 관계 법령에 따른 징계 등 처분에 관한 사항

2. 「국가인권위원회법」 제30조에 따른 진정에 대한 국가인권위원회의 결정

3. 「노동위원회법」 제2조의2에 따라 노동위원회의 의결을 거쳐 행하는 사항

4. 형사, 행형 및 보안처분 관계 법령에 따라 행하는 사항

5. 외국인의 출입국·난민인정·귀화·국적회복에 관한 사항

6. 과태료 부과 및 징수에 관한 사항

[2023.3.24.부터 시행]

(1) 대 상

행정기본법상 이의신청은 처분(행정심판법상 처분)을 대상으로 한다(제36조 제1항). 개별법에 명문의 규정이 있으면 처분이 아닌 행정결정에 대한 이의신청도 인정될 수 있다.

다만, 다음 각 호의 어느 하나에 해당하는 사항에 관하여는 이 조를 적용하지 아니한다. 1. 공무원 인사 관계 법령에 따른 징계 등 처분에 관한 사항, 2. 「국가인권위원회법」 제30조에 따른 진정에 대한 국가인권위원회의 결정, 3. 「노동위원회법」 제2조의2에 따라 노동위원회의 의결을 거쳐 행하는 사항, 4. 형사, 행형 및 보안처분 관계 법령에 따라 행하는 사항, 5. 외국인의 출입국·난민인정·귀화·국적회복에 관한 사항, 6. 과태료 부과 및 징수에 관한 사항(제7항).

(2) 이의신청의 세기기간

행정청의 처분에 이의가 있는 당사자는 **처분을 받은 날부터 30일 이내**에 해당 행정청에 이의신청을 할 수 있다(제36조 제1항).

(3) 이의신청에 대한 처리기간

행정청은 제1항에 따른 이의신청을 받으면 그 신청을 받은 날부터 14일 이내에 그 이의신청에

대한 결과를 신청인에게 통지하여야 한다. 다만, 부득이한 사유로 14일 이내에 통지할 수 없는 경우에는 그 기간을 만료일 다음 날부터 기산하여 10일의 범위에서 한 차례 연장할 수 있으며, 연장 사유를 신청인에게 통지하여야 한다(**제36조 제2항**).

(4) 행정심판 또는 행정소송과의 관계

이의신청은 임의절차이다. 즉, 제1항에 따라 이의신청을 한 경우에도 그 이의신청과 관계없이 「행정심판법」에 따른 행정심판 또는 「행정소송법」에 따른 행정소송을 제기할 수 있다(제36조 제3항).

이의신청을 하면 행정심판이나 행정소송의 청구·제소기간이 이의신청 결과 통지일부터 계산된다. 즉, **이의신청에 대한 결과를 통지받은 후 행정심판 또는 행정소송을 제기하려는 자는 그 결과를 통지받은 날**(제2항에 따른 통지기간 내에 결과를 통지받지 못한 경우에는 같은 항에 따른 통지기간이 만료되는 날의 다음 날을 말한다)**부터 90일 이내**에 행정심판 또는 행정소송을 제기할 수 있다(제4항).

Ⅳ. 행정기본법상 처분의 재심사(2023.3.24.부터 시행)

제재처분 및 행정상 강제를 제외한 처분에 대해서는 쟁송을 통하여 더 이상 다툴 수 없게 된 경우에도 처분의 근거가 된 사실관계 또는 법률관계가 추후에 당사자에게 유리하게 바뀐 경우 등 일정한 요건에 해당하면 그 사유를 안 날부터 60일 이내에 행정청에 대하여 처분을 취소·철회하거나 변경하여 줄 것을 신청할 수 있다. 다만, 처분이 있은 날부터 5년이 지나면 재심사를 신청할 수 없다.

다만, ⑧ 다음 각 호의 어느 하나에 해당하는 사항에 관하여는 이 조를 적용하지 아니한다. 1. 공무원 인사 관계 법령에 따른 징계 등 처분에 관한 사항, 2. 「노동위원회법」 제2조의2에 따라 노동위원회의 의결을 거쳐 행하는 사항, 3. 형사, 행형 및 보안처분 관계 법령에 따라 행하는 사항, 4. 외국인의 출입국·난민인정·귀화·국적회복에 관한 사항, 5. 과태료 부과 및 징수에 관한 사항, 6. 개별 법률에서 그 적용을 배제하고 있는 경우(제8항).

1. 처분의 재심사의 의의

처분의 재심사는 처분을 불복기간의 경과 등으로 쟁송을 통하여 더 이상 다툴 수 없는 경우에 신청(처분의 취소·철회 또는 변경의 신청)에 의해 처분청이 해당 처분을 재심사하는 것을 말한다. '처분의 재심사' 제도는 민·형사 재판절차상 재심제도와 유사하다.

2. 재심사의 신청사유

행정기본법상 처분의 재심사를 신청하기 위해서는 처분(제재처분 및 행정상 강제는 제외)이 행정심판, 행정소송 및 그 밖의 쟁송을 통하여 다툴 수 없게 된 경우(법원의 확정판결이 있는 경우는 제외)로서 다음 각 호의 어느 하나에 해당하는 경우에 해당하여야 한다. 는 해당 처분을 한 행정청에 처분을 취소·철회하거나 변경하여 줄 것을 신청할 수 있다. 1. 처분의 근거가 된 사실관계 또는 법률관계가 추후에 당사자에게 유리하게 바뀐 경우, 2. 당사자에게 유리한 결정을 가져다 주었을 새로운 증거가 있는 경우, 3.「민사소송법」제451조에 따른 재심사유에 준하는 사유가 발생한 경우 등 대통령령으로 정하는 경우(제37조 제1항). 제1호의 사유는 철회(변경포함)사유이고, 제2호와 제3호는 취소(변경포함)사유이다.

제1호에 따른 재심사는 제1호에 따른 재심사 신청사유가 있는 경우에는 당사자에게 철회신청권을 인정하는 의미가 있다.

제1항에 따른 신청은 해당 처분의 절차, 행정심판, 행정소송 및 그 밖의 쟁송에서 당사자가 중대한 과실 없이 제1항 각 호의 사유를 주장하지 못한 경우에만 할 수 있다(제2항).

3. 재심사 신청권자

재심사를 신청할 수 있는 자는 처분의 당사자이다. 처분의 당사자란 처분의 상대방을 말한다. 따라서, 처분의 상대방이 아닌 이해관계있는 제3자는 재심사를 신청할 수 없다.

3. 재심사 신청기간

재심사 신청은 당사자가 제1항 각 호의 재심사 신청사유를 안 날부터 60일 이내에 하여야 한다. 다만, 처분이 있은 날부터 5년이 지나면 신청할 수 없다(제3항).

4. 재심사 신청에 대한 처리기간

제1항에 따른 신청을 받은 행정청은 특별한 사정이 없으면 신청을 받은 날부터 90일(합의제행정기관은 180일) 이내에 처분의 재심사 결과(재심사 여부와 처분의 유지·취소·철회·변경 등에 대한 결정을 포함한다)를 신청인에게 통지하여야 한다. 다만, 부득이한 사유로 90일(합의제행정기관은 180일) 이내에 통지할 수 없는 경우에는 그 기간을 만료일 다음 날부터 기산하여 90일(합의제행정기관은 180일)의 범위에서 한 차례 연장할 수 있으며, 연장 사유를 신청인에게 통지하여야 한다(제4항).

5. 재심사 결과에 대한 불복

제4항에 따른 처분의 재심사 결과 중 처분을 유지하는 결과에 대해서는 행정심판, 행정소송 및 그 밖의 쟁송수단을 통하여 불복할 수 없다(제5항).

그런데, 제1호에 따른 재심사 신청은 그 실질이 철회의 신청이고, 철회 신청에 대한 거부는 처분이므로 제1호에 따른 재심사 신청에 대한 유지결정(거부결정)에 불복할 수 없게 하는 것은 국민의 재판을 받을 권리를 침해하는 것으로서 위헌의 소지가 크다.

6. 재심사와 처분에 대한 취소 또는 철회의 청구

행정청의 제18조에 따른 취소와 제19조에 따른 철회는 처분의 재심사에 의하여 영향을 받지 아니한다(제6항).

V. 청원과의 구별

청원이란 국가기관에 대하여 행하는 권익의 구제 또는 공익을 위한 일정한 권한행사의 요망을 말한다. 국가기관은 청원에 대하여 수리·심사하여 통지할 의무가 있다.

청원은 행정심판과 달리 쟁송수단이 아니다. 다만, 청원이라는 명칭을 사용한 경우에도 그 실질이 행정심판에 해당하는 경우에는 행정심판을 제기한 것으로 보고 처리하여야 한다.

VI. 행정심판에 의한 취소와 직권취소와의 구별

행정심판에 의한 취소는 쟁송취소로서 직권취소와 구별된다(행정법 총론 참조).

VII. 고충민원

고충민원은 행정심판이나 행정소송의 대상이 되지 않는 권익침해에 대해서도 인정된다. 즉 '고충민원'이란 행정기관등의 위법·부당하거나 소극적인 처분(사실행위 및 부작위를 포함한다) 및 불합리한 행정제도로 인하여 국민의 권리를 침해하거나 국민에게 불편 또는 부담을 주는 사항에 관한 민원(현역장병 및 군 관련 의무복무자의 고충민원을 포함한다)을 말한다(부패방지 및 국민권익위원회의 설치와 운영에 관한 법률 제2조 제5호). 행정심판이나 행정소송의 대상이 되는 처분에 대해서도 고충민원을 제기할 수 있다. 특히 불복기간이 지나 취소심판이나 취소소송을 제기할 수 없는 경우에도 고충민원을 제기하여 권리구제를 받을 수도 있다.

다만, 권익위원회는 접수된 고충민원이 '행정심판, 행정소송, 헌법재판소의 심판이나 감사원의 심사청구 그 밖에 다른 법률에 따른 불복구제절차가 진행 중인 사항' 또는 '판결·결정·재결·화해·조정·중재 등에 따라 확정된 권리관계에 관한 사항 또는 감사원이 처분을 요구한 사항'에 해당하는 경우에는 그 고충민원을 각하하거나 관계 기관에 이송할 수 있다(제43조 제1항).

권익위원회는 합의를 권고할 수 있고(제44조), 다수인이 관련되거나 사회적 파급효과가 크다고 인정되는 고충민원의 신속하고 공정한 해결을 위하여 필요하다고 인정하는 경우에는 당사자의 신청 또는 직권에 의하여 조정을 할 수 있다(제45조 제1항). 당사자가 합의한 사항을 조정서에 기재한 후 당사자가 기명날인하고 권익위원회가 이를 확인함으로써 성하는 조정은 「민법」상의 화해와 같은 효력이 있다(제2항, 제3항).

권익위원회는 고충민원에 대한 조사결과 처분 등이 위법·부당하다고 인정할 만한 상당한 이유가 있는 경우에는 관계 행정기관 등의 장에게 적절한 시정을 권고할 수 있다(제46조 제1항). 권익위원회는 고충민원에 대한 조사결과 신청인의 주장이 상당한 이유가 있다고 인정되는 사안에 대하여는 관계 행정기관등의 장에게 의견을 표명할 수 있다(제2항). 권익위원회는 고충민원을 조사·처리하는 과정에서 법령 그 밖의 제도나 정책 등의 개선이 필요하다고 인정되는 경우에는 관계 행정기관등의 장에게 이에 대한 합리적인 개선을 권고하거나 의견을 표명 할 수 있다(제47조). 권익위원회는 제46조 및 제47조에 따른 권고 또는 의견의 이행실태를 확인·점검할 수 있다(제52조). 권익위원회는 ① 제46조 및 제47조에 따른 권고 또는 의견표명의 내용, ② 제50조 제1항에 따른 처리결과, ③ 제50조 제2항에 따른 권고내용의 불이행사유를 공표할 수 있다. 다만, 다른 법률의 규정에 따라 공표가 제한되거나 개인의 사생활의 비밀이 침해될 우려가 있는 경우에는 그러하지 아니하다.

Ⅷ. 감사원에의 심사청구와 행정심판 [2006 입시 약술]

감사원법은 제43조 제1항에서 "감사원의 감사를 받는 자의 직무에 관한 처분 기타 행위에 관하여 이해관계 있는 자는 감사원에 그 심사의 청구를 할 수 있다."라고 규정하고, 그 이하에서 심사 청구절차 등을 규정하고 있다.

그런데 감사원법은 행정소송과의 관계에 관하여는 심사청구의 청구인은 심사청구 및 결정을 거친 처분에 대하여는 당해 처분청을 당사자로 하여 행정심판을 거치지 않고 직접 행정소송을 제기할 수 있는 것으로 규정하고 있지만, 행정심판과의 관계에 대하여는 아무런 규정을 두고 있지 않다.

생각건대, 감사원의 심사청구는 행정심판과는 성질을 달리하는 제도이므로 심사청구와는 별도로 행정심판을 제기할 수 있는 것으로 보아야 한다.

IX. 행정심판의 존재이유

1. 자율적 행정통제

행정청에게 먼저 반성의 기회를 주어 행정처분의 하자를 자율적으로 시정하도록 하기 위하여 행정심판이 필요하다.

2. 사법의 보완: 행정청의 전문지식의 활용과 소송경제의 확보

법원의 전문성의 부족을 보완하고 분쟁해결에 있어 시간 및 비용을 절약하고 법원의 부담을 경감함으로써 사법기능을 보완하기 위하여 행정심판이 필요하다.

3. 국민의 권익구제

행정심판은 행정소송보다 간편하고 신속하며 비용이 거의 들지 않는 쟁송수단이다. 또한 행정심판은 처분의 부당도 심판의 대상으로 한다.

처분청은 행정심판의 재결에 대해 불복할 수 없으므로(판례) 이 점에서 행정심판의 인용재결은 청구인에게 매우 유리하다.

제2장 행정심판의 종류

행정심판법은 행정심판의 종류로 취소심판, 무효등확인심판, 의무이행심판을 규정하고 있다.

Ⅰ. 취소심판

취소심판이라 함은 '행정청의 위법 또는 부당한 처분을 취소하거나 변경하는 심판'을 말한다(행정심판법 제5조 제1호).

취소에는 적극적 처분의 취소뿐만 아니라 소극적 처분인 **거부처분의 취소를 포함**한다. **변경**이란 취소소송에서와 달리 적극적 변경(예 허가취소처분을 영업정지처분으로 변경)을 의미한다.

위원회(이하 '행정심판위원회'를 말한다)는 취소심판의 청구가 이유 있다고 인정하면 처분을 취소 또는 다른 처분으로 변경하거나 처분을 다른 처분으로 변경할 것을 피청구인에게 명한다(제43조 제3항). 따라서 취소재결에는 처분취소재결, 처분변경재결(예 영업허가취소를 영업정지처분으로 변경하는 재결), 처분변경명령재결이 있다.

Ⅱ. 무효등확인심판

무효등확인심판이라 함은 '행정청의 처분의 효력 유무 또는 존재 여부를 확인하는 심판'을 말한다(제5조 제2호).

무효등확인심판은 처분의 무효·유효·실효·존재 또는 부존재가 다투어지는 경우에 당해 처분의 무효·유효·실효·존재 또는 부존재의 확인을 구하는 행정심판이다. 따라서 무효등확인심판에는 처분무효확인심판, 처분유효확인심판, 처분실효확인심판, 처분존재확인심판 및 처분부존재확인심판이 있다.

위원회는 무효등확인심판의 청구가 이유 있다고 인정하면 처분의 효력 유무 또는 처분의 존재 여부를 확인한다(제43조 제4항). 따라서 무효확인재결에는 처분무효확인재결, 처분실효확인재결, 처분유효확인재결, 처분존재확인재결, 처분부존재확인재결이 있다.

Ⅲ. 의무이행심판 [1997, 2010 공인노무사]

1. 의 의

의무이행심판이라 함은 '행정청의 위법 또는 부당한 거부처분이나 부작위에 대하여 일정한 처분을 하도록 하는 심판'을 말한다(제5조 제3호).

의무이행심판은 행정청의 **거부처분** 또는 **부작위**(例 허가신청에 대한 거부처분 또는 부작위)에 대하여 적극적인 처분을 구하는 행정심판이다. 행정소송에 있어서는 의무이행소송이 인정되고 있지 않지만 행정심판에 있어서는 의무이행심판이 인정되고 있다.

2. 성 질

의무이행심판을 이행쟁송으로 보는 것이 통설이다. 즉, 의무이행심판은 처분청에게 일정한 처분을 할 것을 명하는 재결을 구하는 행정심판이므로 이행쟁송이라고 본다.

그러나 행정심판법은 "위원회는 의무이행심판의 청구가 이유가 있다고 인정하면 지체 없이 신청에 따른 처분을 하거나 처분을 할 것을 피청구인에게 명한다."라고 규정하고 있다(제43조 제5항). 즉 의무이행심판의 재결에는 처분명령재결뿐만 아니라 처분재결이 있다. 처분재결은 행정심판기관인 위원회가 스스로 처분을 하는 것이므로 형성재결이고, 처분명령재결은 처분청에게 처분을 명하는 재결이므로 이행재결이다. 따라서 의무이행심판은 이행적 쟁송의 성질과 함께 형성적 쟁송의 성격을 아울러 갖는 것으로 보는 것이 타당하다.

제3장 행정심판의 당사자 및 관계인

Ⅰ. 청구인

청구인이라 함은 행정심판을 제기하는 자를 말한다.

1. 청구인능력

청구인은 원칙적으로 자연인 또는 법인이어야 하지만, 법인이 아닌 사단 또는 재단으로서 대표자 또는 관리인이 정하여져 있는 경우에는 그 사단이나 재단의 이름으로 심판청구를 할 수 있다(제14조).

법주체인 국가나 지방자치단체는 청구인능력이 있지만, 행정기관은 법주체가 아니므로 원칙상 청구인능력이 없다. 그러나 예외적으로 행정기관이 법령상 **민간과 같은 사업수행자로서의 지위에 있는 경우**에는 행정심판을 청구할 수 있는 경우도 있다.

2. 청구인적격

청구인적격이라 함은 행정심판을 청구할 자격이 있는 자를 말한다. 청구인적격이 없는 자가 제기한 행정심판은 부적법 각하된다.

행정심판의 청구인은 행정심판을 제기할 '법률상 이익이 있는 자'이다(제13조).

통설·판례는 행정심판법상의 '법률상 이익'을 취소소송에서와 같이 공권 내지 법적 이익으로 해석하고 있다. 따라서 처분의 근거법규 및 관계법규에 의해 보호되는 이익이 침해되거나 침해될 가능성이 있는 자가 제기할 수 있다(자세한 것은 취소소송의 원고적격 참조).

3. 선정대표자

여러 명의 청구인이 공동으로 심판청구를 할 때에는 청구인들 중에서 3인 이하의 선정대표자를 선정할 수 있다(법 제15조 제1항).

4. 청구인의 지위승계

청구인이 사망한 경우에는 상속인이나 그 밖에 법령에 따라 심판청구의 대상에 관계되는 권리나 이익을 승계한 자가 청구인의 지위를 승계한다(제16조 제1항).

법인인 청구인이 합병에 따라 소멸하였을 때에는 합병 후 존속하는 법인이나 또는 합병에 따라 설립된 법인이 청구인의 지위를 승계한다(제16조 제2항).

심판청구의 대상과 관계되는 권리 또는 이익을 양수한 자는 위원회의 허가를 받아 청구인의 지위를 승계할 수 있다(제16조 제5항).

Ⅱ. 피청구인

피청구인이라 함은 심판청구의 상대방을 말한다.

1. 피청구인인 행정청

행정심판은 처분을 한 행정청(의무이행심판의 경우에는 청구인의 신청을 받은 행정청)을 피청구인으로 하여 청구하여야 한다. 다만, 심판청구의 대상과 관계되는 권한이 다른 행정청에 승계된 경우에는 권한을 승계한 행정청을 피청구인으로 하여야 한다(제17조 제1항).

행정심판법은 행정심판의 피청구인이 되는 "'행정청'이란 행정에 관한 의사를 결정하여 표시하는 국가 또는 지방자치단체의 기관, 그 밖에 법령 또는 자치법규에 따라 행정권한을 가지고 있거나 위탁을 받은 공공단체나 그 기관 또는 사인(私人)을 말한다."라고 규정하고 있는데(제2조 제4호), 이는 당연한 것을 규정한 것에 불과하다(자세한 것은 행정소송에서 피고인 행정청 참조).

2. 피청구인의 경정

청구인이 피청구인을 잘못 지정한 경우에는 위원회는 직권으로 또는 당사자의 신청에 의하여 결정으로써 피청구인을 경정(更正)할 수 있다(제17조 제2항). 위원회는 행정심판이 청구된 후에 제1항 단서의 사유가 발생하면 직권으로 또는 당사자의 신청에 의하여 결정으로써 피청구인을 경정한다(제17조 제5항).

Ⅲ. 대리인의 선임 및 국선대리인제도

청구인 및 피청구인은 대리인을 선임할 수 있다(제18조).

청구인이 경제적 능력으로 인해 대리인을 선임할 수 없는 경우에는 위원회에 국선대리인을 선임하여 줄 것을 신청할 수 있다(제18조의2 제1항).청구인이 사망한 경우에는 상속인이나 그 밖에 법령에 따라 심판청구의 대상에 관계되는 권리나 이익을 승계한 자가 청구인의 지위를 승계한다(제16조 제1항).

법인인 청구인이 합병에 따라 소멸하였을 때에는 합병 후 존속하는 법인이나 또는 합병에 따라 설립된 법인이 청구인의 지위를 승계한다(제16조 제2항).

심판청구의 대상과 관계되는 권리 또는 이익을 양수한 자는 위원회의 허가를 받아 청구인의 지위를 승계할 수 있다(제16조 제5항).

Ⅳ. 참가인(심판참가)

심판참가라 함은 현재 계속중인 타인간의 행정심판에 심판결과에 대하여 이해관계가 있는 제3자 또는 행정청이 참가하는 것을 말한다.

심판참가에는 제3자의 심판참가와 행정청의 심판참가가 있다. 또한 심판참가는 이해관계인 또는 행정청의 신청에 의한 참가(제20조)와 위원회의 요구에 의한 참가(제21조)로 나눌 수도 있다(자세한 것은 행정소송에서의 소송참가 참조).

제4장 행정심판과 행정소송의 관계

Ⅰ. 행정심판임의주의-예외적 행정심판전치주의

1994년 개정 행정소송법은 행정심판전치주의를 폐지하고 행정심판을 원칙상 임의절차로 하였다(행정소송법 제18조 제1항).

개별법에서 행정심판전치주의를 규정하고 있는 것은 국세부과처분, 지방세부과처분, 징계처분 등 공무원의 의사에 반하는 불리한 처분, 도로교통법에 의한 처분 등이다(자세한 것은 행정소송 참조).

Ⅱ. 행정심판의 전심절차성

행정심판이 임의절차인 경우에도 행정심판은 행정소송의 전심절차로서의 성격을 갖는다.

Ⅲ. 행정심판의 제기와 행정소송의 제기

행정심판의 제기가 임의적인 경우 행정소송제기 후 행정심판을 제기할 수도 있고, 행정심판 제기 후 행정소송을 제기할 수도 있고, 행정심판과 행정소송을 동시에 제기할 수도 있다.

Ⅳ. 행정심판의 재결과 행정소송의 판결

행정심판에서 각하 또는 기각재결이 내려지고 행정소송에서 인용판결이 내려진 경우에는 행정심판의 재결과 행정소송의 판결 사이에는 모순 또는 충돌이 있는 것이 아니다. 왜냐하면 행정심판은 행정소송의 전심의 지위를 갖기 때문이다.

행정심판에서 인용재결이 내려지면 행정소송은 소의 이익이 없게 되어 각하판결을 내려야 한다.

행정심판의 대상인 '처분(제2조 제1호)' 또는 '부작위(제2조 제2호)'는 기본적으로 행정소송의 대상이 되는 처분 또는 부작위와 동일하므로 후술하기로 한다.

다만, 행정심판법은 대통령의 처분 또는 부작위에 대하여는 다른 법률에 특별한 규정이 있는 경우를 제외하고는 행정심판을 제기할 수 없도록 규정하고 있다(제3조 제2항).

처분적 법규명령이 행정심판의 대상이 될 것인지에 관하여는 논란이 있다.

① **부정설** : 이 견해는 명령은 행정심판의 대상이 될 수 없다고 보는 견해이다. 그 논거로 법규 명령과 같은 규범통제에는 헌법적 근거가 필요한데, 헌법 제107조 제2항은 명령에 대한 규범통제권을 법원에 부여하고 있다는 점을 그 논거로 든다. 행정심판의 실무가 취하고 있는 견해이다.

② **긍정설** : 이 견해는 명령 중 처분성이 있는 것은 행정심판의 대상이 된다고 본다. 그 논거로 행정심판법상 처분개념과 행정소송법상 처분개념은 동일한 개념으로 규정되어 있고, 행정소송에서는 처분적 명령이 행정소송의 대상이 된다는 점을 그 논거로 든다.

③ **결어(긍정설)** : 다음과 같은 이유에서 긍정설이 타당하다. (i) 처분적 명령에 대한 항고소송의 근거는 헌법 제107조 제2항이 아니라 사법권을 정한 헌법 제101조로 보는 것이 타당하다. 헌법 제107조 제3항은 재판의 전심절차로 행정심판을 둘 수 있게 하고 있고, 행정심판을 준사법적 절차로 규정하고 있다. (ii) 헌법 제107조 제2항은 명령의 위헌·위법 여부에 대한 최종적 판단권을 규정하고 있는 것이고, 명령의 위헌·위법 여부에 대한 법원의 배타적 판단권을 규정한 것은 아니다. (iii) 행정심판법상 처분개념과 행정소송법상 처분개념은 동일한 개념으로 규정되어 있는데 행정소송에서는 처분적 명령이 행정소송의 대상이 된다.

다만, 대통령령은 행정심판법 제3조 제2항에 따라 행정심판의 대상이 되지 않는다.

제5장

행정심판의 청구

Ⅰ. 행정심판청구기간 [1999·2015 공인노무사]

심판청구기간은 취소심판청구와 거부처분에 대한 의무이행심판청구에만 적용되고, 무효등확인심판청구나 부작위에 대한 의무이행심판청구에는 적용되지 아니한다(제27조 제7항).

행정심판이나 행정소송에 있어서는 민사소송에서와 달리 단기의 불복기간이 정해져 있다. 불복기간 내에 행정심판 또는 행정소송을 제기하여야 하며 그러하지 않으면 더 이상 다툴 수 없게 되고 불복기간을 넘겨 행정심판이나 행정소송을 제기하면 부적법하여 각하된다.

이와 같이 단기의 불복기간을 둔 것은 행정행위의 효력을 신속히 확정하여 행정법관계의 안정성을 확보하기 위한 것이다.

1. 원칙적인 심판청구기간

행정심판 제기기간은 원칙적으로 처분이 있음을 안 날로부터 90일 이내, 처분이 있은 날로부터 180일이다(제27조). 이 두 기간 중 어느 하나라도 도과하면 원칙상 행정심판청구를 할 수 없다. 처분이 있은 날로부터 180일 이내에 처분이 있음을 알았을 때에는 그 때로부터 90일 이내에 행정심판을 제기하여야 한다.

(1) 처분이 있음을 안 경우

심판청구는 처분이 있음을 알게 된 날부터 90일 이내에 제기하어야 한다(제27조 제1항). 이 기간은 불변기간이다(제27조 제4항).

(2) 처분이 있음을 알지 못한 경우

처분이 있음을 알지 못한 경우 처분이 있었던 날부터 180일이 지나면 원칙상 행정심판을 청구하지 못한다(제27조 제3항 본문).

2. 예외적인 심판청구기간

(1) 90일에 대한 예외

① 행정심판은 처분이 있음을 알게 된 날로부터 90일 이내에 제기하여야 하지만, 천재지변,

전쟁, 사변 그 밖의 불가항력으로 인하여 그 기간 내에 제기할 수 없었을 때에는 그 사유가 소멸한 날부터 14일(국외에서는 30일) 이내에 제기할 수 있다(법 제27조 제2항). 이 기간은 불변기간이다.

② 처분청이 행정심판청구기간을 상대방에게 알리지 아니한 경우에는 당사자가 처분이 있음을 알았다고 하더라도 심판청구기간은 처분이 있었던 날부터 180일 이내가 된다(법 제27조 제6항).

(2) 180일에 대한 예외

처분이 있은 날로부터 180일 이내에 제기하여야 하지만 정당한 사유가 있는 경우에는 180일이 넘어도 제기할 수 있다(제27조 제3항 단서). 어떤 사유가 '정당한 사유'에 해당하는가는 건전한 사회통념에 의해 판단되어야 한다.

처분의 제3자는 통지의 대상이 아니므로 특별한 사정이 없는 한 행정행위가 있음을 알 수 없다고 할 것이므로 일반적으로 제3자의 행정심판제기기간은 '처분이 있는 날로부터 180일 이내'가 기준이 된다. 그런데 행정처분의 직접 상대방이 아닌 제3자는 일반적으로 처분이 있는 것을 바로 알 수 없는 처지에 있으므로, 위와 같은 심판청구기간 내에 심판청구를 제기하지 아니하였다고 하더라도, 그 기간 내에 처분이 있은 것을 알았거나 쉽게 알 수 있었기 때문에 심판청구를 제기할 수 있었다고 볼 만한 특별한 사정이 없는 한, 위 법조항 본문의 적용을 배제할 "정당한 사유"가 있는 경우에 해당한다고 보아 위와 같은 심판청구기간이 경과한 뒤에도 심판청구를 제기할 수 있다[대판 1988.9.27, 88누29; 대판 1992.7.28, 91누12844(시외버스운송사업계획변경인가처분취소)].

다만, 그 제3자가 어떤 경위로든 행정처분이 있음을 알았거나 쉽게 알 수 있는 등 심판청구가 가능하였다는 사정이 있는 경우에는 그 때로부터 90일 이내에 행정심판을 청구하여야 한다[대판 1996.9.6, 95누16233(농지매매증명발급처분무효확인 등)].

(3) 심판청구기간의 오고지 및 불고지의 경우

행정청이 처분을 하는 경우에 그 처분의 상대방에게 행정심판청구에 관한 고지를 하도록 되어있다. 그런데 심판청구기간을 고지함에 있어서 법상 규정된 기간보다 긴 기간으로 잘못 알린 경우에는 그 잘못 고지된 긴 기간 내에 심판청구를 할 수 있고(제27조 제5항), 심판청구기간을 고지하지 아니한 경우에는 처분이 있었던 날로부터 180일 이내에 심판청구를 할 수 있다(제27조 제6항).

(4) 특별법상의 심판청구기간

각 개별법에서 심판청구기간을 정한 경우가 있다.

예를 들면, 토지수용재결에 대한 이의신청기간은 재결서 정본을 받은 날로부터 30일 이내로 규정되어 있고(토지취득보상법 제83조 제3항), 국가공무원법상 소청심사청구기간은 처분을 안 날로부터 30일 이내로 규정되어 있다(국가공무원법 제76조 제1항).

(5) 심판청구서 제출일시

심판청구기간을 계산함에 있어서는 피청구인이나 위원회 또는 불고지 또는 오고지에 따라 심판청구서를 제출받은 행정기관에 심판청구서가 제출되었을 때에 행정심판이 청구된 것으로 본다(제23조 제4항).

Ⅱ. 심판청구의 방식

심판청구는 서면으로 하여야 한다(제28조 제1항).

형식과 관계없이 그 내용이 행정심판을 청구하는 것이면 행정심판청구로 보아야 한다.

판례 1	비록 제목이 '진정서'로 되어 있고, 재결청의 표시, 심판청구의 취지 및 이유 처분을 한 행정청의 고지의 유무 및 그 내용 등 행정심판법 제19조 제2항 소정의 사항들을 구분하여 기재하고 있지 아니하여 행정심판청구서로서의 형식을 다 갖추고 있다고 볼 수는 없으나, 피청구인인 처분청과 청구인의 이름주소가 기재되어 있고, 청구인의 기명이 되어 있으며, 문서의 기재내용에 의하여 심판청구의 대상이 되는 행정처분의 내용과 심판청구의 취지 및 이유, 처분이 있은 것을 안 날을 알 수 있는 경우, 위 문서에 기재되어 있지 않은 재결청, 처분을 한 행정청의 고지의 유무 등의 내용과 날인 등의 불비한 점은 보정이 가능하므로 위 문서를 행정처분에 대한 행정심판청구로 보는 것은 옳다(대판 2000.6.9, 98두2621; 대판 1995.9.5, 91누16250).
판례 2	지방자치단체의 변상금부과처분에 대하여 '답변서'란 표제로 토지 점유 사실이 없어 변상금을 납부할 수 없다는 취지의 서면을 제출한 경우, 행정심판청구로 보아야 한다고 한 사례(대판 1999.6.22, 99두2772).

Ⅲ. 행정심판 제기절차

1. 행정심판청구서 제출기관

심판청구서는 피청구인인 행정청(처분청 또는 부작위청) 또는 위원회에 제출하여야 한다(제23조 제1항).

2. 행정심판청구서를 접수한 행정청의 처리

(1) 정당한 권한 있는 행정청에의 송부

행정청이 행정심판법 제58조에 따른 고지를 하지 아니하거나 잘못 고지하여 청구인이 심판청구서를 다른 행정기관에 제출한 경우에는 그 행정기관은 그 심판청구서를 지체 없이 정당한 권한이 있는 피청구인에게 보내야 한다(제23조 제2항).

(2) 위원회에의 송부 등

피청구인은 제23조 제1항·제2항 또는 제26조 제1항에 따라 심판청구서를 접수하거나 송부받으면 10일 이내에 심판청구서(제23조 제1항·제2항의 경우만 해당된다)와 답변서를 위원회에 보내야 한다. 다만, 청구인이 심판청구를 취하한 경우에는 그러하지 아니하다(제24조 제1항). 피청구인이 제1항 본문에 따라 심판청구서를 보낼 때에는 심판청구서에 위원회가 표시되지 아니하였거나 잘못 표시된 경우에도 정당한 권한이 있는 위원회에 보내야 한다(제3항).

피청구인은 처분의 상대방이 아닌 제3자가 심판청구를 한 경우에는 지체 없이 처분의 상대방에게 그 사실을 알려야 한다. 이 경우 심판청구서 사본을 함께 송달하여야 한다(제24조 제2항).

(3) 피청구인의 직권취소 등

심판청구서를 받은 피청구인은 그 심판청구가 이유 있다고 인정하면 심판청구의 취지에 따라 직권으로 처분을 취소·변경하거나 확인을 하거나 신청에 따른 처분(이하 '직권취소 등'이라 한다)을 할 수 있다. 이 경우 서면으로 청구인에게 알려야 한다(제25조 제1항).

3. 위원회의 심판청구서 등의 접수·처리

위원회는 제23조 제1항에 따라 심판청구서를 받으면 지체 없이 피청구인에게 심판청구서 부본을 보내야 한다(제26조 제1항).

Ⅳ. 심판청구의 변경

1. 의의

심판청구의 변경이란 '심판청구의 계속 중에 청구의 취지나 이유를 변경하는 것(소의 변경 참조)'을 말한다.

단순히 처분의 위법을 주장하다가 처분의 부당을 주장하는 것(예 재량권의 한계를 넘었다고 주장하다가 재량권의 한계를 넘지는 않았지만 부당하다는 주장을 하는 것)은 청구의 이유의 변경이지만 법률적 관점의 변경 내지 공격방어방법의 변경에 불과하므로 엄밀한 의미에서의 청구의 변경이 아니라고 보아야 한다.

심판청구의 변경은 심판청구를 제기한 후 새로운 심판청구를 제기할 필요가 있는 경우에 새로운 심판청구를 제기할 필요 없이 청구의 변경을 할 수 있도록 하여 청구인의 편의와 심판의 촉진을 도모하기 위하여 인정된다.

2. 일반청구의 변경

청구인은 청구의 기초에 변경이 없는 범위에서 청구의 취지나 이유를 변경할 수 있다(제29조 제1항).

3. 처분변경으로 인한 청구의 변경

행정심판이 청구된 후에 피청구인이 새로운 처분을 하거나 심판청구의 대상인 처분을 변경한 경우에는 청구인은 새로운 처분이나 변경된 처분에 맞추어 청구의 취지나 이유를 변경할 수 있다(제29조 제2항).

4. 변경절차

청구의 변경은 서면으로 신청하여야 하고(법 제29조 제3항), 위원회는 그 부본을 피청구인과 참가인에게 송달하여야 한다(제29조 제4항).

위원회는 청구변경 신청에 대하여 허가할 것인지 여부를 결정하고, 지체 없이 신청인에게는 결정서 정본을, 당사자 및 참가인에게는 결정서 등본을 송달하여야 한다(제29조 제6항). 신청인은 제6항에 따라 송달을 받은 날부터 7일 이내에 위원회에 이의신청을 할 수 있다(제7항).

5. 청구의 변경의 효력

청구의 변경결정이 있으면 처음 행정심판이 청구되었을 때부터 변경된 청구의 취지나 이유로 행정심판이 청구된 것으로 본다(제29조 제8항).

제6장 행정심판제기의 효과

Ⅰ. 행정심판위원회에 대한 효과

행정심판이 제기되면 행정심판위원회는 심판청구를 심리·재결한다.

Ⅱ. 처분에 대한 효과: 계쟁처분의 집행부정지 또는 집행정지

행정심판청구가 제기되어도 처분의 효력이나 그 집행 또는 절차의 속행이 정지되지 아니한다(제30조 제1항). 이를 집행부정지의 원칙이라 한다.

집행부정지의 원칙은 심판청구의 남용을 막고, 행정집행의 부당한 지체를 막으려는 입법정책적 고려에서 채택된 것이지만, 국민의 권리구제를 경시하는 결과를 가져온다.

따라서 행정심판법은 예외적으로 일정한 요건을 갖춘 경우에 위원회는 당사자의 신청 또는 직권으로 처분의 효력 등을 정지시키는 결정을 할 수 있다고 규정하고 있다(제30조 제2항 이하).

제**7**장 행정심판법상의 가구제 [2015 공인노무사]

Ⅰ. 집행정지

1. 의 의

집행정지라 함은 계쟁처분의 효력이나 집행 또는 절차의 속행을 정지시키는 것을 말한다. 행정심판법 제30조는 예외적으로 일정한 요건을 갖춘 경우에 집행정지를 인정하고 있다.

행정심판법상의 집행정지는 행정소송법상의 집행정지와 비교하여 집행정지의 결정주체가 다를 뿐 집행정지결정의 요건 및 효과 등은 행정소송법상의 그것과 유사하다. 따라서 집행정지결정의 요건 및 효과에 관한 자세한 것은 행정소송법상의 집행정지에서 논하고 여기에서는 간단히 기술하는 데 그치기로 한다.

2. 집행정지결정의 요건

위원회는 처분, 처분의 집행 또는 절차의 속행 때문에 중대한 손해가 생기는 것을 예방할 필요성이 긴급하다고 인정할 때에는 직권으로 또는 당사자의 신청에 의하여 처분의 효력, 처분의 집행 또는 절차의 속행의 전부 또는 일부의 정지(이하 '집행정지'라 한다)를 결정할 수 있다. 다만, 처분의 효력정지는 처분의 집행 또는 절차의 속행을 정지함으로써 그 목적을 달성할 수 있을 때에는 허용되지 아니한다(제30조 제2항). 다만, 집행정지는 공공복리에 중대한 영향을 미칠 우려가 있을 때에는 허용되지 아니한다(제3항).

(1) 적극적 요건

① 집행정지대상인 처분의 존재

② 심판청구의 계속

③ 중대한 손해의 발생. 2010년 행정심판법 전부개정에서 '회복하기 어려운 손해'가 '중대한 손해'로 개정된 것인데, 이는 집행정지의 요건이 다소 완화된 것이다.

④ 긴급한 필요의 존재

296 제7장 행정심판법상의 가구제

(2) 소극적 요건

집행정지가 공공복리에 중대한 영향을 미칠 우려가 있는 때에는 집행정지결정은 허용되지 아니한다.

3. 집행정지결정의 대상

집행정지결정의 요건이 갖추어진 경우에 처분의 효력이나 그 집행 또는 절차의 속행을 정지시킬 수 있다. 다만, 처분의 효력정지는 처분의 집행 또는 절차의 속행을 정지함으로써 그 목적을 달성할 수 있는 때에는 허용되지 아니한다(법 제30조 제2항 단서).

4. 집행정지결정절차

집행정지는 행정심판위원회가 결정한다(제30조 제2항). 다만, 위원회의 심리·결정을 기다릴 경우 중대한 손해가 발생할 우려가 있다고 인정되면 위원장은 직권으로 위원회의 심리·결정을 갈음하는 결정을 할 수 있고, 이 경우에 위원장은 지체 없이 위원회에 그 사실을 보고하고 추인을 받아야 한다. 만일 위원회의 추인을 받지 못하면 위원장은 집행정지에 관한 결정을 취소하여야 한다(제30조 제6항).

5. 집행정지결정의 취소

위원회는 집행정지결정을 한 후에 집행정지가 공공복리에 중대한 영향을 미치거나, 그 정지사유가 없어진 때에는 당사자의 신청 또는 직권에 의해 집행정지결정을 취소할 수 있다(제30조 제4항). 다만, 위원회의 심리·결정을 기다릴 경우 중대한 손해가 발생할 우려가 있다고 인정되면 위원장은 직권으로 위원회의 심리·결정을 갈음하는 결정을 할 수 있고, 이 경우에 위원장은 위원회에 그 사실을 보고하고 추인을 받아야 한다. 만일 위원회의 추인을 받지 못하면 위원장은 집행정지 취소에 관한 결정을 취소하여야 한다(제30조 제6항).

집행정지결정의 취소의 신청은 처분청과 집행정지로 권익을 침해당한 제3자, 즉 제3자효 행정행위의 수익을 받는 제3자가 할 수 있다. 행성심판의 당사자가 아닌 제3자효 행정행위의 수익을 받는 제3자가 집행정지결정의 취소를 신청하기 위하여는 행정심판에 참가하고 있어야 한다.

Ⅱ. 임시처분   [2018 행시, 2018 공인노무사]

1. 의 의

임시처분이라 함은 처분 또는 부작위에 대하여 인정되는 임시의 지위를 정하는 가구제이다.

임시처분은 행정소송에서의 임시의 지위를 정하는 가처분에 해당하는 것으로서 의무이행심판에 의한 권리구제의 실효성을 보장하기 위한 제도이다.

행정심판법 제31조는 임시처분을 규정하고 있다.

2. 요건

① **심판청구의 계속** : 행정쟁송에서의 가구제는 본안청구의 범위내에서만 인정되는 것으로 보아야 하므로 명문의 규정은 없지만 심판청구의 계속을 요건으로 한다고 보아야 한다. 거부처분 취소심판의 경우에도 임시처분이 가능하다는 견해도 있지만, 가구제로는 본안소송을 통한 구제 이상을 인정할 수는 없으므로 거부처분 취소심판의 경우에는 임시처분이 불가능하고 의무이행심판의 경우에만 임시처분이 가능하다고 보아야 한다.

② 처분 또는 부작위가 위법·부당하다고 상당히 의심되는 경우일 것.

③ 처분 또는 부작위 때문에 당사자가 받을 우려가 있는 중대한 불이익이나 당사자에게 생길 급박한 위험을 막기 위하여 임시지위를 정하여야 할 필요가 있는 경우일 것(제31조 제1항).

④ 공공복리에 중대한 영향을 미칠 우려가 없을 것(제31조 제2항).

⑤ **보충성 요건** : 집행정지로 목적을 달성할 수 없는 경우일 것(제31조 제3항). 임시처분은 집행정지와의 관계에서 보충적 구제제도이다. 실무상 거부처분이나 부작위에 대한 집행정지를 인정하고 있지 않으므로 실무상 임시처분은 거부처분이나 부작위에 대한 유일한 행정심판법상의 가구제제도이다.

3. 임시처분의 결정 및 취소

위원회는 직권으로 또는 당사자의 신청에 의하여 임시처분을 결정할 수 있다(제31조 제1항). 위원회는 임시처분을 결정한 후에 임시처분이 공공복리에 중대한 영향을 미치거나 그 임시처분 사유가 없어진 경우에는 직권으로 또는 당사자의 신청에 의하여 임시처분 결정을 취소할 수 있다(제31조 제2항).

위원회의 심리·결정을 기다릴 경우 중대한 불이익이나 급박한 위험이 생길 우려가 있다고 인정되면 위원장은 직권으로 위원회의 심리·결정을 갈음하는 결정을 할 수 있다. 이 경우 위원장은 지체 없이 위원회에 그 사실을 보고하고 추인을 받아야 하며, 위원회의 추인을 받지 못하면 위원장은 임시처분 또는 임시처분 취소에 관한 결정을 취소하여야 한다.

기타 임시처분에 관하여는 제30조 제3항부터 제7항까지의 집행정지에 관한 규정을 준용한다.

제8장 행정심판기관

Ⅰ. 의 의

행정심판기관이라 함은 행정심판의 제기를 받아 심판청구를 심리·재결하는 권한을 가진 행정기관을 말한다.

Ⅱ. 심판기관의 독립성과 제3자기관성

현행 행정심판법은 행정심판위원회를 준(準)제3기관화 하고 있다. 즉, 행정심판위원회는 합의제 행정청이고 중앙행정심판위원회와 시·도 행정심판위원회의 경우 9인의 위원 중 6인 이상이 외부인사가 되도록 하고 있다(제7조 제5항).

Ⅲ. 행정심판위원회 [2000 공인노무사]

1. 종 류

행정심판위원회는 행정심판법에 의해 설치되는 일반행정심판위원회와 개별법에 의해 설치되는 특별행정심판을 담당하는 특별행정심판위원회가 있다.

(1) 일반행정심판위원회

일반행정심판위원회에는 독립기관 등 소속 행정심판위원회(제6조 제1항), 중앙행정심판위원회(제6조 제2항), 시·도행정심판위원회(제6조 제3항), 직근 상급행정기관 소속 행정심판위원회(제6조 제4항)가 있다.

1) 독립기관 등 소속 행정심판위원회

다음의 행정청 또는 그 소속 행정청(행정기관의 계층구조와 관계없이 그 감독을 받거나 위탁을 받은 모든 행정청을 말하되, 위탁을 받은 행정청은 그 위탁받은 사무에 관하여는 위탁한 행정청의 소속 행정청으로 본다. 이하 같다)의 처분 또는 부작위에 대한 행정심판의 청구(이하 '심판청구'라 한다)에 대하여는 다음 각 호의 행정청에 두는 행정심판위원회에서 심리·재결한다. ① 감사원, 국가정보원장, 그 밖에 대통령령으로 정하는 대통령 소속기관의 장, ② 국회사무총장·법원행정처 장·

헌법재판소사무처장 및 중앙선거관리위원회사무총장, ③ 국가인권위원회, 진실·화해를위한과 거사정리위원회, 그 밖에 지위·성격의 독립성과 특수성 등이 인정되어 대통령령으로 정하는 행정청.

2) 중앙행정심판위원회

다음의 행정청의 처분 또는 부작위에 대한 심판청구에 대하여는 『부패방지 및 국민권익위원회의 설치와 운영에 관한 법률』에 따른 국민권익위원회에 두는 중앙행정심판위원회에서 심리·재결한다. ① 제1항에 따른 행정청 외의 국가행정기관의 장 또는 그 소속 행정청, ② 특별시장·광역시장·특별자치시장·도지사·특별자치도지사(특별시·광역시·특별자치시·도 또는 특별자치도의 교육감을 포함한다. 이하 '시·도지사'라 한다) 또는 특별시·광역시·특별자치시·도·특별자치도(이하 '시·도'라 한다)의 의회(의장, 위원회의 위원장, 사무처장 등 의회 소속 모든 행정청을 포함한다), ③ 『지방자치법』에 따른 지방자치단체조합 등 관계 법률에 따라 국가·지방자치단체·공공법인 등이 공동으로 설립한 행정청. 다만, 제3항 제3호에 해당하는 행정청은 제외한다.

3) 시·도행정심판위원회

다음의 행정청의 처분 또는 부작위에 대한 심판청구에 대하여는 시·도지사 소속으로 두는 행정심판위원회에서 심리·재결한다. ① 시·도 소속 행정청, ② 시·도의 관할구역에 있는 시·군·자치구의 장, 소속 행정청 또는 시·군·자치구의 의회(의장, 위원회의 위원장, 사무국장, 사무과장 등 의회 소속 모든 행정청을 포함한다), ③ 시·도의 관할구역에 있는 둘 이상의 지방자치단체(시·군·자치구를 말한다)·공공법인 등이 공동으로 설립한 행정청.

4) 직근 상급행정기관 소속 행정심판위원회

대통령령으로 정하는 국가행정기관[법무부 및 대검찰청 소속 특별지방행정기관(직근 상급행정기관이나 소관 감독행정기관이 중앙행정기관인 경우는 제외한다)(동법 시행령 제3조)] 소속 특별지방행정기관의 장의 처분 또는 부작위에 대한 심판청구에 대하여는 해당 행정청의 직근 상급 행정기관에 두는 행정심판위원회에서 심리·재결한다.

(2) 특별행정심판위원회

개별법에 의해 설치되는 특별행정심판을 담당하는 특별행정심판위원회로는 소청심사위원회, 조세심판원, 중앙토지수용위원회 등이 있다.

2. 법적 지위

행정심판위원회는 행정심판청구를 심리·재결하는 기관이다. 달리 말하면 행정심판위원회는 합의제행정청의 지위를 갖는다.

행정심판위원회는 소속기관으로부터 직무상 독립된 행정청이다.

3. 구 성

(1) 중앙행정심판위원회

중앙행정심판위원회는 위원장 1명을 포함한 50명 이내의 위원으로 구성하되, 위원 중 상임위원은 4명 이내로 한다(제8조 제1항).

중앙행정심판위원회의 **위원장**은 국민권익위원회의 부위원장 중 1명이 되며, 위원장이 없거나 부득이한 사유로 직무를 수행할 수 없거나 위원장이 필요하다고 인정하는 경우에는 상임위원(상임으로 재직한 기간이 긴 위원 순서로, 재직기간이 같은 경우에는 연장자 순서로 한다)이 위원장의 직무를 대행한다(제2항).

중앙행정심판위원회의 **상임위원**은 별정직 국가공무원으로 임명하되, 3급 이상 공무원 또는 고위공무원단에 속하는 일반직공무원으로 3년 이상 근무한 사람이나 그 밖에 행정심판에 관한 지식과 경험이 풍부한 사람 중에서 중앙행정심판위원회 위원장의 제청으로 국무총리를 거쳐 대통령이 임명한다(제3항).

중앙행정심판위원회의 **비상임위원**은 제7조 제4항 각 호의 어느 하나에 해당하는 사람 중에서 중앙행정심판위원회 위원장의 제청으로 국무총리가 위촉한다(제4항).

중앙행정심판위원회의 회의(제6항에 따른 소위원회 회의는 제외한다)는 위원장, 상임위원 및 위원장이 회의마다 지정하는 비상임위원을 포함하여 총 9명으로 구성한다(제5항).

중앙행정심판위원회는 심판청구사건(이하 '사건'이라 한다) 중 『도로교통법』에 따른 자동차 운전면허 행정처분에 관한 사건(소위원회가 중앙행정심판위원회에서 심리·의결하도록 결정한 사건은 제외한다)을 심리·의결하게 하기 위하여 4명의 위원으로 구성하는 **소위원회**를 둘 수 있다(제6항).

중앙행정심판위원회 및 소위원회는 각각 제5항 및 제6항에 따른 구성원 과반수의 출석과 출석위원 과반수의 찬성으로 **의결**한다(제7항).

중앙행정심판위원회는 위원장이 지정하는 사건을 미리 검토하도록 필요한 경우에는 **전문위원회**를 둘 수 있다(제8항).

중앙행정심판위원회, 소위원회 및 전문위원회의 조직과 운영 등에 필요한 사항은 대통령령으로 정한다(제9항).

(2) 중앙행정심판위원회 이외의 행정심판위원회

행정심판위원회(중앙행정심판위원회는 제외)는 **위원장** 1명을 포함한 30명 이내의 위원으로 구성한다(제7조 제1항).

행정심판위원회(중앙행정심판위원회는 제외)의 위원장은 그 행정심판위원회가 소속된 행정청이 되며, 위원장이 없거나 부득이한 사유로 직무를 수행할 수 없거나 위원장이 필요하다고 인정하는 경우에는 다음의 순서에 따라 위원이 위원장의 직무를 대행한다(제2항). ① 위원장이 사전에 지명한 위원, ② 제4항에 따라 지명된 공무원인 위원(2명 이상인 경우에는 직급 또는 고위공무원단에 속하는 공무원의 직무등급이 높은 위원 순서로, 직급 또는 직무등급도 같은 경우에는 위원 재직기간이 긴 위원 순서로, 재직기간도 같은 경우에는 연장자 순서로 한다). 제2항에도 불구하고 제6조 제3항에 따라 시·도지사 소속으로 두는 행정심판위원회의 경우에는 해당 지방자치단체의 조례로 정하는 바에 따라 공무원이 아닌 위원을 위원장으로 정할 수 있다. 이 경우 위원장은 비상임으로 한다(제3항).

행정심판위원회의 **위원**은 해당 행정심판위원회가 소속된 행정청이 일정한 자격을 갖춘 공무원이 아닌 사람 중에서 위촉하거나 그 소속 공무원 중에서 지명한다(제4항).

행정심판위원회의 **회의**는 위원장과 위원장이 회의마다 지정하는 8명의 위원(그중 제4항에 따른 위촉위원은 6명 이상으로 하되, 제3항에 따라 위원장이 공무원이 아닌 경우에는 5명 이상으로 한다)으로 구성한다. 다만, 국회규칙, 대법원규칙, 헌법재판소규칙, 중앙선거관리위원회규칙 또는 대통령령 (제6조 제3항에 따라 시·도지사 소속으로 두는 행정심판위원회의 경우에는 해당 지방자치단체의 조례)으로 정하는 바에 따라 위원장과 위원장이 회의마다 지정하는 6명의 위원(그 중 제4항에 따른 위촉위원은 5명 이상으로 하되, 제3항에 따라 공무원이 아닌 위원이 위원장인 경우에는 4명 이상으로 한다)으로 구성할 수 있다(제5항).

행정심판위원회는 제5항에 따른 구성원 과반수의 출석과 출석위원 과반수의 찬성으로 의결한다(제6항).

행정심판위원회의 조직과 운영, 그 밖에 필요한 사항은 국회규칙, 대법원규칙, 헌법재판소규칙, 중앙선거관리위원회규칙 또는 대통령령으로 정한다(제7항).

(3) 위원의 제척·기피·회피(제10조)

4. 권 한
행정심판위원회는 행정심판사건을 심리하여 재결하는 권한을 가진다.

(1) 심리권
행정심판위원회는 심판청구사건을 심리하는 권한을 가진다.

행정심판위원회는 행정심판의 심리를 위하여 대표자선정 권고권(제15조 제2항), 청구인지위의 승계 허가권(제16조 제5항), 피청구인경정 결정권(제17조 제2항), 대리인선임 허가권(제18조 제1항 제5호), 심판참가 허가 및 요구권(제20조 제5항, 제21조), 청구의 변경 허가권(제29조 제6항), 보정 요구권 및 직권보정권(제32조 제1항), 증거조사권(제36조 제1항) 등을 가진다.

(2) 재결권
행정심판위원회는 재결하는 권한을 가진다(제43조). 행정심판위원회는 재결 이외에 집행정지 결정(제30조 제2항), 집행정지결정의 취소(제30조 제4항), 사정재결(제44조 제1항)을 행한다.

(3) 불합리한 법령 등의 시정조치요청권
중앙행정심판위원회는 심판청구를 심리·재결할 때에 처분 또는 부작위의 근거가 되는 명령 등 (대통령령·총리령·부령·훈령·예규·고시·조례·규칙 등을 말한다. 이하 같다)이 법령에 근거가 없 거나 상위법령에 위배되거나 국민에게 과도한 부담을 주는 등 크게 불합리하면 관계 행정기관 에 그 명령 등의 개정·폐지 등 적절한 시정조치를 요청할 수 있다(제59조 제1항). 제1항에 따른 요청을 받은 관계 행정기관은 정당한 사유가 없으면 이에 따라야 한다(제2항).

행정심판의 심리라 함은 행정심판청구에 대한 재결을 하기 위하여 그 기초가 될 심판자료를 수집하는 절차를 말한다.

제9장 행정심판의 심리

I. 심리의 내용

행정심판사건의 심리는 그 내용에 따라 요건심리와 본안심리로 나누어진다.

1. 요건심리

요건심리는 당해 행정심판청구가 행정심판제기요건을 갖추고 있는지 여부를 심리하는 것을 말한다. 행정심판제기요건으로는 행정심판의 대상인 처분 또는 부작위의 존재, 당사자능력 및 당사자적격의 존재, 심판청구기간의 준수, 필요적 전치절차의 이행, 심판청구서 기재사항의 구비 등을 들 수 있다.

요건심리의 결과 제기요건이 갖추어 지지 않은 것으로 인정될 때에는 당해 심판청구는 부적법한 심판청구[2])가 되므로 각하재결을 내려야 한다(제43조 제1항). 다만, 위원회는 심판청구가 적법하지 아니하나 보정할 수 있다고 인정하면 기간을 정하여 청구인에게 보정할 것을 요구할 수 있다. 다만, 경미한 사항은 직권으로 보정할 수 있다(제32조 제1항). 제1항에 따른 보정을 한 경우에는 처음부터 적법하게 행정심판이 청구된 것으로 본다(제32조 제4항).

행정심판제기요건은 직권조사사항이다. 따라서 당사자의 주장이 없다 하더라도 위원회는 직권으로 조사할 수 있다.

행정심판청구요건의 존부는 심리종결시를 기준으로 판단한다. 따라서 행정심판청구 당시 그 요건의 흠결이 있는 경우에도 위원회에서 사실확정이 되기 전까지 이를 갖추면 적법한 심판청구가 된다.

2. 본안심리

본안심리라 함은 요건심리의 결과 당해 심판청구가 심판청구요건을 구비한 것으로 인정되는 경우 심판청구의 당부(예 취소심판에서 처분의 위법·부당 여부)를 심리하는 것을 말한다.

본안심리의 결과 심판청구가 이유 있다고 인정되면 청구인용재결을 하고, 심판청구가 이유 없다고 인정되면 청구기각재결을 한다.

---

2) 심판청구가 부적합하다는 것은 심판청구가 행정심판제기요건을 갖추지 않은 것을 말한다.

II. 심리의 범위

1. 불고불리의 원칙 및 불이익변경금지의 원칙

행정심판법은 국민의 권리구제를 도모하기 위하여 불고불리의 원칙(不告不理의 原則)(제47조 제1항)과 불이익변경금지의 원칙(제47조 제2항)을 채택하고 있다.

(1) 불고불리의 원칙

위원회는 심판청구의 대상이 되는 처분 또는 부작위외의 사항에 대하여는 재결하지 못한다(제47조 제1항).

(2) 불이익변경금지의 원칙

위원회는 심판청구의 대상이 되는 처분보다 청구인에게 불리한 재결을 하지 못한다(제47조 제2항).

2. 법률문제, 재량문제와 사실문제

행정심판의 심리에 있어서는 행정소송에서처럼 심판청구의 대상인 처분이나 부작위에 관한 적법·위법의 판단인 법률문제 및 사실문제를 심리할 수 있을 뿐만 아니라 행정소송에서와 달리 당·부당의 문제도 심리할 수 있다.

행정심판위원회가 법령의 위헌·위법을 심사할 수 있는지에 관하여 논란이 있다.

① **부정설**: 규범통제에는 명문의 규정이 있어야 하는데, 명문의 규정이 없기 때문에 위원회는 계쟁처분 또는 부작위의 적용법령에의 합치 여부만을 심사할 수 있다는 견해이다.

② **긍정설**: 행정심판위원회는 법률에 대한 위헌심사권은 없지만, 법치주의(실질적 법치주의) 및 행정심판의 본질상 명령에 대한 위헌·위법 심사권은 있다고 보는 견해이다. 이 견해가 타당하다. 중앙행정심판위원회는 위법 또는 불합리한 법령 등의 시정조치를 요청할 권한을 가진다(제59조).

III. 심리의 기본원칙

1. 대심주의

대심주의(對審主義)라 함은 대립되는 분쟁 당사자들의 공격·방어를 통하여 심리를 진행하는 소송 원칙을 말한다. 대립되는 당사자에게 공격·방어를 할 수 있는 대등한 지위가 보장되고 심판기관의 중립적인 지위가 보장되어야 한다.

행정심판법은 심판청구인과 피청구인이라는 대립되는 당사자를 전제로 하여(제13조 내지 제20조) 당사자 쌍방에게 공격과 방어방법을 제출하도록 하고 있고(제23조, 제33조, 제34조, 제36조 등), 원칙적으로 당사자가 제출한 공격·방어방법을 심리의 기초로 삼으며 행정심판위원회가 중립적인 지위에서 심리를 행하도록 하고 있다.

2. 직권심리주의

(1) 의 의

직권심리주의라 함은 심리에 있어서 심판기관이 당사자의 사실의 주장에 근거하지 않거나 그 주장에 구속되지 않고 적극적으로 직권으로 필요한 사실상의 탐지 또는 증거조사를 행하는 소송원칙을 말한다.

행정심판법은 실체적 진실을 밝히고, 심리의 간이·신속을 도모하기 위하여 직권심리주의를 인정하고 있다. 즉, 행정심판법은 "위원회는 필요하면 당사자가 주장하지 아니한 사실에 대하여도 심리할 수 있다."라고 위원회의 직권탐지를 인정하고 있고(제39조), 위원회에 직권으로 증거조사를 할 수 있도록 하고 있다(제36조 제1항). 위원회의 직권심리는 대심주의와 조화되는 한도 내에서 행해져야 한다.

(2) 직권탐지

위원회의 직권탐지는 불고불리의 원칙상 당사자가 신청한 사항에 대하여 신청의 범위 내에서만 가능하다.

자율적 행정통제제도인 행정심판의 특성에 비추어 행정심판에서는 행정소송에서 보다 넓은 직권 탐지가 인정되어야 한다. 그리고 의무이행심판이 제대로 운영되기 위하여는 충실한 직권 탐지가 전제되어야 한다.

(3) 직권증거조사

위원회는 다음과 같은 증거조사권을 갖는다.

① 위원회는 사건을 심리하기 위하여 필요하면 직권으로 또는 당사자의 신청에 의하여 다음의 방법에 따라 증거조사를 할 수 있다. (i) 당사자나 관계인(관계 행정기관 소속 공무원을 포함한다. 이하 같다)을 위원회의 회의에 출석하게 하여 신문하는 방법, (ii) 당사자나 관계인이 가지고 있는 문서·장부·물건 또는 그 밖의 증거자료의 제출을 요구하고 영치하는 방법, (iii)

특별한 학식과 경험을 가진 제3자에게 감정을 요구하는 방법, (iv) 당사자 또는 관계인의 주소·거소·사업장이나 그 밖의 필요한 장소에 출입하여 당사자 또는 관계인에게 질문 하거나 서류·물건 등을 조사·검증하는 방법(제36조 제1항).

② 위원회는 사건 심리에 필요하면 관계 행정기관이 보관 중인 관련 문서, 장부, 그 밖에 필요한 자료를 제출할 것을 요구할 수 있다(제35조 제1항).

③ 위원회는 필요하다고 인정하면 사건과 관련된 법령을 주관하는 행정기관이나 그 밖의 관계 행정기관의 장 또는 그 소속 공무원에게 위원회 회의에 참석하여 의견을 진술할 것을 요구하거나 의견서를 제출할 것을 요구할 수 있다(제35조 제2항).

3. 심리의 방식: 서면심리주의와 구술심리주의

행정심판법은 "행정심판의 심리는 구술심리나 서면심리로 한다."라고 규정하고 있다(제40조 제1항).

이와 같은 행정심판법상의 규정만으로는 행정심판의 심리방식의 선택은 위원회의 재량에 속하는 것으로 보인다.

다만, 현행 행정심판법은 "당사자가 구술심리를 신청한 때에는 서면심리만으로 결정할 수 있다고 인정되는 경우 외에는 구술심리를 하여야 한다."라는 단서규정을 두어 당사자의 구술심리신청이 있는 경우에는 가능한 한 구술심리를 하도록 하여 당사자의 구술심리권을 보장하고 있다.

4. 비공개주의

비공개주의라 함은 공개주의에 대립되는 소송원칙으로서 심판의 심리와 결정을 일반에게 공개하지 아니하는 원칙을 말한다.

행정심판법에는 이에 관한 명문규정은 없다. 그러나 행정심판법이 서면심리주의, 직권심리주의등을 채택한 점 등에 비추어 볼 때 행정심판법이 비공개주의를 원칙으로 한 것으로 해석된다.

Ⅳ. 소관 중앙행정기관의 장의 의견진술권

중앙행정심판위원회에서 심리·재결하는 심판청구의 경우 소관 중앙행정기관의 장은 의견서를 제출하거나 위원회에 출석하여 의견을 진술할 수 있다(제35조 제4항).

V. 당사자의 절차적 권리

1. 위원·직원에 대한 기피신청권

당사자는 위원에 대해 제척신청이나 기피신청을 할 수 있다(제10조 제1항, 제2항). 제척신청이나 기피신청은 그 사유를 소명한 문서로 하여야 한다. 다만, 불가피한 경우에는 신청한 날부터 3일 이내에 신청 사유를 소명할 수 있는 자료를 제출하여야 한다(제10조 제3항).

2. 이의신청권

행정심판위원회의 결정 중 당사자 또는 심판참가인의 절차적 권리에 중대한 영향을 미치는 지위 승계의 불허가, 참가신청의 불허가 또는 청구의 변경 불허가 등에 대하여는 행정심판위원회에 이의신청을 할 수 있다(제16조 제8항, 제17조 제6항, 제20조 제6항 및 제29조 제7항).

3. 보충서면제출권

당사자는 심판청구서·보정서·답변서·참가신청서 등에서 주장한 사실을 보충하고 다른 당사자의 주장을 다시 반박하기 위하여 필요하면 위원회에 보충서면을 제출할 수 있다. 이 경우 다른 당사자의 수만큼 보충서면 부본을 함께 제출하여야 한다(제33조 제1항).

4. 구술심리신청권

행정심판의 심리는 구술심리나 서면심리로 한다. 다만, 당사자가 구술심리를 신청한 경우에는 서면심리만으로 결정할 수 있다고 인정되는 경우 외에는 구술심리를 하여야 한다(제40조 제1항).

5. 물적 증거제출권

당사자는 심판청구서·보정서·답변서·참가신청서·보충서면 등에 덧붙여 그 주장을 뒷받침하는 증거서류나 증거물을 제출할 수 있다(제34조 제1항).

6. 증거조사신청권

위원회는 사건을 심리하기 위하여 필요하면 직권으로 또는 당사자의 신청에 의하여 다음 각 호의 방법에 따라 증거조사를 할 수 있다. 1. 당사자나 관계인(관계 행정기관 소속 공무원을 포함한다. 이하 같다)을 위원회의 회의에 출석하게 하여 신문하는 방법, 2. 당사자나 관계인이 가지고 있는 문서·장부·물건 또는 그 밖의 증거자료의 제출을 요구하고 영치하는 방법, 3. 특별한 학식과 경험을 가진 제3자에게 감정을 요구하는 방법, 4. 당사자 또는 관계인의 주소·거소·사업장이나 그 밖의 필요한 장소에 출입하여 당사자 또는 관계인에게 질문하거나 서류·물건 등을 조사·검증하는 방법 (제36 조 제1항).

7. 심판참가인의 절차적 권리

심판참가인에게 당사자에 준하는 절차적 권리가 주어지고, 관련 서류를 참가인에게도 송달하도록 하는 등 참가인의 절차적 권리가 보장되고 있다(제20조 내지 제22조).

VI. 심판청구의 병합과 분리

위원회는 필요하면 관련되는 심판청구를 병합하여 심리하거나 병합된 관련 청구를 분리하여 심리할 수 있다(제37조).

VII. 처분사유의 추가·변경

항고소송에서의 처분사유의 추가·변경의 법리는 행정심판 단계에서도 적용된다(판례).

> **판례**
>
> 항고소송에서 행정청이 처분의 근거 사유를 추가하거나 변경하기 위한 요건인 '기본적 사실관계의 동일성' 유무의 판단 방법 및 이러한 법리가 행정심판 단계에서도 적용되는지 여부(적극): 행정처분의 취소를 구하는 항고소송에서 처분청은 당초 처분의 근거로 삼은 사유와 기본적 사실관계가 동일성이 있다고 인정되는 한도 내에서만 다른 사유를 추가 또는 변경할 수 있고, 이러한 기본적 사실관계의 동일성 유무는 처분사유를 법률적으로 평가하기 이전의 구체적 사실에 착안하여 그 기초인 사회적 사실관계가 기본적인 점에서 동일한지에 따라 결정되므로, 추가 또는 변경된 사유가 처분 당시에 이미 존재하고 있었다거나 당사자가 그 사실을 알고 있었다고 하여 당초의 처분사유와 동일성이 있다고 할 수 없다. 그리고 이러한 법리는 행정심판단계에서도 그대로 적용된다[대판 2014.5.16, 2013두26118(기타〈시장정비사업추진계획〉)].

다만, 의무이행심판의 경우 거부처분의 위법 여부는 처분시를 기준으로 하고 인용 여부는 재결시를 기준으로 보거나 거부처분의 위법 여부와 인용재결의 기준시를 재결시로 보게 되므로 처분이후의 기본적 사실관계의 동일성이 없는 다른 사유(사실이나 법령의 변경)를 이유로 기각판결을 하는 것이 처분사유의 추가·변경의 법리와 무관하게 가능한 것으로 보아야 한다.

Ⅷ. 행정심판법상 조정

2018년 5월 1일 시행되는 개정 행정심판법은 양 당사자 간의 합의가 가능한 사건의 경우 행정심판위원회가 개입·조정하는 절차를 통하여 갈등을 조기에 해결할 수 있도록 행정심판에 조정을 도입하였다.

위원회는 당사자의 권리 및 권한의 범위에서 당사자의 동의를 받아 심판청구의 신속하고 공정한 해결을 위하여 조정을 할 수 있다. 다만, 그 조정이 공공복리에 적합하지 아니하거나 해당 처분의 성질에 반하는 경우에는 그러하지 아니하다(제43조의2 제1항).

조정은 당사자가 합의한 사항을 조정서에 기재한 후 당사자가 서명 또는 날인하고 위원회가 이를 확인함으로써 성립한다(제43조의2 제3항). 제3항에 따라 성립한 조정에 대하여는 행정심판법 제48조(재결의 송달과 효력 발생), 제49조(재결의 기속력 등), 제50(위원회의 직접 처분), 제50조의2(위원회의 간접강제), 제51조(행정심판 재청구의 금지)의 규정을 준용한다(제43조의2 제4항).

제10장 행정심판의 재결

제1항 재결의 의의

행정심판의 재결(裁決)이라 함은 행정심판청구에 대한 심리를 거쳐 재결청이 내리는 결정을 말한다.

① 재결은 행정행위로서 확인행위의 성질을 갖는다. 즉, 재결은 다툼이 있는 행정법상의 사실 또는 법률관계를 확정하는 행위이므로 확인행위이다. ② 재결은 행정심판기관이 행정법상의 분쟁에 대하여 일정한 심리절차를 거쳐 당해 분쟁을 해결하는 결정이므로 준사법작용(準司法作用)이다. 따라서 재결에는 불가변력이 발생한다.

제2항 재결절차 등

Ⅰ. 행정심판위원회의 재결

행정심판위원회는 심리를 마치면 직접 재결한다.

Ⅱ. 재결기간

재결은 피청구인 또는 위원회가 심판청구서를 받은 날부터 60일 이내에 하여야 한다. 다만, 부득이한 사정이 있는 경우에는 위원장이 직권으로 30일을 연장할 수 있다(제45조 제1항). 재결기간은 훈시규정이다.

Ⅲ. 재결의 방식

재결은 서면(재결서)으로 한다(제46소 제1항).

Ⅳ. 재결의 범위

① 위원회는 심판청구의 대상이 되는 처분 또는 부작위 외의 사항에 대하여는 재결하지 못한다(제47조 제1항). 즉, 행정심판에는 불고불리의 원칙이 채택되고 있다.

② 위원회는 심판청구의 대상이 되는 처분보다 청구인에게 불이익한 재결을 하지 못한다(제47

조 제2항). 즉, 불이익변경금지의 원칙이 인정되고 있다.

③ 위원회는 처분의 위법 여부뿐만 아니라 당·부당도 판단할 수 있다(제1조).

V. 재결의 송달과 효력발생

위원회는 지체 없이 당사자에게 재결서의 정본을 송달하여야 한다. 이 경우 중앙행정심판위원회는 재결 결과를 소관 중앙행정기관의 장에게도 알려야 한다(제48조 제1항).

재결은 청구인에게 제1항 전단에 따라 송달되었을 때에 그 효력이 생긴다(제48조 제2항).

위원회는 재결서의 등본을 지체 없이 참가인에게 송달하여야 한다(제48조 제3항).

처분의 상대방이 아닌 제3자가 심판청구를 한 경우 위원회는 재결서의 등본을 지체 없이 피청구인을 거쳐 처분의 상대방에게 송달하여야 한다(제48조 제4항).

제3항 재결의 종류　　　　　　　[2009 공인노무사, 2011 행시(일반행정) 사례]

행정심판의 재결에는 각하재결, 기각재결, 인용재결이 있다.

I. 각하재결(요건재결)

각하재결이라 함은 행정심판의 제기요건이 결여되어 행정심판이 부적법한 것인 때에 본안심리를 거절하는 재결이다.

'행정심판의 제기요건이 결여된 경우'라 함은 전술한 바와 같은 행정심판청구의 요건이 결여된 경우를 말한다. 그 예를 들면 다음과 같다.

① 행정심판청구의 대상이 아닌 행위에 대하여 행정심판이 제기된 경우

② 청구인적격이 없는 자가 행정심판을 청구한 경우

③ 행정심판제기기간이 경과된 후 행정심판이 제기된 경우

④ 행정심판의 대상이 된 처분이나 부작위가 심판청구의 계속중 기간의 경과, 처분의 집행 그 밖의 사유로 효력이 소멸한 경우: 다만, 처분의 효력이 소멸된 뒤에도 그 처분의 취소로 인하여 회복되는 법률상 이익이 있는 때에는 각하재결을 하여서는 아니 된다(제13조 제1항).

II. 기각재결

기각재결이라 함은 본안심리의 결과 행정심판청구가 이유 없다고 인정하여 원처분을 시인하는 재결을 말한다(제43조 제2항). 기각재결은 심판청구의 실체적 내용에 대한 심리를 거쳐 심판

청구가 이유 없다고 판단되는 경우에 내려진다.

기각재결이 있은 후에도 원처분청은 원처분을 직권으로 취소 또는 변경할 수 있다.

III. 인용재결

인용재결이라 함은 본안심리의 결과 심판청구가 이유 있다고 판단하여 청구인의 청구취지를 받아들이는 재결을 말한다. 인용재결에는 취소재결, 변경재결 및 변경명령재결, 무효등확인재결, 의무이행재결이 있다.

1. 취소재결·변경재결 및 변경명령재결

위원회는 취소심판의 청구가 이유 있다고 인정하면 재결로서 스스로 처분을 취소 또는 다른 처분으로 변경하거나 처분청에게 처분을 다른 처분으로 변경할 것을 명한다(제43조 제3항).

(1) 취소심판에서의 인용재결의 종류

취소심판에서의 인용재결에는 **처분취소재결, 처분변경재결, 처분변경명령재결**이 있다. 앞의 두 재결은 위원회가 스스로 처분을 취소 또는 변경하는 것이므로 형성재결이고, 변경명령재결은 위원회가 처분청에게 처분의 변경을 명령하는 것이므로 이행재결이다. 현행 행정심판법상 처분청이 처분변경명령재결에 따르지 않는 경우에 대한 강제방법이 없는 것은 입법의 불비이다.

일부인용재결에는 **일부취소재결, 일부변경재결 및 일부변경명령재결**이 있다.

(2) 전부취소와 일부취소

처분을 취소하는 재결은 당해 처분의 전부취소를 내용으로 하는 것과 일부취소(예 영업정지처분 기간의 단축)를 내용으로 하는 것이 있다. 행정심판에서도 일부취소는 이론상 취소의 대상이 되는 부분이 가분적인 것인 경우에 가능하다(김철용, 525면). 다만, 처분의 부당도 통제의 대상이 되므로 일부취소의 요건이 되는 가분성은 행정소송에서의 그것보다 넓게 인정하여야 한다.

예를 들면, 재량행위인 영업정지처분의 기간을 변경하는 일부취소는 행정소송에서는 원칙상 인정될 수 없지만, 행정심판에서는 가능하다.

(3) 적극적 변경

처분을 변경하거나 변경을 명하는 재결은 행정심판기관이 행정기관이므로 처분내용을 적극적으로 변경하거나 변경을 명하는 재결을 말한다. 예컨대, 허가취소처분을 영업정지처분으로 변경하거나 변경을 명령하는 경우 등이다.

2. 무효등확인재결

위원회는 무효등확인심판의 청구가 이유있다고 인정하면 재결로서 처분의 효력 유무 또는 존재 여부를 확인한다(제43조 제4항). 따라서 무효확인재결에는 처분무효확인재결, 처분실효확인재결, 처분유효확인재결, 처분존재확인재결, 처분부존재확인재결이 있다.

3. 의무이행재결   [2007 사시 사례]

(1) 의 의	2) 특정처분(명령)재결과 일정처분명령재결의 기준
(2) 종류와 성질	가. 일반적 기준
1) 처분재결	(가) 재결의 성숙성 기준설
2) 처분명령재결	(나) 처분권존중설
(3) 재결의 기준시	나. 기속행위의 경우(특정처분(명령)재결)
1) 재결의 기초의 기준시	다. 재량처분의 경우
2) 위법·부당판단의 기준시	(가) 위법·부당구별설
가. 재결시설	(나) 일정처분명령재결설
나. 처분(부작위)시설	(다) 재량권존중설
다. 결 어	(라) 결 어
(4) 법령과 사실적 상황의 변경 및 신뢰보호	라. 절차위반의 경우
(5) 인용재결 및 그 내용	
1) 처분재결과 처분명령재결의 선택	

(1) 의 의

의무이행재결은 의무이행심판의 청구가 이유 있다고 인정한 때에 신청에 따른 처분을 스스로 하거나 처분을 할 것을 피청구인에게 명하는 재결을 말한다(제43조 제5항).

(2) 종류와 성질

의무이행재결에는 처분재결과 처분명령재결이 있다.

1) 처분재결

처분재결은 위원회가 스스로 처분을 하는 것이므로 형성재결이다. 처분재결에는 청구인의 청구 내용대로 특정한 처분을 하는 전부인용 처분재결과 청구인의 청구 중 일부만 인용하는 특정내용의 처분재결이 있다.

2) 처분명령재결

처분명령재결은 처분청에게 처분을 명하는 재결이므로 이행재결이다.

처분명령재결에는 특정한 처분을 하도록 명하는 특정처분명령재결과 판결의 취지에 따라 일정한 처분을 할 것을 명하는 일정처분명령재결이 있다.

특정처분명령재결에는 청구인의 청구내용대로 특정한 처분을 하도록 명하는 재결과 청구인의 청구 중 일부만 인용하는 특정내용의 처분을 명하는 재결이 있다. 일정처분명령재결은 절차의 위법을 이유로 하는 재결, 적법재량행사를 명하는 재결 등이 있다.

(3) 재결의 기준시

1) 재결의 기초의 기준시

의무이행심판에서 재결은 재결시를 기준으로 하여 내려진다. 거부처분이나 부작위시의 법이나 사실상황을 기초로 판단하는 것이 아니라 재결시(보다 정확히 말하면 행정심판위원회의 의결시)의 법과 사실상황을 기초로 판단한다.

2) 위법·부당판단의 기준시

의무이행재결시 거부처분의 위법 또는 부당을 판단하여야 하는 경우에 처분시를 기준으로 하여야 하는지 아니면 재결시를 기준으로 판단하여야 하는지에 관하여 견해의 대립이 있다. 이것이 문제되는 것은 거부행위 후 법 및 사실상태에 변경이 가해진 경우이다. 부작위의 위법은 재결시를 기준으로 판단한다는데 이견이 없다.

가. 새결시설

의무이행심판의 심리의 핵심이 과거에 행해진 거부처분의 위법·부당 여부를 판단하는 데에 있다기보다는 재결시점에서 거부처분을 계속 유지하는 것이 위법·부당한지를 판단하는 데에 있다고 보면서 재결을 하는 시점에서 해당 거부처분이 위법 또는 부당한지 여부를 판단해야 할 것 이라고 하는 견해이다.

　　이 견해에 의하면 거부행위시 적법한 행위도 재결시를 기준으로 위법하면 거부행위를 취소하고 의무이행재결을 한다.

나. 처분(부작위)시설

　　의무이행심판은 항고심판이고, 항고심판은 처분청의 위법한 처분에 대한 사후적 통제를 목적으로 하는 심판이므로 거부행위의 위법판단의 기준시를 거부행위시로 보는 것이 타당하다는 견해이다.
　　이 견해에 의하면 처분청의 거부행위가 행위시 적법하면 기각재결을 하게 된다.

다. 결 어

　　다음과 같은 이유에서 재결시설이 타당하다. 의무이행심판이 거부처분취소심판에 비해 종국적이고 실효적인 권리구제를 해주는 심판형식이라는 의무이행심판의 의의를 달성하기 위하여는 재결시를 기준으로 거부행위의 위법·부당을 판단하고 의무이행재결을 하는 것이 타당하다. 또한 행정심판기관이 행정기관이므로 권력분립의 원칙에 반할 염려도 없다.
　　이에 반하여 거부처분 취소심판의 경우 거부처분의 위법·부당 판단의 기준시는 거부처분시이다.

(4) 법령과 사실적 상황의 변경 및 신뢰보호

　　거부처분시(또는 부작위시)와 의무이행재결 사이에 법령이나 사실적 상황이 변경된 경우 어느 때의 법령 또는 사실적 상황에 근거하여 의무이행재결을 할 것인가가 문제된다. 위에서 본 바와 같이 원칙상 재결시를 기준으로 재결을 하여야 한다.
　　그런데 처분시를 기준으로 하면 거부처분이 위법·부당하였는데, 법령이나 사실적 상황이 변경되어 재결시에는 거부하는 것이 적법·타당하게 된 경우 청구인의 권리가 구제되지 못하는 문제가 있다. 따라서 이러한 경우에 있어서 청구인의 권리구제를 위한 방안을 마련하여야 한다.
　　생각건대, 이 경우 청구인을 위하여는 다음과 같은 구제가 가능하다고 본다.
　① 처분시와 재결시 사이에 법과 사실적 상황이 청구인에게 불리하게 변경된 경우 국민의 권리구제의 요청 및 국민의 신뢰보호와 새로운 법령을 적용하고 새로운 사실적 상황을 고려하여야 할 공익상 필요를 이익형량하여 재결을 하여야 할 것이다.
　② 처분시를 기준으로 거부처분이 위법하지만 재결시를 기준으로 기각재결을 하여야 하는 경우에 위법한 거부처분으로 인한 손해에 대하여 국가배상을 청구할 수 있다.

(5) 인용재결 및 그 내용

어떠한 경우에 의무이행재결을 할 것이며, 이 경우 어떠한 내용의 의무이행재결을 할 것인가.

1) 처분재결과 처분명령재결의 선택

처분재결과 처분명령재결 중 어떠한 재결을 하여야 하는가에 관하여 견해가 대립하고 있다.

① 첫째 견해는 행정심판위원회가 처분재결과 처분명령재결의 선택에 있어 전적으로 재량권을 갖는다는 견해이다(재량설).

② 둘째 견해는 원칙적으로 처분명령재결을 하여야 하고, 예외적으로 처분재결을 할 것이라는 견해이다. 그 논거로는 처분청의 처분권이 존중되어야 한다는 것 등을 들고 있다(김병기, 보완 요구의 부작위성과 재결의 기속력, 행정법연구, 제8호, 391면).

③ 결 어: 행정심판위원회는 법적으로 처분재결과 처분명령재결의 선택에 있어 재량권을 갖는다고 보는 것(재량설)이 타당하다. 다만, 재량행위의 경우에는 처분청이 부관을 붙일 수 있으므로 처분청이 부관을 붙일 것으로 예상되는 경우에는 처분명령재결을 하여 처분청이 부관을 붙일 수 있는 여지를 주는 것이 타당하다.

그런데 실무상 대부분 처분명령재결을 하고 있고, 처분재결을 하는 예는 극히 드물다.

2) 특정처분(명령)재결과 일정처분명령재결의 기준

어떠한 경우에 특정처분(명령)재결을 하고, 어떠한 경우에 일정한 처분을 명하는 재결을 할 것인가.

가. 일반적 기준

(가) 재결의 성숙성 기준설

'신청에 관련된 처분을 해야 할 사실상 및 법령상의 전제조건이 전부 구비되어 있는 경우' 즉, 재결의 성숙성이 있는 경우에는 특정처분을 하거나 명하고, 그렇지 않은 경우에는 일정한 처분을 명하는 재결을 하는 것이 타당하다는 견해가 있다(김학세, 재결청의 직접처분권, 행정심판제도개선연구 논문집, 법제처, 2004, 21~22면).

(나) 처분권존중설

심리의 결과 특정한 처분을 명하기에 충분한 사실관계가 해명되고, 특정처분을 내려야 할 것이 관계법령상 명백한 경우에 한하여 특정처분을 하거나 명하고, 그렇지 않은 경우에는 처분청의 처분권을 존중하여 일정한 처분을 명하는 재결을 하는 것이 타당하다는 견해이다. 이 견해가 타당하다.

나. 기속행위의 경우

의무이행심판청구의 대상인 행정청의 행위가 기속행위이면 의무이행심판의 청구가 이유 있는 경우 청구인의 청구 내용대로의 처분을 하거나 이를 할 것을 명하여야 한다고 보는 견해(김동희, 659면)가 타당하다.

다. 재량처분의 경우

(가) 위법·부당구별설

의무이행심판청구의 대상인 행정청의 행위가 재량행위이면 행정청의 거부처분 또는 부작위에 대하여 위법을 이유로 하여서는 청구인의 청구 내용대로 처분을 하거나 처분청에 이를 할 것을 명할 수는 없고, 부당을 이유로 하는 경우 위원회는 청구 내용대로의 처분을 스스로 하거나, 이를 할 것을 행정청에게 명할 수 있다고 보는 견해이다(김동희, 608면 등).

(나) 일정처분명령재결설

재량행위의 경우에는 원칙상 특정처분재결을 하지 말고, 지체없이 어떤 처분(신청대로의 처분 또는 기타의 처분)을 하도록 명하는 재결을 하여야 한다는 견해이다(박윤흔, 816면).

(다) 재량권존중설

재결시를 기준으로 합법성 및 합목적성의 원칙상 특정처분을 해야 할 것이 명백한 경우에 신청에 따른 적극적 처분을 하거나 하도록 하고(예 거부처분이 평등의 원칙에 반한다는 것이 명백한 경우에는 처분재결이나 처분명령재결을 하여야 한다), 특정처분을 해야할 것이 명백하지 않다면 처분청의 재량권을 존중하여 재량권의 일탈·남용 및 부당을 명시하여 하자 없는 재량행사를 명하는 재결(적법재량행사명령재결)을 하여야 한다는 견해이다.

(라) 결 어

처분청의 재량권을 존중할 필요가 있으므로 재량권존중설이 타당하다.

라. 절차위반의 경우

계쟁거부처분에 절차의 위법이 있는 경우에 행정심판위원회는 절차를 거쳐 일정한 처분을 다시 하도록 하는 처분을 명하거나 실체상 판단을 하여 청구내용대로의 특정한 처분을 하거나 특정한 처분을 할 것을 명할 수 있다고 보아야 한다.

절차규정이 청구인(신청자)의 권리보호를 위해서가 아니라 제3자인 이해관계인의 절차적 참여를 보장하기 위한 것인 경우에는 실체상 판단을 하여 기각재결을 하여야 하는 경우에는 기각재결을 할 수 있고, 기각재결을 하지 않는 경우에는 특정처분(명령)재결을 할 수는 없고 제3자의 절차적 권리를 보장하기 위하여 절차를 거쳐 일정한 처분을 하도록 하는 재결을 하여야 할 것이다.

4. 사정재결 [2004 공인노무사]

(1) 의 의

사정재결이라 함은 심판청구가 이유 있다고 인정되는 경우에도 이를 인용하는 것이 공공복리에 크게 위배된다고 인정하는 때에 그 심판청구를 기각하는 재결을 말한다(법 제44조 제1항). 무효등확인심판의 경우에는 사정재결이 인정되지 않는다(법 제44조 제3항).

(2) 사정재결에 대한 구제조치

위원회는 사정재결을 하는 경우에 그로 인하여 청구인이 받는 손해에 대하여 구제조치를 취하여야 한다. 사정재결은 심판청구가 위법 또는 부당하더라도 공익을 위하여 사익을 희생시키는 것이므로 그에 대한 구제를 해 주어야 한다. 따라서 행정심판법은 "상당한 구제방법을 취하거나 상당한 구제방법을 취할 것을 피청구인에게 명할 수 있다."라고 규정하고 있지만(제44조 제2항) 반드시 명하여야 하는 것으로 해석하여야 한다.

사정재결에 대한 구제조치는 금전배상일 수도 있고, 재해시설의 설치 등 다른 적절한 구제방법일 수도 있고 또한 혼합적 구제조치일 수도 있다.

행정심판법은 '상당한 구제방법'을 취할 것을 규정하고 있다. 여기서 상당한 구제방법이라 함은 원칙상 사정재결로 인하여 청구인이 받는 손해 전체라고 보아야 한다. 따라서 사정재결시 행해지는 구제조치가 '상당한 구제방법'이 되지 못하는 경우에는 사정재결에 고유한 하자가 있는 것으로 보아 사정재결의 구제조치에 대하여 취소소송을 제기할 수 있는 것으로 보아야 한다.

(3) 사정재결의 주문

사정재결시 위원회는 그 재결의 主文에서 그 처분 또는 부작위가 위법하거나 부당하다는 것을 구체적으로 밝혀야 한다(제44조 제1항).

제4항 재결의 효력   [2003 공인노무사]

행정심판법은 재결의 효력에 관하여 기속력과 직접처분에 관한 규정만을 두고 있다. 그런데 취소재결, 변경재결과 처분재결에는 형성력이 발생한다고 보아야 하며 재결은 행정행위이므로 재결 일반에 대하여 행정행위에 특수한 효력인 공정력, 불가변력 등이 인정된다고 보아야 할 것이다.

Ⅰ. 형성력   [2013 사시]

재결의 형성력이라 함은 재결의 내용에 따라 새로운 법률관계의 발생이나 종래의 법률관계의 변경, 소멸을 가져오는 효력을 말한다[대판 1999.12.16, 98두18619(개발부담금부과처분취소)]. 재결의 형성력은 제3자에게도 미치므로 이를 '대세적 효력'이라고도 한다.

형성력이 인정되는 재결로는 취소재결, 변경재결, 처분재결이 있다.

처분을 취소하는 재결이 있으면 취소된 처분은 소급적으로 효력을 상실한다. 일부취소재결의 경우에는 일부취소된 부분에 한하여 소급적으로 효력을 상실하고 일부취소되지 않은 부분에 한하여 원처분은 효력을 유지한다.

판례는 변경재결이 있으면 원처분이 변경재결로 변경되어 존재하는 것이 된다고 본다(행정소송 참조). 그러나 변경재결이 있으면 원처분은 효력을 상실하고, 변경재결로 인한 새로운 처분은 제3자의 권익을 침해하지 않는 한 소급하여 효력을 발생한다고 보는 것이 타당하다.

의무이행재결 중 처분재결이 있는 경우에는 당해 재결은 장래에 향하여 즉시 효력을 발생한다.

Ⅱ. 기속력   [2007 공인노무사]

재결의 기속력이라 함은 처분청(피청구인) 및 관계행정청이 재결의 취지에 따르도록 처분청 및 관계행정청을 구속하는 효력을 말한다. 따라서 재결의 기속력을 재결의 구속력이라 부르는 견해도 있다(김동희, 583면). 재결의 기속력은 인용재결의 효력이며 기각재결에는 인정되지 않는다.

행정심판법 제49조 제1항은 "심판청구를 인용하는 재결은 피청구인과 그 밖의 관계행정청을 기속한다."라고 재결의 기속력을 규정하고 있다. 행정심판법 제49조 제2항과 제3항은 이행재결, 절차의 위법 또는 부당을 이유로 한 취소재결, 거부처분 취소재결의 경우에 재결의 취지에 따른 재처분의무를 명시적으로 인정 하고 있다.

1. 반복금지효

행정청은 처분의 취소재결, 변경재결 또는 무효, 부존재, 실효재결이 있는 경우 동일한 사정 아래서는 같은 내용의 처분을 되풀이하지 못하며 동일한 과오를 되풀이 하지 못한다[대판 1983.8.23, 82누302(계고 처분취소)].

재결은 당해 처분에 관하여 재결주문 및 그 전제가 된 요건사실의 인정과 판단에 대하여 처분청을 기속하므로, 당해 처분에 관하여 위법한 것으로 재결에서 판단된 사유와 기본적 사실관계에 있어 동일성이 인정되는 사유를 내세워 다시 동일한 내용의 처분을 하는 것은 허용되지 않는다[대판 2003.4.25, 2002두3201(건축불허가처분취소)].

> **판례**
> 재결의 기속력은 재결의 주문 및 그 전제가 된 요건사실의 인정과 판단, 즉 처분 등의 구체적 위법사유에 관한 판단에만 미친다고 할 것이다[대판 2005.12.9, 2003두7705(주택건설사업계획승인신청서반려처분취소)].

2. 원상회복의무(위법상태제거의무)

취소재결의 기속력에는 해석상 원상회복의무가 포함되는 것으로 보는 것이 타당하다. 따라서 취소재결이 확정되면 행정청은 취소된 처분에 의해 초래된 위법상태를 제거하여 원상회복할 의무가 있다.

3. 처분의무

(1) 처분명령재결

당사자의 신청을 거부하거나 부작위로 방치한 처분의 이행을 명하는 재결이 있으면 행정청은 지체 없이 이전의 신청에 대하여 재결의 취지에 따라 처분을 하여야 한다(제49조 제3항).

(2) 거부처분취소재결 또는 거부처분무효등확인재결

재결에 의하여 취소되거나 무효 또는 부존재로 확인되는 처분이 당사자의 신청을 거부하는 것을 내용으로 하는 경우에는 그 처분을 한 행정청은 재결의 취지에 따라 다시 이전의 신청에 대한 처분을 하여야 한다(행정심판법 제49조 제2항).

> **판례**
>
> [1] **거부처분을 취소하는 재결의 효력 및 그 취지와 양립할 수 없는 다른 처분에 대한 취소를 구할 소익의 유무**: 당사자의 신청을 거부하는 처분을 취소하는 재결이 있는 경우에는 행정청은 그 재결의 취지에 따라 이전의 신청에 대한 처분을 하여야 하는 것이므로 행정청이 그 재결의 취지에 따른 처분을 하지 아니하고 그 처분과는 양립할 수 없는 다른 처분을 하는 것은 위법한 것이라 할 것이고 이 경우 그 재결의 신청인은 위법한 다른 처분의 취소를 소구할 이익이 있다. [2] **행정처분의 취소소송에 있어 판단의 대상이 되는 하자**: 행정처분의 취소소송은 행정청의 위법한 처분 등을 취소 또는 변경하는 소송이므로 법원은 그 처분의 위법여부를 가려서 판단하면 되는 것이고, 그 처분의 부당여부까지 판단할 필요는 없다[대판 1988.12.13, 88누7880(도시계획사업시행허가처분등취소)].

(3) 절차의 하자를 이유로 한 신청에 따른 처분을 취소하는 재결

신청에 따른 처분이 절차의 위법 또는 부당을 이유로 재결로서 취소된 경우 적법한 절차에 따라 신청에 따른 처분을 하거나 신청을 기각하는 처분을 하여야 한다(제49조 제4항).

(4) 변경명령재결

취소심판에 있어서 변경을 명하는 재결이 있는 때(제43조 제3항)에는 명문의 규정은 없지만 행정심판법 제49조 제1항(기속력규정)에 의해 처분청은 당해 처분을 변경하여야 한다.

4. 기속력의 객관적 범위

기속력의 객관적 범위는 **재결의 취지**라고 할 수 있다. 기속력의 객관적 범위는 재결의 주문 및 재결이유 중 그 전제가 된 요건사실의 인정과 처분의 효력 판단에 한정되고, 재결의 결론과 직접관련이 없는 방론이나 간접사실에 대한 판단에까지는 미치지 않는다.

> **판례 1**
>
> [1] **재결의 기속력의 범위**: 재결의 기속력은 재결의 주문 및 그 전제가 된 요건사실의 인정과 판단, 즉 처분 등의 구체적 위법사유에 관한 판단에만 미친다고 할 것이고, 종전 처분이 재결에 의하여 취소되었다 하더라도 종전 처분시와는 다른 사유를 들어서 처분을 하는 것은 기속력에 저촉되지 않는다고 할 것이며, 여기에서 동일 사유인지 다른 사유인지는 종전 처분에 관하여 위법한 것으로 재결에서 판단된 사유와 기본적 사실관계에 있어 동일성이 인정되는 사유인지 여부에 따라 판단되어야 한다. [2] 새로운 처분의 처분사유와 종전 처분에 관하여 위법한 것으로 재결에서 판단된 사유가 기본적 사실관계에 있어 동일성이 없으므로 새로운 처분이

판례 1	종전 처분에 대한 재결의 기속력에 저촉되지 않는다고 한 사례[대판 2005.12.9, 2003두7705(주택건설사업계획승인신청서반려처분취소)].
판례 2	**[압류처분이 재결의 기속력에 반하는 처분이라 하여 그 무효확인을 구하는 사건]** 토지에 관한 종전 압류처분이 학교법인 재산대장 등에 사립학교 교육용 기본재산으로 등재된 압류금지재산에 대한 것이라는 이유로 재결에 의해 취소된 이후 과세관청이 위 토지는 학교 교육에 직접 사용되지 않고 있어 압류금지재산인 교육용 기본재산이 아니라는 이유로 후행 압류처분을 한 경우, 후행 압류처분은 종전 재결의 사실인정 및 판단과 기본적인 사실관계가 동일하지 아니한 사유를 바탕으로 이루어진 것이므로 재결의 기속력에 저촉되지 않는다고 판단한 사안[대판 2017.2.9, 2014두40029(압류처분무효확인)].

5. 이행재결의 기속력 확보수단으로서의 직접처분과 간접강제 [2018 행시]

(1) 직접처분	(가) 부정설
1) 의 의	(나) 긍정설
2) 직접처분의 성질	(다) 결 어
3) 인정범위	나. 제3자의 불복
4) 요 건	6) 직접처분의 한계
5) 직접처분에 대한 불복	**(2) 행정심판위원회의 간접강제**
가. 지방자치단체의 불복	

(1) 직접처분 [2011 행시(일반행정)사례 약술형]

1) 의 의

직접처분이라 함은 행정청이 처분명령재결의 취지에 따라 이전의 신청에 대한 처분을 하지 아니 하는 때에 위원회가 당해 처분을 직접 행하는 것을 말한다(법 제50조 제1항). 직접처분은 의무이행재결의 실효성을 확보하기 위하여 인정된 의무이행재결의 이행강제제도이다.

> **제50조(위원회의 직접 처분)** ① 위원회는 피청구인이 제49조제3항에도 불구하고 처분을 하지 아니하는 경우에는 당사자가 신청하면 기간을 정하여 서면으로 시정을 명하고 그 기간에 이행하지 아니하면 직접 처분을 할 수 있다. 다만, 그 처분의 성질이나 그 밖의 불가피한 사유로 위원회가 직접 처분을 할 수 없는 경우에는 그러하지 아니하다.

> ② 위원회는 제1항 본문에 따라 직접 처분을 하였을 때에는 그 사실을 해당 행정청에 통보하여 야 하며, 그 통보를 받은 행정청은 위원회가 한 처분을 자기가 한 처분으로 보아 관계 법령에 따라 관리·감독 등 필요한 조치를 하여야 한다.

2) 직접처분의 성질

직접처분은 처분명령재결의 실효성을 확보하기 위한 행정심판작용이면서 동시에 행정처분으로서의 성질을 갖는다.

3) 인정범위

직접처분은 **처분청이 의무이행재결(처분명령재결)에 따른 처분을 하지 않는 모든 경우**에 인정된다. 이에 대하여 지방자치단체의 자치권을 보장할 필요가 있으므로 재처분사무가 자치사무인 경우는 제외하고, 처분청이 하급행정기관이나 기관위임사무를 담당하는 지방자치단체의 장인 경우에만 직접처분을 인정하여야 한다는 견해가 있다(김남철, 행정판례연구 V, 429~430면).

이 견해에 대하여는 전술한 직접처분제도의 도입취지인 처분명령재결의 실효성 확보에 반한다는 비판이 가능하다.

생각건대, 직접처분제도는 지방자치단체의 사무집행에 대한 행정적 감독제도가 아니고, 행정심판재결의 실효성을 확보하기 위해 인정되는 행정심판제도이므로 자치사무인 처분을 직접 처분하는 것이 자치권의 침해가 되지 않는다고 보는 것이 타당하다.

관련 판례

지방자치단체인 성남시의 고유사무에 관한 국가기관으로서의 재결청인 경기도지사의 구 행정심판법 제37조 제2항에 근거한 직접처분이 인용재결의 범위를 넘어 성남시의 권한을 침해한 것으로서 무효임을 확인한 사례[헌재 1999.7.22, 98헌라4 전원재판부(성남시와 경기도간의 권한쟁의)] 〈해설〉 인용재결에서 재결의 주문에 포함된 것은 골프연습장에 관한 것뿐으로서, 이 사건 진입도로에 대한 도시계획사업시행자지정처분은 인용재결내용에 포함되지 아니하였는데, 직접처분으로 진입도로에 대한 도시계획사업시행자지정처분을 한 것은 자치권을 침해한 것이라는 것이다. 직접처분으로 자치권이 침해된 경우 해당 지방자치단체는 헌법재판소에 권한쟁의심판을 청구할 수 있다.

다만, 자치권 존중의 차원에서 자치사무에 대한 것은 위법한 경우에 한하여 직접처분을 하도록 하는 것이 타당하다.

4) 요 건

① 처분명령재결이 있었을 것
② 위원회가 당사자의 신청에 따라 기간을 정하여 시정을 명하였을 것
③ 해당 행정청이 그 기간 내에 시정명령을 이행하지 아니하였을 것. 해당 행정청이 어떠한 처분을 하였다면 그 처분이 재결의 내용에 따르지 아니하였다고 하더라도 재결청이 직접 처분을 할 수는 없다(대판 2002.7.23, 2000두9151).
④ 그 처분의 성질이나 그 밖의 불가피한 사유로 위원회가 직접처분을 할 수 없는 경우에 해당하지 않을 것(제50조 제1항). '처분의 성질상 위원회가 직접처분을 할 수 없는 경우'라 함은 처분의 성질에 비추어 직접처분이 불가능한 경우를 말한다.

예를 들면, 정보공개를 명하는 재결의 경우에는 정보공개는 정보를 보유하는 기관만이 할 수 있으며 처분의 성질상 위원회는 정보공개처분을 할 수 없다. 위원회가 직접처분을 할 수 없는 그 밖의 불가피한 사유의 예로는 의무이행재결 후 사정변경(법적 상황 또는 사실적 상황의 변경)이 생겼고, 이러한 사정변경이 처분의 중요한 기초가 되는데, 행정심판위원회 자신이 인적·물적 자원의 한계로 인하여 그러한 처분의 기초자료에 관한 조사를 충실히 행할 수 없기 때문에 직접처분을 할 수 없는 불가피한 경우를 들 수 있다.

처분이 재량행위인 경우로서 부관을 붙일 필요가 있는 경우는 그것만으로 '위원회가 직접처분을 할 수 없는 그 밖의 불가피한 사유'에 해당한다고 할 수 없다.

5) 직접처분에 대한 불복

가. 지방자치단체에 대한 불복

지방자치단체가 자치권 침해를 이유로 자치사무에 관한 직접처분의 취소를 구할 원고적격이 있는가에 대하여 견해가 대립하고 있다.

(가) 부정설

직접처분은 실질상 처분재결 내지 행정심판작용이므로 지방자치단체의 불복을 부정하는 견해이다.

(나) 긍정설

직접처분은 처분의 성질을 갖고, 지방자치단체의 자치권을 지방자치단체의 법률상 이익으로 볼 수 있고, 지방자치단체는 독립된 법주체이므로 지방자치단체는 자치권의 침해를 이유로 직접처분의 취소를 구할 원고적격이 있다고 보는 견해이다.

(다) 결 어

지방자치단체의 자치권을 보장할 필요가 있고, 지방자치단체의 자치권도 주관적 공권으로 보는 것이 타당하고, 직접 처분은 처분의 성질을 가지므로 긍정설이 타당하다.

나. 제3자의 불복

직접처분은 원처분의 성질을 가지므로 직접처분으로 법률상 이익을 침해받은 제3자는 행정심판위원회를 피고로 하여 직접처분의 취소를 구하는 행정소송을 제기할 수 있다. 직접처분은 행정심판작용이고 행정심판위원회가 처분을 한 것이므로 행정심판의 대상은 되지 않는다고 보는 것이 타당하다.

6) 직접처분의 한계

정보공개명령재결의 경우 정보공개처분의 성질상 위원회가 직접처분을 할 수 없다.

(2) 행정심판위원회의 간접강제

행정심판법상 간접강제제도는 행정심판 인용재결에 따른 행정청의 재처분 의무에도 불구하고 행정청이 인용재결에 따른 처분을 하지 아니하는 경우 행정심판위원회가 당사자의 신청에 의하여 결정으로 상당한 기간을 정하고, 행정청이 그 기간 내에 이행하지 아니하는 경우에 지연기간에 따라 일정한 배상을 하도록 명하거나 즉시 배상을 할 것을 명하는 제도이다.

2017년 10월 19일부터 시행되는 행정심판법에 따르면 위원회는 피청구인이 제49조 제2항(거부처분 취소재결 등에 따른 재처분의무)(제49조 제4항에서 준용하는 경우(신청에 따른 처분이 절차의 위법 또는 부당을 이유로 재결로써 취소된 경우 처분의무)를 포함한다) 또는 제3항(처분명령재결에 따른 재처분의무)에 따른 처분을 하지 아니하면 청구인의 신청에 의하여 결정으로 상당한 기간을 정하고 피청구인이 그 기간 내에 이행하지 아니하는 경우에는 그 지연기간에 따라 일정한 배상을 하도록 명하거나 즉시 배상을 할 것을 명할 수 있다(제50조의2 제1항). 위원회는 사정의 변경이 있는 경우에는 당사자의 신청에 의하여 제1항에 따른 결정의 내용을 변경할 수 있다(동조 제2항). 위원회는 제1항 또는 제2항에 따른 결정을 하기 전에 신청 상대방의 의견을 들어야 한다(동조 제4항).

청구인은 간접강제결정 또는 간접강제변경결정에 불복하는 경우 그 결정에 대하여 행정소송을 제기할 수 있다(동조 제4항).

간접강제결정 또는 간접강제변경결정의 효력은 피청구인인 행정청이 소속된 국가·지방자치단체 또는 공공단체에 미치며, 결정서 정본은 제4항에 따른 소송제기와 관계없이 「민사집행법」에 따른 강제집행에 관하여는 집행권원과 같은 효력을 가진다. 이 경우 집행문은 위원장의 명에 따라 위원회가 소속된 행정청 소속 공무원이 부여한다(동조 제5항).

간접강제 결정에 기초한 강제집행에 관하여 이 법에 특별한 규정이 없는 사항에 대하여는 「민사집행법」의 규정을 준용한다. 다만, 「민사집행법」 제33조(집행문부여의 소), 제34조(집행문부여 등에 관한 이의신청), 제44조(청구에 관한 이의의 소) 및 제45조(집행문부여에 대한 이의의 소)에서 관할 법원은 피청구인의 소재지를 관할하는 행정법원으로 한다(동조 제6항).

6. 위법판단시 또는 재결시 이후의 사정변경과 기속력

기속력은 취소재결의 경우 위법판단시인 처분시, 그리고 의무이행재결의 경우 재결시의 사실관계나 법을 전제로 하여 구속력을 갖는다. 만일 취소재결의 경우 처분시 이후, 의무이행재결의 경우 판결시 이후 사실관계나 법이 변경된 경우에는 그 한도 내에서는 행정청은 기속력에 구속되지 않는다.

다만, 거부처분에 대한 취소재결의 경우 위법판단시인 처분시 이후의 사실관계나 법의 변경이 공익목적보다는 인용판결을 받은 당사자에게 기속력을 배제하려는 의도로 행해진 경우에는 신의칙 및 권한남용금지의 원칙상 행정청은 기속력에 구속된다고 보아야 하며 그렇지 않은 경우에도 인용판결로 확고해진 당사자의 이익과 사정변경으로 기속력을 배제할 공익을 비교형량하여 기속력의 배제 여부를 정하여야 할 것이다.

7. 기속력 위반과 국가배상책임

행정심판의 재결에 명백히 반하는 처분(예 위법하다고 판단된 처분사유를 반복하여 처분을 한 경우 또는 재결의 취지에 따른 재처분의무에 반하여 거부처분을 한 경우)으로 인해 손해를 발생시킨 경우에 해당 처분은 위법무효이고, 처분을 한 공무원의 고의 또는 과실을 인정할 수 있으므로 국가배상책임이 인정된다.

Ⅲ. 불가변력

재결은 당사자의 참여 아래 심리설차를 거쳐 내려지는 심판행위(준사법적 행위)이므로 성질상 보통의 행정행위와 달리 재결을 한 위원회 자신도 이를 취소·변경할 수 없는 불가변력을 갖는다.

Ⅳ. 재결의 기관력 불인정

재결에는 명문의 규정(예 토지보상법 제86조 제1항)이 없는 한 판결에서와 같은 기관력이 인정되지 않는다. 따라서 재결이 확정된 경우에도 처분의 기초가 된 사실관계나 법률적 판단이 확정되고 당사자들이나 법원이 이에 기속되어 모순되는 주장이나 판단을 할 수 없게 되는 것은 아니다(대판 2015.11.27, 2013다6759).

판례

[사건의 개요] 원고는 2009. 3. 24. 완주군수에게 허가기간을 허가일부터 7년으로 하는 토석채취허가를 신청 – 2009. 8. 12. 불허가처분 – 2009. 8. 31. 취소심판 청구 – 2010. 1. 22. 취소재결(1차 재결) – 완주군수는 2010. 3. 5. 주진입로로 사용하고 있는 하천부지에 대한 점용허가기간이 2013. 12. 31.까지임을 들어 원고에게 토석채취의 허가기간을 2013. 12. 31.까지로 한정한 이 사건 허가처분을 하였다. – 원고는 2010. 4. 14. 토석채취의 허가기간이 신청기간에 비하여 단축된 것에 불복하여 행정심판을 청구 – 완주군수는 2003년 환경영향평가협의 시 원형을 보전하도록 지정하였던 지역이 채취구역에 포함되어 있음을 확인하였다는 이유로 2010. 8. 24. 원고에게 환경영향평가법 등에 따른 사전협의절차를 거쳐야 한다는 취지의 이 사건 허가처분에 따른 이행통지를 함 – 2010. 8. 25. 이 사건 1차 재결에 따라 완주군수는 허가기간을 7년으로 한 토석채취허가를 하였어야 함에도 하천부지점용허가기간을 이유로 허가기간을 2013. 12. 31.까지로 한정하여 이 사건 허가처분을 한 것이 위법하다고 보아, '이 사건 허가처분을 취소하고, 완주군수는 이 사건 신청에 대하여 토석채취허가를 하라'는 취지의 이 사건 2차 재결을 하였다. – 완주군수는 2011. 6. 2. 이후 3차례에 걸쳐 이 사건 2차 재결에 따른 토석채취허가를 위하여는 환경영향평가법 등에 따른 사전협의절차를 거쳐야 한다는 취지의 토석채취허가에 따른 이행통지를 한 후, 원고가 이러한 사전협의절차를 이행하자 비로소 2011. 10. 21. 원고에게 이 사건 신청에 따른 토석채취허가를 하였다. – 원고는 위법한 허가처분 및 허가처분의 지체를 이유로 국가배상을 청구하였다. 〈판결요지〉 **[1] 재결이 확정된 경우, 처분의 기초가 되는 사실관계나 법률적 판단이 확정되고 당사자들이나 법원이 이에 기속되어 모순되는 주장이나 판단을 할 수 없는지 여부(소극):** 행정심판의 재결은 피청구인인 행정청을 기속하는 효력을 가지므로 재결청이 취소심판의 청구가 이유 있다고 인정하여 처분청에 처분을 취소할 것을 명하면 처분청으로서는 재결의 취지에 따라 처분을 취소하여야 하지만, 나아가 재결에 관결에서와 같은 기관력이 인정되는 것은 아니어서 재결이 확정된 경우에도 처분의 기초가 된 사실관계나 법률적 판단이 확정되고 당사자들이나 법원이 이에 기속되어 모순되는 주장이나 판단을 할 수 없게 되는 것은 아니다. 따라서 주진입로로 사용하고 있는 하천부지에 대한 점용허가기간인 2013. 12. 31.까지로 허가기간을 한정하여 한 완주군수의 2010. 3. 5.자 토석채취허가처분(이하 '이 사건 허가처분'이라 한다)을 취소하는 전라북도행정심판위원회의 2010. 8. 25.자 재결(이하 '이 사건 2차 재결'이라 한다)이 확정되었더라도, 이 사건 허가처분의 기초가 된 사실관계나 법률적 판단이 확정되고 당사자들이나 법원이 이에 기속되어 모순되는 주장이나 판단을 할 수 없게

되는 것은 아니므로, 원고가 피고에 대하여 이 사건 허가처분이 위법하다고 주장하면서 이로 인한 손해의 배상을 청구하는 이 사건 소송에서 피고가 원고의 주장을 다투는 것이 이 사건 2차 재결의 기속력에 저촉된다고 할 수 없다. 이 사건 2차 재결의 기속력으로 인하여 피고가 원고에 대하여 이 사건 허가처분의 위법성을 다툴 수 없다는 상고이유의 주장은 받아들일 수 없다. [2] 재결의 기속력은 재결의 주문 및 그 전제가 된 요건사실의 인정과 판단, 즉 처분 등의 구체적 위법사유에 관한 판단에 대하여만 미치고, 종전 처분이 재결에 의하여 취소되었더라도 종전 처분 시와는 다른 사유를 들어 처분을 하는 것은 기속력에 저촉되지 아니한다. 여기서 동일한 사유인지 다른 사유인지는 종전 처분에 관하여 위법한 것으로 재결에서 판단된 사유와 기본적 사실관계에 있어 동일성이 인정되는 사유인지에 따라 판단하여야 한다. [3] ① 이 사건 1차 재결에서 판단한 사유는 이사건 채석장 자체나 그와 경계를 이루는 토지와의 관계에 관한 것으로서 이 사건 1차 재결의 기속력은 그 주문과 재결에서 판단된 이와 같은 사유에 대하여만 발생하고, 이 사건 허가처분에서 근거로 삼은 사유는 원고가 주진입로로 사용하고 있는 하천부지에 대한 점용허가 기간에 관한 것이어서 그 대상이 이 사건 1차 재결에서 판단한 사유와 달라 기본적 사실관계에 있어 동일성이 있다고 할 수 없으므로, 이 사건 허가처분이 이 사건 1차 재결의 기속력에 저촉된다고 할 수 없다. ② 나아가 환경영향평가법 등에 따른 사전협의절차의 이행이라는 사유도 그 대상이 이 사건 2차 재결에서 판단한 사유와 달라 기본적 사실관계에 있어 동일성이 있다고 할 수 없으므로, 원고가 이를 이행하지 아니하였다는 이유로 이 사건 신청에 따른 토석채취허가가 지연되더라도 이 사건 2차 재결의 기속력에 저촉된다고 할 수 없다. 따라서 원심이 이 사건 허가처분이 이 사건 1차 재결의 기속력에 반하고 환경영향평가법 등에 따른 사전협의절차의 이행을 이유로 이 사건 신청에 따른 토석채취허가가 지연된 것도 이 사건 2차 재결의 기속력에 반한다는 원고의 주장을 배척한 것은 정당하고, 거기에 상고이유의 주장과 같은 토석채취허가신청의 법적 성격이나 재결의 기속력의 객관적·시간적 범위에 관한 법리오해 등의 위법이 없다(대판 2005.12.9, 2003두7705 등 참조)[대판 2015.11.27, 2013다6759(손해배상(기))].

제5항 재결에 대한 불복

Ⅰ. 재심판청구의 금지

심판청구에 대한 재결이 있는 경우에는 그 재결 및 동일한 처분 또는 부작위에 대하여 다시 행정심판을 청구할 수 없다(제51조). 이와 같이 행정심판법은 처분에 대한 불복으로 원칙상 한번의 행정심판청구만을 인정하고 있다.

Ⅱ. 원고 등의 행정소송   [1997 입시 사례형 약술]

원고는 기각재결 또는 일부인용재결의 경우 항고소송을 제기할 수 있다. 이 경우 항고소송의 대상은 후술한다('항고소송의 대상' 참조).

또한 처분을 취소하는 인용재결로 인하여 비로소 권익침해를 당한 원처분의 상대방은 후술하는 바와 같이 재결을 대상으로 행정소송을 제기할 수 있다.

Ⅲ. 처분청의 불복가능성

인용재결에 대해 처분청이 행정소송을 제기할 수 있는지가 문제된다.

1. 부정설

재결은 피청구인인 행정청과 그 밖의 관계행정청을 구속한다고 규정하고 있는 행정심판법 제49조 제1항(기속력 규정)에 근거하여 처분청은 행정심판의 재결에 대해 불복할 수 없다고 본다.

판례도 이러한 입장을 취하고 있다(대판 1998.5.8, 97누15432).

2. 제한적 긍정설

행정심판의 인용재결에 대한 처분청의 행정소송 제기가능성을 원칙상 부정하는 것이 타당하지만, 자치사무에 속하는 처분에 대한 행정심판의 인용재결에 대하여는 지방자치단체의 장이 행정소송을 제기할 수 있다고 보아야 한다고 주장한다. 그 논거는 자치권은 지방자치단체의 주관적 공권이기 때문에 자치권이 침해된 경우 지방자치단체에게 원고적격을 인정하여야 한다는 데 있다.

3. 결 어

다음과 같은 이유에서 제한적 긍정설이 타당하다. 위원회가 처분청과 동일 행정주체에 속하는 경우에 행정의사의 통일성에 비추어 명문의 규정이 없는 한 인용재결에 대한 불복을 인정하는 것은 타당하지 않다. 다만, 자치사무에 속하는 처분의 경우 위원회와 처분청은 동일한 법주체에 속하지 않으며 지방자치단체의 자치권을 보장할 필요가 있으므로 행정심판의 인용재결에 대하여 항고소송을 제기할 수 있다고 보아야 한다.

그리고 부정설이 그 논거로 재결의 기속력에 관한 규정인 행정심판법 제49조 제1항을 드는 것은 타당하지 않다. 재결의 기속력은 확정재결의 효력이고, 재결의 실효성을 확보하기 위한 효력이지 불복을 금지하기 위한 효력은 아니기 때문이다.

Ⅳ. 인용재결에 대한 권한쟁의심판

자치사무에 속하는 처분 또는 부작위에 대한 인용재결로 지방차지단체의 자치사무에 대한 자치권이 침해된 경우에는 당해 지방자치단체는 헌법재판소에 권한쟁의심판을 청구할 수 있다.

제11장 고지제도

Ⅰ. 고지제도의 의의 및 필요성

행정심판의 고지제도라 함은 행정청이 처분을 함에 있어서 상대방에게 그 처분에 대하여 행정심판을 제기할 수 있는지 여부, 심판청구절차, 청구기간 등 행정심판의 제기에 필요한 사항을 미리 알려 주도록 의무지우는 제도를 말한다.

행정심판법은 직권에 의한 고지(제58조 제1항)와 청구에 의한 고지(제58조 제2항)를 규정하고 있다. 그리고 고지하지 않은 경우와 잘못 고지한 경우의 제재를 규정하고 있다(제23조 제2항, 제27조 제5항, 제6항).

또한 행정절차법도 처분청의 고지의무를 규정하고 있다(제26조). 행정절차법상의 고지는 행정심판 이외의 불복의 제기가능성도 고지하도록 하고 있다. 그러나 행정절차법은 고지의무를 이행하지 않은 경우에 대한 제재를 규정하지 않고 있어 행정절차법상의 고지제도는 실효성을 결여하고 있다.

Ⅱ. 고지의 성질

고지는 불복제기의 가능 여부 및 불복청구의 요건 등 불복청구에 필요한 사항을 알려 주는 비권력적 사실행위이다. 고지는 그 자체로서는 아무런 법적 효과를 발생시키지 않는다. 다만, 불고지 또는 오고지로 손해가 발생한 경우에는 국가배상청구를 할 수 있을 것이다.

Ⅲ. 직권에 의한 고지

행정청이 처분을 할 때에는 처분의 상대방에게 처분에 대하여 행정심판을 청구할 수 있는지의 여부, 행정심판을 청구하는 경우의 심판청구절차 및 심판청구기간을 알려야 한다(법 제58조 제1항).

1. 고지의 대상

① 행정청의 고지의무는 처분이 서면으로 행해지는 경우에 한정되지 않는다.

② 행정청의 고지의무는 처분이 행정심판법상의 행정심판의 대상이 되는 경우뿐만 아니라 다

른 개별법령에 의한 심판청구의 대상이 되는 경우에도 인정된다.

③ 수익적 행정행위에 대하여는 상대방의 불복이 있을 수 없으므로 고지를 요하지 않는다. 예를 들면, 신청된 대로 처분이 행해진 경우가 그러하다. 그러나 신청을 거부한 처분이나 신청된 것과 다른 내용의 처분 및 부관이 붙여진 처분의 경우에는 고지를 하여야 한다.

2. 고지의 상대방

현행법상 고지는 처분의 직접 상대방에 대하여만 하면 된다. 처분의 직접 상대방이 아닌 이해관계인은 고지의무의 상대방은 아니지만, 이들에게도 직권으로 고지하는 것은 가능하며 또한 바람직하다.

3. 고지의 내용

① 행정심판을 청구할 수 있는지 여부

② 심판청구절차 : 심판청구절차 중 중요한 것은 행정심판서를 제출할 행정청, 즉 처분청과 위원회의 명칭을 고지하는 것이다.

③ 심판청구기간

4. 고지의 방법과 시기

행정심판법은 고지의 방식에 관하여 아무런 규정을 두고 있지 않다. 따라서 고지는 서면으로도 가능하고 구술로도 가능하다.

고지의 시기에 관하여도 아무런 규정이 없지만 원칙적으로 처분시에 하여야 할 것이다. 다만, 처분시에 고지를 하지 못한 경우에도 처분 후에 고지하면 행정심판의 제기에 큰 지장을 주지 않는 한도 내에서는 그 하자가 치유된다고 보아야 할 것이다.

Ⅳ. 청구에 의한 고지

행정청은 이해관계인이 요구하면 ① 해당 처분이 행정심판의 대상이 되는 처분인지, ② 행정심판의 대상이 되는 경우 소관 위원회 및 심판청구 기간을 지체 없이 알려 주어야 한다. 이 경우 서면으로 알려 줄 것을 요구받으면 서면으로 알려 주어야 한다(제58조 제2항).

1. 고지의 청구권자

고지를 청구할 수 있는 자는 '처분의 이해관계인'이다. 다만, 여기에서 이해관계인이라 함은 통상은 상대방에게는 이익을 주지만 제3자에게는 불이익을 주는 복효적 행정행위에 있어서 당해 제3자일 것이지만 처분시에 직권고지를 하지 아니한 경우에는 당해 처분의 상대방도 포함된다고 보아야 할 것이다.

2. 고지청구의 대상

고지의 대상이 되는 처분이 서면에 의한 처분에 한정되지 않는다. 고지를 청구할 수 있는 대상은 모든 처분이다. 당해 처분이 행정심판의 대상이 되는 처분인지 여부, 서면에 의한 것인지 여부를 묻지 않는다.

3. 고지의 내용

고지의 내용은 행정심판의 제기에 필요한 사항(행정심판의 대상이 되는 처분인지 여부, 소관위원회 및 청구기간) 중에서 당사자가 고지해 줄 것을 청구한 사항이다. 소관 위원회 및 청구기간은 당해처분이 행정심판의 대상이 되는 경우에 고지의 대상이 된다.

4. 고지의 방법과 시기

고지는 서면이나 구술로 할 수 있는데, 청구인으로부터 서면으로 알려 줄 것을 요구받은 때에는 서면으로 알려야 한다(제58조 제2항 제2문).

고지의 청구를 받은 때에는 지체 없이 고지하여야 한다(제58조 제2항 제1문). '지체 없이'라 함은 행정심판을 제기하는 데 큰 지장을 주지 않을 합리적인 기간 내를 의미한다.

V. 불고지 또는 오고지의 효과   [2002 공인노무사]

행정심판법은 고지의무가 있음에도 고지를 하지 아니하거나 잘못 고지한 경우에 처분의 상대방 또는 이해관계인의 권리구제를 위한 규정을 두고 있다.

1. 불고지의 효과

(1) 심판청구서제출기관과 권리구제

처분청이 고지를 하지 아니하여 청구인이 심판청구서를 처분청이나 위원회가 아닌 다른 행정기관에 제출한 때에는 당해 행정기관은 그 심판청구서를 지체 없이 정당한 권한이 있는 피청구인에 송부하고(제23조 제2항), 지체 없이 그 사실을 청구인에게 통지하여야 한다(제23조 제3항). 이 경우에 심판청구기간을 계산할 때에는 제1항에 따른 피청구인이나 위원회 또는 제2항에 따른 행정기관에 심판청구서가 제출되었을 때에 행정심판이 청구된 것으로 본다(제23조 제4항).

(2) 청구기간

처분청이 심판청구기간을 고지하지 아니한 때에는 심판청구기간은 처분이 있음을 안 경우에도 당해 처분이 있은 날로부터 180일이 된다(제27조 제6항). 다른 법률에서 행정심판청구기간을 행정심판법보다 짧게 정한 경우에도 행정청이 처분시에 행정심판청구기간을 알리지 아니한 때에는 당사자는 그 처분이 있은 날로부터 180일 이내에 행정심판을 제기할 수 있다고 보아야 할 것이다(대판 1990.7.10, 89누6839).

2. 오고지의 효과
(1) 심판청구서제출기관과 권리구제

처분청이 심판청구서제출기관을 잘못 고지하여 청구인이 심판청구서를 처분청이나 위원회가 아닌 다른 행정기관에 제출한 때의 효과도 위의 불고지의 경우와 같다(제23조 제2항·제3항·제4항).

(2) 청구기간

처분청이 심판청구기간을 '처분이 있음을 안 날로부터 90일 이내'보다 더 긴 기간으로 잘못 알린 경우에 그 잘못 알린 기간 내에 심판청구가 있으면 그 심판청구는 적법한 기간 내에 제기된 것으로 의제된다(제27조 제5항).

3. 불고지 또는 오고지와 처분의 효력

불고지나 오고지는 처분 자체의 효력에 직접 영향을 미치지 않는다.

> **판례**
> 고지절차에 관한 규정은 행정처분의 상대방이 그 처분에 대한 행정심판의 절차를 밟는데 있어 편의를 제공하려는데 있으며 처분청이 위 규정에 따른 고지의무를 이행하지 아니하였다고 하더라도 경우에 따라서는 행정심판의 제기기간이 연장될 수 있는 것에 그치고 이로 인하여 심판의 대상이 되는 행정처분에 어떤 하자가 수반된다고 할 수 없다[대판 1987.11.24, 87누529(차량면허취소처분취소)].

행정심판법상의 행정심판에 대하여 많은 개별 법률에서 특례규정을 두고 있다.

행정심판에 관한 개별 법률의 특례규정은 행정심판법에 대한 특별법적 규정이므로 당해 특례규정이 행정심판법에 우선하여 적용된다. 그리고 행정심판에 관하여 개별 법률에서 규정하고 있지 않은 사항과 절차는 일반법인 행정심판법이 적용된다(제4조 제2항). 다만 조세심판에 대하여 행정심판법의 일부규정을 준용하는 외에 원칙상 그 적용이 배제된다(국세기본법 제56조 제1항, 지방세기본법 제125조 제1항).

사안의 전문성과 특수성을 살리기 위하여 특히 필요한 경우 외에는 이 법에 따른 행정심판을 갈음하는 특별한 행정불복절차(이하 '특별행정심판'이라 한다)나 이 법에 따른 행정심판 절차에 대한 특례를 다른 법률로 정할 수 없다(제4조 제1항).

Ⅰ. 조세심판

1. 국세에 대한 행정심판

국세부과처분에 대해 행정소송을 제기하기 전에 국세청장에 대한 심사청구 또는 조세심판원에 대한 심판청구를 택일하여 청구하여야 한다(국세기본법 제55조 제1항, 제2항, 제9항, 제56조 제2항).

따라서 심사청구 또는 심판청구를 중복하여 제기한 경우 나중에 접수된 청구는 부적법한 청구로 보는 것이 타당하다.

심사청구 및 심판청구는 행정심판의 성질을 갖는다. 처분이 국세청장이 조사·결정 또는 처리하거나 하였어야 할 것인 경우를 제외하고는 심사청구 또는 심판청구 전에 이의신청을 할 수 있으나(제55조 제3항) 이 이의신청은 임의적이며 행정심판이 아니다.

국세기본법은 심사청구 또는 심판청구에 대한 결정의 한 유형으로 재조사결정을 규정하고 있다. 심사청구 또는 심판청구가 이유 있다고 인정될 때에는 그 청구의 대상이 된 처분의 취소·경정 결정을 하거나 필요한 처분의 결정을 한다. 다만, 취소·경정 또는 필요한 처분을 하기 위하여 사실관계 확인 등 추가적으로 조사가 필요한 경우에는 처분청으로 하여금 이를 재조사하여 그 결과에 따라 취소·경정하거나 필요한 처분을 하도록 하는 재조사 결정을 할 수 있다(제65조 제1항 제3호, 제81조). 제1항 제3호 단서에 따른 재조사 결정이 있는 경우 처분청은 재조사 결정일로 부터 60일 이내에 결정서 주문에 기재된 범위에 한정하여 조사하고, 그 결과에 따라 취소·경정하거나 필요한 처분을 하여야 한다. 이 경우 처분청은 제81조의7 및 제81조의8에 따라 조사를 연기하거나 조사기간을 연장하거나 조사를 중지할 수 있다(제5항).

재조사결정에 대해서는 다음과 같은 특칙이 인정된다. 심사청구 또는 심판청구에 대한 처분에 대해서는 이의신청, 심사청구 또는 심판청구를 제기할 수 없다. 다만, 제65조 제1항 제3호 단서(제81조에서 준용하는 경우를 포함한다)의 재조사 결정에 따른 처분청의 처분에 대해서는 해당 재조사결정을 한 재결청에 대하여 심사청구 또는 심판청구를 제기할 수 있다(제56조 제5항). 국세기본법에 따른 심사청구 또는 심판청구를 거쳐 행정소송을 제기하는 경우 재조사 후 행한 처분청의 처분에 대하여 제기한 심사청구 또는 심판청구에 대한 결정의 통지를 받은 날부터 90일 이내 제기하여야 하지만, 제65조 제2항(제81조에서 준용하는 경우를 포함한다)에 따른 결정기간에 결정의 통지를 받지 못하는 경우에는 그 결정기간이 지난날부터 행정소송을 제기할 수 있다(제56조 제4항 제2호). 재조사 결정에 따른 처분청의 처분에 불복하여 행정소송을 제기하는 경우 심사청구 또는 심판청구를 거치지 아니할 수 있다(국세기본법 제56조 제2항 단서).

> **판례**
>
> [1] 심판청구 등에 대한 결정의 한 유형으로 실무상 행해지고 있는 재조사 결정은 재결청의 결정에서 지적된 사항에 관하여 처분청의 재조사결과를 기다려 그에 따른 후속 처분의 내용을 심판청구 등에 대한 결정의 일부분으로 삼겠다는 의사가 내포된 변형결정에 해당하므로, 처분청은 재조사 결정의 취지에 따라 재조사를 한 후 그 내용을 보완하는 후속 처분만을 할 수 있다. 따라서 처분청이 재조사 결정의 주문 및 그 전제가 된 요건사실의 인정과 판단, 즉 처분의 구체적 위법사유에 관한 판단에 반하여 당초 처분을 그대로 유지하는 것은 재조사 결정의 기속력에 저촉된다. [2] 조세심판원이 "온라인교재가 부가가치세 면세대상인 전자출판물에 해당하므로 그 공급가액을 과세표준에서 차감하여야 한다."는 이유로 해당 가액을 재조사하여 과세표준에서 차감하여 세액을 경정하라는 재조사 결정을 하였음에도, 처분청인 피고가 온라인교재의 공급가액을 산정하여 과세표준에서 차감하지 아니한 채 이 사건 처분을 당초와 같은 이유로 그대로 유지한 것은 재조사 결정의 기속력에 저촉된다고 판단한 사안(대판 2017.5.11, 2015두37549).
> **〈해설〉** 현재는 재조사결정이 심판청구 등에 대한 결정의 한 유형으로 명문화되었다.

2. 지방세에 대한 행정심판

지방세에 대한 행정심판은 국세에 대한 행정심판에 준하여 규율되고 있다(지방세기본법 제117조 내지 제127조).

Ⅱ. 노동행정심판   [2012 공인노무사, 2016 공인노무사 사례]

1. 특별행정심판

(1) 중재재정에 대한 행정심판

지방노동위원회 또는 특별노동위원회의 노동쟁의에 대한 중재재정이 위법이거나 월권에 의한 것이라고 인정하는 경우에는 그 중재재정서의 송달을 받은 날부터 10일 이내에 중앙노동위원회에 그 재심을 신청할 수 있다(노동조합 및 노동관계조정법 제69조 제1항). 중앙노동위원회의 재심은 행정심판의 성질을 갖는다. 관계 당사자는 중앙노동위원회의 중재재정이나 제1항의 규정에 의한 재심결정이 위법이거나 월권에 의한 것이라고 인정하는 경우에는 행정소송법 제20조의 규정에 불구하고 그 중재재정서 또는 재심결정서의 송달을 받은 날부터 15일 이내에 행정소송을 제기할 수 있다(노동조합 및 노동관계조정법 제69조 제2항).

(2) 구제결정 등에 대한 행정심판

부당노동행위에 대한 지방노동위원회 또는 특별노동위원회의 구제명령 또는 기각결정에 불복이 있는 관계 당사자는 그 명령서 또는 결정서의 송달을 받은 날부터 10일 이내에 중앙노동위원회에 그 재심을 신청할 수 있다(노동조합 및 노동관계조정법 제85조 제1항). 중앙노동위원회의 재심은 행정심판의 성질을 갖는다.

제1항의 규정에 의한 중앙노동위원회의 재심판정에 대하여 관계 당사자는 그 재심판정서의 송달을 받은 날부터 15일 이내에 행정소송법이 정하는 바에 의하여 소를 제기할 수 있다(노동조합 및 노동관계조정법 제69조 제2항). 동조는 항고소송의 대상에 관하여 재결주의를 규정하고 있다.

(3) 노동위원회의 처분에 대한 행정심판

중앙노동위원회는 당사자의 신청이 있는 경우 지방노동위원회 또는 특별노동위원회의 처분을 재심하여 이를 인정·취소 또는 변경할 수 있다(노동위원회법 제26조 제1항).

(4) 보험급여 등에 관한 행정심판

국민건강보험공단의 '보험급여 결정 등'에 불복하는 자는 공단에 심사청구를 할 수 있다(산업재해보상보험법 제103조 제1항). 보험급여 결정 등에 대하여는 행정심판법에 따른 행정심판을 제기할 수 없다(산업재해보상보험법 제103조 제5항).

제105조 제1항에 따른 심사청구에 대한 결정에 불복하는 자는 제107조에 따른 산업재해보상보험재심사위원회에 재심사청구를 할 수 있다. 다만, 판정위원회의 심의를 거친 보험급여에 관

한 결정에 불복하는 자는 제103조에 따른 심사청구를 하지 아니하고 재심사청구를 할 수 있다(산업재해보상보험법 제106조 제1항).

재심사의 청구에 대한 재결은 행정소송법 제18조를 적용할 경우 행정심판에 대한 재결로 본다(산업재해보상보험법 제104조 제1항). 심사 및 재심사의 청구는 행정심판의 성질을 가지며 그에 관하여 이 법에서 정하고 있지 아니한 사항은 행정심판법의 규정에 따른다(산업재해보상보험법 제104조 제2항).

2. 일반행정심판

노동관계법상의 처분에 대한 행정심판에 관하여 특별한 규정이 없는 경우에는 행정심판법에 따라 행정심판을 제기한다.

① 고용보험법 시행령에 의해 노동부장관으로부터 직업능력개발훈련사업을 위탁받은 한국산업인력공단과 우선선정직종훈련 위탁교육계약을 체결하고 위탁교육을 종료한 후 우선선정직종 훈련성과금의 지급을 한국산업인력공단에 청구하였으나 일부 거부당한 경우 한국산업인력공단을 피청구인으로 하여 중앙행정심판위원회에 행정심판을 청구할 수 있다.

② 임금채권보장법 제7조 및 동법 시행령 제9조, 제10조상의 지방노동관서의 장의 체당금 확인통지, 체당금지급대상부적격확인처분 및 체당금지급사유확인불가처분에 대해 중앙행정심판위원회에 취소심판을 청구할 수 있다. 체당금이라 함은 사업주가 파산 등 대통령령으로 정하는 사유에 해당하는 경우에 퇴직한 근로자가 지급받지 못한 임금 등의 지급을 청구하면 제3자의 변제에 관한 민법 제469조에도 불구하고 노동부장관이 그 근로자의 미지급 임금등을 사업주를 대신하여 지급하는 임금 등을 말한다(임금채권보장법 제7조 제1항, 제2항).

③ 사업주가 보험관계 성립신고를 게을리 한 기간 중에 발생한 재해 또는 사업주가 산재보험료의 납부를 게을리 한 기간 중에 발생한 재해에 대하여 근로복지공단이 산재보험급여를 지급한 후 그 급여에 해당하는 금액의 전부 또는 일부를 사업주로부터 징수하는 처분을 한 경우 그 징수처분에 대해 중앙행정심판위원회에 행정심판을 청구할 수 있다(고용보험 및 산업재해 보상보험의 보험료징수 등에 관한 법률 제26조 제1항).

Ⅲ. 소청심사

1. 의 의

소청이라 함은 행정기관소속 공무원의 징계처분 기타 그 의사에 반하는 불리한 처분이나 부작위에 대하여 소청심사위원회에 제기하는 불복신청을 말한다. 소청은 행정심판의 일종(특별행정심판)이다.

2. 소청사항

징계처분 기타 공무원의 의사에 반하는 불리한 처분이나 부작위가 소청의 대상이 된다(국공법 제9조 제1항). '기타 공무원의 의사에 반하는 불리한 처분'에는 면직처분(의원면직 포함), 강임, 휴직, 복직 거부 등이 포함된다.

3. 소청심사위원회

소청심사위원회는 소청에 대한 심사결정권을 갖는다. 소청심사위원회는 합의제 행정청이다.

Ⅳ. 수용재결에 대한 이의신청   [2007 사시 사례]

1. 의 의

지방토지수용위원회의 재결에 대하여 불복이 있는 자는 당해 지방토지수용위원회를 거쳐 중앙토지수용위원회에, 중앙토지수용위원회의 재결에 대하여 불복이 있는 경우에는 중앙토지수용위원회에 이의신청을 할 수 있다(토지보상법 제83조 제1항, 제2항). 이의신청은 임의절차이다.

2. 성 질(행정심판)

이의신청은 행정심판으로서의 성질을 가지며 토지보상법상 이의신청에 관한 규정은 행정심판법에 대한 특별법규정이다.

3. 신청인

이의신청을 제기할 수 있는 자는 토지수용위원회의 재결에 대하여 불복이 있는 토지소유자 또는 관계인·사업시행자이다.

4. 신청기간

이의신청은 재결서의 정본을 받은 날부터 30일 이내에 하여야 한다(토지취득보상법 제83조 제3항).

5. 대 상

이의신청의 대상은 토지수용위원회의 재결이다. 토지수용위원회의 재결은 수용재결부분(토지 등을 수용한다는 결정부분)과 보상재결부분(보상액을 결정하는 부분)으로 분리될 수 있는데, 수용재결부분과 보상재결부분 중 한 부분만에 대하여 불복이 있는 경우에도 토지수용위원회의 재결 자체가 이의신청의 대상이 된다.

6. 이의재결

이의신청을 받은 중앙토지수용위원회는 원재결(原裁決)이 위법 또는 부당한 때에는 그 원재결의 전부 또는 일부를 취소하거나 손실보상액을 변경할 수 있다(토지취득보상법 제84조 제1항).

손실보상액의 변경이라 함은 손실보상액의 증액 또는 감액을 말한다.

7. 집행부정지

수용재결에 대한 이의신청의 제기는 사업의 진행 및 토지의 수용 또는 사용을 정지시키지 아니한다(토지취득보상법 제88조).

8. 이의재결의 효력

제85조 제1항의 규정에 의한 기간 이내에 소송이 제기되지 아니하거나 그 밖의 사유로 이의신청에 대한 재결이 확정된 때에는 민사소송법상의 확정판결이 있은 것으로 보며, 재결서 정본은 집행력 있는 판결의 정본과 동일한 효력을 가진다(제86조 제1항).

제3편 행정소송

제1장 행정소송의 의의와 종류

I. 행정소송의 의의

행정소송이라 함은 행정청의 공권력 행사에 대한 불복 및 기타 공법상의 법률관계에 관한 분쟁에 대하여 **법원**이 정식의 소송절차를 거쳐 행하는 행정쟁송절차를 말한다.

① 행정소송은 행정청의 공권력 행사에 대한 불복 및 기타 행정법상의 법률관계에 관한 분쟁에 관한 쟁송절차이다. 이 점에서 행정소송은 민사소송 및 형사소송과 구별된다.

② 행정소송은 법원이 정식의 소송절차를 거쳐 행하는 행정쟁송절차이다. 이 점에서 행정소송은 행정심판과 구별된다.

II. 행정소송의 법원

행정소송에 관한 일반법으로 행정소송법이 있다. 행정소송법은 행정소송의 특수성(공익성, 전문성 등)을 고려하여 민사소송과 달리 행정소송에 대한 특수한 규율을 규정하고 있다.

다만, 행정소송법은 입법기술상 행정소송에 대한 규율(특수한 규율 포함)을 망라하여 규정하지 않고, 행정소송에 관하여 행정소송법에 특별한 규정이 없는 사항에 대하여는 법원조직법과 민사소송법 및 민사집행법의 규정을 준용하는 것으로 규정하고 있다(제8조). 따라서 행정소송법에 규정되어 있지 않는 사항에 대하여는 성질상 허용되는 한도내에서 민사소송에 관한 규정을 그대로 적용하거나 행정소송의 특수성을 고려하여 수정하여 적용하여야 한다[1].

행정소송은 공익을 위해 특수한 규율을 할 필요가 있는 경우가 있으므로 성질상 민사소송법의 규정을 그대로 준용할 수 없는 경우(예 청구의 인낙, 포기, 화해 등)가 있고 이 경우에는 민사소송법이 준용되지 아니한다. 논란이 있지만, 판례에 따르면 민사소송법 제203조의 처분권주의(대판 1987.11.10, 86누491), 불고불리의 원칙(대판 1999.5.25, 99두1052), 민사소송법상 보조참가(대판 2013.3.28, 2011두13729), 소의 취하는 행정소송에 준용 가능하다.

---

1) 준용은 입법기술의 하나인데, 준용되는 규정을 그대로 적용하는 것이 아니라 성질상의 차이를 고려하여 적용한다.

Ⅲ. 행정소송의 종류

행정소송법은 행정소송을 항고소송, 당사자소송, 기관소송, 민중소송으로 구분하고 있다(제3조).

Ⅳ. 항고소송

1. 의 의

항고소송이라 함은 행정청의 우월한 일방적인 행정권 행사 또는 불행사에 불복하여 권익구제를 구하는 소송을 말한다.

항고소송은 행정청의 권력적인 행정작용으로 인하여 조성된 위법상태를 배제함으로써 국민의 권익을 구제하는 것을 목적으로 한다. 따라서 항고소송은 **원상회복적인 권익구제제도**이다.

2. 종 류

항고소송은 소송의 대상 및 판결의 내용을 기준으로 하여 분류될 수 있다. 현행 행정소송법은 항고소송을 취소소송, 무효등확인소송, 부작위위법확인소송으로 구분하고 있다(제4조). 이와 같이 법에 의해 명시적으로 인정되고 있는 항고소송을 **법정항고소송**이라 한다.

그런데 법정항고소송만으로는 공백없는 권리구제의 요구를 충족시킬 수 없기 때문에 행정소송법에서 정한 항고소송 이외에 해석상 의무이행소송, 예방적 부작위소송 등의 항고소송을 인정할 수 있는가 하는 문제가 제기된다. 이와 같이 법에 정해지지는 않았지만 해석에 의해 인정되는 항고소송을 **법정외항고소송** 또는 **무명항고소송**이라 한다.

3. 취소소송

(1) 의 의

취소소송이라 함은 '행정청의 위법한 처분 등을 취소 또는 변경하는 소송'을 말한다(제4조 제1호). 소송실무상 취소소송이 행정소송의 중심적 지위를 차지하는 것으로 운용되고 있다. 이와 같이 취소소송을 행정소송의 중심으로 하는 것을 **취소소송중심주의**라 한다.

취소소송은 위법한 처분이나 재결을 다투어 위법한 처분이나 재결이 없었던 것과 같은 상태를 만드는 것을 주된 내용으로 한다.

(2) 대 상

취소소송의 대상은 '**처분 등**'이다. '처분 등'이라 함은 **처분 및 행정심판의 재결**을 말한다. 처분에는 **거부처분도 포함**된다(제19조, 자세한 것은 후술).

취소소송은 원칙상 취소사유인 위법한 처분이나 재결을 대상으로 하지만, 무효인 처분 등에 대하여 제기될 수도 있다. 무효인 처분에 대한 취소소송은 무효선언을 구하는 것일 수도 있고 단순히 취소를 구하는 것일 수도 있다. 전자의 경우에 취소법원은 무효를 선언하는 의미의 취소판결을 하고, 후자의 경우에는 통상의 취소판결을 한다.

(3) 성 질

취소소송의 성질에 관하여 형성소송설(처분의 효력을 소멸시키는 소송으로 보는 견해)과 확인소송설(처분의 위법성을 확인하는 것으로 보는 견해)이 대립하고 있는데, 형성소송설이 통설·판례이다. 법 제4조 제1호가 규정하는 취소소송의 개념상 형성소송설이 타당하다.

(4) 소송물

소송물이란 소송에서 심판의 대상이 되는 소송상의 청구를 말한다. 소송물은 소송의 기본단위로서 소의 병합, 처분사유의 추가·변경, 소의 변경을 결정하는 경우와 기관력의 객관적 범위를 정하는 경우 등에 있어서 의미를 갖는다.

취소소송의 소송물을 무엇으로 볼 것인가에 관하여 견해가 대립하는데, 취소소송의 소송물을 처분의 위법성일반(추상적 위법성)이라고 보는 견해가 다수 견해이며 판례의 입장이다.

> **판례** 취소판결의 기관력은 소송물로 된 행정처분의 위법성 존부에 관한 판단 그 자체에만 미치는 것이므로 전소와 후소가 그 소송물을 달리하는 경우에는 전소 확정판결의 기관력이 후소에 미치지 아니한다[대판 1996.4.26, 95누5820(주택건설사업계획승인처분무효)].

취소소송의 소송물을 분설하면 다음과 같다.
① 처분의 '위법성 일반'이 심판의 대상이므로 취소판결의 기관력은 처분이 위법하다는 데에 미치게 된다. 취소소송에서 기각판결은 처분이 적법하다는 데에 미친다. 위법사유마다 소송물이 달라지는 것이 아니다. 위법사유는 공격방어방법에 불과하고, 위법사유의 변경은 소의 변경이 되지 않는다.

② '처분'의 위법성이 심판의 대상이 된다. 처분이 동일하여야 소송물이 동일하다. 별개의 처분에 대하여는 별개의 소송이 제기되어야 한다. 처분의 동일성은 처분의 상대방의 동일성, 처분의 내용의 동일성과 처분사유의 동일성으로 결정된다. 처분의 상대방이 다르면 처분도 달라진다. 처분의 내용이 달라지면 처분도 달라진다. 다만, 일부취소(직권취소 또는 행정심판에 의한 취소변경)된 경우에는 처분의 동일성이 유지된다. 처분사유의 변경에 있어서는 기본적 사실관계의 동일성이 있는 한도 내에서 처분사유가 달라도 처분의 내용이 동일하다면 처분의 동일성에 변경이 없지만, 처분사유에 기본적 사실관계의 동일성이 없는 경우 처분사유의 변경은 처분의 내용이 동일하여도 처분의 변경을 가져온다. 처분이 변경된다는 것은 종전 처분이 취소되고 새로운 처분에 의해 대체된다는 것을 말한다. 다만, 처분의 일부 변경의 경우 당초 처분은 변경된 부분을 제외한 상태로 존재하고, 변경된 부분은 새로운 처분에 의해 대체된다.

(5) 판 결

위법한 처분에 대하여 취소소송이 제기된 경우에 법원은 당해 위법이 무효사유인 위법인지 취소사유인 위법인지 구분할 필요 없이 취소판결을 내리면 된다. 취소소송에 있어서는 당해 처분이 위법한지 아닌지가 문제이고 그 위법이 중대하고 명백한 것인지 여부는 심리대상이 되지 않기 때문이다. 실무도 이렇게 하고 있다[대판 1999.4.27, 97누6780(건축물철거대집행계고처분취소)][2].

다만, 무효의 선언을 구하는 취소소송이나 무효인 처분에 대한 취소소송이나 모두 불복기간 등 취소소송의 요건을 충족하여야 한다. 따라서 불복기간 등 취소소송에 고유한 요건을 갖추지 못한 경우에 원고는 취소소송을 무효확인소송으로 변경할 수 있고, 법원도 이를 위하여 석명권을 행사 할 수 있다.

취소의 청구에는 무효확인청구가 포함되어 있지 않다. 따라서, 취소소송을 무효확인소송으로 변경하지 않는 한 법원은 계쟁처분이 당연무효라고 하여도 무효확인판결을 할 수는 없다.

4. 무효등확인소송

(1) 의 의

무효등확인소송이라 함은 '행정청의 처분이나 재결의 효력 유무 또는 존재 여부의 확인을 구하는 소송'을 말한다. 무효등확인소송에는 처분이나 재결의 존재확인소송, 부존재확인소송, 유효확인소송, 무효확인소송, 실효확인소송이 있다.

---

2) 관결은 취소소송의 대상이 된 계고처분이 당연무효라고 하면서도 당해 계고처분의 취소관결을 내리고 있다(拙稿, "행정법상 신고", 「고시연구」, 1999.11, 42면 참조).

(2) 대 상

무효확인소송의 대상도 취소소송과 같이 '처분 등'이다.

(3) 성 질

현행법은 무효등확인소송을 **항고소송**으로 규정하고 있다. 그런데 실질에 있어서는 무효등확인소송은 항고소송의 성질과 확인소송의 성질을 아울러 갖는 것으로 보아야 한다.

(4) 법적 규율

무효등확인소송에는 취소소송에서와 달리 행정심판전치주의, 제소기간, 사정판결, 간접강제 등의 규정이 적용되지 않는다.

(5) 무효확인청구와 취소청구

무효확인청구를 주위적 청구, 취소청구를 예비적 청구로 할 수 있다. 그러나 취소청구를 주위적 청구, 무효확인청구를 예비적 청구로 할 수는 없다. 왜냐하면, 행정처분의 위법이 인정되지 않아 취소청구가 배척되면 논리상 무효확인은 인정될 수 없기 때문이다. 다만, 취소청구가 출소기간의 경과 등 기타의 이유로 각하되는 경우에 대비하여 취소청구에 대해 본안판결이 행해지는 것을 해제조건으로 무효확인청구를 예비적으로 제기할 수는 있다.

그러나 행정처분에 대한 무효확인청구와 취소청구는 서로 양립할 수 없는 청구로서 선택적 청구로서의 병합이나 단순 병합은 허용되지 아니한다(대판 1999.8.20, 97누6889).

(6) 판 결   [2003 행시 사례, 2018 공인노무사]

무효확인소송의 대상이 된 행위의 위법이 심리의 결과 무효라고 판정되는 경우에는 인용판결(무효확인판결)을 내린다. 그런데 **당해 위법이 취소원인에 불과한 경우**에 법원은 어떠한 판결을 내려야 하는가.

① 당해 무효확인소송이 취소소송요건을 갖추지 못한 경우 기각판결을 내려야 한다.

② 당해 무효확인소송이 취소소송요건을 갖춘 경우에 어떠한 판결을 내려야 할 것인가에 관하여는 견해의 대립이 있다.

   (ⅰ) **소변경 필요설**: 무효확인청구는 취소청구를 포함한다고 보지만 법원은 석명권을 행사하여 무효확인소송을 취소소송으로 변경하도록 한 후 취소소송요건을 충족한 경우 취소판결을 하여야 한다는 견해이다.

(ii) **취소소송 포함설**: 무효확인청구는 취소청구를 포함한다고 보고, 법원은 취소소송요건
을 충족한 경우 취소판결을 하여야 한다고 보는 견해이다.

(iii) **판 례**: 판례는 두 번째 입장(취소소송 포함설)을 취하고 있는 것으로 보인다.

> **판례**
>
> 일반적으로 행정처분의 무효확인을 구하는 소에는 원고가 그 처분의 취소를 구하지 아니한다
> 고 밝히지 아니한 이상 그 처분이 만약 당연무효가 아니라면 그 취소를 구하는 취지도 포함되어
> 있는 것으로 보아야 한다[대판 1994.12.23, 94누477(수강거부처분취소 등); 대판 2005.12.23, 2005두
> 3554].

(iv) **결 어**: 소송상 청구는 원고가 하며 법원은 원고의 소송상 청구에 대해서만 심판을 하여
야 하므로 법원이 원고의 소송상 청구를 일방적으로 변경할 수는 없다. 따라서 법원은 석
명권을 행사하여 무효확인소송을 취소소송으로 변경하도록 한 후 취소판결을 하여야 하
는 것으로 보는 소변경필요설이 타당하다.

5. 부작위위법확인소송   [2008 공인노무사]

(1) 의 의

부작위위법확인소송이라 함은 '행정청의 부작위가 위법하다는 것을 확인하는 소송'을 말한다.
부작위위법확인소송은 행정청이 신청에 따른 가부간의 처분을 하여야 함에도 아무런 응답을
하지 않는 것이 위법하다는 확인을 구하는 것이며 원고의 신청을 인용하지 않고 있는 것이 위법
하다는 확인을 구하는 소송이 아니다(판례, 이견 있음).

부작위위법확인소송은 신청에 대한 행정청의 부작위에 대한 권리구제제도로서는 우회적인 구제수단
이다. 부작위에 대한 보다 직접적인 구제수단은 의무이행소송이다. 그런데 현행 행정소송법이 의무이행
소송을 명문으로 인정하지 않고 부작위위법확인소송만을 둔 것은 행정권에 대한 사법권의 개입을 제한하
기 위한 것이라고 볼 수밖에 없다. 즉, 행정청의 제1차적 판단권을 존중하기 위하여(이의 타당성은 별론으
로 하더라도) 부작위에 대하여는 부작위의 위법만을 확인하도록 하고 부작위위법의 확인판결이 내려지면
그 판결의 기속력에 의해 행정청으로 하여금 적극 또는 소극의 처분을 하도록 강제하고 행정청이 소극의
처분(거부처분)을 하면 그 소극의 처분에 대하여 다시 취소소송을 제기하여 권리구제를 받도록 한 것이다.

(2) 대 상

부작위위법확인소송의 대상은 부작위이다. **부작위**라 함은 '행정청이 당사자의 신청에 대하여 **상당한 기간 내에 일정한 처분을 하여야 할 법률상 의무**가 있음에도 불구하고 이를 하지 아니하는 것'을 말한다(행정소송법 제2조 제1항 제2호).

거부처분이 있었는지 아니면 부작위인지 애매한 경우가 있다. 이 경우에는 거부처분취소소송과 부작위위법확인소송 중 한 소송을 주위적 청구로 하고 다른 소송을 예비적 청구로 제기할 수 있다.

그리고 판례는 부작위위법확인소송을 주위적 청구로 하고 거부처분취소소송을 예비적 청구로 한 소송에서 부작위가 거부처분으로 발전된 경우에는 부작위위법확인을 구하는 주위적 청구를 소의 이익의 결여를 이유로 각하하고 거부처분의 취소를 구하는 예비적 청구를 본안에 나아가 심리판단하여야 한다고 보았다[대판 1990.9.25, 89누4758(교원임용의무불이행위법확인 등)].

또한 부작위위법확인소송 중 거부처분이 내려진 경우 명문의 규정은 없지만(처분변경으로 인한 소의 변경에 관한 규정을 부작위위법확인소송에는 준용하는 규정이 없지만), 후술하는 바와 같이 당해 부작위위법확인소송의 거부처분취소소송으로의 소변경을 인정하여야 할 것이다(소의 변경 참조).

(3) 성 질

행정소송법은 부작위위법확인소송을 항고소송의 하나로 규정하고 있지만 그 실질은 확인소송이라고 보아야 할 것이다.

(4) 판 결

부작위위법확인판결이 난 경우에 행정청은 판결의 기속력에 의해 가부간의 어떠한 처분을 하여야 할 의무를 지게 되지만 신청에 따른 처분을 하여야 할 의무를 지게 되지는 않는다. 다만, 이에 대하여는 반대견해가 있다(자세한 것은 후술 판결의 효력 참조).

행정청이 부작위위법확인판결에도 불구하고 아무런 처분을 하지 않는 경우에는 간접강제제도에 의해 그 이행을 강제할 수 있도록 하고 있다(행정소송법 제38조 제2항, 제34조).

V. 무명항고소송

1. 의무이행소송 [2004, 2011 공인노무사]

(1) 의 의

의무이행소송은 행정청의 거부처분 또는 부작위에 대하여 법상의 작위의무의 이행을 청구하는 소송을 말한다.

국가가 수익적 처분을 해 주지 않는 것(거부 또는 부작위)에 대한 효과적인 구제수단이 의무이행소송이다. 그런데 현행 행정소송법은 전술한 바와 같이 우회적인 구제수단인 거부처분의 취소소송과 부작위위법확인소송만을 인정하고 있고 의무이행소송에 대하여는 명시적인 규정을 두고 있지 않다.

(2) 허용 여부

행정소송법의 개정을 통한 의무이행소송의 도입에 대하여는 다수의 견해가 찬동하고 있고 행정소송법 개정안에서도 의무이행소송을 도입하는 것으로 하고 있다(입법론).

현행법의 해석상 의무이행소송이 인정될 수 있는가에 관하여는 견해가 긍정설, 부정설, 절충설로 나뉘어 대립하고 있다.

1) 부정설

부정설의 논거는 다음과 같다.

① 권력분립의 원칙상 행정작용에 대한 제1차적 판단권은 행정청에게 있는데, 법원이 행정청에 대하여 어떠한 처분을 명하는 것은 행정청의 제1차적 판단권을 침해하는 것으로 권력분립의 원칙에 반한다(입법론, 해석론).

② 현행 행정소송법이 거부처분의 취소소송과 부작위위법확인소송만을 규정하고 있는 점에 비추어 의무이행소송을 인정하지 않으려는 것이 현행 행정소송법상 입법자의 의사이다(해석론).

2) 긍정설

긍정설의 논거는 다음과 같다.

① 거부처분이나 부작위를 행정청의 제1차적 판단권의 행사로 볼 수 있으므로 의무이행소송의 인정이 권력분립의 원칙에 반하지 않는다(입법론, 해석론).

② 거부처분취소소송과 부작위위법확인소송은 거부처분 또는 부작위에 대한 권익구제제도로서는 한계가 있으므로 권리구제의 실효성을 위하여 의무이행소송을 인정하는 것이 타당하다(입법론, 해석론).

③ 행정소송법 제4조의 항고소송의 종류는 제한적 열거가 아니라 예시적 열거로 보아야 한다(해석론).

3) 절충설(보충설, 제한적 허용설)

이 견해는 법정항고소송에 의해서는 실효성 있는 권익구제가 기대될 수 없는 경우에만 의무이행소송이 보충적으로 인정될 수 있다는 견해이다(해석론).

이 견해는 현행의 법정항고소송에 의해 실효성 있는 구제가 주어질 수 없는 경우에는 헌법상의 재판을 받을 권리에 비추어 보충적으로 구제수단을 인정하여야 한다는 것을 주된 논거로 들고 있다(박윤흔, 852~853면)(해석론).

4) 판 례

판례는 일관되게 행정청의 부작위에 대하여 일정한 처분을 하도록 하는 의무이행소송은 현행 행정소송법상 허용되지 아니한다고 본다[대판 1986.8.19, 86누223; 대판 1995.3.10, 94누14018(부작위위법확인)].

5) 결 어

다음과 같은 이유에서 절충설(보충설)이 타당하다.

① 의무이행소송이 행정청의 제1차적 판단권을 침해한다는 부정설의 논거는 타당하지 않다. 거부처분이 행정청의 제1차적 판단권의 행사에 속하는 것은 분명하고 부작위는 처분에 필요한 상당한 기간이 지났음에도 가부간의 처분을 하지 않는 것이므로 부작위도 행정청의 판단권의 행사에 준하는 것으로 볼 수 있다.

② 행정소송법 제4조에서 항고소송의 유형을 규정하면서 의무이행소송을 규정하지 않은 것은 의무이행소송을 인정하지 않는다는 것으로 해석하여서는 안 된다. 행정소송법 제4조는 항고소송을 제한적으로 열거한 것이 아니라 예시한 것에 불과하다고 보아야 할 것이다(김도창, 747면).

③ 헌법상 국민에게 인정된 재판을 받을 권리를 보장하고 공백 없는 권리구제를 위하여 의무이행소송을 보충적으로 인정하여야 할 것이다.

법무부 행정소송법 개정안은 의무이행소송을 도입하면서도 거부처분취소소송과 부작위 위법확인소송을 존치하는 것으로 하고 있다.

(3) 대 상

의무이행소송의 대상은 거부처분 또는 부작위이다.

(4) 성 질

의무이행소송을 이행소송으로 보는 것이 일반적 견해이다.

(5) 가처분

거부처분이나 부작위에 대한 실효성 있는 권리구제를 위하여는 의무이행소송과 함께 가처분이 인정되어야 한다. 행정소송법 개정안은 임시의 지위를 정하는 가처분을 인정하고 있다.

2. 예방적 부작위청구소송(예방적 금지소송) [2002, 2013 사시 사례, 2012 변시 사례]
(1) 의 의

예방적 부작위청구소송이란 행정청의 공권력 행사에 의해 국민의 권익이 침해될 것이 예상되는 경우에 미리 그 예상되는 침익적 처분을 저지하는 것을 목적으로 하여 제기되는 소송을 말한다. 예방적 부작위소송은 **예방적 금지소송**이라고도 한다.

(2) 예방적 부작위청구소송의 허용 여부
1) 부정설
부정설의 논거는 다음과 같다.
① 행정소송의 유형은 법정되어야 하는데, 현행 행정소송법은 행정소송의 유형을 제한적으로 열거하고 있는 것이므로 법정된 항고소송 이외의 소송은 원칙적으로 인정되지 않는다(해석론).
② 현행법상 법정된 소송에 의해서도 침해된 권익의 구제가 불가능하지 않다. 즉, 공권력 행사를 기다려 당해 공권력 행사에 의해 권익이 침해된 경우에 위법한 공권력 행사의 취소를 구하는 소송을 제기하고 집행정지를 신청하면 침해된 권익을 구제 받을 수 있다(해석론).
③ 예방적 부작위소송은 침익적인 공권력 행사가 행하여지기 전에 공권력 행사를 막는 소송으로서 행정청의 제1차적 판단권이 행하여지지 않은 상태에서의 사전적 통제제도이기 때문에 권력분립주의 내지 사법권의 본질에 반한다(해석론, 입법론).
④ 예방적 금지소송을 인정하면 남소의 우려가 있다(입법론, 해석론).

2) 긍정설
긍정설의 논거는 다음과 같다.
① 기존의 법정 항고소송으로는 공권력 행사로 침해된 국민의 권익이 구제되지 못하는 경우가

있다. 예를 들면, 공권력 행사에는 행정강제와 같이 즉시에 완결되어 버리는 경우가 있고 이 경우에는 권익을 침해하는 공권력의 행사가 이미 행하여진 후에는 취소소송을 제기할 소의 이익이 없게 된다(해석론, 입법론). 법정항고소송으로 권리구제가 되지 못하는 경우에는 재판청구권을 보장하기 위해(공백없는 권리구제를 위해) 법정외소송을 인정하여야 한다.

② 또한 특정의 권익침해가 예상되고 또한 임박한 경우에는 행정청의 제1차적 판단권이 행사된 것에 준하는 것으로 볼 수 있고, 이미 분쟁이 현실화되고 있다고 보아 사건의 성숙성도 이루어지고 있다고 볼 수 있다(해석론, 입법론).

③ 현행 행정소송법 제4조의 항고소송의 종류에 관한 규정은 항고소송의 종류를 제한적으로 열거한 것으로 보아서는 안 된다(해석론).

④ 예방적 금지소송의 허용요건을 엄격히 하고, 예방적 금지소송을 보충적으로 인정하면 남소의 우려가 없다(입법론, 해석론).

3) 판 례

판례는 부정설을 취하고 있다.

> **판례** 행정소송법상 행정청이 일정한 처분을 하지 못하도록 그 부작위를 구하는 청구는 허용되지 않는 부적법한 소송이다[대판 2006.5.25, 2003두11988(건강보험요양급여행위 등 처분취소)].

4) 결 어

국민의 권리구제를 위하여 예방적 금지소송이 필요한 경우가 있고, 허용범위를 제한하여 인정하면 행정청의 일차적 판단권을 거의 침해하지 않도록 하는 것이 가능하므로 긍정설이 타당하다. 부정설과 같이 막연히 권력분립의 원칙이나 행정청의 제1차적 판단권을 이유로 예방적 부작위소송을 부정하는 것은 타당하지 않다.

(3) 예방적 부작위소송의 허용범위 및 허용요건

국민의 권리구제의 실효성을 보장하기 위하여 허용될 수 있다 하여도 예방적 부작위소송을 무한정으로 인정할 수는 없다. 예방적 부작위소송의 허용범위에 관하여는 두 견해가 있다.

1) 보충설(절충설, 제한적 허용설)

이 견해는 기본적으로 행정처분의 사후통제제도인 기존의 법정항고소송에 의해 적절한 구제가 이루어지지 않는 경우에 그 범위 안에서만 예방적 부작위소송을 인정하는 견해이다.

예방적 금지소송이 인정되기 위하여는 다음의 두 요건이 충족되어야 한다.

① 보충성 요건: 예방적 금지소송은 취소소송과 집행정지에 의해서는 권리구제가 불가능하거나 회복하기 어려운 손해를 입을 우려가 있어야 한다. 대법원 행정소송법 개정안도 이를 요건으로 하고 있다.

② 사건의 성숙성: 행정청에게 1차적 판단권을 행사하게 할 것도 없을 정도로 일정한 내용의 처분이 예상되고 그 처분이 임박하여야 한다.

예를 들면, 일시적으로 완성되는 즉시강제의 경우 취소소송에 의한 권익구제가 불가능하므로 보충설을 취하는 경우에도 당해 즉시강제의 금지를 구하는 예방적 금지소송이 인정될 수 있다.

2) 독립설

이 견해는 예방적 부작위소송으로 다툴 수 있을 정도로 사건의 성숙성이 있는 경우(특정의 권익침해가 예상되고 임박한 경우)에는 기존의 구제제도와 별도로 예방적부작위소송을 인정하는 견해이다.

3) 결 어

처분청의 처분권의 존중 및 남소의 방지와 국민의 권익구제를 조화시키는 보충설이 타당하다.

(4) 예방적 금지소송의 대상

예방적 부작위청구소송의 대상은 침익적 처분이다.

(5) 가처분

예방적 금지소송은 침익적 처분이 임박한 경우에 제기되는 것이므로 현상유지를 구하는 가처분이 인정되어야만 권리구제수단으로서의 실효성을 가질 수 있다.

VI. 당사자소송

1. 의 의

당사자소송이라 함은 공법상 법률관계의 주체가 당사자가 되어 다투는 공법상 법률관계에 관한 소송을 말한다.

행정소송법 제3조(행정소송의 종류)

2. 당사자소송: 행정청의 처분 등을 원인으로 하는 법률관계에 관한 소송 그 밖에 공법상의 법률관계에 관한 소송으로서 그 법률관계의 한쪽 당사자를 피고로 하는 소송

당사자소송은 공법상 법률관계를 다투는 소송인 점에서 공권력의 행사 또는 불행사를 다투는 **항고소송과 구별**된다. 그리고 당사자소송은 공법상 법률관계에 관한 소송인 점에서 사법상 법률관계에 관한 소송인 **민사소송과 구별**된다.

2. 당사자소송의 종류

공법상 당사자소송을 실질적 당사자소송과 형식적 당사자소송으로 구별하는 것이 일반적 견해이다.

형식적 당사자소송은 실질적으로는 행정청의 처분을 다투는 소송이지만, 형식적으로는 당사자소송인 소송을 말한다고 정의하는 것이 일반적이다. 형식적 당사자소송의 예로 토지보상법상의 보상금증감청구소송을 들 수 있다.

이에 대하여 실질적 당사자소송이라 함은 형식적으로나 실질적으로나 공법상 법률관계에 관한 다툼만이 대상인 당사자소송을 말한다. 통상 당사자소송이라 함은 실질적 당사자소송을 말한다.

그 예로 공무원의 지위확인소송, 공법상 보상금청구소송, 공법상 계약에 관한 소송, 공법상 결과제거청구소송 등을 들 수 있다.

3. 당사자소송과 민사소송의 구별

현행 행정소송법상 당사자소송은 민사소송과 다음과 같은 점에서 차이가 있다.

① 당사자소송과 항고소송 간에는 소의 변경을 인정하는 명문의 규정이 있지만, 민사소송과 항고소송 간에는 소의 변경을 인정하는 명문의 규정이 없으므로 소의 변경을 할 수 없다고 보는 견해가 있다.

② 당사자소송에는 행정청이 참가할 수 있지만, 민사소송에는 불가능하다.

③ 당사자소송에서는 직권탐지주의가 적용되지만, 민사소송에서는 직권탐지주의가 적용되지 않는다.

④ 당사자소송의 판결의 기속력은 당해 행정주체 산하의 행정청에도 미치지만, 민사소송에서는 소송당사자에게만 판결의 효력이 미친다.

⑤ 당사자소송에 민사소송을 병합하는 것은 인정되지만, 민사소송에 당사자소송을 병합하는 것은 인정되지 않는다.

그렇지만, 당사자소송은 민사소송과 유사하므로 민사소송에 관한 규정이 당사자소송에 널리 적용된다. 예를 들면, 민사집행법상의 가압류, 가처분규정은 당사자소송에 적용된다.

4. 당사자소송의 활용실태

소송실무상(판례상) 당사자소송이 널리 활용되고 있지 못하다.

① 판례는 공법상 당사자소송으로 제기하여야 할 것이라고 학설이 주장하는 소송(국가배상청구소송 등 특히 금전의 지급을 청구하는 소송)도 민사소송으로 보는 경우가 많다. 다만, 최근에는 당사자소송을 다소 확대하는 판례(예 하천구역으로 편입된 토지에 대한 손실보상청구소송을 당사자소송으로 본 판례)가 나타나고 있다. 이에 관하여는 후술하는 바와 같다(소송의 대상 참조).

② 현행 행정소송법이 취소소송중심주의를 취하여 당사자소송이 활성화되지 못하고 있다. 무명당사자소송(법정외당사자소송)으로 독일의 입법례에서와 같이 처분이외의 행정작용(예 사실행위)의 이행을 구하는 일반이행소송을 인정하여야 한다는 견해가 적지 않지만, 아직 이를 인정하는 판례는 없다.

③ 형식적 당사자소송은 개별법에서 명문으로 인정하고 있는 경우에 한하여 인정된다고 보는 것이 판례 및 다수견해의 입장인데, 개별법에서 형식적 당사자소송을 인정하고 있는 예(예 보상금증감청구소송)는 아주 소수이다.

5. 실질적 당사자소송

실질적 당사자소송이라 함은 공법상 법률관계에 관한 소송으로서 그 법률관계의 주체를 당사자로 하는 소송을 말한다. 통상 당사자소송이라 하면 실질적 당사자소송을 말한다.

공법상 법률관계 자체가 소송의 대상이 되는 경우에는 당사자소송으로 제기하여야 하는데, 행정소송법 제3조 제2호에서 당사자소송을 이렇게 일반적으로 인정하고 있으므로 당사자소송의 인정에 있어서는 개별법의 근거가 필요하지 않다.

실질적 당사자소송의 대상에 대하여는 후술하는 바와 같다(소송의 대상 참조).

6. 형식적 당사자소송

(1) 의 의

형식적 당사자소송의 개념 정의는 학자에 따라 다소 다르지만 일반적으로 실질적으로는 처분 등의 효력을 다투는 항고소송의 성질을 가지지만 형식적으로는(소송형태상) 당사자소송의 형식을 취하는 소송이라고 이해한다.

형식적 당사자소송은 기본적으로는 법률관계의 내용을 다투는 점에서 당사자소송이지만 처분의 효력의 부인을 전제로 하는 점에서 실질적 당사자소송과 다르다.

(2) 인정필요성

형식적 당사자소송의 인정이유는 **권리구제의 실효성 제고와 소송경제**에 있다.

형식적 당사자소송은 처분 등을 원인으로 하는 법률관계의 내용(예 토지수용위원회의 재결에 의해 결정된 보상액)에 대하여 불복하는 소송인데, 만일 형식적 당사자소송이 인정되지 않으면 먼저 항고소송으로 처분의 효력을 다투어야 하고, 그 소송의 결과(예 취소 판결)에 따라 처분청의 새로운 처분(예 새로운 보상액의 결정)이 있어야 권리구제가 실현된다. 또한 만일 새로운 처분에 의해 형성된 새로운 법률관계 역시 불복한 자에게 만족을 주지 못하면 다시 그 새로운 처분의 효력을 다투는 항고소송을 제기하여야 하므로 권리구제가 지체 되고 무용한 소송의 반복을 가져오는 결과가 되기 쉽다.

따라서 권리구제의 실효성을 제고하고 소송경제를 확보하기 위하여 일정한 처분 등을 원인으로 하는 법률관계의 내용에 불복하는 때에는 직접 그 법률관계의 내용을 다투고 수소법원이 그 법률관계의 내용을 결정하도록 하는 소송을 인정할 필요가 있는 것이다. 형식적 당사자소송은 바로 이러한 필요성에 부응하기 위하여 인정되는 소송형식이다(이상규, 803~804면).

(3) 근 거

행정소송법 제3조 제2호가 형식적 당사자소송의 일반적 근거가 된다는 견해도 있지만, 행정소송법 제3조 제2호는 형식적 당사자소송의 일반적 근거가 될 수 없고, 개별 법률의 명시적 근거가 있어야 형식적 당사자소송이 인정된다는 것이 다수견해이다.

(4) 개별법상의 근거규정

개별법상의 형식적 당사자소송이 인정되고 있는 경우로는 「공익사업을 위한 토지 등의 취득 및 보상에 관한 법률」 제85조 제2항의 손실보상금증감청구소송, 「특허법」상 보상금 또는 대가에 관한 소송(특허법 제191조), 전기통신기본법 등이 있다. 또한 「특허법」 제191조는 「상표법」, 「실용신안법」, 「디자인보호법」 등에 준용되고 있다.

1) 토지보상법 제85조 제2항[3]의 보상금증감청구소송

가. 보상금증감청구소송의 의의

보상금증감청구소송은 수용재결 중 보상금에 대하여서만 이의가 있는 경우에 보상금의 증액 또는 감액을 청구하는 소송이다. 토지소유자 또는 관계인은 보상금의 증액을 청구하는 소송(보상금증액청구소송)을 제기하고 사업시행자는 보상액의 감액을 청구하는 소송(보상금감액청구소송)을 제기한다.

나. 보상금증감청구소송의 피고

보상금증감청구소송은 소송제기자가 토지소유자 또는 관계인인 경우에는 사업시행자를, 소송제기자가 사업시행자인 경우에는 토지소유자 또는 관계인을 피고로 하여 제기하여야 한다(제85조 제2항).

다. 보상금증감청구소송의 성질

(가) 형식적 당사자소송

현행 토지보상법하에서의 보상금증감청구소송에서 당사자가 직접 다투는 것은 보상금에 관한 법률관계의 내용이고 그 전제로서 재결의 효력이 심판의 대상이 되는 것이므로 보상금증감청구소송을 형식적 당사자소송으로 보는 것이 타당하다.

판례는 보상금증감청구소송을 공법상 당사자소송으로 보았다.

(나) 형성소송인가, 확인소송인가, 이행소송인가

손실보상금증액청구소송은 법정되어 있는 보상액을 확인하고 그 이행을 명하는 점에서 이

---

3) 제85조(행정소송의 제기) ① 사업시행자, 토지소유자 또는 관계인은 제34조에 따른 재결에 불복할 때에는 재결서를 받은 날부터 60일 이내에, 이의신청을 거쳤을 때에는 이의신청에 대한 재결서를 받은 날부터 30일 이내에 각각 행정소송을 제기할 수 있다. 이 경우 사업시행자는 행정소송을 제기하기 전에 제84조에 따라 늘어난 보상금을 공탁하여야 하며, 보상금을 받을 자는 공탁된 보상금을 소송이 종결될 때까지 수령할 수 없다.
② 제1항에 따라 제기하려는 행정소송이 보상금의 증감에 관한 소송인 경우 그 소송을 제기하는 자가 토지소유자 또는 관계인일 때에는 사업시행자를, 사업시행자일 때에는 토지소유자 또는 관계인을 각각 피고로 한다.

행소송(급부소송)의 성질을 가지고, 감액청구소송은 보상액을 확인하는 점에서 확인소송의 성질을 가진다고 보는 것이 타당하다. 증액판결의 경우 주문에서 수용재결을 취소하거나 수용재결의 위법성을 판단하지 않고 재결에서 정한 보상액을 초과하는 부분만의 지급을 명하는 판결을 한다. 감액판결의 경우에는 보상금을 확인하는 판결을 한다.

라. 보상금증감청구소송의 판결

보상금증감청구소송에서 법원은 스스로 보상금의 증감을 결정할 수 있다. 이렇게 법원이 직접 보상금을 결정할 수 있도록 한 것은 신속한 권리구제를 도모하기 위함이다.

2) 특허법

특허법 제133조 제1항 등의 규정에 의한 특허의 무효심판 등에 대한 소제기에 있어서는 그 청구인 또는 피청구인을 피고로 하여야 한다(특허법 제187조).

보상금 또는 대가에 관한 불복의 소에 있어서는 보상금 또는 대가를 지급할 관서 또는 출원인 등을 피고로 하여야 한다(특허법 제191조).

7. 당사자소송의 절차

당사자소송의 대상, 원고적격, 피고적격, 재판관할, 제소기간, 행정심판전치, 관련청구의 이송·병합, 소의 변경, 심리, 판결에 대하여는 후술하기로 한다.

행정소송법 제8조 제2항에 의하면 행정소송법에 특별한 규정이 없는 사항에 대하여는 행정소송에는 민사소송법 등의 규정이 일반적으로 준용된다. 그런데 당사자소송은 민사소송과 유사한 점이 많으므로 행정소송법에 당사자소송에 관한 특별한 규정이 없는 경우에는 민사소송법 등의 규정이 당사자소송에 널리 적용된다.

공법상 당사자소송에서 재산권의 청구를 인용하는 판결을 하는 경우 가집행선고를 할 수 있다 [대판 2000.11.28, 99두3416(환매대금이의재결처분취소)].

Ⅶ. 민중소송   [2001 공인노무사]

1. 의 의

민중소송이라 함은 '국가 또는 공공단체의 기관이 법률에 위반되는 행위를 한 때에 직접 자기의 법률상 이익과 관계없이 그 시정을 구하기 위하여 제기하는 소송'을 말한다(행정소송법 제3조 제3호).

　　민중소송은 국가 또는 공공단체의 기관의 위법행위를 시정하는 것을 목적으로 하는 공익소송이며 개인의 법적 이익의 구제를 목적으로 하는 소송이 아니다. 따라서 원고적격이 법률상 이익의 침해와 관계없이 국민, 주민 또는 선거인 등 일정범위의 일반 국민에게 인정된다. 따라서 민중소송은 주관적 소송이 아니라 **객관적 소송**이다. 행정소송법 전면개정안에서는 행정소송법의 용어를 국민에게 보다 친숙하고 이해하기 쉬운 용어로 변경한다는 취지에서 현행법상 '민중소송'을 '공익소송'으로 변경하였다.

2. 민중소송의 예

　　민중소송은 특별히 법률의 규정이 있을 때에 한하여 예외적으로 인정된다(법 제45조, 민중소송 법정주의). 그 예는 다음과 같다.

(1) 선거에 관한 민중소송

　　대통령선거 또는 국회의원선거의 효력에 관하여 이의가 있는 선거인은 선거일로부터 30일 이내에 당해 선거관리위원장을 피고로 하여 대법원에 소를 제기할 수 있다(공직선거법 제222조 제1항).

　　지방의회의원 및 지방자치단체의 장의 선거의 효력에 관하여 이의가 있는 선거인은 선거일로부터 14일 이내에 관할선거관리위원회에 소청할 수 있고, 그 소청에 대한 결정에 불복하는 경우에는 당해 선거구선거관리위원회위원장을 피고로 시·도지사선거에 있어서는 대법원에, 지방의회의원 및 자치구·시·군의 장의 선거에 있어서는 그 선거구를 관할하는 고등법원에 소를 제기할 수 있다(공직선거법 제222조 제2항).

(2) 국민투표에 관한 민중소송

　　국민투표의 효력에 관하여 이의가 있는 투표인은 투표인 10만인 이상의 찬성을 얻어 중앙선거관리위원장을 피고로 투표일로부터 20일 이내에 대법원에 소를 제기할 수 있다(국민투표법 제92조).

(3) 주민소송

　　지방자치단체의 주민은 일정한 요건하에 지방자치단체의 위법한 재무행위를 시정하기 위하여 법원에 소송을 제기할 수 있다(지방자치법 제17조).

3. 민중소송의 법적 규율

민중소송은 민중소송을 인정하는 개별 법률에서 정한 사항을 제외하고는 행정소송법의 규정을 준용한다.

민중소송으로서 처분 등의 취소를 구하는 소송(취소소송형 민중소송)에는 그 성질에 반하지 아니하는 한 취소소송에 관한 규정을 준용한다(법 제46조 제1항).

민중소송으로서 처분 등의 효력 유무 또는 존재 여부나 부작위의 위법의 확인을 구하는 소송에는 그 성질에 반하지 아니하는 한 각각 무효등확인소송 또는 부작위위법확인소송에 관한 규정을 준용한다(법 제46조 제2항). 민중소송으로서 제1항 및 제2항에 규정된 소송 외의 소송에는 그 성질에 반하지 아니하는 한 당사자소송에 관한 규정을 준용한다(법 제46조 제3항).

Ⅷ. 기관소송   [2001, 2009 공인노무사]

1. 의 의

기관소송이라 함은 '국가 또는 공공단체의 기관 상호간에 있어서의 권한의 존부 또는 그 행사에 관한 다툼이 있을 때에 이에 대하여 제기하는 소송'을 말한다(행정소송법 제3조 제4호). 다만, 행정소송법 제3조 제4호 단서는 헌법재판소법 제2조의 규정에 의하여 헌법재판소의 관장사항으로 되어 있는 권한쟁의심판은 행정소송법상 기관소송에서 제외하고 있다.

국가기관 상호간, 국가기관과 지방자치단체간 및 지방자치단체 상호간에 권한의 존부 또는 범위에 관하여 다툼이 있을 때에는 당해 국가기관 또는 지방자치단체는 헌법재판소에 권한쟁의심판을 청구할 수 있다(헌법재판소법 제61조 제1항). **권한쟁의심판의 종류**는 다음과 같다. 1. 국가기관 상호간의 권한쟁의심판: 국회, 정부, 법원 및 중앙선거관리위원회 상호간의 권한쟁의심판, 2. 국가기관과 지방자치단체간의 권한쟁의심판: 가. 정부와 특별시 광역시 또는 도간의 권한쟁의심판, 나. 정부와 시·군 또는 지방자치단체인 구(이하 '자치구'라 한다)간의 권한쟁의심판, 3. 지방자치단체 상호간의 권한쟁의심판: 가. 특별시·광역시 또는 도 상호간의 권한쟁의심판, 나. 시·군 또는 자치구 상호간의 권한쟁의심판, 다. 특별시 광역시 또는 도와 시·군 또는 자치구간의 권한쟁의심판(제62조 제1항). 권한쟁의가 지방교육자치에 관한 법률 제2조의 규정에 의한 교육·학예에 관한 지방자치단체의 사무에 관한 것인 때에는 교육감이 제1항 제2호 및 제3호의 당사자가 된다(제62조 제2항).

　　기관소송을 동일한 행정주체에 속하는 기관 상호간의 소송에 한정하는 견해도 있고(홍정선), 상이한 행정주체 상호간, 상이한 법주체에 속하는 기관간의 소송 등도 행정소송법 제3조 제4호의 기관소송에 해당하는 것으로 보는 견해(이광윤, 한견우)도 있다.

2. 기관소송의 필요성

　　본래 동일한 행정주체에 속하는 기관 상호간의 권한을 둘러싼 분쟁은 상급청이 해결하는 것이 원칙이다(행정절차법 제6조 제2항, 헌법 제89조 제10호). 그런데 행정주체 내에 이러한 분쟁을 해결할 수 있는 적당한 기관이 없거나 제3자에 의한 공정한 해결을 할 필요가 있는 경우가 있고, 이러한 경우에 법원에 제소하여 해결하도록 한 제도가 기관소송이다.

3. 기관소송의 예

　　현행 행정소송법은 기관소송을 법률이 정한 경우에 한하여 제기할 수 있는 것으로 규정하여 기관소송법정주의를 취하고 있다(제45조).

　　현행법상 인정되고 있는 기관소송의 예로는 지방자치단체의 장의 지방의회의 재의결에 대한 무효확인소송(지방자치법 제107조 제3항 및 제172조 제3항) 및 시·도의회 또는 교육위원회의 재의결에 대한 교육감의 소송[지방교육자치에 관한 법률(제28조 제3항)]을 들 수 있다. 행정안전부장관 또는 시·도지사의 지방의회의 재의결에 대한 무효확인소송(제172조 제4항, 제7항) 및 주무부장관이나 시·도지사의 이행명령에 대한 지방자치단체의 장의 소송(지방자치법 제170조 제3항)도 다른 견해가 있으나 행정소송법상의 기관소송이라고 볼 수 있다.

4. 기관소송의 법적 규율

　　기관소송은 기관소송을 인정하는 개별 법률에서 정한 사항을 제외하고는 행정소송법의 규정을 준용한다.

　　기관소송으로서 처분 등의 취소를 구하는 소송(취소소송형 기관소송)에는 그 성질에 반하지 아니하는 한 취소소송에 관한 규정을 준용한다(법 제46조 제1항).

　　기관소송으로서 처분 등의 효력 유무 또는 존재 여부나 부작위의 위법의 확인을 구하는 소송에는 그 성질에 반하지 아니하는 한 각각 무효등확인소송 또는 부작위위법확인소송에 관한 규정을 준용한다(법 제46조 제2항). 기관소송으로서 제1항 및 제2항에 규정된 소송 외의 소송에는 그 성질에 반하지 아니하는 한 당사자소송에 관한 규정을 준용한다(법 제46조 제3항).

지방자치법

제107조(지방의회의 의결에 대한 재의요구와 제소)

① 지방자치단체의 장은 지방의회의 의결이 월권이거나 법령에 위반되거나 공익을 현저히 해친다고 인정되면 그 의결사항을 이송받은 날부터 20일 이내에 이유를 붙여 재의를 요구할 수 있다.

② 제1항의 요구에 대하여 재의한 결과 재적의원 과반수의 출석과 출석의원 3분의 2 이상의 찬성으로 전과 같은 의결을 하면 그 의결사항은 확정된다.

③ 지방자치단체의 장은 제2항에 따라 재의결된 사항이 법령에 위반된다고 인정되면 대법원에 소를 제기할 수 있다. 이 경우에는 제172조 제3항을 준용한다.

제170조(지방자치단체의 장에 대한 직무이행명령)

① 지방자치단체의 장이 법령의 규정에 따라 그 의무에 속하는 국가위임사무나 시·도위임사무의 관리와 집행을 명백히 게을리하고 있다고 인정되면 시·도에 대하여는 주무부장관이, 시·군 및 자치구에 대하여는 시·도지사가 기간을 정하여 서면으로 이행할 사항을 명령할 수 있다.

② 주무부장관이나 시·도지사는 해당 지방자치단체의 장이 제1항의 기간에 이행명령을 이행하지 아니하면 그 지방자치단체의 비용부담으로 대집행하거나 행정상·재정상 필요한 조치를 할 수 있다. 이 경우 행정대집행에 관하여는 「행정대집행법」을 준용한다.

③ 지방자치단체의 장은 제1항의 이행명령에 이의가 있으면 이행명령서를 접수한 날부터 15일 이내에 대법원에 소를 제기할 수 있다. 이 경우 지방자치단체의 장은 이행명령의 집행을 정지하게 하는 집행정지결정을 신청할 수 있다.

제172조(지방의회 의결의 재의와 제소)

① 지방의회의 의결이 법령에 위반되거나 공익을 현저히 해친다고 판단되면 시·도에 대하여는 주무부장관이, 시·군 및 자치구에 대하여는 시·도지사가 재의를 요구하게 할 수 있고, 재의요구를 받은 지방자치단체의 장은 의결사항을 이송받은 날부터 20일 이내에 지방의회에 이유를 붙여재의를 요구하여야 한다.

② 제1항의 요구에 대하여 재의의 결과 재적의원 과반수의 출석과 출석의원 3분의 2 이상의 찬성으로 전과 같은 의결을 하면 그 의결사항은 확정된다.

③ 지방사치난체의 장은 제2항에 따라 재의결된 사항이 법령에 위반된다고 판단되면 재의결된 날부터 20일 이내에 대법원에 소를 제기할 수 있다. 이 경우 필요하다고 인정되면 그 의결의 집행을 정지하게 하는 집행정지결정을 신청할 수 있다.

④ 주무부장관이나 시·도지사는 재의결된 사항이 법령에 위반된다고 판단됨에도 불구하고 해당 지방자치단체의 장이 소를 제기하지 아니하면 그 지방자치단체의 장에게 제소를 지시하거나 직접 제소 및 집행정지결정을 신청할 수 있다.

⑤ 제4항에 따른 제소의 지시는 제3항의 기간이 지난 날부터 7일 이내에 하고, 해당 지방자치단체의 장은 제소지시를 받은 날부터 7일 이내에 제소하여야 한다.

⑥ 주무부장관이나 시·도지사는 제5항의 기간이 지난 날부터 7일 이내에 직접 제소할 수 있다.

⑦ 제1항에 따라 지방의회의 의결이 법령에 위반된다고 판단되어 주무부장관이나 시·도지사로부터 재의요구지시를 받은 지방자치단체의 장이 재의를 요구하지 아니하는 경우(법령에 위반되는 지방의회의 의결사항이 조례안인 경우로서 재의요구지시를 받기 전에 그 조례안을 공포한 경우를 포함한다)에는 주무부장관이나 시·도지사는 제1항에 따른 기간이 지난 날부터 7일 이내에 대법원에 직접 제소 및 집행정지결정을 신청할 수 있다.

⑧ 제1항에 따른 지방의회의 의결이나 제2항에 따라 재의결된 사항이 둘 이상의 부처와 관련되거나 주무부장관이 불분명하면 행정안전부장관이 재의요구 또는 제소를 지시하거나 직접 제소 및 집행정지결정을 신청할 수 있다.

지방교육자치에 관한 법률

제28조(시·도의회 등의 의결에 대한 재의와 제소)

① 교육감은 교육·학예에 관한 시·도의회의 의결이 법령에 위반되거나 공익을 현저히 저해한다고 판단될 때에는 그 의결사항을 이송받은 날부터 20일 이내에 이유를 붙여 재의를 요구할 수 있다. 교육감이 교육과학기술부장관으로부터 재의요구를 하도록 요청받은 경우에는 시·도의회에 재의를 요구하여야 한다.

② 제1항의 규정에 따른 재의요구가 있을 때에는 재의요구를 받은 시·도의회는 재의에 붙이고 시·도의회 재적의원 과반수의 출석과 시·도의회 출석의원 3분의 2이상의 찬성으로 전과 같은 의결을 하면 그 의결사항은 확정된다.

③ 제2항의 규정에 따라 재의결된 사항이 법령에 위반된다고 판단될 때에는 교육감은 재의결된 날부터 20일 이내에 대법원에 제소할 수 있다.

제2장 행정소송의 한계

행정소송에는 사법의 본질에서 오는 한계와 권력분립의 원칙에서 오는 일정한 한계가 있다.

Ⅰ. 사법의 본질에서 오는 한계

행정소송도 사법작용(재판작용)인 점에서 사법의 본질에서 나오는 일정한 한계가 있다.

사법은 '법률상 쟁송(구체적인 권리의무관계에 관한 분쟁) 내지 구체적인 법적 분쟁[4]이 발생한 경우에 당사자의 소송의 제기에 의해 독립적 지위를 가진 법원이 법을 적용하여 당해 법적 분쟁을 해결하는 작용'을 말한다. 법원조직법은 법률적 쟁송만이 법원의 심판대상임을 명시하고 있다(제2조 제1항). 따라서, 법적 분쟁이지만 구체적인 법적 분쟁이 아닌 사건(구체적 사건성이 없는 사건)은 사법의 본질상 행정소송의 대상이 될 수는 없다.

그 법령을 적용하여 해결할 성질의 것이 아닌 사건(법적 분쟁이 아닌 사건)은 재판의 대상이 될 수 없다.

1. 구체적인 법적 분쟁이 아닌 사건

구체적인 법적 분쟁이 아닌 사건이라 함은 당사자 사이의 구체적인 권리·의무에 관한 분쟁이 아닌 사건을 말한다.

(1) 추상적 법령의 효력과 해석에 관한 분쟁

구체적인 법적 분쟁을 전제로 함이 없이 법령의 효력 또는 해석 자체를 직접 다투는 소송(추상적 규범통제)은 원칙상 인정할 수 없다. 이와 같이 원칙상 추상적 규범통제를 인정하지 않은 것은 위헌 또는 위법인 추상적인 법령의 존재만으로는 아직 국민의 권익이 침해되지 않고 있다고 보기 때문이다.

---

4) 법률상 쟁송(구체적인 권리의무관계에 관한 분쟁)을 '구체적 법적 분쟁'보다 다소 좁은 개념으로 보는 견해도 있지만, 법률상 쟁송과 구체적 법적 분쟁을 동의어로 사용하는 경우도 많다.

현행법은 위헌 또는 위법인 법령이 집행되어 국민의 권익이 현실적으로 침해된 경우에 당해 법령을 집행하여 행한 행정청의 처분을 다투고 이 경우에 그 전제문제로서 당해 법령의 위헌·위법을 간접적으로 다툴 수 있도록 하고 있을 뿐이다(헌법 제107조 제2항).

그러나 법령 그 자체에 의하여 국민의 권익에 직접 영향을 미치는 처분적 법령은 그 자체가 항고소송의 대상이 된다. 사법의 본질론 즉 사법의 개념 요소인 사건의 성숙성은 더 이상 법규명령에 대한 항고소송을 배제하는 논거가 될 수 없다고 보아야 할 것이다. 명령도 행정권의 공권력 행사이므로 명령으로 국민의 권익이 직접 구체적으로 침해된(직접 영향을 받은) 경우에는 그에 대해 행정소송을 통한 권리구제의 길을 열어주는 것이 법치주의의 원칙상 타당하다. 명령도 행정작용이므로 일반 행정작용의 처분 개념과 명령의 처분 개념을 달리 보는 것은 타당하지 않다.
사법의 본질상 추상적 법령 자체를 다투는 소송을 원칙상 인정할 수 없지만, 헌법(특히 권력분립의 원칙)에 반하지 않는 한 법률의 규정에 의해 예외적으로 추상적 법령을 다투는 행정소송을 인정할 수 있다. 우리나라에서도 예외적이기는 하지만 조례에 대한 사전적·추상적 규범통제(조례안재의결무효확인소송)가 인정되고 있다(지방자치법 제107조, 제172조).

(2) 반사적 이익에 관한 분쟁

사법은 구체적인 법적 분쟁을 해결하여 국민의 권익을 구제해 주는 것을 목적으로 하므로 권리 또는 법적 이익이 침해된 경우에 한하여 행정소송이 가능하며 반사적 이익의 보호를 주장하는 행정소송은 인정될 수 없다. 현행 행정소송법도 법률상 이익이 있는 자만이 항고소송을 제기할 수 있는 것으로 하고 있다(법 제12조, 제35조, 제36조).

(3) 객관적 소송

객관적 소송이라 함은 행정의 적법성 보장을 주된 목적으로 하는 소송을 말한다.
종래 사법의 본질상 객관소송의 형식을 갖는 행정소송을 인정할 수 없다고 보았으나, 오늘날에는 객관소송의 성격을 갖는 행정소송을 인정할 것인지의 여부는 입법정책의 문제라고 본다.
현행법은 객관적 소송인 민중소송이나 기관소송을 개별 법률에서 인정하는 경우에만 예외적으로 인정되는 것으로 하고 있다(행정소송법 제45조).

2. 법령의 적용으로 해결하는 것이 적절하지 않은 분쟁

사법은 법을 적용하여 법적 분쟁을 해결하는 작용이다. 따라서 법률을 적용하여 해결될 성질의 것이 아닌 사건은 행정소송의 대상이 될 수 없다.

(1) 통치행위

법원은 통치행위의 관념을 인정하면서 통치행위는 사법심사의 대상이 되지 않는다고 보고 있다. 그러나 헌법재판소는 대통령의 긴급재정·경제명령을 통치행위라고 보면서도 통치행위도 그것이 국민의 기본권 침해와 직접 관련되는 경우에는 헌법소원의 대상이 된다고 보았다[헌재 1996.2.29, 93헌마186(긴급재정명령 등 위헌확인)].

(2) 재량행위 및 판단여지

재량행위도 처분성을 갖는 경우 항고소송의 대상이 된다.

다만, 재량행위의 경우에는 재량권의 행사가 한계를 넘지 않는 한(재량권을 일탈·남용하지 않는 한) 재량권 행사에 잘못이 있다고 하더라도 위법은 아니며 부당에 그치는 것이므로 사법적 통제의 대상이 되지 않는다. 그러나 재량권을 일탈·남용한 경우에는 재량행위가 위법하게 되므로 행정소송을 통한 통제가 가능하다.

고도로 정책적이고 전문·기술적인 사항에 대한 행정청의 판단에는 판단여지가 인정되는 것으로 보는 것이 타당하며 판단여지가 인정되는 사항에 대한 행정청의 판단은 사회통념상 현저히 부당하다고 여겨지지 않는 한 사법통제의 대상이 되지 않는다.

(3) 특별권력관계 내에서의 행위

종래 특별권력관계 내에서의 행위에 대하여는 특별권력주체의 내부행위로 보아 사법심사의 대상이 되지 않는 것으로 보았다. 그러나 오늘날에는 특별권력관계 내에서의 행위일지라도 그것만으로 사법심사의 대상에서 제외되는 것은 아니며 그것이 권리주체간의 권리·의무관계에 직접 영향을 미치는 외부행위인 처분인지 아니면 그렇지 않은 순수한 내부행위인지에 따라 사법심사의 대상이 되는지 여부가 결정된다고 본다.

(4) 내부행위

순수한 내부행위는 원칙상 법적 통제의 대상이 되지 않고, 사법적 통제의 대상이 되지 않는다. 내부행위라도 처분성을 갖는 경우 사법적 통제의 대상이 된다.

Ⅱ. 권력분립에서 오는 한계

권력분립하에서도 행정사건은 사법(재판)의 대상이 된다. 행정법상의 법적 분쟁이 사법권에 의한 재판의 대상이 되는 것은 권력분립에 반하는 것은 아니며 오히려 사법의 본질상 인정되는 것이다.

그러나 권력분립의 원칙상 행정소송에는 일정한 한계가 있다는 것이 일반적 견해이다. 보다 정확히 말하면 권력분립의 원칙상 행정청의 제1차적 판단권이 존중되어야 하며 이것이 행정소송의 한계가 된다고 본다. 종래 행정권의 예방적 금지, 행정권의 행사를 구하는 소송은 권력분립의 원칙상 인정되지 않는다고 보았으나 오늘날에는 전술한 바와 같이 의무이행소송이나 예방적 금지소송의 인정은 권력분립의 원칙에 반하는 것은 아니며 입법정책의 문제에 속한다고 보는 것이 일반적 견해이다.

소송요건이라 함은 본안심리를 하기 위하여 갖추어야 하는 요건을 말한다. 소송요건이 충족된 소송을 적법한 소송이라 하고 이 경우 법원은 본안심리로 넘어 간다. 소송요건이 결여된 소송을 부적법한 소송이라 하며 이 경우 법원은 각하판결을 내린다. 그리하여 소송요건을 본안심판요건 또는 소의 적법요건이라 한다. 다만, 소송요건의 심사는 본안심리 전에만 하는 것은 아니며 본안심리 중에도 소송요건의 결여가 판명되면 소를 부적법각하하여야 한다.

소송요건은 불필요한 소송을 배제하여 법원의 부담을 경감하고, 이렇게 함으로써 적법한 소송에 대한 충실한 심판을 도모하기 위하여 요구된다. 소송요건을 너무 엄격히 요구하면 국민의 재판을 받을 권리가 제약되고, 소송요건을 너무 넓게 인정하면 법원의 소송부담이 과중해지고, 권리구제가 절실히 요구되는 사건에 대해 신속하고 실효적인 권리구제를 해 주지 못하는 문제가 생긴다. 국민의 기본권을 보장하고, 재판을 받을 권리를 보장하기 위해 소송요건을 넓게 인정하여 공백없고 실효적인 권리구제가 되도록 하여야 한다.

제1절 행정소송의 대상

제1항 취소소송 및 무효등확인소송의 대상   [1996, 2000 공인노무사]

취소소송 및 무효확인소송은 '처분 등'(처분 및 행정심판의 재결)을 대상으로 한다(행정소송법 제19조 본문, 제38조 제1항).

행정심판을 거치지 않고 직접 취소소송을 제기하는 경우 처분이 항고소송의 대상이 된다. 행정심판을 거친 후 취소소송을 제기하는 경우 원처분주의에 따라 원칙상 원처분을 대상으로 취소소송을 제기하여야 한다. 다만, 재결 자체에 고유한 위법을 다투는 경우(행정소송법 제19조 단서)와 개별법률에서 재결주의를 규정하고 있는 경우에는 재결이 항고소송의 대상이 된다.

제1목 행정소송법상 처분의 개념

Ⅰ. 행정소송법상 처분의 의의

행정소송법상 처분이라 함은 '행정청이 행하는 구체적 사실에 관한 법집행으로서의 공권력의 행사 또는 그 거부와 그 밖에 이에 준하는 행정작용'을 말한다(법 제2조 제1항 제1호).

Ⅱ. 처분개념에 관한 학설 및 판례

행정소송법상의 처분 개념이 실체법적 개념인 학문상의 행정행위 개념과 동일한지에 관하여 이를 동일하다고 보는 실체법적 개념설(일원설)과 동일하지 않고 전자가 후자보다 넓다고 보는 견해(이원설)가 대립하고 있다.

1. 실체법적 개념설(일원설)

이 견해는 행정소송법상의 처분 개념을 학문상 행정행위와 동일한 것으로 보는 견해이다.

이 설의 논거는 다음과 같다.

① 취소의 대상은 논리적으로 공정력을 가지는 법적 행위인 행정행위에 한정된다. 사실행위는 법적 행위가 아니므로 사실행위의 취소는 불가능하다.

② 행위형식의 다양성을 인정하고 다양한 행위형식에 상응하는 다양한 소송유형을 통한 권리 구제를 도모하는 것이 실질적으로 국민의 권리구제의 폭을 넓히는 것이 된다.

2. 이원설(행정행위보다 넓은 개념으로 보는 견해)

행정소송법상 처분 개념을 실체법상 행정행위 개념과 구별하고, 전자를 후자보다 넓게 보는 견해로는 형식적 행정행위론과 쟁송법상 개념설이 있다. 통상 이원설은 취소소송중심주의하에서 취소소송의 대상인 처분 개념을 확대함으로써 권리구제를 확대하기 위해 주장된다.

(1) 형식적 행정행위론

형식적 행정행위론은 실체법상 행정행위뿐만 아니라 형식적 행정행위를 항고소송의 대상으로 보는 견해이다. 형식적 행정행위론은 항고소송의 대상을 넓히기 위하여 '행정행위가 아니더라도 국민의 권익에 사실상의 지배력을 미치는 행위'(권력적 사실행위 및 국민의 권익에 사실상 지배력을 미치는 비권력적 사실행위 등)를 **형식적 행정행위**로 보아 항고소송의 대상으로 보는 견해이다. 이 견해에서는 행정소송법 제2조 상의 처분 중 '그 밖에 이에 준하는 행정작용'은 형식적 행정행위에 해당한다고 본다.

우리나라의 경우 형식적 행정행위라는 개념을 쟁송법상 개념설에서 행정소송법상의 '그 밖에 이에 준하는 행정작용'에 해당하는 것으로 보는 견해가 많지만, 형식적 행정행위라는 개념은 본래 일본에서 온 것으로 항고소송의 대상을 행정행위로 한정하는 견해에서 항고소송의 대상을 확대하기 위하여 형식적 행정행위라는 개념을 도입한 것이다. 따라서 형식적 행정행위설을 쟁송법상 개념설로 보는 것은 타당하지 않고, 실체법상 개념설의 변형으로 보는 것이 타당하다. 형식적 행정행위론이 행정소송법 제2조 상의 처분 중 '그 밖에 이에 준하는 행정작용'을 형식적 행정행위에 해당하는 것으로 본다면, 쟁송법상 처분개념설과 실질적으로 동일하다고 할 수도 있지만, 형식적 행정행위론과 쟁송법상 개념설의 이론적 기초와 그 외연은 다르다고 할 수 있다. 형식적 행정행위론에서 항고소송의 대상은 원칙상 행정행위이고, 형식적 행정행위는 예외적인 것으로서 제한적으로 인정될 수밖에 없을 것이다.

(2) 쟁송법적 개념설

이 견해는 행정쟁송법상 처분 개념은 실체법상의 행정행위 개념보다는 넓은 행정쟁송법상의 독자적인 개념으로 보는 견해이다. 이 견해는 행정행위뿐만 아니라 권력적 사실행위, 비권력적 행위라도 국민의 권익에 사실상의 지배력을 미치는 행위, 처분적 명령 등을 처분으로 본다. 이 견해가 다수설이다.

이 설의 논거는 다음과 같다.

① 행정소송법상 처분개념의 정의규정의 문언 및 항고소송의 대상을 넓힘으로써 항고소송을 통해 국민의 권리구제의 기회를 확대하려는 입법취지에 비추어 행정소송법상의 처분은 행정행위 보다는 넓은 개념으로 보아야 한다.

② 현행 행정소송법상 위법한 공행정작용에 의해 침해된 권익에 대한 구제수단은 항고소송(취소소송) 중심으로 되어 있고, 아직 다양한 행위형식에 대응한 다양한 소송유형이 인정되고 있지 못하므로 행정소송법상의 처분개념을 행정행위에 한정하는 것은 권리구제의 범위를 축소하는 것이 된다.

③ 쟁송법상의 취소는 민법상 취소와 다를 수 있다. 행정소송법상 취소는 위법상태를 시정하는 것 또는 위법성을 확인하는 것으로 해석할 수 있다. 이렇게 본다면 사실행위의 취소도 가능하다.

3. 판 례

판례는 행정소송법상 처분을 '행정청이 공권력주체로서 행하는 구체적 사실에 관한 법집행으로서 국민의 권리의무에 직접적으로 영향을 미치는 행위'로 넓게 정의하기도 하고(대판 2007.10.11, 2007두1316; 대판 2018.11.29, 2015두52395), "행정청의 공법상 행위로서 특정사항에 대하여 법규에 의한 권리의 설정 또는 의무의 부담을 명하며 기타 법률상 효과를 발생하게 하는 등 국민의 구체적 권리의무에 직접적 변동을 초래하는 행위를 말한다."고 좁게 정의하기도 한다(대판 2019.2.14, 2016두41729). 전자의 정의는 쟁송법적 개념설에 입각한 것으로 볼 수 있고, 후자는 실체법적 개념설에 입각한 것으로 볼 수 있다.

행정청의 행위가 항고소송의 대상이 될 수 있는지는 추상적·일반적으로 결정할 수 없고, 구체적인 경우에 개별적으로 결정하여야 한다(대판 2020.1.16, 2019다264700).

행정청의 행위가 '처분'에 해당하는지가 불분명한 경우에는 그에 대한 불복방법 선택에 중대한 이해관계를 가지는 상대방의 인식가능성과 예측가능성을 중요하게 고려하여 규범적으로 판단하여야 한다(대판 2020.4.9, 2019두61137).

판례는 처분성의 인정에 법률의 근거는 필요하지 않은 것으로 본다(대판 2012.9.27, 2010두3541 ; 대판 2018.11.29, 2015두52395).

> **판례1**
>
> [1] 항고소송의 대상이 되는 행정처분이란 원칙적으로 행정청의 공법상 행위로서 특정 사항에 대하여 법규에 의한 권리 설정 또는 의무 부담을 명하거나 기타 법률상 효과를 발생하게 하는 등으로 일반 국민의 권리의무에 직접 영향을 미치는 행위를 가리키는 것이지만, 어떠한 처분의 근거가 (법령의 근거없이) 행정규칙에 규정되어 있다고 하더라도, 그 처분이 상대방에게 권리 설정 또는 의무 부담을 명하거나 기타 법적인 효과를 발생하게 하는 등으로 상대방의 권리의무에 직접 영향을 미치는 행위라면, 이 경우에도 항고소송의 대상이 되는 행정처분에 해당한다고 보아야 한다. 한편 행정청의 어떤 행위가 항고소송의 대상이 될 수 있는지는 추상적·일반적으로 결정할 수 없고, 구체적인 경우 행정처분은 행정청이 공권력 주체로서 행하는 구체적 사실에 관한 법집행으로서 국민의 권리의무에 직접적으로 영향을 미치는 행위라는 점을 염두에 두고, 관련 법령의 내용과 취지, 행위의 주체·내용·형식·절차, 그 행위와 상대방 등 이해관계인이 입는 불이익과의 실질적 견련성, 그리고 법치행정 원리와 당해 행위에 관련한 행정청 및

판례1

이해관계인의 태도 등을 참작하여 개별적으로 결정해야 한다. [2] 독점규제 및 공정거래에 관한 법률 제22조의2 제1항, 구 독점규제 및 공정거래에 관한 법률 시행령(2009.5.13. 대통령령 제21492호로 개정되기 전의 것) 제35조 제1항, 구 부당한 공동행위 자진신고자 등에 대한 시정조치 등 감면제도 운영고시(2009.5.19. 공정거래위원회 고시 제2009-9호로 개정되기 전의 것, 이하 '고시'라 한다)등 관련 법령의 내용, 형식, 체제 및 취지를 종합하면, 부당한 공동행위 자진신고자 등에 대한 시정조치 또는 과징금 감면신청인이 고시 제11조 제1항에 따라 자진신고자 등 지위확인을 받는 경우에는 시정조치 및 과징금 감경 또는 면제, 형사고발 면제 등의 법률상 이익을 누리게 되지만, 그 지위확인을 받지 못하고 고시 제14조 제1항에 따라 감면불인정 통지를 받는 경우에는 위와 같은 법률상 이익을 누릴 수 없게 되므로, 감면불인정 통지가 이루어진 단계에서 신청인에게 그 적법성을 다투어 법적 불안을 해소한 다음 조사협조행위에 나아가도록 함으로써 장차 있을지도 모르는 위험에서 벗어날 수 있도록 하는 것이 법치행정의 원리에도 부합한다. 따라서 부당한 공동행위 자진신고자 등의 시정조치 또는 과징금 감면신청에 대한 감면불인정 통지는 항고소송의 대상이 되는 행정처분에 해당한다고 보아야 한다[대판 2012.9.27, 2010두3541(감면불인정처분등취소)].

판례2

어떠한 처분에 법령상 근거가 있는지, 행정절차법에서 정한 처분절차를 준수하였는지는 본안에서 당해 처분이 적법한가를 판단하는 단계에서 고려할 요소이지, 소송요건 심사단계에서 고려할 요소가 아니다(대판 2020.1.16, 2019다264700).

판례3

판례가 행정행위 이외에 처분으로 본 사례는 다음과 같다. 후술하는 바와 같이 권력적 사실행위로 볼 수 있는 단수처분, 교도소재소자의 이송조치, 교도관 참여대상자 지정행위를 처분으로 보았고, 국민의 권익에 사실상 지배력을 미치는 비권력적 사실행위로도 볼 수 있는 국가인권위원회의 성희롱결정 및 시정조치권고를 처분으로 보았다. 지목변경으로 국민의 권리의무에 변동이 일어나지 않으므로 지목변경행위의 처분성을 부정하다가 2004년 전원합의체 판결은 지목변경의 거부행위를 '국민의 권리관계에 영향을 미치는 것'으로 보아 처분성을 인정하였다. 표준공시지가나 개별공시지가결정만으로는 국민의 권리의무에 변동이 초래되는 것(구체적인 법적 효과를 가져오는 것)은 아니지만 처분성을 인정하고 있다(자세한 판례의 내용은 후술).

판례4

조달청이 계약상대자에 대하여 나라장터(조달청에서 관리하는 전자조달시스템) 종합쇼핑몰에서의 거래를 일정기간 정지하는 조치는 비록 추가특수조건이라는 사법상 계약에 근거한 것이지만 행정청인 조달청이 행하는 구체적 사실에 관한 법집행으로서의 공권력의 행사로서 그 상대방인 갑 회사의 권리·의무에 직접 영향을 미치므로 항고소송의 대상이 되는 행정처분에 해당한다(대판 2018.11.29, 2015두52395).

> **판례 5**
>
> 항고소송의 대상이 되는 행정처분의 의미: 항고소송의 대상이 되는 행정처분이란 행정청의 공법상 행위로서 특정사항에 대하여 법규에 의한 권리의 설정 또는 의무의 부담을 명하며 기타 법률상 효과를 발생하게 하는 등 국민의 구체적 권리의무에 직접적 변동을 초래하는 행위를 말하고, 행정청 내부에서의 행위나 알선, 권유, 사실상의 통지 등과 같이 상대방 또는 기타 관계자들의 법률상 지위에 직접적인 법률적 변동을 일으키지 아니하는 행위는 항고소송의 대상이 될 수 없다(대판 2019.2.14, 2016두41729).

생각건대 판례는 쟁송법적 개념설을 취하고 있다. 판례는 아직 처분개념을 넓게 인정하고 있지는 않지만, 점차 처분개념을 확대해가고 있다.

4. 결 어(쟁송법적 개념설)

실체법적 개념설은 이론적인 논의 내지 입법론으로라면 몰라도 현행 행정소송법의 해석론으로는 타당하지 않다. 다음과 같은 이유에서 쟁송법적 개념설이 타당하다.

① 현행 행정소송법상 처분 개념의 정의규정의 문언이나 입법취지에 비추어 볼 때 현행 행정소송법상 처분을 행정행위보다 넓은 개념으로 보는 쟁송법적 개념설이 타당하다.

② 사실행위나 비권력적 행위에 대한 권리구제제도가 불비한 현재의 상황하에서는 처분 개념을 확대하여 취소소송에 의한 국민의 권리구제의 기회를 확대하여 줄 필요성이 있다.

Ⅲ. 행정소송법상 처분 개념규정의 해석론

행정쟁송법상의 처분은 '행정청의 구체적 사실에 대한 법집행으로서의 공권력의 행사 및 그거부'와 '이에 준하는 행정작용'을 포함한다(행정심판법 제2조 제1항 제1호 및 행정소송법 제2조 제1항 제1호).

1. 행정청의 구체적 사실에 관한 법집행으로서의 공권력 행사와 그 거부

(1) 행정청의 행정작용

행정소송법상 행정청은 본래 행정청(국가 또는 지방자치단체의 행정청 및 공공단체)뿐만 아니라 본래의 행정청으로부터 '법령에 의하여 행정권한의 위임 또는 위탁을 받은 행정기관·공공단체 및 그 기관 또는 사인'을 포함한다(제2조 제2항). 따라서 공무수탁사인의 공무를 수행하는 공권력 행사도 처분에 해당한다.

> **판례** [1] **행정소송의 대상이 되는 행정처분의 의미**: 행정소송의 대상이 되는 행정처분이란 행정청 또는 그 소속기관이나 법령에 의하여 행정권한의 위임 또는 위탁을 받은 공공단체 등이 국민의 권리·의무에 관계되는 사항에 관하여 직접 효력을 미치는 공권력의 발동으로서 하는 공법상의 행위를 말하며, 그것이 상대방의 권리를 제한하는 행위라 하더라도 행정청 또는 그 소속기관이나 권한을 위임받은 공공단체 등의 행위가 아닌 한 이를 행정처분이라고 할 수 없다. [2] **한국마사회의 조교사 및 기수 면허 부여 또는 취소가 행정처분인지 여부(소극)**: 한국마사회가 조교사 또는 기수의 면허를 부여하거나 취소하는 것은 경마를 독점적으로 개최할 수 있는 지위에서 우수한 능력을 갖추었다고 인정되는 사람에게 경마에서의 일정한 기능과 역할을 수행할 수 있는 자격을 부여하거나 이를 박탈하는 것에 지나지 아니하므로, 이는 국가 기타 행정기관으로부터 위탁받은 행정권한의 행사가 아니라 일반 사법상의 법률관계에서 이루어지는 단체 내부에서의 징계 내지 제재처분이다[대판 2008.1.31, 2005두8269(해고무효등확인청구)].

권한이 없는 행정기관이나 내부위임만을 받은 행정기관의 공권력 행사라 하더라도 행정기관의 공권력 행사인 한 행정소송법상 처분이다.

사법기관인 법원의 재판작용이나 입법기관인 국회의 입법작용은 행정소송법상 처분이 아니다. 그러나 법원이나 국회의 기관이 행하는 실질적 의미의 행정에 속하는 구체적인 사실에 관한 법집행으로 서의 공권력 행사는 처분에 해당한다.

(2) 구체적 사실에 관한 법집행으로서의 행정작용

'구체적 사실에 관한 법집행'으로서의 행정작용이라 함은 법을 집행하여 특정 개인에게 구체적이고 직접적인 영향을 미치는 행정작용을 말한다. 따라서 일반적·추상적 규범인 행정입법(법규명령, 행정규칙)은 원칙상 처분이 아니다. 그러나 일반처분은 그 법적 성질이 행정행위로서 구체적인 법적 효과를 가지므로 처분에 해당한다.

(3) 공권력 행사와 그 거부

'공권력 행사'란 행정청이 우월한 공권력의 주체로서 일방적으로 행하는 행위, 즉 권력적 행위를 의미한다.

권력적인 법적 행위인 행정행위가 처분에 해당한다는 점에는 이의가 없다.

권력적 사실행위가 처분인가에 관하여는 견해가 대립되고 있는데, 이에 관하여는 후술하는 바와 같다. 권력적 사실행위를 처분으로 보는 견해 중에도 권력적 사실행위가 '그 밖에 이에 준하는 행정작용'에 속한다고 보는 견해도 있고, '공권력 행사 및 그 거부'에 해당한다고 보는 견해도 있는데, 후자의 견해가 타당하다.

'거부'라 함은 위에서 언급한 공권력 행사의 거부를 말한다. 다만, 행정소송법상 거부처분이 되기 위하여는 신청이 있어야 하고, 공권력 행사를 신청한 개인에게 당해 공권력 행사를 신청할 법규상 또는 조리상의 권리가 있어야 한다는 것이 판례의 입장이다(후술 참조).

2. 그 밖에 이에 준하는 행정작용

'그 밖에 이에 준하는 행정작용'이라 함은 '행정청이 행하는 구체적 사실에 관한 법집행으로서의 공권력의 행사나 그 거부'에 준하는 행정작용으로서 항고소송에 의한 권리구제의 기회를 줄 필요가 있는 행정작용을 말한다.

따라서 비권력적 공행정작용이지만, 실질적으로 개인의 권익에 일방적인 영향(지배력)을 미치는 작용은 처분에 해당한다. 이에는 권력적 성격을 갖는 행정지도 등이 포함될 수 있을 것이다 (판례는 원칙상 행정지도의 처분성 부정).

또한 명령이지만 처분적 성질을 갖는 처분적 명령은 행정소송법상 처분에 해당한다.

제2목 행정상 입법의 처분성

Ⅰ. 처분적 명령   [2007, 2011 공인노무사, 2019 변시 사례]

행정입법(명령)은 일반적·추상적 규범이므로 원칙상 처분이 아니고 따라서 항고소송의 대상이 될 수 없다.

판례 1	**법령의 처분성 원칙적 부정**: 일반적·추상적인 법령 그 자체로서 국민의 구체적인 권리의무에 직접적인 변동을 초래하는 것이 아닌 것은 그 대상이 될 수 없으므로 구체적인 권리의무에 관한 분쟁을 떠나서 재무부령 자체의 무효확인을 구하는 청구는 행정소송의 대상이 아닌 사항에 대한 것으로서 부적법하다[대판 1987.3.24, 86누656(재무부령무효확인)].
판례 2	**대판 2007.4.12, 2005두15168[의료법시행규칙 제31조 무효확인등]**: 의료기관의 명칭표시판에 진료과목을 함께 표시하는 경우 글자 크기를 제한하고 있는 구 의료법 시행규칙 제31조가 그 자체로서 국민의 구체적인 권리의무나 법률관계에 직접적인 변동을 초래하지 아니하므로 항고소송의 대상이 되는 행정처분이라고 할 수 없다고 한 사례.

그러나 명령(법령보충적 행정규칙 포함) 중 처분적 성질을 갖는 명령(처분적 명령)은 항고소송의 대상이 된다는 것이 판례(대판 1954.8.19, 4286행상37) 및 일반적 견해이다.

1. 의 의

처분적 명령이라 함은 처분성이 있는 명령을 말한다. 여기에서 명령이라 함은 법규명령(자치법규인 조례, 규칙 포함) 및 법규명령의 효력이 있는 행정규칙(법령보충적 행정규칙)을 말한다.

2. 헌법적 근거

처분적 명령에 대한 항고소송의 헌법적 근거를 헌법 제107조 제2항에서 찾는 견해도 있으나, 사법권은 법원에 속한다고 규정하고 있는 헌법 제101조와 처분을 항고소송의 대상으로 규정한 행정소송법 제2조에서 찾는 것이 타당하다.

3. 처분적 명령의 인정범위(처분성)

처분적 명령의 인정범위에 관하여는 협의설, 중간설, 광의설이 대립하고 있다.

(1) 협의설

이 견해는 명령이 별도의 집행행위 없이도 국민에 대하여 **직접적이고 구체적인 법적 효과를 미치는 경우**, 즉 국민의 권리의무에 직접 변동을 야기하는 경우에 한하여 처분적 명령으로 보는 견해이다.

(2) 중간설

이 견해는 **자동집행력을 갖는 법규명령**(별도의 집행행위의 매개없이 직접 국민의 권리의무를 규율하는 명령)을 항고소송의 대상이 되는 처분적 명령으로 보는 견해이다. 국민의 권리의무에 직접 구체적인 변동을 야기하는 **명령**(협의의 처분적 법규명령)**뿐만 아니라** 일반직·추상석 규범이지만 집행행위의 매개없이 직접 국민의 권리의무를 규율하는 **명령**(집행적 법규명령)도 항고소송의 대상이 되는 처분적 명령으로 본다. 집행적 법규명령의 예로 일정 영업장소에의 미성년자의 출입금지의무를 규정하고 있는 법규명령을 들 수 있다.

(3) 광의설

이 견해는 별도의 집행행위 없이 직접 권리의무관계에 변동을 가져오는 명령을 포함하여 별도의 집행행위 없이 **국민의 권익에 직접 영향을 미치는**(침해를 가하는) **명령**을 처분적 명령으로 보는 견해이다.

이 견해에 의하면 법규명령의 처분성을 법규명령에 의한 적용대상자(수범자)의 개인적 권익에 대한 침해의 직접성·구체성을 기준으로 판단한다.

(4) 판 례

판례는 법규명령에 관한 한 원칙상 협의설을 취하고 있다. 즉, 명령이 '그 자체로서 국민의 구체적인 권리의무에 직접적인 변동을 초래하는 것'인 경우에 한하여 항고소송의 대상이 된다고 본다[대판 2007.4.12, 2005두15168(의료법시행규칙 제31조 무효확인등)]. 그렇지만, 판례는 어떠한 고시가 일반적·추상적 성격을 가질 때에는 법규명령 또는 행정규칙에 해당할 것이지만, 다른 집행행위의 매개 없이 그 자체로서 직접 국민의 구체적인 권리의무나 법률관계를 규율하는 성격을 가질 때에는 행정처분에 해당한다고 본다(대판 2006.9.22, 2005두2506).

판례 1	**조례가 항고소송의 대상이 되는 행정처분에 해당되는 경우:** 조례가 집행행위의 개입 없이도 그 자체로서 직접 국민의 구체적인 권리의무나 법적 이익에 영향을 미치는 등의 법률상 효과를 발생하는 경우 그 조례는 항고소송의 대상이 되는 행정처분에 해당한다[대판 1996.9.20, 95누8003(조례무효확인): 두밀분교폐교조례의 처분성 인정]. 〈해설〉 이 경우에 피고는 조례를 공포한 집행기관인 지방자치단체의 장(교육·학예에 관한 조례에 있어서는 시·도 교육감)이 된다[대판 1996.9.20, 95누8003(두밀분교폐교조례를 처분으로 본 사례)]. 항고소송의 대상은 조례 전체가 아니라 그 위법성이 다투어지는 개별조항이다. 다투어진 개별조항이 위법하고 가분적인 경우 당해 개별조항만 무효확인(또는 취소)되지만, 불가분의 경우에는 불가분관계에 있는 규정 전체가 무효확인(또는 취소)된다고 보아야 한다.
판례 2	**고시가 항고소송의 대상이 되는 행정처분에 해당하기 위한 요건:** 어떠한 고시가 일반적·추상적 성격을 가질 때에는 법규명령 또는 행정규칙에 해당할 것이지만, 다른 집행행위의 매개 없이 그 자체로서 직접 국민의 구체적인 권리의무나 법률관계를 규율하는 성격을 가질 때에는 항고소송의 대상이 되는 행정처분에 해당한다[대판 2003.10.9, 2003무23(집행정지): 항정신병 치료제의 요양급여에 관한 보건복지부 고시가 다른 집행행위의 매개 없이 그 자체로서 제약회사, 요양기관, 환자 및

판례 2

국민건강보험공단 사이의 법률관계를 직접 규율하는 성격을 가진다는 이유로 항고소송의 대상이 되는 행정처분에 해당한다고 한 사례: 대판 2006.9.22, 2005두2506(보험약가인하처분취소): 보건복지부 고시인 약제급여·비급여목록 및 급여상한금액표(보건복지부 고시 제2002-46호로 개정된 것)는 다른 집행행위의 매개 없이 그 자체로서 국민건강보험가입자, 국민건강보험공단, 요양기관 등의 법률관계를 직접 규율하는 성격을 가지므로 항고소송의 대상이 되는 행정처분에 해당한다고 한 사례]. 〈해설〉 이 판례의 해석에 있어 명령 등이 실질적으로 행정행위의 실질을 가질 때 처분으로 보는 것이 판례의 입장이라고 해석하는 견해가 있다. 그러나 계쟁고시는 요양기관의 직접 구체적인 요양급여청구권의 변동을 가져오는 것은 아니며 기본적으로 국민건강보험공단에게 상한가 이상의 상환을 금지하고, 요양기관에게는 상한가 이상으로 요양급여를 청구할 수 없는 제한을 가하는 규정이다. 즉, 계쟁고시는 협의설에서 말하는 처분적 명령(법령보충적 고시)이라기보다는 중간설에서 말하는 자동집행적 명령에 가까운 것으로 보는 것이 타당하다. 또한, 이 사건 고시는 개별적·구체적 규율의 성격을 가지므로 그 법적 성질이 행정입법(법령보충적 행정규칙)이 아니고 처분(일반처분)이라고 하면서 법규명령의 처분성의 문제로 보아서는 안된다고 보는 견해도 있다.

(5) 결 어

다음과 같은 이유로 광의설이 타당하다. 쟁송법상 처분개념설에 따라 기타의 공권력 행사에 있어서와 동일하게 명령의 처분성을 넓히는 것이 타당하다. 명령도 행정권의 공권력 행사이므로 명령으로 국민의 권익이 직접 구체적으로 침해된(직접 영향을 받은) 경우에는 행정소송을 통한 권리구제의 길을 열어주는 것이 타당하다. 판례가 항고소송의 대상인 처분 개념을 넓게 인정하면서도 법규명령의 처분성에 관하여는 처분개념을 좁게 보아 법률관계에 변동을 초래하는 경우에만 처분성을 인정하는 것은 논리의 일관성이 없다. 일반 행정작용의 처분 개념과 명령의 처분 개념을 달리 보는 것은 타당하지 않다.

4. 소송형식 등

(1) 취소소송·무효확인소송설

명령에 대한 항고소송은 당해 명령의 위법이 무효인지 취소할 수 있는 위법인지에 따라 취소소송 또는 무효확인소송(통상 법규명령의 위법 여부는 명백하지 않으므로 취소소송)을 제기하여야 한다고 보아야 한다. 대법원 행정소송법개정안도 이러한 입장을 취하고 있다.

(2) 무효확인소송설

위법한 법규명령은 무효이므로 처분적 명령에 대하여는 항상 무효확인소송을 제기하여야 한다고 본다.

(3) 판 례

실무상 법규의 형식을 취하고 있는 명령과 조례에 대한 항고소송은 무효확인소송으로 제기되고 있고, 법규명령의 성질을 갖는 행정규칙(법령보충적 행정규칙)에 대한 항고소송은 취소소송의 형식으로 제기되고 있다.

(4) 결 어

법규명령은 위법하더라도 법질서의 공백을 막기 위하여 효력을 유지하므로 항상 취소소송을 제기하여야 한다는 견해(취소소송설)가 타당하다. 다만, 법적 안정성의 보장을 위하여 처분적 명령의 취소판결의 소급효가 제한된다고 보아야 한다. 즉, 취소된 명령에 근거한 처분 중 불가쟁력이 발생한 처분의 효력에는 영향이 없다고 보아야 한다.

Ⅱ. 행정규칙

행정규칙은 그 자체로서는 국민의 법적 지위에 직접적인 영향을 미치지 않는 행정내부조치에 불과하므로 원칙상 취소소송의 대상이 되지 않는다. 다만, 재량준칙의 경우 예외적으로 국민의 권익에 직접 영향을 미치는 경우가 있을 수 있고, 이 경우에는 행정소송법상 처분이 되며 취소소송의 대상이 된다고 보는 것이 타당하다.

> **판례** 대판 1994.9.10, 94두33: 교육인적자원부장관이 시·도교육감에 통보한 대학입시기본계획 내의 내신성적산정 지침이 항고소송의 대상인 처분이 아니라고 본 사례.

제3목 거부행위 [2008·2013 사시 사례, 2008 행시(일반행정), 2013 변시, 2014 행시]

신청에 대한 거부행위가 처분이 되기 위하여는 다음과 같은 요건을 충족하여야 한다.

> **판례**
> 국민의 적극적 행위 신청에 대하여 행정청이 그 신청에 따른 행위를 하지 않겠다고 거부한 행위가 항고소송의 대상이 되는 행정처분에 해당하는 것이라고 하려면, 그 신청한 행위가 공권력의 행사 또는 이에 준하는 행정작용이어야 하고, 그 거부행위가 신청인의 법률관계에 어떤 변동을 일으키는 것이어야 하며, 그 국민에게 그 행위발동을 요구할 법규상 또는 조리상의 신청권이 있어야 한다[대판 2007.10.11, 2007두1316(건축허가신청불허가처분취소)].

Ⅰ. 법규상 또는 조리상 신청권의 존재

판례에 의하면 거부행위가 처분이 되기 위해서는 신청에 따른 행정행위를 해 줄 것을 요구할 수 있는 법규상 또는 조리상의 신청권이 있어야 한다[대판 1989.11.28, 89누3892(노동조합임시총회소집권자지명신청반려취소)].

신청권은 실정법령의 규정에 의해 인정되기도 하고, 조리상 인정되기도 한다. 일반적으로 말하면 처분신청을 통해 보호받을 법적 이익이 있는 자에게는 명문의 규정이 없는 경우에도 조리상 신청권이 인정된다.

거부처분의 처분성을 인정하기 위한 전제요건이 되는 신청권의 존부는 구체적 사건에서 신청인이 누구인가를 고려하지 않고 관계 법규의 해석에 의하여 일반 국민에게 그러한 신청권을 인정하고 있는가를 살펴 추상적으로 결정되는 것이고, 신청인이 그 신청에 따른 단순한 응답을 받을 권리를 넘어서 신청의 인용이라는 만족적 결과를 얻을 권리를 의미하는 것은 아니므로, 국민이 어떤 신청을 한 경우에 그 신청의 근거가 된 조항의 해석상 행정발동에 대한 개인의 신청권을 인정하고 있다고 보이면 그 거부행위는 항고소송의 대상이 되는 처분으로 보아야 하고, 구체적으로 그 신청이 인용될 수 있는가 하는 점은 본안에서 판단하여야 할 사항이다(대판 2009.9.10, 2007두20638 : 금강수계 중 상수원 수질보전을 위하여 필요한 지역의 토지 등의 소유자가 국가에 그 토지 등을 매도하기 위하여 매수신청을 하였으나 유역환경청장 등이 매수거절의 결정을 한 사안에서 그 매수 거부행위가 항고소송의 대상이 되는 행정처분에 해당한다고 한 사례).

[신청권과 항고소송]

거부행위가 행정소송법상 처분이 되기 위해 신청권이 필요한지에 대하여 견해가 대립하고 있다. 거부처분취소소송이나 부작위위법확인소송에서 신청권의 존재를 소송요건으로 보는 견해(소송요건설)와 본안의 문제로 보는 견해(본안문제설)가 있다.

1. 본안문제설

신청권의 존재를 본안의 문제로 보는 견해는 신청권의 존재를 소송대상의 문제로 보면 행정소송법상의 처분개념을 부당하게 제한함으로써 국민의 권익구제의 길을 부당히 축소시키는 결과를 가져오며 신청권을 소송요건의 문제로 보면 본안문제를 소송요건에서 판단하게 되는 문제가 있다고 한다.

2. 소송요건설

소송요건설에도 신청권을 거부처분의 요건으로 보는 견해와 원고적격의 문제로 보는 견해가 있다.

(1) 거부처분요건설

이 견해는 신청권을 거부처분의 요건으로 보고, 신청권이 있는 자에게는 당연히 거부처분을 다툴 원고적격을 인정하는 견해이다. 이 견해의 논거는 다음과 같다. ① 신청권은 신청에 대한 응답의무에 대응하는 형식적 또는 절차적 권리이다. ② 현행 행정소송법이 신청권에 대응하는 처분의무(응답의무)를 부작위의 요소로 규정하고 있고(제2조 제1항 제2호), 거부처분개념은 부작위개념과 연결되어 있으므로 현행 행정소송법하에서는 신청권을 거부행위의 요건으로 보는 것이 타당하다. ③ 신청권이 없는 경우에는 본안심리를 함이 없이 각하판결을 할 수 있어 법원의 소송부담을 줄일 수 있다.

(2) 원고적격문제설

이 견해는 신청권을 원고적격의 문제로 보며 거부행위가 처분에 해당하는가의 여부는 '행정소송법 제2조 제1항 제1호에서 정의한 처분'에 해당하는가의 여부에 따라 판단하는 것이 논리적이라고 한다.

3. 판 례

판례는 신청권을 거부처분취소소송의 소송요건으로 본다. 즉, 법규상 또는 조리상 신청권이 없는 경우 거부행위의 처분성을 인정하지 않고, 부작위를 인정하지 않는다.

> **판례** 거부처분의 처분성을 인정하기 위한 전제요건이 되는 신청권의 존부는 구체적 사건에서 신청인이 누구인가를 고려하지 않고 관계 법규의 해석에 의하여 일반 국민에게 그러한 신청권을 인정하고 있는가를 살펴 추상적으로 결정되는 것이고, 신청인이 그 신청에 따른 단순한 응답을 받을 권리를 넘어서 신청의 인용이라는 만족적 결과를 얻을 권리를 의미하는 것은 아니므로, 국민이 어떤 신청을 한 경우에 그 신청의 근거가 된 조항의 해석상 행정발동에 대한 개인의 신청권을 인정하고 있다고 보이면 그 거부행위는 항고소송의 대상이 되는 처분으로 보아야 하고, 구체적으로 그 신청이 인용될 수 있는가 하는 점은 본안에서 판단하여야 할 사항이다(대판 2009.9.10, 2007두20638). 〈해설〉 국민이 어떤 신청을 한 경우 그에 대한 행정청의 거부행위가 항고소송의 대상이 되는 처분인지 여부를 판단할 때 신청권의 존재 여부를 넘어서 구체적으로 그 신청의 인용 여부까지 판단하여야 하는 것은 아니다.

4. 결 어(거부행위요건설)

다음과 같은 이유에서 소송요건설이 타당하다. 현행 행정소송법은 신청권에 대응하는 처분 의무를 부작위의 요소로 규정하고 있고(제2조 제1항 제2호), 거부처분 개념은 부작위개념과 연결되어 있으므로 현행 행정소송법하에서는 신청권을 거부처분의 요건으로 보는 것이 타당하다. 또한 신청권이 없는 경우 각하판결을 하여 본안심리를 할 필요없이 소송을 조기에 종결하여 법원의 소송부담을 줄일 수 있는 장점이 있다.

신청권은 실정법령의 규정에 의해 인정되기도 하고, 조리상 인정되기도 한다. 일반적으로 말하면 처분신청을 통해 보호받을 법적 이익이 있는 자에게는 명문의 규정이 없는 경우에도 조리상 신청권이 인정된다. 조리상 신청권의 인정 여부에 관한 판례는 다음과 같다.

1. 조리상 행정계획 등 변경신청권 인정

판례 1	판례는 원칙상 행정계획변경신청권을 인정하지 않는다. 즉, 도시계획과 같이 장기성·종합성이 요구되는 행정계획에 있어서는 그 계획이 일단 확정된 후에 어떤 사정의 변동이 있다고 하여 지역주민에게 일일이 그 계획의 변경을 청구할 권리를 인정해 줄 수도 없는 이치이므로 도시계획시설 변경신청을 불허한 행위는 항고소송의 대상이 되는 행정처분이라고 볼 수 없다(대판 1984.10.23, 84누227).
판례 2	예외적으로 다음과 같은 경우 조리상 행정계획 변경을 신청할 권리를 인정한다. ① 일정한 행정처분을 구하는 신청을 할 수 있는 법률상 지위에 있는 자의 국토이용계획 변경신청을 거부하는 것이 실질적으로 당해 행정처분 자체를 거부하는 결과가 되는 경우(대판 2003.9.23, 2001두10936). 즉, 폐기물처리업허가를 받기 위해서는 용도지역을 변경하는 국토이용계획변경이 선행되어야 할 경우, 폐기물처리업허가를 신청하고자 하는 자는 국토이용계획변경을 신청할 권리를 갖는다. ② 구속적 행정계획내의 주민에게 조리상 해당 구속적 행정계획의 변경신청권 인정. (i) 도시계획구역 내 토지 등을 소유하고 있는 사람과 같이 당해 도시계획시설결정에 이해관계가 있는 주민으로서는 도시시설계획의 입안권자 내지 결정권자에게 도시시설계획의 입안 내지 변경을 요구할 수 있는 법규상 또는 조리상의 신청권이 있다[대판 2015.3.26, 2014두42742(도시계획시설결정폐지신청거부처분취소)]. (ii) 군수가 도시관리계획 구역 내 토지 등을 소유하고 있는 주민의 납골시설에 관한 도시관리계획의 입안제안을 반려한 처분이, 항고소송의 대상이 되는 행정처분에 해당한 다고 본 원심판단을 수긍한 사례[대판 2010.7.22, 2010두5745(도시관리계획입안제안신청반려처분취소)], (iii) 문화재보호구역 내의 토지소유자가 문화재보호구역의 지정해제를 신청하는 경우(대판 2004.4.27, 2003두8821).

2. 조리상 임용신청권

판례 1	판례는 조리상 검사임용신청권을 인정하면서 검사임용신청에 대한 거부의 처분성을 인정하였고(대판 1991.2.12, 90누5825), 기간제로 임용된 국·공립대학 교수에 대한 재임용거부의 처분성을 인정하였다(대판 전원합의체 2004.4.22, 2000두7735).

판례 2

판례는 원칙상 국·공립 대학교원 임용지원자에게 임용 여부에 대한 응답신청권을 인정하지 않지만[대판 2003.10.23, 2002두12489(교원임용거부처분취소)], 임용지원자가 당해 대학의 교원임용규정 등에 정한 심사단계 중 중요한 대부분의 단계를 통과하여 다수의 임용지원자 중 유일한 면접심사 대상자로 선정되는 등으로 장차 나머지 일부의 심사단계를 거쳐 대학교원으로 임용될 것을 상당한 정도로 기대할 수 있는 지위에 이르렀다면, 그러한 임용지원자는 임용에 관한 법률상 이익을 가진 자로서 임용권자에 대하여 나머지 심사를 공정하게 진행하여 그 심사에서 통과되면 대학교원으로 임용해 줄 것을 신청할 조리상의 권리가 있다고 보고, 그에 대한 교원신규채용 중단조치는 유일한 면접심사 대상자로서 임용에 관한 법률상 이익을 가지는 임용지원자에 대한 신규임용을 사실상 거부하는 종국적인 조치에 해당하는 것이므로 항고소송의 대상이 되는 행정처분이라고 보았다[대판 2004.6.11, 2001두7053(교원신규채용업무중단처분취소)].

판례 3

원심이 인정한 사실 및 기록에 의하면, 원고는 피고가 시행한 2001학년도 상반기 경북대학교 전임교원공개채용에서 사회과학대학 정치외교학과에 지원하여 교육공무원법(2000.1.28. 법률 제6211호로 개정된 것) 제11조, 교육공무원임용령(1999. 9. 30. 대통령령 제16564호로 개정된 것) 제4조의3 및 그 위임에 따른 경북대학교 교원임용규정 및 전임교원공개채용심사지침(이하 '이 사건 임용규정 등'이라 한다)이 정하는 바에 따라 서류심사위원회, 학과심사위원회, 대학공채인사위원회의 각 심사를 최고득점자로 통과하였으나, 대학교공채조정위원회의 채용유보건의에 따라 2000.10.30. 피고로부터 교원임용을 거부한다는 통보(이하 '이 사건 통보'라 한다)를 받은 경우 원고로서는 피고에게 자신의 임용을 요구할 권리가 없을 뿐 아니라 단순한 임용지원자에 불과하여 임용에 관한 법률상 이익을 가진다고도 볼 수 없어, 임용 여부에 대한 응답을 신청할 법규상 또는 조리상 권리도 없다고 할 것이므로 이 사건 통보는 항고소송의 대상이 되는 행정처분에 해당하지 아니한다고 한 사례[대판 2003.10.23, 2002두12489(교원임용거부처분취소)]. 〈해설〉 원고가 신규교원으로 임용되기 위하여는 이사건 임용규정 등이 정하는 바에 따라 대학교공채조정위원회를 통과하여 면접대상자로 결정된 다음, 면접심사에 합격하여 임용예정자로 결정되고, 나아가 교육공무원법 제26조 제2항에 의한 대학인사위원회의 동의를 얻어 임용후보자가 되는 절차를 거쳐야 한다.

3. 조리상 처분의 취소·철회·변경 신청권

판례는 원칙상 처분의 취소·철회·변경신청권을 인정하지 않는다. 제소기간이 이미 도과하여 불가쟁력이 생긴 행정처분에 대하여는 개별 법규에서 그 변경을 요구할 신청권을 규정하고 있거나 관계 법령의 해석상 그러한 신청권이 인정될 수 있는 등 특별한 사정이 없는 한 국민에게 그 행정처분의 변경을 구할 신청권이 있다 할 수 없다(대판 2007.4.26, 2005두11104). 다만, 예외적으로 신청인의 권익보호를 위해 행정청의 응답의무를 인정하여야 하는 경우에는 조리상 취소·철회·변경신청권을 인정한다.

판례 1	새만금사건에서 대법원은 조리상 공유수면매립면허처분 취소변경신청권을 인정할 것인지의 여부에 관한 논의없이 공유수면매립면허처분 취소변경거부처분의 위법 여부를 판단하고 있는 점에 비추어 인근주민에게 조리상 공유수면매립면허처분 취소변경신청권을 인정한 것으로 보인다[대판 전원합의체 2006.3.16, 2006두330(새만금사건)]. 〈해설〉 공유수면매립면허처분 등의 철회·변경에 대한 조리상 신청권이 인정됨을 전제로 취소·변경의무가 있는지 여부(공유수면매립면허처분 등의 철회·변경을 요구할 만한 중대한 사정변경의 발생 여부 또는 공익상 필요 여부)를 논하고 있다. 원심판결에서는 환경영향평가 대상지역 안에 거주하는 주민에게 공유수면매립면허의 처분청에 대하여 공유수면매립법 제32조에서 정한 공유수면매립면허의 취소·변경 등의 사유가 있음을 내세워 그 면허의 취소·변경을 요구할 조리상의 신청권이 인정된다고 명시적으로 판단하고 있다(서울고법 2005.12.21, 2005누4412). 〈해설〉 처분의 취소변경을 구할 법적 이익이 있는 자에게는 조리상 처분취소·변경신청권을 인정하여야 할 것이다.
판례 2	개발사업시행자가 납부한 개발부담금 중 그 부과처분 후에 납부한 학교용지부담금에 해당하는 금액에 대하여는 조리상 개발부담금 부과처분의 취소나 변경 등 개발부담금의 환급에 필요한 처분을 할 것을 신청할 권리가 인정되므로, 그 부분 환급을 거절한 행위는 행정처분에 해당한다고 판단한 사례[대판 2016.1.28, 2013두2938(개발부담금환급거부취소)].
판례 3	[1] 공무원연금법은 재직 중인 공무원에 대해서만 재직기간 합산 신청을 허용하고 있는 것으로 해석된다. [2] 제소기간이 이미 도과하여 불가쟁력이 생긴 행정처분에 대하여는 개별 법규에서 변경을 요구할 신청권을 규정하고 있거나 관계 법령의 해석상 그러한 신청권이 인정될 수 있는 등 특별한 사정이 없는 한 국민에게 행정처분의 변경을 구할 신청권이 있다고 할 수 없다. [3] 공무원연금법의 해석상 이미 불가쟁력이 발생한 급여지급결정의 전제가 되는 재직기간의 정정 또는 재산정을 구할 신청권이 인정된다고 볼 수 없으므로, 재직기간의 정정 또는 재산정을 구하는 취지가 포함된 재직기간 합산신청이라 하여일반적인 재직기간 합산신청과 달리 퇴직 후에도 허

판례 3	용된다고 볼 수는 없다[대판 2017.2.9, 2014두43264(공무원재직기간합산불승인처분취소)]. 〈해설〉 원고들은 선택적으로, 공무원연금공단이 원고들에 대하여 한 재직기간합산 불승인처분을 각 취소하라는 취소소송과 원고들은 각 공무원재직기간에 상응한 퇴직연금을 받을 권리를 가진 자의 지위에 있음을 확인하라는 당사자소송을 제기하였다. 판례는 취소소송의 대상적격 즉 재직기간 합산 불승인처분의 처분성을 인정하였는데, 재직기간합산 불승인은 거부행위이므로 신청권이 없으면 그 처분성을 부인하였어야 하는 것은 아닌지 의문이 든다. 퇴직후에도 조리상 재직기간 합산 '신청권'은 있지만, 재직기간합산 '청구권'은 없다고 한다면 재직기간합산 불승인처분의 처분성을 인정하는 것이 논리적이다. 재직기간합산 '신청권'은 소송요건(처분성)의 문제이고, 재직기간합산 '청구권'은 본안문제이다.
판례 4	제소기간 경과로 이미 불가쟁력이 생긴 주택건설사업계획승인상의 부관(처분청 소유의 토지를 유상으로 매입하도록 하는 부관)에 대해 그 변경을 요구하는 신청(위 토지를 무상으로 양도해 달라는 내용으로 위 부관의 변경을 구하는 신청)을 하였으나 거부한 경우, 관련 법령에서 그러한 변경신청권을 인정하는 아무런 규정도 두고 있지 않을 뿐 아니라, 나아가 관계 법령의 해석상으로도 그러한 신청권이 인정된다고 볼 수 없으므로 원고들에게 이를 구할 법규상 또는 조리상의 신청권이 인정된다 할 수 없고, 그러한 이상 피고가 원고들의 이 사건 신청을 거부하였다 하여도 그 거부로 인해 원고들의 권리나 법적 이익에 어떤 영향을 주는 것은 아니라 할 것이므로 그 거부행위인 이 사건 통지는 항고소송의 대상이 되는 행정처분이 될 수 없다고 한 사례(대판 2007.4.26, 2005두11104).
판례 5	건축주가 토지 소유자로부터 토지사용승낙서를 받아 그 토지 위에 건축물을 건축하는 대물적 성질의 건축허가를 받았다가 그 착공에 앞서 건축주의 귀책사유로 해당 토지를 사용할 권리를 상실한 경우, (제3자에 대한) 건축허가의 존재로 말미암아 토지에 대한 소유권 행사에 지장을 받을 수 있는 토지 소유자로서는 그 건축허가의 철회를 신청할 수 있다고 보아야 한다. 따라서 토지 소유자의 위와 같은 신청을 거부한 행위는 항고소송의 대상이 된다[대판 2017.3.15, 2014두41190(건축허가철회신청거부처분취소의 소)].

4. 기 타

판례 1	국가지정문화재의 보호구역에 인접한 나대지에 건물을 신축하기 위한 국가지정문화재 현상변경신청권을 인정한 사례(대판 2006.5.12, 2004두9920)가 있다.

> | 판례 2 | 문화재구역 내 토지 소유자 甲이 구 공익사업을 위한 토지 등의 취득 및 보상에 관한 법률 제30 조 제1항에 의한 재결신청 청구를 하였으나, 문화재청장에게서 문화재청은 위 법 제30조 제2항 에 따른 관할 토지수용위원회에 대한 재결신청 의무를 부담하지 않는다는 이유로 거부 회신을 받은 사안에서, 甲에게 문화재청장으로 하여금 관할 토지수용위원회에 재결을 신청할 것을 청 구할 법규상의 신청권이 인정된다고 할 수 없으므로 위 회신은 항고소송의 대상이 되는 거부처 분에 해당하지 않는다고 한 사례[대판 2014.7.10, 2012두22966(재결신청거부처분취소)]. |
> | --- | --- |

Ⅱ. 거부의 의사표시

거부의 의사표시가 있어야 한다. 거부의 의사표시는 묵시적일 수도 있다. 법령상 일정한 기간 이 지났음에도 가부간의 처분이 없는 경우 거부가 의제되는 경우도 있다.

> | 판례 1 | 거부처분이 있었다고 하기 위하여는 그 처분을 위한 의사결정이 어떠한 형식으로든 행정청의 권한 있는자에 의하여 외부로 표시되고 그 신청이 거부 내지 각하되었다는 취지가 신청자에게 오해없이 정확하게 전달되어 이를 알 수 있는 상태에 놓여진 경우에 한하는 것인 바, 이 사건에 서 상근강사로서의 직무를 마친 원고가 정규교원에 임용하여 줄 것을 요청하는 내용으로 문교 부에 낸 탄원서를 이첩받은 피고가 이에 대한 민원서류처리 결과통보의 형식으로 원고에 대한 상근강사 근무성적평가 결과는 특별한 결격사유가 없었으나 인사위원회에서 임용동의가 부결 됨으로써 정규교원으로 임용하지 못한다는 내용의 설명을 담은 서신을 보냈다면, 피고가 위 민 원서류처리결과통보라는 형식으로 그 임용거절의 의사를 명백히 함으로써 적어도 이 무렵에는 원고에 대하여 거부처분을 하였다고 보아야 한다[대판 1990.9.25, 89누4758(교원임용의무불이행위 법확인 등)]. |
> | --- | --- |
> | 판례 2 | 검사 지원자 중 한정된 수의 임용대상자에 대한 임용결정만을 하는 경우 임용대상에서 제외된 자에 대하여 임용거부의 소극적 의사표시를 한 것으로 보아야 한다[대판 1991.2.12, 90누5825(검 사임용거부처분취소)]. |

Ⅲ. 공권력 행사의 거부

거부된 공권력 행사가 처분성을 가져야 한다. 달리 말하면 처분인 공권력 행사의 거부이어야 한다. 따라서 국유잡종재산의 대부신청의 거부(대판 1998.9.22, 98두7602)는 처분이 아니다.

Ⅳ. 거부행위가 신청인의 권익에 직접적 영향을 미쳐야 한다.

> **판례**
>
> **행정청이 건축물대장의 작성신청을 거부한 행위가 항고소송의 대상이 되는 행정처분에 해당하는지 여부(적극):** 구 건축법 제18조의 규정에 의한 사용승인(다른 법령에 의하여 사용승인으로 의제되는 준공검사·준공인가 등을 포함한다)을 신청하는 자 또는 구 건축법 제18조의 규정에 의한 사용승인을 얻어야 하는 자 외의 자는 건축물대장의 작성 신청권을 가지고 있고, 한편 건축물대장은 건축물에 대한 공법상의 규제, 지방세의 과세대상, 손실보상가액의 산정 등 건축행정의 기초자료로서 공법상의 법률관계에 영향을 미칠 뿐만 아니라, 건축물에 관한 소유권보존등기 또는 소유권이전등기를 신청하려면 이를 등기소에 제출하여야 하는 점 등을 종합해 보면, 건축물대장의 작성은 건축물의 소유권을 제대로 행사하기 위한 전제요건으로서 건축물 소유자의 실체적 권리관계에 밀접하게 관련되어 있으므로 건축물대장 소관청의 작성신청 반려행위는 국민의 권리관계에 영향을 미치는 것으로서 항고소송의 대상이 되는 행정처분에 해당한다(대판 2009.2.12, 2007두17359).

제4목 사실행위

행정상 사실행위에 대한 항고쟁송이 인정되기 위하여는 행정상 사실행위가 행정심판법과 행정소송법상의 '처분' 개념에 포함되어야 한다.

Ⅰ. 사실행위 처분성

사실행위의 처분성에 관하여는 견해가 대립하고 있다.

1. 긍정설

이 견해는 권력적 사실행위 및 사실상 강제력을 미치는 비권력적 사실행위는 그 자체가 행정소송법 및 행정심판법상의 처분에 해당한다고 본다. 이 견해는 쟁송법상 개념설에서 주장된다.

그 논거는 쟁송법상 개념설의 논거와 동일하다. 즉, ① 취소소송중심주의하에서 그리고 사실행위에 대한 당사자소송을 인정하지 않고 있는 현행 행정쟁송법하에서 사실행위에 대한 실효적인 권익구제를 위하여 사실행위를 항고쟁송의 대상으로 보아야 한다. ② 행정쟁송법상의 취소는 민법상의 취소와 달리 위법상태를 제거하는 의미 또는 위법확인의 의미를 갖는다고 보면 사실행위의 취소도 가능하다.

2. 수인하명설

이 견해는 권력적 사실행위 자체가 아니라 권력적 사실행위에 결합되어 있는 행정행위인 수인하명이 항고쟁송의 대상이 된다고 한다. 이 견해는 실체법상 개념설에서 주장된다. 수인하명설을 긍정설로 보는 경우가 많지만, 엄밀한 의미의 긍정설은 일정한 사실행위 자체를 처분으로 보는 견해인 반면에 수인하명설은 권력적 사실행위에 결합되어 있는 행정행위인 수인하명을 처분으로 보는 것이므로 양 학설을 구분하는 것이 타당하다.

따라서 수인하명을 수반하지 않는 권력적 사실행위(예 경찰의 불법적 미행행위) 및 비권력적 사실행위는 항고소송의 대상이 될 수 없다고 본다(홍정선).

이 견해의 논거는 다음과 같다. ① 사실행위에 대하여는 취소를 생각할 수 없다. ② 사실행위에 대한 당사자소송을 인정하고 있지 않으므로 사실행위에 대한 실효적인 권익구제를 위하여 사실행위(엄밀한 의미에서 말하면 사실행위에 결합된 수인하명)를 항고쟁송의 대상으로 보아야 한다.

3. 부정설

이 견해는 사실행위는 항고소송의 대상이 되지 않으며 사실행위에 대한 권익구제는 당사자소송인 이행소송, 금지소송 또는 공법상 결과제거청구소송으로 도모하여야 한다고 한다. 이 견해는 실체법상 개념설에서 주장된다.

이 견해의 논거는 다음과 같다. ① 사실행위에 대하여는 취소를 생각할 수 없다. ② 계쟁행위의 성질이 다름에 따라 다른 소송유형을 인정하여야 한다.

이 견해의 문제점은 현행법 및 판례상 사실행위에 대한 당사자소송이 인정되고 있지 않기 때문에 이 견해에 의하면 현행법상 사실행위에 대한 실효성있는 권익구제가 어렵다는 점이다.

4. 판 례

판례는 권력적 사실행위를 행정소송법상 처분으로 본다(대판 2014.2.13, 2013두20899).

> **판례 1**
> 교도소장이 수형자 甲을 '접견내용 녹음·녹화 및 접견 시 교도관 참여대상자'로 지정한 사안에서, 위 지정행위(이에 따라 접견 시마다 사생활의 비밀 등 권리에 제한을 가하는 교도관의 참여, 접견내용의 청취·기록·녹음·녹화가 이루어짐)는 권력적 사실행위로서 항고소송의 대상이 되는 '처분'에 해당한다고 본 원심판단을 정당한 것으로 수긍한 사례(대판 2014.2.13, 2013두20899).

> 판례는 단수처분(대판 1979.12.28, 79누218), 교도소재소자의 이송조치(대결 1992.8.7, 자 92두30), 의료원 폐업결정 등에 대하여 처분성을 인정하였다.
> 그러나 헌법재판소는 권력적 사실행위를 행정소송법상의 처분으로 보면서도 보충성원칙에 대한 예외에 해당하는 경우 헌법소원의 대상이 된다고 보고 있다(제3편 제7장 헌법소송 참조).

5. 결 어

당사자소송으로 금지소송이나 사실행위의 이행소송이 인정되지 않고 있는 현행법하에서 실효적인 권리구제를 위해서는 사실행위를 처분으로 보아 항고쟁송의 대상으로 하는 것이 타당하므로 긍정설이 타당하다. 또한 항고쟁송에서의 취소를 위법상태를 시정하여 원상을 회복시키는 것을 의미하는 것으로 이해하면 사실행위의 취소도 가능하다.

경고는 행정기관이 일방적으로 행하는 권력성이 강한 행위이며 그로 인하여 당사자에게 실질적으로 불이익하게 작용하므로 행정소송법상 처분으로 보는 것이 타당하다.

육교, 횡단보도, 소각장, 쓰레기매립장의 설치행위가 설치주체가 지방자치단체로서 지방자치단체의 신청에 따라 국가기관의 승인을 받아야 하는 경우에 당해 승인행위는 행정행위이므로 처분이 되는 점에는 이론이 없다. 그런데 공공시설의 설치가 신청행위를 전제로 하지 않고 지방자치단체 또는 국가기관의 일방적인 결정에 의해 행해지는 경우에 그 결정을 내부행위로 보고 공공시설설치행위는 비권력적 사실행위로 보면서 공공시설설치행위를 처분으로 보지 않는 견해와 행정소송법상의 '그 밖에 이에 준하는 행정작용'에 해당하는 것으로 보아 처분성을 인정하는 견해가 있다. 사견에 의하면 공공시설설치로 인근주민의 권익에 직접 영향을 미치는 경우에는 그 설치계획의 결정을 행정소송법상의 처분으로 보고, 그에 따른 공사는 단순한 집행행위로 보는 것이 타당하다.

지방경찰청장의 횡단보도설치행위를 특정사항에 대하여 부담을 명하는 행정행위로 본 사례가 있다(대판 2000.10.27, 98두8964).

Ⅱ. 권고 등 비권력적 사실행위

권고 등 비권력적 사실행위는 원칙상 처분이 아니다. 그러나 행정지도와 같은 비권력적 사실행위도 국민의 권리의무에 사실상 강제력을 미치고 있는 경우에는 처분으로 볼 수 있을 것이다. 이에 관하여 판례는 대체로 부정적인 입장을 취하고 있다[대판 1996.3.22, 96누433; 대판 1995.11.21, 95누9099(전기공급불가처분취소)]. 최근 대법원 판례 중에 공공기관의 장 또는 사용자에 대한 국가인권위원회의 성희롱결정 및 시정조치권고 등을 처분으로 본 사례가 있어 주목된다.

> **판례**
>
> **구 남녀차별금지 및 구제에 관한 법률상 국가인권위원회의 성희롱결정 및 시정조치권고가 행정소송의 대상이 되는 행정처분에 해당한다고 본 사례**: 국가인권위원회의 성희롱결정과 이에 따른 시정조치의 권고는 불가분의 일체로 행하여지는 것인데 국가인권위원회의 이러한 결정과 시정조치의 권고는 성희롱 행위자로 결정된 자의 인격권에 영향을 미침과 동시에 공공기관의 장 또는 사용자에게 일정한 법률상의 의무를 부담시키는 것이므로 국가인권위원회의 성희롱결정 및 시정조치권고는 행정소송의 대상이 되는 행정처분에 해당한다고 보지 않을 수 없다 [대판 2005.7.8, 2005두487(의결처분취소)].

그 법적 성질에 관하여 논란이 있을 수 있지만, 비권력적 사실행위인 공설화장장 설치행위의 처분성을 인정한 판례가 있다(대결 1971.3.5, 자 71두2: 공설화장장설치에 대한 집행정지신청사건에서 처분성을 긍정하면서 본안심리를 하여 기각한 사건).

Ⅲ. 사실행위인 단순한 관념의 통지 [2005 사시 약술]

기존의 권리의무관계를 단순히 확인, 통지하는 단순한 사실행위는 처분이 아니다.

> **판례 1**
>
> 국가공무원법상 당연퇴직은 결격사유가 있을 때 법률상 당연히 퇴직하는 것이지, 공무원관계를 소멸시키기 위한 별도의 행정처분을 요하는 것이 아니며, 당연퇴직의 인사발령은 법률상 당연히 발생하는 퇴직사유를 공적으로 확인하여 알려 주는 이른바 관념의 통지에 불과하고 공무원의 신분을 상실시키는 새로운 형성적 행위가 아니므로 행정소송의 대상이 되는 독립한 행정처분이라고 할 수 없다[대판 1995.11.14, 95누2036(당연퇴직무효확인)].

> **판례 2**
>
> 공무원에 대한 퇴직급여지급거부처분은 처분이다. 그러나 퇴직연금 수급자가 법령상 퇴직연금 중 일부 금액의 지급정지대상자가 되었다는 사실을 통보한 경우, 이 통보는 단순한 관념의 통지에 불과하여 항고소송의 대상이 되는 행정처분이 아니며 당사자는 미지급퇴직연금의 지급을 구하는 공법상 당사자소송으로 이를 다투어야 한다[대판 2004.7.8, 2004두244(연금지급청구서반려처분취소)].

<table>
<tr><td rowspan="1">판례 3</td><td>[1] 서훈은 서훈대상자의 특별한 공적에 의하여 수여되는 고도의 일신전속적 성격을 가지는 것이다. 비록 유족이라고 하더라도 제3자는 서훈수여 처분의 상대방이 될 수 없고, 구 상훈법 제33조, 제34조 등에 따라 망인을 대신하여 단지 사실행위로서 훈장 등을 교부받거나 보관할 수 있는 지위에 있을 뿐이다. 이러한 서훈의 일신전속적 성격은 서훈취소의 경우에도 마찬가지라고 할 것이므로, 망인에게 수여된 서훈의 취소에서도 유족은 그 처분의 상대방이 되는 것이 아니다. [2] 망인에 대한 서훈취소는 유족에 대한 것이 아니므로 유족에 대한 통지에 의해서만 성립하여 효력이 발생한다고 볼 수 없고, 그 결정이 처분권자의 의사에 따라 상당한 방법으로 대외적으로 표시됨으로써 행정행위로서 성립하여 효력이 발생한다고 봄이 타당하다. [3] [건국훈장 독립장이 수여된 망인에 대하여 사후적으로 친일행적이 확인되었다는 이유로 대통령에 의하여 망인에 대한 서훈취소가 결정된 후에 그 서훈취소에 따라 훈장 등을 환수조치하여 달라는 당시 행정안전부장관의 요청에 의하여 피고 국가보훈처장이 망인의 유족에게 '독립유공자 서훈취소결정 통보'(이하 '이 사건 통보' 라고 한다)를 한 사건] 피고가 행한 이 사건 통보 행위는 유족으로서 상훈법에 따라 훈장 등을 보관하고 있는 원고들에게 그 반환 요구의 전제로서 대통령의 서훈취소결정이 있었음을 알리는 것에 불과하고, 위 통보로써 피고가 그 명의로 서훈취소의 처분을 하였다고 볼 것은 아님에도, 이를 피고의 서훈취소의 처분으로 파악하여 그 처분의 적법 여부를 판단한 원심판단에는 서훈취소 처분의 법적 성격 및 관련 행정행위의 해석에 관한 법리와 피고적격에 관한 법리 등을 오해한 위법이 있다고 한 사안[대판 2014.9.26, 2013두2518(독립유공자 서훈취소결정무효확인등)].</td></tr>
</table>

그러나 국민의 권리의무관계에 변경을 가져오는 등 국민의 권리의무에 직접 영향을 미치는 통지 등은 처분이다.

<table>
<tr><td>판례 1</td><td>과세관청의 소득처분에 따른 소득금액변동통지가 항고소송의 대상이 되는 조세행정처분이라고 한 사례[대판 전원합의체 2006.4.20, 2002두1878(경정결정신청거부처분취소)]</td></tr>
<tr><td>판례 2</td><td>기반시설부담금 지체가산금 환급신청에 대한 거부통보는 항고소송의 대상인 처분에 해당한다(대판 2018.6.28, 2016두50990).</td></tr>
</table>

Ⅳ. 기타 사실행위

> **판례**
> 택지개발촉진법상 택지개발사업시행자가 그 공급방법을 결정하여 통보한 것은 분양계약을 위한 사전 준비절차로서의 사실행위에 불과하고 항고소송의 대상이 되는 행정처분으로 볼 수 없다(대판 1993.7.13, 93누36).

심화학습

[조세과오납금환급청구소송]

Ⅰ. 과오납금환급청구의 의의

납세자는 과오납으로 법률상 원인 없이 납부한 세액에 대하여 조세주체에게 그 세액의 반환을 청구할 수 있는 권리를 가지는데, 이를 과오납금환급청구권이라 한다. 이러한 과오납금환급청구권은 부당이득반환청구권의 성질을 가진다.

> **판례**
> 조세의 과오납이 부당이득이 되기 위하여는 납세 또는 조세의 징수가 실체법적으로나 절차법적으로 전혀 법률상의 근거가 없거나 과세처분의 하자가 중대하고 명백하여 당연무효이어야 하고, 과세처분의 하자가 단지 취소할 수 있는 정도에 불과할 때에는 과세관청이 이를 스스로 취소하거나 항고소송절차에 의하여 취소되지 않는 한 그로 인한 조세의 납부가 부당이득이 된다고 할 수 없다[대판 1994.11.11, 94다28000(부당이득금)].

Ⅱ. 과오납금환급청구소송

세무서장이 과오납금을 환급하지 아니할 경우 납세자는 소송을 제기하여 그 환급을 청구할 수 있다. 이 소송의 성질에 대하여는 민사소송설과 공법상 당사자소송설로 견해가 나누어진다. 양자의 차이는 과오납금환급청구권의 법적 성질을 사권으로 볼 것인가 공권으로 볼 것인가 하는 데에서 비롯된다.

1. 민사소송설

민사소송설은 과오납금환급청구권의 법적 성질이 사권이라는 데 그 근거를 둔다. 즉 과오납금 반환청구권은 공법상의 원인에 의하여 발생되었다고 하더라도 부당이득의 문제는 그 원인이 당연무효이거나 취소됨으로써 이미 아무런 법률상 원인이 없는 경우에 성립하기 때문에 그 성질은 사권으로 보아야 하고, 그에 관한 소송은 민사소송에 의하여야 한다고 한다(이상규, 760면).

2. 공법상 당사자소송설

공법상 당사자소송설은 과오납금환급청구권의 법적 성질이 공권이라는 데 그 근거를 둔다. 과오납금반환청구권은 공법상의 원인에 의하여 발생된 것이고 그 반환범위도 오로지 사인 상호간의 경제적 이해조정을위한사법상의부당이득과는다른특질을가지고있기때문에공권으로보아야하며, 그에 관한 소송도 공법상의 당사자소송에 의하여야 한다고 한다. 공법상 당사자소송설이 다수설의 입장이다.

3. 판 례

판례는 일관되게 민사소송설의 입장을 취하고 있다.

판례 1	예를 들어 조세부과처분의 당연무효를 전제로 하여 이미 납부한 세금의 반환을 청구하는 것은 민사상의 부당이득반환청구로서 민사소송절차에 따라야 한다는 것이 법원의 입장이다[대판 1995.4.28, 94다55019(부당이득금)].
판례 2	이미 존재와 범위가 확정되어 있는 과오납부액은 납세자가 부당이득의 반환을 구하는 민사소송으로 환급을 청구할 수 있다(대판 2015.8.27, 2013다212639).

Ⅲ. 환급거부 또는 부작위에 대한 권리구제

납세자가 세무서장에게 국세환급금지급청구를 한 경우에 세무서장이 이를 거부하거나 아무런조치를 취하지 아니할 때, 납세자가 거부처분취소소송이나 부작위위법확인소송을 제기할 수 있는지 여부가 문제된다. 이에 대하여 판례는 환급거부결정을 항고소송의 대상이 되는 처분이 아니라고 본다.

> **판례** 국세기본법 제51조 및 제52조의 국세환급금 및 국세가산금결정에 관한 규정은 이미 납세의무
> 자의 환급청구권이 확정된 국세환급금 및 가산금에 대하여 내부적 사무처리절차로서 과세관청
> 의 환급절차를 규정한 것에 지나지 않고 그 규정에 의한 국세환급금(가산금 포함)결정에 의하여
> 비로소 환급청구권이 확정되는 것은 아니므로, 국세환급금결정이나 이 결정을 구하는 신청에
> 대한 환급거부결정 등은 납세의무자가 갖는 환급청구권의 존부나 범위에 구체적이고 직접적인
> 영향을 미치는 처분이 아니어서 항고소송의 대상이 되는 처분이라고 볼 수 없다[대판 전원합의체
> 1989.6.15, 88누6436(국세환급거부처분취소)].

그러나 이에 대하여 국민의 권리구제를 위하여 환급거부결정에 대한 항고소송을 인정하여야
한다는 견해가 있다.

> **판례** 상기 전원합의체 판결에서의 소수의견: 납세자의 신청에 대한 세무서장의 환급거부결정이 직접
> 환급 청구권을 발생하게 하는 형성적 효과가 있는 것이 아니고 확인적 의미밖에 없다고 하더라
> 도 국세기본법 제51조의 규정을 위반하여 납세자에게 환급할 돈을 환급하지 아니하므로 손해를
> 끼치고 있는 것이라면 납세자가 행정소송으로 그 결정이 부당하다는 것을 다툴 수 있다[대판 전
> 원합의체 1989.6.15, 88누6436(국세환급거부처분취소)].

판례는 원천징수의 경우 국가등에 대한 환급청구권자는 원천납세의무자가 아니라 원천징수
의무자라고 보고 있다[대판 2002.11.8, 2001두8780(환급거부처분취소)].

국세기본법

제51조(국세환급금의 충당과 환급)

① 세무서장은 납세의무자가 국세·가산금 또는 체납처분비로서 납부한 금액 중 잘못 납부하거
나 초과하여 납부한 금액이 있거나 세법에 따라 환급하여야 할 환급세액(세법에 따라 환급세액
에서 공제하여야 할 세액이 있을 때에는 공제한 후에 남은 금액을 말한다)이 있을 때에는 즉시
그 잘못 납부한 금액, 초과하여 납부한 금액 또는 환급세액을 국세환급금으로 결정하여야 한다.
이 경우 착오납부·이중납부로 인한 환급청구는 대통령령으로 정하는 바에 따른다.

② 세무서장은 국세환급금으로 결정한 금액을 대통령령으로 정하는 바에 따라 다음 각 호

의 국세·가산금 또는 체납처분비에 충당하여야 한다. 다만, 제1호(「국세징수법」 제14조에 따른 납기전 징수 사유에 해당하는 경우는 제외한다) 및 제3호의 국세에의 충당은 납세자가 그 충당에 동의하는 경우에만 한다.

1. 납세고지에 의하여 납부하는 국세
2. 체납된 국세·가산금과 체납처분비(다른 세무서에 체납된 국세·가산금과 체납처분비를 포함한다)
3. 세법에 따라 자진납부하는 국세

제5목 그 외의 구체적 사례

Ⅰ. 행정계획 [2011 행시(재경직) 사례]

행정계획에 대하여 취소소송이 인정되기 위하여는 우선 행정계획의 처분성이 인정되어야 한다. 행정계획의 법적 성질은 매우 다양하므로 일률적으로 행정계획의 처분성을 인정할 수는 없다. 구속적 행정계획의 경우에 행정계획으로 인하여 국민의 권리에 직접적인 영향을 미친 경우에 한하여 처분성이 인정된다. 행정계획의 폐지 또는 변경의 경우에도 그러하다.

판례 1	행정계획 중 구 도시계획법 제12조에 의한 도시계획(현재의 도시관리계획)결정은 그 자체로 국민의 권익을 직접 개별적·구체적으로 규제하므로 행정처분이다[대판 1982.3.9, 80누105(도시계획변경 처분취소)].
판례 2	정부의 수도권 소재 공공기관의 지방이전시책을 추진하는 과정에서 도지사가 도 내 특정시를 공공기관이 이전할 혁신도시 최종입지로 선정한 행위는 상대방 또는 기타 관계자들의 법률상 지위에 직접적인 영향을 미치지 않는 행위이므로 항고소송의 대상이 되는 행정처분이 아니라고 본 사례[대판 2007.11.15, 2007두10198(혁신도시 입지선정 사건)].
판례 3	국토해양부, 환경부, 문화체육관광부, 농림수산부, 식품부가 합동으로 2009.6.8. 발표한 '4대강 살리기 마스터플랜' 등은 행정기관 내부에서 사업의 기본방향을 제시하는 계획일 뿐 국민의 권리·의무에 직접 영향을 미치는 것이 아니어서, 행정처분에 해당하지 않는다고 한 사례(대결 전원합의체 결정 2011.4.21, 자 2010무111).

Ⅱ. 일반처분

일반처분은 행정행위로서 행정소송법상 처분이다.

> **판례**
>
> 청소년보호법에 따른 청소년유해매체물 결정 및 고시처분은 당해 유해매체물의 소유자 등 특정 인만을 대상으로 한 행정처분이 아니라 일반 불특정 다수인을 상대방으로 하여 일률적으로 표시의무, 포장의무, 청소년에 대한 판매·대여 등의 금지의무 등 각종 의무를 발생시키는 행정처분이다[대판 2007.6.14, 2004두619(청소년유해매체물결정 및 고시처분무효확인)]. **〈해설〉** 이 사건에서 처분청인 청소년보호 위원회는 합의제행정청으로서 청소년유해매체물결정·고시처분을 하였다. 그런데 2008년 정부 조직법 개정으로 청소년보호위원회는 행정청이 아닌 합의제행정기관(의결기관)으로 되었고, 청소년 유해매체물결정·고시처분의 처분청은 여성가족부장관으로 되었다(청소년보호법 참조).

Ⅲ. 내부행위

① 국민의 권리의무관계에 직접 영향을 미치지 않는 내부적 의사결정에 불과한 내부행위는 처분이 아니다.

> **판례 1**
>
> 지목은 토지에 대한 공법상의 규제, 개발부담금의 부과대상, 지방세의 과세대상, 공시지가의 산정, 손실보상가액의 산정 등 토지행정의 기초로서 공법상의 법률관계에 영향을 미치고, 토지소유자는 지목을 토대로 토지의 사용·수익·처분에 일정한 제한을 받게 되는 점 등을 고려하면, 지목은 토지소유권을 제대로 행사하기 위한 전제요건으로서 토지소유자의 실체적 권리관계에 밀접하게 관련되어 있으므로 지적공부 소관청의 지목변경신청 반려행위는 국민의 권리관계에 영향을 미치는 것으로서 항고소송의 대상이 되는 행정처분에 해당한다[대판 전원합의체 2004.4.22, 2003두9015(지목변경신청반려처분소청구각하취소)]. 이 전원합의체 판결은 지목변경행위뿐만 아니라 토지대장 등 지적공부에 일정한 사항을 등재하거나 등재된 일정한 사항을 변경하는 행위를 처분으로 보는 것으로 종전 판례를 변경하였다. 그러나, 소관청이 토지대장상의 소유자명의변경신청을 거부한 행위는 국민의 권리의무관계에 직접 영향을 미치지 않으므로 이를 항고소송의 대상이 되는 행정처분이라고 할 수 없다[대판 2012.1.12, 2010두12354(토지대장정정 불가처분취소)]. 이에 반하여 토지대장은 토지의 소유권을 제대로 행사하기 위한 전제요건으로서 토지소유자의 실체적 권리관계에 밀접하게 관련되어 있으므로, 이러한 토지대장을 직권으로

판례 1	말소한 행위는 국민의 권리관계에 영향을 미치는 것으로서 항고소송의 대상이 되는 행정처분에 해당한다[대판 2013.10.24, 2011두13286(토지대장말소처분취소)].
판례 2	**행정청이 건축물대장의 작성신청을 거부한 행위가 항고소송의 대상이 되는 행정처분에 해당 하는지 여부(적극):** 건축물대장은 건축물에 대한 공법상의 규제, 지방세의 과세대상, 손실보상가액의 산정 등 건축행정의 기초자료로서 공법상의 법률관계에 영향을 미칠 뿐만 아니라, 건축물에 관한 소유권보존등기 또는 소유권이전등기를 신청하려면 이를 등기소에 제출하여야 하는 점 등을 종합해 보면, 건축물대장의 작성은 건축물의 소유권을 제대로 행사하기 위한 전제요건으로서 건축물 소유자의 실체적 권리관계에 밀접하게 관련되어 있으므로 건축물대장 소관청의 작성신청 반려행위는 국민의 권리관계에 영향을 미치는 것으로서 항고소송의 대상이 되는 행정처분에 해당한다(대판 2009.2.12, 2007두17359).
판례 3	**기타 대법원은 건축물대장의 기재와 관련한 다음 행위의 처분성을 인정하였다:** 건축물 용도변경 신청을 반려한 행위(대판 2009.1.30, 2007두7277), 구분소유 건축물을 하나의 건축물로 건축물대장을 합변한 행위(대판 2009.5.28, 2007두19775), 건축물대장을 직권 말소한 행위(대판 2010.5.27, 2008두22655).
판례 4	**자동차운전면허대장상 일정한 사항의 등재행위는** 운전면허행정사무집행의 편의와 사실증명의 자료로 삼기 위한 것일 뿐, 그 등재행위로 인하여 당해 운전면허취득자에게 새로이 어떠한 권리가 부여되거나 변동 또는 상실되는 효력이 발생하는 것은 아니므로 이는 행정소송의 대상이 되는 독립한 행정처분으로 볼 수 없고, 운전경력증명서상의 기재행위 역시 당해 운전면허취득자에 대한 자동차운전면허대장상의 기재사항을 옮겨 적는 것에 불과할 뿐이므로 운전경력증명서에 한 등재의 말소를 구하는 소는 부적법하다 할 것이다(대판 1991.9.2, 91누1400).
판례 5	**공정거래위원회의 고발조치·의결이 항고소송의 대상이 되는 행정처분인지 여부:** 이른바 고발은 수사의 단서에 불과할 뿐 그 자체 국민의 권리의무에 어떤 영향을 미치는 것이 아니고, 특히 독점규제및공정거래에관한법률 제71조는 공정거래위원회의 고발을 위 법률위반죄의 소추요건으로 규정하고 있어 공정거래위원회의 고발조치는 사직 낭국에 대하여 형벌권 행사를 요구하는 행정기관 상호간의 행위에 불과하여 항고소송의 대상이 되는 행정처분이라 할 수 없으며, 더욱이 공정거래위원회의 고발 의결은 행정청 내부의 의사결정에 불과할 뿐 최종적인 처분은 아닌 것이므로 이 역시 항고소송의 대상이 되는 행정처분이 되지 못한다[대판 1995.5.12, 94누13794(시정명령등취소)].

② 특별권력관계 내에서의 행위는 일반시민법질서에 영향을 미치는 행위인 경우 항고소송의 대상이 되나 그렇지 않은 경우에는 내부행위에 불과하므로 항고소송의 대상이 되지 않는다.

판례 1	행정규칙에 의한 '불문경고조치'가 비록 법률상의 징계처분은 아니지만 위 처분을 받지 아니하였다면 차후 다른 징계처분이나 경고를 받게 될 경우 징계감경사유로 사용될 수 있었던 표창공적의 사용가능성을 소멸시키는 효과와 1년 동안 인사기록카드에 등재됨으로써 그 동안은 장관표창이나 도지사표창 대상자에서 제외시키는 효과 등이 있다는 이유로 항고소송의 대상이 되는 행정처분에 해당한다고 한 사례[대판 2002.7.26, 2001두3532(견책처분취소)].
판례 2	교육공무원법상 승진후보자 명부에 의한 승진심사 방식으로 행해지는 승진임용에서 3배수의 승진후보자명부에 포함되어 있던 후보자를 승진임용인사발령에서 제외하는 행위(묵시적 승진임용거부행위)는 불이익처분으로서 항고소송의 대상인 처분에 해당한다(대판 2018.3.27, 2015두47492). 〈해설〉 경원자소송(배타적 경쟁자소송)에 해당한다.

③ 처분의 준비를 위한 결정, 처분의 기초자료를 제공하기 위한 결정 등은 원칙상 내부행위이고 처분이 아니다.

판례	운전면허 행정처분처리대장상 벌점의 배점이 행정처분인지 여부(소극): 운전면허 행정처분처리대장상 벌점의 배점은 도로교통법규 위반행위를 단속하는 기관이 도로교통법시행규칙 별표 16의 정하는 바에 의하여 도로교통법규 위반의 경중, 피해의 정도 등에 따라 배정하는 점수를 말하는 것으로 자동차운전면허의 취소, 정지처분의 기초자료로 제공하기 위한 것이고 그 배점 자체만으로는 아직 국민에 대하여 구체적으로 어떤 권리를 제한하거나 의무를 명하는 등 법률적 규제를 하는 효과를 발생하는 요건을 갖춘 것이 아니어서 그 무효확인 또는 취소를 구하는 소송의 대상이 되는 행정처분이라고 할 수 없다[대판 1994.8.12, 94누2190(자동차운전면허정지처분취소)].

④ 그러나 처분의 준비행위 또는 기초가 되는 행위라고 하더라도 국민의 권익에 직접 영향을 미치고 국민의 권리구제를 위하여 이를 다투도록 할 필요가 있는 경우에는 처분성을 인정하여야 할 것이다.

<table>
<tr><td>판례</td><td>세무조사결정은 납세의무자의 권리·의무에 직접 영향을 미치는 공권력의 행사에 따른 행정작용으로서 항고소송의 대상이 된다(대판 2011.3.10. 2009두23617, 23624).</td></tr>
</table>

⑤ 행정기관 상호간의 협의나 동의(예 소방서장의 동의) 등 행정조직법상 행정기관 상호간의 행위도 원칙상 처분이 아니다.

<table>
<tr><td>판례</td><td>외환은행장이 수입허가의 유효기간 연장을 승인하고자 할 때에 구 무역거래법시행규칙 제10조 제3항에 의하여 상공부장관과 하는 협의는 행정청의 내부행위로서 항고소송의 대상이 되는 행정처분이라고 할 수 없다[대판 1971.9.14. 71누99(수입허가기간연장신청에 대한 협의불응처분취소)].</td></tr>
</table>

⑥ 지방자치단체의 장이 기관위임사무를 국가에 대해 처리한 것은 법리상 행정조직 내부행위이므로 위임자인 국가는 기관위임사무의 처리에 관하여 지방자치단체의 장을 상대로 취소소송을 제기할 수 없다.

<table>
<tr><td>판례</td><td>[1] 국가가 국토이용계획과 관련한 기관위임사무의 처리에 관하여 지방자치단체의 장을 상대로 취소소송을 제기할 수 있는지 여부(소극): 건설교통부장관은 지방자치단체의 장이 기관위임사무인 국토이용계획 사무를 처리함에 있어 자신과 의견이 다를 경우 행정협의조정위원회에 협의·조정 신청을 하여 그 협의·조정 결정에 따라 의견불일치를 해소할 수 있고, 법원에 의한 판결을 받지 않고서도 행정권한의 위임 및 위탁에 관한 규정이나 구 지방자치법에서 정하고 있는 지도·감독을 통하여 직접 지방자치단체의 장의 사무처리에 대하여 시정명령을 발하고 그 사무처리를 취소 또는 정지할 수 있으며, 지방자치단체의 장에게 기간을 정하여 직무이행명령을 하고 지방자치단체의 장이 이를 이행하지 아니할 때에는 직접 필요한 조치를 할 수도 있으므로, 국가가 국토이용계획과 관련한 지방자치단체의 장의 기관위임사무의 처리에 관하여 지방자치단체의 장을 상대로 취소소송을 제기하는 것은 허용되지 않는다. [2] 주위적 원고 대한민국의 이 사건 소는 부적법하여 각하되어야 할 것이다. 예비적 원고 충북대학교 총장의 소는, 원고 충북대학교 총장이 원고 대한민국이 설치한 충북대학교의 대표자일 뿐 항고소송의 원고가 될 수 있는 당사자능력이 없어 부적법하다[대판 2007.9.20. 2005두6935(국토이용계획변경신청거부처분취소)]. 〈해설〉 국가의 기관위임사무를 처리하는 경우 지방자치단체 장의 지위는 국가의 하급행정기관</td></tr>
</table>

> **판례**
> 에 해당하게 되므로 국가기관인 충북대학교 총장의 국토이용계획변경 신청에 대한 지방자치단체의 장(충청남도 연기군수)의 거부는 내부행위이고, 이에 관한 분쟁은 별개의 법주체 사이의 분쟁이 아니라 국가라는 하나의 법주체 내부의 기관 사이의 분쟁에 해당한다. 국토이용계획변경 신청거부에 대해 주위적으로 국가(대한민국)가 취소소송을 제기하고, 예비적으로 충북대학교 총장이 취소소송을 제기한 사건이다.

IV. 중간행위

중간행위가 그 자체로서 일정한 법적 효과를 가져오거나 국민의 권익에 직접 영향을 미치면 당해 행위는 처분이 되고 항고소송의 대상이 되지만, 그렇지 않으면 내부행위에 불과하여 항고소송의 대상이 되지 않으며 이 경우에 중간행위의 위법은 종국처분을 다툼에 있어 종국처분의 위법사유로 주장될 수 있을 뿐이다.

1. 부분허가

부분허가는 그 자체가 규율하는 내용에 대한 종국적인 결정이므로 행정행위의 성질을 가진다. 부분허가가 있게 되면 금지의 해제 등 일정한 법적 효과가 발생한다. 따라서 부분허가는 항고소송의 대상이 되는 처분이다.

> **판례**
> 판례는 원자력법상의 원자로시설부지사전승인의 법적 성격을 '사전적 부분허가'로 보면서 원자로 및 관계시설의 부지사전승인처분을 그 자체로서 건설부지를 확정하고 사전공사를 허용하는 법률효과를 지닌 독립한 행정처분이라고 보았다[대판 1998.9.4, 97누19588(부지사전승인처분취소)].
> **〈해설〉** 구 원자력법상의 원자로시설부지사전승인은 부지의 적합성을 확인하는 점에서는 사전결정의 성격을 가지며 기초공사 등 일부 제한적인 사전공사를 허용하는 점에서는 부분허가의 성격을 가진다고 보아야 할 것이다.

2. 사전결정

사전결정은 그 자체가 행정행위이다.

<table>
<tr><td>판례
1</td><td>

판례는 구 건축법(1995.1.5, 법률로 개정되기 이전의 것) 제7조와 제8조 제3항의 규정에 의한 '건축에 관한 계획의 사전결정'은 건축허가 신청 전에 시장 등 허가권자로부터 계획하고 있는 건축물을 해당 대지 위에 건축하는 것이 건축법 등 관련 법규에 의하여 허용되는지 여부에 대한 사전결정을 받는 제도라고 보면서 항고소송의 대상이 되는 처분으로 보았다[대판 1996.3.12, 95누658(건축계획사전결정불허가처분취소)]. 〈해설〉 2005년 11월 8일 건축법 개정으로 사전결정제도가 다시 도입되었다(건축법 제7조).

현행 건축법 제10조(건축 관련 입지와 규모의 사전결정)
① 제11조에 따른 건축허가 대상 건축물을 건축하려는 자는 건축허가를 신청하기 전에 허가권자에게 그 건축물의 건축에 관한 다음 각 호의 사항에 대한 사전결정을 신청할 수 있다.
1. 해당 대지에 건축하는 것이 이 법이나 관계 법령에서 허용되는지 여부
2. 이 법 또는 관계 법령에 따른 건축기준 및 건축제한, 그 완화에 관한 사항 등을 고려하여 해당 대지에 건축 가능한 건축물의 규모
3. 건축허가를 받기 위하여 신청자가 고려하여야 할 사항

</td></tr>
<tr><td>판례
2</td><td>판례는 폐기물관리법령상의 폐기물처리업허가 전의 사업계획에 대한 적정통보 또는 부적정 통보를 행정처분으로 보았다[대판 1998.4.28, 97누21086(폐기물처리사업부적정통보취소)].</td></tr>
<tr><td>판례
3</td><td>운수권배분처분은 노선배분을 받은 항공사에게 위 협정에 따른 지정항공사로서의 지위를 부여하고 후속절차를 밟아 중국 항공당국으로부터 운항허가를 받을 수 있게 하며, 추후 당해 노선상의 합의된 업무를 할 수 있게 하는 등, 상대방의 권리의무에 직접 영향을 미치는 행위로 항고소송의 대상이 되는 행정처분에 해당한다[대판 2004.11.26, 2003두10251, 2003두10268: 정부 간 항공노선의 개설에 관한 잠정협정 및 비밀양해각서와 건설교통부 내부지침에 의한 항공노선에 대한 운수권배분처분(사전결정)이 항고소송의 대상이 되는 행정처분에 해당한다고 한 사례]. 〈해설〉 현행 항공법은 운수권배분처분의 법적 근거규정을 두고 있다.</td></tr>
</table>

3. 가행정행위(잠정적 행정행위)

가행정행위는 본행정행위가 있기까지 잠정적으로 행정법상 권리와 의무를 확정하는 행정의 행위형식이므로 가행정행위는 잠정적이기는 하지만 직접 법적 효력을 발생시키므로 행정행위이며 따라서 처분이라고 보아야 할 것이다.

소득액 등이 확정되지 아니한 경우에 과세관청이 상대방의 신고액에 따라 잠정적으로 세액을 결정하는 것 등을 들 수 있다.

4. 확 약

확약에 관하여 다수설은 확약이 원칙상 행정청에 대하여 구속력을 가지므로 처분이라고 보고 있지만(긍정설), 확약은 사정변경에 의해 바뀔 수 있으므로 종국적 규율성을 갖지 못한다는 점에서 처분이 아니라고 보는 견해(부정설)도 있다. 판례는 부정설을 취하고 있다.

> **판례** 어업권면허에 선행하는 우선순위결정은 강학상 확약이지만 행정처분은 아니다[대판 1995.1.20, 94누6529(행정처분취소)]. **〈해설〉** 그러나 최소한 우선순위에서 배제하는 결정은 면허 등의 거부와 같은 법적 효과를 가져오므로 처분으로 보아야 할 것이다. 우선순위에서 배제하는 결정은 면허 등의 요건을 선취하여 결정하는 의미도 가지므로 일종의 사전결정으로 볼 수도 있을 것이다.

5. 공시지가결정

판례는 개별공시지가결정은 항고소송의 대상이 되는 처분이라고 보고 있다[대판 1993.6.11, 92누16706; 대판 1993.1.15, 92누12407(개별토지가격결정처분취소 등)].

판례는 표준공시지가결정도 항고소송의 대상이 되는 처분이라고 보고 있다[대판 1995.3.28, 94누12920; 대판 1994.3.8, 93누10828(개별토지가격결정처분취소)].

V. 반복된 행위

① 침해적 행정처분이 내려진 후에 내려진 동일한 내용의 반복된 침해적 행정처분은 처분이 아니다.

> **판례 1** 행정대집행법상의 건물 철거의무는 제1차 철거명령 및 계고처분으로서 발생하였고, 제2차, 제3차의 계고처분은 새로운 철거의무를 부과한 것이 아니고 다만 대집행기한의 연기 통지에 불과하므로 행정처분이 아니다[대판 1994.10.28, 94누5144(건축물자진철거계고처분취소)].

> **판례 2**
>
> 지방병무청장이 보충역 편입처분을 받은 자에 대하여 복무기간을 정하여 공익근무요원 소집통지를 한 이상 그것으로써 공익근무요원으로서의 복무를 명하는 병역법상의 공익근무요원 소집처분이 있었다고 할 것이고, 그 후 지방병무청장이 공익근무요원 소집대상자의 원에 의하여 또는 직권으로 그 기일을 연기한 다음 다시 공익근무요원 소집통지를 하였다고 하더라도 이는 최초의 공익근무요원 소집통지에 관하여 다시 의무이행기일을 정하여 알려 주는 연기통지에 불과한 것이므로, 이는 항고소송의 대상이 되는 독립한 행정처분으로 볼 수 없다[대판 2005.10.28, 2003두14550(공익근무요원소집처분취소)].

② 판례에 따르면 거부처분은 행정청이 국민의 처분신청에 대하여 거절의 의사표시를 함으로써 성립되고, 그 이후 **동일한 내용의 새로운 신청**에 대하여 그 신청의 제목 여하에 불구하고 그 내용이 새로운 신청을 하는 취지라면 관할 행정청이 이를 다시 거절의 의사표시를 한 경우에는 새로운 처분이 있은 것으로 보아야 할 것이며, 이 경우 행정심판 및 행정소송의 제기기간은 각 처분을 기준으로 진행된다고 보고 있다[대판 1992.10.27, 92누1643; 대판 2019.4.3, 2017두52764]. 따라서 판례에 의하면 거부처분에 대한 제소기간이 경과한 뒤에도 동일한 내용의 신청을 다시 하여 그에 대하여 행정청의 거부처분이 행해지면 당해 거부처분은 독립된 새로운 처분이므로 그 거부처분에 대하여 소를 제기할 수 있다.

관계 법령이나 행정청이 사전에 공표한 처분기준에 신청기간을 제한하는 특별한 규정이 없는 이상 재신청을 불허할 법적 근거가 없으며, 설령 신청기간을 제한하는 특별한 규정이 있더라도 재신청이 신청기간을 도과하였는지는 본안에서 재신청에 대한 거부처분이 적법한가를 판단하는 단계에서 고려할 요소이지, 소송요건 심사단계에서 고려할 요소가 아니다(대판 2021.1.14, 2020두50324).

③ 절차상 또는 형식상 하자로 인하여 무효인 행정처분이 있은 후 행정청이 관계 법령에서 정한 절차 또는 형식을 갖추어 다시 동일한 행정처분을 하였다면 당해 행정처분은 종전의 무효인 행정처분과 관계없이 새로운 행정처분이라고 보아야 한다[대판 2007.12.27, 2006두3933; 대판 2014.3.13, 2012두1006(국방·군사시설사업실시계획승인고시처분무효확인및취소)].

Ⅵ. 변경처분의 경우

변경처분에는 소극적 변경처분(일부취소)과 적극적 변경처분이 있다.

1. 감액처분의 경우

행정청이 금전부과처분을 한 후 감액처분을 한 경우에는 감액처분은 일부취소처분의 성질을 가지므로 감액처분이 항고소송의 대상이 되는 것이 아니며 처음의 부과처분 중 감액처분에 의하여 취소되지 않고 남은 부분이 항고소송의 대상이 된다.

> **판례** 감액처분으로도 아직 취소되지 않고 남아 있는 부분이 위법하다 하여 다투고자 하는 경우, 감액처분을 항고소송의 대상으로 할 수는 없고, 당초 징수결정 중 감액처분에 의하여 취소되지 않고 남은 부분을 항고소송의 대상으로 할 수 있을 뿐이며, 그 결과 제소기간의 준수 여부도 감액처분이 아닌 당초 처분을 기준으로 판단해야 한다. [2] 감액처분은 감액된 징수금 부분에 관해서만 법적 효과가 미치는 것으로서 당초 징수결정과 별개 독립의 징수금 결정처분이 아니라 그 실질은 처음 징수결정의 변경이고, 그에 의하여 징수금의 일부취소라는 징수의무자에게 유리한 결과를 가져오는 처분이므로 징수의무자에게는 그 취소를 구할 소의 이익이 없다[대판 2012.9.27, 2011두27247(부당이득금부과 처분취소); 대판 2008.2.15, 2006두3957(과징금납부명령무효확인등)].

감액처분의 경우에도 처분사유가 바뀐 경우에는 감액처분을 새로운 처분으로 보고 당초처분은 취소된 것으로 보아야 한다.

2. 증액처분의 경우

증액처분의 경우에 당초의 처분은 증액처분에 흡수되어 소멸되므로 증액처분이 항고소송의 대상이 된다.

> **판례** 국세기본법 제22조의2의 시행 이후에도 증액경정처분이 있는 경우, 당초 신고나 결정은 증액경정처분에 흡수됨으로써 독립한 존재가치를 잃게 된다고 보아야 하므로, 원칙적으로는 당초 신고나 결정에 대한 불복기간의 경과 여부 등에 관계없이 증액경정처분만이 항고소송의 심판대상이 되고(흡수설), 납세의무자는 그 항고소송에서 당초 신고나 결정에 대한 위법사유도 함께 주장할 수 있다[대판 2009.5.14, 2006두17390(종합소득세등부과처분취소)]. 〈해설〉 조세부과처분의 경우에는 국세기본법 제22조의2 제1항에서 "세법에 따라 당초 확정된 세액을 증가시키는 경정(更正)은 당초 확정된 세액에 관한 이 법 또는 세법에서 규정하는 권리·의무관계에 영향을 미치지 아니한다."라고 규정하고 있으므로 불가쟁력이 발생하여 확정된 당초 신고나 결정에서의

> **판례**
> 세액에 관하여는 취소를 구할 수 없고, 증액경정처분에 의해 증액된 세액을 한도로 취소를 구할 수 있을 뿐이다(대판 2011.4.14, 2008두22280).

3. 적극적 변경처분의 경우 [2013 행시(일반)]

처분청이 직권으로 제재처분을 적극적으로 감경·변경한 경우(예 허가취소처분을 영업정지처분으로 변경한 경우, 영업정지처분을 과징금부과처분으로 변경한 경우)에는 당초 처분을 전부 변경하는 경우와 당초 처분을 일부만 변경하는 경우가 있다.

당초처분을 전부 변경하는 적극적 변경처분의 경우 당초 처분은 효력을 상실하므로 변경처분을 대상으로 항고소송을 제기하여야 한다. 이 경우 변경처분취소소송의 제소기간은 변경처분시를 기준으로 한다.

다만, 당초처분과 동일한 요건과 절차가 요구되지 않는 경미한 사항에 대한 변경처분과 같이 분리가능한 일부변경처분의 경우에는 당초의 처분이 변경처분에 의해 흡수·대체되지 않고 당초처분과 일부변경처분 모두 항고소송의 대상이 될 수 있다.

> **판례**
> [1] 기존의 행정처분을 변경하는 내용의 행정처분이 뒤따르는 경우, 후속처분이 종전처분을 완전히 대체하는 것이거나 주요 부분을 실질적으로 변경하는 내용인 경우에는 특별한 사정이 없는 한 종전처분은 효력을 상실하고 후속처분만이 항고소송의 대상이 되지만(대판 2012.10.11, 2010두12224 등 참조), 후속처분의 내용이 종전처분의 유효를 전제로 내용 중 일부만을 추가·철회·변경하는 것이고 추가·철회·변경된 부분이 내용과 성질상 나머지 부분과 불가분적인 것이 아닌 경우에는, 후속처분에도 불구하고 종전처분이 여전히 항고소송의 대상이 된다. 따라서 종전처분을 변경하는 내용의 후속처분이 있는 경우 법원으로서는, 후속처분의 내용이 종전처분 전체를 대체하거나 주요 부분을 실질적으로 변경하는 것인지, 후속처분에서 추가·철회·변경된 부분의 내용과 성질상 나머지 부분과 가분적인지 등을 살펴 항고소송의 대상이 되는 행정처분을 확정하여야 한다. [2] 종전 영업시간 제한(0시부터 8시까지 제한) 및 의무휴업일 지정(매달 둘째, 넷째 주 일요일을 의무휴업일로 지정) 처분의 내용 중 영업시간 제한 부분만을 일부 변경하는 후속처분(영업시간 제한만을 0시부터 8시까지 제한에서 0시부터 10시로 제한하는 후속처분)이 있는 경우, 후속처분에도 불구하고 종전 처분도 여전히 항고소송의 대상이 된다. [3] 후속처분은 종전처분 전체를 대체하거나 그 주요 부분을 실질적으로 변경하는 내용이 아니라, 의무휴업일 지정 부

분을 그대로 유지한 채 영업시간 제한 부분만을 일부 변경하는 것으로서, 후속처분에 따라 추가된 영업시간 제한 부분은 그 성질상 종전처분과 가분적인 것으로 여겨지므로 후속처분으로 종전처분이 소멸하였다고 볼 수는 없고, 종전처분과 그 유효를 전제로 한 후속처분이 병존하면서 위 원고들에 대한 규제 내용을 형성한다고 할 것이다. 그러므로 이와 다른 전제에서 2014. 8. 25.자 처분에 따라 종전처분이 소멸하여 그 효력을 다툴 법률상 이익(소의 이익)이 없게 되었다는 취지의 피고 동대문구청장의 이 부분 상고이유 주장은 이유 없다[대판 전원합의체 2015.11.19, 2015두295(대형마트영업시간제한등처분취소)].

Ⅶ. 신고의 수리거부행위　　　　　[2011 행시, 2015 사시, 2016 공인노무사]

자기완결적 신고는 신고의 요건을 갖춘 신고만 하면 신고의무를 이행한 것이 되고, 행정청이 신고의 수리(엄밀히 말하면 접수)를 거부하더라도 원칙상 이 수리의 거부는 행정처분이 아닌 사실행위이므로 취소소송으로 다툴 수 없다. 그러나 자기완결적 신고 중 건축신고 등 신고가 반려될 경우 당해 신고의 대상이 되는 행위를 하면 시정명령, 이행강제금, 벌금의 대상이 되는 등 신고인이 법적 불이익을 받을 위험이 있는 경우에 그 거부는 처분에 해당한다(판례). '수리를 요하는 신고'의 수리와 그 거부는 학문상 행정행위인 수리행위와 그 거부로서 행정소송법상 처분이다.

법령상 신고사항이 아닌 사항의 신고의 수리는 처분이 아니다[대판 2005.2.25, 2004두4031(납골시설등설치신고반려처분취소)].

Ⅷ. 사법(私法)행위와 처분

행정청의 일방적 결정이 처분인지 사법행위인지가 다투어지는 경우가 있다. 이는 공법행위와 사법행위의 구별문제이다.

판례는 국유 잡종재산(일반재산)의 매각, 대부행위(대판 1993.12.21, 93누13735) 공사도급계약 등은 국가가 사경제주체로서 상대방과 대등한 위치에서 행하는 사법상의 법률행위라고 보고 있다. 그러나 판례는 국유재산법 제51조 소정의 국유재산 무단점유자에 대한 변상금부과처분은 행정소송의 대상이 되는 행정처분이라고 보았다(대판 1988.2.23, 87누1046). 또한 판례는 행정재산의 사용·수익 허가나 그에 따른 사용료부과처분을 행정소송법상의 처분으로 보고 있다[대판 1998.2.27, 97누1105(공유재산대부신청반려처분무효확인)].

판례 2	국가를 당사자로 하는 계약에 관한 법률 제27조 또는 지방자치단체를 당사자로 하는 계약에 관한 법률 제31조에 의하여 국가의 각 중앙관서의 장 또는 지방자치단체의 장이 한 부정당업자의 입찰참가자격제한조치는 제재적 성격의 권력적 행위로서 처분이다[대판 1996.12.20, 96누14708; 대판 1999.3.9, 98두18565(부정당업자제재처분취소)].
판례 3	현재 판례는 법령(공공기관의 운영에 관한 법률 제39조 제2항, 제3항)에 근거한 공기업·준정부기관이 행하는 입찰참가자격 제한처분을 처분으로 보고 있다[대판 2014.11.27, 2013두18964(부정당업자제재재처분취소): 실제로 법령에 근거한 한국전력공사의 입찰참가자격 제한처분의 처분성을 인정하고, 본안에 들어가 본안판단을 한 사례]. 〈**해설**〉 공공기관의 운영에 관한 법률 제39조 제2항, 제3항은, 공기업·준정부기관은 공정한 경쟁이나 계약의 적정한 이행을 해칠 것이 명백하다고 판단되는 사람·법인 또는 단체 등에 대하여 2년의 범위 내에서 일정기간 입찰참가자격을 제한할 수 있고, 그 제한기준 등에 관하여 필요한 사항은 기획재정부령으로 정하도록 하고 있다. 공공기관의 운영에 관한 법률상 '기타 공공기관'은 입찰참가제한처분을 할 법적 근거가 없다.
판례 4	[1] 공공기관의 운영에 관한 법률 제39조 제2항과 그 하위법령에 따른 입찰참가자격제한 조치가 행정처분에 해당한다. 피고 한국수력원자력 주식회사는 공공기관운영법에 따른 '공기업'으로 지정됨으로써 공공기관운영업 제39조 제2항에 따라 입찰참가자격제한처분을 할 수 있는 권한을 부여받았으므로 '법령에 따라 행정처분권한을 위임받은 공공기관'으로서 행정청에 해당한다. [2] 한국수력원자력 주식회사가 자신의 '공급자관리지침'에 근거하여 등록된 공급업체에 대하여 하는 '등록취소 및 그에 따른 일정 기간의 거래제한조치'는 행정청이 행하는 구체적 사실에 관한 법집행으로서의 공권력의 행사인 '처분'에 해당한다. [3] 계약당사자 사이에서 계약의 적정한 이행을 위하여 일정한 계약상 의무를 위반하는 경우 계약해지, 위약벌이나 손해배상액 약정, 장래 일정 기간의 거래제한 등의 제재조치를 약정하는 것은 상위법령과 법의 일반원칙에 위배되지 않는 범위에서 허용되며, 그러한 계약에 따른 제재조치는 법령에 근거한 공권력의 행사로서의 제재처분과는 법적 성질을 달리한다(처분이 아니다). 그러나 공공기관의 어떤 제재조치가 계약에 따른 제재조치에 해당하려면 일정한 사유가 있을 때 그러한 제재조치를 할 수 있다는 점을 공공기관과 그 거래상대방이 미리 구체적으로 약정하였어야 한다. 공공기관이 여러 거래업체들과의 계약에 적용하기 위하여 거래업체가 일정한 계약상 의무를 위반하는 경우 장래 일정 기간의 거래제한 등의 제재조치를 할 수 있다는 내용을 계약특수조건 등의 일정한 형식으로 미리 마련하였다고 하더라도, 약관의 규제에 관한 법률 제3조에서 정한 바와 같이 계약상대방에게 그 중요 내용을 미리 설명하여 계약내용으로 편입하는 절차를 거치지 않았다면 계약의 내용으로 주장할 수 없다. [4] 피고의 공급자관리지침에 근거한 이 사건 거래제한조치를 계약에 따른 제재조치라

판례 4

고 볼 수는 없다(피고의 공급자관리지침이 계약내용으로 편입되지 않았다). 피고가 원용하고 있는 대법원 2014. 12. 24. 선고 2010다83182 판결등은 계약특수조건 등의 계약조항에 거래제한조치가 포함되어 있었을 뿐만 아니라, 해당 공공기관이 공공기관운영법 제39조 제2항에 따른 입찰참가자격제한처분을 별도로 하지 않았거나, 하였더라도 계약에 따른 거래제한조치의 기간이 6개월 또는 2년에 불과하여 공공기관운영법 제39조 제2항에서 정한 2년의 상한을 초과하지는 않았던 사안에 대한 것이어서, 피고가 행정규칙에 근거하여 10년의 거래제한조치를 한 이 사건과는 사안이 다르다. 이 사건 거래제한조치가 항고소송의 대상인 행정처분에 해당한다. [5] 행정청인 피고(한국수력원자력 주식회사)가 이미 공공기관운영법 제39조 제2항에 따라 2년의 입찰참가자격제한처분을 받은 원고에 대하여 다시 법률상 근거 없이 자신이 만든 행정규칙에 근거하여 공공기관운영법 제39조 제2항에서 정한 입찰참가자격제한처분의 상한인 2년을 훨씬 초과하여 10년간 거래제한조치를 추가로 하는 것은 제재처분의 상한을 규정한 공공기관운영법에 정면으로 반하는 것이어서 그 하자가 중대·명백하다(대판 2020.5.28, 2017두66541).

판례 5

[공기업인 한국수력원자력 주식회사가 거래상대방인 원고의 입찰담합행위를 이유로 공공기관의 운영에 관한 법률에 따른 2년의 입찰참가자격제한처분을 하였음에도, 이와 별도로 피고의 내부규정(행정규칙)에 근거하여 10년의 거래제한조치를 한 사건] [1] 한국수력원자력 주식회사는 공공기관운영법 제5조 제3항 제1호에 따라 '시장형 공기업'으로 지정·고시된 '공공기관'인데, 공공기관운영업 제39조 제2항에 따라 입찰참가자격제한처분을 할 수 있는 권한을 부여받았으므로 제2조 제2항의 '법령에 따라 행정처분권한을 위임받은 공공기관'으로서 행정청에 해당한다. [2] 공기업인 한국수력원자력 주식회사의 내부규정(공급자관리지침)에 근거한 공급자등록취소 및 거래제한조치는 항고소송의 대상인 '처분'에 해당한다. [3] 계약에 따른 제재조치는 처분이 아니다: 계약당사자 사이에서 계약의 적정한 이행을 위하여 일정한 계약상 의무를 위반하는 경우 계약해시, 위약벌이나 손해배상액 약정, 장래 일정 기간의 거래제한 등의 제제조치를 약정하는 것은 상위법령과 법의 일반원칙에 위배되지 않는 범위에서 허용되며, 그러한 계약에 따른 제재조치는 법령에 근거한 공권력의 행사로서의 제재처분과는 법적 성질을 달리한다(대판 2014.12.24, 2010다83182). 그러나 공공기관의 어떤 제재조치가 계약에 따른 제재조치에 해당하려면 일정한 사유가 있을 때 그러한 제재조치를 할 수 있다는 점을 공공기관과 그 거래상대방이 미리 구체적으로 약정하였어야 한다. 공공기관이 여러 거래업체들과의 계약에 적용하기 위하여 거래업체가 일정한 계약상 의무를 위반하는 경우 장래 일정 기간의 거래제한 등의 제제조치를 할 수 있다는 내용을 계약특수조건 등의 일정한 형식으로 미리 마련하였다고 하더라도, 「약관의 규제에 관한 법률」 제3조에서 정한 바와 같이 계약상대방에게 그 중요 내용을 미리 설명하여 계약내용으로 편입하는 절차를 거치지 않았다면 계약의 내용으로 주장할 수 없다.

판례 5

[4] 피고(한국수력원자력 주식회사)의 내부 규정(행정규칙)에 근거한 10년간의 거래제한조치가 항고소송의 대상인 '처분'에 해당하며, 나아가 행정청인 피고가 이미 「공공기관의 운영에 관한 법률」(이하 '공공기관운영법') 제39조 제2항에 따라 2년의 입찰참가자격제한처분을 받은 원고에 대하여 다시 법률상 근거 없이 자신이 만든 행정규칙에 근거하여 공공기관운영법 제39조 제2항에서 정한 입찰참가자격제한처분의 상한인 2년을 훨씬 초과하여 10년간 거래제한조치를 추가로 하는 것은 제재처분의 상한을 규정한 공공기관운영법에 정면으로 반하는 것이어서 그 하자가 중대·명백하다(대판 2020.5.28, 2017두66541).

판례 6

행정소송의 대상이 되는 행정처분과 사법상의 효력을 가지는 통지행위의 구별기준: 피고가 조달계약에서의 낙찰적격자 심사에 있어서 원고에 대하여 한 이 사건 감점통보조치는 행정청이나 그 소속 기관 또는 그 위임을 받은 공공단체의 공법상의 행위가 아니라 장차 그 대상자인 원고가 피고가 시행하는 입찰에 참가하는 경우에 그 낙찰적격자 심사 등 계약 사무를 처리함에 있어 피고내부규정인 이 사건 세부기준에 의하여 종합취득점수의 10/100을 감점하게 된다는 뜻의 사법상의 효력을 가지는 통지행위에 불과하다 할 것이고, 또한 피고의 이와 같은 통지행위가 있다고 하여 원고에게 공공기관의 운영에 관한 법률 제39조 제2항, 제3항, 구 공기업·준정부기관 계약사무규칙 제15조에 의한 국가, 지방자치단체 또는 다른 공공기관에서 시행하는 모든 입찰에의 참가자격을 제한하는 효력이 발생한다고 볼 수도 없으므로, 피고의 이 사건 감점조치는 행정소송의 대상이 되는 행정처분이라고 할 수 없다[대판 2014.12.24, 2010두6700(부정당업자제재처분 등)].

판례 7

甲 주식회사가 조달청과 물품구매계약을 체결하고 국가종합전자조달시스템인 나라장터 종합쇼핑몰 인터넷 홈페이지를 통해 요구받은 제품을 수요기관에 납품하였는데, 조달청이 계약이행내역 점검 결과 일부 제품이 계약 규격과 다르다는 이유로 물품구매계약 추가특수조건 규정에 따라 甲 회사에 대하여 6개월의 나라장터 종합쇼핑몰 거래정지 조치를 한 사안에서, 조달청이 계약상대자에 대하여 나라장터 종합쇼핑몰에서의 거래를 일정기간 정지하는 조치는 전자조달의 이용 및 촉진에 관한 법률, 조달사업에 관한 법률 등에 의하여 보호되는 계약상대자의 직접적이고 구체적인 법률상 이익인 나라장터를 통하여 수요기관의 전자입찰에 참가하거나 나라장터 종합쇼핑몰에서 등록된 물품을 수요기관(국가, 지방자치단체 또는 공공기관 등)에 직접 판매할 수 있는 지위를 직접 제한하거나 침해하는 행위에 해당하는 점 등을 종합하면, 위 거래정지 조치는 비록 추가특수조건이라는 사법상 계약에 근거한 것이지만 행정청인 조달청이 행하는 구체적 사실에 관한 법집행으로서의 공권력의 행사로서 그 상대방인 甲 회사의 권리·의무에 직접 영향을 미치므로 항고소송의 대상이 되는 행정처분에 해당하고, 다만 추가특수조건에서 정한 제재

판례 7	조치의 발동요건조차 갖추지 못한 경우에는 위 거래정지 조치가 위법하므로 甲 회사의 행위가 추가특수조건에서 정한 거래정지 조치의 사유에 해당하는지, 추가특수조건의 내용이나 그에 기 한 거래정지 조치가 국가를 당사자로 하는 계약에 관한 법령 등을 위반하였거나 평등원칙, 비례 원칙, 신뢰보호 원칙 등을 위반하였는지 등에 관하여 나아가 살폈어야 하는데도, 위 거래정지 조 치가 사법상 계약에 근거한 의사표시에 불과하고 항고소송의 대상이 되는 행정처분으로 볼 수 없다고 판단하여 소를 각하한 원심판결에 법리를 오해한 잘못이 있다고 한 사례[대판 2018.11.29, 2015두52395(종합쇼핑몰거래정지처분취소)]. 〈해설〉 1심은 위 거래정지 조치가 처분이지만, 법률 유보의 원칙 위반으로 위법하다고 판시하였고, 2심인 원심은 위 거래정지 조치가 사법상 계약에 근거한 의사표시에 불과하고 항고소송의 대상이 되는 행정처분으로 볼 수 없다고 판단하여 소 를 각하하였다. 대법원은 위 거래정지 조치가 법률에 근거가 없이 사법상 계약에 근거한 것이라 하더라도 처분으로 보아야 한다고 하였다. 법률유보의 원칙 위반 여부는 본안의 문제로 보았는 데, 법률유보의 원칙 위반이라고는 하지 않았다. 위 거래정지조치가 사법상 계약에 근거한 것이 로서 상대방이 동의한 것이므로 법률의 근거가 없어도 가능한 것으로 본 것은 아닐까라고 추론 할 수 있다.

IX. 행정소송 이외의 특별불복절차가 마련된 처분

행정청의 과태료부과처분, 통고처분, 검사의 불기소처분, 불기소처분 결과통지[대판 2018.9.28, 2017두47465] 또는 공소제기[대판 2000.3.28, 99두11264(공소내용취소)], 형집행정지 취소처분은 다른 불복절차에 의해 다투도록 특별히 규정되어 있으므로 항고소송의 대상이 되는 처분이 아니라는 것이 일반적 견해이며 판례의 입장이다.

판례 1	수도조례 및 하수도사용조례에 기한 과태료의 부과 여부 및 그 당부는 최종적으로 질서위반행 위 규제법에 의한 절차에 의하여 판단되어야 한다고 할 것이므로, 행정청의 과태료 부과처분은 행정청을 피고로 하는 행정소송의 대상이 되는 행정처분이라고 볼 수 없다[대판 2012.10.11, 2011 두19369(추징금등부과 처분취소)].
판례 2	농지법 제62조 제1항에 따른 이행강제금 부과처분에 불복하는 경우에는 비송사건절차법에 따 른 재판절차가 적용되어야 하고(농지법 제62조 제6항, 제7항), 행정소송법상 항고소송의 대상은 될 수 없다(건축법상 이행강제금 부과처분에 관한 대판 2000.9.22, 2000두5722 등 참조). 농지법 제62조

판례 2
제6항, 제7항이 위와 같이 이행강제금 부과처분에 대한 불복절차를 분명하게 규정하고 있으므로, 이와 다른 불복절차를 허용할 수는 없다. 설령 피고가 이행강제금 부과처분을 하면서 재결청에 행정심판을 청구하거나 관할 행정법원에 행정소송을 할 수 있다고 잘못 안내하거나 경기도행정심판위원회가 각하재결이 아닌 기각재결을 하면서 관할 법원에 행정소송을 할 수 있다고 잘못 안내하였다고 하더라도, 그러한 잘못된 안내로 행정법원의 항고소송 재판관할이 생긴다고 볼 수도 없다(대판 2019.4.11, 2018두42955).

X. 경 고
[2009 행시(일반행정) 사례]

경고는 상대방의 권리의무에 직접 영향을 미치는 경우 항고소송의 대상이 되는 처분이고, 그렇지 않은 경우에는 처분이 아니다.

판례 1
[1] 어떠한 처분의 근거나 법적인 효과가 행정규칙에 규정되어 있는 경우, 그 처분이 항고소송의 대상이 되는 행정처분에 해당하기 위한 요건: 항고소송의 대상이 되는 행정처분이라 함은 원칙적으로 행정청의 공법상 행위로서 특정 사항에 대하여 법규에 의한 권리의 설정 또는 의무의 부담을 명하거나 기타 법률상 효과를 발생하게 하는 등으로 일반 국민의 권리의무에 직접 영향을 미치는 행위를 가리키는 것이지만, 어떠한 처분의 근거나 법적인 효과가 행정규칙에 규정되어 있다고 하더라도, 그 처분이 행정규칙의 내부적 구속력에 의하여 상대방에게 권리의 설정 또는 의무의 부담을 명하거나 기타 법적인 효과를 발생하게 하는 등으로 그 상대방의 권리의무에 직접 영향을 미치는 행위라면, 이 경우에도 항고소송의 대상이 되는 행정처분에 해당한다. [2] 행정규칙에 의한 '불문경고조치'가 비록 법률상의 징계처분은 아니지만 위 처분을 받지 아니하였다면 차후 다른 징계처분이나 경고를 받게 될 경우 징계감경사유로 사용될 수 있었던 표창공적의 사용가능성을 소멸시키는 효과와 1년 동안 인사기록카드에 등재됨으로써 그 동안은 장관표창이나 도지사표창 대상자에서 제외시키는 효과 등이 있다는 이유로 항고소송의 대상이 되는 행정처분에 해당한다고 한 사례(대판 2002.7.26, 2001두3532).

판례 2
공정거래위원회가 '표시·광고의 공정화에 관한 법률'에 위반하여 허위·과장의 광고를 하였다는 이유로 청구인들에 대하여 한 경고는 청구인들의 권리의무에 직접 영향을 미치는 처분으로서 행정소송의 대상이 되므로, 위 헌법소원심판청구는 법률이 정한 구제절차를 거치지 않고 제기된 것이어서 부적법하다[헌재 2012.6.27, 2010헌마508(경고의결처분취소)].

XI. 토지수용재결에 대한 항고소송

토지수용재결은 재결이라는 명칭을 사용하고 있지만, 행정심판의 재결이 아니라 원행정행위(행정소송법상 처분)의 성질을 갖는다.

토지수용위원회의 재결에 대한 불복이 보상금의 증감에 관한 것이 아닌 경우(수용 자체를 다투는 경우)에는 이의재결을 거쳐 취소소송 또는 무효확인소송을 제기하거나 이의신청을 제기함이 없이 직접 취소소송 또는 무효확인소송을 제기할 수 있다(토지보상법 제85조[5]).

XII. 기 타

판례 1

감사원이 심사청구에 의하여 관계기관에게 통지하는 시정결정이나 이유 없다고 기각하는 결정은 그 자체만으로서 국민의 권리의무 기타 법률관계에 직접적인 관계가 있는 처분이라고는 할 수 없고, 따라서 위와 같은 결정만으로서는 항고소송에 있어서의 소송대상이 될 행정처분에 해당된다고는 할 수 없다(그러므로 감사원의 변상 판정에 대한 재심사 판정과는 다르다). 다만 이해관계인은 위와 같은 감사원의 시정케 하는 결정에 의하여 관계기관장이 한 시정결정 또는 심사청구가 이유없다 하여 기각된 경우에 있어서의 그 심사청구의 대상이 된 본래의 행정처분을 대상으로 하여 항고소송을 제기할 수 있음에 불과하다고 해석하여야 할 것이다[대판 1967.6.27, 67누44(법인세부과심사처분취소)].

---

5) 사업시행자·토지소유자 또는 관계인은 수용재결에 대하여 불복이 있는 때에는 재결서를 받은 날부터 60일 이내에, 이의신청을 거친 때에는 이의신청에 대한 재결서를 받은 날부터 30일 이내에 각각 행정소송을 제기할 수 있다(토지보상법 제85조 제1항). 수용재결 또는 이의재결에 대한 불복에는 수용 자체를 다투는 경우와 보상액을 다투는 경우가 있다. 불복이 수용 자체를 다투는 것인 때에는 재결에 대하여 취소소송 또는 무효확인소송을 제기하고, 보상금의 증감을 청구하는 것인 때에는 보상액의 증감을 청구하는 소송을 제기하여야 한다(제85조 제2항). 법 제85조 제1항은 수용 자체를 다투는 항고소송과 보상액을 다투는 보상금증감청구소송 모두를 규율하는 규정이고, 법 제85조 제2항은 보상금증감청구소송에 관한 규정이다.

판례 2	甲 시장이 감사원으로부터 감사원법 제32조에 따라 乙에 대하여 징계의 종류를 정직으로 정한 징계 요구를 받게 되자 감사원에 징계 요구에 대한 재심의를 청구하였고, 감사원이 재심의청구를 기각하자 乙이 감사원의 징계 요구와 그에 대한 재심의결정의 취소를 구하고 甲 시장이 감사원의 재심의결정 취소를 구하는 소를 제기한 사안에서, 감사원의 징계 요구와 재심의결정이 항고소송의 대상이 되는 행정처분이라고 할 수 없고, 감사원법 제40조 제2항을 甲 시장에게 감사원을 상대로 한 기관소송을 허용하는 규정으로 볼 수는 없고 그 밖에 행정소송법을 비롯한 어떠한 법률에도 甲 시장에게 '감사원의 재심의 판결'에 대하여 기관소송을 허용하는 규정을 두고 있지 않으므로, 甲 시장이 제기한 소송이 기관소송으로서 감사원법 제40조 제2항에 따라 허용된다고 볼 수 없다고 한 사례[대판 2016.12.27, 2014두5637(징계요구취소)].
판례 3	건축법상 이행강제금 납부의 최초 독촉이 항고소송의 대상이 되는 행정처분에 해당한다고 한 사례[대판 2009.12.24, 2009두14507(이행강제금부과처분취소)].
판례 4	교육부장관이 대학에서 추천한 복수의 총장 후보자들 전부 또는 일부를 임용제청에서 제외하는 행위는 제외된 후보자들에 대한 불이익처분으로서 항고소송의 대상이 되는 처분에 해당한다고 보아야 한다. 다만 교육부장관이 특정 후보자를 임용제청에서 제외하고 다른 후보자를 임용제청함으로써 대통령이 임용제청된 다른 후보자를 총장으로 임용한 경우에는, 임용제청에서 제외된 후보자는 대통령이 자신에 대하여 총장 임용 제외처분을 한 것으로 보아 이를 다투어야 한다. 이러한 경우에는 교육부장관의 임용제청 제외처분을 별도로 다툴 소의 이익이 없어진다(대판 2018.6.15, 2016두57564). 〈해설〉 대통령의 국가공무원법 제16조 제1항의 처분 또는 부작위의 경우 소속 장관이 행정소송의 피고가 된다(국가공무원법 제16조 제2항).

제6목 행정심판의 재결에 불복하여 취소소송을 제기하는 경우

[2016·2017 공인노무사 사례]

Ⅰ. 원처분주의와 재결주의

행정심판의 재결에 불복하여 취소소송을 제기하는 경우에 원처분을 대상으로 하여야 하는가 아니면 재결을 대상으로 하여야 하는가에 관하여 원처분주의와 재결주의가 대립하고 있다.

1. 원처분주의

원처분주의라 함은 행정심판의 재결의 당부를 다투는 취소소송의 대상을 원처분으로 하고 원처분의 취소소송에서는 원처분의 위법만을 다투고 재결에 고유한 위법은 재결취소소송에서 다투도록 하는 제도를 말한다.

2. 재결주의

재결주의라 함은 행정심판의 재결에 대하여 불복하는 경우 재결을 대상으로 취소소송을 제기하도록 하는 제도를 말한다.

3. 입법정책의 문제

원처분주의를 채택할 것인가 재결주의를 채택할 것인가는 입법정책의 문제이다.

4. 이론적 근거

이론상 법치행정의 원칙의 실효성확보 및 행정소송의 행정통제적 기능에 비추어 원처분주의가 타당하다. 또한 행정심판법상 행정심판위원회가 처분청으로부터 독립된 제3자기관이므로 행정심판의 재결이 원처분을 대체하였다고 보기 어렵다는 점에서도 원처분주의가 타당하다. 다만, 행정심판기관이 처분청 자신 또는 처분청의 상급청이거나 행정심판기관이 처분청보다 큰 전문성과 권위를 갖고 있어 재결이 행정내부의 최종적 결정이고, 재결이 원처분을 대체한 것으로 여겨지는 경우에는 재결주의를 취하여 재결을 행정소송의 대상으로 하는 것이 타당할 것이다.

판례	위법한 원처분을 소송의 대상으로 하여 다투는 것보다는 행정심판에 대한 재결을 다투는 것이 당사자의 권리구제에 보다 효율적이고, 판결의 적정성을 더욱 보장할 수 있는 경우에는 행정심판에 대한 재결에 대하여만 제소하도록 하는 것이 국민의 재판청구권의 보장이라는 측면에서 더욱 바람직한 경우도 있으므로, 개별법률에서 이러한 취지를 정하는 때에는 원처분주의의 적용은 배제되고 재결에 대해서만 제소를 허용하는 이른바 '재결주의'가 인정된다(헌재 2001.6.28, 2000헌바77).

5. 현행법

> **행정소송법 제19조**
>
> 취소소송은 처분 등을 대상으로 한다. 다만, 재결취소소송의 경우에는 재결 자체에 고유한 위법이 있음을 이유로 하는 경우에 한한다.

현행 행정소송법은 원처분주의를 채택하고 있다.

다만, 개별법률에서 원처분주의에 대한 예외로서 재결주의를 채택하고 있는 경우가 있다.

Ⅱ. 원처분주의에 따라 원처분이 대상이 되는 경우

1. 기각재결의 경우 항고소송의 대상

기각재결의 당부를 다투고자 하는 경우 현행 행정소송법이 원처분주의를 취하고 있으므로 원칙상 원처분을 대상으로 다투어야 하고, 기각재결에 대한 취소소송은 재결 자체에 고유한 위법이 있는 경우에 한한다. 기각재결이 재결에 고유한 하자로 인하여 취소된 경우에 행정심판기관은 다시 재결을 하여야 한다.

2. 일부취소재결(예 6개월의 영업정지처분이 행정심판의 재결에서 3개월의 영업정지처분으로 감경된 경우)의 경우 항고소송의 대상

일부취소재결의 경우 일부 취소되고 남은 원처분을 취소소송의 대상으로 하여야 한다는 것이 판례 및 학설의 일반적 견해이다.

판례	감봉 3월의 징계처분을 소청심사위원회가 감봉 1월로 감경한 경우 원처분청을 피고로 감봉 1월의 처분에 대하여 취소소송을 제기한 사건에서 본안판단을 한 사례(서울고법 1998.5.14, 97구36479)

3. 적극적 변경재결의 경우 항고소송의 대상   [2009·2013 사시 사례]

(1) 원처분이 대상이 된다는 견해

적극적 변경재결(예 공무원에 대한 파면처분이 소청심사절차에서 해임으로 감경된 경우)이 내려진 경우 원처분주의의 원칙상 재결은 소송의 대상이 되지 못하고 변경되고 남은 원처분(해임처분)이 취소소송의 대상이 된다고 하는 견해이다.

(2) 적극적 변경재결이 대상이 된다는 견해

적극적 변경재결의 경우에 있어서는 재결이 원처분을 완전히 대체하는 새로운 처분이므로 위원회가 피고가 되고, 적극적 변경재결이 취소소송의 대상이 되어야 한다는 견해가 있는데, 이 견해가 타당하다.

(3) 판 례

판례는 적극적 변경재결로 인하여 감경되고 남은 원처분을 상대로 원처분청을 피고로 하여 소송을 제기하여야 하는 것으로 보고 있다.

판례1	감봉처분을 소청심사위원회가 견책처분으로 변경한 재결에 대한 취소소송에서 소청심사위원회의 재량권의 일탈이나 남용은 재결에 고유한 하자라고 볼 수 없다고 하면서 당해 변경재결에 대한 취소소송을 인정하고 있지 않은 사례[대판 1993.8.24, 93누5673(소청결정취소)]
판례2	해임처분을 소청심사위원회가 정직 2월로 변경한 경우 원처분청을 상대로 정직 2월의 처분에 대한 취소소송을 제기한 사건에서 본안판단을 한 사례[대판 1997.11.14, 97누7325(정직처분취소)]

4. 적극적 변경명령재결에 따른 변경처분의 경우   [2014 변시 사례, 2017 변시]

판례는 적극적 변경명령재결에 따라 변경처분이 행해진 경우에 나투고자 하는 경우 변경되고 남은 원처분을 취소소송의 대상으로 하여야 한다고 본다.

판례는 처분변경명령재결(3월의 영업정지처분을 2월의 영업정지처분에 갈음하는 과징금부과 처분으로 변경하라는 재결)에 따라 당초 처분(3월의 영업정지처분)을 영업자에게 유리하게 변경하는 처분을 한 경우, 그 취소소송의 대상은 변경된 내용의 당초 처분(2월의 영업정지처분에 갈음하는 과징금부과처분)이지 변경처분은 아니고, 제소기간의 준수 여부도 변경처분이 아닌 변경된 내용의 당초 처분(재결서 정본의 송달을 받은 날)을 기준으로 판단하여야 한다고 한다.

판례

행정청이 식품위생법령에 따라 영업자에게 행정제재처분을 한 후 그 처분을 영업자에게 유리하게 변경 하는 처분을 한 경우, 변경처분에 의하여 당초 처분은 소멸하는 것이 아니고 당초부터 유리하게 변경된 내용의 처분으로 존재하는 것이므로, 변경처분에 의하여 유리하게 변경된 내용의 행정제재가 위법하다 하여 그 취소를 구하는 경우 그 취소소송의 대상은 변경된 내용의 당초 처분이지 변경처분은 아니고, 제소기간의 준수 여부도 변경처분이 아닌 변경된 내용의 당초 처분을 기준으로 판단하여야 한다[대판 2007.4.27, 2004두9302(식품위생법위반과징금부과처분취소): 피고는 2002.12.26. 원고에 대하여 3월의 영업정지처분이라는 이 사건 당초처분을 하였고, 이에 대하여 원고가 행정심판청구를 하자 재결청은 2003.3.6. "피고가 2002.12.26. 원고에 대하여 한 3월의 영업정지처분을 2월의 영업정지에 갈음하는 과징금부과처분으로 변경하라." 는 일부기각(일부인용)의 이행재결(변경명령재결)을 하였으며, 2003.3.10. 그 재결서 정본이 원고에게 도달한 사실, 피고는 위 재결취지에 따라 2003.3.13. "3월의 영업정지처분을 과징금 560만 원으로 변경한다."는 취지의 이 사건 후속 변경처분을 함으로써 이 사건 당초처분을 원고에게 유리하게 변경하는 처분을 하였으며, 원고는 2003.6.12. 이 사건 소를 제기하면서 청구취지로써 2003.3.13. 자 과징금부과처분의 취소를 구하고 있음을 알 수 있다. 앞서 본 법리에 비추어 보면, 이 사건 후속 변경처분에 의하여 유리하게 변경된 내용의 행정제재인 과징금부과가 위법하다 하여 그 취소를 구하는 이 사건 소송에 있어서 위 청구취지는 이 사건 후속 변경처분에 의하여 당초부터 유리하게 변경되어 존속하는 2002.12.26. 자 과징금부과처분의 취소를 구하고 있는 것으로 보아야 할 것이고, 일부기각(일부인용)의 이행재결(변경명령재결)에 따른 후속 변경처분에 의하여 변경된 내용의 당초처분의 취소를 구하는 이 사건 소 또한 행정심판재결서 정본을 송달받은 날로부터 90일 이내 제기되어야 하는데 원고가 위 재결서의 정본을 송달받은 날로부터 90일이 경과하여 이 사건 소를 제기하였다는 이유로 이 사건 소가 부적법하다고 한 사례]. 〈해설〉 이 판결에 대하여는 처분명령재결에 따라 변경하는 처분이 내려진 경우에 당해 변경하는 처분이 새로운 처분이 되고, 항고소송의 대상이 되며 제소기간도 변경하는 처분(과징금부과처분) 을 안 날로부터 90일 이내로 하여 제소기간이 도과하지 않은 것으로 보는 것이 타당하다는 **비판**이 있다. 또한 원처분을 대상으로 보는 경우 판례는 행정심판재결서 정본을 송달받은 날부터 90일 이내를 제소기간으로 보고 있지만, 변경처분은 처분명령재결을 이행하는 처분으로서 처분명령재결은 변경처분으로 완성되는 것이므로 변경처분을 안 날을 기준으로 하는 것이 타당하다고 보아야 한다.

III. 재결이 대상이 되는 경우 　　　　　　　　　　　　[2017 공인노무사]

1. 재결자체에 고유한 위법이 있는 경우
(1) 재결자체에 고유한 위법의 인정범위
(2) 인용재결이 항고소송의 대상이 되는 경우
(3) 재결에 고유한 하자를 이유로 한 재결취소판결의 기속력
(4) 재결자체에 고유한 위법이 없음에도 재결에 대해 취소소송을 제기한 경우의 판결

2. 개별법률에 의해 재결이 항고소송의 대상이 되는 경우(재결주의)
(1) 감사원의 변상판정에 대한 재심의 판정에 대한 불복(재결주의)
(2) 노동위원회의 처분에 대한 중앙노동위원회의 재심 판정에 대한 불복(재결주의)
(3) 중앙토지수용위원회의 이의재결에 대한 불복(원처분주의)
(4) 교원징계재심위원회의 결정에 대한 불복(원처분주의)
(5) 재결주의에서의 청구, 심리 및 판결

재결이 항고소송의 대상이 되는 경우는 행정심판의 재결이 행정소송법 제19조에 의해 항고소송의 대상이 되는 경우(재결 자체에 고유한 위법이 있는 경우)와 개별법률에서 재결주의를 취하는 결과 당해 법률상의 재결이 항고소송의 대상이 되는 경우로 나뉜다.

1. 재결자체에 고유한 위법이 있는 경우

행정심판의 재결은 재결 자체에 고유한 위법이 있는 경우에 한하여 항고소송의 대상이 된다(행정소송법 제19조 단서).

(1) 재결 자체에 고유한 위법의 인정범위

1) 재결의 주체에 관한 위법
권한이 없는 행정심판위원회에 의한 재결의 경우 또는 행정심판위원회의 구성상 하자가 있는 경우를 그 예로 들 수 있다.

2) 재결의 절차에 관한 위법
행정심판법상의 심판절차를 준수하지 않은 경우를 그 예로 들 수 있다. 다만, 행정심판법 제34조에서 규정하고 있는 재결기간은 훈시규정으로 해석되므로 재결기간을 넘긴 경우에도 그것만으로는 절차의 위법이 있다고 볼 수 없다.

3) 재결의 형식에 관한 위법

문서에 의하지 아니한 재결, 재결에 주문만 기재되고 이유가 전혀 기재되어 있지 않거나 이유가 불충분한 경우, 재결서에 기명날인을 하지 아니한 경우 등을 그 예로 들 수 있다.

4) 재결의 내용에 관한 위법

판례는 재결 자체에 고유한 위법에는 재결 자체의 주체, 절차, 형식상 위법뿐만 아니라 재결 자체의 내용상 위법이 포함된다고 보고 있고[대판 1993.8.24, 93누5673(소청결정취소)], 다수설도 이 입장을 취하고 있다. 이 견해가 타당하다. 이에 대하여 당해 인용재결을 제3자(처분의 상대방)와의 관계에 서는 별도의 새로운 처분으로 보아 처분에 대한 취소소송의 문제로 보는 견해가 있다. 이 견해는 인용재결은 제3자에 대하여는 새로운 처분의 성질을 가지므로 행정소송법 제19조 본문에 의해 인용재결이 항고소송의 대상이 되는 것으로 본다.

판례에 의하면 재결 자체에 고유한 내용상 위법이 있는 경우는 인용재결이 부당한 경우와 적법한 심판청구에 대해 각하재결을 한 경우이다.

가. 인용재결이 부당한 경우

① 법적 근거가 될 수 없는 사유(예 국민 정서)에 근거하여 원처분을 취소한 재결례를 들 수 있다[대판 1997.12.23, 96누10911(체육시설사업계획승인취소처분취소)].

> **판례** 행정심판의 재결에 이유모순의 위법이 있다는 사유는 재결처분 자체에 고유한 하자로서 재결처분의 취소를 구하는 소송에서는 그 위법사유로서 주장할 수 있으나, 원처분의 취소를 구하는 소송에서는 그 취소를 구할 위법사유로서 주장할 수 없다[대판 1996.2.13, 95누8027(개별토지가격결정처분취소)].

이 경우 재결 자체에 고유한 재결의 내용에 관한 위법으로 재결이 취소된 경우 행정심판기관은 다시 재결을 하여야 한다.

② 제3자효를 수반하는 행정행위(예 건축허가 또는 건축허가의 거부)에 대한 행정심판청구에 있어서 그 청구를 인용하는 내용의 재결로 인하여 비로소 권리이익을 침해받게 되는 자(건축허가자 또는 인근주민)가 그 인용재결에 대하여 취소를 구하는 경우가 있다.

즉, 처분의 상대방에게 수익적인 처분이 제3자에 의해 제기된 행정심판의 재결에서 취소 또는 불리하게 변경된 경우에 처분의 상대방은 당해 행정심판의 재결의 취소소송을 제기할 수 있다. 또한 제3자효행정행위의 거부(예 건축허가거부)에 대한 행정심판(의무이행심판 또는 취소심판)의 재결에서 처분재결 또는 취소재결이 내려진 경우 제3자는 당해 처분재결 또는 취소재결의 취소소송을 제 기할 수 있다.

판례는 인용재결의 위법판단상의 부당도 원처분에는 없는 하자로서 행정소송법 제19조 단서의 재결에 고유한 하자라고 보고 있다.

> **판례**
>
> [1] 인용재결은 원처분과 내용을 달리하는 것이므로 그 인용재결의 취소를 구하는 것은 원처분에는 없는 재결에 고유한 하자를 주장하는 셈이어서 당연히 항고소송의 대상이 된다. [2] 인용재결청인 문화체육부장관 스스로가 직접 당해 사업계획승인처분을 취소하는 형성적 재결을 한 경우에는 그 재결 외에 그에 따른 행정청의 별도의 처분이 있지 않기 때문에 재결 자체를 쟁송의 대상으로 할 수밖에 없다고 본 사례[대판 1997.12.23, 96누10911(체육시설사업계획승인취소처분취소)][6]

③ 판례는 처분이 아닌 자기완결적 신고의 수리에 대한 심판청구와 같이 부적법하여 각하하여야 함에도 인용재결을 한 것은 재결 자체에 고유한 하자가 있다고 보았다[대판 2001.5.29, 99두10292(재결취소)].

> **판례**
>
> 이른바 복효적 행정행위, 특히 제3자효를 수반하는 행정행위에 대한 행정심판청구에 있어서 그 청구를 인용하는 내용의 재결로 인하여 비로소 권리이익을 침해받게 되는 자는 그 인용재결에 대하여 다툴 필요가 있고, 그 인용재결은 원처분과 내용을 달리하는 것이므로 그 인용재결의 취소를 구하는 것은 원처분에는 없는 재결에 고유한 하자를 주장하는 셈이어서 당연히 항고소송의 대상이 된다[대판 2001.5.29, 99두10292(재결취소): 행정청이 골프장 사업계획승인을 얻은 자의 사업시설 착공계획서를 수리한 것에 대하여 인근 주민들이 그 수리처분의 취소를 구하는 행정심판을 청구하자 재결청이 그 청구를 인용하여 수리처분을 취소하는 형성적 재결을 한 경우, 그 수리처분 취소 심판청구는 행정심판의 대상이 되지 아니하여 부적법 각하하여야 함에도 위 재결은 그 청구를 인용하여 수리처분을 취소하였으므로 재결 자체에 고유한 하자가 있다고 본 사례]. 〈해설〉 현재 판례는 착공신고 수리거부의 처분성을 인정하고 있다.

---

6) 인근주민이 체육시설사업계획승인처분에 불복하여 제기한 행정심판에서 인용재결이 난 경우에 위 승인처분을 받은 자가 위 인용재결에 대해 취소소송을 제기한 사건.

나. 적법한 심판청구에 대해 각하재결을 한 경우

관례는 적법한 행정심판청구를 각하한 재결은 심판청구인의 실체심리를 받을 권리를 박탈한 것으로서 원처분에 없는 재결 자체에 고유한 위법이 있는 경우에 해당하고 따라서 각하재결은 취소소송의 대상이 된다고 하였다(대판 2001.7.27, 99두2970). 각하재결이 취소된 경우 관결의 취지에 따라 다시 행정심판의 재결을 하여야 한다. 그런데 각하재결의 경우 각하재결에 대한 취소소송을 제기 함이 없이 원처분의 위법을 이유로 원처분에 대한 취소소송을 제기할 수 있고, 이렇게 하는 것이 실무의 통례이다.

(2) 인용재결이 항고소송의 대상이 되는 경우 [2009 행시(재경 등) 사례, 2011 사시 사례]

1) 인용재결에 대한 취소소송에서 제3자의 원고적격

인용재결로 인하여 비로소 권리이익을 침해받게 되는 자는 인용재결의 취소를 구하는 소를 제기 할 원고적격이 있지만 인용재결로 새로이 어떠한 권리이익도 침해받지 아니하는 자인 경우에는 그 재결의 취소를 구할 원고적격이 없다.

판례

[1] **제3자효를 수반하는 행정행위에 대한 행정심판청구의 인용재결에 대하여 제3자가 재결취소를 구할 소의 이익이 있는지 여부:** 이른바 복효적 행정행위, 특히 제3자효를 수반하는 행정행위에 대한 행정심판청구에 있어서 그 청구를 인용하는 내용의 재결로 인하여 비로소 권리이익을 침해받게 되는 자(예컨대, 제3자가 행정심판청구인인 경우의 행정처분 상대방 또는 행정처분 상대방이 행정심판청구인인 경우의 제3자)는 재결의 당사자가 아니라고 하더라도 그 인용재결의 취소를 구하는 소를 제기할 수 있으나, 그 인용재결로 인하여 새로이 어떠한 권리이익도 침해받지 아니하는 자인 경우에는 그 재결의 취소를 구할 소의 이익이 없다. [2] **어업면허취소처분에 대한 면허권자의 행정심판청구를 인용한 재결에 대하여 제3자가 재결취소를 구할 소의 이익이 없다고 본 사례:** 처분 상대방이 아닌 제3자가 당초의 양식어업면허처분에 대하여는 아무런 불복조치를 취하지 않고 있다가 도지사가 그 어업면허를 취소하여 처분상대방인 면허권자가 그 어업면허취소처분의 취소를 구하는 행정심판을 제기하고 이에 재결기관인 수산청장이 그 심판청구를 인용하는 재결을 하자 비로소 그 제3자가 행정소송으로 그 인용재결을 다투고 있는 경우, 수산청장의 그 인용재결은 도지사의 어업면허취소로 인하여 상실된 면허권자의 어업면허권을 회복하여 주는 것에 불과할 뿐 인용재결로 인하여 제3자의 권리이익이 새로이 침해받는 것은 없고, 가사 그 인용재결로 인하여 그 면허권자의 어업면허가 회복됨으로써 그 제3자에 대하여 사실상 당초의 어업면허에 따른 효과와 같은 결과를 초래한다고 하더라도 이는 간접적이거나 사실적·경제적인 이해관계에 불과하므로, 그 제3자는 인용재결의 취소를 구할 소의 이익이

> **판례** 없다고 본 사례[대판 1995.6.13, 94누15592(어업면허취소처분에 대한 취소재결처분취소)]. 〈**해설**〉이 사안에서 처분상대방이 아닌 제3자는 자신의 권익을 직접 침해하는 원상회복된 양식어업면허처분(원처분)을 다투어야 할 것이다. 다만, 불복제기기간은 원상회복된 양식어업면허처분이 있은 날을 기준으로 기산하여야 한다.

2) 피 고

인용재결에 대한 항고소송의 피고는 인용재결을 한 행정심판위원회이다.

3) 심판의 범위

판례는 인용재결에서의 원처분의 위법판단상의 부정당을 이유로 인용재결의 취소를 구하는 소송의 심리·판단의 범위에 관하여 인용재결의 당부는 원처분의 당부(위법·적법의 문제)도 포함하는 것으로 보고 있다.

> **판례** 인용재결의 취소를 구하는 당해 소송은 그 인용재결의 당부를 그 심판대상으로 하고 있고, 그 점을 가리기 위하여는 행정심판청구인들의 심판청구원인 사유에 대한 재결청의 판단에 관하여도 그 당부를 심리·판단하여야 할 것이므로, 원심으로서는 재결청이 원처분의 취소 근거로 내세운 판단사유의 당부뿐만 아니라 재결청이 심판청구인의 심판청구원인사유를 배척한 판단 부분이 정당한가도 심리·판단하여야 한다[대판 1997.12.23, 96누10911(체육시설사업계획승인취소처분취소)].

4) 인용재결 취소판결의 효력

인용재결의 부당(원처분의 적법)을 이유로 인용재결이 취소된 경우 행정심판기관은 다시 재결을 할 필요가 없고, 취소재결로 취소된 원처분은 취소재결의 취소로 원상을 회복한다.

(3) 재결에 고유한 하자를 이유로 한 재결취소판결의 기속력

재결에 고유한 하자를 이유로 재결취소판결이 내려진 경우에 인용재결의 당부가 다투어진 경우를 제외하고 재결기관은 취소판결의 취지에 따라 재결에 고유한 하자 없이 다시 재결을 하여야 한다.

(4) 재결 자체에 고유한 위법이 없음에도 재결에 대해 취소소송을 제기한 경우의 판결

이 경우에 행정소송법 제19조 단서가 소극적 소송요건(소송의 대상)을 정한 것으로 보아 각하하여야 한다는 견해와 위법사유의 주장제한을 정한 것으로 보아 기각하여야 한다는 견해가 대립되고 있다. 판례는 재결취소소송에서 재결에 고유한 하자가 없는 경우 **기각판결**하여야 한다는 입장이다.

> **판례**
>
> **[1] 재결취소소송에 있어 재결 자체에 고유한 위법이 없는 경우 법원이 취할 조치**: 행정소송법 제19조는 취소소송은 행정청의 원처분을 대상으로 하되(원처분주의), 다만 '재결 자체에 고유한 위법이 있음을 이유로 하는 경우'에 한하여 행정심판의 재결도 취소소송의 대상으로 삼을 수 있도록 규정하고 있으므로 재결취소소송의 경우 재결 자체에 고유한 위법이 있는지 여부를 심리할 것이고, 재결 자체에 고유한 위법이 없는 경우에는 원처분의 당부와는 상관없이 당해 재결취소소송은 이를 기각하여야 한다.
>
> **[2] 행정심판청구에 대한 재결에 대하여 전심절차를 거칠 필요가 있는지 여부**: 행정심판법 제39조가 심판청구에 대한 재결에 대하여 다시 심판청구를 제기할 수 없도록 규정하고 있으므로, 이 재결에 대하여는 바로 취소소송을 제기할 수 있다[대판 1994.1.25, 93누16901(투전기영업허가거부처분취소): 의무이행심판청구에 대한 기각재결에 대해 취소소송을 제기하면서 원처분주의에 따라 원처분을 대상으로 하여야 함에도 기각재결을 대상으로 한 사례)].

그러나 재결에 고유한 하자가 아닌 하자를 이유로 재결을 대상으로 항고소송을 제기한 경우에는 소송의 대상을 잘못한 것이므로 각하재결을 하여야 하고, 재결에 고유한 하자를 주장하였지만, 재결에 고유한 하자가 존재하지 아니하는 경우에는 본안심리를 한 후 기각재결을 하여야 한다고 보는 것이 타당하다.

2. 개별법률에 의해 재결이 항고소송의 대상이 되는 경우(재결주의)

개별법률에서 예외적으로 재결주의를 규정하고 있는 경우가 있는데, 이 경우에는 재결주의에 의해 원처분이 아니라 재결이 항고소송의 대상이 된다.

개별법률에서 재결주의를 명시적으로 규정한 경우뿐만 아니라 명시적 규정이 없더라도 개별법상 행정심판기관이 처분청보다 전문성과 권위를 갖고 있는 관계로 재결이 처분을 대체하는 행정의 최종적 결정의 성격을 갖는 경우에는 재결주의를 취한 것으로 해석하는 것이 타당하다.

행정심판전치주의와 재결주의는 별개의 제도이다. 그런데, 재결주의는 행정심판전치주의를 전제로 한다(헌재 2001.6.28, 2000헌바77).

(1) 감사원의 변상판정에 대한 재심의 판정에 대한 불복(재결주의)

감사원법 제36조는 회계관계직원에 대한 감사원의 변상판정(원처분)에 대하여 감사원에 재심의를 청구할 수 있도록 하고 있고, 감사원법 제40조는 감사원의 재심의 판정(재결)에 대하여는 감사원을 당사자로 하여 행정소송을 제기할 수 있다고 규정하고 있다.

> **판례** 판례는 이 규정의 해석에 있어서 "감사원의 변상판정처분에 대하여서는 행정소송을 제기할 수 없고, 재결에 해당하는 재심의 판정에 대하여서만 감사원을 피고로 하여 행정소송을 제기할 수 있다."고 판시하였다[대판 1984.4.10, 84누91(변상처분취소)].

(2) 노동위원회의 처분에 대한 중앙노동위원회의 재심 판정에 대한 불복(재결주의)

노동위원회법 제26조 제1항은 "중앙노동위원회는 지방노동위원회 또는 특별노동위원회의 처분을 재심하여 이를 승인·취소 또는 변경할 수 있다."고 규정하고 있고, 제27조 제1항은 "중앙노동위원회 의 처분에 대한 소는 중앙노동위원회위원장을 피고로 하여 판정서정본의 송달을 받은 날로부터 15일 이내에 이를 제기하여야 한다."고 규정하고 있다.

판례에 의하면 노동위원회의 처분에 대해 행정소송을 제기하는 경우 중앙노동위원회에 대한 행정심판전치주의가 적용되고, 중앙노동위원회의 재심판결에 불복하는 취소소송을 제기하는 경우 재결주의에 따라 중앙노동위원회의 재심판정을 대상으로 중앙노동위원장을 피고로 하여 재심판정취소의 소를 제기하여야 한다.

> **판례** 판례는 이 규정의 해석에 있어서 "노동위원회법 제19조의2 제1항의 규정은 행정처분의 성질을 가지는 지방노동위원회의 처분에 대하여 중앙노동위원장을 상대로 행정소송을 제기할 경우의 전치요건에 관한 규정이라 할 것이므로 당사자가 지방노동위원회의 처분에 대하여 불복하기 위하여는 처분 송달일로부터 10일 이내에 중앙노동위원회에 재심을 신청하고 중앙노동위원회의 재심판정서 송달일로부터 15일 이내에 중앙노동위원장을 피고로 하여 재심판정취소의 소를 제기하여야 할 것이다."라고 판시하였다[대판 1995.9.15, 95누6724(노동쟁의중재회부결정취소)].

〈해설〉 지방노동위원회의 구제명령에 대한 불복절차는 다음과 같다. 지방노동위원회의 구제명령 – 중앙노동위원회에 대한 재심 신청 – 중앙노동위원회의 기각 판정 – 중앙노동위원장을 피고로 재심판정(기각판정) 취소의 소 – 전부 또는 일부취소판결 – 전부 또는 일부취소판결의 경우 구제명령의 전부 또는 일부를 취소하는 중앙노동위원회의 재처분판정

판례

(3) 중앙토지수용위원회의 이의재결에 대한 불복(원처분주의)

구 토지수용법하에서 판례는 "중앙토지수용위원회의 이의신청에 대한 재결에 불복이 있는 자는 행정소송을 제기할 수 있다."라는 동법 제75조의 2가 재결주의를 취하고 있다고 보았다.

그런데 전술한 바와 같이 현행 토지취득보상법상 재결주의를 포기하고 원처분주의를 취한 것으로 해석하는 것이 일반적 견해이며 판례의 입장이다(대판 2010.1.28, 2008두1504). 따라서 이의재결에 불복하여 취소소송을 제기하는 경우 원처분인 수용재결을 대상으로 하여야 한다(원처분주의). 그 이유는 다음과 같다. ① 토지취득보상법 제85조 제1항은 행정소송에 의한 불복의 대상을 '제34조의 규정에 의한 재결' 즉, 수용재결이라 규정하고 있다. ② 이의신청임의주의를 취하고 있다. ③ 이의재결을 대상으로 한다는 명문의 규정이 없으므로 행정소송법 제19조의 일반원칙에 따라 원처분인 수용재결을 대상으로 하여야 한다. 판례도 이러한 입장을 취하고 있다.

판례 토지소유자 등이 수용재결에 불복하여 이의신청을 거친 후 취소소송을 제기하는 경우 피고적격(=수용재결을 한 토지수용위원회) 및 소송대상(=수용재결):** 공익사업을 위한 토지 등의 취득 및 보상에 관한 법률 제85조 제1항 전문의 문언 내용과 같은 법 제83조, 제85조가 중앙토지수용위원회에 대한 이의신청을 임의적 절차로 규정하고 있는 점, 행정소송법 제19조 단서가 행정심판에 대한 재결은 재결 자체에 고유한 위법이 있음을 이유로 하는 경우에 한하여 취소소송의 대상으로 삼을 수 있도록 규정하고 있는 점 등을 종합하여 보면, 수용재결에 불복하여 취소소송을 제기하는 때에는 이의신청을 거친 경우에도 수용재결을 한 중앙토지수용위원회 또는 지방토지수용위원회를 피고로 하여 수용재결의 취소를 구하여야 하고, 다만 이의신청에 대한 재결자체에 고유한 위법이 있음을 이유로 하는 경우에는 그 이의재결을 한 중앙토지수용위원회를 피고로 하여 이의재결의 취소를 구할 수 있다고 보아야 한다[대판 2010.1.28, 2008두1504(수용재결취소등)].

공익사업을 위한 토지 등의 취득 및 보상에 관한 법률

제83조(이의의 신청)

> **판례**
>
> ① 중앙토지수용위원회의 제34조에 따른 재결에 이의가 있는 자는 중앙토지수용위원회에 이의를 신청할 수 있다.
>
> ② 지방토지수용위원회의 제34조에 따른 재결에 이의가 있는 자는 해당 지방토지수용위원회를 거쳐 중앙토지수용위원회에 이의를 신청할 수 있다.
>
> ③ 제1항 및 제2항에 따른 이의의 신청은 재결서의 정본을 받은 날부터 30일 이내에 하여야 한다.
>
> 제85조(행정소송의 제기)
>
> ① 사업시행자, 토지소유자 또는 관계인은 제34조에 따른 재결에 불복할 때에는 재결서를 받은 날부터 60일 이내에, 이의신청을 거쳤을 때에는 이의신청에 대한 재결서를 받은 날부터 30일 이내에 각각 행정소송을 제기할 수 있다. 이 경우 사업시행자는 행정소송을 제기하기 전에 제84조에 따라 늘어난 보상금을 공탁하여야 하며, 보상금을 받을 자는 공탁된 보상금을 소송이 종결될 때까지 수령할 수 없다.
>
> ② 제1항에 따라 제기하려는 행정소송이 보상금의 증감에 관한 소송인 경우 그 소송을 제기하는 자가 토지소유자 또는 관계인일 때에는 사업시행자를, 사업시행자일 때에는 토지소유자 또는 관계인을 각각 피고로 한다.

다만, 이의재결에 고유한 위법이 있는 경우에는 이의재결에 대하여 취소소송을 제기할 수 있다(행정소송법 제19조).

(4) 교원징계재심위원회의 결정에 대한 불복(원처분주의)

교원지위향상을 위한 특별법상 각급학교 교원(사립학교 교원 포함)은 징계처분 그 밖에 그 의사에 반하는 불리한 처분에 대하여 교육부의 교원소청심사위원회에 소청을 신청할 수 있고(제9조 제1항), 소청심사위원회의 결정에 대해서 교원은 항고소송을 제기할 수 있다(제10조 제3항).

사립학교교원에 대한 사립학교장의 징계처분은 처분이 아니기 때문에 교원소청심사위원회의 결정은 행정심판의 재결이 아니며 행정처분으로서 항고소송의 대상이 된다.

이에 반하여 국공립학교교원에 불리한 처분에 대한 교원소청심사위원회의 결정은 행정심판의 재결이고, 판례는 교원소청심사위원회의 결정에 대한 불복에는 원처분주의가 적용되는 것으로 판시하였다[대판 2013.7.25, 2012두12297(해임처분취소결정취소)].

(5) 특허심판원의 심결에 대한 불복(재결주의)

특허출원에 대한 심사관의 거절결정에 대하여 특허심판원에 심판청구를 한 후 소송을 제기하는 경우 특허심판원의 심결을 소송대상으로 하여 특허법원에 심결취소를 요구하는 소를 제기하여야 한다(특허법 제186조, 제189조).

(6) 재결주의에서의 청구, 심리 및 판결

① 개별법률에서 재결주의를 정하는 경우에는 재결에 대해서만 제소하는 것이 허용되므로 그 논리적인 전제로서 취소소송을 제기하기 전에 행정심판을 필요적으로 경유할 것이 요구된다(헌재 2001.6.28, 2000헌바77).

② 재결주의의 경우에는 행정심판의 재결에 불복하여 취소소송을 제기하고자 하는 경우에 행정심판의 재결을 대상으로 취소소송을 제기하여야 한다. 이 경우 재결취소의 소에서는 재결 고유의 하자뿐만 아니라 원처분의 하자도 주장할 수 있다[대판 1991.2.12, 90누288(토지수용 재결처분취소)]. 그러나 원처분이 당연무효인 경우에는 재결취소의 소뿐만 아니라 원처분무효확인소송도 제기할 수 있다[대판 전원합의체 1993.1.19, 91누8050(토지수용 재결처분취소)].

③ 재결주의에서 기각재결에 대한 취소판결의 경우 판결의 기속력에 의해 원처분청은 원처분을 취소하여야 하고, 인용재결(취소재결)의 취소는 직접 원처분의 소급적 부활을 가져온다.

심화학습

[부 관]

Ⅰ. 문제의 소재

위법한 부관에 대한 행정쟁송과 관련하여 두가지 문제(부관만의 독립쟁송가능성과 부관만의 독립취소가능성)가 제기된다. 부관만의 독립쟁송가능성은 소송요건의 문제이고, 부관만의 독립취소가능성은 본안의 문제이다.

첫번째 문제는 위법한 부관만을 행정쟁송으로 다툴 수 있는가(위법한 부관만의 취소를 구하는 행정쟁송의 제기가 가능한 것인가)의 문제, 즉 독립쟁송 가능성의 문제와 위법한 부관을 다투는 쟁송형식의 문제이다.

두번째 문제는 부관만이 취소쟁송의 대상이 되거나 부관부 행정행위 전체가취소쟁송의 대상이 된 경우에 위법한 부관만의 취소 또는 무효확인이 가능한가 하는 문제이다. 이 문제를 독립취소 가능성 또는 독립무효확인 가능성의 문제라 한다.

II. 독립쟁송가능성과 쟁송형식

1. 부담만의 독립쟁송가능성설(판례)

이 견해는 부담만은 독립하여 행정쟁송의 대상이 될 수 있지만, 부담 이외의 부관에 있어서는 그것만의 취소를 구하는 소송(진정일부취소소송및부진정일부취소소송)은 인정할 수 없고, 부관부 행정행위 전체의 취소를 청구할 수 있다고 본다(강구철). 부담은 주된 행정행위로부터 분리될 수 있으며 그 자체가 독립된 행정행위이므로 주된 행정행위로부터 분리하여 쟁송의 대상이 될 수 있다(진정일부취소소송 또는 부진정일부취소소송).

2. 분리가능성기준설

이 견해는 부관이 주된 행정행위로부터 분리가능한 것이면 독립하여 행정쟁송으로 다툴 수 있고, 부관이 분리가능한 것이 아니면 독립하여 행정쟁송으로 다툴 수 없다고 본다. 그 이유는 다음과 같다. 첫째, 독립가쟁성의 문제는 독립취소 가능성의 전제문제로 보는 것이 타당하다. 둘째, 분리 가능하지 않은 부관의 취소 또는 무효확인을 구하는 소송을 각하하여 소송을 조기에 종결할 수 있으므로 소송경제를 기할 수 있다.

이 견해에 의하면 분리가능한 부관은 부담의 경우에는 진정일부취소소송과 부진정일부취소소송이 가능하고, 부담이외의 부관에 대하여는 부진정일부취소소송만이 가능하다고 본다(홍정선, 류지태).

3. 전면긍정설

이 견해는 부관의 분리가능성은 독립취소 가능성의 문제, 즉 본안의 문제이며 쟁송의 허용성의 문제(소송요건의 문제)는 아니기 때문에 모든 부관은 독립하여 취소쟁송의 대상이 된다고 한다(김남진, 정하중).

이 견해에 의하면 부담의 경우에는 진정일부취소소송과 부진정일부취소소송이 가능하고, 부담이외의 부관에 대하여는 부진정일부취소소송만이 가능하다고 본다.

4. 판 례

행정행위의 부관은 부담의 경우를 제외하고는 독립하여 행정소송의 대상이 될 수 없다는 것이 판례의 입장이다[대판 1993.10.8, 93누2032(공유수면매립공사준공인가처분취소)]. 판례는 부관(부담 제외)만의 취소를 구하는 소송에 대하여는 각하판결을 하여야 한다고 보며, 부관부 행정행위 전체의 취소를 구하는 것만을 인정하고 있다.

판례 1	**행정행위의 부관 중 행정행위에 부수하여 그 상대방에게 일정한 의무를 부과하는 행정청의 의사표시인 부담이 그 자체만으로 행정쟁송의 대상이 될 수 있는지 여부(적극):** 행정행위의 부관은 행정행위의 일반적인 효력이나 효과를 제한하기 위하여 의사표시의 주된 내용에 부가되는 종된 의사표시이지 그 자체로서 직접 법적 효과를 발생하는 독립된 처분이 아니므로 현행 행정쟁송제도 아래서는 부관 그 자체만을 독립된 쟁송의 대상으로 할 수 없는 것이 원칙이나 행정행위의 부관 중에서도 행정행위에 부수하여 그 행정행위의 상대방에게 일정한 의무를 부과하는 행정청의 의사표시인 부담의 경우에는 다른 부관과는 달리 행정행위의 불가분적인 요소가 아니고 그 존속이 본체인 행정행위의 존재를 전제로 하는 것일 뿐이므로 부담 그 자체로서 행정쟁송의 대상이 될 수 있다[대판 1992.1.21, 91누1264(수토대금부과처분취소)]. 〈해설〉 판례는 부담은 항상 주된 행정행위의 불가분적 요소가 아니라고 하고 있는데, 부담이 주된 행정행위의 불가분적 요소인 경우도 있을 수 있다는 비판이 가능하다.
판례 2	[1] 행정행위의 부관은 부담인 경우를 제외하고는 독립하여 행정소송의 대상이 될 수 없는바, 기부채납받은 행정재산에 대한 사용·수익허가에서 공유재산의 관리청이 정한 사용·수익허가의 기간은 그 허가의 효력을 제한하기 위한 행정행위의 부관으로서 이러한 사용·수익허가의 기간에 대해서는 독립하여 행정소송을 제기할 수 없다. [2] 공유재산에 대한 40년간의 사용허가기간을 신청한 것에 대해 20년간 사용허가한 경우에 사용허가기간에 대해서는 독립하여 행정소송을 제기할 수 없다고 보고, 그 나머지 기간에 대한 신청을 받아들이지 않은 처분의 취소를 구하는 주위적 청구는 각하하는 것이 타당하고, 이 사건 사용허가처분 전부에 대한 취소소송은 가능하다. [3] 기부채납된 행정재산에 대한 사용·수익허가기간은 행정행위의 본질적 요소에 해당한다고 볼 것이어서, 부관인 허가기간에 위법사유가 있다면 이로써 이 사건 허가 전부가 위법하게 될 것이다[대판 2001.6.15, 99누509(부상사용허가일부거부처분취소)].

판례는 일반적으로 그 이유를 밝히고 있지 않는데, 부담이외의 부관은 주된 행정행위의 불가분적 요소이고 그 자체로서는 독립된 처분이 아니라는 것을 논거로 든 판례가 있다[대판 1992.1.21, 91누1264(수토대금부과처분취소)]. 이렇게 판례가 부담 이외의 부관에 대해 독립쟁송 가능성을 인정하지 않는 이유를 부담 이외의 부관의 불가분성에서 찾는다고 본다면, 판례는 분

리 가능성 기준설을 취하고 있다고 할 수 있다.

또한 판례는 부관이 위법한 경우 신청인이 부관부 행정행위의 변경을 청구하고, 행정청이 이를 거부한 경우 동거부처분의 취소를 구하는 소송을 제기할 수 있는 것으로 본다[대판 1990.4.27, 89누6808(어업허가사항변경신청불허가처분취소)].

5. 결 어(전면긍정설)

본안의 문제인 독립취소 가능성과 소송요건의 문제인 독립쟁송가능성은 구분하는 것이 타당하고, 위법한 행정작용의 통제를 위해 가능한 한 쟁송가능성을 넓히는 것이 타당하므로 전면긍정설이 타당하다. 부관의 주된 행정행위로부터의 분리가능성은 독립취소가능성의 문제로 보아야 한다.

부담은 그 자체가 행정행위이므로 주된 행정행위로부터 분리하여 쟁송의 대상이 될 수 있다. 즉, 부담만을 대상으로 부담만의 취소를 구하는 소송(진정일부취소소송)이 가능하다. 또한 부담부행정행위를 대상으로 하면서 부담만의 취소를 구하는 소송(부진정일부취소소송)도 가능하다. 부담이외의 부관은 그 자체가 독립된 행정행위가 아니기 때문에 행정쟁송의 대상인 '처분'이 될 수 없으므로 주된 행위로부터 분리하여 쟁송의 대상으로 할 수 없다. 따라서 부담이외의 부관에 있어 부관만의 취소를 구하고자하는 경우에는 부관부행정행위를 취소소송의 대상으로하여 부관만의 일부취소를 구하여야 한다[부진정(不眞正)일부취소소송]. 이에 대하여 부담을 포함하여 모든 부관은 행정행위와 일체를 이루고 있으므로 항상 부관부 행정행위를 대상으로 일부 취소를 구하여야 한다는 견해도 있다.

Ⅲ. 독립취소가능성(독립무효확인가능성)

부관만의 취소 또는 무효확인을 구하는 소송이 제기된 경우에 부관만의 취소 또는 무효확인이 가능한지, 가능하다면 어떠한 기준에 의해 가능한지가 문제된다.

독립취소 가능성의 문제에 있어 주된 행정행위가 기속행위인가 재량행위인가에 따라 특별한 고찰을 필요로 한다.

1. 기속행위에 대한 부관의 독립취소가능성

기속행위는 법에 의해 행위의 요건과 효과가 일의적으로 명확하게 규정되어 있는 행위이므로 일정한 요건이 갖추어진 경우에 일정한 효과의 행정행위를 하여야 하는 행위이다. 따라서 기속행위에 있어 상대방의 신청이 행위의 요건을 충족함에도 법령의 명시적 근거없이 행위의 효과를 제한하는 부관을 붙이는 것은 위법한 것이며 이 경우에 부관만을 취소할 수 있는 것은 당연하다.

　반면에 상대방의 신청이 행위의 요건을 일부 충족시키지 못 하는 경우에 당해 불비된 요건을 충족시킬 것을 조건으로 행정처분을 한 경우에 있어 당해 부관이 위법한 경우에 부관만의 취소가 인정될 수 없다. 그 이유는 이 경우에 부관만을 취소한다면 요건이 충족되지 않은 신청에 대하여 행정처분을 해주는 결과를 가져오기 때문이다.

　이에 대하여 법률요건 충족적 부관이 취소되는 경우 행정청은 법률에 의한 행정원리에 따라 원칙적으로는 본체인 행정행위를 취소 또는 변경할 수 있고, 예외적으로 신뢰보호의 원칙에 따라 본체인 행정행위의 존속을 인정하여야 하는 경우가 있는 것이므로 부관만의 취소가 나름대로 합리성이 있다는 견해가 있다(김동희, 22면).

2. 재량행위에 대한 부관의 독립취소가능성

(1) 부정설

　재량행위에 있어서는 부관만의 취소를 인정하는 것은 부관이 없는 행정행위를 강요하는 것이 되며 통상 재량행위에 있어서는 부관이 없었더라면 행정청은 행정행위를 하지않았을 것이라고 해석되므로 부관만의 취소는 인정될 수 없다는 견해가 있다(김동희). 그러나 이렇게 본다면 행정행위의 상대방은 부관부 행정행위 전체의 취소를 구하든지 아니면 위법한 부관을 감수하여야 하는 결과가 된다. 이러한 견해는 행정청의 재량권만을 고려하고 상대방의 보호는 소홀히 하는 해결방식으로 문제가 있다. 재량행위의 경우에도 부관이 본질적인 부분이 아닌 경우가 있고, 이 경우에는 부관만의 취소가 가능하다고 보아야 한다.

(2) 긍정설

　모든 부관에 있어 부관이 위법한 경우에는 부관만의 취소가 가능하다고 보는 견해가 있다. 이 견해에 의하면 부관만이 취소되면 주된 행정행위가 위법하게 되는 경우 처분청은 주된 행정행위를 직권으로 취소하거나 적법한 부관을 다시 부가하여 부관부 행정행위 전체를 적법하게 할 수 있다고 본다. 그리고 재량행위의 경우 위법한 부관만이 취소되더라도 주된 행정행위가 적법한 경우 행정청은 주된 행정행위의 철회권을 행사하거나 적법한 부관을 부가할 수 있다고 본다. 그리고 행정청의 주된 행정행위의 직권취소 또는 철회는 신뢰보호의 원칙에 따라 제한될 수가 있다(정하중). 부관의 무효가 확인된 경우에는 원칙상 부관만이 무효가 되지만, 부관이 없었다면 주된 행정행위를 발하지 않았을 것이라고 인정되는 경우에는 부관부 행정행위 전체가 무효가 된다고 본다(홍정선).

그러나 이 견해에 의하면 당사자의 의사와 무관하게 주된 행정행위가 취소 또는 철회되거나 법적근거없이 부관의 사후부가가 인정되는 문제가 있다.

(3) 제한적 긍정설

재량행위에 있어서도 부관의 독립취소 가능성에 관한 일반이론에 따라 부담 등 부관이 주된 행정행위의 본질적 부분인지(행정청이 부관 없이는 당해 행정행위를 하지 않았을 것이라고 해석되는지) 여부에 따라 재량 행위에 대한 부관의 독립취소가능 여부를 판단하여야 한다. 다만 이 경우에 행정청이 부관 없이는 당해 행정행위를 하지 않았을 것이라는 판단은 행정청의 객관적 의사를 기준으로 행하여야 한다. 이러한 해결은 부담에 있어서도 타당하다.

부관이 위법하나 주된 행정행위의 본질적인 부분인 경우에 기각판결을 하여야 하고, 부관이 본질적 부분이 아닌 경우에는 부관만의 취소 또는 무효확인을 하여야 한다고 본다.

(4) 판 례

판례는 부관이 본질적인 부분인 경우 독립쟁송가능성 자체를 인정하지 않으므로 독립취소가능성의 문제는 제기되지 않는다. 판례에 의하면 독립쟁송가능성이 인정되는 경우(부담의 경우) 항상 독립취소가 가능하다.

(5) 결 어

국민의 권익구제와 행정목적의 실현을 적절히 조절하는 제한적 긍정설이 타당하다. 부관이 본질적임에도 부관만의 취소를 인정하는 것은 행정청의 의사에 반하여 부관 없는 행정행위를 강요하는 것이 되므로 긍정설은 타당하지 않다. 긍정설은 취소 또는 무효판결 후 행정청이 직권으로 적법한 부관을 붙일 수 있다고 하지만, 이는 사후부관이므로 인정될 수 없다. 부관이 본질적 부분이 아닌 경우에는 부관만의 취소 또는 무효 확인이 가능하고, 부관이 본질적 부분인 경우에는 기각판결을 하여야 한다. 부관이 본질적인 부분에 해당하여 기각판결이 나면 행정청에게 위법한 부관의 변경을 청구하고, 행정청이 이를 거부하면 거부처분 취소소송을 제기하여야 할 것이다.

전부취소를 구했는데, 부관이 본질적 부분이 아닌 경우에는 전부취소청구에는 부관만의 일부 취소청구가 포함되어 있다고 볼 수 있으므로 부관만을 취소하는 판결이 가능하다.

제2항 부작위위법확인소송의 대상: 부작위 [2002 공인노무사]

부작위위법확인소송의 대상은 부작위이다.

부작위위법확인소송에서의 '부작위'라 함은 행정청이 당사자의 신청에 대하여 상당한 기간 내에 일정한 처분을 하여야 할 법률상 의무가 있음에도 불구하고 이를 하지 아니하는 것을 말한다(법 제2조 제1항 제2호). 즉, 행정청의 모든 부작위가 모두 부작위위법확인소송의 대상이 되는 것이 아니며 다음과 같은 일정한 요건을 갖추어야 한다.

Ⅰ. 행정청의 처분의무의 존재(달리 말하면 신청인에게 법규상 또는 조리상 신청권의 존재)

1. 신청권필요설

신청인에게 신청권이 있어야 부작위가 성립한다는 것이 판례의 입장이다. 신청인에게 신청권이 없는 경우에 신청에 대하여 행정청이 가부간의 처분을 하지 않고 있어도 부작위위법확인소송의 대상이 되는 부작위가 되지 않는다. 신청권은 실정법규에 의해 인정되거나 조리상 인정될 수 있다.

행정소송법 제2조 제1항 제2호가 부작위의 성립요건으로 '일정한 처분을 하여야 할 법률상 의무가 있을 것'을 요구하고 있고, 이 처분의무에 대응하는 것이 신청권이다. 부작위의 요소인 처분의무는 응답의무이며 신청에 따라 특정한 내용의 처분을 할 의무가 아니다.

2. 신청권불필요설

이 견해는 부작위의 성립에 있어 신청권이 요건이 되지 않는다는 견해이다. 이 견해는 신청권은 본안의 문제라고 보는 견해(홍준형)와 원고적격의 문제라고 보는 견해(류지태, 홍정선)로 나뉘어진다. 이 견해는 신청권을 요구하는 명문의 규정이 없음에도 신청권의 존부를 부작위개념요소로 보는 것은 부작위의 개념을 해석상 제한하는 것으로서 사인의 권리보호의 확대의 이념에 반하는 것이라고 한다(홍정선).

3. 판 례

판례는 부작위가 성립하기 위하여는 법규상 또는 조리상의 신청권이 있어야 한다고 하며 신청권이 없는 경우 부작위가 있다고 할 수 없고 원고적격도 없다고 한다[대판 2000.2.25, 99두11455(부작위위법확인)].

> **판례**
>
> 4급 공무원이 당해 지방자치단체 인사위원회의 심의를 거쳐 3급 승진대상자로 결정되고 임용권자가 그 사실을 대내외에 공표까지 하였다면, 그 공무원은 승진임용에 관한 법률상 이익을 가진 자로서 임용권자에 대하여 3급 승진임용을 신청할 조리상의 권리가 있고, 이러한 공무원으로부터 소청심사청구를 통해 승진임용신청을 받은 행정청으로서는 상당한 기간 내에 그 신청을 인용하는 적극적 처분을 하거나 각하 또는 기각하는 등의 소극적 처분을 하여야 할 법률상의 응답의무가 있다. 그럼에도, 행정청이 위와 같은 권리자의 신청에 대해 아무런 적극적 또는 소극적 처분을 하지 않고 있다면 그러한 행정청의 부작위는 그 자체로 위법하다[대판 2009.7.23, 2008두10560(부작위위법확인의소)].

4. 결 어(신청권필요설)

행정소송법 제2조 제1항 제2호가 부작위의 성립요건으로 '일정한 처분을 하여야 할 법률상 의무가 있을 것'을 요구하고 있으므로 해석론으로는 신청권을 부작위의 성립요건으로 보는 것이 타당하다.

Ⅱ. 당사자의 처분의 신청

당사자의 처분의 신청이 있어야 한다. 달리 말하면 신청이 있어야 하며 신청의 대상은 처분이어야 한다.

① 신청이 있어야 한다. 입법론으로는 행정처분에 신청을 전제로 하지 않는 경우(例 사립학교 정상화시 정이사 임명)도 있으므로 신청을 부작위의 요건으로 하지 않는 것이 타당하다.

② 처분에 대한 신청이 아닌 경우에는 부작위위법확인소송의 대상이 되는 부작위가 아니다.

> **판례**
>
> [1] **부작위위법확인소송의 대상**: 부작위위법확인소송의 대상이 되는 행정청의 부작위라 함은 행정청이 당사자의 신청에 대하여 상당한 기간 내에 일정한 처분을 할 법률상 의무가 있음에도 불구하고 이를 하지 아니하는 것을 말하고, 이 소송은 처분의 신청을 한 자가 제기하는 것이므로 이를 통하여 원고가 구하는 행정청의 응답행위는 행정소송법 제2조 제1항 제1호 소정의 처분에 관한 것이라야 한다. [2] **폐지된 개간촉진법 제17조의 규정에 의한 국유개간토지의 매각행위가 항고소송의 대상이 되는 행정처분인지 여부(소극)**: 폐지된 개간촉진법 제17조의 규정에 따른 국유개간토지의 매각행위는 국가가 국민과 대등한 입장에서 국토개간장려의 방편으로 개간지를 개간한 자에게 일정한 대가로 매각하는 것으로서 사법상의 법률행위나 공법상의 계약관계에 해당한다고 보아야 하므로 이를 항고소송의 대상이 되는 행정처분이라고 할 수 없다

[대판 1991.11.8, 90누9391(부작위위법확인)]. **〈해설〉** 국유개간토지의 매각신청은 국유개간토지의 매각행위가 처분이 아니므로 처분의 신청이 아니다.

재결부작위는 처분부작위가 아니므로 부작위위법확인소송의 대상이 되는 부작위가 아니다.

재결부작위의 경우 심판청구인은 원처분에 대한 취소소송을 제기하면 된다. 재결주의의 경우에도 원처분에 대한 취소소송을 제기할 수 있는 것으로 보는 것이 타당하다. 재결주의는 재결이 있는 것을 전제로 원처분이 아니라 재결을 대상으로 항고소송을 제기하도록 하는 원칙을 말한다. 재결부작위는 재결이 없는 경우에 해당하므로 행정심판전치주의의 경우에도 행정심판 제기 후 일정기간이 지나면 행정소송을 제기할 수 있다.

③ 신청이 적법할 것(신청요건을 갖출 것)을 요하지 않는다.

신청권자의 신청이 있는 경우 행정청은 신청요건의 충족 여부와 무관하게 응답의무를 지며 신청요건이 충족되지 않은 경우 행정절차법에 따라 보완을 명하여야 하고 보완을 하지 않는 경우 반려처분(거부처분)을 할 수 있기 때문이다.

후술하는 바와 같이 신청의 적법성은 소송요건의 문제가 아니라 본안의 문제라고 보아야 한다. 신청요건의 결여가 중대하여 처분을 할 수 없을 정도인 경우에 행정청의 부작위는 정당하다고 보아야 한다.

Ⅲ. 상당한 기간의 경과

상당한 기간이라 함은 사회통념상 행정청이 당해 신청에 대한 처분을 하는데 필요한 합리적인 기간을 말한다.

법령에서 신청에 대한 처리기간을 정하고 있는 경우에 당해 처리기간이 경과하였다고 하여 당연히 부작위가 되지는 않는다. 민원사무처리에 관한 법률 제9조에 근거한 민원사무처리기준표는 민원사무의 처리기간을 규정하고 있다.

　그런데 부작위위법확인소송의 소송요건의 충족 여부는 사실심 변론종결시를 기준으로 판단하므로 사실심의 변론종결시까지 상당한 기간이 경과하였으면 되고, 통상 이 때까지는 상당한 기간이 경과할 것이므로 이 요건은 실제에 있어서는 크게 문제되지 않는다.

Ⅳ. 처분의 부존재

　신청에 대하여 가부간에 처분이 행해지지 않았어야 한다. 신청에 대해 거부처분을 한 것도 응답의무를 이행한 것이 되며 행정청의 부작위는 성립하지 않는다.

> **판례**
>
> **당사자의 신청에 대한 행정청의 거부처분이 있은 경우에 부작위 위법확인소송이 허용되는지 여부(소극)** : 당사자의 신청에 대한 행정청의 거부처분이 있는 경우에는 행정청이 당사자의 신청에 대하여 상당한 기간 내에 일정한 처분을 하여야 할 법률상의 응답의무를 이행하지 아니함으로써 야기된 부작위라는 위법상태를 제거하기 위하여 제기하는 부작위위법확인소송은 허용되지 아니한다[대판 1991.11.8, 90누9391(부작위위법확인)].

　법령이 법령에서 정한 일정한 기간이 경과한 경우에는 거부한 것으로 의제하는 규정을 두는 경우가 있는데, 이 경우에 법령에서 정한 기간이 경과하였음에도 실제로 처분이 행해지지 않았으면 거부처분이 있는 것으로 되므로 당해 거부처분에 대하여 취소소송을 제기하여야 하며 부작위위법확인소송을 제기할 수는 없다.

　부작위위법확인소송계속 중 거부처분이 있게 되면 부작위위법확인소송은 소의 이익이 상실되며 원고는 거부처분취소소송으로 소의 변경을 신청할 수 있다(후술 소의 변경 참조).

제3항 당사자소송의 대상

Ⅰ. 일반적 고찰

　당사자소송의 대상은 '행정청의 처분 등을 원인으로 하는 법률관계와 그 밖의 공법상의 법률관계'이다. 즉, 당사자소송의 대상은 공법상 법률관계이다.

　① '행정청의 처분 등을 원인으로 하는 법률관계'라 함은 행정청의 처분 등에 의하여 발생·변경·소멸된 공법상의 법률관계를 말한다.

예를 들면, 조세채권존재확인의 소(대판 2020.3.2, 2017두41771), 공무원의 지위확인을 구하는 소송 및 미지급퇴직연금지급청구소송은 당사자소송으로 제기하여야 한다.

② '그 밖의 공법상의 법률관계'라 함은 처분 등을 원인으로 하지 않는 공법이 규율하는 법률 관계를 말한다.

예를 들면, 광주민주화운동관련 보상금지급청구권은 공권이고, 동 보상금지급청구소송은 당사자소송 으로 제기하여야 한다.

③ 공법상 계약 등 일정한 비권력적 법적 행위는 당사자소송의 대상이다.

예를 들면, 공무원 채용계약은 공법상 계약이고, 공무원 채용계약의 해지를 다투기 위하여는 그 해지 를 처분으로 보아야 할 특별한 사정이 없는 한 동계약 해지의 의사표시의 무효확인을 구하는 당사자소송 을 제기하여야 한다.

④ 공법상 당사자소송을 비권력적 공행정작용에 대한 일반적 구제수단으로 보거나 사실행위 도 공법상 당사자소송의 대상으로 보는 견해도 있다. 그런데, 판례는 이러한 입장을 취하고 있지 않다.

Ⅱ. 구체적 사례

1. 항고소송사건인지 당사자소송사건인지가 다투어진 사례

(1) 행위의 성질이 기준이 되는 경우 [2015 입시]

계쟁행위가 처분인 경우 항고소송을 제기하여야 하고, 계쟁행위가 비권력적인 공행정작용 (예 공법상 계약)인 경우 공법상 당사자소송을 제기하여야 한다.

1) 행정청이 일방적인 의사표시로 자신과 상대방 사이의 법률관계를 종료시킨 경우
   (항고소송 또는 당사자소송) [2017 사시]

> **판례** [1] 행정청이 일방적인 의사표시로 자신과 상대방 사이의 법률관계를 종료시킨 경우, 의사 표시가 항고소송의 대상이 되는 행정처분인지 또는 공법상 계약관계의 일방 당사자로서 대등한 지위에서 하는 의사표시인지 판단하는 방법: 행정청이 자신과 상대방 사이의 법률관

> **판례**
>
> 계를 일방적인 의사표시로 종료시켰다고 하더라도 곧바로 의사표시가 행정청으로서 공권력을 행사하여 행하는 행정처분이라고 단정할 수는 없고, 관계 법령이 상대방의 법률관계에 관하여 구체적으로 어떻게 규정하고 있는지에 따라 의사표시가 항고소송의 대상이 되는 행정처분에 해당하는지 아니면 공법상 계약관계의 일방 당사자로서 대등한 지위에서 행하는 의사표시인지를 개별적으로 판단하여야 한다. [2] 중소기업기술정보진흥원장이 甲 주식회사와 중소기업 정보화지원사업 지원대상인 사업의 지원에 관한 협약을 체결하였는데, 협약이 甲 회사에 책임이 있는 사업실패로 해지되었다는 이유로 협약에서 정한 대로 지급받은 정부지원금을 반환할 것을 통보한 사안에서, 중소기업정보화지원사업에 따른 지원금 출연을 위하여 중소기업청장이 체결하는 협약은 공법상 대등한 당사자 사이의 의사표시의 합치로 성립하는 공법상 계약에 해당하는 점, 구 중소기업 기술혁신 촉진법(2010.3.31. 법률 제10220호로 개정되기 전의 것) 제32조 제1항은 제10조가 정한 기술혁신사업과 제11조가 정한 산학협력 지원사업에 관하여 출연한 사업비의 환수에 적용될 수 있을 뿐 이와 근거 규정을 달리하는 중소기업 정보화지원사업에 관하여 출연한 지원금에 대하여는 적용될 수 없고 달리 지원금 환수에 관한 구체적인 법령상 근거가 없는 점 등을 종합하면, 협약의 해지 및 그에 따른 환수통보는 공법상 계약에 따라 행정청이 대등한 당사자의 지위에서 하는 의사표시로 보아야 하고, 이를 행정청이 우월한 지위에서 행하는 공권력의 행사로서 행정처분에 해당한다고 볼 수는 없다고 한 사례[대판 2015.8.27, 2015두41449(정보화지원사업참여제한처분무효확인)].

2) 전문직공무원 채용계약의 해지에 대한 불복(당사자소송)

> **판례**
>
> 지방전문직공무원 채용계약의 해지에 대하여는 불이익처분을 받은 지방경력직공무원 등에게 적용되는 소청제도는 물론 행정심판절차에 의한 불복도 허용되지 않고 있는 것으로 해석되고, 이와 같은 법령의 규정 취지와 그 밖에 공무원의 자격, 임용, 보수, 복무, 신분보장, 징계 등에 관한 관계법령의 규정 내용에 미루어보면, 현행 실정법이 지방전문직공무원 채용계약 해지 의사표시를 일반공무원에 대한 징계처분과는 달리 항고소송의 대상이 되는 처분 등의 성격을 가진 것으로 인정하지 아니하고, 지방전문직공무원규정 제7조 각 호의 1에 해당하는 사유가 있을 때, 지방자치단체가 채용계약관계의 한쪽 당사자로서 대등한 지위에서 행하는 의사표시로 취급하고 있는 것으로 이해되므로 지방전문직공무원 채용계약 해지 의사표시에 대하여는 항고소송이 아닌 공법상의 당사자소송으로 그 의사표시의 무효확인을 청구할 수 있다[대판 1993.9.14, 92누4611(공무원채용계약해지무효확인)]. 〈**해설**〉 징계적 성격의 해촉은 성질상 처분으로 보아야 한다는 견해가 있다.

3) 시립합창단원의 재위촉거부(당사자소송)

> **판례**
>
> **시립합창단원에 대한 재위촉 거부가 항고소송의 대상인 처분에 해당하는지 여부**(소극): 광주광역시 문화예술회관장의 단원 위촉은 광주광역시 문화예술회관장이 행정청으로서 공권력을 행사하여 행하는 행정처분이 아니라 공법상의 근무관계의 설정을 목적으로 하여 광주광역시와 단원이 되고자 하는 자 사이에 대등한 지위에서 의사가 합치되어 성립하는 공법상 근로계약에 해당한다고 보아야 할 것이므로, 시립합창단원으로서 위촉기간이 만료되는 자들의 재위촉 신청에 대하여 광주광역시 문화예술회관장이 실기와 근무성적에 대한 평정을 실시하여 재위촉을 하지 아니한 것을 항고 소송의 대상이 되는 불합격 처분이라고 할 수는 없고 공법상 당사자소송을 제기하여야 한다[대판 2001.12.11, 2001두7794(합창단 재위촉거부처분취소)].

4) 공법상 계약의 체결 여부의 결정 및 제재적 성격의 결정(항고소송)

공법상 계약의 체결(재체결 포함) 여부의 결정 및 제재적 성격이 있는 결정에 대해서는 처분성을 인정하여야 한다.

> **판례 1**
>
> 지방계약직공무원에 대한 보수의 삭감: 보수의 삭감은 이를 당하는 공무원의 입장에서는 징계처분의 일종인 감봉과 다를 바 없다[대판 2008.6.12, 2006두16328 「전임계약직공무원(나급)재계약거부처분 및 감봉처분취소」] 〈**해설**〉 공법상 계약 참조.

> **판례 2**
>
> '사회기반시설에 대한 민간투자법' 제13조 제3항 상의 실시협약(동법에 의하여 주무관청과 민간투자사업을 시행하고자 하는 자간에 사업시행의 조건 등에 관하여 체결하는 계약)은 공법상 계약이고, 그 이전에 행해지는 동법 제13조 제2항 상의 행정청의 협상대상자(특별한 사정이 없는 한 사업시행자가 된다) 지정행위는 행정행위의 성질을 갖는 것으로 보아야 한다(서울고법 2004.6.24, 2003누6483). 〈**해설**〉 행정청에 의한 공법상 계약의 체결여부 또는 계약상대방의 결정은 행정소송법상 처분에 해당하는 경우가 있다.
>
> **사회기반시설에 관한 민간투자법**
>
> 제13조(사업시행자의 지정)
> ② 주무관청은 제1항에 따라 제출된 사업계획을 대통령령으로 정하는 바에 따라 검토·평가한 후 사업계획을 제출한 자 중 협상대상자를 지정하여야 한다. 이 경우 공익성이 높은 장기투자자금의 제공 등 주무관청의 원활한 사업시행에 부합하는 사업계획을 제출한 자에 대하여는

판례 2

사업계획을 평가할 때 우대할 수 있다.

③ 주무관청은 제2항에 따라 지정된 협상대상자와 총사업비 및 사용기간 등 사업시행의 조건 등이 포함된 실시협약을 체결함으로써 사업시행자를 지정한다. 이 경우 대통령령으로 정하는 일정요건에 해당하는 사업시행자 지정에 관한 사항은 사전에 심의위원회의 심의를 거쳐야 한다.

판례 3

[피고와 택시회사들 사이의 감차합의에 근거하여 한 직권감차명령의 '처분성'이 다투어진 사건] [1] 피고 행정청과 관내 11개 택시회사들 사이에서 택시공급 과잉 문제를 해결하고자 3년에 걸쳐 업체별로 일정 대수를 감차하기로 약정한 합의는 여객자동차법 제4조 제3항이 정한 '면허조건'을 원고들의 동의하에 사후적으로 부가한 것(사후부담)이다. [2] 일부 택시회사들이 위와 같은 합의를 이행하지 않는다는 이유로 피고 행정청이 그 택시회사들에 대하여 한 직권감차명령은 피고가 우월적 지위에서 여객자동차법 제85조 제1항 제38호에 따라 원고들에게 일정한 법적 효과를 발생하게 하는 것(사업계획변경처분)이므로 항고소송의 대상이 되는 처분에 해당한다고 보아야 하고, 단순히 대등한 당사자의 지위에서 형성된 공법상 계약에 근거한 의사표시에 불과한 것으로는 볼 수 없다. [3] 익산시의 택시공급 과잉 문제를 해결하기 위하여, 익산시장이 2012. 9. 19. 관내 11개 택시회사들과 사이에서 법인택시 총 272대(보유대수의 약 40%)를 3년간 순차적으로 감차하고 감차대수에 따라 감차보상금을 지급하기로 합의(감차합의)하였는데, 일부 택시회사들이 3년차인 2014년에 사정변경을 이유로 합의 이행을 거부하자, 익산시장이 그 택시회사들에 대하여 합의 불이행을 이유로 위 합의에서 정한 3년차 감차대수만큼 직권감차명령을 한 사안에서, 원심은 "이 사건 합의(감차합의)가 행정청이 대등한 당사자의 지위에서 체결한 공법상 계약에 해당하므로, 그 합의 불이행을 이유로 한 직권감차명령도 행정청이 공법상 계약에 따라 대등한 당사자의 지위에서 하는 의사표시에 불과하여 처분에 해당하지 않는다."라고 판단하였으나, 대법원은 공법상 계약에 근거한 의사표시라고 하여 항상 그것이 대등한 당사자 지위에서 행해지는 것은 아니며, 개별 행정작용마다 관련법령이 당해 행정주체와 사인간의 관계를 어떻게 규정하고 있는지를 행위형식이나 외관이 아니라 당해 행위의 실질을 기준으로 개별적으로 검토하여야 한다는 취지에서, 원심이 처분 및 부관에 관한 법리를 오해하였음을 지적한 사례. [4] 여객자동차 운수사업법(이하 '여객자동차법'이라 한다) 제85조 제1항 제38호에 의하면, 운송사업자에 대한 면허에 붙인 조건을 위반한 경우 감차 등이 따르는 사업계획변경명령(이하 '감차명령'이라 한다)을 할 수 있는데, 감차명령의 사유가 되는 '면허에 붙인 조건을 위반한 경우'에서 '조건'에는 운송사업자가 준수할 일정한 의무를 정하고 이를 위반할 경우 감차명령을 할 수 있다는 내용의 '부관'도 포함된다. 그리고 부관은 면허 발급 당시에 붙이는 것뿐만 아니라 면허 발급 이후에 붙이는 것도 법률에 명문의 규정이 있거나 변경이 미리 유보되어 있는 경우 또는 상대방의 동의가 있는 경우 등에는 특별한 사정이 없는 한 허용된다. 따라서 관할 행정청은 면허 발급

이후에도 운송사업자의 동의하에 여객자동차운송사업의 질서 확립을 위하여 운송사업자가 준수할 의무를 정하고 이를 위반할 경우 감차명령을 할 수 있다는 내용의 면허 조건을 붙일 수 있고, 운송사업자가 조건을 위반하였다면 여객자동차법 제85조 제1항 제38호에 따라 감차명령을 할 수 있으며, 감차명령은 행정소송법 제2조 제1항 제1호가 정한 처분으로서 항고소송의 대상이 된다[대판 2016.11.24, 2016두45028(감차처분취소)]. 〈해설〉 감차합의서의 법적 성격을 부담 및 부담의 불이행에 대한 처분변경유보부관을 정한 것으로 보는 것이 타당하다. 감차통보를 부담의무 불이행에 따른 처분(여객자동차 운수사업법 제85조 제1항 제38호에 따른 사업계획변경명령)으로 보고, 파기환송한 사건이다. 이 사건에서 감차합의의 주요내용은 다음과 같다. ① 익산시장과 택시사업자는 법인택시 총 272대(보유대수의 약 40%)를 2012년부터 3년간 순차적으로 감차하는데 합의한다. ② 택시사업자는 감차합의에 따라 익산시장에게 감차신청서를 제출하고, 익산시장은 택시사업자가 신청한 감차대수에 따라 감차보상금을 지급하여야 한다. ③ 업체별로 배정된 감차목표대수에 대한 감차신청을 거부하는 업체에 대하여는 기 교부된 감차보상금을 환수하거나 면허권자인 익산시장이 직권으로 감차명령을 할 수 있다. 이 사안에서 여객자동차 운수사업법상 감차신청을 전제로 하지 않는 직권에 의한 감차처분의 법적 근거는 없고, 대법원은 감차명령의 근거로 「여객자동차운수사업법」 제85조 제1항 제38호(이하 '법'이라 한다)를 들고 있다. 즉, 대법원은 "법은 운송사업자에 대한 면허에 붙인 조건을 위반한 경우 감차 등이 따르는 사업계획변경명령(이하 '감차명령'이라 한다)을 할 수 있는데, 감차명령의 사유가 되는 '면허에 붙인 조건을 위반한 경우'에서 '조건'에는 운송사업자가 준수할 일정한 의무를 정하고 이를 위반할 경우 감차명령을 할 수 있다는 내용의 '부관'도 포함된다. 그리고 부관은 면허 발급당시에 붙이는 것뿐만 아니라 면허 발급 이후에 붙이는 것도 법률에 명문의 규정이 있거나 변경이 미리 유보되어 있는 경우 또는 상대방의 동의가 있는 경우 등에는 특별한 사정이 없는 한 허용된다. 따라서 관할 행정청은 면허 발급 이후에도 운송사업자의 동의하에 여객자동차운송사업의 질서 확립을 위하여 운송사업자가 준수할 의무를 정하고 이를 위반할 경우 감차명령을 할 수 있다는 내용의 면허 조건을 붙일 수 있고, 운송사업자가 조건을 위반하였다면 법 제85조 제1항 제38호에 따라 감차명령을 할 수 있다."고 판단하였다. 감차신청은 여객자동차 운수사업법 제10조의 사업계획의 변경신청이고, 감차명령은 사업계획의 변경에 대한 인가로서 여객자동차운송사업면허의 변경의 성질을 갖는 것으로 보아야 한다. 감차신청을 하지 않는 경우에는 감차합의가 적법하다면 사후부담의 불이행을 이유로 면허를 취소(철회)할 수 있을 것이다. 법률유보의 원칙상 공법상 계약이 행정행위(감차처분)의 근거는 될 수 없다.

판례 4	재단법인 한국연구재단이 甲 대학교 총장에게 연구개발비의 부당집행을 이유로 '해양생물유래 고부가식품·향장·한약 기초소재 개발 인력양성사업에 대한 2단계 두뇌한국(BK)21 사업' 협약을 해지하고 연구팀장 乙에 대한 국가연구개발사업의 3년간 참여제한 등을 명하는 통보를 하자 乙이 통보 취소를 청구한 사안에서, 그 통보의 처분성을 인정하고 乙은 위 협약 해지 통보의 효력을 다툴 법률상 이익이 있다고 한 사례[대판 2014.12.11, 2012두28704(2단계BK21사업처분취소)].
판례 5	[1] 산업단지관리공단이 구 산업집적활성화 및 공장설립에 관한 법률 제38조 제2항에 따른 변경계약을 취소한 것은 항고소송의 대상이 되는 행정처분에 해당한다. [2] ① 국민에게 일정한 이익과 권리를 취득하게 한 종전 행정처분을 직권으로 취소한 경우 종전 행정처분의 하자나 취소해야 할 필요성에 관한 증명책임은 기존 이익과 권리를 침해하는 처분을 한 행정청에 있다. ② 신뢰보호와 이익형량의 취지는 구 산업집적활성화 및 공장설립에 관한 법률에 따른 입주계약 또는 변경계약을 취소하는 경우에도 마찬가지로 적용될 수 있다[대판 2017.6.15, 2014두46843(입주변경계약취소처분등취소)].

5) 기 타

판례 1	읍·면장에 의한 이장의 임명 및 면직이 행정처분이 아니라 공법상 계약 및 그 계약을 해지하는 의사표시라고 본 사례읍·면장에 의한 이장의 임명 및 면직이 행정처분이 아니라 공법상 계약 및 그 계약을 해지하는 의사표시라고 본 사례(대판 2012.10.25, 2010두18963)
판례 2	사회기반시설에 대한 민간투자법 제45조 제1항에 따라 주무관청이 사업시행자에게 한 감독명령은 처분이다(대판 2019.3.28, 2016두43176).
판례 3	지방자치단체의 장이 공유재산 및 물품관리법에 근거하여 기부채납 및 사용·수익허가 방식으로 민간투자사업을 추진하는 과정에서 사업시행자를 지정하기 위한 전 단계에서 공모제안을 받아 일정한 심사를 거쳐 우선협상대상자를 선정하는 행위와 이미 선정된 우선협상대상자를 그 지위에서 배제하는 행위는 항고소송의 대상이 되는 행정처분이다(대판 2020.4.29, 2017두31064).

(2) 금전급부 등에 관한 소송   [2013 변시 사례]

외관상 처분으로 볼 수 있는 행정청의 결정이 공법상 금전지급 전에 행해지는 경우에 금전지급이 거부된 경우에 항고소송으로 다투어야 하는지, 당사자소송으로 다투어야 하는지가 문제된다.

이 경우에는 ① 문제된 구체적 권리가 행정청의 결정에 의하여 비로소 창설되거나 구체적으로 확정되는 경우 및 구체적인 권리가 법령에 의해 정해져 있지만, 그 존부 또는 범위에 관하여 다툼이 있고 지급결정 또는 거부결정이 이를 공식적으로 확인하는 성질의 확인행위인 경우에는 항고소송을 제기하여야 한다는 것이 판례의 입장이다. 판례는 금전지급결정의 처분성이 인정되는 경우 항고소송으로 다투도록 하고, 당사자소송을 인정하지 않는다. ② 금전지급에 관한 구체적 권리가 법령의 규정에 의해 직접 발생하고 그 권리의 존부 및 범위가 명확한 경우(법령 등에 의하여 바로 구체적으로 명확하게 확정되어 있어 금전지급결정 또는 거부결정이 단순한 사실행위에 불과한 경우)에는 문제된 권리가 공권이면 당사자소송, 사권이면 민사소송을 제기하여야 한다.

판례 1	**광주민주화운동관련 보상청구(당사자소송):** 신청 후 일정기간 내에 지급에 관한 결정을 하지 않는 경우에는 바로 소송을 제기할 수 있도록 하고 있는 점 등에 비추어 볼 때 보상심의위원회의 결정을 거치는 것은 보상금 지급에 관한 소송을 제기하기 위한 전치요건에 불과하다 할 것이므로 보상심의위원회의 결정은 항고소송의 대상이 되는 행정처분이라 볼 수 없고, 위 보상금지급에 관한 권리는 동법이 특별히 인정하고 있는 공법상의 권리라 할 것이므로 그에 관한 소송은 당사자소송에 의하여야 할 것이다[대판 1992.12.24, 92누3335(보상금지급결정취소)].
판례 2	판례는 민주화관련자보상법상의 민주화운동관련자 또는 그 유족에 대한 민주화운동관련자 명예회복 및 보상심의위원회의 명예회복과 보상금 등의 심의·결정을 처분으로 본다. 즉 대법원은 전원합의체 판결에서 "'민주화운동관련자 명예회복 및 보상 등에 관한 법률' 제2조 제1호, 제2호 본문, 제4조, 제10조, 제11조, 제13조 규정들의 취지와 내용에 비추어 보면, 같은 법 제2조 제2호 각 목은 민주화운동과 관련한 피해 유형을 추상적으로 규정한 것에 불과하여 제2조 제1호에서 정의하고 있는 민주화운동의 내용을 함께 고려하더라도 그 규정들만으로는 바로 법상의 보상금 등의 지급 대상자가 확정된다고 볼수 없고, '민주화운동관련자 명예회복 및 보상심의위원회'에서 심의 결정을 받아야만 비로소 보상금 등의 지급대상자로 확정될 수 있다. 따라서 그와 같은 심의위원회의 결정은 국민의 권리의무에 직접 영향을 미치는 행정처분에 해당한다."고 하고, "'민주화운동관련자 명예회복 및 보상 등에 관한 법률' 제17조는 보상금 등의 지급에 관한 소송의 형태를 규정하고 있지 않지만, 위 규정 전단에서 말하는 보상금 등의 지급에

관한 소송은 '민주화운동관련자 명예회복 및 보상 심의위원회'의 보상금 등의 지급신청에 관하여 전부 또는 일부를 기각하는 결정에 대한 불복을 구하는 소송이므로 취소소송을 의미한다고 보아야 하며, 후단에서 보상금 등의 지급신청을 한 날부터 90일을 경과한 때에는 그 결정을 거치지 않고 위 소송을 제기할 수 있도록 한 것은 관련자 등에 대한 신속한 권리구제를 위하여 위 기간 내에 보상금 등의 지급 여부 등에 대한 결정을 받지 못한 때에는 지급 거부 결정이 있는 것으로 보아 곧바로 법원에 심의위원회를 상대로 그에 대한 취소소송을 제기할 수 있다고 규정한 취지라고 해석될 뿐, 위 규정이 보상금 등의 지급에 관한 처분의 취소소송을 제한하거나 또는 심의위원회에 의하여 관련자 등으로 결정되지 아니한 신청인에게 국가를 상대로 보상금 등의 지급을 구하는 이행소송을 직접 제기할 수 있도록 허용하는 취지라고 풀이할 수는 없다."고 하고 있다(이상 다수의견).

이에 대하여 반대의견은 "'민주화운동관련자 명예회복 및 보상 등에 관한 법률' 제17조의 규정은 입법자가 결정전치주의에 관하여 특별한 의미를 부여하고 있는 것으로, 심의위원회의 결정과 같은 사전심사를 거치거나 사전심사를 위한 일정한 기간이 지난 후에는 곧바로 당사자소송의 형태로 권리구제를 받을 수 있도록 하려는 데 그 진정한 뜻이 있는 것이다. 또한 소송경제나 분쟁의 신속한 해결을 도모한다는 측면에서도 당사자소송에 의하는 것이 국민의 권익침해 해소에 가장 유효하고 적절한 수단이다. 따라서 보상금 등의 지급신청을 한 사람이 심의위원회의 보상금 등의 지급에 관한 결정을 다투고자 하는 경우에는 곧바로 보상금 등의 지급을 구하는 소송을 제기하여야 하고, 관련자 등이 갖게 되는 보상금 등에 관한 권리는 위 법이 특별히 인정하고 있는 공법상 권리이므로 그 보상금 등의 지급에 관한 소송은 행정소송법 제3조 제2호에 정한 국가를 상대로 하는 당사자소송에 의하여야 한다."는 의견을 제시하였다[대판 전원합의체 2008.4.17, 2005두16185(민주화운동관련자불인정처분취소)].

구 군인연금법과 같은법시행령의 관계 규정을 종합하면, 같은 법에 의한 퇴역연금 등의 급여를 받을 권리는 법령의 규정에 의하여 직접 발생하는 것이 아니라 각 군 참모총장의 확인을 거쳐 국방부장관이 인정함으로써 비로소 구체적인 권리가 발생하고, 위와 같은 퇴역연금 등의 급여를 받으려고 하는 자는 우선 관계 법령에 따라 국방부장관에게 그 권리의 인정을 청구하여 국방부장관이 그 인정 청구를 거부하거나 청구 중의 일부만을 인정하는 처분을 하는 경우 그 처분을 대상으로 항고소송을 제기하는 등으로 구체적 권리를 인정받은 다음 비로소 당사자소송으로 그 급여의 지급을 구하여야 할 것이고, 구체적인 권리가 발생하지 않은 상태에서 곧바로 국가를 상대로 한 당사자소송으로 그 권리의 확인이나 급여의 지급을 소구하는 것은 허용되지 아니한다. [2] 국방부장관의 인정에 의하여 퇴역연금을 지급받아 오던 중 군인보수법 및 공무원보수

판례 3

규정에 의한 호봉이나 봉급액의 개정 등으로 퇴역연금액이 변경된 경우에는 법령의 개정에 따라 당연히 개정규정에 따른 퇴역연금액이 확정되는 것이지 구 군인연금법 제18조 제1항 및 제2항에 정해진 국방부장관의 퇴역연금액 결정과 통지에 의하여 비로소 그 금액이 확정되는 것이 아니므로, 법령의 개정에 따른 국방부장관의 퇴역연금액 감액조치에 대하여 이의가 있는 퇴역연금수급권자는 항고소송을 제기하는 방법으로 감액조치의 효력을 다툴 것이 아니라 직접 국가를 상대로 정당한 퇴역연금액과 결정, 통지된 퇴역연금액과의 차액의 지급을 구하는 공법상 당사자소송을 제기하는 방법으로 다툴 수 있다 할 것이고, 같은 법 제5조 제1조에 그 법에 의한 급여에 관하여 이의가 있는 자는 군인연금급여재심위원회에 그 심사를 청구할 수 있다는 규정이 있다 하여 달리 볼 것은 아니다(대판 2003.9.5, 2002두3522). 〈해설〉 원고들은 선택적으로, 공무원연금공단이 원고들에 대하여 한 재직기간합산 불승인처분을 각 취소하라는 취소소송과 원고들은 각 공무원재직기간에 상응한 퇴직연금을 받을 권리를 가진 자의 지위에 있음을 확인하라는 당사자소송을 제기하였다. 판례는 취소소송의 대상적격 즉 재직기간합산 불승인처분의 처분성은 인정하였지만(전술), 당사자소송 부분은 "원고들이 공무원으로 20년 이상 재직한 후 퇴직하였다고 하더라도 원고들의 사법연수생 재직기간을 공무원 재직기간에 합산하는 공무원연금공단의 승인을 받고, 이와 같이 합산된 공무원 재직기간에 해당하는 퇴직연금을 받을 권리를 안전행정부장관으로부터 인정받지 않은 이상 사법연수생 재직기간을 합산한 공무원 재직기간에 상응하는 퇴직연금을 지급받을 구체적인 권리가 발생하지 않으므로, 피고에 대하여 위와 같은 권리의 확인을 구할 소의 이익이 없다. 따라서 원고들의 소 중 각 공무원재직기간에 상응한 퇴직연금을 받을 권리를 가진 자의 지위확인청구 부분은 부적법하다."고 하였다[서울행법 2014.4.3, 2013구합22598(공무원재직기간합산불승인처분취소)]. 그러나, 이 사건에서 확인의 이익이 없음을 이유로 해당 당사자소송을 부적법 각하할 것이 아니라 대상적격이 없음을 이유로 각하하는 것이 타당한 것은 아닌지 의문이 든다.

판례 4

공무원연금법령상 급여를 받으려고 하는 자는 우선 관계 법령에 따라 공무원연금공단에 급여지급을 신청하여 공무원연금공단이 이를 거부하거나 일부 금액만 인정하는 급여지급결정을 하는 경우 그 결정을 대상으로 항고소송을 제기하는 등으로 구체적 권리를 인정받아야 하고, 구체적인 권리가 발생하지 않은 상태에서 곧바로 공무원연금공단을 상대로 한 당사자소송으로 권리의 확인이나 급여의 지급을 소구하는 것은 허용되지 아니한다. 이러한 법리는 구체적인 급여를 받을 권리의 확인을 구하기 위하여 소를 제기하는 경우 뿐만 아니라, 구체적인 급여수급권의 전제가 되는 지위의 확인을 구하는 경우에도 마찬가지로 적용된다[대판 2017.2.9, 2014두43264(공무원재직기간합산불승인처분취소)].

공무원연금 지급거부(항고소송): 구 공무원연금법(1995.12.29. 법률 제5117호로 개정되기 전의 것) 제26조 제1항, 제80조 제1항, 공무원연금법시행령 제19조의2의 각 규정을 종합하면, 같은법 소정의 급여는 급여를 받을 권리를 가진 자가 당해 공무원이 소속하였던 기관장의 확인을 얻어 신청하는 바에 따라 공무원연금관리공단이 그 지급결정을 함으로써 그 구체적인 권리가 발생하는 것이므로, 공무원연금관리공단의 급여에 관한 결정은 국민의 권리에 직접 영향을 미치는 것이어서 행정처분에 해당하고, 공무원연금관리공단의 급여결정에 불복하는 자는 (공무원연금급여재심위원회의 심사결정을 거쳐) 공무원연금관리공단의 급여결정을 대상으로 행정소송(항고소송)을 제기하여야 한다[대판 1996.12.6, 96누6417(퇴직급여지급처분취소)]. **〈해설〉** 심사절차는 특별행정심판이며 행정심판전치주의가 폐지된 현재에는 공무원연금급여재심위원회의 심사결정은 임의절차이다.

공무원연금법 제26조(급여사유의 확인 및 급여의 결정)
① 각종 급여는 그 급여를 받을 권리를 가진 자가 당해 공무원이 소속하였던 기관장의 확인을 얻어 신청하는 바에 의하여 총무처장관의 결정으로 공단이 지급한다. 다만, 대통령령이 정하는 종류의 급여의 결정에 있어서는 공무원연금급여심의 회의 심의를 거쳐야 하며, 지방자치단체의 공무원의 공무상 질병·부상·폐질 또는 사망에 대한 급여는 총무처장관의 결정으로 지방자치단체가 지급한다.〈개정 1984.7.25, 1987.11.28〉
② 제1항 단서의 규정에 의한 공무원연금급여심의회의 조직과 운영에 관한 사항은 대통령령으로 정한다.〈개정 1984.7.25〉
③ 제1항의 규정에 의한 급여의 결정에 관한 총무처장관의 권한은 대통령령이 정하는 바에 의하여 이를 공단에 위탁할 수 있다.〈신설 1984.7.25〉

제80조(심사의 청구)
① 급여에 관한 결정, 기여금의 징수 기타 이 법에 의한 급여에 관하여 이의가 있는 자는 대통령령이 정하는 바에 의하여 공무원연금급여재심위원회(이하 '위원회'라 한다)에 그 심사를 청구할 수 있다.〈개정 1984.7.25〉
② 제1항의 심사의 청구는 급여에 관한 결정등이 있은 날로부터 180일, 그 사실을 안 날로부터 60일이내에 하여야 한다. 다만, 그 기간내에 정당한 사유가 있어 심사의 청구를 할 수 없었던 것을 증명한 때에는 예외로 한다.〈개정 1987.11.28〉
③ 제1항의 규정에 의한 위원회는 총무처에 두되, 그 조직과 운영 기타 필요한 사항은 대통령령으로 정한다.〈개정 1984.7.25〉

판례 5

판례 6 미지급퇴직연금 지급청구(당사자소송): 공무원연금관리공단의 인정에 의하여 퇴직연금을 지급받아 오던 중 구 공무원연금법령의 개정 등으로 퇴직연금 중 일부 금액의 지급이 정지된 경우에는 당연히 개정된 법령에 따라 퇴직연금이 확정되는 것이고, 공무원연금관리공단의 퇴직연금

판례 6

결정과 통지에 의하여 비로소 그 금액이 확정되는 것이 아니므로, 공무원연금관리공단이 퇴직연금 중 일부 금액에 대하여 지급거부의 의사표시를 하였다고 하더라도 그 의사표시는 행정처분이 아니며, 이 경우 미지급퇴직연금에 대한 지급청구권은 공법상 권리로서 그의 지급을 구하는 소송은 공법상의 법률관계에 관한 소송인 공법상 당사자소송에 해당한다. 퇴직연금 중 일부 금액에 대하여 지급거부의 의사표시에 대한 취소소송이 제기된 경우 그 청구에 미지급퇴직연금의 직접 지급을 구하는 취지도 포함된 것인지를 석명하여 원고 등으로 하여금 그 취지에 적응한 소변경 등의 절차를 할 기회를 주어야 한다[대판 2004.7.8, 2004두244(연금지급청구서반려처분취소)].

판례 7

명예퇴직수당은 명예퇴직수당 지급신청자 중에서 일정한 심사를 거쳐 피고가 명예퇴직수당 지급대상자로 결정한 경우에 비로소 지급될 수 있지만, 명예퇴직수당 지급대상자로 결정된 법관에 대하여 지급할 수당액이 명예퇴직수당규칙 제4조 [별표 1]에 산정 기준이 정해져 있으므로, 법관은 위 규정에서 정한 정당한 산정 기준에 따라 산정된 명예퇴직수당액을 수령할 구체적인 권리를 가진다. 따라서 법관이 이미 수령한 수당액이 위 규정에서 정한 정당한 명예퇴직수당액에 미치지 못한다고 주장하며 차액의 지급을 신청함에 대하여 법원행정처장이 거부하는 의사를 표시했더라도, 그 의사표시는 명예퇴직수당액을 형성·확정하는 행정처분이 아니라 공법상의 법률관계의 한쪽 당사자로서 지급의무의 존부 및 범위에 관하여 자신의 의견을 밝힌 것에 불과하므로 행정처분으로 볼 수 없다. 결국 명예퇴직한 법관이 미지급 명예퇴직수당액에 대하여 가지는 권리는 명예퇴직수당 지급대상자 결정 절차를 거쳐 명예퇴직수당규칙에 의하여 확정된 공법상 법률관계에 관한 권리로서, 그 지급을 구하는 소송은 행정소송법의 당사자소송에 해당하며, 그 법률관계의 당사자인 국가를 상대로 제기하여야 한다(대판 2016.5.24, 2013두14863).

판례 8

의료보호비지급거부(항고소송): 구 의료보호법(1995.8.4. 법률 제4974호로 개정되기 전의 것) 제1조, 제4조, 제6조, 제11조, 제21조, 같은 법 시행령 제17조 제1항, 제2항, 제21조, 같은 법 시행규칙 제28조, 제29조에 따른 의료보호의 목적, 의료보호대상자의 선정절차, 기금의 성격과 조성방법 및 운용절차, 보호기관의 심사결정의 내용과 성격, 진료기관의 보호비용의 청구절차 등에 비추어 볼 때, 진료기관의 보호기관에 대한 진료비지급청구권은 계약 등의 법률관계에 의하여 발생하는 사법상의 권리가 아니라 법에 의하여 정책적으로 특별히 인정되는 공법상의 권리라고 할 것이고, 법령의 요건에 해당하는 것만으로 바로 구체적인 진료비지급청구권이 발생하는 것이 아니라 보호기관의 심사결정에 의하여 비로소 구체적인 청구권이 발생한다고 할 것이므로, 진료기관은 법령이 규정한 요건에 해당하여 진료비를 지급받을 추상적인 권리가 있다 하더라도 진료기관의 보호비용 청구에 대하여 보호기관이 심사 결과 지급을 거부한 경우에는 곧바로 민사소송은 물론 공법상 당사자소송으로도 지급 청구를 할 수는 없고, 지급거부 결정의 취소를 구하는 항고소송을 제기하는 방법으로 구제받을 수밖에 없다[대판 1999.11.26, 97다42250(진료비)].

판례 9 판례는 『1980년 해직공무원보상 등에 관한 특별조치법』 소정의 보상금지급거부(대판 1990.9.25, 90누592), 국방부장관의 퇴직연금지급거부 또는 청구 중 일부만의 인정(대판 2003.9.5, 2002두3522) 및 하천법상 토지수용위원회의 보상재결(대판 2001.9.14, 2001다40879), 구 특수임무수행자 보상에 관한 법률상의 보상금지급대상자의 인정결정 및 기각결정(대판 2008.12.11, 2008두6554), 부패방지법 제36조 제2항, 제3항에 따른 보상금지급거부(대판 2008.11.13, 2008두12726)을 처분으로 보고 이를 다투기 위해서는 항고소송을 제기하여야 하는 것으로 보았다.

2. 당사자소송인지 민사소송인지가 다투어진 사례

(1) 당사자소송과 민사소송의 대상 구분

일반적으로 말하면 당사자소송은 공법관계를 대상으로 하고, 민사소송은 사법관계를 대상으로 한다.

(2) 구체적 사례

1) 처분 등을 원인으로 하는 법률관계를 대상으로 하는 소송

가. 소송물 기준설

이 견해는 소송물을 기준으로 그것이 공법관계이면 당사자소송, 사법관계이면 민사소송으로 보는 견해이다.

나. 원인된 법률관계 기준설

이 견해는 계쟁 법률관계의 원인이 되는 법률관계를 기준으로 원인이 된 법률관계가 공법관계이면 당사자소송, 사법관계이면 민사소송으로 보는 견해이다.

이 견해에 의하면 처분 등 공법행위를 원인으로 하는 법률관계는 모두 당사자소송의 대상으로 본다.

다. 판례

판례는 소송물 기준설을 취하고 있다.

라. 결 어

행정소송법은 당사자소송을 공법상 법률관계에 관한 소송으로 규정하고 있으므로 현행 행정소송법상 소송물기준설이 타당하다.

(2) 법률관계의 성질이 기준이 되는 경우

공법상 법률관계(공권)에 관한 소송은 공법상 당사자소송으로 제기되어야 하며 사법상 법률관계(사권)에 관한 소송은 민사소송으로 제기되어야 한다.

1) 금전급부청구소송

공법상 금전급부청구권에 근거한 청구는 공법상 당사자소송으로, 사법상 금전급부청구권에 근거한 청구는 민사소송으로 제기하여야 한다.

판례는 금전급부청구권이 처분 등이 원인이 되어 발생한 경우에도 그 금전급부청구권이 사법상의 금전급부청구권과 성질상 다르지 않다고 보는 경우 사권으로 본다. 그러나 최근 금전급부청구에 관한 소송에 있어서 당사자소송으로 보는 판례가 늘고 있다.

가. 판례가 공법상 당사자소송으로 본 사례

일반적으로 금전급부가 사회보장적 급부의 성격을 가지거나 정책적 지원금의 성격을 가지는 경우에는 공법상 당사자소송의 대상이 되는 것으로 본다.

① 석탄가격안정지원금 청구소송(대판 1997.5.30, 96다28960)
② 광주민주화운동관련자보상 등에 관한 법률에 의한 보상금청구소송(대판 1992.12.24, 92누3335)
③ 퇴직연금 결정 후의 퇴직연금청구소송(대판 2004.7.8, 2004두244), 퇴역연금 결정 후의 퇴역연금 청구소송(대판 2003.9.5, 2002두3522)

판례 1	[도시개빌사업을 시행하는 원고 조합이 조합원에게 환지청산금을 구하는 사건] 도시개발법 제46조 제3항에 따라 도시개발사업조합이 관할 지방자치단체의 장에게 도시개발법에 따른 청산금의 징수를 위탁할 수 있다 하더라도, 그 지방자치단체의 장이 징수위탁에 응하지 아니하는 등의 특별한 사정이 있는 때에는 도시개발사업조합은 직접 공법상 당사자 소송으로서 청산금의 지급을 구할 수 있다(대판 2017.4.28, 2013다1211).
판례 2	주거환경정비법상 청산금청구권은 공법상 권리이므로 청산금지급청구소송은 공법상 당사자소송에 의해야 한다(대판 2017.4.28, 2016두39498).

판례 3	구 도시 및 주거환경정비법 제65조 제2항 후단규정에 따른 정비기반시설의 소유권 귀속에 관한 국가 또는 지방자치단체와 정비사업시행자 사이의 법률관계는 공법상의 법률관계로 보아야 한다. 따라서 위 후단 규정에 따른 정비기반시설의 소유권 귀속에 관한 소송은 공법상의 법률관계에 관한 소송으로서 행정소송법 제3조 제2호에서 규정하는 당사자소송에 해당한다(대판 2018.7.26, 2015다221569).

나. 판례가 민사소송으로 본 사례

판례는 국가배상청구소송, 공법상 부당이득반환청구소송 등을 민사소송으로 보고 있다. 그러나 다수설은 공법상 당사자소송으로 보아야 한다고 주장한다.

판례	**부당이득반환청구**: 조세부과처분의 당연무효를 전제로 하여 이미 납부한 세금의 반환을 청구하는 것은 민사상의 부당이득반환청구로서 민사소송절차에 따라야 한다[대판 1995.4.28, 94다55019(부당이득금)].

다만, 판례는 부가가치세 환급세액 지급청구를 당사자소송의 대상으로 본다(대판 전원합의체 2013.3.21, 2011다95564).

다. 손실보상금청구소송

① 판례는 구 토지수용법 제75조의 2(현행 토지취득보상법 제85조 제2항)의 보상금증감청구소송을 공법상 당사자소송으로 본다[대판 1991.11.26, 91누285(토지수용 재결처분 등)].

② 판례는 법령에서 보상금액을 행정청이 일방적으로 결정하도록 규정하면서 불복방법에 대하여는 특별한 규정을 두지 않은 경우에 보상금액을 다투기 위하여는 행정청의 보상금결정처분에 대한 취소 또는 무효확인소송을 제기하여야 한다고 본다. 다만, 행정청에 의해 결정된 보상금의 청구는 공법상 당사자소송에 의한다.

③ 법령에서 손실보상을 인정하면서 보상금 결정방법 및 불복절차에 관하여 아무런 규정을 두지 않은 경우에 손실보상청구권이 공권인 경우 손실보상금청구는 공법상 당사자소송에 의하여야 하고, 손실보상청구권이 사권인 경우 민사소송으로 손실보상청구를 하여야 한다(자세한 것은 손실보상 참조). 종전 판례는 손실보상청구권을 사권으로 보고 손실보상청구소송을 민사소송으로 보았으나 최근 대법원 전원합의체 판결[2006.5.18, 2004

다6207(보상청구권확인)]은 하천법상 하천구역으로 편입된 토지에 대한 손실보상청구권을 공권으로 보고, 그 손실보상청구가 민사소송이 아니라 당사자소송의 대상이 된다고 판례를 변경하였다. 그러나, 판례는 아직도 수산업법 제81조의 규정에 의한 손실보상청구권이나 손실보상 관련 법령의 유추적용에 의한 손실보상청구권은 사권으로 보고 사업시행자를 상대로 한 민사소송의 방법에 의하여 행사하여야 한다고 하고 있다(대판 2001.6.29, 99다56468 ; 대판 2014.5.29, 2013두12478).

2) 공법상 신분 또는 지위 등의 확인소송(당사자소송)

판례는 공법상 신분 또는 지위, 공법상 의무의 부존재 등의 확인소송, 공법상의 의무의 존부를 다투는 소송을 당사자소송으로 보고 있다.

판례1	공무원의 지위확인소송(대판 1998.10.23, 98두12932), 재개발조합을 상대로 조합원자격 유무에 관한 확인을 구하는 소송(대판 전원합의체 1996.2.15, 94다31235), 연금수혜대상자 확인(대판 1991.1.25, 90누3041), 훈장종류확인(대판 1990.10.23, 90누4440), 영관생계보조기금권리자 확인(대판 1991.1.25, 90누3041). 사업주가 당연가입자가 되는 고용보험 및 산재보험에서 보험료 납부의무 부존재확인(대판 2016.10.13, 2016다221658). 그러나 조합장 또는 조합임원의 지위를 다투는 소송은 민사소송에 의하여야 한다[대결 2009.9.24, 자 2009마168,169(가처분이의·직무집행정지가처분)].
판례2	국토의 계획 및 이용에 관한 법률 제130조 제3항에서 정한 토지의 소유자·점유자 또는 관리인(이하 '소유자 등'이라 한다)이 사업시행자의 일시 사용에 대하여 정당한 사유 없이 동의를 거부하는 경우, 사업시행자는 해당 토지의 소유자 등을 상대로 동의의 의사표시를 구하는 소를 제기할 수 있다. 이와 같은 토지의 일시 사용에 대한 동의의 의사표시를 할 의무는 '국토의 계획 및 이용에 관한 법률'에서 특별히 인정한 공법상의 의무이므로, 그 의무의 존부를 다투는 소송은 '공법상의 법률관계에 관한 소송으로서 그 법률관계의 한쪽 당사자를 피고로 하는 소송', 즉 행정소송법 제3조 제2호에서 규정한 당사자소송이라고 보아야 한다(대판 2019.9.9, 2016다262550).

(3) 행위의 성질이 기준이 되는 경우

그 효력이 다투어지는 비권력적행위가 공법행위이면 당사자소송의 대상이 되고, 사법행위이면 민사소송의 대상이 된다.

① 공법상 계약에 관한 소송은 원칙상 공법상 당사자소송이다. 사법상 계약에 관한 소송은 민사소송이다.

판례 1	시립무용단원의 해촉에 대한 불복(당사자소송): 지방자치법 제9조 제2항 제5호 (라)목 및 (마)목 등의 규정에 의하면, 이 사건 서울특별시립무용단원의 공연 등 활동은 지방문화 및 예술을 진흥시키고자 하는 서울특별시의 공공적 임무수행의 일환으로 이루어진다고 해석될 뿐만 아니라, 원심이 확정한 바와 같이 단원으로 위촉되기 위하여는 일정한 능력요건과 자격요건을 요하고, 계속적인 재위촉이 사실상 보장되며, 공무원연금법에 따르는 연금을 지급받고, 단원의 복무규율이 정해져 있으며, 정년제가 인정되고, 일정한 해촉사유가 있는 경우에만 해촉되는 등 서울특별시립무용단원이 가지는 지위가 공무원과 유사한 것이라면, 서울특별시립무용단원의 위촉은 공법상의 계약이라고 할 것이고, 따라서 그 단원의 해촉에 대하여는 공법상의 당사자소송으로 그 무효확인을 청구할 수 있다[대판 1995.12.22, 95누4636(해촉처분취소 등)].
판례 2	민간투자사업 실시협약을 체결한 당사자가 공법상 당사자소송에 의하여 그 민간투자사업 실시협약에 따른 재정지원금의 지급을 구하는 경우에, 수소법원은 단순히 주무관청이 재정지원금액을 산정한 절차 등에 위법이 있는지 여부를 심사하는 데 그쳐서는 아니 되고, 실시협약에 따른 적정한 재정지원금액이 얼마인지를 구체적으로 심리·판단하여야 한다(대판 2019.1.31, 2017두46455). 〈해설〉 민간투자사업 실시협약을 공법상 계약으로 본 판례이다.
판례 3	국립대학 강의전담교수 채용계약은 공법상 계약이고, 국립대학 강의전담교수는 근로자 지위 확인소송은 공법상 당사자소송으로 행정법원의 관할에 속하고, 해당 소송을 민사소송으로 서울중앙지법에 제기하여 해당 법원이 본안판결은 한 것은 전속관할 위반이라고 하면서 1심을 취소하고 행정법원으로 이송한 사례(서울고법 2019.4.23, 2018나2046651).
판례 4	**[보조사업자인 원고가 보조금수령자인 피고를 상대로 피고의 부정수급을 이유로 이 사건 청년인턴지원협약에 따라 청년인턴지원금의 반환을 청구한 사건]** [1] 원고가 고용노동부의 청년취업인턴제시행지침 또는 구「보조금 관리에 관한 법률」제33조의2 제1항 제1호에 따라 보조금수령자에 대하여 거짓 신청이나 그 밖의 부정한 방법으로 지급받은 보조금을 반환하도록 요구하는 의사표시는 우월한 지위에서 하는 공권력의 행사로서의 '반환명령'이 아니라, 대등한 당사자의 지위에서 계약에 근거하여 하는 의사표시라고 보아야 한다. 또한 원고의 피고에 대한 이 사건 협약에 따른 지원금 반환청구는 협약에서 정한 의무의 위반을 이유로 채무불이행 책임을 구하는 것에 불과하고, 그 채무의 존부 및 범위에 관한 다툼이 이 사건 협약에 포함된 공법적 요소에 어떤 영향을 받는다고 볼 수도 없으므로 민사소송의 대상이라고 보아야 한다. [2] 이 사건 협약이 지원금의 심사단계에서 거짓 기타 부정한 방법이 개입되었음이 확인된 경우에는 지원금을 일부라도 지급하지 않아야 한다고 규정한 경우, 부정하게 신청하여 수령한 지원금액 전액이 반환대상이다(대판 2019.8.30, 2018다242451) 〈해설〉 이 사건 협약에 의하면 피고가

판례 4

이 사건 지침 및 협약을 위반하여 부당하게 지원금을 지급받은 경우 지방관서의 반환명령 또는 원고의 요구에 따라 반환해야 한다.

② 공법상 합동행위의 무효확인을 구하는 소송은 당사자소송이다.

판례 1

[1] 도시 및 주거환경정비법상의 주택재건축정비사업조합을 상대로 관리처분계획안에 대한 조합총회 결의의 효력을 다투는 소송의 법적 성질(=행정소송법상 당사자소송): 도시 및 주거환경정비법상 행정주체인 주택재건축정비사업조합을 상대로 관리처분계획안에 대한 조합총회결의의 효력 등을 다투는 소송은 행정처분에 이르는 절차적 요건의 존부나 효력 유무에 관한 소송으로서 그 소송결과에 따라 행정처분의 위법 여부에 직접 영향을 미치는 공법상 법률관계에 관한 것이므로, 이는 행정소송법상의 당사자소송에 해당한다. [2] 도시 및 주거환경정비법상의 주택재건축정비사업조합이 같은 법 제48조에 따라 수립한 관리처분계획에 대하여 관할 행정청의 인가·고시가 있은 후에, 그 관리처분계획안에 대한 총회결의의 무효확인을 구할 수 있는지 여부(소극): 도시 및 주거환경정비법상 주택재건축정비사업조합이 같은 법 제48조에 따라 수립한 관리처분계획에 대하여 관할 행정청의 인가·고시까지 있게 되면 관리처분계획은 행정처분으로서 효력이 발생하게 되므로, 총회결의의 하자를 이유로 하여 행정처분의 효력을 다투는 항고소송의 방법으로 관리처분계획의 취소 또는 무효확인을 구하여야 하고, 그와 별도로 행정처분에 이르는 절차적 요건 중 하나에 불과한 총회결의 부분만을 따로 떼어내어 효력 유무를 다투는 확인의 소를 제기하는 것은 특별한 사정이 없는 한 허용되지 않는다[대관 전원합의체 2009.9.17, 2007다2428(총회결의무효확인)]. 〈해설〉 판례는 관리처분계획안에 대한 조합 총회결의의 효력 등을 다투는 소송(조합총회결의무효확인소송)을 당사자소송으로 보면서 당사자소송으로 보는 논거를 다음과 같이 제시하고 있다: ① 피고인 주택재건축정비조합이 행정주체이고, ② '행정처분에 이르는 절차적 요건의 존부나 효력 유무에 관한 소송'이고, ③ 그 소송결과에 따라 행정처분의 위법 여부에 직접 영향을 미치는 공법상 법률관계에 관한 것이라는 것이다. 그러나 이 논거는 나소 보호하며 그 효력이 다투어지는 조합총회의 결의가 공법상 합동행위로서 공법상 계약과 같이 비권력적 공행정작용이라는 점을 논거로 드는 것이 타당하다. 행정객체가 제기하는 당사자소송의 피고는 행정주체가 되어야 하므로 총회가 아니라 행정주체인 재건축조합이 조합총회결의무효확인소송의 피고가 되는 것이다. 판례는 관리처분계획에 대하여 관할 행정청의 인가·고시가 있은 후에는 관리처분계획은 행정처분으로서 효력이 발생하게 되고, 관리처분계획안에 대한 조합 총회결의는 행정처분인 관리처분계획에 이르는 절차적 요건 중 하

나에 불과하므로, 총회결의 하자를 다투고자 하는 경우에도 항고소송의 방법으로 관리처분계획의 취소 또는 무효확인을 구하여야 하고, 그와 별도로 관리처분계획안에 대한 조합 총회결의의 효력 등을 다투는 소송(조합총회결의무효확인소송)은 허용되지 않는다고 하였다.

도시 및 주거환경정비법

제48조(관리처분계획의 인가 등)

① 사업시행자(제6조제1항제1호부터 제3호까지의 방법으로 시행하는 주거환경개선사업 및 같은 조 제5항의 방법으로 시행하는 주거환경관리사업의 사업시행자는 제외한다) 는 제46조에 따른 분양신청기간이 종료된 때에는 제46조에 따른 분양신청의 현황을 기초로 다음 각호의 사항이 포함된 관리처분계획을 수립하여 시장·군수의 인가를 받아야 하며, 관리처분계획을 변경·중지 또는 폐지하고자 하는 경우에도 같으며, 이 경우 조합은 제24조제3항제10호의 사항을 의결하기 위한 총회의 개최일부터 1개월 전에 제3호부터 제5호까지에 해당하는 사항을 각 조합원에게 문서로 통지하여야 한다. 다만, 대통령령이 정하는 경미한 사항을 변경하고자 하는 때에는 시장·군수에게 신고하여야 한다.

1. 분양설계

2. 분양대상자의 주소 및 성명

3. 분양대상자별 분양예정인 대지 또는 건축물의 추산액

8. 그 밖에 정비사업과 관련한 권리 등에 대하여 대통령령이 정하는 사항

도시 및 주거환경정비법(이하 '도시정비법'이라 한다)상 행정주체인 주택재건축정비사업조합을 상대로 관리처분계획안에 대한 조합 총회결의의 효력을 다투는 소송은 행정처분에 이르는 절차적 요건의 존부나 효력 유무에 관한 소송으로서 소송결과에 따라 행정처분의 위법 여부에 직접 영향을 미치는 공법상 법률관계에 관한 것이므로, 이는 행정소송법상 당사자소송에 해당한다[대결 2015.8.21. 자 2015무26(관리처분계획안에대한총회결의효력정지가처분)].

제2절 원고적격 [1997, 2004 공인노무사]

제1항 원고적격과 당사자능력

원고적격이란 구체적인 소송에서 원고로서 소송을 수행하여 본안판결을 받을 수 있는 자격을 말한다. 당사자능력이란 소송의 주체가 될 수 있는 일반적인 능력을 말한다.

원고적격이나 피고적격이 인정되기 위하여는 그 전제로서 당사자능력이 인정되어야 한다. 그런데 행정소송법은 행정소송에서의 당사자능력에 관하여 규정하고 있지 않다. 따라서 행정소송에 있어서의 당사자능력은 민사소송법에 따라야 한다.

권리능력이 있는 자연인 및 법인과 대표자 또는 관리인이 있는 법인이 아닌 사단 또는 재단에게 당사자능력이 인정된다. 공법인인 국가, 지방자치단체, 영조물법인, 공공조합 등에게 당사자능력이 인정된다.

국가 등의 기관은 처분청의 경우 피고능력이 있지만, 권리능력이 없으므로 원칙상 당사자능력이 없고 원칙상 행정소송에서 원고가 될 수 있는 능력은 없다. 다만, 다른 기관의 처분에 의해 국가기관이 권리를 침해받거나 의무를 부과받는 등 중대한 불이익을 받았음에도 그 처분을 다툴 별다른 방법이 없고, 그 처분의 취소를 구하는 항고소송을 제기하는 것이 유효·적절한 권익구제수단인 경우에는 행정기관에게 당사자능력과 원고적격을 인정하여야 한다(판례). 이에 대하여 행정기관은 권리능력이 없으므로 소송상 당사자능력이 없고, 기관소송의 당사자는 될 수 있지만 항고소송에서도 당사자 능력을 인정할 수 없다는 **비판**이 있다. 그리고 행정기관이 아닌 자연인인 공무원에게 원고적격을 인정하는 것이 타당하다는 주목할만한 견해(정남철, 법률신문 2018.10.22, 11면)도 있다.

판례1	관악구 보건소장이 서울대학교 보건진료소에 대해 한 직권폐업처분에 대한 무효확인등소송에서 법인격이 있는 국가에게 당사자능력을 인정하고 원고적격을 인정한 사례(서울행법 2009.6.5, 2009구합6391; 대판 2010.3.11, 2009두23129로 확정) 〈해설〉 이 사건 당시 서울대학교는 권리능력이 없으므로 서울대학교에 대한 행위의 효과가 귀속되는 권리능력이 있는 국가에게 당사자능력과 원고적격이 있다고 한 판례이다. 현재 서울대학교는 법인이므로 서울대학교에게 당사자능력과 원고적격이 있다.
판례2	[1] 국가기관 등 행정기관(이하 '행정기관 등'이라 한다) 사이에 권한의 존부와 범위에 관하여 다툼이 있는 경우에 이는 통상 내부적 분쟁이라는 성격을 띠고 있어 상급관청의 결정에 따라 해결되거나 법령이 정하는 바에 따라 '기관소송'이나 '권한쟁의심판'으로 다루어진다. 그런데 법령이 특정한 행정기관 등으로 하여금 다른 행정기관을 상대로 제재적 조치를 취할 수 있도록 하면서,

그에 따르지 않으면 그 행정기관에 대하여 과태료를 부과하거나 형사처벌을 할 수 있도록 정하는 경우가 있다. 이러한 경우에는 단순히 국가기관이나 행정기관의 내부적 문제라거나 권한 분장에 관한 분쟁으로만 볼 수 없다. 행정기관의 제재적 조치의 내용에 따라 '구체적 사실에 대한 법집행으로서 공권력의 행사'에 해당할 수 있고, 그러한 조치의 상대방인 행정기관이 입게 될 불이익도 명확하다. 그런데도 그러한 제재적 조치를 기관소송이나 권한쟁의심판을 통하여 다툴 수 없다면, 제재적 조치는 그 성격상 단순히 행정기관 등 내부의 권한 행사에 머무는 것이 아니라 상대방에 대한 공권력 행사로서 항고소송을 통한 주관적 구제대상이 될 수 있다고 보아야 한다. 기관소송 법정주의를 취하면서 제한적으로만 이를 인정하고 있는 현행 법령의 체계에 비추어 보면, 이 경우 항고소송을 통한 구제의 길을 열어주는 것이 법치국가 원리에도 부합한다. 따라서 이러한 권리구제나 권리보호의 필요성이 인정된다면 예외적으로 그 제재적 조치의 상대방인 행정기관 등에게 항고소송 원고로서의 당사자능력과 원고적격을 인정할 수 있다. [2] 국민권익위원회가 소방청장에게 인사와 관련하여 부당한 지시를 한 사실이 인정된다며 이를 취소할 것을 요구하기로 의결하고 그 내용을 통지하자 소방청장이 국민권익위원회 조치요구의 취소를 구하는 소송을 제기한 사안에서, 행정기관인 국민권익위원회가 행정기관의 장에게 일정한 의무를 부과하는 내용의 조치요구를 한 것에 대하여 그 조치요구의 상대방인 행정기관의 장이 다투고자 할 경우에 법률에서 행정기관 사이의 기관소송을 허용하는 규정을 두고 있지 않으므로 이러한 조치요구를 이행할 의무를 부담하는 행정기관의 장으로서는 기관소송으로 조치요구를 다툴 수 없고, 위 조치요구에 관하여 정부 조직 내에서 그 처분의 당부에 대한 심사·조정을 할 수 있는 다른 방도도 없으며, 국민권익위원회는 헌법 제111조 제1항 제4호에서 정한 '헌법에 의하여 설치된 국가기관'이라고 할 수 없으므로 그에 관한 권한쟁의심판도 할 수 없고, 별도의 법인격이 인정되는 국가기관이 아닌 소방청장은 질서위반행위규제법에 따른 구제를 받을 수도 없는 점, 부패방지 및 국민권익위원회의 설치와 운영에 관한 법률은 소방청장에게 국민권익위원회의 조치요구에 따라야 할 의무를 부담시키는 외에 별도로 그 의무를 이행하지 않을 경우 과태료나 형사처벌까지 정하고 있으므로 위와 같은 조치요구에 불복하고자 하는 '소속기관 등의 장'에게는 조치요구를 다툴 수 있는 소송상의 지위를 인정할 필요가 있는 점에 비추어, 처분성이 인정되는 국민권익위원회의 조치요구에 불복하고자 하는 소방청장으로서는 조치요구의 취소를 구하는 항고소송을 제기하는 것이 유효·적절한 수단으로 볼 수 있으므로 소방청장은 예외적으로 당사자능력과 원고적격을 가진다고 한 사례(대판 2018.8.1, 2014두35379). 〈해설〉 관련 법령에서 특정 행정기관이 상대방 행정기관을 상대로 제재적 조치를 취할 수 있도록 하면서 상대방 행정기관이 이에 불응하면 과태료 및 형사처벌의 제재까지 가할 수 있도록 함에도, 상대방 행정기관이 기관소송이나 권한쟁의심판 등을 통해 위 제재적 조치를 다투어 구제받을 수 있는 현실적인 방

판례 2 안이 없는 경우에는 해당 행정기관에 대하여 항고소송의 원고적격을 인정하여 그 권리를 구제해 주는 것이 법치주의의 측면에서 타당하다는 법리를 설시한 사례이다.

판례 3 甲이 국민권익위원회에 부패방지 및 국민권익위원회의 설치와 운영에 관한 법률(이하 '국민권익위원회법'이라 한다)에 따른 신고와 신분보장조치를 요구하였고, 국민권익위원회가 甲의 소속기관 장인 乙 시·도선거관리위원회 위원장에게 '甲에 대한 중징계요구를 취소하고 향후 신고로 인한 신분상 불이익처분 및 근무조건상의 차별을 하지 말 것을 요구'하는 내용의 조치요구를 한 사안에서, 국가기관 일방의 조치요구에 불응한 상대방 국가기관에 국민권익위원회법상의 제재규정과 같은 중대한 불이익을 직접적으로 규정한 다른 법령의 사례를 찾아보기 어려운 점, 그럼에도 乙(경기도선거관리위원회 위원장)이 국민권익위원회의 조치요구를 다툴 별다른 방법이 없는 점 등에 비추어 보면, 처분성이 인정되는 위 조치요구에 불복하고자 하는 乙로서는 조치요구의 취소를 구하는 항고소송을 제기하는 것이 유효·적절한 수단이므로 비록 乙(경기도선거관리위원회 위원장)이 국가기관이더라도 당사자능력 및 원고적격을 가진다고 보는 것이 타당하고, 乙이 위 조치요구 후 甲을 파면하였다고 하더라도 조치요구가 곧바로 실효된다고 할 수 없고 乙은 여전히 조치요구를 따라야 할 의무를 부담하므로 乙에게는 위 조치요구의 취소를 구할 법률상 이익(협의의 소의 이익)도 있다고 본 원심판단을 정당하다고 한 사례[대판 2013.7.25, 2011두1214(불이익처분원상회복등요구처분취소)]. 〈해설〉 처분을 따르지 않는 경우 과태료 등 처분을 받을 위험을 제거할 필요가 있다는 점도 고려하였다.

국가나 지방자치단체가 행정처분의 상대방인 경우에는 해당 처분을 다툴 원고적격이 있다(판례).

판례 1 지방자치단체에게 다른 지방자치단체장의 건축협의 취소처분을 다툴 원고적격이 인정되는지 여부(긍정) 및 구 건축법상 건축협의 취소처분의 처분성 여부(긍정): 구 건축법(2011. 5. 30. 법률 제10755호로 개정되어 2011. 12. 1. 시행되기 전의 것, 이하 같다) 제29조 제1항, 제2항, 제11조 제1항 등의 규정 내용에 의하면, 건축협의의 실질은 지방자치단체 등에 대한 건축허가와 다르지 아니하므로, 지방자치단체 등이 건축물을 건축하려는 경우 등에는 미리 건축물의 소재지를 관할하는 허가권자인 지방자치단체의 장과 건축협의를 하지 아니하면, 지방자치단체라 하더라도 건축물을 건축할 수 없다. 그리고 구 지방자치법 등 관련법령을 살펴보아도 지방자치단체의 장이

판례 1	다른 지방자치단체를 상대로 한 건축협의 취소에 관하여 다툼이 있는 경우에 그 법적 분쟁을 실효적으로 해결할 구제수단을 찾기도 어렵다. 따라서 이 사건 건축협의 취소는 비록 그 상대방이 다른 지방자치단체 등 행정주체라 하더라도 '행정청이 행하는 구체적 사실에 관한 법집행으로서의 공권력 행사'(행정소송법 제2조 제1항 제1호)로서 처분에 해당한다고 볼 수 있고, 지방자치단체인 원고가 이를 다툴 실효적 해결 수단이 없는 이상, 원고는 피고를 상대로 항고소송을 통해 이 사건 건축협의 취소의 취소를 구할 수 있다고 봄이 타당하다[대판 2014.2.27, 2012두22980(건축협의취소처분취소)]. 〈해설〉 행정주체인 지방자치단체 등도 처분의 상대방인 경우에는 행정주체가 아니라 행정객체(행정의 상대방)로 보아야 한다. '이를 다툴 실효적 해결수단이 없는 이상'이라는 문구(조건)는 적절하지 않다. 건축협의를 건축허가와 동일시하고 그 취소를 처분으로 판단한 것은 문제가 있다는 견해도 있다.
판례 2	지방자치단체장의 건축협의 거부행위에 대하여 국가가 항고소송을 제기할 수 있다고 한 사례[대판 2014.3.13, 2013두15934(건축협의불가처분취소)].
판례 3	미얀마 국적의 甲이 위명(僞名)인 '乙' 명의의 여권으로 대한민국에 입국한 뒤 乙 명의로 난민 신청을 하였으나 법무부장관이 乙 명의를 사용한 甲을 직접 면담하여 조사한 후 甲에 대하여 난민불인정 처분을 한 사안에서, 처분의 상대방은 허무인이 아니라 '乙'이라는 위명을 사용한 甲이라는 이유로, 甲이 처분의 취소를 구할 법률상 이익이 있다고 한 사례(대판 2017.3.9, 2013두16852).

제2항 항고소송에서의 원고적격

[2011, 2017 행시]

Ⅰ. 의 의

항고소송에서 원고적격의 문제는 구체적인 행정처분에 대하여 누가 원고로서 취소소송 등 항고소송을 제기하여 본안관결을 받을 자격이 있느냐에 관한 문제이다.

제12조(원고적격)

취소소송은 처분 등의 취소를 구할 법률상 이익이 있는 자가 제기할 수 있다. 처분 등의 효과가 기간의 경과, 처분 등의 집행 그 밖의 사유로 인하여 소멸된 뒤에도 그 처분 등의 취소로 인하여 회복되는 법률상 이익이 있는 자의 경우에는 또한 같다.

> **제35조(무효등확인소송의 원고적격)**
> 무효등확인소송은 처분 등의 효력 유무 또는 존재 여부의 확인을 구할 법률상 이익이 있는 자가 제기할 수 있다.
>
> **제36조(부작위위법확인소송의 원고적격)**
> 부작위위법확인소송은 처분의 신청을 한 자로서 부작위의 위법의 확인을 구할 법률상 이익이 있는 자만이 제기할 수 있다.

Ⅱ. 원고적격의 요건 [2016 변시]

'원고적격이 있는 자'가 되기 위하여는 자신의 **법률상 이익**이 **침해**되었어야 한다. 여기에서 '침해'라 함은 침해를 당하였거나 침해될 우려가 있는(보다 정확히 말하면 개연성이 있는) 경우를 말한다.

1. '법률상 이익'에 관한 학설

현행 행정소송법상 '법률상 이익'의 개념과 관련하여 '법률상 보호되는 이익구제설'과 '보호할 가치 있는 이익구제설'이 대립하고 있다. 그런데 종래에는 이론상 항고소송에서의 원고적격의 범위와 관련하여 권리구제설, 법률상 보호되는 이익구제설(법적 이익구제설), 보호할 가치 있는 이익구제설, 적법성보장설이 대립하고 있었다.

(1) 권리구제설(권리회복설)

이 견해는 처분 등으로 인하여 권리가 침해된 자만이 항고소송을 제기할 수 있는 원고적격을 갖는다는 견해이다. 이 견해는 항고소송의 목적을 위법한 처분에 의해 침해된 권리의 회복에 있다고 보는 데 근거하고 있다.

이 견해에 대하여는 다음과 같은 비판이 제기되고 있다.

① 엄격한 의미의 권리가 침해된 자만 항고소송을 제기할 수 있고, 법적으로 보호된 이익을 침해받은 자는 항고소송을 제기할 원고적격이 없다는 것은 재판을 받을 권리가 일반적으로 인정된 오늘날에는 타당하지 않다.

② 권리와 법적이익을 구별하던 과거에는 이 학설의 존재이유가 있었지만, 오늘날 권리와 법률상 보호된 이익을 동의어로 이해하므로 권리구제설은 법률상 보호된 이익구제설과 동일하다.

(2) 법률상 보호된 이익구제설(법적 이익구제설)

이 견해는 처분 등에 의해 '법적으로 보호된 개인적 이익'을 침해당한 자만이 항고소송의 원고적격이 있는 것으로 본다. 이 견해가 다수견해이다.

이 견해는 항고소송을 법적 이익의 구제수단으로 보고 법에 의해 보호되고 있는 이익이 침해된 자에게는 소송을 통하여 침해된 법적 이익을 구제 할 수 있는 길이 주어져야 한다는 데 근거한다.

법적 이익구제설에도 **보호규범과 피보호이익**을 어떻게 보는가에 따라 다양한 견해가 존재한다. **보호규범**을 좁게 보는 견해는 처분의 근거법규에 한정하고(제1설), 보다 넓게 보는 견해는 처분의 근거법규뿐만 아니라 관계법규까지 보호규범으로 본다(제2설). 이보다 더 넓게 보는 견해는 이에 추가하여 헌법규정(자유권 등 구체적 기본권)이 보충적으로 보호규범이 된다고 본다(제3설). 절차규정을 보호규범에 포함시키는 견해도 있다(제4설). 보호규범을 가장 넓게 보는 견해는 이에 추가하여 민법규정도 보호규범에 포함시킨다(제5설). 현재 제2설 또는 제4설이 주로 주장되고 있다.

보호규범에 의해 보호되는 **피보호이익**은 통상 개인(자연인, 법인, 법인격 없는 단체)의 개인적(사적) 이익을 말한다.

(3) 소송상 보호할 가치 있는 이익구제설

이 견해는 실체법을 준거로 하는 것이 아니라 소송법적 관점에서 재판에 의하여 보호할 만한 가치가 있는 이익이 침해된 자는 항고소송의 원고적격이 있다고 본다.

이 견해는 원고적격의 문제는 소송법상의 문제라는 것에 근거하고 있다.

이 견해에 대하여는 다음과 같은 비판이 가능하다.

① 보호할 가치 있는 이익구제설은 항고소송을 처분에 의해 침해된 권익의 구제제도로 보면서도 원고적격의 범위를 소송법적으로 결정하는 점에서 논리적이지 못하다.
② 또한 이 견해에서는 원고적격의 인정에 있어서 객관적 기준이 존재하지 않고 법원이 구체적인 사안에 따라 결정하는 점에 문제가 있다.

(4) 적법성 보장설

이 견해는 항고소송의 주된 기능을 행정통제에서 찾고, 처분의 위법성을 다툴 적합한 이익을 갖는 자에게 원고적격을 인정하는 견해이다.

이 견해는 항고소송을 행정의 적법성을 통제하는 소송으로 보는 것에 근거하고 있다. 이렇게 항고소송을 객관적 소송으로 이해한다면 논리적 귀결로서 누구든지 항고소송을 제기할 수 있도록 하여야 할 것이지만 이렇게 하면 항고소송이 민중소송이 되고 소송이 폭주하여 법원의 재판부담이 과도하게 될 것이기 때문에 원고적격을 일정한 범위로 제한하여야 한다고 본다. 프랑스의 월권소송은 적법성보장설에 근거하고 있는데, 취소를 구할 정당한 이익이 있는 자에게 원고적격을 인정하고 있다.

이 견해에 대하여는 다음과 같은 비판이 가능하다.

① 재판은 기본적으로 권익구제에 그 목적이 있는 것이므로 항고소송의 주된 기능을 적법성보장에 있다고 보는 것은 타당하지 않다.

② 적법성보장설에 의하면 원고적격이 과도하게 확대되어 법원의 업무가 과중하게 된다.

(5) 판 례

판례는 원칙상 **'법적 이익구제설'**에 입각하고 있다.

판례는 처분의 근거법규 및 관련법규(처분의 근거법규 및 관련법규의 입법취지 포함)에 의해 개별적으로 보호되는 직접적이고 구체적인 개인적 이익을 법률상 이익으로 보고 있다. 그런데 판례는 법률상 이익의 범위를 점차 넓혀가는 경향이 있다.

판례는 절차규정도 보호규범에 포함시킨다(대판 2020.4.9, 2015다34444). 이해관계인의 절차적 권리(법적 이익)도 법률상 이익으로 본다. 이해관계인이 아닌 주민의 절차적 참가권은 법률상 이익이 아니다.

판례 1	甲 학교법인의 정상화 과정에서 서울특별시교육감이 임시이사들을 해임하고 정이사를 선임한 사안에서, 사립학교법 제25조의3 제1항이 학교법인을 정상화하기 위하여 임시이사를 해임하고 이사를 선임하는 절차에서 이해관계인에게 어떠한 청구권 또는 의견진술권을 부여하고 있지 않으므로, 乙 학교법인이 임시이사 해임 및 이사 선임에 관하여 사립학교법에 의해 보호받는 법률상 이익이 없다고 본 사례[대판 2014.1.23, 2012두6629(임시이사해임처분취소등)]. 〈해설〉 반대해석을 하면 의견진술권이 있는 이해관계인은 법적 이익이 있다고 할 수 있다.
판례 2	법무사규직 제37조 제4항이 이의신청 절차를 규정한 것은 채용승인을 신청한 법무사뿐만 아니라 사무원이 되려는 사람의 이익도 보호하려는 취지로 볼 수 있다. 따라서 지방법무사회의 사무원 채용승인 거부처분 또는 채용승인 취소처분에 대해서는 처분 상대방인 법무사뿐만 아니라 그 때문에 사무원이 될 수 없게 된 사람도 이를 다툴 원고적격이 인정되어야 한다(대판 2020.4.9, 2015다34444).

헌법상 기본권이 원고적격의 요건인 법률상 이익이 될 수 있는지에 관하여 아직 이를 적극적으로 인정하고 있는 대법원 판례는 없고, 추상적 기본권의 침해만으로는 원고적격을 인정할 수 없다는 대법원 판례가 있을 뿐이다.

> **판례**
>
> 환경영향평가 대상지역 밖에 거주하는 주민에게 헌법상의 환경권 또는 환경정책기본법에 근거하여 공유수면매립면허처분과 농지개량사업 시행인가처분의 무효확인을 구할 원고적격이 없다고 한 사례: 헌법 제35조 제1항에서 정하고 있는 환경권에 관한 규정만으로는 그 권리의 주체·대상·내용·행사방법 등이 구체적으로 정립되어 있다고 볼 수 없고, 환경정책기본법 제6조도 그 규정 내용 등에 비추어 국민에게 구체적인 권리를 부여한 것으로 볼 수 없다는 이유로, 환경영향평가 대상지역 밖에 거주하는 주민에게 헌법상의 환경권 또는 환경정책기본법에 근거하여 공유수면매립면허처분과 농지개량사업 시행인가처분의 무효확인을 구할 원고적격이 없다고 한 사례[대판 전원합의체 2006.3.16, 2006두330(정부조치계획취소등) 〈새만금사건〉].
>
> **헌법 제35조**
> ① 모든 국민은 건강하고 쾌적한 환경에서 생활할 권리를 가지며, 국가와 국민은 환경보전을 위하여 노력하여야 한다.
>
> **환경정책기본법**
> 제6조(국민의 권리와 의무)
> ① 모든 국민은 건강하고 쾌적한 환경에서 생활할 권리를 가진다.
> ② 모든 국민은 국가 및 지방자치단체의 환경보전시책에 협력하여야 한다.
> ③ 모든 국민은 일상생활에서 발생하는 환경오염과 환경훼손을 줄이고, 국토 및 자연환경의 보전을 위하여 노력하여야 한다.

이에 반하여 헌법재판소는 기본권주체의 원고적격을 인정하고 있다.

> **판례**
>
> 설사 국세청장의 지정행위(납세병마개 제조자지정행위)의 근거규범인 이 사건 조항들이 단지 공익만을 추구할 뿐 청구인 개인의 이익을 보호하려는 것이 아니라는 이유로 청구인에게 취소소송을 제기할 법률상 이익을 부정한다고 하더라도, 청구인의 기본권인 경쟁의 자유가(보충적으로) 바로 행정청의 지정행위의 취소를 구할 법률상 이익이 된다 할 것이다(헌재 1998.4.30, 97헌마141).

(6) 결 어

현행 행정소송법의 해석론으로는 법적 이익구제설이 타당하다. 현행 행정소송법이 항고소송의 주된 기능을 권익구제로 보고 주관소송으로 규정하고 있기 때문이다.

다음과 같은 이유에서 법적 이익구제설 중 제4설이 타당하다.

① 항고소송을 권익구제제도로 본다면 현행 행정소송법상의 '법률상 이익'은 실체법에 의해 보호되는 이익으로 보는 것이 타당하다. 행정절차법과 같은 순수한 절차규정은 보호규범으로 보지 않는 것이 타당하다. 다만, 환경영향평가에 관한 법과 같이 실체법상 이익의 보호도 목적으로 하는 절차규정은 보호규범으로 보아야 할 것이다.

② 헌법이나 기타 일반법질서(민법 포함)에 의해 보호되는 이익이 침해된 자에게도 항고소송의 원고적격을 인정하여야 할 것이다.

③ 헌법상 구체적 기본권이 침해된 자에게는 원고적격을 인정하여야 한다. 그러나 법률에 의해 구체화되어야 비로소 구체적 기본권이 되는 추상적 기본권이 침해된 것만으로는 원고적격을 인정할 수 없다.

2. 판례에서의 원고적격의 요건

판례는 원고적격의 요건으로 '법률(처분의 근거 법규 및 관련법규)에 의하여 보호되는 개별적·직접적·구체적 이익의 침해'를 요구하고 있다.

(1) 법적 이익(법률상 보호되는 이익)

① 처분의 근거 법규 및 관련법규(예 환경영향평가법)에 의해 보호되는 이익의 침해가 있어야 한다.

판례 1	납골당설치허가처분의 허가조건을 성취하거나 그 처분의 목적을 달성하기 위한 산림형질 변경허가와 환경영향평가의 근거법규는 납골당설치허가처분에 대한 관련 처분들의 근거법규이고, 그 환경영향평가대상지역 안에 거주하는 주민들은 위 처분의 무효확인이나 취소를 구할 원고적격이 있다고 한 사례[대판 2004.12.9, 2003두12073(납골당허가처분무효확인)].
판례 2	재단법인 한국연구재단이 甲 대학교 총장에게 연구개발비의 부당집행을 이유로 '해양생물유래 고부가식품·향장·한약 기초소재 개발 인력양성사업에 대한 2단계 두뇌한국(BK)21 사업' 협약을 해지하고 연구팀장 乙에 대한 국가연구개발사업의 3년간 참여제한 등을 명하는 통보를

판례 2	하자 乙(연구팀장)이 통보의 취소를 청구한 사안에서, 학술진흥 및 학자금대출 신용보증 등에 관한 법률 등의 입법 취지 및 규정 내용 등과 아울러 위 법 등 해석상 국가가 두뇌한국(BK)21 사업의 주관연구기관인 대학에 연구개발비를 출연하는 것은 '연구 중심 대학'의 육성은 물론 그와 별도로 대학에 소속된 연구인력의 역량 강화에도 목적이 있다고 보이는 점, 기본적으로 국가연구개발사업에 대한 연구개발비의 지원은 대학에 소속된 일정한 연구단위별로 신청한 연구개발과제에 대한 것이지, 그 소속 대학을 기준으로 한 것은 아닌 점 등 제반 사정에 비추어 보면, 乙(연구팀장)은 위사업에 관한 협약의 해지 통보의 효력을 다툴 법률상 이익이 있다고 한 사례. [2] 재단법인 한국연구재단이 甲 대학교 총장에게 연구개발비의 부당집행을 이유로 '해양생물유래 고부가식품·향장·한약 기초소재 개발 인력양성사업에 대한 2단계 두뇌한국(BK)21 사업' 협약을 해지하고 연구팀장 乙에 대한 대학자체 징계 요구 등을 통보한 사안에서, 재단법인 한국연구재단이 甲 대학교 총장에게 乙에 대한 대학 자체징계를 요구한 것은 법률상 구속력이 없는 권유 또는 사실상의 통지로서 乙의 권리, 의무 등 법률상 지위에 직접적인 법률적 변동을 일으키지 않는 행위에 해당하므로, 항고소송의 대상인 행정처분에 해당하지 않는다고 본 원심판단을 정당하다고 한 사례[대판 2014.12.11, 2012두28704(2단계BK21사업처분취소)].
판례 3	구 환경영향평가법 제1조, 제3조, 제9조, 제16조, 제17조, 제27조 등의 규정 취지는 환경영향평가를 실시하여야 할 사업(이하 '대상사업'이라 한다)이 환경을 해치지 아니하는 방법으로 시행되도록 함으로써 당해 사업과 관련된 환경공익을 보호하려는 데 그치는 것이 아니라, 당해 사업으로 인하여 직접적이고 중대한 환경피해를 입으리라고 예상되는 환경영향평가대상지역 안의 주민들이 전과 비교하여 수인한도를 넘는 환경침해를 받지 아니하고 쾌적한 환경에서 생활할 수 있는 개별적 이익까지도 보호하려는 데에 있는 것이다(대판 2006.6.30, 2005두14363).
판례 4	**구 도시계획법상의 공설화장장 설치를 내용으로 하는 도시계획결정에 대한 지역주민의 원고적격인정**: "도시계획법 제12조 제3항의 위임에 따라 제정된 도시계획시설기준에 관한 규칙 제125조 제1항이 화장장의 구조 및 설치에 관하여는 매장 및 묘지 등에 관한 법률이 정하는 바에 의한다고 규정하고 있어, 도시계획의 내용이 화장장의 설치에 관한 것일 때에는 도시계획법 제12조뿐만 아니라 매장 및 묘지 등에 관한 법률 및 같은법 시행령 역시 그 근거법률이 된다고 보아야 할 것 … 공설화장장 설치를 금지함에 의하여 보호되는 부근 주민들의 이익은 위 도시계획결정처분의 근거 법률에 의하여 보호되는 법률상 이익이다."라고 판시하였다[대판 1995.9.26, 94누14544(상수원보호구역변경처분 등 취소)]. 〈해설〉 계쟁처분의 직접적인 근거법규 이외에 당해 근거법규에서 요건규정으로 원용하고 있는 법규도 당해 계쟁처분의 근거법규로 본 점에 이 판결의 의의가 있다.

② 사실상 이익 내지 반사적 이익의 침해만으로는 원고적격이 인정되지 않는다.

<table>
<tr>
<td>판례
1</td>
<td>구 담배사업법(2007.7.19. 법률 제8518호로 개정되기 전의 것)과 그 시행령 및 시행규칙의 관계 규정들을 종합해 보면, 담배 일반소매인의 지정기준으로서 일반소매인의 영업소 간에 일정한 거리제한을 두고 있는 것은 담배유통구조의 확립을 통하여 국민의 건강과 관련되고 국가 등의 주요 세원이 되는 담배산업 전반의 건전한 발전 도모 및 국민경제에의 이바지라는 공익목적을 달성하고자 함과 동시에 일반소매인 간의 과당경쟁으로 인한 불합리한 경영을 방지함으로써 일반소매인의 경영상 이익을 보호하는 데에도 그 목적이 있다고 보이므로, 담배 일반소매인으로 지정되어 영업을 하고 있는 기존업자의 신규 일반소매인에 대한 이익은 단순한 사실상의 반사적 이익이 아니라 법률상 보호되는 이익으로서 기존 일반소매인이 신규 일반소매인 지정처분의 취소를 구할 원고적격이 있다고 보아야 할 것이나(대판 2008.3.27, 2007두23811 참조), 한편 구내소매인과 일반소매인 사이에서는 구내소매인의 영업소와 일반소매인의 영업소 간에 거리제한을 두지 아니할 뿐 아니라 건축물 또는 시설물의 구조·상주인원 및 이용인원 등을 고려하여 동일 시설물 내 2개소 이상의 장소에 구내소매인을 지정할 수 있으며, 이 경우 일반소매인이 지정된 장소가 구내소매인 지정대상이 된 때에는 동일 건축물 또는 시설물 안에 지정된 일반소매인은 구내소매인으로 보고, 구내소매인이 지정된 건축물 등에는 일반소매인을 지정할 수 없으며, 구내소매인은 담배진열장 및 담배소매점 표시판을 건물 또는 시설물의 외부에 설치하여서는 아니 된다고 규정하는 등 일반소매인의 입장에서 구내소매인과의 과당경쟁으로 인한 경영의 불합리를 방지하는 것을 그 목적으로 할 수 있다고 보기 어려우므로, 담배 일반소매인으로 지정되어 영업을 하고 있는 기존업자의 신규 담배 구내소매인에 대한 이익은 법률상 보호되는 이익이 아니라 단순한 사실상의 반사적 이익이라고 해석함이 상당하므로, 기존 일반소매인은 신규 구내소매인 지정처분의 취소를 구할 원고적격이 없다[대판 2008.4.10, 2008두402(담배소매인지정처분취소)].</td>
</tr>
<tr>
<td>판례
2</td>
<td>환경부장관이 생태·자연도 1등급으로 지정되었던 지역을 2등급 또는 3등급으로 변경하는 내용의 생태·자연도 수정·보완을 고시하자, 인근 주민 甲이 생태·자연도 등급변경처분의 무효확인을 청구한 사안에서, 생태·자연도의 작성 및 등급변경의 근거가 되는 구 자연환경보전법(2011.7.28. 법률 제10977호로 개정되기 전의 것) 제34조 제1항 및 그 시행령 제27조 제1항, 제2항에 의하면, 생태·자연도는 토지이용 및 개발계획의 수립이나 시행에 활용하여 자연환경을 체계적으로 보전·관리하기 위한 것일 뿐, 1등급 권역의 인근 주민들이 가지는 생활상 이익을 직접적이고 구체적으로 보호하기 위한 것이 아님이 명백하고, 1등급 권역의 인근 주민들이 가지는 이익은 환경보호라는 공공의 이익이 달성됨에 따라 반사적으로 얻게 되는 이익에 불과하므로, 인근 주민에 불과한 甲은 생태·자연도 등급권역을 1등급에서 일부는 2등급으로, 일부는</td>
</tr>
</table>

판례 2	3등급으로 변경한 결정의 무효 확인을 구할 원고적격이 없다고 본 원심판단을 수긍한 사례[대판 2014.2.21, 2011두29052(생태자연도등급조정처분무효확인)].
판례 3	주택법상 사용검사처분에 관하여 입주예정자들이 그 취소를 구할 법률상 이익이 없다고 한 사례[대판 2014.7.24, 2011두30465(사용승인처분취소)]

(2) 개인적 이익(사적 이익)

법에 의해 보호되는 개인적 이익(사적 이익)이 있는 자만이 항고소송을 제기할 원고적격이 있고, 공익의 침해만으로는 원고적격이 인정될 수 없다.

처분 등으로 법인 또는 단체의 개인적 이익(사적 이익)이 침해된 경우에도 그 법인 또는 단체에게 원고적격이 인정된다. 그러나, 구성원의 법률상 이익의 침해를 이유로 원고적격을 인정받을 수는 없다.

판례 1	제약회사가 자신이 공급하는 약제에 관하여 국민건강보험법, 같은법 시행령, 국민건강보험 요양급여의 기준에 관한 규칙 등 약제상한금액고시의 근거 법령에 의하여 보호되는 직접적이고 구체적인 이익을 향유하는데, 보건복지부 고시인 약제급여·비급여목록 및 급여상한금액표로 인하여 자신이 제조·공급하는 약제의 상한금액이 인하됨에 따라 위와 같이 보호되는 법률상 이익이 침해당할 경우, 제약회사는 위 고시의 취소를 구할 원고적격이 있다고 한 사례[대판 2006.9.22, 2005두2506(보험약가인하처분취소)].
판례 2	**환경상 이익은 본질적으로 자연인에게 귀속되는 것으로서 법인은 환경상 이익의 침해를 이유로 행정소송을 제기할 수 없다**: 재단법인 甲 수녀원이 매립목적을 택지조성에서 조선시설용지로 변경하는 내용의 공유수면매립목적 변경 승인처분으로 인하여 법률상 보호되는 환경상 이익을 침해받았다면서 행정청을 상대로 처분의 무효 확인을 구하는 소송을 제기한 사안에서, 공유수면매립목적 변경 승인처분으로 甲 수녀원에 소속된 수녀 등이 쾌적한 환경에서 생활할 수 있는 환경상 이익을 침해받는다고 하더라도 이를 가리켜 곧바로 甲 수녀원의 법률상 이익이 침해된다고 볼 수 없고, 자연인이 아닌 甲 수녀원은 쾌적한 환경에서 생활할 수 있는 이익을 향수할 수 있는 주체가 아니므로 위 처분으로 위와 같은 생활상의 이익이 직접적으로 침해되는 관계에 있다고 볼 수도 없으며, 위 처분으로 환경에 영향을 주어 甲 수녀원이 운영하는 쨈 공장에 직접적이고 구체적인 재산적 피해가 발생한다거나 甲 수녀원이 폐쇄되고 이전해야 하는 등의 피해를 받거나 받을 우려가 있다는 점 등에 관한 증명도 부족하다는 이유로,

판례 2	甲 수녀원에 처분의 무효 확인을 구할 원고적격이 없다고 한 사례[대판 2012.6.28, 2010두2005(수정지구공유수면매립목적변경승인처분무효)] 〈해설〉 자연인만이 개인적인 환경상 이익만을 향유한다는 대법원 판례에는 찬동할 수 없다. 단체도 자연인과 같이 법주체로서 환경상 이익을 향유할 수 있다고 보아야 한다.
판례 3	교육부장관이 사학분쟁조정위원회의 심의를 거쳐 甲 대학교를 설치·운영하는 乙 학교법인의 이사 8인과 임시이사 1인을 선임한 데 대하여 甲 대학교 교수협의회와 총학생회 등이 이사선임처분의 취소를 구하는 소송을 제기한 사안에서, 임시이사제도의 취지, 교직원·학생 등의 학교 운영에 참여할 기회를 부여하기 위한 개방이사 제도에 관한 법령의 규정 내용과 입법 취지 등을 종합하여 보면, 구 사립학교법과 구 사립학교법 시행령 및 乙 법인 정관 규정은 헌법 제31조 제4항에 정한 교육의 자주성과 대학의 자율성에 근거한 甲 대학교 교수협의회와 총학생회의 학교 운영참여권을 구체화하여 이를 보호하고 있다고 해석되므로, 甲 대학교 교수협의회와 총학생회는 이사선임처분을 다툴 법률상 이익을 가지지만, 고등교육법령은 교육받을 권리나 학문의 자유를 실현하는 수단으로서 학생회와 교수회와는 달리 학교의 직원으로 구성된 노동조합의 성립을 예정하고 있지 아니하고, 노동조합은 근로자가 주체가 되어 자주적으로 단결하여 근로조건의 유지·개선 기타 근로자의 경제적·사회적 지위의 향상을 도모하기 위하여 조직된 단체인 점 등을 고려할 때, 학교의 직원으로 구성된 노동조합이 교육받을 권리나 학문의 자유를 실현하는 수단으로서 직접 기능한다고 볼 수는 없으므로, 개방이사에 관한 구 사립학교법과 구 사립학교법 시행령 및 乙 법인 정관 규정이 학교직원들로 구성된 전국대학노동조합 乙 대학교지부의 법률상 이익까지 보호하고 있는 것으로 해석할 수는 없다고 한 사례[대판 2015.7.23, 2012두19496, 19502(이사선임처분취소)].

(3) 직접적·구체적 이익   [2019 변시 사례]

처분 등에 의해 침해되는 법적 이익은 직접적·구체적 이익이어야 하며 간접적이거나 추상적인 이익이 침해된 자에게는 원고적격이 인정되지 않는다.

판례 1	**법인의 주주가 당해 법인에 대한 행정처분의 취소를 구할 원고적격이 있는 경우:** 법인의 주주는 법인에 대한 행정처분에 관하여 사실상이나 간접적인 이해관계를 가질 뿐이어서 스스로 그 처분의 취소를 구할 원고적격이 없는 것이 원칙이라고 할 것이지만, 그 처분으로 인하여 법인이 더 이상 영업 전부를 행할 수 없게 되고, 영업에 대한 인·허가의 취소 등을 거쳐 해산·청산되는 절차 또한 처분 당시 이미 예정되어 있으며, 그 후속절차가 취소되더라도 그 처분의

판례 1	효력이 유지되는 한 당해 법인이 종전에 행하던 영업을 다시 행할 수 없는 예외적인 경우에는 주주도 그 처분에 관하여 직접적이고 구체적인 법률상 이해관계를 가진다고 보아 그 효력을 다툴 원고적격이 있다(대판 2005.1.27, 2002두5313: 부실금융기관의 정비를 목적으로 은행의 영업 관련 자산 중 재산적 가치가 있는 자산 대부분과 부채 등이 타에 이전됨으로써 더 이상 그 영업 전부를 행할 수 없게 되고, 은행업무정지처분 등의 효력이 유지되는 한 은행이 종전에 행하던 영업을 다시 행할 수는 없는 경우, 은행의 주주에게 당해 은행의 업무정지처분 등을 다툴 원고적격이 인정된다고 한 사례).
판례 2	**의사협회의 원고적격을 부정한 사례**: 사단법인 대한의사협회는 의료법에 의하여 의사들을 회원으로 하여 설립된 사단법인으로서, 국민건강보험법상 요양급여행위, 요양급여비용의 청구 및 지급과 관련하여 직접적인 법률관계를 갖지 않고 있으므로, 보건복지부 고시인 '건강보험요양급여행위 및 그 상대가치점수 개정'으로 인하여 자신의 법률상 이익을 침해당하였다고 할 수 없다는 이유로 위 고시의 취소를 구할 원고적격이 없다고 한 사례[대판 2006.5.25, 2003두11988(건강보험요양급여행위 등 처분취소)]. 〈해설〉 다만, 행정심판 재결례 중에는 조합원으로 가입한 시멘트 가공업자들의 법적 이익을 대변하고 있는 한국시멘트가공협동조합연합회에게 제3자에 대한 신기술지정처분의 취소를 구할 법률상 이익이 있다고 본 재결례가 있다(2000.10.23, 사건 00-6326).

(4) 법률상 이익이 침해되거나 침해될 우려(개연성)가 있을 것

처분 등에 의해 법률상 이익이 현실적으로 침해된 경우(예 허가취소)뿐만 아니라 침해가 우려되는 경우(예 건축허가)에도 원고적격이 인정된다. 침해가 예상되는 경우에는 그 침해의 발생이 단순히 가능성이 있는 것만으로는 안되고 확실하거나 개연성(상당한 정도의 가능성)이 있어야 한다.

판례는 '침해의 우려'라는 표현을 쓰고 있는데, 우려는 모호한 개념이며 이 경우의 '우려'는 개연성을 의미한다고 보아야 한다.

판례 1	김해시장이 낙동강에 합류하는 하천수 주변의 토지에 구 산업집적활성화 및 공장설립에 관한 법률 제13조에 따라 공장설립을 승인하는 처분을 한 사안에서, 공장설립으로 수질오염 등이 발생할 우려가 있는 취수장에서 물을 공급받는 부산광역시 또는 양산시에 거주하는 주민들도 위 처분(공장설립을 승인하는 처분)의 근거 법규 및 관련 법규에 의하여 법률상 보호되는 이익이 침해되거나 침해될 우려가 있는 주민으로서 원고적격이 인정된다고 한 사례[대판 2010.4.15, 2007두16127(공장설립승인처분취소)〈김해시공장설립승인처분사건〉]

> **판례 2**
>
> [1] 민간투자사업시행자지정처분 자체로 제3자의 재산권이 침해되지 않고, 구 민간투자법 제18조에 의한 타인의 토지출입 등, 제20조에 의한 토지 등의 수용·사용은 사업실시계획의 승인을 받은 후에야 가능하다. 그러므로 원고(서울 - 춘천고속도로건설사업시행지 토지소유자)들의 재산권은 사업실시계획의 승인 단계에서 보호되는 법률상 이익이라고 할 것이므로, 그 이전인 사업시행자지정처분 단계에서는 원고들의 재산권 침해를이유로 그 취소를 구할 수 없다. [2] 이 사건 사업에 대한 사전환경성검토협의나 환경영향평가협의는 모두 이 사건 사업시행자지정처분 이후에 이루어져도 적법하고, 반드시 이 사건 사업시행자지정처분 전에 사전환경성검토협의나 환경영향평가협의 절차를 거칠 필요는 없다. 그러므로 환경정책기본법이나 '환경·교통·재해 등에 관한 영향평가법'에 의해 보호되는 원고(인근주민)들의 환경이익은 이 사건 사업시행자지정처분의 단계에서는 아직 법률에 의하여 보호되는 이익이라고 할 수 없다[대판 2009.4.23, 2008두242(민간투자시설사업시행자지정처분취소)].

법률상 이익의 침해 또는 침해의 우려는 원칙상 원고가 입증하여야 한다. 다만, 환경영향평가 대상지역 또는 영향권 내의 주민 등에 대하여는 특단의 사정이 없는 한 환경상 이익에 대한 침해 또는 침해 우려가 있는 것으로 사실상 추정되므로 법률상 이익의 침해 또는 침해의 우려 없음을 피고가 입증하여야 한다.

> **판례**
>
> [1] 행정처분으로써 이루어지는 사업으로 환경상 침해를 받으리라고 예상되는 영향권의 범위가 그 처분의 근거 법규 등에 구체적으로 규정되어 있는 경우, 영향권 내의 주민에게 행정처분의 취소 등을 구할 원고적격이 인정되는지 여부(원칙적 적극) 및 영향권 밖의 주민에게 원고적격이 인정되기 위한 요건: 행정처분의 근거 법규 또는 관련 법규에 그 처분으로써 이루어지는 행위 등 사업으로 인하여 환경상 침해를 받으리라고 예상되는 영향권의 범위가 구체적으로 규정되어 있는 경우에는, 그 영향권 내의 주민들에 대하여는 당해 처분으로 인하여 직접적이고 중대한 환경피해를 입으리라고 예상할 수 있고, 이와 같은 환경상의 이익은 주민 개개인에 대하여 개별적으로 보호되는 직접적·구체적 이익으로서 그들에 대하여는 특단의 사정이 없는 한 환경상 이익에 대한 침해 또는 침해 우려가 있는 것으로 사실상 추정되어 법률상 보호되는 이익으로 인정됨으로써 원고적격이 인정되며, 그 영향권 밖의 주민들은 당해 처분으로 인하여 그 처분 전과 비교하여 수인한도를 넘는 환경피해를 받거나 받을 우려가 있다는 자신의 환경상 이익에 대한 침해 또는 침해 우려가 있음을 증명하여야만 법률상 보호되는 이익으로 인정되어 원고적격이 인정된다. [2] 김해시장이 소감천을 통해 낙동강에 합류하는 하천수 주변의

> 판례
>
> 토지에 구 산업집적활성화 및 공장설립에 관한 법률 제13조에 따라 공장설립을 승인하는 처분을 한 사안에서, 상수원인 물금취수장이 소감천이 흘러 내려 낙동강 본류와 합류하는 지점 근처에 위치하고 있는 점, 수돗물은 수도관 등 급수시설에 의해 공급되는 것이어서 거주지역이 물금취수장으로부터 다소 떨어진 곳이라고 하더라도 수돗물의 수질악화 등으로 주민들이 갖게 되는 환경상 이익의 침해나 그 우려는 그 수돗물을 공급하는 취수시설이 입게 되는 수질오염 등의 피해나 그 우려와 동일하게 평가될 수 있는 점 등에 비추어, 공장설립으로 수질오염 등이 발생할 우려가 있는 물금취수장에서 취수된 물을 공급받는 부산광역시 또는 양산시에 거주하는 주민들도 위 처분의 근거 법규 및 관련 법규에 의하여 개별적·구체적·직접적으로 보호되는 환경상 이익, 즉 법률상 보호되는 이익이 침해되거나 침해될 우려가 있는 주민으로서 원고적격이 인정된다고 한 사례[대판 2010.4.15, 2007두16127(공장설립승인처분취소)]. 〈해설〉이 사건에서 원고인 수돗물을 공급받는 자는 영향권 밖의 주민이지만, 상수원인 취수장이 영향권 내에 있는 점, 수돗물은 수도관 등 급수시설에 의해 공급되는 것이어서 거주지역이 물금취수장으로부터 다소 떨어진 곳이라고 하더라도 수돗물의 수질악화 등으로 주민들이 갖게 되는 환경상 이익의 침해나 그 우려는 그 수돗물을 공급하는 취수시설이 입게 되는 수질오염 등의 피해나 그 우려와 동일하게 평가될 수 있는 점 등을 고려하여 원고가 갖는 법률상 이익인 환경상 이익의 침해 우려가 있다고 본 사례이다. 이 판례에 의하면 수돗물을 공급받는 자가 영향권 밖에 거주하더라도 취수장이 영향권 내에 있으면 원고적격을 인정받을 수 있다는 결과가 된다.

Ⅲ. 구체적 사례의 유형별 고찰

1. 불이익처분의 상대방

불이익처분의 상대방은 직접 개인적 이익의 침해를 받은 자로서 원고적격이 인정된다(대판 2018.3.27, 2015두47492).

2. 제3자의 원고적격

행정처분의 상대방이 아닌 제3자라 하더라도 그 처분 등으로 인하여 법률상 보호되는 이익을 침해당한 경우에는 취소소송을 제기하여 그 당부의 판단을 받을 자격이 있다. 위 법률상 보호되는 이익이란 당해 처분의 근거법률에 의하여 보호되는 직접적이고 구체적인 이익을 말하고 간접적이거나 사실적, 경제적 이해관계를 가지는데 불과한 경우는 여기에 해당되지 않는다(판례).

판례 1

행정처분의 상대방이 아닌 제3자라 하더라도 그 처분 등으로 인하여 법률상 보호되는 이익을 침해당한 경우에는 취소소송을 제기하여 그 당부의 판단을 받을 자격이 있는 것이지만, 위 법률상 보호되는 이익이란 당해 처분의 근거법률에 의하여 보호되는 직접적이고 구체적인 이익을 말하고 간접적이거나 사실적, 경제적 이해관계를 가지는데 불과한 경우는 여기에 해당되지 않는다 [대판 1997.4.25, 96누14906(시외버스운송사업양도양수인가처분취소)].

판례 2

[임차인들이 분양전환가격 산정의 위법을 이유로 임대사업자에 대한 분양전환승인처분의 취소를 구하는 사건] [1] 임대주택법상 분양전환승인 중 분양전환가격을 승인하는 부분은 단순히 분양계약의 효력을 보충하여 그 효력을 완성시켜주는 강학상 '인가'에 해당한다고 볼 수 없다. [2] 임차인들에게는 분양계약을 체결한 이후 분양대금이 강행규정인 임대주택법령에서 정한 산정기준에 의한 분양전환가격을 초과하였음을 이유로 부당이득반환을 구하는 민사소송을 제기하는 것과 별개로, 분양계약을 체결하기 전 또는 체결한 이후라도 항고소송을 통하여 임대사업자에 대한 분양전환승인의 효력을 다툴 법률상 이익(원고적격)이 있다고 보아야 한다. [3] 구 임대주택법의 임대사업자가 여러 세대의 임대주택에 대해 분양전환승인신청을 하여 외형상 하나의 행정처분으로 그 승인을 받았다고 하더라도 이는 승인된 개개 세대에 대한 처분으로 구성되고 각 세대별로 가분될 수 있으므로 임대주택에 대한 분양전환승인처분 중 일부 세대에 대한 부분만 취소하는 것이 가능하다. 따라서 우선 분양전환 대상자인 임차인들이 분양전환승인처분의 취소를 구하는 경우, 특별한 사정이 없는 한 그 취소를 구하는 임차인이 분양전환 받을 세대가 아닌 다른 세대에 대한 부분까지 취소를 구할 법률상 이익(원고적격)은 인정되지 않는다. [4] 분양전환승인처분은 분양전환의 요건을 심사하여 임대주택의 매각을 허용하는 부분과 분양전환가격을 심사하여 이를 승인하는 부분으로 구분하는 것이 가능하다. 따라서 분양전환승인처분 전부에 대하여 취소소송을 제기한 임차인이 해당 임대주택에 관하여 분양전환 요건이 충족되었다는 점 자체는 다투지 않으면서 다만 분양전환가격 산정에 관해서만 다투는 경우에는 분양전환승인처분 중 임대주택의 매각을 허용하는 부분은 실질적인 불복이 없어 그 취소를 구할 법률상 이익(협의의 소의 이익)이 없다고 보아야 한다. [5] 분양전환승인처분 이후 진행된 분양전환절차에서 분양계약을 체결하지 아니한 채 임대주택에서 퇴거한 임차인은, 분양전환승인처분에 관하여 효력정지결정이 이루어져 임대사업자가 제3자에게 해당 임대주택을 매각하지 않았다는 등의 특별한 사정이 없는 한, 분양전환승인처분의 취소를 구할 법률상 이익(협의의 소의 이익)이 인정되지 않는다고 보아야 한다. (6) 우선분양전환권을 가진 임차인들이 분양전환가격 산정의 위법을 이유로 해당 임대주택 전체 세대에 대한 분양전환승인처분의 취소를 구한 사안에서, 원고들에게 항고소송을 통하여 분양전환승인의 효력을 다툴 법률상 이익(원고 적격)이

있으나, 그 취소를 구하는 임차인이 분양전환받을 세대가 아닌 다른 세대에 대한 부분 및 분양전환승인처분 중 임대주택의 매각을 허용하는 부분의 취소를 구할 법률상 이익이 없고, 분양전환승인일로부터 6개월이 경과하도록 분양계약을 체결하지 아니한 채 임대주택에서 퇴거한 임차인은 분양전환승인처분에 관하여 효력정지결정이 이루어져 임대사업자가 제3자에게 해당 임대주택을 매각하지 않았다는 등의 특별한 사정이 없는 한 분양전환승인처분의 취소를 구할 법률상 이익이 인정되지 않는다고 한 사례(대판 2020.7.23, 2015두48129).

3. 경업자소송에서의 원고적격

[2009 행시(재경 등) 사례, 1998 사시 사례, 2012 변시 사례]

경업자소송(競業者訴訟)이라 함은 여러 영업자가 경쟁관계에 있는 경우에 경쟁관계에 있는 영업자에 대한 처분 또는 부작위를 경쟁관계에 있는 다른 영업자가 다투는 소송을 말한다.

(1) 기존업자의 신규업자에 대한 인허가처분의 취소청구

판례는 신규업자에 대한 인허가처분에 의해 침해되는 기존업자의 영업상 이익이 법률상 이익인지 아니면 단순한 경제적·사실상 이익인지를 기준으로 전자의 경우에는 기존업자에게 원고적격을 인정하고 후자의 경우에는 기존업자에게 원고적격을 인정하지 않고 있다.

그런데 판례는 일반적으로 기존업자가 특허기업인 경우에는 그 기존업자가 그 특허로 인하여 받은 영업상 이익은 법률상 이익이라고 보아 원고적격을 인정하고, 기존업자가 허가기업인 경우에 그 기존업자가 그 허가로 인하여 받는 영업상 이익은 반사적 이익 내지 사실상 이익에 불과한 것으로 보아 원고적격을 부정하는 경향이 있다.

이러한 판례의 태도는 일응 타당하다. 그 이유는 특허는 상대방에게 독점적 경영권 내지 지위를 창설하는 행위이며 허가는 질서유지의 목적상 설정된 금지를 해제하여 자연적 자유를 회복시키는 행위로서 허가를 받은 자의 경제적인 영업상 이익을 보호하는 것을 목적으로 하지 않기 때문이다. 그러나 이러한 해결은 절대적일 수 없으며 허가의 경우에도 허가요건규정이 공익뿐만 아니라 개인의 이익도 보호하고 있다라고 해석되는 경우에는 기존 허가권자가 당해 허가요건에 위반하는 제3자에 대한 허가를 다툴 원고적격을 가진다고 보아야 한다.

예를 들면, 허가요건 중 거리제한 규정 또는 영업구역규정이 두어지는 경우에는 이 거리제한 규정 또는 영업구역규정에 의해 기존업자가 독점적 이익을 누리고 있는 경우에 그 이익이 법률상 이익에 해당하는 것으로 해석된다.

따라서 허가와 특허의 구별 없이 처분의 근거 내지 관계법규에 의해 기존업자의 영업상 이익이 직접·구체적으로 보호되고 있는지 여부, 달리 말하면 기존업자의 영업상 이익이 법적 이익인지 단순한 사실상의 반사적 이익인지 여부를 기준으로 기존업자의 원고적격을 인정하는 것이 타당하다. 이는 오늘날 허가와 특허의 구별이 상대화되고 있는 점에서도 타당하다.

최근 판례는 허가와 특허의 구별 없이 처분의 근거가 되는 법률이 해당 업자들 사이의 과당경쟁으로 인한 경영의 불합리를 방지하는 것도 그 목적으로 하고 있는 경우 취소를 구할 원고적격을 인정하고 있다.

> **판례**
>
> **기존의 업자가 경업자에 대한 면허나 인·허가 등 수익적 행정처분의 취소를 구할 원고적격이 있는 경우:** 일반적으로 면허나 인·허가 등의 수익적 행정처분의 근거가 되는 법률이 해당 업자들 사이의 과당경쟁으로 인한 경영의 불합리를 방지하는 것도 그 목적으로 하고 있는 경우, 다른 업자에 대한 면허나 인·허가 등의 수익적 행정처분에 대하여 미리 같은 종류의 면허나 인·허가 등의 수익적 행정처분을 받아 영업을 하고 있는 기존의 업자는 경업자에 대하여 이루어진 면허나 인·허가 등 행정처분의 상대방이 아니라 하더라도 당해 행정처분의 취소를 구할 법률상 이익(원고적격)이 있다[대판 2010.11.11, 2010두4179(여객자동차운송사업계획변경인가처분취소): 기존의 고속형 시외버스운송사업자에게 노선이 일부 중복되는 직행형 시외버스운송사업자에 대한 사업계획변경인가처분의 취소를 구할 법률상의 이익이 있다고 한 사례; 대판 2018.4.26, 2015두53824: 한정면허를 받은 시외버스운송사업자가 일반면허를 받은 시외버스운송사업자에 대한 사업계획변경 인가처분으로 수익감소가 예상되는 경우, 일반면허 시외버스운송사업자에 대한 사업계획변경인가처분의 취소를 구할 법률상의 이익이 있다고 한 사례].

(구)자동차운수사업법 제6조
제6조(면허기준) 교통부장관은 다음 각호의 기준에 따라 자동차운송사업의 면허를 하여야 한다.
1. 당해 사업계획이 당해 노선 또는 사업구역의 수송수요와 수송력공급에 적합할 것
2. 당해 사업계획이 장기경영에 적합할 것(제4조 제4항의 경우를 제외한다)
3. 당해 사업에 필요한 능력을 가질 것
4. 당해 사업이 공익상 필요하며 또한 적절할 것

1) 기존업자가 특허기업인 경우 원고적격 인정

판례 1	**신규노선 연장인가처분에 대한 당해 노선의 기존사업자의 취소청구**: 구 자동차운수사업법(현행 여객자동차운수사업법) 제6조 제1호에서 당해 사업계획이 당해노선 또는 사업구역의 수송수요와 수송력공급에 적합할 것을 면허의 기준으로 한 것은 주로 자동차운수사업에 관한 질서를 확립하고 자동차운수의 종합적인 발달을 도모하여 공공복리의 증진을 목적으로 하고 있으며, 동시에, 한편으로는 업자간의 경쟁으로 인한 경영의 불합리를 미리 방지하는 것이 공공의 복리를 위하여 필요하므로 면허조건을 제한하여 기존업자의 경영의 합리화를 보호하자는 데도 그 목적이 있다할 것이다. 따라서 이러한 기존업자의 이익은 단순한 사실상의 이익이 아니고, 법에 의하여 보호되는 이익이라고 해석된다. 따라서 자동차운수사업법 제6조 제1호에 의한 자동차운송사업의 면허에 대하여 당해 노선에 관한 기존업자는 노선연장인가처분의 취소를 구할 법률상의 이익이 있다[대판 1974.4.9, 73누173(행정처분취소)].
판례 2	기존의 시외버스운송사업자인 乙 회사에 다른 시외버스운송사업자 甲 회사에 대한 시외버스 운송사업계획변경인가 처분의 취소를 구할 법률상 이익이 있다고 한 사례[대판 2010.6.10, 2009두10512(여객자동차운송사업계획변경인가처분취소)].

2) 기존업자가 허가기업인 경우 원칙상 원고적격 부인

판례 1	**석탄가공업에 관한 기존허가업자의 신규허가에 대한 불복**: 석탄수급조정에 관한 임시조치법소정의 석탄 가공에 관한 허가는 사업 경영의 권리를 설정하는 형성적 행정행위가 아니라 질서유지와 공공복리를 위한 금지를 해제하는 명령적 행정행위여서 그 허가를 받은 자는 영업의 자유를 회복하는 데 불과하고 독점적 영업권을 부여받는 것이 아니기 때문에 기존 허가를 받은 원고들이 신규허가로 인하여 영업상 이익이 감소된다고 하더라도 이는 원고들의 반사적 이익을 침해하는 것에 지나지 아니하므로 원고들은 신규허가 처분에 대하여 행정소송을 제기할 법률상의 이익이 없다[대판 1980.7.22, 80누33(석탄가공업허가증갱신발급처분취소)].
판례 2	**기타 동지의 판례**: 타인에 대한 양곡가공시설 이설 승인처분 취소처분을 취소한 처분에 대한 기존양곡가공업자의 불복(대판 1990.11.13, 89누756), 물품수입허가에 대한 같은 품종의 제조판매업자의 취소청구(대판 1971.6.29, 69누91), 숙박업구조변경허가처분에 대한 기존 숙박업자의 취소청구(대판 1990.8.14, 89누7900) 등.

3) 기존업자가 허가기업인 경우 예외적으로 원고적격 인정

허가요건으로 거리제한 또는 영업허가구역 규정이 있는 경우 당해 규정은 공익뿐만 아니라 기존허가업자의 영업상 개인적 이익을 보호하고 있는 것으로 볼 수 있으므로 기존허가업자에게 신규허가를 다툴 원고적격이 인정될 수 있다.

> **판례**
>
> 甲이 적법한 약종상허가를 받아 허가지역 내에서 약종상영업을 경영하고 있음에도 불구하고 행정관청이 구 약사법 시행규칙(1969.8.13. 보건사회부령 제344호)을 위배하여 같은 약종상인 乙에게 乙의 영업 허가지역이 아닌 甲의 영업허가지역 내로 영업소를 이전하도록 허가하였다면 甲으로서는 이로 인하여 기존업자로서의 법률상 이익을 침해받았음이 분명하므로 甲에게는 행정관청의 영업소이전허가처분의 취소를 구할 법률상 이익이 있다[대판 1988.6.14, 87누873(영업장소이전허가처분취소)].

(2) 기존 경업자에 대한 수익처분을 다투는 소송

행정청이 경쟁관계에 있는 기존의 업자에게 보조금의 지급 등 수익적 처분을 하여 다른 경업자에게 불리한 경쟁상황을 야기하는 경우에 다른 경업자는 그 수익적 처분을 다툴 원고적격이 있는가.

① 이 경우에 수익적 처분의 요건법규가 공익뿐만 아니라 경쟁관계에 있는 자의 개인적 이익도 보호하고 있다고 여겨지는 경우에는 경업자에게 원고적격이 인정될 수 있다.

② 그리고 수익적 처분의 근거법규가 없거나 수익적 처분의 근거법규가 처분의 상대방이 아닌 경업관계에 있는 제3자의 이익까지도 보호하고 있다고 해석되기 어려운 경우에도 수익적 처분으로 기존의 경업자에게 불리한 경쟁상황을 야기하는 경우에는 경쟁의 자유를 침해하는 것이 되고 경쟁의 자유는 구체적 기본권인 직업의 자유에 포함되므로 헌법상 기본권을 원고적격의 인정기준이 되는 법률상 이익에 포함되는 것으로 보고 경업자에게 원고적격을 인정하는 것이 타당하다.

(3) 기존 경업자에 대한 규제권 발동의 거부 또는 부작위를 다투는 소송

행정청에 대하여 경쟁관계에 있는 경업자의 불공정행위에 대하여 규제권을 발동할 것을 청구하였음에도 당해 행정청이 규제권을 발동하지 않는 경우(거부 또는 부작위의 경우)에 규제권발동을 청구한 경업자는 거부처분의 취소소송 또는 부작위위법확인소송을 제기할 원고적격을 가지는가.

이 경우에 원고적격은 행정청의 규제권의 근거가 되는 법규가 공정한 경쟁질서의 확보라는 공익 이외에 다른 경업자의 개인적 이익도 보호하고 있다고 해석되는 경우에 인정된다. 또한 헌법상 기본권도 보충적으로 원고적격 인정의 근거가 될 수 있다고 본다면 법률상 이익을 보호하는 처분의 근거 내지 관계법규가 없는 경우 경업자의 불공정행위로 불리한 경쟁관계에 놓이게 된 경업자는 영업의 자유라는 기본권 침해를 근거로 행정청의 규제권의 불행사를 다툴 원고적격을 가진다고 볼 수 있다. 만일 기본권의 침해만으로 항고소송의 원고적격이 인정되지 않는다면 헌법소원이 가능하다.

4. 경원자소송 [2008·2014 행시, 2011 사시 사례]

경원자소송(競願者訴訟)이라 함은 수인의 신청을 받아 일부에 대하여만 인·허가 등의 수익적 행정처분을 할 수 있는 경우에 인·허가 등을 받지 못한 자가 인·허가처분에 대하여 제기하는 항고소송을 말한다. 배타적 경쟁자소송이라고도 한다.

경원자관계에 있는 경우에는 각 경원자에 대한 인·허가 등이 배타적 관계에 있으므로 자신의 권익을 구제하기 위해 타인에 대한 인·허가 등을 취소할 법률상 이익이 있다고 보아야 한다.

판례도 경원관계에 있어서 경원자에 대하여 이루어진 허가 등 처분의 상대방이 아닌 자가 그 처분의 취소를 구할 당사자적격이 있다고 보고 있다. 다만, 명백한 법적 장애로 인하여 원고 자신의 신청이 인용될 가능성이 처음부터 배제되어 있는 경우에는 당해 처분의 취소를 구할 정당한 이익이 없다[대판 2009.12.10, 2009두8359(로스쿨예비인가처분취소청구사건)].

> **판례**
>
> 인·허가 등의 수익적 행정처분을 신청한 수인이 서로 경쟁관계에 있어서 일방에 대한 허가 등의 처분이 타방에 대한 불허가 등으로 귀결될 수밖에 없는 때(이른바 경원관계에 있는 경우로서 동일 대상 지역에 대한 공유수면매립면허나 도로점용허가 혹은 일정지역에 있어서의 영업허가 등에 관하여 거리제한규정이나 업소개수제한규정 등이 있는 경우를 그 예로 들 수 있다) 허가 등의 처분을 받지 못한 자는 비록 경원자에 대하여 이루어진 허가 등 처분의 상대방이 아니라 하더라도 당해 처분의 취소를 구할 당사자적격이 있다 할 것이고, …… 액화석유가스충전사업의 허가기준을 정한 전라남도 고시에 의하여 고흥군 내에는 당시 1개소에 한하여 L.P.G. 충전사업의 신규허가가 가능하였는데, 원고가 한 허가신청은 관계법령과 위 고시에서 정한 허가요건을 갖춘 것이고, 피고보조참가인(이하 참가인이라 부른다)들의 그것은 그 요건을 갖추지 못한 것임에도 피고는 이와 반대로 보아 원고의 허가신청을 반려하는 한편 참가인들에 대하여는 이를 허가하는 이 사건 처분을 하였다는 것인바, 그렇다면 원고와 참가인들은 경원관계에 있다 할 것이므로 원고에게는 이 사건 처분의 취소를 구할 당사자적격이 있다고 하여야 함은 물론 나아가 이 사건 처분이 취소된다면 원

> **판례**
> 고가 허가를 받을 수 있는 지위에 있음에 비추어 처분의 취소를 구할 정당한 이익(소의 이익)도 있다고 하여야 할 것이다[대판 1992.5.8, 91누13274(엘피지충전소허가처분취소)].

또한, 신청에 대한 거부처분의 상대방은 거부처분의 취소를 구할 원고적격이 있으므로 경원자 관계에 있는 자는 타인에 대한 허가처분의 취소를 구하거나 자신에 대한 불허가처분(거부처분)의 취소를 구할 수 있고, 또한 양자를 관련청구소송으로 병합하여 제기할 수도 있다.

5. 인인소송(인근주민소송)　　　[2002 사시, 2006 입시, 1998 입시 약술, 2014 행시]

인인소송(隣人訴訟)이라 함은 어떠한 시설의 설치를 허가하는 처분에 대하여 당해 시설의 인근주민이 다투는 소송을 말한다.

판례에 의하면 인근주민에게 시설설치허가를 다툴 원고적격이 있는지는 당해 허가처분의 근거 법규 및 관계법규의 보호목적에 따라 결정된다. 즉 해당 처분의 근거법규 및 관계법규가 공익뿐만 아니라 인근주민의 개인적 이익도 보호하고 있다라고 해석되는 경우에 인근주민에게 원고적격이 인정된다.

> **판례 1**
> [1] 행정처분의 직접 상대방이 아닌 자로서 그 처분에 의하여 자신의 환경상 이익이 침해받거나 침해받을 우려가 있다는 이유로 취소소송을 제기하는 제3자는 자신의 환경상 이익이 그 처분의 근거 법규 또는 관련 법규에 의하여 개별적·직접적·구체적으로 보호되는 이익, 즉 법률상 보호되는 이익임을 증명하여야 원고적격이 인정된다. 다만 행정처분의 근거 법규 또는 관련 법규에 그 처분으로써 이루어지는 행위 등 사업으로 인하여 환경상 침해를 받으리라고 예상되는 영향권의 범위가 구체적으로 규정되어 있는 경우에는, 그 영향권 내의 주민들에 대하여는 당해 처분으로 인하여 직접적이고 중대한 환경피해를 입으리라고 예상할 수 있고, 이와 같은 환경상의 이익은 주민 개개인에 대하여 개별적으로 보호되는 직접적·구체적 이익으로서 그들에 대하여는 특단의 사정이 없는 한 환경상 이익에 대한 침해 또는 침해 우려가 있는 것으로 사실상 추정되어 법률상 보호되는 이익으로 인정됨으로써 원고적격이 인정되며, 그 영향권 밖의 주민들은 당해 처분으로 인하여 그 처분 전과 비교하여 수인한도를 넘는 환경피해를 받거나 받을 우려가 있다는 자신의 환경상 이익에 대한 침해 또는 침해 우려가 있음을 증명하여야만 법률상 보호되는 이익으로 인정되어 원고적격이 인정된다(대판 전원합의체 2006.3.16, 2006두330 ; 대판 2010.4.15, 2007두16127 등 참조).

판례 1	[2] 개발행위가 시행될 당해지역이나 주변지역의 주민은 물론, 그 밖에 '개발행위로 위와 같은 자신의 생활환경상의 개별적 이익이 수인한도를 넘어 침해되거나 침해될 우려가 있음을 증명한 자'는 개발행위허가 처분을 다툴 법률상 이익을 인정받을 수 있다[대판 2014.11.13, 2013두6824(재결취소)].
판례 2	국방부 민·군 복합형 관광미항(제주해군기지) 사업시행을 위한 해군본부의 요청에 따라 제주특별자치도지사가 절대보존지역이던 서귀포시 강정동 해안변지역에 관하여 절대보존지역을 변경(축소)하고 고시한 사안에서, 절대보존지역의 유지로 지역주민회와 주민들이 가지는 주거 및 생활환경상 이익은 지역의 경관 등이 보호됨으로써 반사적으로 누리는 것일 뿐 근거 법규 또는 관련 법규에 의하여 보호되는 개별적·직접적·구체적 이익이라고 할 수 없다는 이유로, 지역주민회 등은 위 처분을 다툴 원고적격이 없다고 본 원심판단을 정당하다고 한 사례[대판 2012.7.5, 2011두13187, 13194(절대보전지역변경처분무효확인·절대보전지역변경(해제)처분무효확인등)].

(1) 허가요건규정의 해석에 의해 원고적격의 인정 여부가 결정된 사례

[2003 입시사례]

1) 원고적격이 인정된 사례

판례 1	구 도시계획법상 주거지역에 설치할 수 없는 연탄공장 건축허가처분에 대한 지역주민의 원고적격 인정[대판 1975.5.13, 73누96, 97(건축허가처분취소)].
판례 2	**건축허가에 대한 정북방향에 거주하는 주민의 원고적격 인정**: 건축법 제53조(일조 등의 확보를 위한 건축물의 높이제한), 동법 시행령 제86조 및 건축물 높이제한에 관한 조례는 공익뿐만 아니라 인근주민의 사권으로서의 일조권을 보호하고 있다고 보아야 하고, 정북방향에 거주하는 주민 등 일조권을 침해받을 개연성이 있는 인근주민은 상기 법령규정의 위반을 주장하며 건축허가에 대한 취소소송을 제기할 원고적격이 있다고 보아야 한다[서울고법 1998.4.12, 97구29266; 대판 2000.7.6, 98두8292(주택건설사업계획승인처분취소)]. 〈해설〉 그러나 건축허가의 대상이 된 대지의 정남방향에 있는 주민 등 당해 건축허가로 일조권을 침해당할 가능성이 없는 자는 당해 건축허가를 다툴 원고적격이 없다고 보아야 한다.

판례 3	乙 등은 농어촌폐기물 종합처리시설로부터 2km 이내에 거주하고 있으므로 위 시설의 입지 결정 절차 등에 대하여 무효 등의 확인을 구할 원고적격이 있다(광주지법 2018.5.31, 2015구합912 판결).
판례 4	구 환경영향평가법에서 환경영향평가에 관한 협의절차 등이 완료되기 전에 대상사업에 관련되는 공사를 시행하는 것을 금지하고 이를 위반할 경우 승인기관의 장에게 사업자에 대하여 공사중지를 명하도록 의무를 지운 규정의 취지는, 환경영향평가를 실시하여야 할 사업이 환경을 해치지 아니하는 방법으로 시행되도록 함으로써 당해 사업과 관련된 환경공익을 보호하려는 데에 그치는 것이 아니라, 당해 사업으로 인하여 직접적이고 중대한 환경피해를 입으리라고 예상되는 환경영향평가대상지역 안의 주민들이 전과 비교하여 수인한도를 넘는 생활환경침해를 받지 아니하고 쾌적한 환경에서 생활할 수 있는 직접적·개별적인 이익까지도 보호하려는 데에 있다(대판 2006.6.30, 2005두14363; 대판 2014.2.27, 2011두25449 등). 〈해설〉 따라서, 사업자가 환경영향평가 대상 사업에 대한 환경영향평가 협의절차를 거치지 아니한 채 그 사업에 관한 공사를 시행함에도 승인기관의 장이 생활환경침해를 받을 우려가 있는 인근주민들의 공사중지명령 신청을 거부한 경우, 해당 거부행위는 처분이고(인근주민에게는 조리상 공사중지명령 신청권)이 있고, 인근주민은 해당 거부처분의 취소를 구할 원고적격이 있다고 할 수 있다. 그리고, 재량권이 영으로 수축하는 경우 인근주민에게는 행정개입청구권이 인정된다고 할 수 있다.
판례 5	공유수면법 제12조 및 공유수면법 시행령 제12조 제1항, 제4항의 취지는 공유수면 점용·사용허가로 인하여 인접한 토지를 적정하게 이용할 수 없게 되는 등의 피해를 받을 우려가 있는 인접 토지 소유자 등의 개별적·직접적·구체적 이익까지도 보호하려는 것이라고 할 수 있고, 따라서 공유수면 점용·사용허가로 인하여 인접한 토지를 적정하게 이용할 수 없게 되는 등의 피해를 받을 우려가 있는 인접 토지 소유자 등은 공유수면 점용·사용허가처분의 취소 또는 무효확인을 구할 원고적격이 인정된다(대판 2014.9.4, 2014두2164).

2) 원고적격이 부정된 사례

도로의 일반이용자는 원칙상 도로의 공용폐지처분을 다툴 법률상 이익이 없다. 다만, 공용폐지된 도로가 공로에 이르는 유일한 통로인 경우 등에는 해당 인근 주민에게는 해당 도로의 공용폐지처분을 다툴 법률상 이익이 있다(판례).

판례 1	국유도로의 공용폐지처분 및 다른 문화재의 발견을 원천적으로 봉쇄한 피고의 주택건설사업 계획승인처분을 다툴 인근주민의 원고적격의 부인: [1] "일반적으로 도로는 국가나 지방자치단체가 직접 공중의 통행에 제공하는 것으로서 일반국민은 이를 자유로이 이용할 수 있는 것이기는 하나, 그렇다고 하여 그 이용관계로부터 당연히 그 도로에 관하여 특정한 권리나 법령에 의하여 보호되는 이익이 개인에게 부여되는 것이라고까지는 말할 수 없으므로, 일반적인 시민생활에 있어 도로를 이용만하는 사람은 그 용도폐지를 다툴 법률상의 이익이 있다고 말할 수 없지만, 공공용재산이라고 하여도 당해 공공용재산의 성질상 특정 개인의 생활에 개별성이 강한 직접적이고 구체적인 이익을 부여하고 있어서 그에게 그로 인한 이익을 가지게 하는 것이 법률적인 관점으로도 이유가 있다고 인정되는 특별한 사정이 있는 경우에는 그와 같은 이익은 법률상 보호되어야 할 것이고, 따라서 도로의 용도폐지처분에 관하여 이러한 직접적인 이해관계를 가지는 사람이 그와 같은 이익을 현실적으로 침해당한 경우에는 그 취소를 구할 법률상의 이익이 있다. [2] 문화재는 문화재의 지정이나 그 보호구역으로 지정이 있음으로써 유적의 보존관리 등이 법적으로 확보되어 지역주민이나 국민일반 또는 학술연구자가 이를 활용하고 그로 인한 이익을 얻는 것이지만, 그 지정은 문화재를 보존하여 이를 활용함으로써 국민의 문화적 향상을 도모함과 아울러 인류 문화의 발전에 기여한다고 하는 목적을 위하여 행해지는 것이지, 그 이익이 일반국민이나 인근주민의 문화재를 향유할 구체적이고도 법률적인 이익이라고 할 수는 없다. … 원고가 주장하는 공원경관에 대한 조망의 이익이나 문화재의 매장가능성 문화재 발견에 의한 표창 가능성에 따른 일반 국민으로서의 문화재 보호의 이해관계 역시 직접적이고 구체적인 이익이라고 할 수 없어, 원고는 이 사건 민영주택건설사업계획승인처분을 다툴 법률상의 이익이 없다." [대판 1992.9.22, 91누13212(국유도로의 공용폐지처분무효확인 등)].
판례 2	제주 강정마을 일대가 절대보전지역으로 유지됨으로써 주민들인 원고들이 가지는 주거 및 생활환경상 이익은 그 지역의 경관 등이 보호됨으로써 반사적으로 누리는 것일 뿐 근거 법규 또는 관련 법규에 의하여 보호되는 개별적·직접적·구체적 이익이라고 할 수 없다고 한 사례[대판 2012.7.5, 2011두13187, 13194(병합)(절대보전지역변경처분무효확인 등)].
판례 3	개발제한구역 중 일부 취락을 개발제한구역에서 해제하는 내용의 도시관리계획변경결정에 대하여, 개발제한구역 해제대상에서 누락된 토지의 소유자는 위 결정의 취소를 구할 법률상 이익이 없다고 한 사례[대판 2008.7.10, 2007두10242(도시관리계획변경결정취소의소)].

⑵ 환경영향평가법령을 근거법규 내지 관계법규로 보고 환경영향평가대상 지역 주민에게 원고적격을 인정한 사례

관례는 환경영향평가법을 환경영향평가 대상사업에 대한 허가처분의 근거법률 내지 관계법률로 보고, 환경영향평가법령은 공익으로서의 환경상 이익뿐만 아니라 개인적 이익으로서의 환경상 이익도 보호하고 있다고 본다.

환경영향평가 대상지역 안에 있는 주민에게 당연히 원고적격이 인정되는 것은 아니며 환경영향평가의 대상이 되는 개발사업의 승인으로 환경상의 개인적 이익이 직접 구체적으로 침해될 것이 사실상 추정되어 원고적격이 있는 것으로 추정될 뿐이다. 따라서 환경영향평가 대상지역 안에 있는 주민에게 환경상의 개인적 이익이 직접 구체적으로 침해될 것이 예상되지 않는 경우에는 환경영향평가 대상 지역 안에 있는 주민일지라도 원고적격이 인정되지 않는다.

> **판례**
>
> **환경영향평가 대상지역 안의 주민에게 공유수면매립면허처분과 농지개량사업 시행인가처분의 무효확인을 구할 원고적격이 인정되는지 여부(적극):** 공유수면매립면허처분과 농지개량사업 시행인가처분의 근거 법규 또는 관련법규가 되는 구 공유수면매립법, 구 농촌근대화촉진법, 구 환경보전법(폐지), 구 환경 보전법 시행령, 구 환경정책기본법, 구 환경정책기본법 시행령의 각 관련규정의 취지는, 공유수면매립과 농지개량사업시행으로 인하여 직접적이고 중대한 환경피해를 입으리라고 예상되는 환경영향평가 대상지역 안의 주민들이 전과 비교하여 수인한도를 넘는 환경침해를 받지 아니하고 쾌적한 환경에서 생활할 수 있는 개별적 이익까지도 이를 보호하려는 데에 있다고 할 것이므로, 위 주민들이 공유수면매립면허처분 등과 관련하여 갖고 있는 위와 같은 환경상의 이익은 주민 개개인에 대하여 개별적으로 보호되는 직접적·구체적 이익으로서 그들에 대하여는 특단의 사정이 없는 한 환경상의 이익에 대한 침해 또는 침해우려가 있는 것으로 사실상 추정되어 공유수면매립면허처분 등의 무효확인을 구할 원고적격이 인정된다[대판 전원합의체 2006.3.16, 2006두330(정부조치계획취소 등)〈새만금사건〉].

⑶ 환경영향평가 대상지역 밖 주민의 원고적격 인정요건   [2010 행시, 2015 사시]

환경영향평가 대상지역 밖의 주민이라 할지라도 처분 등으로 인하여 그 처분 전과 비교하여 수인한도를 넘는 환경피해를 받거나 받을 우려가 있는(개연성이 있는) 경우에는, 처분 등으로 인하여 환경상 이익에 대한 침해 또는 침해우려가 있다는 것을 입증함으로써 그 처분 등의 취소 또는 무효확인을 구할 원고적격을 인정받을 수 있다(대판 전원합의체 2006.3.16, 2006두330).

다만, 환경영향평가 대상지역 밖의 주민이라도 그 환경영향평가 대상지역내에서 농작물을 경작하는 등 현실적으로 환경상 이익을 향유하는 자는 환경상 이익에 대한 침해 또는 침해 우려가 있는 것으로 사실상 추정되어 원고적격이 인정되는 자에 포함된다. 그렇지만 단지 그 환경영향평가 대상지역 내의 건물·토지를 소유하거나 환경상 이익을 일시적으로 향유하는 데 그치는 자는 환경상 이익에 대한 침해 또는 침해 우려가 있는 것으로 사실상 추정되어 원고적격이 인정되는 자에 포함되지 않는다고 할 것이다.

⑷ 영향권이 정해진 경우 영향권 내의 주민과 영향권 밖의 주민의 원고적격 인정 요건

실정법령상 영향권이 정해진 경우 영향권 내의 주민과 영향권 밖의 주민의 원고적격 인정기준은 환경영향평가 대상지역 내의 주민과 환경영향평가 대상지역밖의 주민의 원고적격의 인정기준과 동일하다.

판례 1

[1] 행정처분의 근거법규 등에 그 처분으로 환경상 침해를 받으리라고 예상되는 영향권의 범위가 구체적으로 규정된 경우, 행정처분의 직접 당사자가 아닌 그 영향권 내의 주민과 영향권 밖의 주민에게 행정처분의 취소 등을 구할 원고적격이 인정되기 위한 요건: 행정처분의 직접 상대방이 아닌 자로서 그 처분에 의하여 자신의 환경상 이익이 침해받거나 침해받을 우려가 있다는 이유로 취소나 무효확인을 구하는 제3자는, 자신의 환경상 이익이 그 처분의 근거법규 또는 관련법규에 의하여 개별적·직접적·구체적으로 보호되는 이익, 즉 법률상 보호되는 이익임을 입증하여야 원고적격이 인정된다. 다만, 그 행정처분의 근거법규 또는 관련법규에 그 처분으로써 이루어지는 행위 등 사업으로 인하여 환경상 침해를 받으리라고 예상되는 영향권의 범위가 구체적으로 규정되어 있는 경우에는, 그 영향권 내의 주민들에 대하여는 당해 처분으로 인하여 직접적이고 중대한 환경피해를 입으리라고 예상할 수 있고, 이와 같은 환경상의 이익은 주민 개개인에 대하여 개별적으로 보호되는 직접적·구체적 이익으로서 그들에 대하여는 특단의 사정이 없는 한 환경상 이익에 대한 침해 또는 침해 우려가 있는 것으로 사실상 추정되어 법률상 보호되는 이익으로 인정됨으로써 원고적격이 인정되며, 그 영향권 밖의 주민들은 당해 처분으로 인하여 그 처분 전과 비교하여 수인한도를 넘는 환경피해를 받거나 받을 우려가 있다는 자신의 환경상 이익에 대한 침해 또는 침해 우려가 있음을 입증하여야만 법률상 보호되는 이익으로 인정되어 원고적격이 인정된다.

[2] 행정처분의 근거 법규 등에 의하여 환경상 이익에 대한 침해 또는 침해 우려가 있는 것으로 사실상 추정되어 원고적격이 인정되는 사람의 범위: 환경상 이익에 대한 침해 또는 침해 우려가 있는 것으로 사실상 추정되어 원고적격이 인정되는 자는 환경상 침해를 받으

판례 1	리라고 예상되는 영향권 내의 주민들을 비롯하여 그 영향권 내에서 농작물을 경작하는 등 현실적으로 환경상 이익을 향유하는 자도 포함된다고 할 것이나, 단지 그 영향권 내의 건물·토지를 소유하거나 환경상 이익을 일시적으로 향유하는 데 그치는 자는 포함되지 않는다고 할 것이다 [대판 2009.9.24, 2009두2825(개발사업시행승인처분취소); 대판 2010.4.15, 2007두16127].
판례 2	구 폐기물처리시설설치촉진및주변지역지원등에관한법률(2002.2.4. 법률 제6656호로 개정되기 전의 것) 및 같은법시행령의 관계 규정의 취지는 처리능력이 1일 50t인 소각시설을 설치하는 사업으로 인하여 직접적이고 중대한 환경상의 침해를 받으리라고 예상되는 직접영향권 내에 있는 주민들이나 폐기물소각시설의 부지경계선으로부터 300m 이내의 간접영향권 내에 있는 주민들이 사업 시행 전과 비교하여 수인한도를 넘는 환경피해를 받지 아니하고 쾌적한 환경에서 생활할 수 있는 개별적인 이익까지도 이를 보호하려는 데에 있다 할 것이므로, 위 주민들이 소각시설 입지지역결정·고시와 관련하여 갖는 위와 같은 환경상의 이익은 주민개개인에 대하여 개별적으로 보호되는 직접적·구체적 이익으로서 그들에 대하여는 특단의 사정이 없는 한 환경상의 이익에 대한 침해 또는 침해우려가 있는 것으로 사실상 추정되어 폐기물 소각시설의 입지지역을 결정·고시한 처분의 무효확인을 구할 원고적격이 인정된다고 할 것이고, 한편 폐기물소각시설의 부지경계선으로부터 300m 밖에 거주하는 주민들도 위와 같은 소각시설 설치사업으로 인하여 사업 시행 전과 비교하여 수인한도를 넘는 환경피해를 받거나 받을 우려가 있음에도 폐기물처리시설 설치기관이 주변영향지역으로 지정·고시하지 않는 경우 같은 법 제17조 제3항 제2호 단서 규정에 따라 당해 폐기물처리시설의 설치·운영으로 인하여 환경상 이익에 대한 침해 또는 침해우려가 있다는 것을 입증함으로써 그 처분의 무효확인을 구할 원고적격을 인정받을 수 있다(대판 2005.3.11, 2003두13489).

(5) 거리제한규정이 있는 경우 인근주민의 원고적격

판례 1	납골당(奉安堂) 설치장소에서 500m 내에 20호 이상의 인가가 밀집한 지역에 거주하는 주민들의 경우, 납골당이 누구에 의하여 설치되는지와 관계없이 납골당 설치에 대하여 환경 이익 침해 또는 침해 우려가 있는 것으로 사실상 추정되어 원고적격이 인정되는지 여부(적극): 구 장사법 제14조 제3항, 구 장사 등에 관한 법률 시행령(2008.5.26. 대통령령 제20791호로 전부 개정되기 전의 것, 이하 '구 장사법 시행령'이라고 한다) 제13조 제1항 [별표 3]은, 사설납골시설의 경우 납골묘, 납골탑과 납골당 중 가족 또는 종중·문중 납골당은 모두 사원·묘지·화장장

판례 1

그 밖에 지방자치단체의 조례가 정하는 장소에 설치하여야 한다고 규정하고 있고, 파주시 장사시설의 설치 및 운영조례(2010.4.20. 제880호로 개정되기 전의 것) 제6조 본문은 위와 같은 사설납골시설을 설치 할 수 있는 장소로 20호 이상의 인가가 밀집한 지역으로부터 500m 이상 떨어진 곳 등을 규정하고 있다. 이와 같이 구 장사 등에 관한 법률(2007.5.25. 법률 제8489호로 전부 개정되기 전의 것) 제14조 제3항, 구 장사 등에 관한 법률 시행령(2008.5.26. 대통령령 제20791호로 전부 개정되기 전의 것) 제13조 제1항 [별표 3]에서 납골묘, 납골탑, 가족 또는 종중·문중 납골당 등 사설납골시설의 설치장소에 제한을 둔 것은, 이러한 사설납골시설을 인가가 밀집한 지역 인근에 설치하지 못하게 함으로써 주민들의 쾌적한 주거, 경관, 보건위생 등 생활환경상의 개별적 이익을 직접적·구체적으로 보호하려는 데 취지가 있으므로, 이러한 납골시설 설치장소에서 500m 내에 20호 이상의 인가가 밀집한 지역에 거주하는 주민들은 납골당 설치에 대하여 환경상 이익 침해를 받거나 받을 우려가 있는 것으로 사실상 추정된다. 다만 사설납골시설 중 종교단체 및 재단법인이 설치하는 납골당에 대하여는 그와 같은 설치 장소를 제한하는 규정을 명시적으로 두고 있지 않지만, 종교단체나 재단법인이 설치한 납골당이라 하여 납골당으로서성질이 가족 또는 종중, 문중 납골당과 다르다고 할 수 없고, 인근 주민들이 납골당에 대하여 가지는 쾌적한 주거, 경관, 보건위생 등 생활환경상의 이익에 차이가 난다고 볼 수 없다. 따라서 납골당 설치장소에서 500m 내에 20호 이상의 인가가 밀집한 지역에 거주하는 주민들에게는 납골당이 누구에 의하여 설치되는지를 따질 필요 없이 납골당 설치에 대하여 환경 이익 침해 또는 침해 우려가 있는 것으로 사실상 추정되어 원고적격이 인정된다고 보는 것이 타당하다[대판 2011.9.8, 2009두6766(납골당설치신고수리처분이행통지취소)].

판례 2

[1] 주변영향지역 결정의 연장 절차에 대한 명시적 규정은 없으나, 종전 주변영향지역 결정의 유효기간이 만료되고 폐기물처리시설로 인한 환경상 영향에 변동이 있을 경우 최초의 주변영향지역 결정에서와 마찬가지의 법령상 절차를 거쳐야 한다. [2] 폐기물매립시설 경계로부터 2km 이내인 간접영향권 지정 가능 범위 내에 거주하는 원고들에게 주변영향지역 결정을 다툴 원고적격이 인정되는지(적극): 「폐기물처리시설 설치촉진 및 주변지역지원 등에 관한 법률 시행령」 제18조 제1항 별표2 제2호 나.목의 취지는, 폐기물매립시설의 부지 경계선으로부터 2킬로미터 이내, 폐기물소각시설의 부지 경계선으로부터 300미터 이내에는 폐기물처리시설의 설치·운영으로 환경상 영향을 미칠 가능성이 있으므로, 그 범위 안에서 거주하는 주민들 중에서 선정한 주민대표로 하여금 지원협의체의 구성원이 되어 환경상 영향조사, 주변영향지역 결정, 주민지원사업의 결정에 참여할 수 있도록 함으로써, 그 주민들이 폐기물처리시설 설치·운영으로 인한 환경상 불이익을 보상받을 수 있도록 하려는 데 있다. 위 범위 안에서 거주하는 주민들이 폐기물처리시설의 주변영향지역 결정과 관련하여 갖는 이익은 주민 개개인에 대하여 개별적으로

> **판례 2**
> 보호되는 직접적·구체적 이익으로서 그들에 대하여는 <u>특단의 사정이 없는 한 환경상 이익에 대한 침해 또는 침해 우려가 있는 것으로 사실상 추정되어 원고적격이 인정된다</u>(대판 2018.8.1, 2014두42520).

6. 기본권주체의 원고적격

개인적 이익을 보호하는 실정법령이 없는 경우 보충적으로 자유권 등 구체적 기본권에 근거하여 원고적격을 인정할 수 있지만, 기본권이 구체적 권리가 아닌 경우에는 기본권에 근거하여 원고적격을 인정할 수 없다고 보는 것이 타당하다(이에 관한 판례는 전술 참조).

헌법상 기본권을 재판상 주장할 수 있는 행정법상 공권으로 볼 수 있는가 하는 문제는 개인의 이익을 보호하는 관계법률이 존재하지 않는 경우에 보충적으로 제기되는 것으로 보아야 한다.

7. 단체소송　　　　　　　　　　　　　　　　　　　[2010 행시(재경직) 사례]

단체소송이라 함은 환경단체나 소비자단체가 당해 단체가 목적으로 하는 일반적 이익(공익) 또는 회원들의 집단적 이익의 보호를 위하여 제기하는 소송을 말한다. 처분에 의해 단체 자체의 법률상 이익이 직접 침해받은 경우 해당 단체는 항고소송을 제기할 수 있는데 이는 단체소송이 아니라 일반 항고소송이다. 선진외국에서는 특별법에 의해(독일) 또는 항고소송에서의 원고적격의 일반법리에 따라(미국, 프랑스) 환경단체나 소비자단체에게 환경이익이나 소비자 이익을 침해하는 공권력 행사를 다툴 수 있는 자격을 인정하고 있다.

우리나라의 다수설은 단체소송은 특별법에 의해 인정되어야 한다고 본다. 즉, 환경단체는 개인적 이익으로서의 환경상 이익이 아니라 공익으로서의 환경상 이익의 보호를 추구하고 있으므로 환경상 이익의 침해를 이유로 항고소송을 제기할 원고적격이 없다고 보고, 환경단체의 원고적격을 인정하기 위해서는 독일의 입법례와 같이 명문으로 환경단체의 단체소송을 인정하는 규정을 두어야 한다는 것이 다수견해이다. 그러나, 환경단체가 보호목적으로 하는 환경상 이익은 환경단체의 개인적 이익이므로 환경단체가 보호목적으로 하는 환경상 이익이 침해되었거나 침해될 우려가 있는 경우에는 프랑스의 판례와 같이 해당 환경단체는 항고소송을 제기할 원고적격을 가진다고 보는 것이 타당하다는 견해도 있다.

판례는 환경상 이익은 본질적으로 자연인에게 귀속되는 것으로서 단체는 환경상 이익의 침해를 이유로 행정소송을 제기할 수 없다고 본다.

판례1	[재단법인 甲 수녀원이, 매립목적을 택지조성에서 조선시설용지로 변경하는 내용의 공유수면매립목적 변경 승인처분으로 인하여 법률상 보호되는 환경상 이익을 침해받았다면서 행정청을 상대로 처분의 무효 확인을 구하는 소송을 제기한 사건] 공유수면매립목적 변경 승인처분으로 甲 수녀원에 소속된 수녀 등이 쾌적한 환경에서 생활할 수 있는 환경상 이익을 침해받는다고 하더라도 이를 가리켜 곧바로 甲 수녀원의 법률상 이익이 침해된다고 볼 수 없고, 자연인이 아닌 甲 수녀원은 쾌적한 환경에서 생활할 수 있는 이익을 향수할 수 있는 주체가 아니므로 위 처분으로 위와 같은 생활상의 이익이 직접적으로 침해되는 관계에 있다고 볼 수도 없으며, 위 처분으로 환경에 영향을 주어 甲 수녀원이 운영하는 쨈 공장에 직접적이고 구체적인 재산적 피해가 발생한다거나 甲 수녀원이 폐쇄되고 이전해야 하는 등의 피해를 받거나 받을 우려가 있다는 점 등에 관한 증명도 부족하다는 이유로, 甲 수녀원에 처분의 무효 확인을 구할 원고적격이 없다고 한 사례(대판 2012.6.28, 2010두2005).
판례2	국토이용개발계획변경결정과 골프장 사업계획변경승인의 직접 상대방이 아닌 지역 어촌계 등의 단체가 위 처분으로 자신의 환경상 이익이 침해되었다는 이유로 취소소송을 제기한 사안에서, 환경상 이익은 주민 개개인에 대하여 개별적·구체적으로 인정되는 것이므로 자연인이 아닌 지역 어촌계 등의 단체는 그 행정처분의 취소를 구할 원고적격이 없다(광주고법 2007.4.26, 2003누1270).

8. 부작위위법확인소송과 거부처분취소소송에서의 원고적격

부작위위법확인소송과 거부처분취소소송에서도 원고적격이 인정되기 위하여는 법률상 이익의 침해가 있어야 한다.

다만, 거부처분이나 부작위의 요소로서 **신청권**을 요구하는지 여부에 따라 원고적격의 판단방식이 다르게 된다. 판례 및 다수설과 같이 거부처분이나 부작위의 요소로서 신청권을 요구하는 입장에 서는 경우 거부처분이나 부작위가 있으면 신청권이 있는 자에게 원고적격이 당연하게 인정된다. 그 이유는 신청권을 갖는 자는 법률상 이익을 당연히 갖고 있고, 거부처분이나 부작위로 당연히 그 법률상 이익이 침해되었기 때문이다. 거부처분이나 부작위의 요소로서 신청권을 요구하지 않는 입장에 서는 경우에는 부작위위법확인소송과 거부처분취소소송에서 원고적격을 인정하기 위하여는 일반원칙에 따라 법률상 이익의 침해가 있어야 한다.

제3항 당사자소송에서의 원고적격

당사자소송에서의 원고적격에 관한 특별규정은 존재하지 않고, 민사소송에서의 소의 이익에 관한 법리가 적용된다.

당사자소송에서 원고적격이 있는 자는 당사자소송을 통하여 주장하는 공법상 법률관계의 주체이다.

제4항 민중소송 및 기관소송에서의 원고적격

민중소송 및 기관소송에서는 법에서 정한 자에게 원고적격이 인정된다.

제3절 협의의 소의 이익(권리보호의 필요)　　　　[1998 공인노무사, 2015 변시]

[문 제]

1. 법규위반으로 영업정지처분을 받았다는 전력이 장래의 법규위반으로 인한 제재처분의 가중요건으로 규정되어 있는 경우에 당해 법규위반으로 받은 영업정지처분이 정지기간의 경과로 효력을 상실한 경우에 당해 영업정지처분에 대한 취소소송에서 소의 이익이 있는가. 위 가중요건이 법률로 규정된 경우, 명령으로 규정된 경우와 행정규칙으로 규정된 경우를 나누어 답하시오.

2. 조세부과처분에 대한 무효확인소송의 계속 중 부과된 조세를 납부한 경우에 당해 무효확인소송의 소의 이익이 있는가.

제1항 소의 이익(권리보호의 필요)의 의의

협의의 소의 이익이라 함은 원고가 본안판결을 구하는 것을 정당화시킬 수 있는 현실적 이익을 말한다. 소의 이익을 '권리보호의 필요'라고도 한다.

소의 이익을 요하는 이유는 그렇게 함으로써 법원은 본안판결을 필요로 하는 사건에만 그 정력을 집중할 수 있고, 또 불필요한 소송에 응소하지 않으면 안되는 상대방의 불이익을 배제할 수 있다. 그렇지만, 소의 이익을 과도하게 좁히면 원고의 재판을 받을 권리를 부당하게 박탈하게 된다(이시윤, 185면).

제2항 취소소송에서의 협의의 소의 이익 [2017 행시]

제1목 협의의 소의 이익일반

현행 행정소송법 제12조 후문의 해석과 관련하여 이를 원고적격에 관한 규정으로 볼 것인지 협의의 소의 이익에 관한 규정으로 볼 것인지와 관련하여 견해의 대립이 있다.

> **제12조(원고적격)**
> 취소소송은 처분 등의 취소를 구할 법률상 이익이 있는 자가 제기할 수 있다. 처분 등의 효과가 기간의 경과, 처분 등의 집행 그 밖의 사유로 인하여 소멸된 뒤에도 그 처분 등의 취소로 인하여 회복되는 법률상 이익이 있는 자의 경우에는 또한 같다.

Ⅰ. 소의 이익의 유무의 일반적 판단기준: 현실적인 법률상 이익

[2014 행시]

취소소송(무효확인소송)에서 소의 이익은 계쟁처분의 취소(무효확인)를 구할 현실적인 법률상 이익이 있는지 여부를 기준으로 판단된다.

일반적으로 원고적격이 있는 자가 항고소송을 제기한 경우에는 원칙상 협의의 소의 이익(권리보호의 필요)이 있는 것으로 보아야 한다. 그런데 소송목적이 실현된 경우(처분의 효력이 소멸한 경우, 권익침해가 해소된 경우 등), 원상회복이 불가능한 경우 및 보다 실효적인 권리구제절차가 있는 경우에는 소의 이익이 부정된다. 다만, 이 경우에도 취소를 구할 현실적 이익이 있는 경우에는 소의 이익이 인정된다.

행정처분을 다툴 소의 이익은 개별·구체적 사정을 고려하여 판단하여야 한다(대판 2020.4.9, 2019두49953).

판례 1

[1] 구체적인 사안에서 권리보호의 필요성 유무를 판단할 때에는 국민의 재판청구권을 보장한 헌법 제27조 제1항의 취지와 행정처분으로 인한 권익침해를 효과적으로 구제하려는 행정소송법의 목적 등에 비추어 행정처분의 존재로 인하여 국민의 권익이 실제로 침해되고 있는 경우는 물론이고 권익침해의 구체적·현실적 위험이 있는 경우에도 이를 구제하는 소송이 허용되어야 한다는 요청을 고려하여야 한다. 따라서 처분이 유효하게 존속하는 경우에는 특별한 사정이 없는 한 그 처분의 존재로 인하여 실제로 침해되고 있거나 침해될 수 있는 현실적인 위험을 제거하기 위해 취소소송을 제기할 권리보호의 필요성이 인정된다고 보아야 한다. [2] 구 산업집적활성화 및 공장설립에 관한 법률 제13조 제1항, 제13조의2 제1항 제16호, 제14조, 제50조, 제13조의5 제4호의 규정을 종합하면, 공장설립승인처분이 있고 난 뒤에 또는 그와 동시에 공장건축허가처분을 하는 것이 허용되므로, 공장설립승인처분이 취소된 경우에는 그 승인처분을 기초로 한 공장건축허가처분 역시 취소되어야 하고, 공장설립승인처분에 근거하여 토지의 형질변경이 이루어진 경우에는 원상회복을 해야 함이 원칙이다. 따라서 개발제한구역 안에서의 공장설립을 승인한 처분이 위법하다는 이유로 쟁송취소되었다고 하더라도 그 승인처분에 기초한 공장건축허가처분이 잔존하는 이상, 공장설립승인처분이 취소되었다는 사정만으로 인근 주민들의 환경상 이익이 침해되는 상태나 침해될 위험이 종료되었다거나 이를 시정할 수 있는 단계가 지나버렸다고 단정할 수는 없고, 인근 주민들은 여전히 공장건축허가처분의 취소를 구할 법률상 이익이 있다고 보아야 한다(대판 2018.7.12, 2015두3485).

판례 2

[동일 항로에서 경쟁관계에 있는 A업체가 기존 노후화된 도선 1척을 신형 선박으로 교체하는 내용의 1차 도선사업변경면허를 받자, 경업자관계에 있는 원고 B업체가 자신의 해운법상 여객선 영업권 침해를 이유로 경업자소송을 제기한 사건] 일반적으로 면허나 인허가 등의 수익적 행정처분의 근거가 되는 법률이 해당 업자들 사이의 과당경쟁으로 인한 경영의 불합리를 방지하는 것도 목적으로 하고 있는 경우, 다른 업자에 대한 면허나 인허가 등의 수익적 행정처분에 대하여 미리 같은 종류의 면허나 인허가 등의 수익적 행정처분을 받아 영업을 하고 있는 기존의 업자는 경업자에 대하여 이루어진 면허나 인허가 등 행정처분의 상대방이 아니라고 하더라도 당해 행정처분의 무효확인 또는 취소를 구할 이익이 있다(원고적격이 있다). 그러나 경업자에 대한 행정처분이 경업자에게 불리한 내용이라면 그와 경쟁관계에 있는 기존의 업자에게는 특별한 사정이 없는 한 유리할 것이므로 기존의 업자가 그 행정처분의 무효확인 또는 취소를 구할 (협의의 소의) 이익은 없다고 보아야 한다(대판 2020.4.9, 2019두49953). 〈해설〉 원심은 원고 B업체가 2차 변경처분을 다툴 소의 이익이 있다는 전제에서, 2차 변경처분에 관하여 본안판단을 하여 청구를 기각하였다. 그러나 대법원은 2차 변경처분은 A업체가 도선으로 운항하려는 신형 선박의 정원을 일부 감축하는 내용으로서 A업체에는 불리하고 원고 B업체에게는 유리하므로, 원고 B업체가 2차 변경처분을 다툴 소의 이익이 없다고 판단하여, 파기자판, 소각하하였다.

행정처분에 있어서 불이익처분의 상대방은 직접 개인적 이익의 침해를 받은 자로서 원고적격이 인정되지만 수익처분의 상대방은 그의 권리나 법률상 보호되는 이익이 침해되었다고 볼 수 없으므로 달리 특별한 사정이 없는 한 취소를 구할 이익이 없다(대판 1995.8.22, 94누8129).

> **판례** 과세관청이 직권으로 그 상대방에 대한 소득처분을 경정하면서 일부 항목에 대한 증액과 다른 항목에 대한 감액을 동시에 한 결과 전체로서 소득처분금액이 감소된 경우에는 그에 따른 소득금액변동통지가 납세자인 당해 법인에 불이익을 미치는 처분이 아니므로 당해 법인은 그 소득금액변동통지의 취소를 구할 이익이 없다[대판 2012.4.13, 2009두5510(소득금액변동통지처분취소)].

그러나, 수익처분의 취소로 구제할 현실적 이익이 있는 경우 수익처분의 상대방에게도 당해 처분의 취소를 구할 이익이 인정될 수 있다. 예를 들면, 부관부 수익적 행정처분의 상대방은 해당 처분의 취소를 구할 이익이 있다.

1. 소의 이익에서의 법률상 이익

행정소송법 제12조 후문은 소의 이익으로 '법률상 이익'을 요구하고 있다.

판례는 행정소송법 제12조 소정의 **'법률상 이익'**을 전문(원고적격)의 그것과 후문(협의의 소의 이익)의 그것을 구별하지 않고 모두 '당해 처분의 근거 법률에 의하여 보호되는 직접적이고 구체적인 이익'이라고 해석하고, 간접적이거나 사실적·경제적 이해관계를 가지는 데 불과한 경우는 여기에 해당되지 아니한다고 보고 있다[대판 전원합의체 1995.10.17, 94누14148(자동차운행정지가처분취소등)].

다만, 행정소송법 제12조 후문의(협의의 소의 이익에서의) '법률상 이익'은 취소를 통하여 구제되는 **기본적인 법률상 이익뿐만 아니라 부수적인 법률상 이익도 포함**한다고 보는 점에서 원고적격에서의 법률상 이익 보다 넓은 개념이다.

예를 들면, 파면처분을 다투는 중 원고가 정년에 달한 경우 기본적 권리인 공무원의 지위의 회복은 불가능 하지만, 봉급청구 등 부수적 이익이 있으므로 당해 파면처분을 취소할 소의 이익이 있다.

국가배상청구권의 행사를 위하여 필요한 경우에도 취소소송의 소의 이익을 인정하여야 한다는 견해가 있다. 그러나 국가배상청구는 처분이 위법하다는 것만을 확인하면 되는 것이며 처분을 취소할 필요는 없고, 취소소송에서 위법을 확인하지 않아도 국가배상소송에서 위법성을 확인할 수 있으며 위법 이외에 과실이 인정되어야 하므로 국가배상을 청구하기 위하여 취소판결을 할 이익은 없다고 보아야 한다(판례).

> **판례** 원고가 처분이 위법하다는 점에 대한 판결을 받아 피고에 대한 손해배상청구소송에서 이를 원용할 수 있는 이익은 사실적·경제적 이익에 불과하여 소의 이익에 해당하지 않는다고 본다[대판 2002.1.11, 2000두2457(소음진동배출시설허가취소처분 등 취소)].

2. 소송을 통해 구제될 수 있는 현실적 이익

소송에 의해 보호되는 이익은 현실적 이익이어야 한다. 달리 말하면 소송을 통해 구제될 수 있는 현실적 이익이 있어야 한다. 막연한 이익이나 추상적인 이익 또는 과거의 이익만으로는 소의 이익을 인정할 수 없다. 또한 보다 실효적인 구제수단이 있는 경우에도 소의 이익이 부정된다.

> **판례** 구 도시 및 주거환경정비법상 조합설립추진위원회 구성승인처분을 다투는 소송 계속 중 조합설립인가처분이 이루어진 경우 조합설립추진위원회 구성승인처분에 대하여 취소 또는 는 무효확인을 구할 법률상 이익이 있는지 여부(소극): 구 도시 및 주거환경정비법(2009.2.6. 법률 제9444호로 개정되기 전의 것, 이하 '구 도시정비법'이라고 한다) 제13조 제1항, 제2항, 제14조 제1항, 제15조 제4항, 제5항 등 관계 법령의 내용, 형식, 체제 등에 비추어 보면, 조합설립추진위원회(이하 '추진위원회'라고 한다) 구성승인처분은 조합의 설립을 위한 주체인 추진위원회의 구성행위를 보충하여 그 효력을 부여하는 처분으로서 조합설립이라는 종국적 목적을 달성하기 위한 중간단계의 처분에 해당하지만, 그 법률요건이나 효과가 조합설립인가처분의 그것과는 다른 독립적인 처분이기 때문에, 추진위원회 구성승인처분에 대한 취소 또는 무효확인 판결의 확정만으로는 이미 조합설립인가를 받은 조합에 의한 정비사업의 진행을 저지할 수 없다. 따라서 추진위원회 구성승인처분을 다투는 소송 계속 중에 조합설립인가처분이 이루어진 경우에는, 추진위원회 구성승인처분에 위법이 존재하여 조합설립인가 신청행위가 무효라는 점 등을 들어 직접 조합설립인가처분을 다툼으로써 정비사업의 진행을 저지하여야 하고, 이와는 별도로 추진위원회 구성승인처분에 대하여 취소 또는 무효확인을 구할 법률상 이익(소의 이익)은 없다고 보아야 한다[대판 2013.1.31, 2011두11112, 2011두11129(조합설립추진위원회설립승인무효확인·조합설립추진위원회설립승인무효확인)].

제2목 구체적 사례(유형별 고찰)

취소소송에서 소의 이익이 있는지의 문제를 ① 처분의 효력이 소멸한 경우, ② 처분 후의 사정 변경에 의해 권익침해가 해소된 경우, ③ 원상회복이 불가능한 경우, ④ 보다 실효적인 권리구제절차가 있는 경우 등으로 나누어 다루기로 한다.

Ⅰ. 처분의 효력이 소멸한 경우   [2013 행시(일반행정), 2017 사시]

1. 원 칙

처분의 효력이 소멸한 경우에는 통상 당해 처분의 취소를 통하여 회복할 법률상 이익이 없다.

예를 들면, 허가취소처분을 정지처분으로 변경하면 당초 허가취소처분은 효력이 상실되어 존재하지 않게 되므로 당초 허가취소처분에 대한 취소소송은 소의 이익이 없게 되고, 인·허가처분의 효력을 일정기간 정지하는 처분에 있어서 효력정지기간이 경과하여 처분의 효력이 소멸되면 당해 효력정지처분을 다툴 소의 이익이 없게 되는 것이 원칙이다. 그러나 기간을 정한 제재적 처분(예 영업 정지처분)에 대해 집행정지결정이 있는 경우에는 제재기간의 진행이 정지되어 집행정지된 기간만큼 제재기간이 순연되는 데 불과하고 제재적 처분의 효력이 소멸 된 것이 아니므로 처분시 표시된 제재적 처분의 기간이 경과하였어도 그 처분의 취소를 구할 소의 이익이 있다[대판 1974.1.29, 73누202(국유임산물매수자격정지처분취소)].

위법한 영업허가처분의 취소처분이 직권취소되면 취소소송의 원고는 영업허가자의 지위를 회복하므로 소의 이익이 없게 된다.

소송 계속 중 처분청이 다툼의 대상이 되는 행정처분을 직권으로 취소하면 그 처분은 효력을 상실하여 더 이상 존재하지 않는 것이므로, 존재하지 않는 처분을 대상으로 한 항고소송은 원칙적으로 소의 이익이 소멸하여 부적법하다고 보아야 한다. 다만 처분청의 직권취소에도 완전한 원상회복이 이루어지지 않아 무효확인 또는 취소로써 회복할 수 있는 다른 권리나 이익이 남아 있거나 또는 동일한 소송 당사자 사이에서 그 행정처분과 동일한 사유로 위법한 처분이 반복될 위험성이 있어 행정처분의 위법성 확인 내지 불분명한 법률문제에 대한 해명이 필요한 경우 행정의 적법성 확보와 그에 대한 사법통제, 국민의 권리구제의 확대 등의 측면에서 예외적으로 그 처분의 취소를 구할 소의 이익을 인정할 수 있다(대판 2020.4.9, 2019두49953).

일부 직권취소 등으로 처분의 효력이 일부만 소멸한 경우에는 취소되고 남은 처분의 취소를 구할 소의 이익이 있다.

예를 들면, 금전부과처분을 감액하는 처분을 한 경우에는 감액되고 남은 부분에 대한 처분(당초처분)은 효력을 유지하므로 취소를 구할 소의 이익이 존속한다.

판례 1	[1] 취소되어 더 이상 존재하지 않는 행정처분을 대상으로 한 취소소송에 소의 이익이 있는지 여부(소극): 행정처분이 취소되면 그 처분은 효력을 상실하여 더 이상 존재하지 않는 것이고, 존재하지 않는 행정처분을 대상으로 한 취소소송은 소의 이익이 없어 부적법하다. [2] 절차상 또는 형식상 하자로 무효인 행정처분에 대하여 행정청이 적법한 절차 또는 형식을 갖추어 동일한 행정처분을 한 경우, 종전의 무효인 행정처분에 대하여 무효확인을 구할 법률상 이익이 있는지 여부(소극): 절차상 또는 형식상 하자로 무효인 행정처분에 대하여 행정청이 적법한 절차 또는 형식을 갖추어 다시 동일한 행정처분을 하였다면, 종전의 무효인 행정처분에 대한 무효확인 청구는 과거의 법률관계의 효력을 다투는 것에 불과하므로 무효확인을 구할 법률상 이익이 없다[대판 2010.4.29, 2009두16879(공익근무요원소집처분취소)].
판례 2	[1] 처분청이 당초의 운전면허 취소처분을 신뢰보호의 원칙과 형평의 원칙에 반하는 너무 무거운 처분으로 보아 이를 철회하고 새로이 265일간의 운전면허 정지처분을 하였다면, 당초의 처분인 운전면허 취소처분은 철회로 인하여 그 효력이 상실되어 더 이상 존재하지 않는 것이고 그 후의 운전면허 정지처분만이 남아 있는 것이라 할 것이며, 한편 존재하지 않는 행정처분(운전면허취소처분)을 대상으로 한 취소소송은 소의 이익이 없어 부적법하다. [2] 운전면허 정지처분에서 정한 정지기간이 상고심 계속 중에 경과한 이후에는 운전면허자에게 그 운전면허 정지처분의 취소를 구할 법률상의 이익이 없다[대판 1997.9.26, 96누1931(자동차운전면허취소처분취소)]. 〈해설〉 이 판결문에서의 '철회'가 강학상 철회인지는 의문이며 오히려 강학상 직권취소로 보는 것이 타당하다. 이 사건은 운전면허 취소처분을 취소하고 운전면허정지처분을 한 경우이지만, 운전면허취소처분을 운전면허정지처분으로 변경한 경우에도 변경처분은 당초 처분(운전면허 취소처분)의 취소를 포함하므로 동일하게 보아야 할 것이다. 이 사건에서 원고가 운전면허정지처분도 다투고자 한다면 처분 변경으로 인한 소의 변경을 청구할 수 있다.
판례 3	입찰참가자격제한에 대한 취소소송계속중 처분청이 납품업자에 대한 입찰참가자격 제한처분을 직권으로 취소하고 제1심판결의 취지(처분사유는 존재하지만 재량권의 일탈·남용이 있다는 것)에 따라 그 제재기간만을 3개월로 감경하여 입찰참가자격을 제한하는 내용의 새로운 처분을 다시 한 경우, 당초의 입찰참가자격 제한처분은 적법하게 취소되었다고 할 것이어서 그 처분의 취소를 구할 소의 이익이 없다고 한 사례 [대판 2002.9.6, 2001두5200(부정당업자제재등처분취소)].

> **판례 4**
>
> **행정청이 과징금 부과처분을 한 후 부과처분의 하자를 이유로 감액처분을 한 경우, 감액된 부분에 대한 부과처분 취소청구가 적법한지 여부(소극):** 행정처분을 한 처분청은 처분에 하자가 있는 경우에는 별도의 법적 근거가 없더라도 스스로 이를 취소하거나 변경할 수 있는바, 과징금 부과처분에서 행정청이 납부의무자에 대하여 부과처분을 한 후 부과처분의 하자를 이유로 과징금의 액수를 감액하는 경우에 감액처분은 감액된 과징금 부분에 관하여만 법적 효과가 미치는 것으로서 당초 부과처분과 별개 독립의 과징금 부과처분이 아니라 실질은 당초 부과처분의 변경이고, 그에 의하여 과징금의 일부취소라는 납부의무자에게 유리한 결과를 가져오는 처분이므로 당초 부과처분이 전부 실효되는 것은 아니다. 따라서 감액처분에 의하여 감액된 부분에 대한 부과처분 취소청구는 이미 소멸하고 없는 부분에 대한 것으로서 소의 이익이 없어 부적법하다(대판 2017.1.12, 2015두2352).

2. 예 외

처분의 효력기간의 경과 등으로 그 행정처분의 효력이 상실된 경우에도 당해 처분을 취소할 현실적 이익(권리보호의 필요성)이 있는 경우에는 그 처분의 취소를 구할 소의 이익이 있다.

(1) 제재적 처분의 전력이 장래의 제재적 처분의 가중요건인 경우

[2000, 2013 행시, 2003 사시, 2007 입시]

계쟁 제재처분이 효력을 상실한 경우(예 영업정지처분의 정지기간이 지난 경우)에도 법령에서 제재처분의 전력이 장래의 제재처분의 가중요건 등(가중요건 또는 전제요건)으로 규정되어 있어 가중된 제재처분을 받을 위험(불이익)이 현실적인 경우 가중된 제재처분을 받을 위험(불이익)을 제거하기 위하여 제재기간(예 영업정지기간)이 지난 제재처분(예 영업정지처분)의 취소를 구할 이익이 있지만, 만약 일정기간의 경과 등(예 영업정지처분 후 1년의 경과)으로 실제로 가중된 제재처분을 받을 우려가 없어졌다면 다른 특별한 사정이 없는 한 위 처분에서 정한 제재기간이 경과함으로써 그 처분의 취소를 구할 소의 이익은 소멸된다.

> **판례**
>
> **건축사 업무정지처분을 받은 후 새로운 업무정지처분을 받음이 없이 1년이 경과하여 실제로 가중된 제재처분을 받을 우려가 없게 된 경우, 업무정지처분에서 정한 정지기간이 경과한 후에 업무정지처분의 취소를 구할 법률상 이익이 있는지 여부(소극):** 건축사법 제28조제1항이 건축사 업무정지처분을 연 2회 이상 받고 그 정지기간이 통산하여 12월 이상이 될 경우

> **판례**
>
> 에는 가중된 제재처분인 건축사사무소 등록취소처분을 받게 되도록 규정하여 건축사에 대한 제재적인 행정처분인 업무정지명령을 더 무거운 제재처분인 사무소등록취소처분의 기준요건으로 규정하고 있으므로, 건축사 업무정지처분을 받은 건축사로서는 위 처분에서 정한 기간이 경과하였다 하더라도 위 처분을 그대로 방치하여 둠으로써 장래 건축사사무소 등록취소라는 가중된 제재처분을 받을 우려가 있어 건축사로서 업무를 행할 수 있는 법률상 지위에 대한 위험이나 불안을 제거하기 위하여 건축사 업무정지처분의 취소를 구할 이익이 있으나, 업무정지처분을 받은 후 새로운 업무정지처분을 받음이 없이 1년이 경과하여 실제로 가중된 제재처분을 받을 우려가 없어졌다면 위 처분에서 정한 정지기간이 경과한 이상 특별한 사정이 없는 한 그 처분의 취소를 구할 법률상 이익이 없다[대판 2000.4.21, 98두10080(건축사업무정지처분취소등)].
>
> **(구)건축사법 제28조**
>
> 제28조(건축사사무소의 등록취소 또는 건축사등의 업무정지명령)
>
> ① 건설교통부장관은 건축사 사무소개설자가 다음 각호의 1에 해당하는 때에는 당해 건축사사무소에 대하여 등록을 취소하거나 건축사사무소개설자(제23조 제8항 각호에 해당하는 건축사를 포함한다)에 대하여 1년이내의 기간을 정하여 업무정지를 명할 수 있다. 다만, 제1호·제3호 내지 제5호에 해당하는 경우에는 건축사사무소의 등록을 취소하여야 한다.〈개정 1996.12.30〉

　문제는 제재처분의 가중요건 등(가중요건 또는 전제요건)이 행정규칙으로 정해진 경우도 제재처분을 받을 위험(불이익)이 현실적인 경우에 해당한다고 보아 소의 이익이 있다고 볼 수 있는가이다. 이에 관하여 다음과 같이 견해가 대립하고 있다.

① **부정설(법령설):** 이 견해는 가중요건 등이 법률 또는 법규명령의 효력을 갖는 행정입법에 의해 규정되어 있는 경우 등 가중요건을 정하는 법령이 법적 구속력을 갖는 경우에는 가중된 제재처분을 받을 위험(불이익)이 현실적이므로 가중된 제재처분을 받을 위험(불이익)을 제거하기 위하여 제재기간이 지난 제재처분의 취소를 구할 이익이 있지만, 가중요건 등이 법적 구속력이 없는 행정규칙으로 규정되어 있는 경우에는 가중된 제재처분을 받을 위험(불이익)이 불확실하므로 제재기간이 지난 제재처분의 취소를 구할 이익이 없다고 본다.

　이 견해는 부령형식의 행정규칙은 행정규칙에 불과하고 행정청에 대해 법적 구속력을 미치지 않으므로 소의 이익을 인정할 수 없다는 견해이다. 이 견해는 최초 대법원 판례의 입장이었다.

> **판례**
>
> 가중요건을 정한 시행규칙이 행정규칙이므로 구속력이 없고 따라서 가중적인 제재처분을 받을 불이익은 직접적·구체적·현실적인 것이 아니고, 가중처벌의 위법 여부는 당해 시행규칙이 아니라 처분의 근거법률에 비추어 판단되는 것이므로 당초의 제재처분의 위법 여부는 당초의 제재처분을 가중사유로 고려한 후의 제재처분의 위법 여부를 다투는 경우에 다툴 수 있다(대판 전원합의체 1995.10.17, 94누14148).

② **제한적 긍정설(법령근거설):** 가중요건 등이 부령형식의 행정규칙으로 정해진 경우 또는 제재적 행정처분의 가중사유나 전제요건에 관한 규정이 행정규칙의 형식으로 되어 있다고 하더라도, 그러한 규칙이 법령에 근거를 두고 있는 경우에는 관할 행정청이나 담당공무원은 이를 준수할 의무가 있으므로 후행 가중된 제재처분의 위험은 구체적이고 현실적인 것이므로 선행 제재처분의 취소를 구하여 후행 가중 제재처분을 막을 이익을 인정하여야 한다고 보는 견해이다. 이 견해는 종전의 대법원 전원합의체 판결에서 다수견해가 취한 견해이다.

> **판례**
>
> [1] [다수의견] 제재적 행정처분이 그 처분에서 정한 제재기간의 경과로 인하여 그 효과가 소멸되었으나, 부령인 시행규칙 또는 지방자치단체의 규칙(이하 이들을 '규칙'이라고 한다)의 형식으로 정한 처분기준에서 제재적 행정처분(이하 '선행처분'이라고 한다)을 받은 것을 가중사유나 전제요건으로 삼아 장래의 제재적 행정처분(이하 '후행처분'이라고 한다)을 하도록 정하고 있는 경우, 제재적 행정처분의 가중사유나 전제요건에 관한 규정이 법령이 아니라 규칙의 형식으로 되어 있다고 하더라도, 그러한 규칙이 법령에 근거를 두고 있는 이상 그 법적 성질이 대외적·일반적 구속력을 갖는 법규명령인지 여부와는 상관없이, 관할 행정청이나 담당공무원은 이를 준수할 의무가 있으므로 이들이 그 규칙에 정해진 바에 따라 행정작용을 할 것이 당연히 예견되고, 그 결과 행정작용의 상대방인 국민으로서는 그 규칙의 영향을 받을 수밖에 없다. 따라서 그러한 규칙이 정한 바에 따라 선행처분을 받은 상대방이 그 처분의 존재로 인하여 장래에 받을 불이익, 즉 후행처분의 위험은 구체적이고 현실적인 것이므로, 상대방에게는 선행처분의 취소소송을 통하여 그 불이익을 제거할 필요가 있다.
>
> 또한, 나중에 후행처분에 대한 취소소송에서 선행처분의 사실관계나 위법 등을 다툴 수 있는 여지가 남아 있다고 하더라도, 이러한 사정은 후행처분이 이루어지기 전에 이를 방지하기 위하여 직접 선행처분의 위법을 다투는 취소소송을 제기할 필요성을 부정할 이유가 되지 못한다. 그러한 쟁송방법을 막는 것은 여러 가지 불합리한 결과를 초래하여 권리구제의 실효성을 저해할 수 있기 때문이다. 오히려 앞서 본 바와 같이 행정청으로서는 선행처분이 적법함을 전제로

후행처분을 할 것이 당연히 예견되므로, 이러한 선행처분으로 인한 불이익을 선행처분 자체에 대한 소송에서 사전에 제거할 수 있도록 해 주는 것이 상대방의 법률상 지위에 대한 불안을 해소하는 데 가장 유효적절한 수단이 된다고 할 것이고, 또한 그 소송을 통하여 선행처분의 사실관계 및 위법 여부가 조속히 확정됨으로써 이와 관련된 장래의 행정작용의 적법성을 보장함과 동시에 국민생활의 안정을 도모할 수 있다. 이상의 여러 사정과 아울러, 국민의 재판청구권을 보장한 헌법 제27조 제1항의 취지와 행정처분으로 인한 권익침해를 효과적으로 구제하려는 행정소송법의 목적 등에 비추어 행정처분의 존재로 인하여 국민의 권익이 실제로 침해되고 있는 경우는 물론이고 권익침해의 구체적·현실적 위험이 있는 경우에도 이를 구제하는 소송이 허용되어야 한다는 요청을 고려하면, 규칙이 정한 바에 따라 선행처분을 가중사유 또는 전제요건으로 하는 후행처분을 받을 우려가 현실적으로 존재하는 경우에는, 선행처분을 받은 상대방은 비록 그 처분에서 정한 제재기간이 경과하였다 하더라도 그 처분의 취소소송을 통하여 그러한 불이익을 제거할 권리보호의 필요성이 충분히 인정된다고 할 것이므로, 선행처분의 취소를 구할 법률상 이익이 있다고 보아야 한다. [대법관 이강국의 별개의견] 다수의견은, 제재적 행정처분의 기준을 정한 부령인 시행규칙의 법적 성질에 대하여는 구체적인 논급을 하지 않은 채, 시행규칙에서 선행처분을 받은 것을 가중사유나 전제요건으로 하여 장래 후행처분을 하도록 규정하고 있는 경우, 선행처분의 상대방이 그 처분의 존재로 인하여 장래에 받을 불이익은 구체적이고 현실적이라는 이유로, 선행처분에서 정한 제재기간이 경과한 후에도 그 처분의 취소를 구할 법률상 이익이 있다고 보고 있는바, 다수의견이 위와 같은 경우 선행처분의 취소를 구할 법률상 이익을 긍정하는 결론에는 찬성하지만, 그 이유에 있어서는 부령인 제재적 처분기준의 법규성을 인정하는 이론적 기초 위에서 그 법률상 이익을 긍정하는 것이 법리적으로는 더욱 합당하다고 생각한다. 상위법령의 위임에 따라 제재적 처분기준을 정한 부령인 시행규칙은 헌법 제95조에서 규정하고 있는 위임명령에 해당하고, 그 내용도 실질적으로 국민의 권리의무에 직접 영향을 미치는 사항에 관한 것이므로, 단순히 행정기관 내부의 사무처리준칙에 지나지 않는 것이 아니라 대외적으로 국민이나 법원을 구속하는 법규명령에 해당한다고 보아야 한다. [2] 환경영향평가대행업무 정지처분을 받은 환경영향평가대행업자가 업무정지처분기간 중 환경영향평가대행계약을 신규로 체결하고 그 대행업무를 한 사안에서, '환경·교통·재해 등에 관한 영향평가법 시행규칙' 제10조 [별표 2] 2. 개별기준 (11)에서 환경영향평가대행업자가 업무정지처분기간 중 신규계약에 의하여 환경영향평가대행업무를 한 경우 1차 위반시 업무정지 6월을, 2차 위반시 등록취소를 각 명하는 것으로 규정하고 있으므로, 업무정지처분기간 경과 후에도 위 시행규칙의 규정에 따른 후행처분을 받지 않기 위하여 위업무정지처분의 취소를 구할 법률상 이익이 있다고 한 사례[대판 전원합의체 2006.6.22, 2003두1684(영업정지처분취소)].

③ **긍정설**: 가중요건 등이 행정규칙으로 정해진 경우에도 행정청은 통상 행정규칙에 따라 가중된 제재처분을 행할 구체적이고 현실적 위험이 있으므로 선행 제재처분을 취소하여 그 위험을 제거할 이익이 있다고 보아야 한다는 견해이다.

④ **판 례**: 현재의 판례는 긍정설을 취하고 있다.

⑤ **결어(긍정설)**: 다음과 같은 이유에서 긍정설이 타당하다. 담당공무원은 법령을 준수하여야 할 뿐만 아니라 법규명령형식의 행정규칙도 준수하여야 하므로 가중요건이 법규명령형식의 행정규칙에 규정된 경우에도 취소소송을 통해 장래의 불이익을 제거할 현실적 필요성이 있다고 보는 것이 타당하다. 가중요건이 행정규칙의 형식으로 제정된 경우에도 행정청은 통상 행정규칙에 따라 가중된 제재처분을 행할 구체적이고 현실적 위험이 있으므로 선행 제재처분을 취소하여 그 위험을 제거할 이익이 있다고 보아야 한다. 다만, 기간의 경과 등으로 가중요건규정이 적용될 우려가 없게 된 경우에는 선행 제재처분을 취소할 소의 이익이 없다.

(2) 당초처분에 대한 취소소송의 계속 중 전부변경처분이 있었지만 소의 이익이 있는 경우

당초처분에 대한 취소소송의 계속 중 전부변경처분이 있어 계쟁처분의 효력이 소멸된 경우 원칙상 소의 이익이 없지만, 당초처분을 기초로 일련의 후속행위가 이루어져 후속행위의 효력을 상실시킬 이익이 있는 경우에는 당초처분의 취소나 무효확인을 구할 소의 이익이 있다(판례).

> **판례**
>
> **조합설립변경인가 후에 다시 변경인가를 받은 경우 당초 조합설립변경인가의 취소를 구할 소의 이익이 있는지 여부**: 주택재개발사업조합이 당초 조합설립변경인가 이후 적법한 절차를 거쳐 당초 변경인가를 받은 내용을 모두 포함하여 이를 (전부)변경하는 취지의 조합설립변경인가를 받은 경우, 당초 조합설립변경인가는 취소·철회되고 변경된 조합설립변경인가가 새로운 조합설립변경인가가 된다. 이 경우 당초 조합설립 변경인가는 더 이상 존재하지 않는 처분이거나 과거의 법률관계가 되므로 특별한 사정이 없는 한 그 취소를 구할 소의 이익이 없다. 다만 당해 주택재개발사업조합이 당초 조합설립변경인가에 기초하여 사업시행계획의 수립 등의 후속행위를 하였다면 당초 조합설립변경인가가 무효로 확인되거나 취소될 경우 그 유효를 전제로 이루어진 후속 행위 역시 소급하여 효력을 상실하게 되므로, 위와 같은 형태의 변경된 조합설립변경인가가 있다고 하여 당초 조합설립변경인가의 취소를 구할 소의 이익이 소멸된다고 볼 수는 없다[대판 2013.10.24, 2012두12853(조합설립변경인가처분취소)]. 〈해설〉 조합설립변경신고수리처분의 법적 성질을 설권적 처분인 조합설립인가처분의 일부 변경으로서 특허(설권적 처분의 변경)로 보는 견해와 수리를 요하는 신고로 보는 견해가 있다.

(3) 기 타

<table>
<tr><td>판례</td><td>근로자를 직위해제한 후 동일한 사유를 이유로 징계처분을 한 경우, 직위해제처분이 효력을 상실하는지 여부(적극) 및 근로자가 직위해제처분에 대한 구제를 신청할 이익이 있는지 여부(한정 적극): 직위해제처분은 근로자로서의 지위를 그대로 존속시키면서 다만 그 직위만을 부여하지 아니하는 처분이므로 만일 어떤 사유에 기하여 근로자를 직위해제한 후 그 직위해제 사유와 동일한 사유를 이유로 징계처분을 하였다면 뒤에 이루어진 징계처분에 의하여 그 전에 있었던 직위해제처분은 그 효력을 상실한다. 여기서 직위해제처분이 효력을 상실한다는 것은 직위해제처분이 소급적으로 소멸하여 처음부터 직위해제처분이 없었던 것과 같은 상태로 되는 것이 아니라 사후적으로 그 효력이 소멸한다는 의미이다. 따라서 직위해제처분에 기하여 발생한 효과는 당해 직위해제처분이 실효되더라도 소급하여 소멸하는 것이 아니므로, 인사규정 등에서 직위해제처분에 따른 효과로 승진·승급에 제한을 가하는 등의 법률상 불이익을 규정하고 있는 경우에는 직위해제처분을 받은 근로자는 이러한 법률상 불이익을 제거하기 위하여 그 실효된 직위해제처분에 대한 구제를 신청할 이익이 있다. 〈해설〉 근로자의 직위해제에 관한 판례이지만, 공무원의 직위해제에 대해서도 타당하다고 볼 수 있다(대판 2010.7.29, 2007두18406).</td></tr>
</table>

II. 처분 후의 사정변경에 의해 권익침해가 해소된 경우

① 처분 후의 사정에 의하여 권리와 이익의 침해 등이 해소된 경우에는 그 처분의 취소를 구할 소의 이익이 없다.

<table>
<tr><td>판례
1</td><td>치과의사국가시험 합격은 치과의사 면허를 부여받을 수 있는 전제요건이 된다고 할 것이나 국가시험에 합격하였다고 하여 위 면허취득의 요건을 갖추게 되는 이외에 그 자체만으로 합격한 자의 법률상 지위가 달라지게 되는 것은 아니므로 불합격처분 이후 새로 실시된 국가시험에 합격한 자들로서는 더 이상 위 불합격처분의 취소를 구할 소의 이익이 없다[대판 1993.11.9, 93누6867(치과의사국가시험 불합격처분취소)]. 〈해설〉 국가배상청구소송에서 위법성을 주장할 이익을 소의 이익으로 보는 견해에 의하면 소의 이익이 있다고 보아야 한다.</td></tr>
<tr><td>판례
2</td><td>사법시험 제2차 시험 불합격처분 이후에 새로이 실시된 제2차와 제3차 시험에 합격한 사람이 불합격처분의 취소를 구할 법률상 이익이 없다[대판 2007.9.21, 2007두12057(불합격처분취소)].</td></tr>
</table>

② 처분 후에 사정변경이 있더라도 권익침해가 해소되지 않은 경우에는 소의 이익이 있다.

> **판례** 퇴학처분을 받은 후 고등학교졸업학력검정고시에 합격하였다 하더라도 고등학교졸업이 대학입학자격이나 학력인정으로서의 의미밖에 없다고 할 수 없고, 고등학교졸업학력검정고시에 합격하였다 하여 고등학교학생으로서의 신분과 명예가 회복될 수 없는 것이므로 퇴학처분을 받은 자는 퇴학처분의 위법을 주장하여 퇴학처분의 취소를 구할 소송상의 이익이 있다[대판 1992.7.14, 91누4737(퇴학처분취소)].

Ⅲ. 원상회복이 불가능한 경우

행정처분의 무효확인 또는 취소를 구하는 소에서, 비록 행정처분의 위법을 이유로 무효확인또는 취소 판결을 받더라도 처분에 의하여 발생한 위법상태를 원상으로 회복시키는 것이 불가능한 경우에는 원칙적으로 무효확인 또는 취소를 구할 이익이 없다. 다만 원상회복이 불가능하더라도 무효확인 또는 취소로써 회복할 수 있는 다른 권리나 이익(부수적 이익)이 남아 있는 경우 예외적으로 무효확인 또는 취소를 구할 이익이 인정된다[대판 2016.6.10, 2013두1638(조례무효확인)]. 또한 원상회복이 불가능하게 보이는 경우라 하더라도, 동일한 소송 당사자 사이에서 그 행정처분과 동일한 사유로 위법한 처분이 반복될 위험성이 있어 행정처분의 위법성 확인 내지 불분명한 법률문제에 대한 해명이 필요하다고 판단되는 경우 등에는 행정의 적법성 확보와 그에 대한 사법통제, 국민의 권리구제 확대 등의 측면에서 여전히 그 처분의 취소를 구할 이익이 있다(대판 2019.5.10, 2015두46987).

> **판례** 세무사 자격 보유 변호사 甲이 관할 지방국세청장에게 조정반 지정 신청을 하였으나 지방국세청장이 "甲의 경우 세무사등록부에 등록되지 않았기 때문에 2015년도 조정반 구성원으로 지정할 수 없다."는 이유로 거부처분을 하자, 甲이 거부처분의 취소를 구하는 소를 제기한 사안에서, '이미 2015년도 조정반 지정의 효력이 지났기 때문이 거부처분을 취소하더라도 원고가 2015년도 조정반에 지정될 수 없고, 헌법불합치결정에 따른 개선입법이 개정시까지 이루어지지 않음에 따른 근거법률조항의 2020년도 1월 1일 부터의 효력상실로 동일한 거부사유(해당 변호사가 세무사등록부에 등록되지 않았다는 사유)로 조정반 구성원 지정을 거부하는 처분을 반복할 가능성이 없어졌으므로' 위 소는 소의 이익이 없어 부적법하다고 하면서 원심의 원고승소판결을 취소하고 파기자판해 각하한 사례(대판 2020.2.27, 2018두67152). 〈해설〉 개선입법이 이루어지기 전까지는 다른 사유(근거법률조항의 공백)로 원고 변호사는 세무조정반 지정을 받을 수 없다. 헌재의 헌법불합치결정에 따른 개선입법이 이루어져야 국세청은 원고 변호사의 지정신청에 대해 가부간의 처분을 할 수 있다.

1. 처분의 집행 등으로 원상회복이 불가능한 경우 [2002 사시 사례]

판례 1	건축허가가 건축법 소정의 이격거리를 두지 아니하고 건축물을 건축하도록 되어 있어 위법하다 하더라도 건축이 완료된 경우에는 그 건축허가를 받은 대지와 접한 대지의 소유자인 원고가 위 건축허가 처분의 취소를 받아 이격거리를 확보할 단계는 지났으며, 민사소송으로 위 건축물등 의 철거를 구하는 데 있어서도 위 처분의 취소가 필요한 것이 아니므로 원고로서는 (일조권 또는 조망권의 보호를 위해) 위 건축허가처분의 취소를 구할 법률상의 이익이 없다[대판 1992.4.24, 91누 11131(건축허가취소)].
판례 2	건축법 소정의 이격거리를 두지 아니하고 건축물을 건축한 후 그에 대한 준공검사의 처분이 행 해진 경우 준공검사가 취소되어도 위법부분을 시정시키는 효과는 없고 시정명령은 행정청에 의 한 별도의 판단에 의해 행해지는 것이므로 인근주민은 일조권의 보호를 위해 준공검사처분의 취소를 구할 소의 이익이 없다[대판 1994.1.14, 93누20481(건축사용검사허가처분취소)]. 〈**해설**〉이 경우 당사자는 별도의 소송(민사소송)으로 위법부분의 철거 내지 시정을 청구하거나(소유권에 기 한 방해제청구소송을 제기하거나) 손해배상을 청구할 수밖에 없다. 건물의 철거명령에 대한 취소 소송이 제기된 경우 당해 건물이 대집행의 실행에 의해 이미 철거되어버렸다면 철거명령이 취 소되어도 원상회복이 불가능하므로 철거명령의 취소소송에 있어서 소의 이익이 없다.
판례 3	채석허가취소처분에 대한 취소소송계속중에 원고가 이 사건 채석허가기간의 연장허가신청을 하였으나 반려되자 이에 대하여는 불복하지 않은 상태에서 채석허가기간이 만료된 경우에는 그 채석허가취소처분이 취소되더라도 원상회복이 불가능하기 때문에 원고에게는 그 채석허가취소 처분의 취소를 구할 소의 이익이 없게 되었다고 할 것이다[대판 2006.1.26, 2004두2196(채석허 가취소처분취소)].
판례 4	**['진주의료원 폐업조치'의 효력을 다투는 사건]** [1] 지방의료원의 설립·통합·해산은 지방자 치단체의 조례로 결정할 사항이다. [2] 피고 경상남도지사의 이 사건 폐업결정은 행정청이 행하 는 구체적 사실에 관한 법집행으로서의 공권력의 행사로서 입원환자들과 소속 직원들이 권리· 의무에 직접 영향을 미치는 것이므로 항고소송의 대상에 해당한다. [3] (조례로 결정하여야 함에도 경상남도지사가 권한없이 행한) 이 사건 폐업결정 후 진주의료원을 해산한다는 내용의 이 사건 조 례가 제정·시행되었고, 이 사건 조례가 무효라고 볼 사정도 없으므로, 진주의료원을 폐업 전의 상태로 되돌리는 원상회복은 불가능하다고 판단된다. 따라서 법원이 피고 경상남도지사의 이 사건 폐업결정을 취소하더라도 그것은 단지 이 사건 폐업결정이 위법함을 확인하는 의미 밖에 없고, 그것만으로는 원고들이 희망하는 진주의료원 재개원이라는 목적을 달성할 수 없으며, 뒤

| 판례 4 | 에서 살펴보는 바와 같이(발생한 손해가 없으므로) 원고들의 국가배상청구도 이유 없다고 판단되므로, 결국 원고들에게 이 사건 폐업결정의 취소로 회복할 수 있는 다른 권리나 이익이 남아있다고 보기도 어렵다. 따라서 피고 경상남도 지사의 이 사건 폐업결정은 법적으로 권한 없는 자에 의하여 이루어진 것으로서 위법하다고 하더라도, 그 취소를 구할 소의 이익을 인정하기는 어렵다[대판 2016.8.30, 2015두60617(폐업처분 무효확인 등)]. |

2. 원상회복이 가능한 경우

판례 1	현역입영대상자가 입영한 후에도 현역입영통지처분이 취소되면 원상회복이 가능하므로 동 처분의 취소를 구할 소의 이익이 있다[대판 2003.12.26, 2003두1875(병역의무부과처분취소)].
판례 2	광업권 존속기간의 경과와 채광목적의 토지형질변경허가거부처분 취소소송의 소의 이익: 행정청이 토지형질변경허가거부처분을 할 당시는 광업권의 존속기간이 만료되지 아니하였을 뿐만 아니라, 광업권자는 상공자원부장관의 허가를 받아 광업권의 존속기간을 연장할 수도 있는 것이므로, 행정청이 위 거부처분을 한 뒤에 광업권의 존속기간이 만료되었다고 하여 위 거부처분의 취소를 구할 법률상 이익이 없다고 할 수 없다[대판 1994.4.12, 93누21088(토지형질변경허가반려처분취소)].
판례 3	원고들이 불합격처분의 취소를 구하는 이 사건 소송계속 중 당해년도의 입학시기가 지났더라도 당해 년도의 합격자로 인정되면 다음년도의 입학시기에 입학할 수도 있다고 할 것이고, 피고의 위법한 처분이 있게 됨에 따라 당연히 합격하였어야 할 원고들이 불합격처리되고 불합격되었어야 할 자들이 합격한 결과가 되었다면 원고들은 입학정원에 들어가는 자들이라고 하지 않을 수 없다고 할 것이므로 원고들로서는 피고의 불합격처분의 적법여부를 다툴만한 법률상의 이익이 있다(대판 1990.8.28, 89누8255).
판례 4	개발제한구역 안에서의 공장설립을 승인한 처분이 위법하다는 이유로 쟁송취소되었다고 하더라도 그 공장설립승인처분에 기초한 공장건축허가처분이 잔존하는 이상, 공장설립승인처분이 취소되었다는 사정만으로 인근 주민들의 환경상 이익이 침해되는 상태나 침해될 위험이 종료되었다거나 이를 시정할 수 있는 단계가 지나버렸다고 단정할 수는 없고, 인근 주민들은 여전히 (환경상 이익의 침해 또는 그 위험을 제거하기 위해) 공장건축허가처분의 취소를 구할 법률상 이익이 있다고 보아야 한다(대판 2018.7.12, 2015두3485).

3. 기본적인 권리회복은 불가능하나 부수적 이익이 있는 경우(소의 이익 인정)

[2009 행시(재경 등) 사례, 2011 행시(일반행정) 사례, 2016 공인노무사]

기본적인 권리회복은 불가능하다 하더라도 판결의 소급효에 의하여 당해 처분이 소급적으로 취소되게 됨으로써 원고의 법률상 이익에 해당하는 부수적인 이익이 구제될 수 있는 경우에는 소의 이익이 인정된다.

판례 1	해임처분 무효확인 또는 취소소송 계속 중 임기가 만료되어 해임처분의 무효확인 또는 취소로 지위를 회복할 수는 없다고 할지라도, 그 무효확인 또는 취소로 해임처분일부터 임기만료일까지 기간에 대한 보수 지급을 구할 수 있는 경우에는 해임처분의 무효확인 또는 취소를 구할 법률상 이익이 있다. 해임권자와 보수지급의무자가 다른 경우에도 마찬가지이다[대판 2012.2.23, 2011두5001(해임처분무효)].
판례 2	**지방의회 의원에 대한 제명의결처분 취소소송 계속 중 그 의원의 임기가 만료된 경우 소의 이익이 소멸하는지 여부(소극):** 지방자치법(2007.5.11. 법률 제8423호로 전부 개정되기 전의 것) 제32조 제1항(현행 지방자치법 제33조 제1항 참조)은 지방의회 의원에게 지급하는 비용으로 의정활동비 (제1호)와 여비(제2호) 외에 월정수당(제3호)을 규정하고 있는바, 이 규정의 입법연혁과 함께 특히 월정수당(제3호)은 지방의회 의원의 직무활동에 대하여 매월 지급되는 것으로서, 지방의회 의원이 전문성을 가지고 의정활동에 전념할 수 있도록 하는 기틀을 마련하고자 하는 데에 그 입법취지가 있다는 점을 고려해 보면, 지방의회 의원에게 지급되는 비용 중 적어도 월정수당(제3호)은 지방의회 의원의 직무활동에 대한 대가로 지급되는 보수의 일종으로 봄이 상당하다. 따라서 원고가 이 사건 제명의결 취소소송 계속 중 임기가 만료되어 제명의결의 취소로 지방의회 의원으로서의 지위를 회복할 수는 없다 할지라도, 그 취소로 인하여 최소한 제명의결시부터 임기만료일까지의 기간에 대해 월정수당의 지급을 구할 수 있는 등 여전히 그 제명의결의 취소를 구할 법률상 이익은 남아 있다고 보아야 한다[대판 2009.1.30, 2007두13487(본회의개의및본회의제명의결처분취소)].

(구)지방자치법 제32조

제32조(의원의 의정활동비등)

① 지방의회의원에게 다음 각호의 비용을 지급한다. 〈개정 1999.8.31, 2003.7.18, 2005.8.4〉

1. 의정자료의 수집·연구와 이를 위한 보조활동에 소요되는 비용을 보전하기 위하여 매월 지급하는 의정활동비
2. 본회의 또는 위원회의 의결이나 의장의 명에 의하여 공무로 여행할 때 지급하는 여비

판례 2	3. 지방의회의원의 직무활동에 대하여 지급하는 월정수당 ② 제1항 각호에 규정된 비용의 지급기준은 대통령령이 정하는 바에 따라 당해 지방자치단체의 의정비심의위원회에서 결정하는 범위 안에서 당해 지방자치단체의 조례로 정한다. 〈개정 2005.8.4.〉 ③ 의정비심의위원회의 구성과 운영 등에 관하여는 대통령령으로 정한다. 〈신설 2005.8.4.〉
판례 3	**[부당해고구제재심판정의 취소소송 중 정년이 된 경우 소의 이익이 문제된 사건] 근로자가 부당해고구제재심판정의 취소를 구하는 소를 제기한 후 정년이 된 경우 소의 이익이 인정되는 지 여부(적극):** 부당해고 구제명령제도에 관한 근로기준법의 규정 내용과 목적 및 취지, 임금 상당액 구제명령의 의의 및 그 법적 효과 등을 종합적으로 고려하면, 근로자가 부당해고 구제신청을 하여 해고의 효력을 다투던 중 정년에 이르거나 근로계약기간이 만료하는 등의 사유로 원직에 복직하는 것이 불가능하게 된 경우에도 <u>해고기간 중의 임금 상당액을 지급받을 필요가 있다면 임금 상당액 지급의 구제명령을 받을 이익이 유지되므로 구제신청을 기각한 중앙노동위원회의 재심판정을 다툴 소의 이익이 있다고 보아야 한다.</u> 위와 같은 법리는 근로자가 근로기준법 제30조 제3항에 따라 금품지급명령을 신청한 경우에도 마찬가지로 적용된다(대판 전원합의체 2020.2.20, 2019두52386).
판례 4	근로자가 부당해고구제재심판정의 취소를 구하는 소를 제기한 후 정년이 된 경우 원직에 복직하는 것이 불가능하지만 <u>해고기간 중의 임금 상당액을 지급받을 필요가 있다면 임금 상당액 지급의 구제명령을 받을 이익이 유지되므로 구제신청을 기각한 중앙노동위원회의 재심판정을 다툴 소의 이익이 있다고 보아야 한다</u>(대판 전원합의체 2020.2.20, 2019두52386).

Ⅳ. 보다 실효적인 권리구제절차가 있는 경우

당해 취소소송보다 실효적인(직접적인) 권리구제절차가 있는 경우에는 소의 이익이 부정된다. 그렇지만, 다른 권리구제절차가 있는 경우에도 취소를 구할 현실적 이익이 있어 문제의 취소소송이 분쟁해결의 유효적절한 수단이라고 할 수 있는 경우에는 소의 이익이 인정된다.

판례	행정청이 한 처분 등의 취소를 구하는 소송은 처분에 의하여 발생한 위법 상태를 배제하여 원래 상태로 회복시키고 처분으로 침해된 권리나 이익을 구제하고자 하는 것이다. 따라서 해당 처분 등의 취소를 구하는 것보다 실효적이고 직접적인 구제수단이 있음에도 처분 등의 취소를 구하는 것은 특별한 사정이 없는 한 분쟁해결의 유효적절한 수단이라고 할 수 없어 법률상 이익이 있다고 할 수 없다(대판 2017.10.31, 2015두45045).

1. 인가처분 취소소송에서의 소의 이익

기본행위의 하자를 이유로 기본행위를 다투는 소송이 기본행위의 하자를 이유로 인가처분을 다투는 것보다는 더 실효적인 권리구제이므로 기본행위의 하자를 이유로 인가처분의 취소 또는 무효확인을 구할 소의 이익이 없다는 것이 판례의 입장이다.

판례 1	인가는 기본행위의 법률상의 효력을 완성시키는 보충행위로서, 그 기본행위에 하자가 있을 때에는 그에 대한 인가가 있었다 하여도 기본행위가 유효한 것으로 될 수 없으므로 기본행위가 적법 유효하고 보충행위인 인가처분 자체에만 하자가 있다면 그 인가처분의 무효나 취소를 주장할 수 있지만, 인가처분에 하자가 없다면 기본행위에 하자가 있다 하더라도 따로 그 기본행위의 하자를 다투는 것은 별론으로 하고 기본행위의 무효를 내세워 바로 그에 대한 행정청의 인가처분의 취소 또는 무효확인을 소구할 법률상의 이익이 없다[대판 1996.5.16, 95누4810(법인정관변경허가처분무효확인)]. 〈해설〉 기본행위의 하자를 이유로 기본행위를 다투는 소송이 기본행위의 하자를 이유로 인가처분을 다투는 것보다는 더 실효적인 권리구제이다.
판례 2	**학교법인의 임원선임행위에 하자가 있다는 이유로 감독청의 취임승인처분의 취소 또는 무효확인을 구할 법률상 이익이 있는지 여부 (소극):** 사립학교법 제20조 제2항에 의한 학교법인의 임원에 대한 감독청의 취임승인은 학교법인의 임원선임행위를 보충하여 그 법률상의 효력을 완성케 하는 보충적 행정행위로서 그 자체만으로는 법률상 아무런 효력도 발생할 수 없는 것인 바, 기본행위인 사법상의 임원선임행위에 하자가 있다는 이유로 그 선임행위의 효력에 관하여 다툼이 있는 경우에는 민사쟁송으로 그 선임행위의 무효확인을 구하는 등의 방법으로 분쟁을 해결할 것이지 보충적 행위로서 그 자체만으로는 아무런 효력이 없는 승인처분만의 취소 또는 무효확인을 구하는 것은 특단의 사정이 없는 한 분쟁해결의 유효적절한 수단이라 할 수 없어 소구할 법률상의 이익이 없다고 할 것이다[대판 1987.8.18, 86누152; 대판 2002.5.24, 2000두3641 등 참조: 대판 2005.12.23, 2005두4823(학교법인임원취·해임승인거부처분취소)].
판례 3	재건축조합설립인가를 강학상 인가로 보는 구법하에서 기본행위인 조합설립에 하자가 있는 경우에는 민사쟁송으로써 따로 그 기본행위의 취소 또는 무효확인 등을 구하는 것은 별론으로 하고 기본행위의 불성립 또는 무효를 내세워 바로 그에 대한 감독청의 인가처분의 취소 또는 무효확인을 소구할 법률상 이익이 있다고 할 수 없다[대판 2000.9.5, 99두1854(재건축조합설립인가처분무효확인등)]. 〈해설〉 기본행위의 하자를 이유로 기본행위를 다투는 소송이 기본행위의 하자를 이유로 인가처분을 다투는 것보다 더 실효적인 권리구제수단이므로 기본행위의 하자를 이유로 인가처분의 취소나 무효확인을 구할 소의 이익이 없다. 그런데 현행법상 재건축조합의 설립인가처분은 강학상 인가가 아니라 강학상 특허라는 것이 판례의 입장이고, 조합설립인가처분이

있는 경우에는 조합설립결의의 무효확인을 구할 소의 이익이 없고, 조합설립결의의 하자는 인가처분을 다투면서 주장하여야 한다고 본다(대판 2009.9.24, 2008다60568 ; 대판 2010.4.8, 2009다27636).

2. 지위승계신고수리처분의 무효확인을 구할 소의 이익(인정)

[2005 행시(일반행정) 사례]

사업양도양수신고의 수리는 강학상 인가가 아니라 사업허가의 수허가자의 명의변경이라는 변경허가의 실질을 갖는다. 그리고, 사업양도행위의 무효확인을 구하는 민사소송을 제기하는 것이 가능하더라도 사업양도양수신고의 수리를 취소하거나 무효확인받으면 영업허가자의 지위를 유지하는 현실적 이익이 있으므로 사업양도계약의 무효를 이유로 사업양도양수신고수리처분의 취소나 무효확인을 구할 소의 이익이 있다고 보아야 한다.

판례 사업양도·양수에 따른 허가관청의 지위승계신고의 수리는 적법한 사업의 양도·양수가 있었음을 전제로 하는 것이므로 그 수리대상인 사업양도·양수가 존재하지 아니하거나 무효인 때에는 수리를 하였다 하더라도 그 수리는 유효한 대상이 없는 것으로서 당연히 무효라 할 것이고, 사업의 양도행위가 무효라고 주장하는 양도자는 민사쟁송으로 양도·양수행위의 무효를 구함이 없이 막바로 허가관청을 상대로 하여 행정소송으로 사업양도·양수에 따른 허가관청의 지위승계신고수리처분의 무효확인을 구할 법률상 이익이 있다[대판 2005.12.23, 2005두3554(채석허가수허가자변경신고수리처분취소)]. 〈해설〉 양도인은 사업양도에 따른 지위승계수리처분의 무효확인을 통해 영업자의 지위를 유지할 현실적 이익이 있다.

3. 거부처분 취소재결의 취소를 구하는 소의 이익(부정)

거부처분취소재결에 따른 후속처분이 아니라 거부처분 취소재결의 취소를 구하는 것은 실효적이고 직접적인 권리구제수단이 될 수 없어 분쟁해결의 유효적절한 수단이라고 할 수 없으므로 소의 이익이 없다(대판 2017.10.31, 2015두45045). 거부처분 취소재결에 따라 후속처분이 행해진 경우 후속처분을 다투는 취소소송을 제기할 수 있다.

> **판례**
>
> [1] 행정청이 한 처분 등의 취소를 구하는 소송은 그 처분에 의하여 발생한 위법 상태를 배제하여 원래 상태로 회복시키고 그 처분으로 침해된 권리나 이익을 구제하고자 하는 것이다. 따라서 해당 처분 등의 취소를 구하는 것보다 실효적이고 직접적인 구제수단이 있음에도 그 처분 등의 취소를 구하는 것은 특별한 사정이 없는 한 분쟁해결의 유효적절한 수단이라고 할 수 없어 법률상 이익이 있다고 할 수 없다. [2] 거부처분을 취소하는 재결이 있는 경우 그 재결 자체의 취소를 구할 법률상 이익이 인정되는지(소극): 당사자의 신청을 받아들이지 않은 거부처분이 재결에서 취소된 경우에 행정청은 종전 거부처분 또는 재결 후에 발생한 새로운 사유를 내세워 다시 거부처분을 할 수 있다. 그 재결의 취지에 따라 이전의 신청에 대하여 다시 어떠한 처분을 하여야 할지는 처분을 할 때의 법령과 사실을 기준으로 판단하여야 하기 때문이다. 또한 행정청이 재결에 따라 이전의 신청을 받아들이는 후속처분을 하였더라도 그 후속처분이 위법한 경우에는 재결에 대한 취소소송을 제기하지않고도 곧바로 후속처분에 대한 항고소송을 제기하여 다툴 수 있다. 나아가 거부처분을 취소하는 재결이 있더라도 그에 따른 후속처분이 있기까지는 제3자의 권리나 이익에 변동이 있다고 볼 수 없고 후속처분시에 비로소 제3자의 권리나 이익에 변동이 발생하며, 재결에 대한 항고소송을 제기하여 재결을 취소하는 판결이 확정되더라도 그와 별도로 후속처분이 취소되지 않는 이상 후속처분으로 인한 제3자의 권리나 이익에 대한 침해 상태는 여전히 유지된다. 이러한 점들을 종합하여 보면, 거부처분이 재결에서 취소된 경우 재결에 따른 후속처분이 아니라 그 재결의 취소를 구하는 것은 실효적이고 직접적인 권리구제수단이 될 수 없어 분쟁해결의 유효적절한 수단이라고 할 수 없으므로 법률상 이익이 없다[대판 2017.10.31, 2015두45045(주택건설사업계획변경승인신청반려처분취소재결취소)].

V. 동일한 내용의 위법한 처분의 반복가능성

처분의 효력이 소멸한 경우이거나 원상회복이 불가능한 경우에도 동일한 내용의 위법한 처분의 반복가능성이 있는 경우에는 소의 이익을 인정하여야 한다는 견해도 있다.

판례는 동일한 소송당사자 사이에서 동일한 사유로 위법한 처분이 반복될 위험성이 있어 행정처분의 위법성 확인 내지 불분명한 법률문제에 대한 해명이 필요하다고 판단되는 경우 소의 이익을 인정하고 있다[대판 전원합의체 2007.7.19, 2006두19297(임원취임승인취소처분)〈경기학원 임시이사 사건〉].

판례 1	행정처분의 무효확인 또는 취소를 구하는 소가 제소 당시에는 소의 이익이 있어 적법하였더라도, 소송 계속 중 처분청이 다툼의 대상이 되는 행정처분을 직권으로 취소하면 그 처분은 효력을 상실하여 더 이상 존재하지 않는 것이므로, 존재하지 않는 그 처분을 대상으로 한 항고소송은 원칙적으로 소의 이익이 소멸하여 부적법하다. 다만 처분청의 직권취소에도 불구하고 완전한 원상회복이 이루어지지 않아 무효확인 또는 취소로써 회복할 수 있는 다른 권리나 이익이 남아 있거나 또는 동일한 소송 당사자 사이에서 그 행정처분과 동일한 사유로 위법한 처분이 반복될 위험성이 있어 행정처분의 위법성 확인 내지 불분명한 법률문제에 대한 해명이 필요한 경우 행정의 적법성 확보와 그에 대한 사법통제, 국민의 권리구제의 확대 등의 측면에서 예외적으로 그 처분의 취소를 구할 소의 이익을 인정할 수 있다(대판 2019.6.27, 2018두49130).
판례 2	피고(교도소장)가 제1심판결 선고 이후 원고를 위 '접견내용 녹음·녹화 및 접견 시 교도관 참여대상자'에서 해제하기는 하였지만 앞으로도 원고에게 '접견내용 녹음·녹화 및 접견 시 교도관 참여대상자' 지정행위(이 사건 처분)와 같은 포괄적 접견제한처분을 할 염려가 있는 것으로 예상되므로 이 사건 소는 여전히 법률상 이익(소의 이익)이 있다고 본 원심판단을 정당한 것으로 수긍한 사례(대판 2014.2.13, 2013두20899).
판례 3	**[기간 도과로 소멸한 집회 및 시위 금지통고 취소청구 사건]** 피고가 심각한 교통불편을 줄 것이 명백하다는 이유로 원고에게 집회 및 시위의 금지 통고를 한 후 기간의 경과로 금지 통고의 효과가 소멸한 경우, 원고와 피고 사이에 위와 같은 사유로 위법한 처분이 반복될 위험성이 있어 그 위법성을 확인하거나 불분명한 법률문제를 해명할 필요가 있다고 보기 어렵다는 이유로 위 금지 통고의 취소를 구하는 이 사건 소가 소의 이익이 없어 부적법하다는 원심 판단을 정당하다고 본 사례[대판 2018.4.12, 2017두67834(옥외집회금지통고처분취소)].

Ⅵ. 단계적 행정결정에서의 소의 이익 [2017 행시]

선행처분의 효력이 소멸한 경우에도 선행처분과 후행처분이 단계적인 일련의 절차로 연속하여 행하여져 후행처분이 선행처분의 적법함을 전제로 이루어짐에 따라 선행처분의 하자가 후행처분에 승계된다고 볼 수 있어 이미 소를 제기하여 다투고 있는 선행처분의 위법성을 확인하여 줄 필요가 있는 경우 등에는 행정의 적법성 확보와 그에 대한 사법통제, 국민의 권리구제의 확대등의 측면에서 여전히 그 선행처분의 취소를 구할 법률상 이익이 있다[대판 전원합의체 2007.7.19, 2006두19297(임원취임승인취소처분)〈경기학원 임시이사 사건〉].

판례

원자로 및 관계 시설의 부지사전승인처분은 그 자체로서 건설부지를 확정하고 사전공사를 허용하는 법률효과를 지닌 독립한 행정처분이기는 하지만, 건설허가 전에 신청자의 편의를 위하여 미리 그 건설허가의 일부요건을 심사하여 행하는 사전적 부분 건설허가처분의 성격을 갖고 있는 것이어서 나중에 건설허가처분이 있게 되면 그 건설허가처분에 흡수되어 독립된 존재가치를 상실함으로써 그 건설허가처분만이 쟁송의 대상이 되는 것이므로, 부지사전승인처분의 취소를 구하는 소는 소의 이익을 잃게 되고, 따라서 부지사전승인처분의 위법성은 나중에 내려진 건설허가처분의 취소를 구하는 소송에서 이를 다투면 된다[대판 1998.9.4, 97누19588(부지사전승인처분취소)]. 〈해설〉 부지사전승인처분의 위법사유가 건설허가처분의 위법사유가 되는 경우(예 부지사전승인처분에 중요한 실체상 하자가 있는 경우 등)에는 부지사전승인처분의 취소를 구할 소의 이익이 있다고 보는 것이 타당하다. 이러한 해결이 경기임시이사사건에서의 대법원 전원합의체판결의 취지에 합치한다.

VII. 기 타

판례 1

동일한 내용의 후행거부처분의 존재와 선행거부처분 취소소송의 소의 이익: 행정청의 후행거부처분은 소극적 행정행위로서 현존하는 법률관계에 아무런 변동도 가져 오는 것이 아니므로, 그 거부처분이 공정력이 있는 행정행위로서 취소되지 아니하였다고 하더라도, 원고가 그 거부처분의 효력을 직접 부정하는 것이 아닌 한 선행거부처분보다 뒤에 된 동일한 내용의 후행거부처분때문에 선행거부처분의 취소를 구할 법률상 이익이 없다고 할 수는 없다[대판 1994.4.12, 93누21088(토지형질변경허가반려처분취소)].

판례 2

[1] 구 주택법상 입주자나 입주예정자는 사용검사처분의 무효확인 또는 취소를 구할 법률상 이익(소의 이익)이 없다. [2] 입주자나 입주예정자들은 사용검사처분의 무효확인을 받거나 처분을 취소하지 않고도 민사소송 등을 통하여 분양계약에 따른 법률관계 및 하자 등을 주장·증명함으로써 사업주체 등으로부터 하자의 제거·보완 등에 관한 권리구제를 받을 수 있다[대판 2015.1.29, 2013두24976(사용검사처분취소)].

제3항 무효확인소송에서의 소의 이익 [2010 입시, 2015 사시 사례]

무효확인소송에서도 취소소송에서 논한 소의 이익이 요구된다. 그런데 그 이외에 무효확인소송에 있어서 일반 확인소송(민사소송인 확인소송)에서 요구되는 '확인의 이익'(즉시확정의 이익)이 요구되는지에 관하여 견해가 대립하고 있다. 판례는 부정설을 취하고 있다.

확인소송은 현존하는 원고의 권리 또는 법률상 지위에 현존하는 불안이나 위험이 있고, 법적 지위의 불안이나 위험을 제거하기 위하여 확인판결을 받는 것이 유효적절한 권리구제수단일 때 인정되는 것이다(대판 2011.9.8, 2009다67115). 달리 말하면 확인소송은 보다 실효적인 구제수단 (예 처분의 무효를 전제로 한 이행소송)이 가능하면 인정되지 않는다. 이를 **확인소송의 보충성**이라 한다. 이행을 청구하는 소를 제기할 수 있는데도 불구하고 확인의 소를 제기하는 것은 분쟁의 종국적인 해결방법이 아니어서 확인의 이익이 없다. 또한 확인의 소에 확인의 이익이 있는지는 직권조사사항이므로 당사자의 주장 여부에 관계없이 법원이 직권으로 판단하여야 한다(대판 2019.5.16, 2016다240338).

1. 긍정설(필요설, 즉시확정이익설)

이 견해는 무효확인소송이 실질적으로 확인소송으로서의 성질을 가지고 있으므로 확인소송에 있어서의 일반적 소송요건인 '확인의 이익'이 요구된다고 한다.

이 견해에 의하면 무효를 전제로 하는 현재의 법률관계에 관한 소송으로 구제되지 않을 때에만 무효확인소송이 보충적으로 인정된다.

따라서 무효인 행정처분이 집행되지 않은 경우(예 무효인 조세부과처분에 따라 아직 세금을 납부하지 않은 경우)에는 집행의무를 면하기 위하여 처분의 무효확인을 받을 이익이 있지만, 무효인 행정처분이 이미 집행된 경우(예 무효인 조세부과처분에 따라 세금이 이미납부된 경우)에는 그에 의해 형성된 위법상태의 제거를 위한 직접적인 소송방법(예 납부된 조세의 반환을 위한 부당이득반환청구소송)이 있을 때에는, 그 원인인 처분의 무효확인을 구하고 행정청이 그 무효확인판결을 존중하여 그 위법상태를 제거하여 줄 것을 기대하는 것은 간접적인 방법이므로, 행정처분의 무효확인을 독립한 소송으로 구할 소의 이익이 없다고 본다.

2. 부정설(불요설)

다수학설은 다음과 같은 논거에 의해 무효확인소송에서 취소소송에서와 같이 소의 이익이 요구될 뿐 확인의 이익이 요구되지 않는다고 한다.

① 무효확인판결의 기속력(원상회복의무)에 의해 판결의 실효성을 확보할 수 있으므로 민사소

송에서와 같이 분쟁의 궁극적 해결을 위한 확인의 이익 여부를 논할 이유가 없다.

② 무효확인소송은 본질에 있어서 행정청의 처분을 다투는 항고소송인 것이며, 단지 다투는 형식이 확인소송의 형식을 취하고 있을 뿐이다.

3. 판 례

종래 판례는 긍정설(필요설, 즉시확정이익설)을 취하고 있었다.

그러나 현재 판례는 판례를 변경하여 무효확인소송에서 부정설과 같이 행정처분의 근거 법률에 의해 보호되는 직접적이고 구체적인 이익이 있는 경우 이와 별도로 민사소송(확인소송)에서 요구하는 확인의 이익(무효확인소송의 보충성)을 요구하지 않는 것으로 하였다(부정설).

> **판례**
>
> 행정소송법 제35조에 규정된 '무효확인을 구할 법률상 이익'이 있는지를 판단할 때 행정처분의 무효를 전제로 한 이행소송 등과 같은 직접적인 구제수단이 있는지를 따져보아야 하는지 여부(소극): 행정소송은 행정청의 위법한 처분 등을 취소·변경하거나 그 효력 유무 또는 존재 여부를 확인함으로써 국민의 권리 또는 이익의 침해를 구제하고, 공법상의 권리관계 또는 법적용에 관한 다툼을 적정하게 해결함을 목적으로 하는 것이므로, 대등한 주체 사이의 사법상 생활관계에 관한 분쟁을 심판대상으로 하는 민사소송과는 그 목적, 취지 및 기능 등을 달리한다. 또한 행정소송법 제4조에서는 무효확인소송을 항고소송의 일종으로 규정하고 있고, 행정소송법 제38조 제1항에서는 처분 등을 취소하는 확정판결의 기속력 및 행정청의 재처분 의무에 관한 행정소송법 제30조를 무효확인소송에도 준용하고 있으므로 무효확인판결 자체만으로도 실효성을 확보할 수 있다. 그리고 무효확인소송의 보충성을 규정하고 있는 외국의 일부 입법례와는 달리 우리나라 행정소송법에는 명문의 규정이 없어 이로 인한 명시적 제한이 존재하지 않는다. 이와 같은 사정을 비롯하여 행정에 대한 사법통제, 권익구제의 확대와 같은 행정소송의 기능 등을 종합하여 보면, 행정처분의 근거 법률에 의하여 보호되는 직접적이고 구체적인 이익이 있는 경우에는 행정소송법 제35조에 규정된 '무효확인을 구할 법률상 이익'이 있다고 보아야 하고, 이와 별도로 무효확인소송의 보충성이 요구되는 것은 아니므로 행정처분의 무효를 전제로 한 이행소송 등과 같은 직접적인 구제수단이 있는지 여부를 따질 필요가 없다고 해석함이 상당하다[대판 전원합의체 2008.3.20, 2007두6342(하수도원인자부담금부과처분취소); 대판 2019.2.14, 2017두62587].

4. 결 어(불요설)

무효확인판결에는 기속력으로 원상회복의무(위법상태제거의무)가 인정되므로 취소소송에서 요구되는 소의 이익과 별도로 확인의 이익이 추가로 요구되지 않는다고 보는 부정설이 타당하다.

제4항 부작위위법확인소송에서의 소의 이익

① 당사자의 신청이 있은 이후 당사자에게 생긴 사정의 변화로 인하여 위 부작위가 위법하다는 확인을 받는다고 하더라도 종국적으로 침해되거나 방해받은 권리와 이익을 보호·구제 받는 것이 불가능하게 되었다면 그 부작위가 위법하다는 확인을 구할 이익은 없다[대판 2002.6.28, 2000두4750(조례제정부작위위법확인): 이 판결은 지방자치단체가 조례를 통하여 노동운동이 허용되는 사실상의 노무에 종사하는 공무원의 구체적 범위를 규정하지 않고 있는 것(행정입법부작위)에 대하여 버스전용차로 통행위반 단속업무에 종사하는 자가 부작위위법확인의 소를 제기하였으나 상고심 계속중에 정년퇴직한 경우, 위 조례를 제정 하지 아니한 부작위가 위법하다는 확인을 구할 소의 이익이 상실되었다고 한 사례].

② 또한 변론종결시까지 처분청이 처분(거부처분 포함)을 한 경우에는 부작위상태가 해소되므로 소의 이익이 없게 된다[대판 1990.9.25, 89누4758(교원임용의무불이행위법 확인 등)].

> **판례**
>
> **부작위위법확인소송의 변론종결시까지 행정청의 처분으로 부작위 상태가 해소된 경우 소의 이익 유무(소극):** 부작위위법확인의 소는 행정청이 국민의 법규상 또는 조리상의 권리에 기한 신청에 대하여 상당한 기간내에 그 신청을 인용하는 적극적 처분 또는 각하하거나 기각하는 등의 소극적 처분을 하여야 할 법률상의 응답의무가 있음에도 불구하고 이를 하지 아니하는 경우, 판결시(구두변론시)를 기준으로 그 부작위의 위법을 확인함으로써 행정청의 응답을 신속하게 하여 부작위 내지 무응답이라고 하는 소극적인 위법상태를 제거하는 것을 목적으로 하는 것이고, 나아가 당해 판결의 구속력에 의하여 행정청에게 처분 등을 하게 하고 다시 당해 처분 등에 대하여 불복이 있는 때에는 그 처분 등을 다투게 함으로써 최종적으로는 국민의 권리이익을 보호하려는 제도이므로, 소제기의 전후를 통하여 판결시까지 행정청이 그 신청에 대하여 적극 또는 소극의 처분을 함으로써 부작위상태가 해소된 때에는 소의 이익을 상실하게 되어 당해 소는 각하를 면할 수가 없는 것이다[대판 1990.9.25, 89누4758(교원임용의무불이행위법확인등)].

제5항 공법상 당사자소송에서의 소의 이익

행정소송법은 공법상 당사자소송에 대하여는 원고적격이나 소의 이익에 관한 규정을 두고 있지 않다. 따라서 공법상 당사자소송의 소의 이익에 관하여는 민사소송법이 준용된다(행정소송법 제8조 제2항).

공법상 법률관계의 확인을 구하는 당사자소송의 경우 즉, 공법상 당사자소송인 확인소송의 경우에는 항고소송인 무효확인소송에서와 달리 확인의 이익이 요구된다(판례).

판례 1

확인의 소에서 확인의 이익은 원고의 권리 또는 법률상 지위에 현존하는 불안·위험이 있고 그 불안·위험을 제거하기 위하여 확인판결을 받는 것이 가장 유효적절한 수단일 때에만 인정된다[대판 2011.9.8, 2009다67115 ; 대판 2018.3.15, 2016다275679]. 〈**해설**〉 보다 실효적인 구제수단이 있는 경우 확인의 이익이 없다.

판례 2

확인의 이익: 지방자치단체와 채용계약에 의하여 채용된 계약직공무원이 그 계약기간 만료 이전에 채용계약 해지 등의 불이익을 받은 후 그 계약기간이 만료된 때에는 그 채용계약 해지의 의사표시가 무효라고 하더라도, 지방공무원법이나 지방계약직공무원규정 등에서 계약기간이 만료되는 계약직공무원에 대한 재계약의무를 부여하는 근거 규정이 없으므로 계약기간의 만료로 당연히 계약직공무원의 신분을 상실하고 계약직공무원의 신분을 회복할 수 없는 것이므로, 그 해지의사표시의 무효확인청구는 과거의 법률관계의 확인청구에 지나지 않는다 할 것이고, 한편 과거의 법률관계라 할지라도 현재의 권리 또는 법률상 지위에 영향을 미치고 있고 현재의 권리 또는 법률상 지위에 대한 위험이나 불안을 제거하기 위하여 그 법률관계에 관한 확인판결을 받는 것이 유효 적절한 수단이라고 인정될 때에는 그 법률관계의 확인소송은 즉시확정의 이익이 있다고 보아야 할 것이나, 계약직공무원에 대한 채용계약이 해지된 경우에는 공무원 등으로 임용되는 데에 있어서 법령상의 아무런 제약사유가 되지 않을 뿐만 아니라, 계약기간 만료 전에 채용계약이 해지된 전력이 있는 사람이 공무원 등으로 임용되는 데에 있어서 그러한 전력이 없는 사람보다 사실상 불이익한 장애사유로 작용한다고 하더라도 그것만으로는 법률상의 이익이 침해되었다고 볼 수는 없으므로 그 무효확인을 구할 이익이 없다(대판 2002.11.26, 2002두1496 등 참조). 또한 이 사건과 같이 이미 채용기간이 만료되어 소송 결과에 의해 법률상 그 직위가 회복되지 않는 이상 채용계약 해지의 의사표시의 무효확인만으로는 당해 소송에서 추구하는 권리구제의 기능이 있다고 할 수 없고, 침해된 급료지급청구권이나 사실상의 명예를 회복하는 수단은 바로 급료의 지급을 구하거나 명예훼손을 전제로 한 손해배상을 구하는 등의 이행청구소송으로 직접적인 권리구제방법이 있는 이상 무효확인소송은 적절한 권리구제수단이라 할 수 없어 확인소송의 또 다른 소송요건을 구비하지 못하고 있다 할 것이며, 위와 같이 직접적인 권리구제의 방법이 있는 이상 무효확인 소송을 허용하지 않는다고 해서 당사자의 권리구제를 봉쇄하는 것도 아니다(대판 전원합의체 2000.5.18, 95재다199 등 참조). 원심이 같은 취지에서 이 사건 소 중 채용계약 해지의사표시의 무효확인청구부분은 확인의 이익이 없어 부적법하다고 판단한 조치는 수긍이 가고, 거기에 상고이유에서 주장하는 바와 같은 확인의 이익에 관한 법리오해 등의 위법이 없다[대판 2008.6.12, 2006두16328(전임계약직공무원(나급)재계약거부처분및감봉처분취소)].

> **판례 3**
>
> **[공립어린이집 원장의 정년을 규정한 피고 조례의 효력이 문제된 사건]** 원고가 위탁운영기간 만료일까지 공립어린이집의 원장 지위에 있음의 확인을 구하고 있는 사안에서, 공립어린이집 위탁운영기간이 만료되어 이 사건 소의 이익이 없다고 한 사례[대판 2019.2.14, 2016두49501(어린이집 원장 지위확인)].

제6항 기관소송·민중소송에서의 소의 이익

민중소송이나 기관소송은 개별법률에 특별한 규정이 있는 경우에 법률에 정한 자에 한하여 제기할 수 있다(행정소송법 제45조). 따라서 통상 소의 이익은 문제되지 않는다.

다만, 당선인이 사퇴하거나 사망한 때에는 당선무효확인소송을 제기할 소의 이익이 없다.

제4절 피고적격이 있는 자를 피고로 할 것   [2005 공인노무사]

Ⅰ. 항고소송의 피고

행정소송법은 항고소송의 피고를 행정주체로 하지 않고 '처분 등을 행한 행정청'으로 하고 있다(제13조). 이렇게 한 것은 처분을 실제로 한 행정청을 피고로 하는 것이 효율적이고, 행정통제기능을 달성하는데 보다 실효적이기 때문이다.

1. 처분등을 행한 행정청   [2002, 2012, 2013 사시, 2017 변시]

취소소송은 다른 법률에 특별한 규정이 없는 한 그 '처분 등을 행한 행정청'을 피고로 한다. 다만, 처분 등이 있은 뒤에 그 처분 등에 관계되는 권한이 다른 행정청에 승계된 때에는 이를 승계한 행정청을 피고로 한다(법 제13조 제1항). 제1항의 규정에 의한 행정청이 없게 된 때에는 그 처분 등에 관한 사무가 귀속되는 국가 또는 공공단체를 피고로 한다(법 제13조 제2항).

'처분 등을 행한 행정청'이라 함은 실제로 그의 이름으로 처분을 한 행정기관을 말한다. 정당한 권한을 가진 행정청인지 여부는 불문한다. 처분권한이 있는지 여부는 본안의 문제이다. '행정청'에는 본래의 행정청(국가 또는 지방자치단체의 행정청 및 공공단체) 이외에 법령에 의하여 행정권한의 위임 또는 위탁을 받은 행정기관, 공공단체 및 그 기관 또는 사인이 포함된다(행정소송법 제2조 제2항). 공무수탁사인이 자신의 이름으로 처분을 한 경우에 공무수탁사인이 피고가 된다. 재결이 항고소송의 대상이 되는 경우에는 재결을 한 행정심판위원회가 피고가 된다.

국가공무원법 제75조에 따른 처분(공무원에 대하여 징계처분 등, 강임·휴직·직위해제 또는 면직처분) 그 밖에 본인의 의사에 반한 불리한 처분이나 부작위에 관한 행정소송을 제기할 때에는 대통령의 처분 또는 부작위의 경우에는 소속장관을, 중앙선거관리위원회위원장의 처분 또는 부작위의 경우에는 중앙선거관리위원회사무총장을 각각 피고로 한다(국가공무원법 제16조 제2항).

헌법재판소장이 한 처분에 대한 행정소송의 피고는 헌법재판소 사무처장으로 한다(헌법재판소법 제17조 제4항).

2. 구체적 사례(유형별 고찰)

(1) 처분청과 통지한 자가 다른 경우

처분청과 통지한 자가 다른 경우에는 처분청이 피고가 된다.

판례 1	대법원은 인천광역시장으로부터 환경보전법상의 위법시설에 대한 폐쇄 등 명령권한의 사무처리에 관한 내부위임을 받은 인천광역시 북구청장이 무허가배출시설에 대한 인천광역시장 명의의 폐쇄명령서를 발부받아 『환경보전법위반사업장고발 및 폐쇄명령』이란 제목으로 위 폐쇄명령서를 첨부하여 위 무허가배출시설에 대한 폐쇄명령통지를 한 사건에서 "폐쇄명령처분을 한 행정청은 어디까지나 인천광역시장이고, 인천광역시북구청장은 인천광역시장의 위 폐쇄명령처분에 관한 사무처리를 대행하면서 이를 통지하였음에 지나지 않으므로, 피고 북구청장을 위 폐쇄명령처분을 한 행정청으로 보고 제기한 이 사건 소는 피고적격이 없는 자를 상대로 한 것이어서 부적법하다."라고 판시하였다[대판 1990.4.27, 90누233(사업장폐쇄명령처분취소)].
판례 2	항고소송은 다른 법률에 특별한 규정이 없는 한 원칙적으로 소송의 대상인 행정처분을 외부적으로 행한 행정청을 피고로 하여야 하고(행정소송법 제13조 제1항 본문), 다만 대리기관이 대리관계를 표시하고 피대리 행정청을 대리하여 행정처분을 한 때에는 피대리 행정청이 피고로 되어야 한다(대결 2006.2.23. 자 2005부4 참조). 피고 한국농어촌공사가 '피고 농림축산식품부장관의 대행자' 지위에서 위와 같은 납부통지를 하였음을 분명하게 밝힌 이상, 피고 농림축산식품부장관이 이 사건 농지보전부담금 부과처분을 외부적으로 자신의 명의로 행한 행정청으로서 항고소송의 피고가 되어야 하고, 단순한 대행자에 불과한 피고 한국농어촌공사를 피고로 삼을 수는 없다(대판 2018.10.25, 2018두43095).

(2) 권한의 위임(또는 위탁)의 경우

권한의 위임이 있는 경우에는 위임기관은 처분권한을 상실하며 수임기관이 처분권한을 갖게 되므로 수임기관이 처분청이 된다. 이 경우에 수임 행정기관은 행정청일 수도 있고 보조기관일 수도 있다.

내부위임의 경우에는 처분권한이 이전되지는 않는다. 따라서 내부위임의 경우에 처분은 위임청의 이름으로 행해져야 한다. 이 경우에 항고소송의 피고는 처분청인 위임청이 된다.

그런데 내부위임의 경우에 위법한 것이기는 하지만 수임기관이 자신의 이름으로 처분을 행하는 경우가 있다. 이 경우에 항고소송의 대상이 되는 처분청이라 함은 실제로 처분을 한 행정청을 말하므로 내부위임을 받아 실제로 처분을 한 행정청(수임기관)을 피고로 하여야 한다.

판례 1	행정처분의 취소 또는 무효확인을 구하는 행정소송은 다른 법률에 특별한 규정이 없는 한 그 처분을 행한 행정청을 피고로 하여야 하며, 행정처분을 행할 적법한 권한 있는 상급행정청으로부터 내부위임을 받은 데 불과한 하급행정청이 권한 없이 행정처분을 한 경우에도 실제로 그 처분을 행한 하급행정청을 피고로 하여야 할 것이지 그 처분을 행할 적법한 권한 있는 상급행정청을 피고로 할 것은 아니다[대판 1994.8.12, 94누2763(자동차운전면허정지처분취소 등): 내부위임을 받은 경찰서장이 한 자동차운전면허정지처분에 대해 지방경찰청장을 피고로 취소소송을 제기한 것은 부적법하다고 한 사례]. 〈해설〉 내부위임을 받은 행정청이 권한 없이 행정처분을 했다는 것은 자신의 이름으로 처분을 한 것을 의미한다.
판례 2	[1] 행정처분의 취소 또는 무효확인을 구하는 행정소송은 다른 법률에 특별한 규정이 없는 한 소송의 대상인 행정처분 등을 외부적으로 그의 명의로 행한 행정청을 피고로 하여야 하는 것으로서 그 행정처분을 하게 된 연유가 상급행정청이나 타행정청의 지시나 통보에 의한 것이라 하여 다르지 않다고 할 것이며, 권한의 위임이나 위탁을 받아 수임행정청이 정당한 권한에 기하여 그 명의로 한 처분에 대하여는 말할 것도 없고, 내부위임이나 대리권을 수여받은 데 불과하여 원행정청 명의나 대리관계를 밝히지 아니하고는 그의 명의로 처분 등을 할 권한이 없는 행정청이 권한 없이 그의 명의로 한 처분에 대하여도 처분명의자인 행정청이 피고가 되어야 할 것이다(대판 1995.12.22, 95누14688 참조). [2] 오산시장은 경기도지사로부터 이 사건 보조금 지급은 물론 그 환수 처분권한을 위임받았다 할 것이고, 오산시장이 한 2015.2.9.자 보조금 반환 통지는 오산시장이 경기도지사로부터 통지받은 내역에 따라 오산시 관리조례 제22조에 근거하여 원고에게 보조금 환수 조치를 한 경우 오산시장에게 이 사건 보조금 환수에 관한 정당한 권한이 있는지 여부를 불문하고, 위 보조금 환수 처분의 취소를 구하는 항고소송의 피고적격이 오산시장에게 있다(위 피고 명의의 통지서에 경기도지사의 2015.2.6.자 환수 요청 공문이 첨부되어 있기는 하나,

| 판례 2 | 위 공문의 수신인은 피고 및 화성시장으로 되어 있어 이를 원고에 대한 대외적인 행정처분서로 볼 수는 없고, 피고가 원고에게 보조금 반환을 명함에 있어 그 산정 근거로 첨부한 참고자료에 불과한 것으로 보인다)[서울고법 2017.5.18, 2016누70651 판결(보조금반환처분취소)]. |

권한의 위탁을 받은 공공단체 또는 사인도 그의 이름으로 처분을 한 경우에 처분청이 된다.

판례 1	성업공사가 체납압류된 재산을 공매하는 것은 세무서장의 공매권한 위임에 의한 것으로 보아야 할 것이므로, 성업공사가 한 그 공매처분에 대한 취소 등의 항고소송을 제기함에 있어서는 수임청으로서 실제로 공매를 행한 성업공사(현 한국자산관리공사)를 피고로 하여야 하고, 위임청인 세무서장은 피고적격이 없다[대판 1997.2.28, 96누1757(공매처분취소)]. 〈해설〉 사례에서 '위임'은 강학상 위탁에 해당한다. 판례는 성업공사를 세무서장의 수탁기관으로 보았으나 압류재산 공매는 권력적 성격이 강한 행위이고, 이러한 성격의 행위의 민간에 대한 위탁은 제한하는 것이 타당하다는 점, 국세징수법 제61조 제5항이 한국자산공사의 공매는 세무서장이 한 것으로 본다고 규정하고 있는 점 등에 비추어 성업공사를 세무서장의 수탁청이 아니라 대행기관으로 보아야 하는 것은 아닌지 검토를 요한다. 강학상 대행으로 본다면 피대행기관인 세무서장이 피고가 된다.
판례 2	**고속국도 통행료 징수권 및 체납통행료 부과를 다투는 소의 피고적격(한국도로공사):** 피고 공사는 국가로부터 유료도로 통행료 징수권이 포함된 유료도로관리권을 출자받아 위 구간의 통행료 징수권을 행사할 권한을 적법하게 가지게 되었고, 이에 따라 피고 공사가 위 구간 운행에 대한 체납통행료 부과처분을 한 것이지 피고 건설교통부장관이 처분을 하였다고 볼 수 없다고 할 것이다[대판 2005.6.24, 2003두6641(통행료부과처분무효확인)].
판례 3	에스에이치공사가 택지개발사업 시행자인 서울특별시장으로부터 이주대책 수립권한을 포함한 택지개발사업에 따른 권한을 위임 또는 위탁받은 경우, 이주대책 대상자들이 에스에이치공사 명의로 이루어진 이주대책에 관한 처분에 대한 취소소송을 제기함에 있어 정당한 피고는 에스에이치공사가 된다고 한 사례[대판 2007.8.23, 2005두3776(입주권확인)].

(3) 권한의 대리의 경우

대리기관이 대리관계를 표시하고 피대리 행정청을 대리하여 행정처분을 한 때에는 피대리 행정청이 피고로 되어야 한다(대판 2018.10.25, 2018두43095).

대리권을 수여받은 행정청이 대리관계를 밝힘이 없이 자신의 명의로 행정처분을 한 경우, 처분명의자인 당해 행정청이 항고소송의 피고가 되어야 하는 것이 원칙이다. 다만, 처분명의자가 피대리 행정청 산하의 행정기관으로서 실제로 피대리 행정청으로부 터 대리권한을 수여받아 피대리 행정청을 대리한다는 의사로 행정처분을 하였고 처분명의자는 물론 그 상대방도 그 행정처분이 피대리 행정청을 대리하여 한 것임을 알고서 이를 받아들인 예외적인 경우에는 피대리 행정청이 피고가 되어야 한다[대결 2006.2.23, 자 2005부4(산재보험료부과처분취소): 근로복지공단의 이사장으로부터 보험료의 부과 등에 관한 대리권을 수여받은 지역본부장이 대리의 취지를 명시적으로 표시하지 않고서 산재보험료 부과처분을 한 경우, 그러한 관행이 약 10년간 계속되어 왔고, 실무상 근로복지공단을 상대로 산재보험료 부과처분에 대한 항고소송을 제기하여 온 점 등에 비추어 지역본부장은 물론 그 상대방 등도 근로복지공단과 지역본부장의 대리관계를 알고 받아들였다 는 이유로, 위 부과처분에 대한 항고소송의 피고적격이 근로복지공단에 있다고 한 사례].

(4) 합의제 행정청

합의제 행정청이 처분청인 경우에는 합의제 행정청이 피고가 된다. 즉, 중앙토지수용위원회, 감사원 등이 피고가 된다.

다만, 노동위원회법은 중앙노동위원회의 처분에 대한 소송의 피고를 중앙노동위원회위원장으로 규정하고 있다(노동위원회법 제27조).

판례 저작권 등록처분에 대한 무효확인소송에서 피고적격자(=저작권심의조정위원회)[대판 2009.7.9, 2007두16608(저작권등록무효확인): '저작권심의조정위원회 위원장'을 피고로 저작권 등록처분의 무효확인을 구하는 소는 피고적격이 없는 자를 상대로 한 부적법한 것이라고 한 사례]. 〈해설〉 합의제행정청에 의한 처분의 경우 원칙상 합의제행정기관 자체가 처분청이다. 합의행정기관의 장이 처분청이 되는 것이 아니다.

---

(5) 지방의회와 지방자치단체의 장

조례에 대한 무효확인소송의 경우 의결기관인 지방의회가 아니라 조례를 공포한 지방자치단체의 장이 피고가 된다. 교육·학예에 관한 조례는 시·도교육감이 피고가 된다[대판 1996.9.20, 95누8003(조례무효확인)].

그러나 지방의회의원에 대한 징계의결이나 지방의회의장선거나 지방의회의장 불신임결의의 처분청은 지방의회이므로 이들 처분에 대한 취소소송의 피고는 지방의회가 된다[대판 1993.11.26, 93누7341; 대판 1995.1.12, 94누2602(임시총회무효확인)].

II. 당사자소송의 피고

당사자소송은 '국가·공공단체 그 밖의 권리주체'를 피고로 한다(법 제39조). 여기에서 '그 밖의 권리주체'라 함은 공권력을 수여받은 행정주체인 사인, 즉 공무수탁사인 등을 의미한다. 당사자소송의 피고는 권리주체를 피고로 하는 점에서 처분청을 피고로 하는 항고소송과 다르다.

III. 피고경정

원고가 피고를 잘못 지정한 때에는 법원은 원고의 신청에 의하여 결정으로써 피고의 경정을 허가할 수 있다(법 제14조 제1항).

행정소송에서 원고가 처분청이 아닌 행정관청을 피고로 잘못 지정하였다면 법원으로서는 석명권을 행사하여 원고로 하여금 피고를 처분청으로 경정하게 하여 소송을 진행케 하여야 할 것이다[대판 1990.1.12, 89누1032(하천부지점용허가처분취소)].

판례 1	세무서장의 위임에 의하여 성업공사(현 한국자산관리공사)가 한 공매처분에 대하여 피고지정을 잘못하여 피고적격이 없는 세무서장을 상대로 그 공매처분의 취소를 구하는 소송이 제기된 경우, 법원으로서는 석명권을 행사하여 피고를 성업공사로 경정하게 하여 소송을 진행하여야 한다[대판 1997.2.28, 96누1757(공매처분 취소)].
판례 2	'저작권심의조정위원회 위원장'을 피고로 저작권 등록처분의 무효확인을 구하는 소는 피고 적격이 없는 자를 상대로 한 부적법한 것이고, 피고적격에 관하여 석명에 응할 기회를 충분히 제공하였음에도 피고경정을 하지 않은 사정에 비추어, 부적법하여 각하되어야 한다[대판 2009.7.9, 2007두16608(저작권등록무효확인)]. 〈해설〉 저작권심의조정위원회가 피고적격을 갖는 사안이다.

> **판례 3** 행정소송법 제14조에 의한 피고경정의 종기(=사실심 변론종결시): 행정소송법 제14조에 의한 피고경정은 사실심 변론종결에 이르기까지 허용되는 것으로 해석하여야 할 것이고, 굳이 제1심 단계에서만 허용되는 것으로 해석할 근거는 없다[대결 2006.2.23, 자 2005부4(산재보험료부과처분취소)].

피고의 경정결정이 있은 때에는 새로운 피고에 대한 소송은 처음에 소를 제기한 때에 제기된 것으로 보고(법 제14조 제4항), 종전의 피고에 대한 소송은 취하된 것으로 본다(제14조 제5항).

취소소송이 제기된 후에 제13조 제1항 단서(권한의 다른 행정청에의 승계) 또는 제13조 제2항 (권한행정청이 없게 된 경우)에 해당하는 사유가 생긴 때에는 법원은 당사자의 신청 또는 직권에 의하여 피고를 경정한다(제14조 제6항).

이 경우에는 제4항 및 제5항의 규정을 준용한다. 행정소송법 제14조는 무효등확인소송, 부작위위법확인 소송 및 당사자소송에 준용되고 있다.

행정소송법은 소의 종류의 변경에 따르는 피고의 경정을 인정하고 있다(제21조 제4항).

> **판례** 소위 주관적, 예비적 병합은 행정소송법 제28조 제3항과 같은 예외적 규정이 있는 경우를 제외하고는 원칙적으로 허용되지 않는 것이고, 또 행정소송법상 소의 종류의 변경에 따른 당사자(피고)의 변경은 교환적 변경에 한 한다고 봄이 상당하므로 예비적 청구만이 있는 피고의 추가경정신청은 허용되지 않는다(대판 1989.10.27, 89두1).

제5절 제소기간 [2003 공인노무사]

제1항 항고소송의 제소기간 [2003 입시 사례]

항고소송에서 제소기간은 행정의 안정성과 국민의 권리구제를 조화하는 선에서 결정하여야 하며 기본적으로 입법정책에 속하는 문제이다.

> **제20조(제소기간)**
> ① 취소소송은 처분 등이 있음을 안 날부터 90일 이내에 제기하여야 한다. 다만, 제18조 제1항 단서에 규정한 경우와 그 밖에 행정심판청구를 할 수 있는 경우 또는 행정청이 행정

심판청구를 할 수 있다고 잘못 알린 경우에 행정심판청구가 있은 때의 기간은 재결서의 정본을 송달받은 날부터 기산한다.

② 취소소송은 처분 등이 있은 날부터 1년(제1항 단서의 경우는 재결이 있은 날부터 1년)을 경과하면 이를 제기하지 못한다. 다만, 정당한 사유가 있는 때에는 그러하지 아니하다.

③ 제1항의 규정에 의한 기간은 불변기간으로 한다.

무효등확인소송을 제기하는 경우에는 제소기간에 제한이 없다(법 제38조 제1항).

행정소송법 제38조 제2항은 부작위위법확인소송에 취소소송의 제소기간에 관한 행정소송법 제20조를 준용하고 있는데, 후술하는 바와 같이 부작위의 특성상 부작위위법확인소송에서의 제소기간에 관하여는 특별한 고찰이 필요하다.

Ⅰ. 행정심판을 거친 경우 취소소송의 제기기간

행정심판을 거쳐 취소소송을 제기하는 경우 취소소송은 재결서의 정본을 송달받은 날부터 90일 이내에 제기하여야 한다(법 제20조 제1항). 토지취득보상법상 이의신청을 거쳐 취소소송을 제기하는 경우에는 이의신청에 대한 재결서를 받은 날부터 30일 이내에 제기하여야 한다(제85조).

행정소송법 제20조 제1항의 행정심판은 행정심판법에 따른 일반행정심판과 행정심판법 제4조에서 정하고 있는 특별행정심판을 의미한다(대판 2014.4.24, 2013두10809).

여기에서 '행정심판을 거쳐 취소소송을 제기하는 경우'라 함은 행정심판을 거쳐야 하는 경우와 그 밖에 행정심판청구를 할 수 있는 경우 또는 행정청이 행정심판청구를 할 수 있다고 잘못 알린 경우에 행정심판청구를 한 경우를 말한다(법 제20조 제1항 단서).

행정심판제기기간을 넘긴 것을 이유로 한 각하재결이 있은 후 취소소송을 제기하는 경우에는 행정소송법 제20조 제1항 단서가 적용되지 아니한다[대판 2011.11.24, 2011두18786(과징금 부과처분취소)].

> **판례**
>
> [1] 행정소송법 제20조 제1항의 취지는 불가쟁력이 발생하지 않아 적법하게 불복청구를 할 수 있었던 처분 상대방에 대하여 행정청이 법령상 행정심판청구가 허용되지 않음에도 행정심판청구를 할 수 있다고 잘못 알린 경우에, 잘못된 안내를 신뢰하여 부적법한 행정심판을 거치느라 본래 제소기간 내에 취소소송을 제기하지 못한 자를 구제하려는 데에 있다. [2] 이와 달리 이미 제소기간이 지남으로써 불가쟁력이 발생하여 불복청구를 할 수 없었던 경우라면 그 이후에 행정청이 행정심판청구를 할 수 있다고 잘못 알렸다고 하더라도 그 때문에 처분 상대방이 적법한

> **판례**
> 제소기간 내에 취소소송을 제기할 수 있는 기회를 상실하게 된 것은 아니므로 이러한 경우에 잘못된 안내에 따라 청구된 행정심판 재결서 정본을 송달받은 날부터 다시 취소소송의 제소기간이 기산되는 것은 아니다. 불가쟁력이 발생하여 더 이상 불복청구를 할 수 없는 처분에 대하여 행정청의 잘못된 안내가 있었다고 하여 처분 상대방의 불복청구 권리가 새로이 생겨나거나 부활한다고 볼 수는 없기 때문이다[대판 2012.9.27, 2011두27247(부당이득금부과처분취소)].

행정청이 행정심판청구를 할 수 있다고 잘못 알려 행정심판의 청구를 한 경우에는 그 제소기간은 행정심판 재결서의 정본을 송달받은 날부터 기산하여야 한다(대판 2006.9.8, 2004두947).

재결서의 정본을 송달받지 못한 경우에는 재결이 있은 날부터 1년이 경과하면 취소소송을 제기 하지 못한다. 다만, 정당한 사유가 있는 때에는 그러하지 아니하다(법 제20조 제2항).

Ⅱ. 행정심판을 거치지 않고 직접 취소소송을 제기하는 경우

행정심판을 거치지 않고 직접 취소소송을 제기하는 경우 취소소송은 처분 등이 있음을 안 날부터 90일 이내에 제기하여야 하고(법 제20조 제1항 본문), 처분 등이 있은 날부터 1년을 경과하면 이를 제기하지 못한다. 다만, 정당한 사유가 있는 때에는 그러하지 아니하다(법 제20조 제2항).

행정소송법 제20조 제1항에서 말하는 "취소소송은 처분 등이 있음을 안 날부터 90일 이내에 제기하여야 한다."는 제소기간은 불변기간이다(법 제20조 제3항). 불변기간이라 함은 법정기간으로서 법원 등이 변경할 수 없는 기간을 말한다.

1. 처분이 있음을 안 경우

(1) 처분이 송달된 경우

'처분이 있음을 안 날'이라 함은 '당사자가 통지·공고 기타의 방법에 의하여 고지받아 당해 처분이 있었다는 사실을 현실적으로 안 날'을 의미한다. 즉, 행정처분은 상대방에게 고지되어야 효력을 발생하게 되므로, 행정처분이 상대방에게 고지되어야 하고, 상대방이 이러한 사실을 인식함으로써 행정처분이 있다는 사실을 현실적으로 알았을 때 행정소송법 제20조 제1항이 정한 제소기간이 진행한다고 보아야 한다[대판 2014.9.25, 2014두8254(고엽제후유증전환재심신체검사무변동처분취소)].

판례

[1] 취소소송의 제소기간 기산점으로 행정소송법 제20조 제1항이 정한 '처분 등이 있음을 안 날'은 유효한 행정처분이 있음을 안 날을, 같은 조 제2항이 정한 '처분 등이 있은 날'은 그 행정처분의 효력이 발생한 날을 각 의미한다. 이러한 법리는 행정심판의 청구기간에 관해서도 마찬가지로 적용된다. [2] 이 사건 처분은 상대방인 원고에게 고지되어 효력이 발생하였다고 볼 수 없으므로, 이에 관하여 구 공무원연금법 제80조 제2항에서 정한 심사청구기간이나 행정소송법 제20조 제1항, 제2항에서 정한 취소소송의 제소기간이 진행한다고 볼 수 없다. [3] 원심은, 피고가 장해등급 결정서를 작성한 날 및 원고가 피고의 홈페이지에 접속하여 그 결정 내용을 알게 된 날이 각각 '처분 등이 있은 날' 및 '처분 등이 있음을 안 날'에 해당한다고 전제하고, 장해등급 결정의 취소를 구하는 이 사건 소가 제소기간 도과 후 제기되었다고 판단하였지만, 대법원은, 피고가 인터넷 홈페이지에 장해등급 결정 내용을 게시한 것만으로는 원고에게 행정절차법 제14조에서 정한 바에 따라 송달이 이루어졌다고 볼 수 없고, 원고가 그 홈페이지에 접속하여 결정 내용을 알게 되었다 하더라도 마찬가지이며, 달리 장해등급 결정이 원고에게 송달되었다는 점에 관한 주장·증명도 없으므로, 원심판결에는 '행정처분의 효력발생요건' 및 제소기간의 기산점 등에 관한 법리를 오해한 잘못이 있다고 보아 원심판결을 파기하였다(대판 2019.8.9, 2019두38656).

처분의 통지가 도달한 때 그 처분이 있음을 알았다고 추정한다(판례). 당사자는 실제로는 통지가 도달한 때 도달된 통지를 볼 수 없었다는 반증을 제기할 수 있다.

판례 1

처분서가 처분상대방의 주소지에 송달되는 등 사회통념상 처분이 있음을 처분상대방이 알 수 있는 상태에 놓인 때에는 반증이 없는 한 처분상대방이 처분이 있음을 알았다고 추정할 수 있다 (대판 2017.3.9, 2016두60577).

판례 2

아르바이트 직원이 납부고지서를 수령한 경우, 납부의무자는 그 때 부과처분이 있음을 알았다고 추정할 수 있다고 한 사례(대판 1999.12.28, 99두9742).

행정심판(취소소송)제기기간의 계산의 예를 들면, 2000년 3월 5일에 처분이 있음을 알았면 기간계산의 원 칙의 하나인 초일은 산입하지 않는다는 원칙에 따라 3월 6일부터 기산하여 90일(26일+30일+31일+3일)째가 되는 날인 6월 3일의 오후 12시까지 행정심판(취소소송)을 제기할 수 있다.

(2) 처분이 공고 또는 고시된 경우   [2019 변시 사례]

처분이 공고 또는 고시의 방법에 의해 통지되는 경우에는 원고가 실제로 공고 또는 고시를 보았으면 당해 공고 또는 고시를 본 날이 '처분이 있음을 안 날'이 될 것이다.

문제는 원고가 공고 또는 고시를 보지 못한 경우인데 이 경우에 취소소송제기기간의 계산은 어떻게 되는가. 이에 관하여 고시 또는 공고의 효력발생일에 알았다고 보아야 한다는 견해와 실제로 안 날을 처분이 있음을 안 날로 보아야 한다는 견해의 대립이 있다.

① **판례**는 고시 또는 공고에 의하여 행정처분을 하는 경우에는 고시 또는 공고의 효력발생일에 그 행정처분이 있음을 알았던 것으로 보아 기산하여야 한다고 보고 있다[대판 1995.8.22, 94누5694 ; 대판 2006.4.14, 2004두3847(토지수용재결처분취소)]. 공고문서는 그 문서에서 효력발생 시기를 구체적으로 밝히고 있지 않으면 그 고시 또는 공고(개별법상 고시·공고) 등이 있은 날부터 5일이 경과한 때에 효력이 발생한다(행정 효율과 협업 촉진에 관한 규정 제6조 제3항).

> **판례** 통상 고시 또는 공고에 의하여 행정처분을 하는 경우에는 그 처분의 상대방이 불특정 다수인이고, 그 처분의 효력이 불특정 다수인에게 일률적으로 적용되는 것이므로, 그에 대한 행정심판 청구기간도 그 행정처분에 이해관계를 갖는 자가 고시 또는 공고가 있었다는 사실을 현실적으로 알았는지 여부에 관계없이 고시가 효력을 발생하는 날인 고시 또는 공고가 있은 후 5일이 경과한 날에 행정처분이 있음을 알았다고 보아야 한다[대판 2000.9.8, 99두11257 「도시계획시설(공공공지)결정처분취소」; 2007.6.14, 2004두619(청소년유해매체물결정 및 고시처분무효확인): 인터넷 웹사이트에 대하여 구 청소년보호법에 따른 청소년유해매체물 결정 및 고시처분을 한 사안에서, 위 결정은 이해관계인이 고시가 있었음을 알았는지 여부에 관계없이 관보에 고시됨으로써 효력이 발생하고, 그가 위 결정을 통지받지 못하였다는 것이 제소기간을 준수하지 못한 것에 대한 정당한 사유가 될 수 없다고 한 사례; 대판 2013.3.14, 2010두2623(도시관리계획결정처분취소)].

② 다만, 개별토지가격결정의 경우에 있어서와 같이 **처분의 효력이 각 상대방에 대해 개별적으로 발생하는 경우**에는 그 처분은 실질에 있어서 개별처분이라고 볼 수 있으므로 공고 또는 고시가 효력을 발생하여도 통지 등으로 실제로 알았거나 알 수 있었던 경우를 제외하고는 처분이 있음을 알았다고 할 수 없고, 처분이 있음을 알지 못한 경우의 불복제기기간(행정심판의 경우 처분이 있은 날로부터 180일 이내, 행정소송의 경우 처분이 있은 날로부터 1년 이내)이 적용되고, 행정심판법 제27조 제3항 단서의 정당한 사유가 적용된다.

판례1	개별 토지가격결정의 효력은 각각의 토지 또는 각각의 소유자에 대하여 각별로 효력을 발생하는 것이므로 개별 토지가격결정의 공고는 공고일로부터 그 효력을 발생하지만 처분 상대방인 토지소유자 및 이해관계인이 공고일에 개별 토지가격결정처분이 있음을 알았다고까지 의제할 수는 없어 특별히 위 처분을 알았다고 볼만한 사정이 없는 한 개별 토지가격결정에 대한 재조사청구 또는 행정심판청구는 행정심판법 제18조 제3항 소정의 처분이 있은 날로부터 180일 이내에 이를 제기하면 된다[대판 1993.12.24, 92누17204(개별토지가격결정처분취소)]. 〈해설〉 현행 부동산가격 공시 및 감정평가에 관한 법률 시행령은 개별공시지가를 개별토지소유자 등에게 통지할 수 있는 것으로 규정하고 있는데(제20조 제2항), 개별토지소유자에게 통지된 경우에 불복제기기간은 개별공시지가결정이 있음을 안 날로부터 기산한다.
판례2	또한 개별토지가격결정의 경우에 있어서와 같이 그 처분의 통지가 없는 경우에는 그 개별 토지가격결정의 대상토지 소유자가 심판청구기간 내에 심판청구가 가능하였다는 특별한 사정이 없는 한 행정심판법 제18조 제3항 단서 소정의 정당한 사유가 있는 때에 해당한다[대판 1995.8.25, 94누13121(개별공시지가결정처분취소 등)].

③ 또한 특정인에 대한 행정처분을 주소불명 등의 이유로 송달할 수 없어 관보 등에 공고(행정절차법상의 공고)한 경우에 상대방이 그 처분이 있음을 안 날은 상대방이 처분 등을 현실적으로 안 날을 말한다.

판례	특정인에 대한 행정처분을 주소불명 등의 이유로 송달할 수 없어 관보·공보·게시판·일간신문 등에 공고한 경우에는, 공고가 효력을 발생하는 날에 상대방이 그 행정처분이 있음을 알았다고 볼 수는 없고, 상대방이 당해 처분이 있었다는 사실을 현실적으로 안 날에 그 처분이 있음을 알았다고 보아야 한다[대판 2006.4.28, 2005두14851(주민등록직권말소처분무효확인)].

(3) 불고지·오고지의 경우

행정소송법에는 행정소송의 제기에 필요한 사항의 고지의무 및 불고지·오고지의 효과에 관한 규정이 없다. 입법의 불비이다.

> **판례**
> [1] 행정청이 법정 심판청구기간보다 긴 기간으로 잘못 알린 경우에 그 잘못 알린 기간 내에 심판청구가 있으면 그 심판청구는 법정 심판청구기간 내에 제기된 것으로 본다는 취지의 행정심판법 제18조 제5항의 규정은 행정심판 제기에 관하여 적용되는 규정이고, 행정소송 제기에 적용되는 규정이 아니다.
> [2] 당사자가 행정처분시나 그 이후 행정청으로부터 행정심판 제기기간에 관하여 법정 심판청구 기간보다 긴 기간으로 잘못 통지받아 행정소송법상 법정 제소기간을 도과하였다고 하더라도, 그것이 당사자가 책임질 수 없는 사유로 인한 것이라고 할 수는 없으므로 소송행위의 추완을 인정할 수 없다[대판 2001.5.8, 2000두6916(배출부과금부과처분취소)].

행정절차법 제26조는 "행정청이 처분을 할 때에는 당사자에게 그 처분에 관하여 행정심판 및 행정소송을 제기할 수 있는지 여부, 그 밖에 불복을 할 수 있는지 여부, 청구절차 및 청구기간, 그밖에 필요한 사항을 알려야 한다."고 규정하고 있다. 판례는 이 규정 위반의 하자는 처분의 취소사유가 되지 않는다고 본다.

> **판례**
> 피고가 이 사건 처분을 하면서 원고에게 행정절차법 제26조에 정한 바에 따라 행정심판 및 행정소송을 제기할 수 있는지 여부, 청구절차 및 청구기간을 알렸다고 인정할 증거는 없으나, 원고가 제소기간 내에 이 사건 소를 제기하여 이 사건 처분의 적법 여부를 다투고 있는 이상 그 사정만으로는 이 사건 처분을 취소해야 할 정도의 절차상 하자가 있다고 보기 어렵다(대판 2016.10.27, 2016두41811).

2. 처분이 있음을 알지 못한 경우

처분이 있음을 알지 못한 경우 취소소송은 처분 등이 있은 날부터 1년(제1항 단서의 경우는 재결이 있은 날부터 1년)을 경과하면 이를 제기하지 못한다. 다만, 정당한 사유가 있는 때에는 그러하지 아니하다(제20조 제2항).

(1) 원 칙(처분 등이 있은 날부터 1년)

처분 등이 있은 날부터 1년 이내에 취소소송을 제기하여야 한다.

'처분이 있은 날'이란 통지가 있는 처분의 경우 통지가 도달하여 처분의 효력이 발생한 날을 말하고(대판 1990.7.13, 90누2284), 통지가 없는 처분의 경우(예 권력적 사실행위, 서훈취소 등 처분의 상대방이 없는 경우)에는 외부에 표시되어 효력을 발생한 날을 말한다.

(2) 예 외(정당한 사유가 있는 경우)

취소소송은 처분이 있은 날부터 1년(제1항 단서의 경우는 재결이 있은 날부터 1년)을 경과하면 이를 제기하지 못하지만, 정당한 사유가 있는 때에는 1년이 경과하여도 제기할 수 있다. 어떠한 사유가 정당한 사유에 해당하는가는 건전한 사회통념에 의해 판단하여야 한다.

행정처분의 직접 상대방이 아닌 제3자는 일반적으로 처분이 있는 것을 바로 알 수 없는 처지에 있으므로, 행정소송법 제20조 제2항 본문의 취소소송 제기기간 내에 처분이 있음을 알았거나 쉽게 알 수 있었기 때문에 취소소송을 제기할 수 있었다고 볼 만한 특별한 사정이 없는 한, 행정소송법 제20조 제2항 본문의 취소소송 제기기간을 배제할 동조 단서 소정의 정당한 사유가 있는 때에 해당한다[대판 1992.7.28, 91누12844(시외버스운송사업계획변경인가처분취소) 참조].

3. '처분이 있음을 안 경우'와 '알지 못한 경우'의 관계

이 두 경우 중 어느 하나의 제소기간이 도과하면 원칙상 취소소송을 제기할 수 없다. 다만, 처분이 있은 날로부터 1년 이내에 처분이 있음을 안 때에는 그 때부터 90일 이내에 취소소송을 제기할 수 있다고 보아야 한다.

4. 이의신청을 거쳐 취소소송을 제기하는 경우

행정심판이 아닌 이의신청을 거쳐 취소소송을 제기하는 경우 불복기간은 불복기간에 관한 명문의 규정이 없는 경우 처분이 있음을 안 날로부터 90일 또는 행정심판 재결서를 송달받은 날로부터 90일 이내이다. 다만, 명문의 규정이 있는 경우(예 지방자치법 제140조 제5항)에는 그에 따른다.

> **판례 1**
> 甲 광역시 교육감이 공공감사에 관한 법률(이하 '공공감사법'이라 한다) 등에 따라 乙 학교법인이 운영하는 丙 고등학교에 대한 특정감사를 실시한 후 丙 학교의 학교장과 직원에 대하여 징계(해임)를 요구하는 처분을 하였는데, 乙 법인이 위 처분에 대한 이의신청을 하였다가 기각되자 위 처분의 취소를 구하는 소를 제기한 사안에서, 공공감사법상의 재심의신청 및 구 甲 광역시교육청 행정감사규정상의 이의신청은 자체감사를 실시한 중앙행정기관 등의 장으로 하여금 감사결과나 그에 따른 요구사항의 적법·타당 여부를 스스로 다시 심사하도록 한 절차로서 행정심판을 거친 경우의 제소기간의 특례가 적용될 수 없다고 보고, 이의신청에 대한 결과통지일이 아니라 乙 법인이 위 처분이 있음을 알았다고 인정되는 날부터 제소기간을 기산하여 위 소가 제소기간의 도과로 부적법하다고 본 원심판단을 정당하다고 한 사례(대판 2014.4.24, 2013두10809).

판례 2

[1] 지방자치법 제140조 제3항에서 정한 이의신청은 행정청의 위법·부당한 처분에 대하여 행정기관이 심판하는 행정심판과는 구별되는 별개의 제도이나, 이의신청과 행정심판은 모두 본질에 있어 행정처분으로 인하여 권리나 이익을 침해당한 상대방의 권리구제에 목적이 있고, 행정소송에 앞서 먼저 행정기관의 판단을 받는 데에 목적을 둔 엄격한 형식을 요하지 않는 서면행위이므로, 이의신청을 제기해야 할 사람이 처분청에 표제를 '행정심판청구서'로 한 서류를 제출한 경우라 할지라도 서류의 내용에 이의신청 요건에 맞는 불복취지와 사유가 충분히 기재되어 있다면 표제에도 불구하고 이를 처분에 대한 이의신청으로 볼 수 있다. [2] 甲 주식회사가 관할 구청장의 도로점용료 부과처분에 대하여 지방자치법이 정한 이의신청을 제기하여야 함에도 '행정심판청구서'라는 제목으로 불복신청서를 제출하였다가 행정심판위원회에서 행정심판 대상이 아니라는 이유로 각하결정을 받은 뒤 위 처분에 대한 취소소송을 제기한 사안에서, 비록 표제가 '행정심판청구서'라고 되어 있다 하더라도 甲 회사가 위 서면을 어느 행정청에 접수하였는지, 그리고 서면의 기재 내용이 이의신청 시 기재하여야 할 내용을 포함하고 있는지에 관하여 심리하여 위 서면의 제출을 이의신청으로 선해할 수 있는지 판단하지 아니한 채 행정심판청구가 위법하여 각하된 이상 제소기간은 원처분을 안 날부터 기산하는 것이 타당하다는 이유로 소를 각하한 제1심판결을 유지한 원심판결에 법리오해의 위법이 있다고 한 사례[대판 2012.3.29, 2011두26886(도로점용료부과처분취소)]. 〈해설〉 지방자치법 제140조 제3항 상의 이의신청은 지방자치단체의 장에게 하는 것이므로 행정심판이 아닌 이의신청으로 보는 것이 타당하다. 행정심판이 아닌 이의신청의 경우 이의신청 결과통지일이 취소소송의 제소기간 기산일이 될 수 없다. 따라서 지방자치법 제140조 3항상의 이의신청을 행정심판이 아닌 이의신청으로 보면 지방자치법 제140조 제5항 및 제6항에 의해 제소기간 내의 소 제기일 수도 있다고 본 것이다. 행정심판청구가 위법하여 각하된 이상 제소기간은 원처분을 안 날부터 기산하여야 하는지가 문제되는데, 행정심판을 거쳐 취소소송을 제기하는 경우에 있어서 취소소송의 제기기간을 재결서 정본을 송달받은 날부터 90일 이내로 규정하고 있는 행정소송법 제20조 제1항 단서가 적용되지 않는 것은 행정심판 제기기간을 넘긴 것을 이유로 또는 행정심판의 제기가 인정되지 않는 것을 이유로 한 각하재결이 있는 경우에 한하고, 행정심판이 각하된 경우에 항상 행정소송법 제20조 제1항 단서가 적용되지 않는 것은 아니다. 제1심 및 원심 판결과 같이 지방자치법 제140조 제5항이 사용료 등의 부과, 징수에 대해서는 이의신청만 인정하고 행정심판을 배제하고 있다고 보는 견해도 있지만, 지방자치법 제140조 제5항이 행정심판법상의 행정심판을 배제하고 있다고 보는 것은 타당하지 않다.

III. 제소기간의 기산점

행정심판을 거치지 않은 경우에는 처분이 있음을 안 경우 처분이 있음을 안 날, 처분이 있음을 알지 못한 경우 처분이 있은 날, 행정심판을 거친 경우에는 재결서 정본을 송달받은 날이 제소기간의 기산점이다.

기타 특수한 경우의 제소기간의 기산점은 아래와 같다.

(1) 위헌결정으로 취소소송의 제기가 가능하게 된 경우 제소기간의 기산점

처분 당시에는 취소소송의 제기가 법제상 허용되지 않아 소송을 제기할 수 없다가 위헌결정으로 인하여 비로소 취소소송을 제기할 수 있게 된 경우에는 객관적으로는 '위헌결정이 있은 날', 주관적으로는 '위헌결정이 있음을 안 날' 비로소 취소소송을 제기할 수 있게 되어 이때를 제소기간의 기산점으로 삼아야 한다[대판 2008.2.1, 2007두20997(교원소청 심사위원회결정취소): 헌법재판소의 2006.2.23, 2005헌가7 결정 등으로, 교원만이 교원소청심사위원회의 결정에 대하여 소송을 제기할 수 있도록 하였던 구 교원지위법 제10조 제3항이 효력을 상실함에 따라 위 위헌결정 후 개정된 법률이 시행되기 전에라도 학교법인 등 심사위원회의 결정에 대하여 그 취소를 구할 법률상 이익이 있는 자는 교원이 아니더라도 행정소송법 제12조에 의하여 취소소송을 제기할 수 있게 된 사례].

(2) 변경명령재결에 따라 변경처분이 있은 경우 제소기간의 기산점

변경명령재결에 따른 변경처분의 경우에 취소소송의 대상은 변경된 내용의 당초 처분이며 제소기간은 행정심판재결서 정본을 송달받은 날로부터 90일 이내라는 것이 판례의 입장이다.

판례

처분청이 2002.12.26. 3월의 영업정지처분이라는 당초처분을 하였고, 이에 대하여 행정심판청구를 하자 재결청이 2003.3.6. "처분청이 2002.12.26. 원고에 대하여 한 3월의 영업정지처분을 2월의 영업정지에 갈음하는 과징금부과처분으로 변경하라."는 일부기각(일부인용)의 이행재결(처분명령재결)을 하였으며, 2003.3.10. 그 재결서 정본이 청구인에게 도달하였고, 처분청이 위 재결취지에 따라 2003.3.13. 3월의 영업정지처분을 과징금 560만 원으로 변경한다"는 취지의 이 사건 후속 변경처분을 하였고, 청구인은 2003.6.12. 2003.3.13. 자 과징금부과처분의 취소를 구하는 소를 제기하였는데, 대법원은 이 사건 소송에 있어서 위 청구취지는 이 사건 후속 변경처분에 의하여 당초부터 유리하게 변경되어 존속하는 2002.12.26.자 과징금부과처분(당초처분)의 취소를 구하고 있는 것으로 보아야 할 것이고, 당초처분의 취소를 구하는 이 사건 소 또한 행정심판재결서 정본을 송달받은 날로부터 90일 이내 제기되어야 하는데 원고가 위 재결서의

> **판례**
>
> 정본을 송달받은 날로부터 90일이 경과하여 이 사건 소를 제기하였다는 이유로 이 사건 소가 부적법하다고 판단한 원심판결은 정당하다고 한 사례[대판 2007.4.27, 2004두9302(식품위생법위반과 징금부과처분취소)]. 〈해설〉 이 판결에 대하여는 다음과 같이 비판하는 견해가 있다. 처분명령재결에 따른 변경처분은 새로운 처분이므로 변경처분이 취소소송의 대상이 되며 제소기간도 변경처분을 안 날로부터 90일 이내로 하는 것이 타당하다.

(3) 직권변경처분에 대한 취소소송에서 제소기간의 기산점

직권에 의한 변경처분을 다투는 소송의 제소기간은 해당 변경처분이 있음을 안 날 또는 있은 때를 기산점으로 한다. 사후부담 부가처분 또는 변경처분의 취소를 구하는 소를 제기하는 경우, 제소기간은 해당 처분이 있음을 안 날 또는 있은 때를 기산점으로 한다[대판 2014.2.21, 2011두20871(주택재개발정비사업시행 인가일부취소)].

Ⅳ. 소 제기기간 준수 여부 판단의 기준시점   [2009 사시 사례]

① 소 제기기간 준수 여부는 원칙상 소제기시를 기준으로 한다.

② **소의 변경이 있는 경우** 소 제기기간 준수 여부 판단의 기준시점은 다음과 같다.

  (i) 소의 종류의 변경의 경우에는 새로운 소에 대한 제소기간의 준수는 처음의 소가 제기된 때를 기준으로 하여야 한다(행정소송법 제21조 제4항).

  (ii) 청구취지를 **교환적**으로 **변경**하여 종전의 소가 취하되고 새로운 소가 제기된 것으로 보게 되는 경우에 새로운 소에 대한 제소기간의 준수 등은 원칙적으로 **소의 변경이 있은 때**를 기준으로 하여 판단된다[대판 2013.7.11, 2011두27544(주택재건축정비사업조합실립인가처분취소)].

③ 소의 추가적 병합의 경우에 추가적으로 병합된 소의 제소기간 준수 여부의 기준시점은 다음과 같다.

  (i) 소의 추가적 병합의 경우에 추가적으로 병합된 소의 제소기간은 원칙상 추가병합신청이 있은 때를 기준으로 하여야 한다.

> **판례**
>
> 보충역편입처분취소처분의 효력을 다투는 소에 공익근무요원복무중단처분, 현역병입영대상편입처분 및 현역병입영통지처분의 취소를 구하는 청구를 추가적으로 병합한 경우, 공익

> **판례**
> 근무요원복무중단처분, 현역병입영대상편입처분 및 현역병입영통지처분의 취소를 구하는
> 소의 소제기 기간의 준수 여부는 각 그 청구취지의 추가 변경신청이 있은 때를 기준으로 개
> 별적으로 판단하여야 한다[대판 2004.12.10, 2003두12257(병역처분취소처분취소)].

(ii) 동일한 행정처분에 대한 무효확인의 소에 그 처분의 취소를 구하는 소를 추가적으로 병
합한 경우, 주된 청구인 무효확인의 소가 적법한 취소소송 제소기간 내에 제기되었다면
추가로 병합된 취소청구의 소도 적법하게 제기된 것으로 보아야 한다.

> **판례**
> 하자 있는 행정처분을 놓고 이를 무효로 볼 것인지 아니면 단순히 취소할 수 있는 처분으로 볼
> 것인지는 동일한 사실관계를 토대로 한 법률적 평가의 문제에 불과하고, 행정처분의 무효확인
> 을 구하는 소에는 특단의 사정이 없는 한 그 취소를 구하는 취지도 포함되어 있다고 보아야 하는
> 점 등에 비추어 볼 때, 동일한 행정처분에 대하여 무효확인의 소를 제기하였다가 그 후 그 처분
> 의 취소를 구하는 소를 추가적으로 병합한 경우, 주된 청구인 무효확인의 소가 적법한 제소기간
> 내에 제기되었다면 추가로 병합된 취소청구의 소도 적법하게 제기된 것으로 봄이 상당하다[대판
> 2005.12.23, 2005두3554(채석허가수허가자변경신고수리처분취소)].

(iii) 청구취지를 추가하는 경우, 청구취지가 추가된 때에 새로운 소를 제기한 것으로 보므로,
추가된 청구취지에 대한 제소기간 준수 등은 원칙적으로 청구취지의 추가·변경 신청이
있는 때를 기준으로 판단하여야 한다. 그러나 선행 처분의 취소를 구하는 소를 제기하였
다가 이후 후행 처분의 취소를 구하는 청구취지를 추가한 경우에도, 선행 처분이 종국적
처분을 예정하고 있는 일종의 잠정적 처분으로서 후행 처분이 있을 경우 선행 처분은 후
행 처분에 흡수되어 소멸되는 관계에 있고, 당초 선행 처분에 존재한다고 주장되는 위법
사유가 후행 처분에도 마찬가지로 존재할 수 있는 관계여서 선행 처분의 취소를 구하는
소에 후행 처분의 취소를 구하는 취지도 포함되어 있다고 볼 수 있다면, 후행 처분의 취
소를 구하는 소의 제소기간은 선행 처분의 취소를 구하는 최초의 소가 제기된 때를 기준
으로 정하여야 한다(대판 2018.11.15, 2016두48737).

V. 부작위위법확인의 소의 제소기간

부작위는 특정시점에 성립하여 종결되는 것이 아니라 계속되는 것이므로 부작위위법확인소송은 원칙상 제소기간의 제한을 받지 않는다고 보는 것이 타당하다. 의무이행심판을 거친 경우에도 그렇게 보는 것이 타당하다.

그러나 판례는 행정심판을 거치지 않은 경우에는 부작위위법확인소송의 특성상 제소기간의 제한을 받지 않는다고 보고, 행정심판을 거친 경우에는 행정소송법 제20조가 정한 제소기간 내(재결서의 정본을 송달받은 날로부터 90일 이내)에 부작위위법확인의 소를 제기하여야 한다고 본다.

> **판례**
>
> [1] **부작위위법확인의 소의 제소기간**: 부작위위법확인의 소는 부작위상태가 계속되는 한 그 위법의 확인을 구할 이익이 있다고 보아야 하므로 원칙적으로 제소기간의 제한을 받지 않는다. 그러나 행정소송법 제38조 제2항이 제소기간을 규정한 같은 법 제20조를 부작위위법확인소송에 준용하고 있는 점에 비추어 보면, 행정심판 등 전심절차를 거친 경우에는 행정소송법 제20조가 정한 제소기간 내에 부작위위법확인의 소를 제기하여야 한다. [2] **당사자가 적법한 제소기간 내에 부작위위법확인의 소를 제기한 후, 동일한 신청에 대하여 소극적 처분이 있다고 보아 처분취소소송으로 소를 교환적으로 변경한 후 부작위위법확인의 소를 추가적으로 병합한 경우, 제소기간을 준수한 것으로 볼 수 있는지 여부(적극)**: 당사자의 법규상 또는 조리상의 권리에 기한 신청에 대하여 행정청이 부작위의 상태에 있는지 아니면 소극적 처분을 하였는지는 동일한 사실관계를 토대로 한 법률적 평가의 문제가 개입되어 분명하지 않은 경우가 있을 수 있고, 부작위위법확인소송의 계속중 소극적 처분이 있게 되면 부작위위법확인의 소는 소의 이익을 잃어 부적법하게 되고 이 경우 소극적 처분에 대한 취소소송을 제기하여야 하는 등 부작위위법확인의 소는 취소소송의 보충적 성격을 지니고 있으며, 부작위위법확인소송의 이러한 보충적 성격에 비추어 동일한 신청에 대한 거부처분의 취소를 구하는 취소소송에는 특단의 사정이 없는 한 그 신청에 대한 부작위위법의 확인을 구하는 취지도 포함되어 있다고 볼 수 있다. 이러한 사정을 종합하여 보면, 당사자가 동일한 신청에 대하여 부작위위법확인의 소를 제기하였으나 그 후 소극적 처분이 있다고 보아(실제로는 소극적 처분이 없었음) 거부처분취소소송으로 소를 교환적으로 변경한 후 여기에 부작위위법확인의 소를 추가적으로 병합한 경우, 최초의 부작위위법확인의 소가 적법한 제소기간 내에 제기된 이상 그 후 처분취소소송으로의 교환적 변경과 처분취소소송에의 추가적 변경 등의 과정을 거쳤다고 하더라도 여전히 제소기간을 준수한 것으로 봄이 상당하다[대판 2009.7.23, 2008두10560(부작위위법확인의소): 부작위위법확인소송은 제소

> **판례** 기간의 제한을 받지 않는다는 취지의 원심 판단에는 부작위법확인소송의 제소기간에 대한 법리 오해가 있으나 이 사건 부작위법확인소송이 제소기간을 준수하지 아니하여 부적법하다는 피고의 주장을 배척한 결론에 있어서는 정당하므로 결국 판결 결과에 영향을 미친 위법은 없다고 한 사례]. 〈해설〉 거부처분과 부작위는 서로 배타적 관계에 있으므로 판례가 "부작위법확인의 소는 취소소송의 보충적 성격을 지니고 있으며, 부작위법확인소송의 이러한 보충적 성격에 비추어 동일한 신청에 대한 거부처분의 취소를 구하는 취소소송에는 특단의 사정이 없는 한 그 신청에 대한 부작위법의 확인을 구하는 취지도 포함되어 있다고 볼 수 있다."고 본 것에는 문제가 있다. 부작위법확인소송은 계속적 성질을 갖는 부작위의 특성상 항상(행정심판을 거친 경우에도)제소기간의 제한이 없는 것으로 보는 것이 타당하다.

Ⅵ. 제소기간 제한의 적용제외

무효등확인소송의 경우에는 제소기간의 제한이 없다.

다만, 무효선언을 구하는 취소소송의 경우에는 취소소송에서와 같이 제소기간의 제한이 있다[대판 1993.3.12, 92누11039(토지수용재결처분취소)].

행정심판전치주의하에서 행정심판 제기 후 60일이 지나도 재결이 없는 경우 언제든지 취소소송을 제기할 수 있다(행정소송법 제18조 제2항 제1호).

Ⅶ. 민사소송법상 소송행위의 추완규정 준용

민사소송법 제173조 제1항의 소송행위의 추완에 관한 규정은 취소소송에도 준용된다.

> **판례** 당사자가 책임질 수 없는 사유로 인하여 이를(불변기간을) 준수할 수 없었던 경우에는 같은 법 제8조에 의하여 준용되는 민사소송법 제173조 제1항에 의하여 그 사유가 없어진 후 2주일 내에 해태된 세소행위를 추완할 수 있다고 할 것이며, 여기서 당사자가 책임질 수 없는 사유란 당사자가 그 소송행위를 하기 위하여 일반적으로 하여야 할 주의를 다하였음에도 불구하고 그 기간을 준수할 수 없었던 사유를 말한다[대판 2001.5.8, 2000두6916(배출부과금부과처분취소): 당사자가 행정처분시나 그 이후 행정청으로부터 행정심판제기기간에 관하여 법정 심판청구기간보다 긴 기간으로 잘못 통지받아 행정소송법상 법정 제소기간을 도과하였다고 하더라도, 그것이 당사자가 책임질 수 없는 사유로 인한 것이라고 할 수는 없다고 한 사례].

> **판례**
>
> **민사소송법 제173조(소송행위의 추후보완)**
>
> ① 당사자가 책임질 수 없는 사유로 말미암아 불변기간을 지킬 수 없었던 경우에는 그 사유가 없어진 날부터 2주 이내에 게을리 한 소송행위를 보완할 수 있다. 다만, 그 사유가 없어질 당시 외국에 있던 당사자에 대하여는 이 기간을 30일로 한다.

제2항 당사자소송의 제소기간

당사자소송에 관하여 법령에 제소기간이 정하여져 있는 경우가 있는데, 이 경우 그 기간은 불변기간으로 한다(법 제41조). 그러나 행정소송법에는 당사자소송의 제기기간에 관한 제한이 없다.

따라서 당사자 소송의 제기기간에는 원칙상 제한이 없고, 이 경우에는 공법상 권리가 시효 등에 의해 소멸되지 않는 한 당사자소송을 제기할 수 있다.

제3항 제소기간 준수 여부의 판단

제소기간의 준수 여부는 소송요건으로서 법원의 직권조사사항이다(대판 1987.1.20, 86누490 ; 대판 2013.3.14, 2010두2623).

제6절 행정심판전치주의가 적용되는 경우 그 요건을 충족할 것

[1995, 2008 공인노무사]

Ⅰ. 행정심판임의주의 – 예외적 행정심판전치주의

행정소송법은 행정심판을 원칙상 임의적인 구제절차로 규정하고 있다. 즉, 취소소송은 법령의 규정에 의하여 당해 처분에 대한 행정심판을 제기할 수 있는 경우에도 이를 거치지 아니하고 제기할 수 있다. 다만, 다른 법률에 당해 처분에 대한 행정심판의 재결을 거치지 아니하면 취소소송을 제기 할 수 없다는 규정이 있는 때에는 그러하지 아니하다(행정소송법 제18조 제1항).

> **판례**
>
> 행정소송법 제18조 제1항은 행정심판과 취소소송과의 관계에 관하여 규정하면서, 1994.7.27. 법률 제4770호로 개정되기 이전에는 법령의 규정에 의하여 당해 처분에 대한 행정심판을 제기할 수 있는 경우에는 그에 대한 재결을 거치지 아니하면 취소소송을 제기할 수 없다고 규정하여

> **판례** 이른바 재결전치주의를 택하고 있었으나, 위 개정 후에는 그와 같은 행정심판의 제기에 관한 근거 규정이 있는 경우에도 달리 그 행정심판의 재결을 거치지 아니하면 취소소송을 제기할 수 없다는 규정을 두고 있지 아니하는 한 그러한 행정심판의 재결을 거치지 아니하고도 취소소송을 제기할 수 있는 것으로 규정함으로써 이른바 자유선택주의로 전환하였으므로, 위 개정조항이 같은 법 부칙(1994.7.27.) 제1조에 의하여 1998.3.1.자로 시행된 이후에는 법령의 규정에서 단지 행정심판의 제기에 관한 근거 규정만을 두고 있는 처분에 있어서는 위 개정조항에 따라 그에 대한 행정심판 절차는 당연히 임의적 절차로 전환되었다[대결 1999.12.20, 자 99무42(시정명령 등 효력정지)].

II. 행정심판전치주의의 인정례

행정심판임의주의에 대한 예외로서의 행정심판전치주의는 개별법의 규정에 의해 인정되고 있다.

예를 들면, 「국세기본법」 제56조 제2항 및 「지방세기본법」 제98조 제3항은 조세부과처분에 대하여 행정심판전치주의를 채택하고 있다.

국세기본법상의 행정심판은 임의적 절차인 이의신청, **필요적 전치절차인 심사청구 또는 심판청구**(심사청구와 심판청구 중 하나를 거쳐야 함)의 2심급으로 되어 있다. 다만, 감사원에의 심사청구를 거친 경우에는 국세기본법상의 심사청구나 심판청구를 거친 것으로 본다(국세기본법 제56조 제4항). 따라서 감사원의 심사청구에 불복하는 경우에는 직접 행정소송을 제기하여야 한다(감사원법 제46조의2).

최근 법개정으로 지방세부과처분에 대해서도 행정심판전치주의를 채택하였다(지방세기본법 제98조 제3항).

또한 공무원의 의사에 반하는 불이익처분이나 부작위에 대한 **소청심사청구** 및 **도로교통법상 처분**에 대한 행정심판청구도 행정소송의 의무적 전치절차이다(국가공무원법 제16조 제2항, 교육공무원법 제53조 제1항, 지방공무원법 제20조의2, 도로교통법 제101조의3).

국세처분을 받은 자는 감사원에 심사청구를 할 수 있는데 이 경우에는 국세기본법에 의한 심사청구 및 심판청구를 제기할 수 없고, 감사원의 심사청구에 불복하는 자는 행정소송을 제기하여야 한다(국세기본법 제55조 제5항, 제56조 제4항).

필요적 전치절차인 행정심판절차가 2단계 이상인 경우에 명문의 규정으로 당해 절차를 모두 거치도록 규정하고 있는 경우를 제외하고는 그 절차 중 하나만 거치면 행정소송을 제기할 수 있는 것으로 보아야 한다(이상규, 786면).

Ⅲ. 행정심판전치주의의 적용범위

행정심판전치주의는 취소소송과 부작위위법확인소송에서 인정되며(행정소송법 제18조 제1항, 제38조 제2항) 무효확인소송에는 적용되지 않는다(행정소송법 제38조 제1항). 무효선언을 구하는 취소소송은 그 형식이 취소소송이므로 행정심판전치주의가 적용되어야 한다[대판 전원합의체 판결 1976.2.24, 75누128(갑종배당소득세과세처분취소); 대판 1987.6.9, 87누219(부가가치세부과처분취소)].

무효선언을 구하는 취소소송에서 행정심판전치주의의 요건을 충족하지 않은 경우에는 무효확인소송으로 소의 변경을 하면 된다.

주위적 청구가 무효확인소송이라 하더라도 병합 제기된 예비적 청구가 취소소송인 경우 예비적 청구인 취소소송에 필요적 전치주의의 적용이 있다(대판 1994.4.29, 93누12).

Ⅳ. 행정심판전치주의의 예외

행정소송법 제18조는 행정심판전치주의의 적용이 제한 또는 배제되는 경우를 규정하고 있다. 행정심판전치주의의 예외가 되는 사유는 원고가 이를 소명하여야 한다(법 제18조 제4항).

1. 행정심판의 재결 없이 행정소송을 제기할 수 있는 경우

다음과 같은 사유가 있는 때에는 행정심판의 재결을 거치지 아니하고 취소소송을 제기할 수 있다(법 제18조 제2항).

① 행정심판청구가 있은 날로부터 60일이 지나도 재결이 없는 때 : 행정심판청구가 있은 날로부터 60일이 경과하였다는 요건은 원칙상 행정소송을 제기한 날 충족되어야 하지만, 행정소송의 제기시에 이 요건이 충족되지 않았다 하더라도 소송의 변론종결시까지 이 요건이 충족되면 행정심판전치주의에 대한 흠이 치유된다[대판 1986.7.8, 86누215(석유판매업허가취소처분취소)]. 행정심판청구가 있은 날로부터 60일이 경과하였음에도 재결이 없는 때에는 청구인은 곧 행정소송을 제기할 수도 있고, 재결을 받은 후 행정소송을 제기할 수도 있다.
② 처분의 집행 또는 절차의 속행으로 생길 중대한 손해를 예방하여야 할 긴급한 필요가 있는 때
③ 법령의 규정에 의한 행정심판기관이 의결 또는 재결을 하지 못할 사유가 있는 때
④ 그 밖의 정당한 사유가 있는 때

2. 행정심판의 제기 없이 행정소송을 제기할 수 있는 경우

다음과 같은 사유가 있는 때에는 행정심판을 제기함이 없이 취소소송을 제기할 수 있다(법 제18조 제3항).

① 동종사건에 관하여 이미 행정심판의 기각재결이 있은 때 : 여기에서 동종사건이라 함은 '당해 사건은 물론 당해 사건과 기본적인 점에서 동질성이 인정되는 사건'을 말한다[대판 1993.9.28, 93누9132(사업계획변경승인신청거부처분취소 등); 대판 1992.11.24, 92누8972(의사면 허정지처분취소)].

예를 들면, 동일한 행정처분에 의하여 여러 사람이 동일한 의무를 부담하는 경우 그 중 한 사람이 행정심판을 제기하여 기각판결을 받은 경우[대판 1988.2.23, 87누704(제2차납세자지정 처분 등 취소 및 무효확인)]를 들 수 있다.

② 서로 내용상 관련되는 처분 또는 같은 목적을 위하여 단계적으로 진행되는 처분중 어느 하나가 이미 행정심판의 재결을 거친 때 : 여기에서 '서로 내용상 관련되는 처분'이라 함은 각각 별개의 처분이지만 내용적으로 서로 일련의 상관관계가 있는 복수의 처분을 말한다. 예를 들면, 국세의 납세고지처분과 국세징수법상의 가산금 및 중가산금징수처분[대판 1986.7.22, 85누297(부가가치세 등 부과처분취소)] 등을 들 수 있다. 하천구역의 무단 점용을 이유로 부당이득금 부과처분과 가산금 징수처분을 받은 사람이 가산금 징수처분에 대하여 행정청이 안내한 전심절차를 밟지 않았다 하더라도 부당이득금 부과처분에 대하여 전심절차를 거친 이상 가산금 징수처분에 대하여도 부당이득금 부과처분과 함께 행정소송으로 다툴 수 있다(대판 2006.9.8, 2004두947).

> **판례** 동일인의 동일내용의 신청에 대한 2개의 행정처분이 있는 경우에 그 중 1개의 행정처분에 대한 전심절차가 행해진 경우에 다른 행정처분에 대한 행정소송을 제기하기 위하여 별도의 전심절차를 밟아야 하는지 여부[다수의견]: 원고가 농지의 보전 및 이용에 관한 법률에 의한 농지 일시전용 허가신청을 하였으나 도지사가 농촌근대화촉진법의 관점에서 이를 불허하자 원고가 소원을 제기하여 그 취소처분의 재결을 받은 후 다시 그 허가신청을 하였으나 도지사가 이번에는 농지의 보전 및 이용에 관한 법률에 의한 관점에서 불허가하였다면 위 2개의 행정처분은 각 그 내용을 달리하는 것이고 후행정처분이 선행정처분의 필연적 결과로서 행해졌거나 기타 양 행정처분이 상호 일련의 상관관계가 있다고 할 수 없으므로 후의 행정처분에 대하여 행정소송을 제기하려면선 행정처분에 대한 소원과는 별도의 전치절차를 밟아야 한다[대판 전원합의체 1981.1.27, 80누447(농지일시전용허가불허가처분취소)]. 〈해설〉 동일한 내용의 처분이라도 처분사유가 다르면 다른 처분이 된다.

'같은 목적을 위하여 단계적으로 진행되는 처분'이라 함은 동일한 행정 목적을 위하여 행해지는 둘 이상의 서로 연속되는 처분을 말한다.

③ 행정청이 사실심의 변론종결 후 소송의 대상인 처분을 변경하여 당해 변경된 처분에 관하여 소를 제기하는 때
④ 처분을 행한 행정청이 행정심판을 거칠 필요가 없다고 잘못 알린 때

V. 행정심판전치주의의 이행 여부의 판단

1. 적법한 행정심판청구

행정심판전치주의의 요건을 충족하기 위하여는 행정심판이 적법하여야 한다.

판례 1	부적법한 행정심판청구가 있었음에도 재결청이 과오로 본안에 대하여 재결한 때에도 행정심판을 거친 것으로 볼 수 없다[대판 1991.6.25, 90누8091(초임호봉획정처분취소)].
판례 2	적법한 심판청구를 재결청이 잘못 각하한 경우에는 행정심판전치의 요건을 충족한 것으로 보아야 한다[대판 1990.10.12, 90누2383(법인세 등 부과처분취소)].

2. 직권조사사항

행정심판의 전치는 항고소송의 소송요건이므로 법원의 직권조사사항에 속한다.

3. 판단의 기준시

행정심판전치주의의 요건을 충족하였는지의 여부는 사실심변론종결시를 기준으로 판단하여야 한다[대판 1987.4.28, 86누29(증여세부과처분취소); 대판 1987.9.22, 87누176(요양결정처분취소)]. 즉, 행정소송 제기시에는 행정심판전치주의의 요건이 충족되지 않았더라도 사실심변론종결시까지 행정심판전치주의의 요건을 충족하면 된다.

제7절 관할법원

Ⅰ. 항고소송의 관할법원

취소소송의 제1심 관할법원은 피고의 소재지를 관할하는 행정법원으로 한다(제9조 제1항). 다만, ① 중앙행정기관, 중앙행정기관의 부속기관과 합의제행정기관 또는 그 장 또는 ② 국가의 사무를 위임 또는 위탁받은 공공단체 또는 그 장이 피고인 경우 그 피고에 대하여 취소소송을 제기하는 경우에는 해당 중앙행정기관 등의 소재지를 관할하는 행정법원뿐만 아니라 대법원소재지를 관할하는 행정법원에도 제기할 수 있다(제9조 제2항).

토지의 수용 기타 부동산 또는 특정의 장소에 관계되는 처분 등에 대한 취소소송은 그 부동산 또는 장소의 소재지를 관할하는 행정법원에 이를 제기할 수 있다(법 제9조 제3항).

행정법원이 설치되지 않은 지역에 있어서의 행정법원의 권한에 속하는 사건은 행정법원이 설치될 때까지 해당 지방법원본원이 관할한다(법원조직법 부칙 제2조). 그런데 현재 서울에만 행정법원이 설치되었을 뿐이다.

따라서 행정법원이 설치된 지역(서울지역)에서는 행정법원, 행정법원이 설치되지 않은 지역(서울 이외의 지역)에서는 해당 지방법원 본원이 제1심 관할법원이 된다.

다만, 독점규제 및 공정거래에 관한 법률에 의한 공정거래위원회의 처분에 대한 불복의 소(항고소송)의 제1심은 공정거래위원회의 소재지를 관할하는 서울고등법원의 전속관할이다(독점규제 및 공정거래에 관한 법률 제55조).

특허심판원의 심결(결정)에 불복하는 경우 고등법원급 전문법원인 특허법원에 심결 또는 결정의 취소를 구하는 소를 제기하고, 특허법원의 판결에 불복하고자 하는 자는 대법원에 상고할 수 있다(특허법 제186조).

Ⅱ. 당사자소송의 관할법원

당사자소송의 관할법원은 취소소송의 경우와 같다. 다만, 국가 또는 공공단체가 피고인 경우에는 관계행정청의 소재지를 피고의 소재지로 본다(행정소송법 제40조). 여기에서 '관계행정청'이라 함은 형식적 당사자소송의 경우에는 당해 법률관계의 원인이 되는 처분을 한 행정청을 말하고, 실질적 당사자소송에서는 당해 공법상 법률관계에 대하여 직접적인 관계가 있는 행정청을 말한다.

Ⅲ. 행정소송의 관할의 성격: 전속관할

행정소송의 관할은 행정법원의 전속관할이므로 민사법원은 계쟁사건의 관할이 행정법원인 경우 당해 사건을 행정법원으로 이송하여야 한다. 계쟁행정사건의 관할이 행정법원이 아니라 지방법원인 경우에는 그러하지 아니하다.

Ⅳ. 관할위반의 효력

판례는 민사소송으로 제기할 것을 당사자소송으로 서울행정법원에 제기하여 관할 위반이 되었더라도 피고가 관할위반이라고 항변하지 아니하고 본안에 대하여 변론을 한 경우에는 법원에 변론관할이 생겼다고 본다[대판 2013.2.28, 2010두22368(환매대금증감)].

> **판례**
>
> 민사소송인 이 사건 소(환매대금증감청구소송)가 서울행정법원에 제기되었는데도 피고는 제1심 법원에서 관할위반이라고 항변하지 아니하고 본안에 대하여 변론을 한 사실을 알 수 있는바, 공법상의 당사자 소송 사건인지 민사사건인지 여부는 이를 구별하기가 어려운 경우가 많고 행정 사건의 심리절차에 있어 서는 행정소송의 특수성을 감안하여 행정소송법이 정하고 있는 특칙이 적용될 수 있는 점을 제외하면 심리절차면에서 민사소송절차와 큰 차이가 없는 점 등에 비추어 보면, 행정소송법 제8조 제2항, 민사소송법 제30조에 의하여 제1심법원에 변론관할이 생겼다고 봄이 상당하다. 그렇다면 이 사건 소송이 공법상 당사자소송에 해당한다고 판단한 원심판결에 는 당사자소송에 관한 법리를 오해한 잘못이 있으나, 앞서 본 바와 같이 제1심법원에 변론관할 이 생긴 이상 원심의 위와 같은 잘못은 판결 결과에 영향이 없다. 피고의 이 부분 상고이유 주장 은 이유 없다[대판 2013.2.28, 2010두22368(환매대금증감)].

또한, 행정사건의 심리절차는 행정소송의 특수성을 감안하여 행정소송법이 정하고 있는 특칙이 적용될 수 있는 점을 제외하면 심리절차 면에서 민사소송 절차와 큰 차이가 없으므로, 특별한 사정이 없는 한 민사사건을 행정소송 절차로 진행한 것 자체는 위법하다고 볼 수 없다(대판 2018.2.13, 2014두11328).

이에 반하여 행정소송법상 항고소송으로 제기하여야 할 사건을 민사소송으로 잘못 제기한 경우에 수소법원이 그 항고소송에 대한 관할도 동시에 가지고 있다면, 전심절차를 거치지 않았거나 제소기간을 도과하는 등 항고소송으로서의 소송요건을 갖추지 못했음이 명백하여 항고소송으로 제기되었더라도 어차피 부적법하게 되는 경우가 아닌 이상, 원고로 하여금 항고소송으로

소 변경을 하도록 석명권을 행사하여 행정소송법이 정하는 절차에 따라 심리·판단하여야 한다(대판 2020.4.9, 2015다34444). 그리고 항고소송으로 제기하여야 할 사건을 민사소송으로 잘못 제기한 경우에 수소법원이 행정소송에 대한 관할을 가지고 있지 아니하다면 당해 소송이 이미 행정소송으로서의 전심절차와 제소기간을 도과하였거나 행정소송의 대상이 되는 처분 등이 존재하지도 아니한 상태에 있는 등 행정소송으로서 소송요건을 결하고 있음이 명백하여 행정소송으로 제기되었더라도 어차피 부적법하게 되는 경우가 아닌 이상 이를 부적법한 소라고 하여 각하할 것이 아니라 관할법원에 이송하여야 한다(대판 2017.11.9, 2015다215526 ; 대판 2018.7.26, 2015다221569).

행정소송으로 제기하여야 할 사건을 민사소송으로 잘못 제기한 경우에 수소법원이 그 항고소송에 대한 관할도 동시에 가지고 있다면, 전심절차를 거치지 않았거나 제소기간을 도과하는 등 항고소송으로서의 소송요건을 갖추지 못했음이 명백하여 항고소송으로 제기되었더라도 어차피 부적법하게 되는 경우가 아닌 이상, 원고로 하여금 행정소송으로 소 변경을 하도록 석명권을 행사하여 행정소송법이 정하는 절차에 따라 심리·판단하여야 한다(대판 2020.1.16, 2019다264700).

행정소송으로 서울행정법원에 제기할 것을 민사소송으로 지방법원에 제기하여 판결이 난 경우에는 전속관할 위반이고 행정소송절차에 의하여야 할 것을 민사소송절차에 의한 것이므로 관할 위반이라고 항변하지 아니하고 본안에 대하여 변론을 하였더라도 법원에 변론관할이 생겼다고 볼 수 없고, 대법원은 원심판결을 파기하고, 제1심판결을 취소하고 사건을 다시 심리·판단하게 하기 위하여 관할법원인 서울행정법원에 이송하여야 한다.

| 판례1 | 개정 하천법 부칙 제2조 또는 특별조치법 제2조에 의한 손실보상청구를 당사자소송으로 보고, 원심 및 제1심이 원고들의 이 사건 청구가 민사소송의 대상임을 전제로 민사소송절차에 의하여 심리·판단한 것은 특별조치법 제2조 소정의 손실보상청구권의 법적 성질 및 그 소송절차에 관한 법리를 오해한 위법이 있다고 하면서 상고이유에 대한 판단을 생략한 채 직권으로 원심판결을 파기하고, 제1심판결을 취소하니, 사건을 다시 심리·판단하게 하기 위하여 관할법원인 서울행정법원에 이송하기로 한 사례[대판 전원합의체 2006.5.18, 2004다6207(보상청구권확인)]. |
| 판례2 | [1] KAI(한국항공우주산업)와 정부가 체결한 '한국형 헬기 개발사업에 대한 물품·용역협약'은 공법상 계약이다. [2] KAI(한국항공우주산업)이 대한민국에 '한국형 헬기 개발사업'을 하다 발생한 초과비용 126억원을 청구하는 민사소송을 대법원이 민사재판이 아닌 행정재판으로 다시 하도록 |

판례 2	서울행정법원에 이송한 사례(대판 2017.11.9, 2015다215526). 〈해설〉 1, 2심 법원은 사법상 계약으로 보았다. '한국형 헬기 개발사업에 대한 물품·용역협약'을 단순한 물품조달계약으로 보면 사법상 계약으로 볼 수 있지만, 연구개발계약으로 본다면 공법상 계약으로 보는 것이 타당하다.
판례 3	**[국방연구개발용역을 수행한 원고가 연구개발확인서의 발급을 신청하였다가 거부되자, 민사소송으로 연구개발확인서의 발급절차 이행을 청구한 사건]** [1] 국방연구개발발전업무훈령에 따른 연구개발확인서 발급 및 그 거부는 행정소송법상 처분(확인적 행정행위)이다. [2] 국방연구개발용역을 수행한 원고는 전력지원체계 개발을 위한 용역계약에 따라 연구개발사업을 수행한 다음, 육군본부 전력지원체계사업단에 국방전력발전업무훈령에 따른 연구개발확인서 발급을 신청하였으나, 육군본부 전력지원체계사업단장은 이 사건 거부회신을 한 경우 그 거부처분을 다투는 항고소송을 제기하여야 함에도 원고는 육군본부 전력지원체계사업단장이 속한 법인격주체인 피고 대한민국을 상대로 이 사건 용역계약에 따른 연구개발확인서 발급절차를 이행하라고 청구는 민사소송을 제기한 사안에서 이 사건 제1심법원 및 원심법원은, 이 사건 거부회신이 항고소송의 대상인 '거부처분'에 해당한다는 점을 간과한 채, 이 사건 소가 용역계약에 따른 의무 이행을 청구하는 민사소송에 해당한다는 전제에서, 본안판단으로 나아가 피고 대한민국에게 연구개발확인서 발급의무가 없다고 판단하였지만, 대법원은, 이 사건 제1심법원인 대전지방법원 합의부와 원심법원인 대전고등법원 합의부는 이 사건 소가 행정소송법상 항고소송일 경우의 제1심, 항소심 재판의 관할도 동시에 가지고 있으므로 관할위반의 문제는 발생하지 아니하지만, 원심으로서는 원고로 하여금 행정소송법상 취소소송으로 소 변경을 하도록 석명권을 행사하여 행정소송법이 정하는 절차에 따라 이 사건 거부회신이 적법한 거부처분인지 여부를 심리·판단하였어야 한다고 보아 파기환송한 사례(대판 2020.1.16, 2019다264700).
판례 4	[1] 지방법무사회의 법무사사무원 채용승인 거부처분 또는 채용승인 취소처분은 행정소송법상 처분이다. [2] 민사법원(1심 및 원심)은 법무사사무원이 지방법무사회를 상대로 법무사사무원 채용승인 취소처분의 무효확인을 구하는 이 사건 소가 민사소송에 해당한다는 전제에서 본안판단으로 나아가 지방법무사회의 채용승인 취소처분에 절차상·실체상 하자가 없다고 보아 원고의 청구를 기각하였으나 대법원은 원심이 항고소송의 대상인 처분과 쟁송방법에 관한 법리를 오해하였다는 이유로 파기환송한 사례임(대판 2020.4.9, 2015다34444).

> [1] 이 사건 신항개발사업의 시행지구 인근 해역에서 허가어업을 영위한 원고가 이 사건 신항개발사업으로 인하여 취득하게 되는 손실보상청구권은 구 신항만건설촉진법이 준용하는 구 공익사업법 제76조 및 구 공익사업법 시행규칙 제44조 제4항, 제63조에 직접 근거하여 발생하는 것이므로, 원고는 구 공익사업법 제34조, 제50조 등에 규정된 재결절차를 거친 다음 그 재결 등에 대하여 불복이 있는 때에 비로소 행정소송의 방법으로 손실보상금의 지급을 구할 수 있고, 구 공익사업법에 의한 손실보상청구권이 인정되는 이상 구 수산업법 등 손실보상 관련 법령의 유추적용에 의하여 손실보상청구권을 인정할 여지는 없다. [2] 다만 이 사건에서 원고의 청구원인을 살펴보아도 손실보상금의 지급을 구하는 권원이 무엇인지 명확하지 않고, 원심은 원고의 주장에 불법행위책임을 묻는 취지도 포함되어 있다고 판단한 것으로 보인다. 피고가 사전 손실보상의무가 있음에도 이를 이행하지 아니하고 이 사건 신항개발사업을 시행함으로써 원고의 허가어업에 실질적이고 현실적인 침해를 가하였다면 이는 불법행위를 구성하고(대판1998.4.14, 95다15032, 15049; 대판 1999.11.23, 98다11529 등 참조) 원고로서는 공법상 손실보상청구와는 별개로 그로 인한 손해배상청구를 할 수 있을 것이나, 이 때의 권리행사는 민사소송에 의하여야 할 것이다. 따라서 행정소송과 민사소송의 관할을 동시에 가지고 있는 원심으로서는 원고의 청구원인이 무엇인지를 구체적으로 석명함으로써 합당한 소송형태를 갖추도록 하여 그에 맞는 소송절차에 따라 심리·판단하여야 하고, 원고의 청구가 피고의 불법행위책임을 묻는 취지라면 피고가 사전 손실보상의무가 있는 공익사업의 시행자에 해당하거나 혹은 그와 함께 손해배상책임을 부담하는 지위에 있는지 여부 등에 유의하여 심리할 필요가 있다[대판 2014.5.29, 2013두12478(어업손실보상금)].

　행정소송으로 지방법원에 제기할 것을 민사소송으로 지방법원에 제기하여 판결이 난 경우에는 관할위반은 아니지만 행정소송절차에 의하여야 할 것을 민사소송절차에 의한 것이므로 대법원은 원심판결을 파기하고, 제1심판결을 취소하고 사건을 다시 심리·판단하게 하기위하여 제1심법원인 지방법원에 이송하여야 한다.

　따라서, 민사소송의 대상인지 당사자소송의 대상인지가 모호한 경우에는 실무상 당사자소송으로 제기하는 것이 관할 위반으로 인한 패소를 피할 수 있다.

제4장 행정소송에서의 가구제

[문 제] 사법시험 제1차 시험 불합격처분에 대한 집행정지신청 등 가구제를 논하시오.

제1항 개 설

　가구제라 함은 소송의 실효성을 확보하기 위하여 본안판결 확정 전에 잠정적으로 행해지는 원고의 권리를 보전하기 위한 수단을 말한다.

　현행 행정소송법은 집행정지만 규정하고 가처분에 관한 규정을 두고 있지 않은데, 민사집행법상의 가처분을 행정소송에도 준용하여 수익적 처분의 신청에 대한 거부처분에 대하여 적극적으로 임시의 지위를 정하는 가처분을 인정할 수 있는지 그리고 예상되는 침해적 처분에 대하여 당해 처분의 잠정적 금지를 구하는 가처분을 인정할 수 있는지에 관하여 논의가 있다. 또한 당사자소송에 민사집행법상의 가처분이나 가압류가 준용될 수 있는지도 문제된다.

제2항 행정소송법상의 집행정지　　　　　　　　　　　　　　[1999 공인노무사]

Ⅰ. 집행부정지의 원칙

　취소소송의 제기는 처분 등의 효력이나 그 집행 또는 절차의 속행에 영향을 주지 아니한다(법 제23조 제1항). 이와 같이 위법한 처분 등을 다투는 항고소송이 제기된 경우에도 처분 등의 효력을 잠정적으로나마 정지시키지 않고 처분 등의 후속적인 집행을 인정하는 것을 '집행부정지의 원칙'이라 한다. 이와 같이 현행 행정소송법이 집행부정지의 원칙을 채택한 것은 행정목적의 실효적인 달성을 보장하기 위한 것이다.

Ⅱ. 예외적인 집행정지

　집행부정지의 원칙을 엄격히 적용하는 경우에는 행정소송을 제기하여 승소한 경우에도 이미 처분이 집행되는 등의 사정에 의해 회복할 수 없는 손해를 입게 되어 권리구제가 되지 못하는 경우가 있게 되므로 행정소송법은 행정구제의 실효성을 확보하기 위하여 다음과 같이 일정한 요건을 갖춘 경우 예외적으로 집행정지를 인정하는 규정을 두고 있다.

> **제23조(집행정지)**
> ① 취소소송의 제기는 처분 등의 효력이나 그 집행 또는 절차의 속행에 영향을 주지 아니한다.
> ② 취소소송이 제기된 경우에 처분 등이나 그 집행 또는 절차의 속행으로 인하여 생길 회복하기 어려운 손해를 예방하기 위하여 긴급한 필요가 있다고 인정할 때에는 본안이 계속되고 있는 법원은 당사자의 신청 또는 직권에 의하여 처분 등의 효력이나 그 집행 또는 절차의 속행의 전부 또는 일부의 정지(이하 '집행정지'라 한다)를 결정할 수 있다. 다만, 처분의 효력정지는 처분 등의 집행 또는 절차의 속행을 정지함으로써 목적을 달성할 수 있는 경우에는 허용되지 아니한다.

독일 등에서와 같이 항고소송이 제기되면 자동적으로 집행정지효과가 발생하는 것을 원칙으로 하고, 일정한 요건을 갖춘 경우 예외적으로 즉시집행을 인정하는 입법례도 있다.

Ⅲ. 집행정지의 요건　　　　　　　　　　　　　　　[2012 공인노무사]

1. 신청요건
집행정지신청이 신청요건을 결여하여 부적법하면 각하된다.

(1) 정지대상인 처분 등의 존재

1) 정지대상인 처분
행정소송법상의 집행정지는 종전의 상태, 즉 원상을 회복하여 유지시키는 소극적인 것이며 종전의 상태를 변경시키는 적극적인 조치로 활용될 수 없다. 따라서 집행정지는 **침해적 처분**을 대상으로 하여 인정되며 ① 처분 전(前)이거나 ② 부작위 또는 ③ 처분 소멸 후(後)에는 회복시킬 대상이 없으므로 허용되지 아니한다. 그리하여 집행정지가 허용될 수 있는 본안소송은 취소소송과 무효등 확인소송이며 부작위위법확인소송은 제외된다.

2) 거부처분
[2007 행시(일반행정) 사례, 2004 사시 사례 약술형, 논거 제시형, 2011 행시(재경직) 사례 약술형]

거부처분에 대하여 집행정지가 가능한지에 관하여 견해의 대립이 있다.

가. 부정설
통설은 침해적 처분만이 행정소송법상의 집행정지의 대상이 된다고 보고, 수익적 행정처분의 신청에 대한 거부처분은 집행정지의 대상이 되지 않는다고 본다. 다만, 부정설 중에는 거부처분에 대해 가처분이 가능하다는 견해도 있다.

그 이유는 거부처분 자체는 국민의 권리의무에 구체적 변동을 가져오는 것은 아니고 집행정지는 신청 전의 상태를 그대로 지속시키는 것에 지나지 않는 것이며, 거부처분에 대하여 설령 집행정지가 행하여진다고 하더라도 그것에 의하여 거부처분이 행하여지지 아니한 상태가 회복될 뿐이며 당해 신청이 허가된 것과 동일한 상태가 실현되거나 행정청이 신청에 따르는 처분을 하여야 할 의무를 부담하는 것이 아니므로(기속력에 관한 행정소송법 제30조 제2항은 집행정지의 결정에 준용되지 아니한다) 거부처분의 집행정지로서는 허가신청이 거부됨으로써 신청인이 입게 될 손해를 피하는 데 아무런 보탬이 되지 않고, 따라서 신청인에게 집행정지 신청의 이익이 없다는 것이다.

판례도 이러한 입장을 취하고 있다[대결 1962.6.29, 자 62누9; 대결 1991.5.2, 자 91두15(접견허가거부처분효력정지)].

> **판례**
> 신청에 대한 거부처분의 효력을 정지하더라도 거부처분이 없었던 것과 같은 상태, 즉 거부처분이 있기 전의 신청시의 상태로 되돌아가는 데에 불과하고 행정청에게 신청에 따른 처분을 하여야 할 의무가 생기는 것이 아니므로, 거부처분의 효력정지는 그 거부처분으로 인하여 신청인에게 생길 손해를 방지하는 데 아무런 보탬이 되지 아니하여 그 효력정지를 구할 이익이 없다[대결 1995.6.21, 자 95두26(점검필증교부거부처분효력정지)].

나. 예외적 긍정설

이 견해는 거부처분의 집행정지에 의하여 거부처분이 행하여지지 아니한 상태로 복귀됨에 따라 신청인에게 어떠한 법적 이익이 있다고 인정되는 경우가 있을 수 있고, 그러한 경우에는 예외적으로 집행정지신청의 이익이 있다고 할 것이며 따라서 집행정지 신청을 인정하여야 한다는 견해이다(서울고법 1991.10.10, 91부450).

다. 긍정설

이 견해는 집행정지결정에는 기속력이 인정되므로 거부처분의 집행정지에 따라 행정청에게 잠정적인 재처분의무가 생긴다고 볼 수 있으므로 거부처분의 집행정지의 이익이 있다고 보는 견해이다.

라. 결 어(예외적 긍정설)

행정소송법상 집행정지결정에는 기속력에 관한 일반규정인 제30조 제1항만이 준용되고, 재처분의무를 정하고 있는 동법 제30조 제2항은 준용되고 있지 않으므로 긍정설은 타당하지 않다. 예외적 긍정설이 현행 집행정지제도가 갖고 있는 기능적 한계를 집행정지신청의 이익에 관한 해석론에 의해 극복하여 권리구제의 실효성을 확보하고자 하는 것이므로 타당하다고 생각된다.

거부처분이라 하더라도 집행정지의 신청의 이익이 있다고 볼 수 있는 경우로는 ① 연장허가신청에 대한 거부처분이 있을 때까지 권리가 존속한다고 법에 특별한 규정이 있는 경우, ② 특별한 규정이 없는 경우에도 인허가 등에 붙여진 기간이 허가조건의 존속기간이라고 볼 수 있는 경우[7], ③ 1차시험 불합격처분(서울행법 2003.1.14, 2003아957) 또는 응시자격이 없다는 것을 이유로 한 원서반려처분(서울행법 2000아120), ④ 외국인 체류연장신청거부(이 경우 거부처분이 집행정지되면 강제출국 당하지 않을 이익이 있다) 등이 있다. ③의 경우의 불합격처분을 응시자격을 박탈하는 침익처분으로 볼 수 있다는 견해도 있다[백윤기, 행정판례연구회 (2003.3.21) 발표문].

3) 후행처분

취소소송의 대상이 되는 처분의 집행정지를 구하는 것이 원칙이지만, 후행처분이 선행처분의 절차의 속행이라고 여겨지는 경우에는 선행처분의 취소소송을 본안으로 하여 후행처분의 집행정지를 청구할 수 있다. 선행처분과 후행처분이 동일한 법적 효과를 목표로 하는 경우, 즉 위법성이 승계되는 경우(예 대집행의 계고와 대집행영장에 의한 통지) 및 후행처분이 선행처분의 집행의 성질을 가지는 경우(예 과세처분과 체납처분, 철거 명령과 대집행의 계고처분)가 이에 해당한다.

---

7) 예를 들면, 투전기업소허가에 있어서 존속기간을 정하고 그것의 갱신허가제를 채택한 것은 그 기간만료로 인허가의 효력을 바로 소멸시키려는 취지라기보다는 그 존속기간이 지날 때마다 허가의 전제요건을 다시 한번 점검하여 보려는 취지라고 할 것이다. 이러한 경우에 허가 의 존속기간 내에 갱신허가신청을 제출하지 아니하여 더 이상 그 사업을 계속하지 아니하려는 의사를 분명히 한 경우에는 그 허가의 효력은 기간만료로 종료되는 것으로 보아야 하겠지만, 허가의 종료 전에 갱신의 허가를 신청한 경우에는 허가청에서 기존조건의 존속 여부를 검토하여 판단이 내려지기까지는 비록 원래의 허가기간이 경과되었더라도 잠정적으로 허가된 행위를 행할 수 있다고 보는 것이 법령의 취지에 맞는다고 할 것이다. 따라서 이러한 경우에는 비록 불허가처분이 행하여졌다 하더라도 상대방이 이에 불복하는 경우에는 불허가처분의 취소소송과 함께 집행정지 신청을 하여 집행정지에 의하여 잠정적으로 허가된 행위를 행하도록 할 수 있다고 보는 것이 갱신허가제를 채택한 법의 취지에 맞다고 할 것이다. 따라서 이러한 경우에는 집행정지 신청의 이익을 인정할 수 있을 것이다. 현행 게임산업진흥에 관한 법률에 의하면 청소년이용불가 게임물을 이용하는 게임장은 3년 단위로 허가하도록 하고 있다.

4) 부 관

부관이 본체인 행정행위에 있어 본질적인 것이 아닌 경우에는 부관만이 집행정지의 대상이 될 수 있다.

(2) 적법한 본안소송의 계속

행정소송법상의 집행정지는 민사소송에서의 가처분과는 달리 적법한 본안소송이 계속중일 것을 요한다.

집행정지의 신청은 원칙상 본안소송의 제기후 또는 적어도 본안소송의 제기와 동시에 하여야 하지만, 집행정지의 신청이 본안소송보다 먼저 행해진 경우에도 신청에 대한 결정전에 본안소송이 제기되면 하자가 보완된다. 실무에 있어서는 통상 본안 소송의 제기와 집행정지신청이 동시에 행해진다.

계속된 본안소송은 소송요건(행정심판전치, 제소기간 등)을 갖춘 적법한 것이어야 한다[대결 1999.11.26, 자 99부3(집행정지); 대결 2010.11.26, 자 2010무137(부정당업자제재처분효력정지)]. 본안소송의 요건은 집행정지의 신청에 대한 결정전에 갖추어지면 된다.

(3) 신청인적격

집행정지를 신청할 수 있는 자는 본안소송의 당사자이다. 신청인은 '법률상 이익'이 있는 자이어야 한다. 집행정지신청요건인 법률상 이익은 항고소송의 요건인 '법률상 이익'과 동일하다. 제3자효행정행위에서 소송당사자인 제3자의 집행정지신청도 가능하다는 것이 일반적 견해이며 판례의 입장이다.

> **판례**
>
> [1] 행정처분에 대한 효력정지신청을 구함에 있어서도 이를 구할 법률상 이익이 있어야 하는 바, 이 경우 법률상 이익이라 함은 그 행정처분으로 인하여 발생하거나 확대되는 손해가 당해 처분의 근거법률에 의하여 보호되는 직접적이고 구체적인 이익과 관련된 것을 말하는 것이고 단지 간접적이거나 사실적·경제적 이해관계를 가지는 데 불과한 경우는 여기에 포함되지 않는다.
>
> [2] 경쟁 항공회사에 대한 국제항공노선면허처분으로 인하여 노선의 점유율이 감소됨으로써 경쟁력과 대내외적 신뢰도가 상대적으로 감소되고 연계노선망개발이나 타항공사와의 전략적 제휴의 기회를 얻지 못하게 되는 손해를 입게 되었다고 하더라도 위 노선에 관한 노선면허를 받지 못하고 있는 한 그러한 손해는 법률상 보호되는 권리나 이익침해로 인한 손해라고는 볼 수 없으

> **판례** 므로 처분의 효력정지를 구할 법률상 이익이 될 수 없다. [3] 경쟁 항공회사에 대한 국제항공노 선면허처분이 효력정지되면 행정청으로부터 항공법상의 전세운항계획에 관한 인가를 받아 취 항할 수 있게 되는 지위를 가지게 된다고 하더라도, 행정청이 위 인가를 하여 줄 법률상 의무 가 발생하는 것이 아니고, 다만 경쟁 항공회사와 함께 인가를 신청할 수 있음에 그치는 것이 며, 그 인가 여부는 다시 행정청의 별도의 처분에 맡겨져 있으므로 위와 같은 이익은 처분의 효 력정지를 구할 수 있는 법률상 이익이라고 할 수 없다[대결 2000.10.10, 자 2000무17(집행정지)].
> 〈해설〉 이 사건에서 신청인은 경원관계에 있지 않다. 즉 신청인은 노선면허신청을 경합한 자도 아니고, 노선면허의 전제가 된 운수권배분을 신청한 자도 아니다.

(4) 신청이익

신청이익이라 함은 집행정지결정으로 현실적으로 보호될 수 있는 이익을 말한다. 달리 말하 면 집행정지결정의 현실적 필요성을 말하며 본안소송에서 협의의 소의 이익에 대응하는 것이다.

> **판례** 미결수용중 다른 교도소(안양교도소로부터 진주교도소로 이송)로 이송된 피고인이 그 이송처분의 취소를 구하는 행정소송을 제기하고 아울러 그 효력정지를 구하는 신청을 제기한 데 대하여 법 원에서 위 이송처분의 효력정지신청을 인용하는 결정을 하였고 이에 따라 신청인이 다시 이송 되어 현재 위 이송처분이 있기 전과 같은 교도소(안양교도소)에 수용중이라 하여도 이는 원심의 효력정지 결정에 의한 것이어서 그로 인하여 효력정지신청이 그 신청의 이익이 없는 부적법한 것으로 되는 것은 아니다[대판 1992.8.7, 92두30(이송처분효력정지)].

전술한 바와 같이 판례는 거부처분의 경우 집행정지의 이익이 없는 것으로 보고 있지만(부정 설), 허가조건의 존속기간이 붙은 허가의 갱신거부처분 등의 경우에는 집행정지신청의 이익이 있는 것으로 보아야 한다(제한적 긍정설).

2. 본안요건

(1) 회복하기 어려운 손해발생의 우려

회복하기 어려운 손해라 함은 특별한 사정이 없는 한 금전으로 보상할 수 없는 손해를 말하는 데, **'금전으로 보상할 수 없는 손해'**라 함은 금전보상이 불가능한 경우뿐만 아니라 금전보상으 로는 사회관념상 행정처분을 받은 당사자가 참고 견딜 수 없거나 또는 참고 견디기가 현저히 곤란한 경우의 유형·무형의 손해를 말한다[대결 1987.6.23, 자 86두18(주유취급소위험물저장취급시설허가취소처분, 효력정지가처분); 대결 2003.10.9, 자 2003무23(집행정지)].

회복하기 어려운 손해는 신청인의 개인적 손해에 한정되고, 공익상 손해 또는 신청인 외에 제3자가 입은 손해는 포함되지 않는다(서울행법 2010.3.12, 2009아3749).

판례1	예산회계법에 의한 부정사업자 입찰자격정지처분으로 본안소송이 종결될 때까지 입찰참가 불능으로 입은 손해는 쉽사리 금전으로 보상할 수 있는 성질의 것이 아니다[대결 1986.3.21, 자 86두5(행정처분효력정지)].
판례2	상고심에 계속중인 형사피고인을 안양교도소로부터 진주교도소로 이송하면 회복하기 어려운 손해가 발생할 염려가 있다[대판 1992.8.7, 92두30(이송처분효력정지)].
판례3	**기업의 손해가 '회복하기 어려운 손해'에 해당하기 위한 요건:** 항정신병 치료제의 요양급여 인정기준에 관한 보건복지부 고시(처분)의 효력이 계속 유지됨으로 인한 제약회사의 경제적 손실, 기업 이미지 및 신용의 훼손으로 인한 손해가 금전으로 보상될 수 없어 회복하기 어려운 손해에 해당한다고 하기 위해서는 그 경제적 손실이나 기업 이미지 및 신용의 훼손으로 인하여 사업자의 자금사정이나 경영전반에 미치는 파급효과가 매우 중대하여 사업 자체를 계속할 수 없거나 중대한 경영상의 위기를 맞게 될 것으로 보이는 등의 사정이 존재하여야 한다(대결 2003.10.9, 자 2003무23: 항정신병 치료제의 요양급여 인정기준에 관한 보건복지부 고시의 효력이 계속 유지됨으로 인한 제약회사의 경제적 손실, 기업 이미지 및 신용의 훼손은 '회복하기 어려운 손해'에 해당하지 않는다고 한 사례).
판례4	국토해양부 등에서 발표한 '대강 살리기 마스터플랜'에 따른 '한강 살리기 사업'구간 인근에 거주하는 주민들이 각 공구별 사업실시계획승인처분에 대한 효력정지를 신청한 사안에서, 위 사업구간에 편입되는 팔당지역 농지 대부분이 국가 소유의 하천부지이고, 유기농업에 종사하는 주민들 대부분은 국가로부터 하천점용허가를 받아 경작을 해온 점, 위 점용허가의 부관에 따라 허가를 한 행정청은 공익상 또는 법령이 정하는 것에 따르거나 하천정비사업을 시행하는 경우 허가변경·취소 등을 할 수 있는 점 등에 비추어, 주민들 중 환경영향평가대상지역 및 근접 지역에 거주하거나 소유권 기타 권리를 가지고 있는 사람들이 위 사업으로 인하여 토지 소유권 기타 권리를 수용당하고 이로 인하여 정착지를 떠나 타지로 이주를 해야 하며 더 이상 농사를 지을 수 없게 되고 팔당지역의 유기농업이 사실상 해체될 위기에 처하게 된다고 하더라도, 그러한 손해는 행정소송법 제23조 제2항에서 정하고 있는 효력정지 요건인 금전으로 보상할 수 없거나 사회관념상 금전보상으로는 참고 견디기 어렵거나 현저히 곤란한 경우의 유·무형 손해에

판례
4 해당하지 않는다고 본 원심판단을 수긍한 사례[대결 전원합의체 결정 2011.4.21. 자 2010무111(4대강(한강)사건)].

세금부과처분 등 금전부과처분에 따라 부과된 금전을 납부함으로 인하여 받는 손해는 본안소송에서 부과처분이 취소되면 그 반환을 청구할 수 있으므로 통상 '회복하기 어려운 손해'라고 볼 수 없지만, 경우에 따라서는 금전납부로 인하여 받는 손해가 '회복하기 어려운 손해'에 해당할 수 있다.

판례는 금전부과처분이 사업자의 자금사정이나 경영전반에 미치는 파급효과가 매우 중대한 경우 그로 인한 손해는 회복하기 어려운 손해에 해당한다고 보았다(대결 2001.10.10. 자 2001무29).

판례 과징금납부명령의 처분이 사업자의 자금사정이나 경영전반에 미치는 파급효과가 매우 중대하다는 이유로 그로 인한 손해는 '회복하기 어려운 손해'에 해당한다고 한 사례[대결 2001.10.10. 자 2001무29(효력정지)].

'회복하기 어려운 손해'의 주장·소명책임은 신청인에게 있다[대결 1999.12.20. 자 99무42(시정명령 등 효력정지)]. 행정소송법 전면개정안에서는 '회복하기 어려운 손해'를 '중대한 손해'로 요건을 완화하였다.

(2) 긴급한 필요의 존재

'긴급한 필요'라 함은 회복하기 어려운 손해의 발생이 절박하여 손해를 회피하기 위하여 본안판결을 기다릴 여유가 없는 것을 말한다(대결 2014.1.23. 자 2011무178).

판례 [시장이 도시환경정비구역을 지정하였다가 해당구역 및 주변지역의 역사·문화적 가치 보전이 필요하다는 이유로 정비구역을 해제하고 개발행위를 제한하는 내용을 고시함에 따라 사업시행예정구역에서 설립 및 사업시행인가를 받았던 甲 도시환경정비사업조합에 대하여 구청장이 조합설립인가를 취소하자, 甲 조합이 정비구역 해제 고시의 무효확인과 인가취소처분의 취소를 구하는 소를 제기하고 판결 선고 시까지 각 처분의 효력 정지를 신청한

> **사건]** 정비구역 지정이 취소되고 이에 대하여 불가쟁력이 발생하는 경우 정비사업 시행을 전제
> **판례** 로 하는 후속 처분들은 모두 그 의미를 상실하게 되고 甲 조합에 대한 조합설립인가 취소처분은
> 甲 조합이 적법하게 취득한 공법인의 지위를 甲 조합의 귀책사유 없이 사후적 사정변경을 이유
> 로 박탈하는 것이어서 신중하게 판단해야 하므로 위 각 처분의 위법성에 관하여 甲 조합이 본안
> 소송에서 주장·증명할 기회가 충분히 보장되어야 하는 점, 각 처분의 효력을 정지하지 않을 경
> 우 甲 조합이 정비사업과 관련한 후속 조치를 실행하는 데 사실상, 법률상 장애가 있게 될 뿐 아
> 니라 시장 및 구청장이나 관계 행정청이 정비사업의 진행을 차단하기 위한 각종 불이익 조치를
> 할 염려가 있는 점 등을 종합하면, 각 처분의 효력을 정지하지 않을 경우 甲 조합에 특별한 귀책
> 사유가 없는데도 정비사업의 진행이 법적으로 불가능해져 甲 조합에 회복하기 어려운 손해가
> 발생할 우려가 있으므로 이러한 손해를 예방하기 위하여 각 처분의 효력을 정지할 긴급한 필요
> 가 있다고 한 사례(대결 2018.7.12, 자 2018무600).

(3) 공공복리에 중대한 영향을 미칠 우려가 없을 것

집행정지는 공공복리에 중대한 영향을 미칠 우려가 있을 때에는 허용되지 아니한다(법 제23조
제3항). 이는 구체적인 경우에 있어서 처분의 집행에 의해 신청인이 입을 손해와 처분의 집행정
지에 의해 영향을 받을 공공복리를 비교형량하여 정하여야 한다.

'공공복리에 중대한 영향을 미칠 우려'의 주장·소명책임은 행정청에게 있다[대결 1999.12.20,
자 99무42(시정명령 등 효력정지)].

(4) 본안청구가 이유 없음이 명백하지 아니할 것

본안청구가 이유 없음이 명백하지 아니할 것이 행정소송법상 명문으로 집행정지의 요건으로
규정되어 있지는 않지만 집행정지의 소극적 요건이 될 것인지에 관하여 학설상 견해의 대립이
있다.

집행정지는 가구제이므로 본안문제인 행정처분 자체의 적법 여부는 그 판단대상이 되지 아니
하는 것이 원칙이지만, 집행정지는 인용판결의 실효성을 확보하기 위하여 인정되는 것이며 행
정의 원활한 수행을 보장하며 집행정지신청의 남용을 방지할 필요도 있으므로 본안 청구가 이
유없음이 명백하지 아니할 것을 집행정지의 소극적 요건으로 하는 것이 타당하다는 것이 일반
적 견해이다. 판례도 이러한 입장을 취하고 있다[대결 1992.8.7, 자 92두30(이송처분효력정지)]. 행
정소송법 전면개정안에서는 이를 명문화하였다.

Ⅳ. 집행정지결정

집행정지의 요건이 충족된 경우에 본안이 계속되고 있는 법원은 당사자의 신청 또는 직권에 의하여 처분 등의 효력이나 그 집행 또는 절차의 속행의 전부 또는 일부의 정지를 결정할 수 있다(법 제23조 제2항).

신청요건을 결여한 경우 각하결정을 내리고, 본안요건이 결여된 경우 기각결정을 내린다.

> **판례**
> 다만, 부적법하여 각하되어야 할 신청을 원심결정이 기각한 경우에도 원심결정이 신청을 배척한 결론에 있어서는 정당하므로, 그 표현상의 잘못을 들어 원심결정을 파기할 것은 아니다[대결 1995.6.21. 자 95두26(점검필증교부거부처분효력정지)].

실무상 집행정지는 심급별로 행해진다. 제1심판결에서 인용판결을 받은 경우 즉시 제1심법원에 집행정지를 신청하고, 이 경우 제1심법원은 집행정지결정을 내려주는 경우가 많다.

Ⅴ. 집행정지결정의 내용

집행정지결정(인용결정)에는 처분의 효력이나 그 집행 또는 절차의 속행의 전부 또는 일부의 정지가 있다(제23조 제2항).

1. 처분의 효력정지

처분의 효력정지라 함은 처분의 효력을 존재하지 않는 상태에 놓이게 하는 것을 말한다.

처분의 효력정지는 처분 등의 집행 또는 절차의 속행을 정지함으로써 목적을 달성할 수 있는 경우에는 허용되지 아니한다(법 제23조 제2항). 따라서 효력정지는 통상 허가의 취소, 영업정지처분과 같이 별도의 집행행위 없이 처분목적이 달성되는 처분에 대하여 행해진다.

2. 처분의 집행정시

처분의 집행정지라 함은 처분의 집행을 정지하는 것을 말한다.

예를 들면, 출국명령을 다투는 사건에서 강제출국을 위한 행정강제를 할 수 없게 하는 것, 철거명령에 대한 집행정지신청에 대해 대집행을 정지시키는 것이다.

3. 절차속행의 정지

절차속행의 정지라 함은 여러 단계의 절차를 통하여 행정 목적이 달성되는 경우에 절차의 속행을 정지하는 것을 말한다.

예를 들면, 대집행영장에 의한 통지를 다투는 사건에서 대집행의 실행을 정지시키는 것이다.

4. 처분의 일부에 대한 집행정지

행정소송법은 처분의 일부에 대한 집행정지도 가능하다고 규정하고 있다. 그런데 계쟁처분이 재량행위인 경우에도 처분의 일부에 대한 집행정지가 처분청의 재량권에 비추어 가능한 것인지 문제된다. 생각건대, 집행정지는 계쟁처분의 효력을 종국적으로 정지시키는 것이 아니라 잠정적으로 집행을 정지하는 것에 그치는 것이므로 처분의 일부에 대한 집행정지가 처분청의 재량권을 침해하는 것은 아닌 것으로 보는 것이 타당하다. 판례도 재량행위인 과징금처분의 일부에 대한 집행정지도 가능한 것으로 보고 있다(대결 2011.5.2, 자 2011무6)[8].

VI. 집행정지의 효력

1. 형성력

집행정지 중 효력정지는 처분의 효력을 잠정적으로 상실시키는 효력을 갖는다. 효력정지는 장래에 향하여 효력을 가지며 소급효가 없다. 따라서 국립대학생퇴학처분의 효력이 정지되어도 수업일수는 장래에 향하여서만 계상된다.

2. 기속력

집행정지결정은 취소판결의 기속력에 준하여 당해 사건에 관하여 당사자인 행정청과 관계행정청을 기속한다(법 제23조 제6항).

> **판례** 집행정지결정을 하였다면 행정청에 의하여 과징금부과처분이 집행되거나 행정청·관계행정청 또는 제3자에 의하여 과징금부과처분의 실현을 위한 조치가 행하여져서는 아니되며, 따라서 부수적인 결과인 가산금 등은 발생되지 아니한다(대판 2003.7.11, 2002다48023).

---

[8] 과징금처분의 일부에 대해 집행정지를 결정한 서울고법 2010.12.27, 2010아165 결정에 대한 공정거래위원회의 재항고에 대해 심리불속행 기각결정을 한 사례.

3. 집행정지 효력의 시적 범위

집행정지결정의 효력은 결정 주문에서 정한 기간까지 존속하다가 그 기간이 만료되면 장래에 향하여 당연히 소멸한다(대판 2020.9.3, 2020두34070).

효력정지결정이 실효되면 효력정지된 계쟁처분의 효력이 되살아나고, 효력정지된 계쟁처분이 금전을 계속적으로 지급하는 금전지급처분 취소처분인 경우 본안소송의 기각판결의 확정에 의해 효력정지결정의 효력이 소멸하고, 금전교부결정 취소처분의 효력이 되살아나면 특별한 사정이 없는 한 행정청으로서는 효력정지기간 동안 교부된 금전의 반환을 명하여야 한다(대판 2017.7.11, 2013두25498).

<table>
<tr><td>판례 1</td><td>[1] 행정소송법 제23조 소정의 처분에 대한 집행정지의 효력의 시적 범위: 집행정지의 효력은 당해 결정의 주문에 표시된 시기까지 존속하다가 그 시기의 도래와 동시에 당연히 소멸한다. [2] 일정한 납부기한을 정한 과징금부과처분에 대한 집행정지결정이 내려진 경우 그 집행정지기간 동안 납부기간이 진행되는지 여부(소극): 일정한 납부기한을 정한 과징금부과처분에 대하여 … 집행정지결정이 내려졌다면 그 집행정지기간 동안은 과징금부과처분에서 정한 과징금의 납부기간은 더 이상 진행되지 아니하고 집행정지결정이 당해 결정의 주문에 표시된 시기의 도래로 인하여 실효되면 그 때부터 당초의 과징금부과처분에서 정한 기간(집행정지결정 당시 이미 일부 진행되었다면 그 나머지 기간)이 다시 진행하는 것으로 보아야 한다. [3] 원고는 1999.5.27. 같은 해 8.3.까지를 납부기한으로 한 이 사건 과징금부과처분을 받고, 같은 해 5.31. 이를 고지받았으나 서울고등법원으로부터 1999.7.2. 이 사건 과징금부과처분에 대하여 본안소송의 판결선고시까지 집행을 정지한다는 내용의 집행정지결정을 받았으므로 과징금의 납부기간은 더 이상 진행하지 아니하고, 본안소송에서 패소한 2001.6 21. 이 사건 집행정지결정의 효력이 상실되어 그 때부터 이 사건 과징금부과처분에서 정한 기간 중 이미 진행된 기간을 제외한 그 나머지 기간이 다시 진행하므로 같은 해 6.26.에 한 이 사건 과징금의 납부는 납부기한 내에 납부한 것이 되어 가산금이 발생하지 아니하였으므로 가산금이 발생하였음을 전제로 한 이 사건 징수처분은 그 하자가 중대하고도 명백한 것이어서 무효라 할 것이다[대판 2003.7.11, 2002다48023(부당이득금)].</td></tr>
<tr><td>판례 2</td><td>[1] 행정소송법 제23조에 의한 효력정지결정의 효력은 결정주문에서 정한 시기까지 존속하고 그 시기의 도래와 동시에 효력이 당연히 소멸한다. [2] 보조금 교부결정의 일부를 취소한 행정청의 처분에 대하여 법원이 효력정지결정을 하면서 주문에서 그 법원에 계속 중인 본안소송의 판결 선고 시까지 처분의 효력을 정지한다고 선언하였을 경우, 본안소송의 판결 선고에 의하여 정지결정의 효력은 소멸하고 이와 동시에 당초의 보조금 교부결정 취소처분의 효력이 당연히 되살아난다. 따라서 효력정지결정의 효력이 소멸하여 보조금교부결정 취소처분의 효력이 되살</td></tr>
</table>

아난 경우, 특별한 사정이 없는 한 행정청으로서는 보조금법 제31조 제1항에 따라 취소처분에 의하여 취소된 부분의 보조사업에 대하여 효력정지기간 동안 교부된 보조금의 반환을 명하여야 한다(대판 2017.7.11, 2013두25498).

집행정지기간은 법원이 그 시기(始期)와 종기(終期)를 자유롭게 정할 수 있다. 다만, 처분의 효력을 소급하여 정지하는 것은 허용되지 않는다.

종기의 정함이 없으면 본안판결확정시까지 정지의 효력이 존속한다(대결 1962.3.9, 자 62두1). 종기의 결정방식으로는 본안판결선고시, 본안판결확정시 또는 본안판결선고일로부터 1월까지 등의 방식이 있는데, 실무에서는 본안판결선고시를 가장 많이 이용한다.

4. 본안소송과 집행정지결정의 효력

본안에서 계쟁 처분이 최종적으로 적법한 것으로 확정되면 집행정지결정이 실효되고(집행정지결정의 효력이 소급하여 소멸하지 않는다) 처분을 다시 집행할 수 있게 된다. 이 경우 처분청으로서는 당초 집행정지결정이 없었던 경우와 동등한 수준으로 해당 처분이 집행되도록 필요한 조치를 취하여야 한다(대판 2020.9.3, 2020두34070).

[1] 제재처분에 대한 행정쟁송절차에서 처분에 대해 집행정지결정이 이루어졌더라도 본안에서 해당 처분이 최종적으로 적법한 것으로 확정되어 집행정지결정이 실효되고 제재처분을 다시 집행할 수 있게 되면, 처분청으로서는 당초 집행정지결정이 없었던 경우와 동등한 수준으로 해당 제재처분이 집행되도록 필요한 조치를 취하여야 한다. 집행정지는 행정쟁송절차에서 실효적 권리구제를 확보하기 위한 잠정적 조치일 뿐이므로, 본안 확정판결로 해당 제재처분이 적법하다는 점이 확인되었다면 제재처분의 상대방이 잠정적 집행정지를 통해 집행정지가 이루어지지 않은 경우와 비교하여 제재를 덜 받게 되는 결과가 초래되도록 해서는 안 된다. 반대로, 처분상대방이 집행정지결정을 받지 못했으나 본안소송에서 해당 제재처분이 위법하다는 것이 확인되어 취소하는 판결이 확정되면, 처분청은 그 제재처분으로 처분상대방에게 초래된 불이익한 결과를 제거하기 위하여 필요한 조치를 취하여야 한다. [2] 「중소기업제품 구매촉진 및 판로지원에 관한 법률」에 따른 1차 직접생산확인 취소처분에 대한 선행소송에서 집행정지결정이 있은 후 최종적으로 청구기각 판결이 확정되어 1차 취소처분의 효력이 부활한 경우, 피고 행정청이 직접생산확인취소의 대상이 되는 제품목록을 현재 유효한 직접생산확인 제품목록으로 변경하는 내용의 2차 취소처분(변경처분)을 할 권한이 있다(대판 2020.9.3, 2020두34070).

인용판결이 확정되면 집행정지결정이 실효된다.

집행정지결정을 하려면 이에 대한 본안소송이 법원에 제기되어 계속 중임을 요건으로 하는 것이므로, 집행정지결정을 한 후에라도 본안소송이 취하되어 소송이 계속하지 아니한 것으로 되면 집행정지결정은 당연히 그 효력이 소멸되는 것이고 별도의 취소조치를 필요로 하는 것이 아니다(대결 2007.6.28, 자 2005무75).

Ⅶ. 집행정지결정에 대한 불복과 취소

집행정지의 결정 또는 기각의 결정에 대하여는 즉시항고할 수 있다. 민사소송에서 즉시항고의 경우 결정의 집행을 정지하는 효력이 있으나 이 경우 집행정지의 결정에 대한 즉시항고에는 결정의 집행을 정지하는 효력이 없다(법 제23조 제5항).

> **판례**
>
> 행정소송법 제23조 제2항에서 정한 요건을 결여하였다는 이유로 효력정지 신청을 기각한 결정에 대하여, 행정처분 자체의 적법 여부를 가지고 불복사유로 삼을 수 있는지 여부(소극): [다수의견] 행정처분의 효력정지나 집행정지를 구하는 신청사건에서는 행정처분 자체의 적법 여부를 판단할 것이 아니고 행정처분의 효력이나 집행 등을 정지시킬 필요가 있는지 여부, 즉 행정소송법 제23조 제2항에서 정한 요건의 존부만이 판단대상이 된다. 나아가 '처분 등이나 그 집행 또는 절차의 속행으로 인한 손해발생의 우려'등 적극적 요건에 관한 주장·소명 책임은 원칙적으로 신청인 측에 있으며, 이러한 요건을 결여하였다는 이유로 효력정지신청을 기각한 결정에 대하여 행정처분 자체의 적법 여부를 가지고 불복사유로 삼을 수 없다. [대법관 박시환, 대법관 김지형, 대법관 이홍훈, 대법관 전수안의 반대의견] 행정소송법 제8조 제2항에 따라 행정소송에도 준용되는 민사소송법 제442조는 "항고법원·고등법원 또는 항소법원의 결정 및 명령에 대하여는 재판에 영향에 미친 헌법·법률·명령 또는 규칙의 위반을 이유로 드는 때에만 재항고할 수 있다."고 규정하고 있다. 재항고인들이 효력정지 요건의 해석에 관한 원심결정의 법리오해 위법을 반복하여 지적하면서, 특히 여러 가지 측면에서 특수성을 띠고 있는 환경문제가 포함된 이 사건의 규모와 성격, 직·간접적 파급효과 등을 고려할 때 효력정지 요건 충족 여부와 관련하여 '회복하기 어려운 손해' 및 '긴급한 필요'의 의미를 종전과 다르게 해석하여야 한다거나 그렇지 않다고 하더라도 소명책임과 관련된 소명의 정도를 완화하여야 한다는 취지의 주장을 하고 있는데, 이는 법리오해 주장으로서 적법한 재항고 이유이다. 그렇다면 대법원으로서는 재항고 이유의 당부에 관하여 나아가 판단함이 마땅하다(대결 전원합의체 결정 2011.4.21, 자 2010무111).

집행정지의 결정이 확정된 후 집행정지가 공공복리에 중대한 영향을 미치거나 그 정지사유가 없어진 때에는 당사자의 신청 또는 직권에 의하여 결정으로써 집행정지의 결정을 취소할 수 있다(법 제24조 제1항). 집행정지결정의 취소결정에 대하여는 즉시항고할 수 있다. 취소결정에 대한 즉시항고는 결정의 집행을 정지하는 효력이 없다(법 제24조 제2항).

> **판례**
>
> **[1] 집행정지결정 취소사유의 발생시기 및 '집행정지가 공공복리에 중대한 영향을 미치는 때'의 의미** : 행정소송법 제24조 제1항에서 규정하고 있는 집행정지 결정의 취소사유는 특별한 사정이 없는 한 집행정지 결정이 확정된 이후에 발생한 것이어야 하고, 그 중 '집행정지가 공공복리에 중대한 영향을 미치는 때'라 함은 일반적·추상적인 공익에 대한 침해의 가능성이 아니라 당해 집행정지 결정과 관련된 구체적·개별적인 공익에 중대한 해를 입힐 개연성을 말하는 것이다. **[2]** 이 사건 '학교환경위생정화구역 내 금지행위 및 시설해제 거부처분'의 취소재결의 집행정지결정으로 인하여 이 사건 극장 건립이 중단됨으로써 지역경제에 좋지 않은 영향을 미치게 된다고 하더라도 이는 간접적·반사적인 이해관계에 불과할 뿐 이 사건 집행정지결정과 관련된 구체적·개별적인 공익에 중대한 해를 입힐 개연성이 있는 경우에 해당한다고 보기 어렵다[대결 2005.7.15, 자 2005무16(집행정지취소); 대결 2004.5.17, 자 2004무6].

제3항 가처분의 가부

[문 제] 甲은 사행행위영업의 하나인 투전기영업을 3년의 기한으로 허가를 받아 영업을 해오나가 3년의 허가유효기간이 얼마 남지 아니하여 사행행위등규제법 제7조 제2항에 근거하여 허가갱신신청(재허가신청)을 하였으나 거부당하였다. 이 경우에 원고는 허가갱신거부처분의 취소를 구하는 소송을 제기함과 아울러 가처분을 청구할 수 있는가[9]

Ⅰ. 행정소송법상 가처분의 인정필요성

현행 집행정지제도는 처분 등을 전제로 그 효력 등을 정지시키는 소극적 형성을 내용으로 하는 것이고, 적극적으로 수익적 처분을 받은 것과 동일한 상태를 창출하는 기능 또는 행하여지려고 하는 침해적 처분을 금지시키는 기능을 수행할 수는 없다. 따라서 행정소송을 통한 국민의 권

---

9) 허가갱신거부처분에 대하여 집행정지가 인정되지 않는다는 입장을 취하는 경우에 가처분의 인정 여부가 문제된다.

리구제의 실효성을 높이기 위하여 행정소송에도 가처분을 인정할 필요가 있다.

Ⅱ. 항고소송에서의 가처분의 인정 여부

현행 행정소송법은 가처분에 관한 규정을 두고 있지 않다. 그리하여 현행 행정소송법하에서도 민사집행법상의 가처분을 행정소송에도 준용하여 행정소송에서도 가처분을 인정할 수 있는지에 관하여 견해가 대립하고 있다.

1. 소극설(부정설)

우리나라의 판례와 통설은 소극설을 취하고 있다. 그 논거는 다음과 같다. ① 행정소송법상 집행정지에 관한 규정은 민사집행법상의 가처분제도에 대한 특별규정이므로 민사집행법상의 가처분을 배제한다는 뜻을 포함하는 것이다. ② 행정소송에서의 가구제는 본안소송의 범위내에서만 인정되는 것으로 보아야 하는데, 우리 행정소송법은 의무이행소송을 인정하고 있지 않으므로 소극설을 취할 수밖에 없다(박윤흔, 954면).

2. 적극설(긍정설)

적극설의 논거는 다음과 같다.

① 우리 행정소송법은 가처분을 배제하는 규정을 특별히 두고 있지 않으므로 이 문제는 행정소송법 제8조 제2항에 의해 해결되어야 하고, 따라서 가처분에 관한 민사집행법의 규정이 행정소송에 준용되어야 한다.

② 가처분을 통하여 국민의 권리보호를 실효성 있게 하는 것은 사법권의 범위에 속하는 것이며 헌법 제27조 제1항이 보장하는 재판을 받을 권리에도 포함된다.

③ 거부처분취소소송을 임시의 지위를 정하는 가처분의 본안소송으로 볼 수 있다.

3. 제한적 긍정설

행정소송법이 집행정지제도를 인정하고 있으므로 동 제도를 통해 목적을 달성할 수 있는 한 민사집행법상 가처분규정이 적용될 여지는 없지만, 집행정지제도로는 가구제가 안 되는 경우(예 거부처분)에는 가처분제도를 활용하여 행정처분에 따르는 불이익을 잠정적이나마 배제할 필요가 있다(김남진·김연태).

4. 판 례

판례는 소극설을 취하고 있다.

> **판례** 민사집행법상의 가처분으로 행정청의 행정행위 금지를 구하는 것은 허용될 수 없다[대결 2011.4.18, 자 2010마1576(자동차사업면허처분금지가처분); 대결 1992.7.6, 자 92마54].

5. 결 어

해석론으로는 다음과 같은 이유에서 소극설이 타당하다. 행정소송법이 민사집행법의 가처분과는 다른 가구제제도(집행정지제도)를 마련한 것은 공익과의 관련성 때문에 민사집행법의 가처분을 그대로 적용할 수 없다는 입장에서 민사집행법상의 가처분을 배제하고 특별한 규정을 둔 것이므로 가처분에 관한 민사집행법상의 규정은 행정소송에는 적용되지 않는다고 할 것이다.

그러나 입법론으로는 적극설이 타당하다. 행정소송이나 이에 따르는 가구제가 우리 헌법상 사법권에 속하는 것은 당연하며 의무이행소송과 예방적 금지소송을 인정하는 경우 권리구제의 실효성을 위하여 가처분을 인정하여야 한다.

법무부 행정소송법 개정안은 의무이행소송을 인정하고 현상유지를 위한 가처분과 임시의 지위를 정하는 가처분을 규정하고 있다.

Ⅲ. 공법상 당사자소송에서의 가구제

공법상 당사자소송에서는 집행정지는 인정되지 않는다. 공법상 당사자소송에서는 항고소송에서 가처분 인정의 부정적 논거가 되는 가처분의 특례규정인 집행정지 등 가처분에 관한 특례규정이 없고, 당사자소송은 민사소송과 유사하므로 민사집행법상의 가처분이 준용된다는 것이 판례 및 학설의 일반적 견해이다.

> **판례** 당사자소송에 대하여는 행정소송법 제23조 제2항의 집행정지에 관한 규정이 준용되지 아니하므로(행정소송법 제44조 제1항 참조), 이를 본안으로 하는 가처분에 대하여는 행정소송법 제8조 제2항에 따라 민사집행법상 가처분에 관한 규정이 준용되어야 한다[대결 2015.8.21, 자 2015무26(관리처분계획안에대한총회결의효력정지가처분)].

공법상 당사자소송에서는 가압류가 인정된다.

공법상 당사자소송에서 재산권의 청구를 인용하는 판결을 하는 경우, 가집행선고를 할 수 있다.

다만, 국가를 상대로 하는 당사자소송의 경우에는 가집행선고를 할 수 없다(행정소송법 제43조).

> **판례**
>
> 행정소송법 제8조 제2항에 의하면 행정소송에도 민사소송법의 규정이 일반적으로 준용되므로 법원으로서는 공법상 당사자소송에서 재산권의 청구를 인용하는 판결을 하는 경우 가집행선고를 할 수 있다(대판 2000.11.28, 99두3416).

제5장 행정소송의 심리

제1항 개 설

소송의 심리라 함은 소에 대한 판결을 하기 위하여 그 기초가 될 소송자료를 수집하는 절차를 말한다.

소송의 심리에 관한 원칙으로 당사자주의와 직권주의가 있다.

민사소송은 당사자주의(처분권주의 및 변론주의)를 기본원칙으로 하고 직권주의는 극히 예외적으로 인정되고 있다. 행정소송에도 당사자주의가 기본적인 소송원칙으로 적용되는데, 행정소송은 공익과 관련이 있으므로 행정소송의 공익성에 비추어 직권주의가 민사소송에 비하여 보다 널리 적용되고 있다. 즉, 행정소송법은 제26조에서 직권심리주의를 보충적인 소송원칙으로 인정하고 있다.

제2항 심리의 내용

심리는 그 내용에 따라 요건심리와 본안심리로 나눌 수 있다.

Ⅰ. 요건심리

요건심리라 함은 제기된 소가 소송요건을 갖춘 것인지의 여부를 심리하는 것을 말한다. 요건심리의 결과 소송요건을 갖추지 않은 것으로 인정될 때에는 당해 소는 부적법한 소가 되고 각하판결이 내려진다.

소송요건으로는 관할권, 제소기간, 처분성, 원고적격, 소의 이익, 전심절차, 당사자능력, 중복소송이 아닐 것, 기판력에 반하지 않을 것 등이 있다. 소송요건은 직권조사사항이다. 따라서 당사자의 주장이 없다고 하더라도 법원이 직권으로 조사하여야 한다.

소송요건의 존부는 변론종결시를 기준으로 판단한다. 따라서 제소 당시 소송요건이 존재하지 않아도 변론종결시까지 이를 갖추면 된다. 그리고 제소당시 소송요건을 충족하여도 변론종결시 소송 요건이 결여되면 각하판결을 내린다.

소송요건은 사실심변론종결시는 물론 상고심에서도 존속하여야 한다[대판 2007.4.12, 2004두7924(위성궤도망신청처분 등 취소)]. 사실심 변론종결 이후에 소송요건이 흠결되거나 그 흠결이 치유된 경우 상고심에서도 이를 참작하여야 한다(대판 2020.1.16, 2019다247385).

Ⅱ. 본안심리

본안심리라 함은 요건심리의 결과 당해 소송이 소송요건을 갖춘 것으로 인정되는 경우 사건의 본안, 즉 청구의 이유 유무(예 취소소송에서의 처분의 위법 여부)에 대하여 실체적 심사를 행하는 것을 말한다. 본안심리의 결과 청구가 이유 있다고 인정되면 청구인용판결을 하고, 청구가 이유 없다고 인정되면 청구기각 판결을 한다.

제3항 심리의 범위

Ⅰ. 불고불리의 원칙

행정소송에도 민사소송에서와 같이 불고불리의 원칙이 적용된다(법 제8조). 불고불리의 원칙이라 함은 법원은 소송의 제기가 없으면 재판할 수 없고, 소송의 제기가 있는 경우에도 당사자가 신청한 사항에 대하여 신청의 범위 내에서 심리·판단하여야 한다는 원칙을 말한다(민사소송법 제203조).

판례	행정소송에 있어서도 원고의 청구취지, 즉 청구범위·액수 등은 모두 원고가 청구하는 한도를 초월하여 판결할 수 없다[대판 1956.3.30, 4289행상18; 대판 1987.11.10, 86누491(종합소득세부과처분 취소)].

1. 취소소송에서의 심판의 범위

취소소송에서의 소송물(소송상 청구)은 처분의 위법성 일반과 계쟁처분의 취소이다. 처분의 동일성 내에서 개개의 위법사유는 심판의 범위에 속한다. 일부취소를 청구하였음에도 처분의 전부를 취소하는 것은 심판의 범위를 벗어나는 것이지만, 전부취소를 청구한 경우 일부취소하는 것은 심판의 범위에 들어간다. 사정판결을 할 것인지의 여부도 심판의 대상에 포함된다.

2. 무효확인소송에서의 심판의 범위

무효확인소송에서는 처분의 위법 여부와 무효 여부가 심판의 대상이 된다. 무효확인청구에는 취소의 청구가 포함되어 있다고 보는 것이 판례의 입장이며 이러한 입장에 서는 경우 계쟁처분의 취소 여부도 심판의 대상이 된다(이견 있음). 무효확인소송에서는 사정판결을 할 것인지 여부는 심판의 대상이 되지 않는다.

3. 부작위위법확인소송에서의 심판의 범위

부작위위법확인소송에서 심판의 범위가 부작위의 위법 여부만에 그치는 것인지, 아니면 부작위의 위법 여부뿐만 아니라 신청에 따른 처분의무가 있는지에도 미치는지에 관하여 견해가 나뉘고 있다.

(1) 절차적 심리설

이 견해는 부작위의 위법 여부만이 부작위위법확인소송에서의 심판의 범위에 포함된다는 견해이다.

이 견해의 논거는 다음과 같다. 의무이행소송을 도입하지 않고 부작위위법확인소송만을 도입한 입법취지에 비추어 실체적 심리설은 타당하지 않다.

이 견해는 행정소송법 제2조 제1항 제2호의 부작위의 정의규정에 비추어 절차적 심리설이 타당하다. 동규정에서 '일정한 처분을 할 법률상 의무'는 신청에 대한 응답의무라고 해석한다.

(2) 실체적 심리설

이 견해는 부작위의 위법 여부뿐만 아니라 신청에 따른 처분의무가 있는지도 부작위위법확인소송에서의 심판의 범위에 포함된다는 견해이다.

이 견해의 논거는 다음과 같다. ① 무용한 소송의 반복을 피하기 위하여 신청에 따른 처분의무도 심판의 범위에 포함시키는 것이 타당하다. ② 부작위법확인소송이 의무이행소송과 같은 기능을 수행하도록 함으로써 국민의 권리구제의 실효성을 도모할 필요가 있다.

이 견해는 행정소송법 제2조 제1항 제2호에서 '일정한 처분을 할 법률상 의무'를 '신청에 따른 처분을 하여 줄 의무'라고 해석한다.

(3) 판 례

판례는 절차적 심리설을 취하고 있다.

> **판례 1**
>
> 부작위위법확인의 소는 행정청이 국민의 법규상 또는 조리상의 권리에 기한 신청에 대하여 상당한 기간 내에 그 신청을 인용하는 적극적 처분 또는 각하거나 기각하는 등의 소극적 처분을 하여야 할 법률상의 응답의무가 있음에도 불구하고 이를 하지 아니하는 경우, 판결(사실심의 구두변론 종결) 시를 기준으로 그 부작위의 위법을 확인함으로써 행정청의 응답을 신속하게 하여 부작위 내지 무응답이라고 하는 소극적인 위법상태를 제거하는 것을 목적으로 하는 것이고, 나

판례 1	아가 당해 관결의 구속력에 의하여 행정청에게 처분 등을 하게 하고 다시 당해 처분 등에 대하여 불복이 있는 때에는 그 처분 등을 다투게 함으로써 최종적으로는 국민의 권리이익을 보호하려는 제도이므로, 소제기의 전후를 통하여 관결시까지 행정청이 그 신청에 대하여 적극 또는 소극의 처분을 함으로써 부작위상태가 해소된 때에는 소의 이익을 상실하게 되어 당해 소는 각하를 면할 수가 없는 것이다[대판 1990.9.25, 89누4758(교원임용의무불이행위법확인 등)].
판례 2	**행정청이 상대방의 신청에 대하여 아무런 적극적 또는 소극적 처분을 하지 않고 있는 이상 행정청의 부작위는 그 자체로 위법하다고 할 것이고, 구체적으로 그 신청이 인용될 수 있는지 여부는 소극적 처분에 대한 항고소송의 본안에서 판단하여야 할 사항이라고 할 것이다** [대판 2005.4.14, 2003두7590(공사중지 명령철회신청거부처분위법확인)]: 행정청이 행한 공사중지명령의 상대방이 그 명령 이후에 그 원인사유가 소멸하였음을 들어 행정청에 대하여 공사중지명령의 철회를 신청하였으나 행정청이 이에 대하여 아무런 응답을 하지 않고 있는 경우, 그러한 행정청의 부작위가 위법하다고 한 사례].

(4) 결 어(절차적 심리설)

의무이행소송을 인정하지 않고 부작위위법확인소송만을 인정한 입법취지 및 부작위의 정의규정인 행정소송법 제2조 제1항 제2호에 비추어 부작위의 위법 여부만이 부작위위법확인소송에서의 심판의 범위에 포함된다는 견해(절차적 심리설)가 타당하다.

Ⅱ. 재량문제의 심리

행정청의 재량행위도 행정소송의 대상이 된다. 재량행위도 재량권의 일탈·남용이 있는 경우에는 위법하게 되고, 따라서 법원은 재량행위에 대하여 취소소송이 제기된 경우에는 각하할 것이 아니라 본안심리를 하여 재량권의 일탈·남용 여부를 판단하여 재량권의 일탈·남용이 있으면 인용판결을 하고(행정소송법 제27조) 재량권의 일탈·남용이 없으면 기각판결을 하여야 한다. 법원은 재량권의 일탈·남용 여부에 대하여 심리·판단할 수 있다(제27조).

그러나 법원은 재량권 행사가 부당한 것인지 여부는 심리·판단할 수 없다.

Ⅲ. 법률문제·사실문제

법원은 소송의 대상이 된 처분 등의 모든 법률문제 및 사실문제에 대하여 처음부터 새롭게 다시 (de novo) 심사할 수 있다.

제4항 심리의 일반원칙

Ⅰ. 민사소송법상의 심리절차의 준용

행정소송사건의 심리절차에 관하여 행정소송법에 특별한 규정이 없는 경우에는 법원조직법과 민사소송법 및 민사집행법의 관련규정이 준용되는데(법 제8조 제2항), 행정소송법에 제26조(직권심리) 및 제25조(행정심판기록의 제출명령)를 제외하고는 특별한 규정이 없으므로 민사소송의 심리에 관한 일반원칙인 공개심리주의, 쌍방심리주의, 구술심리주의, 변론주의 등이 행정소송의 심리에도 적용된다.

1. 공개심리주의

공개심리주의라 함은 재판의 심리와 판결의 선고를 일반인이 방청할 수 있는 상태에서 행하는 소송원칙을 말한다(법원조직법 제57조 제1항)

2. 쌍방심리주의

쌍방심리주의라 함은 소송의 심리에 있어서 당사자 쌍방에게 평등하게 진술할 기회를 주는 소송원칙을 말하는데, 당사자평등의 원칙 또는 무기대등의 원칙이라고도 한다(이시윤, 413면). 당사자의 평등을 실질적으로 보장하기 위하여는 당사자의 소송상 지위의 실질적 평등의 실현이 요청된다. 그런데 행정소송에 있어서는 입증자료가 피고인 행정청에게 편재되어 있는 문제가 있다.

3. 구술심리주의

구술심리주의라 함은 심리에 있어서 당사자 및 법원의 소송행위, 특히 변론 및 증거조사를 구술로 행하는 원칙으로서 서면심리주의에 대립한다.

현행법은 구술심리주의를 원칙으로 하면서 서면심리주의로써 그 결점을 보완하고 있다(이시윤, 415면).

4. 변론주의

변론주의라 함은 재판의 기초가 되는 자료(사실 및 증거)의 수집·제출을 당사자의 권능과 책임으로 하는 소송원칙을 말하며 직권탐지주의에 대응하는 것이다.

행정소송에서도 변론주의가 원칙이다. 다만, 행정소송법은 행정소송의 공익관련성을 고려하여 법원의 직권에 의한 증거조사 및 직권탐지를 보충적으로 인정하고 있다.

Ⅱ. 행정소송법상의 특수한 소송절차

1. 직권심리주의

(1) 의 의

직권심리주의라 함은 소송자료의 수집을 법원이 직권으로 할 수 있는 소송심리원칙을 말한다.

행정소송은 공익과 관련이 있으므로 행정소송에 있어서는 당사자의 노력에 의해 실체적 진실이 밝혀지지 않는 경우에는 법원이 적극적으로 개입하여 실체적 진실을 밝혀 내어 적정한 재판이 되도록 하여야 한다. 이를 위하여 행정소송법 제26조는 직권심리주의를 인정하고 있다.

> **제26조(직권심리)**
>
> 법원은 필요하다고 인정할 때에는 직권으로 증거조사를 할 수 있고, 당사자가 주장하지 아니한 사실에 대하여도 판단할 수 있다.

(2) 직권심리의 범위

행정소송법 제26조는 당사자가 주장한 사실에 대하여 법원이 직권으로 증거조사를 할 수 있을 뿐만 아니라, 더 나아가 당사자가 주장하지 않은 사실에 대하여도 직권탐지를 인정하고 있다. 직권탐지는 직권으로 탐지한 사실을 판결의 기초로 삼을 수 있다는 것을 내용으로 한다.

(3) 직권탐지의 범위

1) 학 설

직권탐지의 범위에 관하여 직권탐지주의를 원칙이라고 보고 당사자의 변론을 보충적인 것으로 보는 견해(직권탐지주의원칙설), 변론주의가 원칙이며 직권탐지주의는 변론주의에 대한 예외로서 보충적으로 인정된다고 보는 견해(직권탐지주의보충설) 또는 그 사이에 여러 입장이 있을 수 있는데, 직권탐지주의보충설이 다수의 견해이다.

2) 판 례

판례는 행정소송에서 직권탐지를 극히 예외적으로만 인정하고 있다. 판례가 인정하는 직권 탐지주의의 범위는 다음과 같다. ① 당사자주의, 변론주의가 원칙이며 직권탐지주의는 예외이다. ② 직권탐지는 소송기록에 나타난 사실에 한정된다. 예를 들면, 증거신청서류에 나타난 사실에 대하여도 당사자가 주장하지 않은 사실의 직권탐지가 가능하다. ③ 행정소송에 있어서 직권주의가 가미되었다고 하여서 당사자주의와 변론주의를 기본구조로 하는 이상 주장입 증책임이 전도된 것이라고 할 수 없다(대판 1981.6.23, 80누510). ④ 청구의 범위 내에서만 직권탐지가 가능하다. ⑤ 기본적 사실관계의 동일성이 없는 사실을 직권으로 심사하는 것은 직권심사주의의 한계를 벗어난 것으로서 위법하다[대판 2013.8.22, 2011두26589(국가유공자비해당결정처분취소)]. ⑥ 직권탐지는 법원이 필요하다고 인정할 때에 한한다.

판례 1	행정소송법 제26조가 법원은 필요하다고 인정할 때에는 직권으로 증거조사를 할 수 있고, 당사자가 주장하지 아니한 사실에 대하여도 판단할 수 있다라고 규정하고 있지만, 이는 행정소송의 특수성에 연유하는 당사자주의, 변론주의에 대한 일부예외 규정일 뿐 법원이 아무런 제한 없이 당사자가 주장하지 아니한 사실을 판단할 수 있는 것은 아니고, 일건 기록에 현출되어 있는 사항에 관하여서만 직권으로 증거조사를 하고 이를 기초로 하여 판단할 수 있을 따름이고, 그것도 법원이 필요하다고 인정할 때에 한하여 청구의 범위 내에서 증거조사를 하고 판단할 수 있을 뿐이다(대판 1994.10.11, 94누4820; 대판 1985.2.13, 84누467).
판례 2	[1] **직권심리에 관한 행정소송법 제26조의 법의와 법원의 석명권의 한계**: 행정소송법 제26조는 법원이 필요하다고 인정할 때에는 직권으로 증거조사를 할 수 있고 당사자가 주장하지 아니한 사실에 대하여 판단할 수 있다고 규정하고 있으나, 이는 행정소송에 있어서 원고의 청구 범위를 초월하여 그 이상의 청구를 인용할 수 있다는 뜻이 아니라 원고의 청구범위를 유지하면서 그 범위 내에서 필요에 따라 주장 외의 사실에 관하여 판단할 수 있다는 뜻이고 또 법원의 석명권은 당사자의 진술에 모순, 흠결이 있거나 애매하여 그 진술의 취지를 알 수 없을 때 이를 보완하여 명료하게 하거나 입증책임 있는 당사자에게 입증을 촉구하기 위하여 행사하는 것이지 그 정도를 넘어 당사자에게 새로운 청구를 할 것을 권유하는 것은 석명권의 한계를 넘어서는 것이다. [2] 국세징수법 제24조 제1항에 의한 압류처분에 대한 무효확인청구와 같은 법 제53조에 의한 압류해제신청을 거부한 처분에 대한 취소청구는 각 별개의 독립된 청구이므로, 참가압류처분무효확인청구의 소송에서 심판의 대상이 되지 아니한 참가압류 해제신청에 대한 거부처분에 관하여 직권으로 심리판단하지 아니하거나, 석명권을 행사하여 원고에게 예비적으로 위 거부처분의 취소청구로 갱정하도록 권유하지 아니하였다고 하여 행정소송에 있어서의 직권심리조사의 범위에 관한 법리오해나 석명권 불행사의 위법을 저질렀다고 할 수 없다고 한 사례[대판 1992.3.10, 91누6030(참가압류무효확인)].
판례 3	명의신탁등기 과징금과 장기미등기 과징금은 위반행위의 태양, 부과 요건, 근거 조항을 달리하므로, 각 과징금 부과처분의 사유는 상호 간에 기본적 사실관계의 동일성이 있다고 할 수 없다. 그러므로 그중 어느 하나의 처분사유에 의한 과징금 부과처분에 대하여 당해 처분사유가 아닌

| 판례 3 | 다른 처분사유가 존재한다는 이유로 적법하다고 판단하는 것은 특별한 사정이 없는 한 행정소송법상 직권심사주의의 한계를 넘는 것으로서 허용될 수 없다(대판 2017.5.17, 2016두53050). |

3) 결 어

직권탐지주의를 어느 정도 도입할 것인가는 입법정책의 문제이다. 실체적 진실발견과 재판부담을 조화시켜야 한다. 우리나라의 경우에는 행정소송이 기본적으로 권리구제에 중점이 두어진 주관적 소송의 성질을 가지고 있고, 법원의 전문성 및 인적·재정적 여건이 미비하므로 변론주의를 원칙으로 하고 직권탐지주의를 보충적인 것으로 하는 직권탐지주의보충설이 타당하다.

(4) 직권탐지의 의무

현행 행정소송법 제26조는 "… 할 수 있고, … 할 수 있다."라고 규정하고 있으므로, 이 규정의 해석에 있어 직권탐지가 법원의 재량에 속한다고 보는 견해(이시윤, 434면)도 있으나, 이 규정은 법원의 직권탐지권한을 규정한 것으로 보는 것이 타당하며 직권탐지는 원칙상 법원의 재량에 속하지만 적정한 재판을 위하여 직권탐지가 크게 요청되는 경우에는 직권탐지의무가 있다고 보아야 할 것이다. 판례는 일정한 요건하에 직권탐지의무를 인정하고 있다.

| 판례 1 | 원고는 이 사건 토지를 취득일로부터 10년 이상 보유하다가 양도하였음이 명백하므로 비록 그 공제주장을 한 바가 없더라도 이는 법률상 당연히 공제되어야 할 것이므로 원심으로서는 그와 같이 확정한 보유기간에 따라 위 법 소정의 특별공제를 하여 정당한 세액을 산출하여야 할 것이다. 그럼에도 불구하고 원심이 이를 간과한 채 이 사건 부과처분이 적법하다고 하여 원고의 청구를 기각하였으니 이는 위 소득세법 및 행정소송의 직권심리사항에 관한 법리를 오해하여 판결에 영향을 미친 위법을 범한 것이라고 할 것이다[대판 1992.2.28, 91누6597(양도소득세등부과처분취소)]. 〈해설〉 직권탐지의무를 인정한 것으로 보인다. |
| 판례 2 | **행정소송에서 기록상 자료가 나타나 있다면 당사자가 주장하지 않더라도 판단할 수 있는지 여부(적극)**: 행정소송에서 기록상 자료가 나타나 있다면 당사자가 주장하지 않았더라도 판단할 수 있고, 당사자가 제출한 소송자료에 의하여 법원이 처분의 적법 여부에 관한 합리적인 의심을 품을 수 있음에도 단지 구체적 사실에 관한 주장을 하지 아니하였다는 이유만으로 당사자에게 석명을 하거나 직권으로 심리·판단하지 아니함으로써 구체적 타당성이 없는 판결을 하는 |

> **판례 2** 것은 행정소송법 제26조의 규정과 행정소송의 특수성에 반하므로 허용될 수 없다[대판 2010.2.11, 2009두18035(복구설계승인신청불승인처분취소) ; 대판 2011.2.10, 2010두20980].

(5) 당사자소송에의 준용

취소소송의 직권심리주의를 규정하는 행정소송법 제26조는 공법상 당사자소송에 준용된다(법 제44조 제1항).

2. 행정심판기록제출명령

행정소송법 제25조는 원고의 입증방법의 확보를 위하여 행정심판기록제출명령제도를 규정하고 있다.

① 행정심판기록의 제출명령은 당사자의 신청에 의해 법원이 재결을 행한 행정청에 대하여 결정으로써 행한다(법 제25조 제1항). 이처럼 그 대상을 재결을 행한 행정청에 한정하고 있는점에 대하여 그동안 비판이 있어 왔고 행정소송법 전면개정안에서는 이러한 비판을 수용하여 행정소송에서 행정청과 국민간의 정보의 불균형을 해소함과 더불어 처분 등의 위법성 판단에 대한 충분한 심리를 위하여 법원이 행정청에 대하여 직권으로 자료제출을 요구할 수 있는 규정을 신설하였다. 아울러 공공기관의 정보공개에 관한 법률 및 기타 정보비 공개 관련법률과의 균형, 정보비공개 유지의 필요성을 고려하여 행정청의 거부권도 함께 규정하였다. ② 제출명령을 받은 재결청은 지체 없이 당해 행정심판에 관한 기록을 법원에 제출하여야 한다(법 제25조 제2항). 제출명령의 대상이 되는 '행정심판기록'은 당해 행정심판에 관한 모든 기록을 가리킨다. 그러므로 행정심판청구서와 그에 대한 답변서 및 재결서뿐만 아니라, 행정심판위원회의 회의록, 기타 행정심판위원회의 심리를 위하여 제출된 모든 증거와 기타의 자료를 포괄한다고 보아야 한다(박윤흔, 948면). 행정심판기록제출명령을 규정하는 행정소송법 제25조는 공법상 당사자소송에 준용된다(법 제44조 제1항).

제5항 심리과정의 문제

Ⅰ. 관련청구소송의 병합

[2010 입시, 2011·2018 공인노무사, 2015·2016 사시, 2018 변시]

1. 의 의

행정소송법상 관련청구소송의 병합이라 함은 취소소송 또는 무효등확인소송(이하 '취소소송 등'이라 한다)에 당해 취소소송 등과 관련이 있는 청구소송(관련청구소송)을 병합하여 제기하는 것을 말한다.

제10조(관련청구소송의 이송 및 병합)

② 취소소송에는 사실심의 변론종결시까지 관련청구소송을 병합하거나 피고외의 자를 상대로 한 관련청구소송을 취소소송이 계속된 법원에 병합하여 제기할 수 있다.

제15조(공동소송)

수인의 청구 또는 수인에 대한 청구가 처분등의 취소청구와 관련되는 청구인 경우에 한하여 그 수인은 공동소송인이 될 수 있다.

제38조(준용규정)

① 제9조, 제10조, 제13조 내지 제17조, 제19조, 제22조 내지 제26조, 제29조 내지 제31조 및 제33조의 규정은 무효등확인소송의 경우에 준용한다.

당사자소송에 관련청구소송인 민사소송을 병합할 수 있다. 민사소송에 당사자소송을 병합할 수 있다는 명문의 규정이 없고, 민사소송법상 청구의 병합은 같은 종류의 소송절차에 의하여 심판될 수 있을 것을 요건으로 하고 있으므로(민사소송법 제253조) 민사소송에 당사자소송을 병합할 수는 없다.

관련청구의 병합을 인정하는 것은 소송경제를 도모하고, 서로 관련 있는 사건 사이에 판결의 모순저촉을 피하기 위한 것이다.

2. 종 류

관련청구소송의 병합에는 계속중인 취소소송 등에 관련청구소송을 병합하는 후발적 병합과 취소소송 등과 관련청구소송을 함께 제기하는 원시적 병합이 있다.

3. 요건

(1) 취소소송 등에 병합할 것

취소소송 등과 취소소송 등이 아닌 관련청구소송의 병합은 취소소송 등에 병합하여야 한다. 취소소송 등이 주된 소송이다. 취소소송 등 간의 병합은 어느 쪽에든지 병합할 수 있다.

(2) 각 청구소송이 적법할 것

주된 취소소송 등과 관련청구소송은 각각 소송요건을 갖추어야 한다.

(3) 관련청구소송이 병합될 것

'관련청구소송'이라 함은 주된 취소소송 등의 대상인 처분 등과 관련되는 손해배상·부당이득반환·원상회복 등 청구소송 및 취소소송을 말한다(제10조 제1항).

'처분 등과 관련되는 손해배상·부당이득반환·원상회복 등의 청구'란 손해배상청구 등의 청구 의 내용 또는 발생원인이 행정소송의 대상인 처분 등과 법률상 또는 사실상 공통되거나, 그 처분의 효력이나 존부 유무가 선결문제로 되는 등의 관계에 있는 청구를 말한다[대판 2000.10.27, 99두561(토지수용이의재결처분취소 등)].

> **판례**
>
> **[1]** 손해배상청구 등의 민사소송이 행정소송에 관련청구로 병합되기 위한 요건: 행정소송법 제10조 제1항 제1호는 행정소송에 병합될 수 있는 관련청구에 관하여 '당해 처분 등과 관련되는 손해배상·부당이득반환·원상회복 등의 청구'라고 규정함으로써 그 병합요건으로 본래의 행정소송과의 관련성을 요구하고 있는 바, 이는 행정소송에서 계쟁 처분의 효력을 장기간 불확정한 상태에 두는 것은 바람직하지 않다는 관점에서 병합될 수 있는 청구의 범위를 한정함으로써 사건의 심리범위가 확대·복잡화되는 것을 방지하여 그 심판의 신속을 도모하려는 취지라 할 것이므로, 손해배상청구 등의 민사소송이 행정소송에 관련청구로 병합되기 위해서는 그 청구의 내용 또는 발생원인이 행정소송의 대상인 처분 등과 법률상 또는 사실상 공통되거나, 그 처분의 효력이나 존부 유무가 선결문제로 되는 등의 관계에 있어야 함이 원칙이다.
>
> **[2]** 사업인정 전의 사업시행으로 인하여 재산권이 침해되었음을 원인으로 한 손해배상청구가 토지수용사건에 관련청구로서 병합될 수 있는지 여부(적극): 공공사업의 시행을 위한 토지수용사건에 있어서 심리의 대상으로 되는 적법한 수용에 따른 손실보상청구권과 당해 공공사업과 관련하여 사업인정 전에 사업을 시행하여 타인의 재산권을 침해하게 됨에 따라 발생하게 된 손해배상청구권은 위 각 권리가 적법한 행위에 의하여 발생한 것인가 아닌가의 차이가

> **판례**
> 날 뿐 그것들이 하나의 동일한 공공사업의 시행과 관련하여 타인의 재산권을 침해한 사실로 인하여 발생하였다는 점에서 위 각 청구의 발생원인은 법률상 또는 사실상 공통된다할 것이고, 토지수용사건에 이러한 손해배상청구사건을 병합하여 함께 심리·판단함으로써 얻게 되는 당사자의 소송경제와 편의 등의 효용에 비하여 심리범위를 확대·복잡화함으로써 심판의 신속을 해치는 폐단이 통상의 경우보다 크다고 할 수도 없으므로, 이와 같은 경우 토지수용사건에 병합된 손해배상청구는 행정소송법 제10조 제2항, 제1항 제1호, 제44조 제2항에 따른 관련청구로서의 병합요건을 갖춘 것으로 보아야 한다[대판 2000.10.27, 99두561(토지수용이의재결처분취소등)].

예를 들면, 처분에 대한 취소소송에 당해 처분으로 인한 손해에 대한 국가배상청구소송을, 조세부과처분취소소송에 조세과오납금환급청구소송을, 압류처분취소소송에 압류등기말소청구소송을 병합하는 것이다.

'처분 등과 관련되는 취소소송'이란 당해 처분 등과 관련되는 재결의 취소청구 또는 재결에 관련되는 처분의 취소청구와 같이 당해 항고소송의 대상이 원인적으로 서로 관련되는 경우를 뜻한다고 보아야 할 것이다.

항고소송에 당사자소송을 병합할 수 있는지 여부도 문제될 수 있으나 양 청구가 상호 관련되는 청구인 경우에는 병합이 가능하다고 보아야 할 것이다[대판 1992.12.24, 92누3335(보상금지급결정취소)].

당사자소송에 항고소송을 병합할 수도 있다(행정소송법 제44조 제1항, 제10조).

> **판례**
> [1] 고용보험 및 산업재해보상보험의 보험료징수 등에 관한 법률 제4조, 제16조의2, 제17조, 제19조, 제23조의 각 규정에 의하면, 사업주가 당연가입자가 되는 고용보험 및 산재보험에서 보험료 납부의무 부존재확인의 소는 공법상의 법률관계 자체를 다투는 소송으로서 공법상 당사자소송이다. [2] 甲에게서 주택 등 신축 공사를 수급한 乙이 사업주를 甲으로 기재한 甲 명의의 고용보험·산재보험관계성립신고서를 근로복지공단에 작성·제출하여 甲이 고용·산재보험료 일부를 납부하였고, 국민건강보험공단이 甲에게 나머지 보험료를 납부할 것을 독촉하였는데, 甲이 국민건강보험공단을 상대로 이미 납부한 보험료는 부당이득으로서 반환을 구하고 국민건강보험공단이 납부를 독촉하는 보험료채무는 부존재확인을 구하는 소를 제기한 사안에서, 이는 행정소송인 공법상 당사자소송과 행정소송법 제10조 제2항, 제44조 제2항에 규정된 관련청구소송으로서 부당이득반환을 구하는 민사소송이 병합하여 제기된 경우에 해당하므로, 원심법원인

> **판례**
>
> 인천지방법원 합의부는 항소심으로서 민사소송법 제34조 제1항, 법원조직법 제28조 제1호에 따라 사건을 관할법원인 서울고등법원에 이송했어야 옳다고 한 사례. [3] 고용보험 및 산업재해 보상보험의 보험료징수 등에 관한 법률 제4조는 고용보험법 및 산업재해보상보험법에 따른 보험사업에 관하여 이 법에서 정한 사항은 고용노동부장관으로부터 위탁을 받아 근로복지공단이 수행하되, 보험료의 체납관리 등의 징수업무는 국민건강보험공단이 고용노동부장관으로부터 위탁을 받아 수행한다고 규정하고 있다. 따라서 고용·산재보험료의 귀속주체, 즉 사업주가 각 보험료 납부의무를 부담하는 상대방은 근로복지공단이고, 국민건강보험공단은 단지 각 보험료의 징수업무를 수행하는 데에 불과하므로, 고용·산재보험료 납부의무 부존재확인의 소는 (국민건강보험공단이 아니라) 근로복지공단을 피고로 하여 제기하여야 한다. 그리고 행정소송법상 당사자소송에서 원고가 피고를 잘못 지정한 때에는 법원은 원고의 신청에 의하여 결정으로써 피고의 경정을 허가할 수 있으므로(행정소송법 제44조 제1항, 제14조), 원고가 피고를 잘못 지정한 것으로 보이는 경우 법원으로서는 마땅히 석명권을 행사하여 원고로 하여금 정당한 피고로 경정하게 하여 소송을 진행하도록 하여야 한다. [4] 건설업에서의 고용·산재보험료와 같이 신고납부 방식으로 징수되는 고용·산재보험료에 있어서는 근로복지공단의 보험료 부과처분 없이 납부의무자의 신고행위에 의하여 보험료 납부의무가 확정되므로 원심에서 추가된 청구취지에서 말하는 피고의 부과처분은 보험료 부과처분이 아닌 보험료 징수처분을 의미하는 것으로 보인다. 그런데 최초 제기된 이 사건 소가 당사자소송과 관련청구소송이 병합된 소송임은 앞서 본 바와 같으므로 여기에 항고소송인 보험료 징수처분의 무효확인을 구하는 청구를 추가하는 것은 행정소송법 제44조 제2항, 제10조에 따라 허용된다고 보아야 한다. 그럼에도 불구하고 원심이 이와 달리 원고의 이러한 청구취지 변경을 판결로써 불허한 것은 잘못이다(대판 2016.10.13, 2016다221658).

(4) 주된 취소소송이 사실심 계속중일 것(후발적 병합의 경우)

주된 취소소송이 사실심 변론종결 전이어야 한다.

4. 병합요건의 조사

병합요건은 법원의 직권조사사항이다. 병합요건이 충족되지 않은 경우 변론을 분리하여 별도의 소로 분리심판하여야 하는 것이 원칙이다(이시윤, 578~579면).

취소소송에 관련청구소송을 병합하여 제기한 후 취소소송이 부적법 각하된 경우에 소송경제상 행정법원이 행정사건과 분리하여 독립적으로 스스로 민사사건을 처리할 수 있는 것으로 보아야 한다.

5. 병합된 관련청구소송에서의 판결

① 취소소에 관련청구소송을 병합하여 제기한 후 취소소송이 부적법 각하된 경우에 소송경제상 행정법원이 행정사건과 분리하여 독립적으로 스스로 민사사건을 처리할 수 있는 것으로 보아야 한다. 그러나 판례는 본래의 '취소소송 등'이 부적법하여 각하되면 그에 병합된 관련청구소송도 소송요건을 흠결하여 부적합하다고 보고, 각하되어야 한다고 한다.

판례 1	[1] 행정행정소송법 제38조, 제10조에 의한 관련청구소송의 병합은 본래의 항고소송이 적법할 것을 요건으로 하는 것이어서 본래의 항고소송이 부적법하여 각하되면 그에 병합된 관련청구도 소송요건을 흠결한 부적합한 것으로 각하되어야 한다. [2] 도로관리청이 원인자부담금 부과처분에 의한 부과금 징수를 위하여 압류처분을 하고 그에 이어 압류등기를 한 경우, 이해관계인은 그 압류처분에 대한 항고소송 외에 그 압류등기의 말소청구소송을 제기할 수 있고, 그 경우 행정소송법 제38조, 제10조에서 말하는 본래의 항고소송은 원인자부담금 부과처분 또는 압류처분에 대한 항고소송을 모두 포함한다[대판 2001.11.27, 2000두697(압류처분무효확인등)].
판례 2	[1] 행정소송법 제44조, 제10조에 의한 관련청구소송 병합은 본래의 당사자소송이 적법할 것을 요건으로 하는 것이어서 본래의 당사자소송이 부적법하여 각하되면 그에 병합된 관련청구소송도 소송요건을 흠결하여 부적합하므로 각하되어야 한다. [2] 택지개발사업지구 내 비닐하우스에서 화훼소매업을 하던 甲과 乙이 재결절차를 거치지 않고 사업시행자를 상대로 주된 청구인 영업손실보상금 청구에 생활대책대상자 선정 관련청구소송을 병합하여 제기한 사안에서, 영업손실보상금청구의 소가 재결절차를 거치지 않아 부적법하여 각하되는 이상, 이에 병합된 생활대책대상자 선정 관련청구소송 역시 소송요건을 흠결하여 부적법하므로 각하되어야 한다고 한 사례[대판 2011.9.29, 2009두10963(영업권보상)].
판례 3	**행정처분의 취소를 구하는 취소소송에 당해 처분의 취소를 선결문제로 하는 부당이득반환청구가 병합된 경우, 그 청구가 인용되려면 소송절차에서 당해 처분의 취소가 확정되어야 하는지 여부(소극)** : 행정소송법 제10조는 처분의 취소를 구하는 취소소송에 당해 처분과 관련되는 부당이득반환소송을 관련 청구로 병합할 수 있다고 규정하고 있는 바, 이 조항을 둔 취지에 비추어 보면, 취소소송에 병합할 수 있는 당해 처분과 관련되는 부당이득반환소송에는 당해 처분의 취소를 선결문제로 하는 부당이득반환청구가 포함되고, 이러한 부당이득반환청구가 인용되기 위해서는 그 소송절차에서 판결에 의해 당해 처분이 취소되면 충분하고 그 처분의 취소가 확정되어야 하는 것은 아니라고 보아야 한다[대판 2009.4.9, 2008두23153(보험료납부고지처분취소):

> **판례 3**
>
> 보험료부과처분에 대한 취소소송에서 90,946,000원의 보험료부과처분 중 67,194,980원의 보험료부과처분을 취소하면서도, 관련 청구로 병합된 부당이득반환소송에서는 그 처분의 취소를 전제로 인용 여부를 판단하지 않고 처분의 취소가 확정되지 않았다는 이유로 기각한 것은 위법하다고 한 사례].

② 행정처분의 취소를 구하는 취소소송에 당해 처분의 취소를 선결문제로 하는 부당이득반환청구가 병합된 경우, 그 청구가 인용되려면 그 소송절차에서 판결에 의해 당해 처분이 취소되면 충분하고 당해 처분의 취소가 확정되어야 하는 것은 아니다.

③ 취소소송 등에 당사자소송을 병합청구한 경우 위 취소소송 등이 부적법하다면 법원은 청구의 기초에 변경이 없는 한 당초의 청구가 부적법하다는 이유로 병합된 청구까지 각하할 것이 아니라 병합청구 당시 유효한 소변경(소의 종류의 변경)청구가 있었던 것으로 받아들여 이를 허가함이 타당하다[대판 1992.12.24, 92누3335(보상금지급결정취소)].

Ⅱ. 소의 변경

1. 의 의

소의 변경이라 함은 청구의 변경을 말한다.

청구의 변경에는 종전의 청구를 새로운 청구로 변경하는 교환적 변경과 종전의 청구에 새로운 청구를 추가 시키는 추가적 변경이 있다. 소의 변경은 청구의 변경을 말하고 청구의 변경은 소송물의 변경을 말한다. 소송물의 변경은 청구의 취지와 청구의 원인에 의해 특정되는 것이므로 소의 변경은 청구의 취지와 원인의 변경에 의해 이루어진다. 청구취지의 변경은 원칙적으로 소의 변경이 되지만, 청구원인의 변경은 항상 소의 변경이 되는 것은 아니다. 청구원인의 변경이 단순히 공격방어방법의 변경에 불과한 경우에는 소의 변경이 아니다.

행정소송법은 소의 변경에 관하여 특별한 규정을 두고 있다. 즉, 행정소송법은 소의 종류의 변경에 관한 규정(제21조)과 처분변경에 따른 소의 변경에 관한 규정(제22조)을 두고 있다. 그런데 행정소송법상 명문으로 인정된 소의 종류의 변경과 처분변경으로 인한 소의 변경 이외에도 민사소송법상의 소의 변경에 관한 규정(제262조 및 제263조)이 행정소송에서도 준용될 수 있다.

청구의 변경은 청구취지의 정정과 구별하여야 한다.

2. 행정소송법에 의한 소의 변경

(1) 소의 종류의 변경

1) 의 의

행정소송에는 여러 종류가 있는데 권리구제를 위하여 어떠한 소송의 종류를 선택하여야 하는지 명확하지 않은 경우가 적지 않아 소송 종류의 선택을 잘못할 위험이 있다. 따라서 행정구제의 실효성을 높이기 위하여 행정소송간의 소의 변경을 인정할 필요가 있다. 그리하여 행정소송법은 행정소송간의 소의 변경을 인정하고 있다(제21조, 제37조, 제42조).

제21조(소의 변경)

① 법원은 취소소송을 당해 처분 등에 관계되는 사무가 귀속하는 국가 또는 공공단체에 대한 당사자소송 또는 취소소송외의 항고소송으로 변경하는 것이 상당하다고 인정할 때에는 청구의 기초에 변경이 없는 한 사실심의 변론종결시까지 원고의 신청에 의하여 결정으로써 소의 변경을 허가할 수 있다.

제37조(소의 변경)

제21조의 규정은 무효등 확인소송이나 부작위위법확인소송을 취소소송 또는 당사자소송으로 변경하는 경우에 준용한다.

제42조(소의 변경)

제21조의 규정은 당사자소송을 항고소송으로 변경하는 경우에 준용한다.

행정소송과 민사소송 사이의 소의 변경(⑩ 무효확인소송을 처분의 무효를 전제로 하는 부당이득반환청구소송으로 변경)은 행정소송법상 명문으로 인정 되고 있지는 않으므로 민사소송법상 소의 변경을 행정소송과 민사소송 사이의 소의 변경에 준용 하여 행정소송과 민사소송 사이의 소의 변경을 허용할 수 있는지가 문제된다.

2) 종 류

가. 항고소송간의 변경

항고소송간에는 소의 변경이 가능하다.

취소소송을 취소소송 외의 항고소송(무효등확인소송 또는 부작위위법확인소송)으로(제21조 제1항), 무효등확인소송을 취소소송 또는 부작위위법확인소송으로, 부작위위법확인소송을 다른 종류의 항고소송으로 변경하는 것이 가능하다(제37조).

거부처분이 있었음에도 부작위인줄 알고 부작위위법확인소송을 제기한 경우에 이 규정(제37조)에 의해 부작위위법확인소송을 취소소송으로 변경하는 것이 가능하다.

나. 항고소송과 당사자소송간의 변경

취소소송, 무효등확인소송을 당해 처분 등에 관계되는 사무가 귀속되는 국가 또는 공공단체에 대한 당사자소송으로 변경하거나(제21조 제1항, 제37조) 당사자소송을 항고소송으로 변경하는 (제42조) 것이 가능하다.

이 경우의 소의 변경에는 당사자(피고)의 변경이 수반된다. 이 점은 민사소송에서의 소의 변경과 다르다. 행정소송법은 소의 종류의 변경에 따르는 피고의 경정을 인정하고 있다(제21조 제4항).

원고가 고의 또는 중대한 과실 없이 당사자소송으로 제기하여야 할 것을 항고소송으로 잘못 제기한 경우에, 당사자소송으로서의 소송요건을 결하고 있음이 명백하여 당사자소송으로 제기되었더라도 어차피 부적법하게 되는 경우가 아닌 이상, 법원으로서는 원고로 하여금 당사자소송으로 소 변경을 하도록 하여 심리·판단하여야 한다(대판 1999.11.26, 97다42250 ; 대판 2016.5.24, 2013두14863).

3) 요 건
① 청구의 기초에 변경이 없을 것(청구의 기초가 동일할 것).
② 소를 변경하는 것이 상당하다고 인정될 것.
③ 변경의 대상이 되는 소가 사실심에 계속되어 있고, 사실심 변론종결 전일 것.
④ 새로운 소가 적법할 것.
⑤ 원고의 신청이 있을 것.

판례	공무원퇴직연금 중 일부 금액에 대한 지급거부의 의사표시를 한 공무원연금관리공단의 회신이 항고소송의 대상인 처분에 해당하는지와 그 처분에 해당되지 않는다고 판단될 경우 그 처분의 취소를 구하는 청구에 미지급 퇴직연금의 직접 지급을 구하는 취지도 포함된 것인지를 석명하여야 한다고 한 사례[대판 2004.7.8, 2004두244(연금지급청구서반려처분취소)].

4) 효 과
소의 변경을 허가하는 결정이 확정되면 새로운 소는 제소기간과 관련하여 처음의 소를 제기한 때에 제기된 것으로 본다(제21조 제4항).

예를 들면, 당사자소송을 항고소송으로 변경하는 경우에 당사자소송이 당해 항고소송의 불복기간 내에 제기되었으면 당해 항고소송은 소제기기간을 준수한 것이 된다.

변경된 소는 취하된 것으로 보며(제21조 제4항) 변경된 소의 소송자료는 새로운 소의 소송자료가 된다.

5) 불복방법

소의 변경을 허가하는 결정에 대하여 새로운 소의 피고와 변경된 소의 피고는 즉시항고할 수 있다(제21조 제3항).

불허가결정에 대하여는 독립하여 항고할 수 없고, 종국판결에 대한 상소로써만 다툴 수 있다[대판 1992.9.25, 92누5096(도시계획결정처분무효확인 등)].

(2) 처분변경으로 인한 소의 변경

1) 의 의

처분변경으로 인한 소의 변경이라 함은 행정청이 소송의 대상인 처분을 소가 제기된 후 변경한 때에는 원고의 신청에 의하여 법원의 허가를 받아 소를 변경하는 것을 말한다. 행정소송법 제22조가 이를 규정하고 있다.

처분변경으로 인한 소의 변경은 취소소송, 무효등확인소송 및 당사자소송에서 인정되고 있다(제22조 제1항, 제38조 제1항, 제44조 제1항).

그런데 부작위에 대하여 부작위위법확인소송을 제기한 후 행정청의 거부처분이 있는 경우에 행정소송법 제22조(처분변경으로 인한 소의 변경)가 부작위위법확인소송에 준용되고 있지 않으므로 행정소송법 제37조에 의해 거부처분에 대한 취소소송으로 변경하는 것이 가능한지 논란이 있을 수 있다.

제37조의 취지가 행정소송간에 소송의 종류의 선택을 잘못할 위험이 있어 소의 종류의 변경을 인정한 것이라는 이유로 부작위에서 거부처분으로 발전된 경우에는 부작위위법확인소송을 취소소송으로 변경하는 것을 허용할 수 없다는 견해가 있다(부정설). 그러나 현행 행정소송법이 처분변경으로 인한 소의 변경을 규정하는 행정소송법 제22조를 부작위위법확인소송에 준용하지 않고 있는 것은 입법의 불비이므로 행정소송법 제37조에 의해 준용되는 소의 종류의 변경을 규정하는 행정소송법 제21조의 문언(文言)에 충실한 해석을 하여 부작위에서 거부처분으로 발전한 경우에 도 행정소송법 제21조를 적용하여 부작위위법확인소송을 취소소송으로 변경하는 것이 가능하다고 보아 입법의 불비를 해석을 통해 보완하여야 할 것이다(긍정설).

2) 요 건

가. 처분의 변경이 있을 것

행정청이 소송의 대상인 처분을 소가 제기된 후 변경하였어야 한다.

처분의 변경은 처분청이나 상급감독청의 직권에 의해 행해지거나 취소소송의 계속 중 행정심판의 재결에 의해 소송의 대상인 처분이 일부취소되거나 적극적으로 변경됨으로써 행해질 수 있다.

나. 처분의 변경이 있음을 안 날로부터 60일 이내일 것

원고는 처분의 변경이 있음을 안 날로부터 60일 이내에 소의 변경을 신청하여야 한다(제22조 제2항). 행정소송법 전면개정안에서는 처분변경으로 인한 소의 변경기간을 일반 제소기간에 맞추어 90일로 연장함으로써 국민의 소송편익을 도모하였다.

다. 기타 요건

구소(舊訴)가 계속중이고 사실심변론 종결 전이어야 하고, 변경되는 신소(新訴)가 적법하여야 한다. 다만, 변경 전의 처분에 대하여 행정심판전치절차를 거쳤으면 새로운 처분에 대하여 별도의 전심절차를 거치지 않아도 된다(제22조 제3항).

3) 절 차

처분변경으로 인한 소의 변경은 원고의 신청에 의해 법원의 허가결정에 의해 행해진다(제22조 제1항).

4) 효 과

처분변경으로 인한 새로운 청구는 행정심판의 전치가 요구되는 경우에도 행정심판전치요건을 갖춘 것으로 본다(제22조 제3항).

3. 민사소송법에 의한 소의 변경

행정소송법의 소의 변경에 관한 규정은 민사소송법의 소의 변경에 관한 규정에 대한 특칙이라 할 것이고 행정소송법상의 소의 변경에 관한 규정이 민사소송법상의 소의 변경을 배척하는 것이라고 할 수 없으므로 행정소송에 관하여 원칙상 민사소송법에 의한 소의 변경이 가능하다.

> **제262조(청구의 변경)**
> ① 원고는 청구의 기초가 바뀌지 아니하는 한도안에서 변론을 종결할 때(변론 없이 한 판결의 경우에는 판결을 선고할 때)까지 청구의 취지 또는 원인을 바꿀 수 있다. 다만, 소송절차를 현저히 지연시키는 경우에는 그러하지 아니하다.
> ② 청구취지의 변경은 서면으로 신청하여야 한다.
> ③ 제2항의 서면은 상대방에게 송달하여야 한다.
>
> **제263조(청구의 변경의 불허가)**
> 법원이 청구의 취지 또는 원인의 변경이 옳지 아니하다고 인정한 때에는 직권으로 또는 상대방의 신청에 따라 변경을 허가하지 아니하는 결정을 하여야 한다.

(1) 행정소송과 민사소송 사이의 소의 변경

항고소송(특히 무효확인소송)을 처분의 무효를 원인으로 하는 부당이득반환청구소송과 같은 민사소송으로 변경하는 것을 민사소송법의 소의 변경에 관한 규정을 준용하여 인정할 수 있는지 여부에 관하여 검토할 여지가 있다.

1) 부정설

민사소송법상의 소의 변경은 법원과 당사자의 동일성을 유지하면서 동종의 절차에서 심리될 수 있는 청구 사이에서만 가능한 것이므로 민사소송을 행정소송으로 변경하는 것이나 행정소송을 민사소송으로 변경하는 것은 허용되지 않는다고 보는 견해이다.

예를 들면, 조세부과처분의 무효확인소송을 제기한 원고는 이 소송을 민사소송인 부당이득반환청구소송(조세과오납금환급소송)으로 변경할 수 없다고 본다.

2) 긍정설

항고소송을 처분을 원인으로 하는 민사소송으로 변경하는 경우 피고가 처분청에서 국가 등으로 변경되지만 양당사자는 실질에 있어 동일성을 유지하고 있고, 항고소송과 민사소송은 관할법원을 달리하는 문제가 있지만, 행정법원은 일반 사법법원으로부터 독립된 법원이 아니라 사법법원의 하나로서 전문법원에 불과한 것이므로 행정법원이 당해 민사사건을 심판하는 것도 가능하다. 이 경우 행정법원이 소의 변경으로 인한 민사소송의 관할권이 없다고 하더라도 소의 변경을 거쳐 당해 민사소송의 관할법원으로 이송할 수 있을 것이다.

3) 판 례

항고소송에서 민사소송으로의 소의 변경에 관한 판례는 없다. 다만, 대법원은 원고가 고의 또는 중대한 과실 없이 행정소송으로 제기할 사건을 민사소송으로 잘못 제기한 경우 민사소송의 행정소송으로의 소의 변경을 인정한다. 이 경우에 행정소송의 제기기간의 준수 여부는 이송결정시를 기준으로 판단하여야 할 것이 아니라 민사소송 제기시점을 기준으로 변경된 행정소송의 제소 기간 준수 여부를 판단하는 것이 타당하다.

> **판례**
>
> 행정소송법 제7조는 원고의 고의 또는 중대한 과실 없이 행정소송이 심급을 달리하는 법원에 잘못 제기된 경우에 민사소송법 제31조 제1항을 적용하여 이를 관할 법원에 이송하도록 규정하고 있을 뿐 아니라 관할 위반의 소를 부적법하다고 하여 각하하는 것보다 관할 법원에 이송하는 것이 당사자의 권리구제나 소송경제의 측면에서 바람직하므로, 원고가 고의 또는 중대한 과실 없이 행정소송으로 제기하여야 할 사건을 민사소송으로 잘못 제기한 경우 수소법원으로서는 만약 그 행정소송에 대한 관할도 동시에 가지고 있는 경우라면, 행정소송으로서의 전심절차 및 제소기간을 도과하였거나 행정소송의 대상이 되는 처분 등이 존재하지도 아니한 상태에 있는 등 행정소송으로서의 소송요건을 결하고 있음이 명백하여 행정소송으로 제기되었더라도 어차피 부적법하게 되는 경우가 아닌 이상, 원고로 하여금 항고소송으로 소 변경을 하도록 하여 그 1심법원으로 심리·판단하여야 한다(대판 1999.11.26, 97다42250: 민사소송으로 잘못 제기된 의료보호진료비지급청구소송을 항고소송인 진료비 지급거부취소소송으로 변경하는 것을 허용한 판결).

법무부 행정소송법개정안은 항고소송의 민사소송으로의 그리고 민사소송의 항고소송으로의 소의 변경을 명시적으로 인정하고 있다.

(2) 처분의 변경을 전제로 하지 않고 소의 종류를 변경하지 않는 청구의 변경

청구의 기초에 변경이 없는 범위 내에서 청구의 변경이 인정된다고 보아야 한다.

예를 들면, 청구의 기초에 변경이 없는 범위 내에서 처분의 전부취소소송을 일부취소소송으로 변경하는 것이 가능하다.

이 경우에 새로운 소의 소제기기간의 준수 여부는 변경된 소송이 제기된 때를 기준으로 판단하여야 한다.

Ⅲ. 소송의 이송

1. 의 의

소송의 이송이라 함은 어느 법원에 일단 계속된 소송을 그 법원의 결정에 의하여 다른 법원으로 이전하는 것을 말한다.

2. 행정소송법에 의한 이송: 관련청구소송의 이송

취소소송과 관련청구소송(1. 당해 처분 등과 관련되는 손해배상·부당이득반환·원상회복등 청구소송. 2. 당해 처분 등과 관련되는 취소소송)이 각각 다른 법원에 계속되고 있는 경우에 관련 청구소송이 계속된 법원이 상당하다고 인정하는 때에는 당사자의 신청 또는 직권에 의하여 관련 청구소송을 취소소송이 계속된 법원으로 이송할 수 있다(법 제10조 제1항).

취소소송에 관한 행정소송법 제10조 제1항은 무효등확인소송, 부작위법확인소송(제38조) 및 당사자소송(법 제44조 제2항)에도 준용된다.

이송결정은 이송을 받은 법원을 기속한다. 이송을 받은 법원은 다시 사건을 다른 법원에 이송하지 못한다(민사소송법 제38조).

3. 민사소송법에 의한 이송

(1) 관할위반을 이유로 한 이송

행정소송법 제7조는 원고의 고의 또는 중대한 과실 없이 행정소송이 심급(審級)을 달리하는 법원에 잘못 제기된 경우에 민사소송법 제34조 제1항을 적용하여 이를 관할 법원에 이송하도록 규정하고 있다.

행정소송법 제7조가 적용되는 경우(행정소송이 심급을 달리하는 법원에 잘못 제기된 경우) 이외에는 민사소송법 제34조에 의한 이송이 준용된다고 보아야 한다(법 제8조 제2항).

판례도 행정소송과 관련하여 제7조 이외에도 관할위반으로 인한 이송을 **인정**하고 있다[대판 1997.5.30, 95다28960(석탄가격안정지원금이 지급)].

> **판례**
>
> **[도시 및 주거환경정비법상 주택재건축정비사업조합에 대한 행정청의 조합설립 인가처분이 있은 후에 민사소송으로 조합설립결의에 대한 무효확인을 구한 사건]** 이미 행정청을 상대로 제기한 조합설립인가처분 무효확인소송의 패소 판결이 확정되었으므로, 이 부분 소를 공법상 법률관계에 관한 것으로서 행정소송의 일종인 당사자소송으로 보고 전속관할 위반을 이유로 서울행정법원에 이송한 후 행정법원의 허가를 받아 항고소송으로 변경한다 하더라도, 서울

> **판례** 행정법원으로서는 위 확정판결의 기관력에 의하여 위 판결에 모순·저촉되는 판단을 할 수 없을 것이니, 위 소를 관할법원인 행정법원으로 이송할 것이 아니라 각하함이 상당하다고 한 사례[대판 2010.2.25, 2007다73598(창립총회결의무효확인)].

관할 위반으로 인한 이송은 법원이 직권으로 이송하고 당사자의 신청권은 인정되지 않는다. 따라서 이송신청을 기각하는 결정이 있더라도 이에 대하여 불복할 수 없다[대결 전원합의체 결정 1993.12.6, 자 93마524(소송이송)].

(2) 편의에 의한 이송

행정소송에도 민사소송법 제35조가 준용될 수 있다. 법원은 그 관할에 속한 소송에 관하여 현저한 손해 또는 지연을 피하기 위한 필요가 있는 때에는 직권 또는 당사자의 신청에 의하여 소송의 전부나 일부를 다른 관할법원에 이송할 수 있다. 다만 전속관할이 있는 소는 그러하지 아니하다.

Ⅳ. 소송참가 [2008, 2016 공인노무사]

소송참가라 함은 현재 계속중인 타인간의 소송에 제3자가 자기의 이익을 옹호하기 위하여 참가하는 것을 말한다.

행정소송법은 제3자의 소송참가(법 제16조)와 행정청의 소송참가(법 제17조)를 규정하고 있다. 행정소송법은 취소소송에 관하여 위와 같이 소송참가를 규정하고 이들 규정을 무효등확인소송(법 제38조 제1항), 부작위위법확인소송(법 제38조 제2항), 당사자소송(법 제44조)에 준용하고 있고, 민중소송 및 기관소송에는 그 성질에 반하지 않는 한 준용되는 것으로 하고 있다(법 제46조 제1항).

1. 행정소송법상 제3자의 소송참가 [2011 사시 사례]

(1) 의 의

제3자의 소송참가라 함은 소송의 결과에 의하여 권리 또는 이익의 침해를 받을 제3자가 있는 경우에 당사자 또는 제3자의 신청 또는 직권에 의하여 그 제3자를 소송에 참가시키는 제도를 말한다(법 제16조).

제3자의 소송참가는 제3자의 권익을 보호하기 위하여 인정된 제도이다. 취소소송에 있어서 원고승소판결은 소송당사자가 아닌 제3자에게도 효력을 미친다. 이러한 경우에 제3자를 소송에 참가시켜 제3자에게 공격방어방법을 제출하는 기회를 줌으로써 그의 권익을 보호할 필요가 있다. 제3자의 소송참가가 인정되는 경우는 대체로 제3자효 행정행위에 대한 취소소송의 경우이다.

제16조(제3자의 소송참가)

① 법원은 소송의 결과에 따라 권리 또는 이익의 침해를 받을 제3자가 있는 경우에는 당사자 또는 제3자의 신청 또는 직권에 의하여 결정으로써 그 제3자를 소송에 참가시킬 수 있다.

---

(2) 참가의 요건

1) 타인간의 적법한 취소소송 등의 계속

소송이 어떠한 심급에 있는가는 묻지 않고 인정되지만, 소가 적법하여야 한다.

2) 소송의 결과에 의해 권리 또는 이익의 침해를 받을 제3자일 것

제3자라 함은 소송당사자 이외의 자를 말한다. 국가 또는 지방자치단체가 제3자가 되는 경우도 있을 수 있다. 침해된 권리 또는 이익에 있어서 이익이라 함은 법률상 이익을 말하고 단순한 사실상 이익 내지 경제상 이익은 포함되지 않는다.

판례 **행정소송법 제16조에 정한 제3자의 소송참가의 요건**: 행정소송법 제16조 소정의 제3자의 소송참가가 허용되기 위하여는 당해 소송의 결과에 따라 제3자의 권리 또는 이익이 침해되어야 하고, 이 때의 이익은 법률상 이익을 말하며 단순한 사실상의 이익이나 경제상의 이익은 포함되지 않는다[대판 2008.5.29, 2007두23873(항만명칭결정처분등취소): 신설되는 항만의 명칭결정 등의 취소를 구하는 소송에 대하여 지방자치단체들이 제3소송참가신청을 한 사안에서, 그 소송 결과에 따라 침해되는 법률상 이익이 없어 위 신청이 부적법하다고 한 사례].

소송의 결과에 의해 권리 또는 이익을 침해받는다라는 것은 판결의 형성력에 의해 권리 또는 이익을 박탈당하는 경우뿐만 아니라 판결의 행정청에 대한 기속력에 따른 행정청의 새로운 처분에 의해 권리 또는 이익의 침해를 받는 경우를 포함한다.

전자의 예로는 수용된 토지의 소유자가 토지수용위원회를 피고로 수용재결의 취소소송을 제기하여 승소한 때에는 사업시행자도 그 취소의 효과를 받게 되어 당해 토지의 소유권을 상실하게 된다. 따라서 사업시행자는 피고가 패소하지 않도록 소송에 참가하여 자신의 이익을 옹호할 필요가 있다. 후자의 예로는 경원관계(競願關係)에 있는 여러 신청인(예 거리제한이 있는 주유소영업허가 신청인, 경쟁관계에 있는 특허사업허가의 신청인)가운데서 허가를 받지 못한 자가 자신에 대한 거부처분의 취소소송을 제기하여 승소하면 다른 신청인에 대한 허가처분이 당연히 효력을 상실하게 되지는 않지만 판결의 기속력에 의해 처분청은 다른 신청에 대한 허가처분을 취소할 수 있기 때문에 허가처분을 받은 자는 소송참가 를 할 수 있는 제3자가 된다. 만일 이 경우에 허가를 받지 못한 신청인이 허가처분의 취소를 청구한 경우에 이 소송에서 허가처분이 취소되면 허가를 받은 제3자는 판결의 형성력에 의해 허가처분의 효력을 상실하게 되므로 제3자로서 소송참가를 할 수 있는데, 이 경우의 소송참가는 전자의 예에 속한다.

소송의 결과에 대하여 이해관계가 있다는 것만으로는 소송참가가 인정되지 않는다.

(3) 참가의 절차

제3자의 소송참가는 당사자 또는 제3자의 신청 또는 직권에 의하여 결정으로써 행한다(법 제16조 제1항). 법원이 제3자의 소송참가를 결정하고자 할 때에는 미리 당사자 및 제3자의 의견을 들어야 한다(법 제16조 제2항).

소송참가 신청을 한 제3자는 그 신청을 각하한 결정에 대하여 즉시항고할 수 있다(법 제16조 제3항).

(4) 참가인의 지위

소송참가인에 대해서는 민사소송법 제67조의 규정이 준용되므로(법 제16조 제4항) 참가인은 피참가인과의 사이에 필수적 공동소송에 있어서의 공동소송인에 준하는 지위에 서게 되나, 당사자에 대하여 독자적인 청구를 하는 것이 아니므로 강학상 **공동소송적 보조참가인의 지위와 유사한 것으로 보는 것**이 통설이다. 소송행위 중 참가인과 피참가인에게 유리한 행위는 1인이 하여도 전원에 대하여 효력이 생기는 반면 불리한 행위는 전원이 함께 하지 않는 한 효력이 없다. 참가인등 공동소송인 1인에 대한 상대방의 소송행위는 이익·불이익을 불문하고 전원에 대하여 효력이 있다[오진환(주석행소법)]. 참가인은 집행정지결정의 취소를 청구할 수 있고 독립하여 상소할 수 있으며, 참가인의 상소기간은 피참가인의 그것과 독립하여 기산된다.

참가인은 현실적으로 소송행위를 하였는지 여부에 관계없이 참가한 소송의 판결의 효력을 받는다.

(5) 제3자의 재심청구

처분 등을 취소하는 판결에 의하여 권리 또는 이익의 침해를 받은 제3자는 자기에게 책임없는 사유로 소송에 참가하지 못함으로써 판결의 결과에 영향을 미칠 공격 또는 방어방법을 제출하지 못한 때에는 이를 이유로 확정된 종국판결에 대하여 재심의 청구를 할 수 있다(제31조 제1항). 제3자에 의한 재심청구는 확정판결이 있음을 안 날로부터 30일 이내, 판결이 확정된 날로부터 1년 이내에 제기하여야 한다(제31조 제2항). 재심청구기간은 불변기간이다(제31조 제3항). 행정소송법 제31조의 해석상 소송참가를 한 제3자는 판결 확정 후 행정소송법 제31조에 의한 재심의 소를 제기할 수 없다.

2. 행정청의 소송참가

(1) 의 의

행정청의 소송참가라 함은 관계행정청이 행정소송에 참가하는 것을 말한다.

제17조(행정청의 소송참가)

① 법원은 다른 행정청을 소송에 참가시킬 필요가 있다고 인정할 때에는 당사자 또는 당해 행정청의 신청 또는 직권에 의하여 결정으로써 그 행정청을 소송에 참가시킬 수 있다.

---

(2) 참가의 요건

1) 타인간의 취소소송 등이 계속되고 있을 것

타인간의 소송의 심급은 묻지 않는다. 제1심, 항소심 및 상고심에서도 가능하다.

2) 다른 행정청일 것

'다른 행정청'이라 함은 전술한 제도의 취지에 비추어 피고 행정청 이외의 행정청으로서 계쟁처분이나 재결에 관계있는 행정청이어야 한다고 보아야 할 것이다.

예를 들면, 처분청의 감독청, 재결이 취소소송의 대상이 되고 있는 경우에 있어서 원처분청 등이 소송참가 할 수 있는 행정청이라고 할 수 있다. 계쟁처분 또는 재결에 대해 조사를 담당하거나, 동의 등을 한 협력청이 여기에서의 '다른 행정청'에 해당하는지 논란이 제기될 수 있지만 긍정하는 것이 타당하다.

3) 참가시킬 필요성이 있을 것

'참가시킬 필요가 있을 것'이라는 것은 '제도의 취지에 비추어 적정한 심리·판결을 실현하기 위하여 참가시킬 필요가 있는 것'을 의미한다.

(3) 참가의 절차

법원은 당사자 또는 당해 행정청의 신청 또는 직권에 의하여 결정으로써 그 행정청을 소송에 참가시킬 수 있다(법 제17조 제1항). 행정청의 소송참가를 결정하고자 할 때에는 당사자 및 당해 행정청의 의견을 들어야 한다(법 제17조 제2항).

(4) 참가행정청의 지위

참가행정청에 대하여는 민사소송법 제76조의 규정을 준용하고 있다(법 제17조 제3항). 따라서 참가행정청은 보조참가인에 준하는 지위에서 소송수행을 한다. 따라서 참가행정청은 소송에 관하여 공격, 방어, 이의, 상소 기타 일체의 소송행위를 할 수 있지만 피참가인의 소송행위와 저촉되는 소송행위를 할 수 없다. 참가인의 소송행위가 피참가인의 소송행위와 어긋나는 때에는 그 효력이 없다(민사소송법 제76조).

3. 민사소송법상 보조참가

행정소송 사건에서 민사소송법상 보조참가의 요건을 갖춘 경우 민사소송법상 보조참가가 허용되고 그 성격은 공동소송적 보조참가이다(판례).

> **판례 1**
>
> [1] 행정소송 사건에서 참가인이 한 보조참가는 행정소송법 제16조가 규정한 제3자의 소 참가에 해당하지 아니하더라도, 민사소송법상 보조참가의 요건을 갖춘 경우 허용되고 그 성격은 공동소송적 보조참가라고 할 것이다(대판 2013.3.28, 2011두13729 등 참조). 민사소송법상 보조참가는 소송결과에 이해관계가 있는 자가 할 수 있는데, 여기서 이해관계란 법률상 이해관계를 말하는 것으로, 당해 소송의 판결의 기판력이나 집행력을 당연히 받는 경우 또는 당해 소송의 판결의 효력이 직접 미치지는 아니한다고 하더라도 적어도 그 판결을 전제로 하여 보조참가를 하려는 자의 법률상 지위가 결정되는 관계에 있는 경우를 의미한다(대판 2007.2.8, 2006다69653 등 참조). [2] 공정거래위원회가 명한 시정조치에 대하여 그 취소 등을 구하는 행정소송에서 당해 시정조치가 사업자의 상대방에 대한 특정행위를 중지·금지시키는 것을 내용으로 하는 경우, 당해소송의 판결 결과에 따라 해당 사업자가 특정행위를 계속하거나 또는 그 행위를 할 수 없게 되고, 따라서 그 행위의 상대방은 그 판결로 법률상 지위가 결정된다고 볼 수 있으므로 그

<table>
<tr><td>판례 1</td><td>는 위 행정소송에서 공정거래위원회를 보조하기 위하여 보조참가를 할 수 있다[대결 2013.7.12, 자 2012무84(시정명령등취소청구의소)].</td></tr>
<tr><td>판례 2</td><td>[1] 피참가인이 공동소송적 보조참가인의 동의 없이 소를 취하하였다 하더라도 이는 유효하다. 그리고 이러한 법리는 행정소송법 제16조에 의한 제3자 참가가 아니라 민사소송법의 준용에 의하여 보조참가를 한 경우에도 마찬가지로 적용된다[대판 2013.3.28, 2011두13729(사업시행인가처분취소)].</td></tr>
</table>

Ⅴ. 처분사유의 추가 · 변경

[2007 · 2011 · 2015 공인노무사, 2008 · 2012 사시, 2018 행시]

1. 의 의

처분사유라 함은 처분의 적법성을 유지하기 위하여 처분청에 의해 주장되는 처분의 사실적 · 법적 근거를 말한다. 실무상 징계처분과 제재처분의 경우 징계사유와 제재사유만을 처분사유로 보고, 재량고려사항은 처분사유로 보지 않는다. 이에 반하여 거부처분에서는 재량고려사유를 처분사유로 본다(박정훈, 484면 등).

행정청이 다툼의 대상이 되는 처분을 행하면서 처분사유를 밝힌 후 당해 처분에 대한 **소송의 계속** 중 당해 처분의 적법성을 유지하기 위하여 처분 당시 제시된 처분사유를 변경하거나 다른 사유를 추가할 수 있는가 하는 것이 문제되는데, 이를 **처분사유의 추가 · 변경의 문제**라고 한다.

추가 · 변경의 대상이 되는 처분사유는 처분시에 존재하던 사유이어야 한다.

처분사유의 추가 · 변경이 인정됨에도 불구하고 가능한 처분사유의 추가 · 변경을 하지 않았고, 계쟁처분에 대한 취소판결이 확정된 경우에는 기속력에 의해 추가 · 변경이 가능하였던 처분사유를 들어 다시 동일한 내용의 처분을 할 수 없다.

2. 유사제도와의 관계

(1) 이유제시의 하자의 보완

1) 양자의 구별

처분사유의 추가 · 변경은 이유제시의 하자의 보완과 구별되어야 한다. ① 이유제시의 하자의 치유는 처분시에 존재하는 하자가 사후에 보완되어 없어지는 것인데 반하여 행정처분사유의 변경과 추가는 처분시에 이미 존재하였지만 처분이유로 기재하지 않았던 사유를 소송계속중에 처분이유로 주장하는 것이다. ② 이유제시의 하자의 치유는 절차의 하자에 관한 문제로서 행정작용법상의 문제라면 처분사유의 추가·변경은 계쟁처분의 실체법상 적법성의 주장에 관한 소송법상 문제이다.

2) 양자의 관계

양자는 위와 같이 상호 구별되지만 서로 밀접한 관계를 갖는다. 처분사유는 처분의 이유를 이루는 것이고, 판례와 같이 처분이유의 사후제시로 인한 처분이유의 하자의 치유를 행정쟁송제기전으로 제한하는 경우에는 소송계속 중의 처분사유의 추가·변경은 제한적으로 인정될 수밖에 없다. 즉, 이유제시제도는 처분사유의 추가·변경의 제한사유의 하나가 된다.

(2) 하자의 치유와의 구별

하자의 치유와 처분사유의 추가·변경은 처분의 적법성을 인정하는 것과 관련이 있다는 점에서는 유사하지만, 하자의 치유는 처분시의 하자를 사후보완하는 것인 데 반하여 처분사유의 추가·변경은 처분시에 하자 있는 처분을 전제로 하지 않으며 처분시에 이미 존재하던 사실이나 법을 주장하는 것인 점에서 하자의 치유와 구별된다. 또한 하자의 치유는 처분의 하자론이라는 행정작용법의 문제이고, 처분사유의 추가·변경은 소송의 심리에 관한 소송법상의 문제이다.

(3) 사정판결사유와의 구별

처분사유는 처분의 적법성을 유지하기 위하여 주장되는 사유인데, 사정판결사유는 처분이 위법함에도 취소할 수 없는 사유라는 점에서 구별된다. 사정판결사유는 처분시 존재하던 사유일 수도 있지만, 처분 이후의 사유일 수도 있다.

(4) 위법판단 기준시와의 관계

처분사유의 추가·변경은 위법판단의 기준시에 관하여 처분시설을 취하는 경우에 문제된다.

판결시설 또는 절충설을 취하는 경우에는 피고인 처분청은 소송계속 중 처분 이후의 사실적·법적 상황을 주장할 수 있게 된다. 이것은 엄밀한 의미의 처분사유의 추가·변경은 아니지만, 처분의 정당화사유로 주장된다는 점에서 처분사유의 추가·변경과 유사하다.

3. 처분사유의 추가·변경의 법적 근거 및 허용 여부

행정소송법에 소송계속 중의 처분사유의 추가·변경에 관한 **명문의 규정은 없다.** 그러나 처분사유의 변경으로 소송물의 변경이 없는 한 소송경제, 분쟁의 일회적 해결 및 공익보장 및 실체적 진실발견을 위해 처분사유의 변경을 인정하는 것이 판례 및 학설의 일반적 견해이다.

다만, 처분사유의 추가·변경은 원고의 방어권 및 신뢰를 침해하고, 이유제시제도의 취지를 훼손할 수 있으므로 일정한 한계 내에서 인정되어야 한다. 결국 처분사유의 추가·변경은 **판례**에 의해 그 인정범위가 결정될 것이다.

4. 허용범위 및 한계

(1) 학설 및 판례

처분사유의 추가·변경의 허용범위(허용의 기준)에 관하여는 견해가 나뉘고 있다.

1) 제한적 허용설(기본적 사실관계의 동일성 기분설)

분쟁의 일회적 해결 및 소송경제의 요청과 원고의 방어권 보장 및 이유제시의무제도의 취지를 조화하는 선에서 제한적으로 인정되어야 한다는 견해로서 다수견해이다. 이 견해는 통상 판례의 입장과 같이 기본적 사실관계의 동일성이 유지되는 한도 내에서 처분사유의 추가·변경을 인정한다.

2) 소송물 기준설

심판의 범위는 소송물에 한정되므로 분쟁의 일회적 해결과 소송경제를 위하여 소송물의 변경이 없는 한(처분의 동일성이 유지되는 한) 처분사유의 추가·변경을 인정하는 견해이다.

3) 개별적 결정설

이 견해는 기속행위, 재량행위, 제재처분, 거부행위 등 행위의 유형 및 취소소송, 의무이행소송등 소송의 유형에 따라 처분사유의 추가·변경의 허용범위를 달리 정하여야 한다고 한다(박정훈, 류지태).

처분사유의 추가·변경의 인정필요성과 제한필요성은 행위의 유형 및 소송의 유형에 따라 다르게 보는 개별적 결정설에 따르면 의무이행소송에서는 판결시를 기준으로 처분의 적법 여부에 대하여 판결하므로 처분사유의 추가·변경이 자유롭게 인정되어야 한다. 거부처분취소소송에서는 분쟁의 일회적 해결을 위하여 제재처분취소소송에서 보다 처분사유의 추가·변경이 넓게 인정될 필요가 있다. 법원의 심사권이 넓게 인정되는 기속행위에서도 분쟁의 일회적 해결을 위하여 재량행위에서 보다 처분사유의 추가·변경이 넓게 인정될 필요가 있다.

4) 판 례

판례는 기본적 사실관계의 동일성이 유지되는 한도 내에서 그리고 처분의 동일성이 인정되는 한도내에서 처분사유의 추가·변경을 인정하고 있다.

5) 결 어(병합설)

기본적 사실관계의 동일성내일 뿐만 아니라 소송물의 범위내일 것을 요한다고 보는 것이 타당하다.

(2) 허용기준 및 한계의 내용

아래에서는 처분사유의 추가·변경에 대한 허용기준 및 한계를 판례를 중심으로 살펴보기로 한다.

1) 기본적 사실관계의 동일성이 유지될 것

판례는 당초의 처분사유와 기본적인 사실관계의 동일성이 인정되는 범위 내에서는 처분사유의 추가 또는 변경이 가능하다고 판시하고 있고[대판 1992.2.14, 91누3895(토지형질변경불허가처분취소)], 학설도 대체로 이에 찬동하고 있다.

가. 근 거

처분사유의 추가·변경을 기본적 사실관계에 있어서의 동일성이 유지되는 한도 내에서만 인정하는 것은 이유제시제도의 취지 및 행정처분의 상대방인 국민에 대한 신뢰보호 및 행정처분 상대방의 방어권 보장을 위함이다.

> **판례**
>
> [1] 기본적 사실관계와 동일성이 인정되지 않는 별개의 사실을 들어 처분사유로 주장하는 것이 허용 되지 않는다고 해석하는 이유는 행정처분의 상대방의 방어권을 보장함으로써 실질적 법치주의를 구현하고 행정처분의 상대방에 대한 신뢰를 보호하고자 함에 그 취지가 있다. [2] 추가 또는 변경된 사유가 당초의 처분시 그 사유를 명기하지 않았을 뿐 처분시에 이미 존재하고 있었고 당사자도 그 사실을 알고 있었다 하여 당초의 처분사유와 동일성이 있는 것이라 할 수 없다 [대판 2003.12.11, 2001두8827(정보공개청구거부처분취소)].

나. 판단기준

'기본적인 사실관계의 동일성'은 처분사유를 법률적으로 평가하기 이전의 구체적인 사실에 착안하여 그 기초가 되는 사회적 사실관계가 기본적인 점에서 동일한지 여부에 따라 판단한다[대판 1988.1.19, 87누603(개인택시운송사업면허취소처분취소); 대판 2007.7.27, 2006두9641].

다. 법적 근거의 변경의 문제

처분의 법적 근거가 변경됨으로써 처분의 사실관계가 변경되고, 사실관계의 기본적 동일성이 인정되지 않는 경우에는 처분의 법적 근거의 변경이 인정될 수 없다(대판 2001.3.23, 99두6392: 의료보험요양기관 지정취소처분의 당초의 처분사유인 구 의료보험법 제33조 제1항이 정하는 본인부담금 수납대장을 비치하지 아니한 사실과 항고소송에서 새로주장한 처분사유인 같은 법 제33조 제2항이 정하는 보건복지부장관의 관계서류 제출명령에 위반하였다는 사실은 기본적 사실관계의 동일성이 없다고 한 사례).

그러나 처분의 사실관계에 변경이 없는 한 적용법령(처분의 근거규정)만을 추가하거나 변경하는 것은 항상 가능하고 법원은 추가·변경된 법령에 기초하여 처분의 적법 여부를 판단할 수 있다.

판례 1	자동차운송사업면허취소처분의 취소를 구하는 소송계속 중 헌법재판소의 위헌결정으로 인하여 처분의 당초 근거규정인 구 여객자동차운수사업법(2000.12.30. 법률 제6335호로 개정되기 전의 것) 제76조 제1항 단서(면허등록·취소를 기속행위로 규정) 중 제8호(명의이용금지 위반)가 그 효력을 상실하자 처분청이 명의이용금지(지입제 경영관행을 근절함으로써 운송사업에 관한 질서를 확립하고, 여객의 원활한 운송과 운송서비스의 개선을 위한 것)위반의 기본적 사실관계(명의이용)는 변경하지 아니한 채 효력이 유지되고 있는 같은 법 제76조 제1항 본문(면허등록·취소를 재량행위로 규정) 및 제8호로 그 법률상 근거를 적법하게 변경한 경우, 위 처분이 법률의 근거가 없는 위법한 처분이라고 할 수 없다고 한 사례[대판 2005.3.10, 2002두9285(자동차운송사업면허취소처분취소)].
판례 2	**[1] 처분청이 처분 당시 적시한 구체적 사실을 변경하지 아니하는 범위 내에서 처분의 근거 법령만을 추가·변경하는 것이 허용되는지 여부(원칙적 적극) 및 처분의 근거 법령 변경이 허용되지 아니하는 경우:** 행정처분이 적법한지는 특별한 사정이 없는 한 처분 당시 사유를 기준으로 판단하면 되고, 처분청이 처분 당시 적시한 구체적 사실을 변경하지 아니하는 범위 내에서 단지 처분의 근거 법령만을 추가·변경하는 것은 새로운 처분사유의 추가라고 볼 수 없으므로

> **판례 2**
>
> 이와 같은 경우에는 처분청이 처분 당시 적시한 구체적 사실에 대하여 처분 후 추가·변경한 법령을 적용하여 처분의 적법여부를 판단하여도 무방하다. 그러나 처분의 근거 법령을 변경하는 것이 종전 처분과 동일성을 인정할 수 없는 별개의 처분을 하는 것과 다름 없는 경우에는 허용될 수 없다. [2] 행정청이 점용허가를 받지 않고 도로를 점용한 사람에 대하여 도로법 제94조에 의한 변상금부과처분을 하였다가 처분에 대한 취소소송이 제기된 후 해당 도로가 도로법의 적용을 받는 도로에 해당하지 않을 경우를 대비하여 처분의 근거 법령을 도로의 소유자가 국가인 부분은 구 국유재산법(2009.1.30.법률 제9401호로 전부 개정되기 전의 것, 이하 같다) 제51조와 그 시행령 등으로, 소유자가 서울특별시 종로구인 부분은 구 공유재산 및 물품관리법(2010.2.4. 법률 제10006호로 개정되기 전의 것, 이하 같다) 제81조와 그 시행령 등으로 변경하여 주장한 사안에서, 도로법령 및 구 국유재산법령 및 구 공유재산 및 물품관리법령의 해당 규정은 별개 법령에 규정되어 입법 취지가 다르고, 해당 규정내용을 비교하여 보면 변상금의 징수목적, 산정 기준금액, 징수 재량유무, 징수절차 등이 서로 달라 위와 같이 근거 법령을 변경하는 것은 종전 도로법 제94조에 의한 변상금 부과처분과 동일성을 인정할 수 없는 별개의 처분을 하는 것과 다름 없어 허용될 수 없으므로, 이와 달리 판단한 원심판결에 법리를 오해한 위법이 있다고 한 사례[대판 2011.5.26, 2010두28106(변상금부과처분취소)].

단지 처분사유를 구체적으로 표시하거나 설명하는 것은 처분사유의 추가변경이 아니다(판례).

> **판례 1**
>
> 피고는 처분서에 처분사유로 '과다소각'이라고만 기재하였을 뿐, 어떤 방법으로 과다소각을 한 경우인지를 구체적으로 기재하지는 않았음. 피고가 소송에서 '원고는 무단 증설하여 과다소각한 경우'라고 주장하였는데, 원심은 이것이 허용되지 않는 처분사유의 추가·변경에 해당한다고 판단하여 곧바로 배척하였음. 그러나 대법원은 관련 수사 결과, 이에 따른 피고의 사전통지와 원고가 제출한 의견서의 내용 등을 종합하면, "원고가 무단 증설하여 과다소각하였다."는 위반행위가 '당초 처분사유'이고 원고는 '당초 처분사유'를 알면서도 처분사유 자체는 시인하고 처분양정이 과중하다는 의견만을 제시하였을 뿐이며 그에 불복하여 방어권을 행사하는 데에 지장은 없었으므로, 피고의 소송상 주장은 허용되지 않는 처분사유의 추가·변경이 아니라 '당초 처분사유'를 구체적으로 설명한 것에 불과하다고 판단하여 파기환송한 사례(대판 2020.6.11, 2019두49359).

판례 2	행정청이 폐기물처리사업계획서 부적합 통보를 하면서 처분서에 불확정개념으로 규정된 법령상의 허가기준 등을 충족하지 못하였다는 취지만을 간략히 기재하였다면, 부적합 통보에 대한 취소소송절차에서 행정청은 그 처분을 하게 된 판단 근거나 자료 등을 제시하여 구체적 불허가사유를 분명히 하여야 한다. 이러한 경우 재량행위인 폐기물처리사업계획서 부적합 통보의 효력을 다투는 원고로서는 행정청이 제시한 구체적인 불허가사유에 관한 판단과 근거에 재량권 일탈·남용의 위법이 있음을 밝히기 위하여 소송절차에서 추가적인 주장을 하고 자료를 제출할 필요가 있다(대판 2019.12.24, 2019두45579).
판례 3	"원고가 2011.8.8.부터 2011.11.24.까지 폐수처리에 필요하지 아니한 배관을 설치하여 배출허용기준을 초과한 수질오염물질을 배출하였다."는 사유(이하 '당초 처분사유'라고 한다)로 이 사건 영업정지처분을 한 후 소송절차에서 "원고가 위반행위 기간 중 폭기조에 새로 임시호스와 가지관을 설치하여 폐수를 무단 배출하였다."는 사유(이하 '추가된 처분사유'라고 한다)를 추가로 주장한 사실에서 추가된 처분사유 중 '새로 임시호스와 가지관을 설치하여'라는 부분은 당초 처분사유 중 '폐수처리에 필요하지 아니한 배관을 설치하여'라는 부분을 구체적으로 표시하는 것에 불과하고 당초의 처분사유와 기본적 사실관계와 동일성이 없는 별개의 또는 새로운 처분사유를 추가하는 것이라고 할 수 없다고 한 사례(대판 2015.6.11, 2015두752).

2) 추가·변경사유의 기준시

위법판단의 기준시에 관하여 처분시설을 취하는 경우 위법성 판단은 처분시를 기준으로 하므로 추가사유나 변경사유는 처분시에 객관적으로 존재하던 사유이어야 한다.

처분 이후에 발생한 새로운 사실적·법적 사유를 추가·변경할 수는 없다. 이 경우 처분청은 사정변경을 이유로 계쟁처분을 직권취소하고, 이를 대체하는 처분을 할 수 있고, 이 경우 계쟁처분은 취소된 것이 되므로 당초의 처분에 대한 취소소송은 소의 이익을 상실하고, 원고는 처분변경으로 인한 소변경을 신청할 수 있다.

판례	행정청이 영업 허가신청 반려처분의 취소를 구하는 소의 계속 중, 사정변경을 이유로 위 반려처분을 직권취소함과 동시에 위 신청을 재반려하는 내용의 재처분을 한 경우, 당초의 반려처분의 취소를 구하는 소는 취소되어 더 이상 존재하지 않는 행정처분을 대상으로 한 취소소송이 되므로 더 이상 소의 이익이 없게 된다[대판 2006.9.28, 2004두5317(분뇨 등 관련영업허가신청반려처분취소)].

위법판단의 기준시에 관하여 판결시설을 취하면 처분청은 소송계속 중 처분 이후에 발생한 새로운 사실적·법적 상황을 주장할 수 있게 된다. 이것은 엄밀한 의미의 처분사유의 추가·변경은 아니지만, 처분의 정당화사유로 주장된다는 점에서 처분사유의 추가·변경과 유사하다.

3) 소송물의 범위 내일 것(처분의 동일성이 유지될 것)

심판범위는 소송물에 한정되므로 처분사유의 추가·변경은 취소소송의 소송물의 범위 내에서만 가능하다.

달리 말하면, 처분사유의 추가·변경은 **처분의 동일성**이 유지되는 한도 내에서 인정된다. 그런데 처분의 동일성은 처분사유의 동일성을 요소로 하는 것이므로 처분사유의 추가·변경에 있어서 처분의 동일성이 유지될 것(소송물의 범위 내일 것)이라는 요건과 처분사유의 기본적 사실관계의 동일성이 유지될 것이라는 요건은 결과적으로 일치하게 된다.

① 처분의 사실관계의 동일성이 인정되는 한도 내에서 처분내용의 변경없이 법적 근거만을 변경하는 것은 처분의 변경이 아니다.

② 징계처분이나 **제재처분의 경우에는 징계사유(비위사실)나 제재사유(법 위반사실)가 변경되면 내용의 변경이 없어도 처분이 변경되는 것으로 보아야 한다.** 다만, 징계사유나 제재사유의 변경 없이 재량고려사항만 추가·변경하는 것은 처분의 변경이 아니라고 보아야 한다. 징계사유나 제재사유의 변경없이 재량고려사항만 추가·변경하는 것은 처분의 기본적 사실관계에 변경을 가져오지 않기 때문이다. 제재처분의 재량고려사항은 처분사유가 아닌 것으로 보는 것이 판례의 입장이지만, 재량고려사항을 제재처분사유로 보면서 재량고려사항의 추가·변경을 인정하는 견해도 있다(박정훈, 482~485면).

③ 거부처분의 경우에 거부사유가 변경되어 거부처분의 기본적 사실관계의 동일성이 없어지게 되면 거부처분이 변경되는 것으로 보며 따라서 이 경우에는 처분사유의 추가·변경을 인정하지 않고, 거부사유가 변경되어도 거부처분의 기본적 사실관계의 동일성이 유지되는 경우에는 처분사유의 추가·변경이 가능한 것으로 보는 것이 판례의 입장이다. 이에 반하여 거부처분의 경우에는 거부사유가 변경되어도 처분의 변경은 없는 것으로 보는 것이 분쟁의 일회적 해결을 위하여 타당하다는 견해가 있다. 또한 거부처분에 있어 규율의 핵심은 신청대상인 수익처분의 발급거부에 있고, 그 거부사유들은 그 규율을 위한 수단에 불과하기 때문이라고 한다(박정훈, 526면). 이러한 입장 차이에 따라 거부처분취소판결의 기속력의 객관적 범위에 차이가 있게 된다.

[1] 처분청이 처분 당시 적시한 구체적 사실을 변경하지 아니하는 범위 내에서 처분의 근거 법령만을 추가·변경하는 것이 허용되는지 여부(원칙적 적극) 및 처분의 근거 법령 변경이 허용되지 아니하는 경우: 행정처분이 적법한지는 특별한 사정이 없는 한 처분 당시 사유를 기준으로 판단하면 되고, 처분청이 처분 당시 적시한 구체적 사실을 변경하지 아니하는 범위 내에서 단지 처분의 근거 법령만을 추가·변경하는 것은 새로운 처분사유의 추가라고 볼 수 없으므로 이와 같은 경우에는 처분청이 처분 당시 적시한 구체적 사실에 대하여 처분 후 추가·변경한 법령을 적용하여 처분의 적법 여부를 판단하여도 무방하다. 그러나 처분의 근거법령을 변경하는 것이 종전 처분과 동일성을 인정할 수 없는 별개의 처분을 하는 것과 다름 없는 경우에는 허용될 수 없다. [2] 행정청이 점용허가를 받지 않고 도로를 점용한 사람에 대하여 도로법 제94조에 의한 변상금 부과처분을 하였다가, 처분에 대한 취소소송이 제기된 후 해당 도로가 도로법 적용을 받는 도로에 해당하지 않을 경우를 대비하여 처분의 근거 법령을 구 국유재산법 제51조와 그 시행령 등으로 변경하여 주장한 사안에서, 도로법과 구 국유재산법령 및 구 공유재산 및 물품관리법령의 해당 규정은 별개 법령에 규정되어 입법 취지가 다르고, 해당 규정내용을 비교하여 보면 변상금의 징수목적, 산정 기준금액, 징수 재량 유무, 징수절차 등이 서로 달라 위와 같이 근거 법령을 변경하는 것은 종전 도로법 제94조에 의한 변상금 부과처분과 동일성을 인정할 수 없는 별개의 처분을 하는 것과 다름 없어 허용될 수 없으므로, 이와 달리 판단한 원심판결에 법리오해의 위법이 있다고 한 사례[대판 2011.5.26, 2010두28106(변상금부과처분취소)].

4) 사실심변론종결시 이내일 것

행정청의 처분사유의 추가·변경은 사실심 변론종결시까지만 허용된다.

취소소송에서 행정청의 처분사유의 추가·변경 시한(=사실심 변론종결시): 행정청은 기본적 사실관계의 동일성이 있다고 인정되는 한도 내에서만 다른 처분사유를 추가·변경할 수 있다고 할 것이나 이는 사실심변론종결시까지만 허용된다[대판 1999.8.20, 98두17043(퇴독주택용시조성원가공급거부처분취소): 원고가 이주대책신청기간이나 소정의 이주대책실시(시행)기간을 모두 도과하여 실기한 이주대책신청을 하였으므로 원고에게는 이주대책을 신청할 권리가 없고, 사업시행자가 이를 받아들여 택지나 아파트공급을 해 줄 법률상 의무를 부담한다고 볼 수 없다는 피고의 상고이유의 주장은 원심에서는 하지 아니한 새로운 주장일 뿐만 아니라 사업지구 내 가옥 소유자가 아니라는 이 사건 처분사유와 기본적 사실관계의 동일성도 없으므로 적법한 상고이유가 될 수 없다고 한 사례].

5. 구체적 사례
(1) 기본적 사실관계의 동일성을 부정한 사례
1) 거부처분사유의 추가·변경

> **판례 1**
>
> 충전소설치허가신청에 대하여 처분청이 첫째로, 충전소설치 예정지의 인근주민들이 충전소설 치를 반대하고, 둘째로 위 전라남도 고시에 자연녹지의 경우 충전소의 외벽으로부터 100 미터 내에 있는 건물주의 동의를 받도록 되어 있는데 그 설치예정지로부터 80미터에 위치한 전주 이 씨 제각 소유주의 동의가 없다는 이유로 이를 반려하였는데, 처분청이 상고심에서 충전소설치 예정지역 인근도로가 낭떠러지에 접한 S자커브의 언덕길로 되어 있어서 교통사고로 인한 충전 소폭발의 위험이 있어 허가하지 아니하였다는 주장을 하는 것은 피고 처분청이 당초 위 반려처 분의 근거로 삼은 사유와는 그 기본적 사실관계에 있어서 동일성이 인정되지 아니하는 별개의 사유라 할 것이므로 이제 와서 이를 들어 원고의 신청이 허가요건을 구비하지 아니하였다고 내 세울 수 없다[대판 1992.5.8, 91누13274(엘피지충전소허가처분취소)].

> **판례 2**
>
> 당초의 정보공개거부처분사유인 공공기관의 정보공개에 관한 법률 제7조 제1항 제4호 및 제6 호의 사유는 새로이 추가된 같은 항 제5호의 사유와 기본적 사실관계의 동일성이 인정되지 않 는다고 한 사례[대판 2003.12.11, 2001두8827(정보공개청구거부처분취소)]. 당초의 정보공개거부 처 분사유인 구 공공기관의 정보공개에 관한 법률 제7조 제1항 제2호, 제4호, 제6호의 사유와 같 은 항 제1호의 사유는 기본적 사실관계의 동일성이 인정되지 않으므로, 정보비공개결정 취소소 송에서 같은 항 제1호의 처분사유의 추가가 허용되지 않는다고 한 사례[대판 2006.1.13, 2004두 12629(정보비공개결정취소)].
>
> **(구)공공기관의정보공개에관한법률 제7조**
>
> 제7조(비공개대상정보) ① 공공기관은 다음 각호의 1에 해당하는 정보에 대하여는 이를 공개하지 아니할 수 있다.
> 1. 다른 법률 또는 법률에 의한 명령에 의하여 비밀로 유지되거나 비공개사항으로 규정된 정보
> 2. 공개될 경우 국가안전보장·국방·통일·외교관계등 국가의 중대한 이익을 해할 우려가 있다 고 인정되는 정보
> 3. 공개될 경우 국민의 생명·신체 및 재산의 보호 기타 공공의 안전과 이익을 현저히 해할 우려 가 있다고 인정되는 정보
> 4. 진행중인 재판에 관련된 정보와 범죄의 예방, 수사, 공소의 제기 및 유지, 형의 집행, 교정, 보 안처분에 관한 사항으로서 공개될 경우 그 직무수행을 현저히 곤란하게 하거나 형사피고인의 공정한 재판을 받을 권리를 침해한다고 인정할만한 상당한 이유가 있는 정보

판례2	5. 감사·감독·검사·시험·규제·입찰계약·기술개발·인사관리·의사결정과정 또는 내부검토 과정에 있는 사항등으로서 공개될 경우 업무의 공정한 수행이나 연구·개발에 현저한 지장을 초래한다고 인정할 만한 상당한 이유가 있는 정보 6. 당해 정보에 포함되어 있는 이름·주민등록번호 등에 의하여 특정인을 식별할 수 있는 개인에 관한 정보. 다만, 다음에 열거한 개인에 관한 정보를 제외한다.
판례3	같은 국가유공자 비해당결정이라도 그 사유가 공무수행과 상이 사이에 인과관계가 없다는 것과 본인 과실이 경합되어 있어 지원대상자에 해당할 뿐이라는 것은 기본적 사실관계의 동일성이 없다고 보아야 한다[대판 2013.8.22, 2011두26589(국가유공자비해당결정처분취소)].
판례4	피고가 원고의 정보공개청구에 대하여 별다른 이유를 제시하지 않은 채 이동통신요금과 관련한 총괄원가액수만을 공개한 것은, 이 사건 원가 관련 정보에 대하여 비공개결정을 하면서 비공개이유를 명시하지 않은 경우에 해당하여 위법하다. 피고가 이 사건 소송에서 비로소 이 사건 원가 관련 정보가 법인의 영업상 비밀에 해당한다는 비공개사유를 주장하는 것은, 그 기본적 사실관계가 동일하다고 볼 수 없는 사유를 추가하는 것이어서 허용될 수 없다(대판 2018.4.12, 2014두5477).

2) 제재처분사유인 법령위반사유의 추가·변경

판례	의료보험요양기관 지정취소처분의 당초의 처분사유인 구 의료보험법 제33조 제1항이 정하는 본인부담금 수납대장을 비치하지 아니한 사실과 항고소송에서 새로 주장한 처분사유인 같은 법 제33조 제2항이 정하는 보건복지부장관의 관계서류 제출명령에 위반하였다는 사실은 기본적 사실관계의 동일성이 없다[대판 2001.3.23, 99두6392(의료보험요양기관지정취소처분취소)]. **〈해설〉** 처분청은 보건복지부장관의 관계서류 제출명령에 위반하였다는 사실을 처분사유로 하여 별개의 새로운 의료보험요양기관 지정취소(강학상 철회)처분을 할 수 있다.

3) 징계사유의 추가·변경

징계처분이나 제재처분의 경우에는 징계사유(비위사실)나 제재사유(법위반사실)가 변경되면 원칙상 내용의 변경이 없어도 처분이 변경되는 것으로 보아야 한다. 다만, 징계처분사유와 동일성을 가지는 범위 내에서는 처분사유의 추가가 인정될 수 있다.

징계사유나 제재사유의 변경 없이 재량고려사항만 추가·변경하는 것은 처분의 변경이 아니라고 보아야 한다. 징계사유나 제재사유의 변경 없이 재량고려사항만 추가·변경하는 것은 처분의 기본적 사실관계에 변경을 가져오지 않기 때문이다.

> **판례**
> 구청위생과 직원인 원고가 이 사건 당구장이 정화구역 외인 것처럼 허위표시를 함으로써 정화 위원회의 심의를 면제하여 허가처분하였다는 당초의 징계사유와 정부문서규정에 위반하여 이미 결제된 당구장허가처분서류의 도면에 상사의 결제를 받음이 없이 거리표시를 기입하였다는 원심 인정의 비위사실과는 기본적 사실관계가 동일하지 않다[대판 1983.10.25, 83누396(감봉처분취소)].

4) 침해적 처분사유의 추가·변경

> **판례**
> 입찰참가자격을 제한시킨 당초의 처분사유인 정당한 이유 없이 계약을 이행하지 않은 사실과 항고 소송에서 새로 주장한 계약의 이행과 관련하여 관계 공무원에게 뇌물을 준 사실은 기본적 사실관계의 동일성이 없다고 한 사례[대판 1999.3.9, 98두18565(부정당업자제재처분취소)].

(2) 기본적 사실관계의 동일성을 인정한 사례

1) 제1유형: 처분의 사실관계에 변경 없는 처분의 근거법령만의 추가·변경

> **판례**
> 주취 중 운전으로 교통사고를 내어 개인택시운송사업면허의 기본요건인 원고의 자동차 운전면허가 취소되었음을 이유로 원고에 대한 이 사건 개인택시운송사업면허취소처분을 하면서 처음에는 그것이 자동차운수사업법 제31조 제1항 제3호 소정의 면허취소사유(공공복리 위반)에 해당한다고 보아 같은 법조를 적용하였다가 그 후 그 구체적 사실은 변경하지 아니한 채 적용법조로 같은 법 제31조와 같은 법 시행규칙 제15조(개인택시운송사업면허요건규정 불비)를 추가하여 원고에게 통고한 사실이 인정되는바, 사실이 위와 같다면 피고가 이 사건 운송사업면허의 취소사유로 삼은 것은 개인택시운송사업면허의 기본요건인 원고의 자동차운전면허가 취소되었다는 점이고 피고가 처분 후에 적용법조를 추가하여 통고한 것은 단순한 법령적용의 오류를 정정한 것일 뿐 그에 의하여 취소사유를 달리하는 것은 아니라 할 것이므로 원심으로서는 처분당시에 적시한 구체적 사실인 원고의 자동차운전면허가 취소된 점에 관하여 피고가 처분 후에 추가로 통고한 근거법령을 적용하여 이 사건 취소처분의 적법여부를 판단하여야 할 것이다[대판 1988.1.19, 87누603(개인택시운송사업면허취소처분취소)].

2) 법령 위반사유의 추가·변경

> **판례**
> 지입제 운영행위에 대하여 자동차운송사업면허를 취소(철회)한 행정처분에 있어서 당초의 취소 근거로 삼은 구 자동차운수사업법 제26조(명의의 유용금지)를 위반하였다는 사유와 직영으로 운영하도록 한 면허조건(부관)을 위반하였다는 사유는 기본적 사실관계에 있어서 동일하다[대판 1992.10.9, 92누213(운송사업면허일부취소처분취소)]. 〈**해설**〉 명의를 유용했다는 기본적 사실관계는 동일하다.

3) 거부처분사유의 추가·변경

> **판례 1**
> 甲이 '사실상의 도로'로서 인근 주민들의 통행로로 이용되고 있는 토지를 매수한 다음 2층 규모의 주택을 신축하겠다는 내용의 건축신고서를 제출하였으나, 구청장이 "위 토지가 건축법상 도로에 해당하여 건축을 허용할 수 없다."는 사유로 건축신고수리 거부처분을 하자 甲이 처분에 대한 취소를 구하는 소송을 제기하였는데, 1심법원이 위 토지가 건축법상 도로에 해당하지 않는다는 이유로 甲의 청구를 인용하는 판결을 선고하자 구청장이 항소하여 "위 토지가 인근 주민들의 통행에 제공된 사실상의 도로인데, 주택을 건축하여 주민들의 통행을 막는 것은 사회공동체와 인근 주민들의 이익에 반하므로 甲의 주택 건축을 허용할 수 없다."는 주장을 추가한 사안에서, 당초 처분사유와 구청장이 원심에서 추가로 주장한 처분사유는 위 토지상의 사실상 도로의 법적 성질에 관한 평가를 다소 달리하는 것일 뿐, 모두 토지의 이용현황이 '도로'이므로 거기에 주택을 신축하는 것은 허용될 수 없다는 것이므로 기본적 사실관계의 동일성이 인정되고, 위 토지에 건물이 신축됨으로써 인근 주민들의 통행을 막지 않도록 하여야 할 중대한 공익상 필요가 인정되고 이러한 공익적 요청이 甲의 재산권 행사보다 훨씬 중요하므로, 구청장이 원심에서 추가한 처분사유는 정당하여 결과적으로 위 처분이 적법한 것으로 볼 여지가 있음에도 이와 달리 본 원심판단에 법리를 오해한 잘못이 있다고 한 사례(대판 2019.10.31, 2017두74320).

> **판례 2**
> 피고가 당초 이 사건 거부처분의 근거와 이유로 삼은 사유는 이 사건 신청이 준농림지역에서의 행위제한사항에 해당한다는 것이고, 피고가 이 사건 소송에서 추가로 주장한 사유는 준농림지역의 경우 원칙적으로 일정 규모 이상의 토지이용행위를 제한하여 환경의 보전을 도모하는 지역으로서 부지면적 30,000㎡ 미만의 개발은 허용된다고 하더라도 환경오염의 우려가 있거나 자연환경의 보전 및 토지의 합리적인 이용이라는 법의 입법 취지에 부합하는 한도 내에서만 허용된다고 할 것인데, 원고들이 추진하고자 하는 사업은 비교적 대규모의 전원주택의 부지조성사

판례 2

업으로서 위와 같은 법의 취지에 반하여 이를 허용할 수 없다는 것이므로, 그 내용이 모두 이 사건 임야가 준농림지역에 위치하고 있다는 점을 공통으로 하고 있을 뿐 아니라 그 취지 또한 자연환경의 보전을 위하여 개발행위를 제한할 필요가 있어서 산림형질변경을 불허한다는 것으로서 기본적 사실관계의 동일성이 인정된다고 할 것이다[대판 2004.11.26, 2004두4482(산림형질변경불허가처분취소): 주택신축을 위한 산림형질변경허가신청에 대하여 행정청이 거부처분을 하면서 당초 거부처분의 근거로 삼은 준농림지역에서의 행위제한이라는 사유와 나중에 거부처분의 근거로 추가한 자연경관 및 생태계의 교란, 국토 및 자연의 유지와 환경보전 등 중대한 공익상의 필요라는 사유는 기본적 사실관계에 있어서 동일성이 인정된다고 한 사례].

판례 3

행정청이 폐기물처리사업계획 부적정 통보처분을 하면서 그 처분사유로 사업예정지에 폐기물처리시설을 설치할 경우 인근 농지의 농업경영과 농어촌 생활유지에 피해를 줄 것이 예상되어 농지법에 의한 농지전용이 불가능하다는 사유 등을 내세웠다가, 위 행정처분의 취소소송에서 사업예정지에 폐기물처리시설을 설치할 경우 인근 주민의 생활이나 주변 농업활동에 피해를 줄 것이 예상되어 폐기물처리시설 부지로 적절하지 않다는 사유를 주장한 경우에, 두 처분사유는 모두 인근 주민의 생활이나 주변 농업활동의 피해를 문제삼는 것이어서 기본적 사실관계가 동일하므로, 행정청은 위 행정처분의 취소소송에서 후자의 처분사유를 추가로 주장할 수 있다고 한 사례[대판 2006.6.30, 2005두364(폐기물처리업사업계획부적정통보처분취소)].

4) 기 타

판례

[인근주민의 통행로로 사용되고 있는 私소유 토지(사실상 도로)에 건축행위를 할 수 있는지가 다투어진 사건] 피고 행정청이 건축신고수리 거부처분의 근거로 삼은 당초 처분사유(해당 토지가 건축법상 도로에 해당하여 건축을 허용할 수 없음)와 소송에서 추가한 거부사유(해당 토지가 사실상 도로에 해당하여 건축이 공익에 부합하지 않아 허용할 수 없음)는 이 사건 토지상의 사실상 도로의 법적 성질에 관한 평가를 다소 달리하는 것일 뿐, 모두 이 사건 토지의 이용현황이 '도로'이므로 거기에 주택을 신축하는 것은 허용될 수 없다는 것이므로, 기본적 사실관계의 동일성이 인정된다(대판 2019.10.31, 2017두74320). 〈해설〉당초 피고는 "해당 토지가 건축법상 도로에 해당하여 건축을 허용할 수 없다."는 이유로 건축신고수리 거부처분을 하였다. 제1심이 관련법령의 규정 및 법리에 의하면 해당 토지가 건축법상 도로에 해당하지 않는다는 이유로 거부처분을 취소하는 판결(= 원고 청구인용)을 선고하자, 피고는 항소하여 "이 사건 토지는 1975년 분필된 후

> **판례** 로 인근 주민들의 통행에 제공된 사실상의 도로인데, 원고가 이 사건 토지에 주택을 건축하여 인근 주민들의 통행을 막는 것은 사회공동체와 인근 주민들의 이익에 반하므로 원고의 주택 건축은 허용되어서는 안 되며, 따라서 이 사건 처분은 공익에 부합하는 적법한 처분이라고 보아야 하고, 원고의 건축신고나 이 사건 행정소송 제기는 권리남용이라고 보아야 한다."는 주장을 추가하였다.

Ⅵ. 화해와 조정

1. 민사소송법상 화해의 준용

항고소송의 공익성에 비추어 민사소송법상의 화해에 관한 규정(제225조 이하)이 준용될 수 없다는 것이 지배적인 견해이다. 공익소송인 민중소송이나 기관소송에서는 더욱 그러하다.

당사자소송에서는 민사소송법상 화해에 관한 규정이 준용된다는 것이 지배적 견해이다.

2. 민사소송법상 조정의 준용

항고소송의 공익성에 비추어 항고소송에 민사조정법상의 조정에 관한 규정을 준용하지 않는 것이 지배적 견해이다. 그렇지만, 실무상 사실상의 조정이 행해지고 있다. 즉, 법원이 행정청에 대하여는 법원이 적절하다고 인정하는 처분으로 변경할 것을, 원고에 대하여는 행정청이 그와 같이 변경처분을 하면 소를 취하할 것을 권고하는 조정권고를 행하고, 행정청이 변경처분을 하면 원고가 소를 취하하는 방식이다. 사실상의 조정은 주로 제재적 행정처분사건과 조세사건에서 행해지고 있다.

제6항 주장책임과 입증책임(증명책임)

Ⅰ. 주장책임

1. 의 의

주장책임이라 함은 당사자가 유리한 사실을 주장하지 않으면 그 사실은 없는 것으로 취급되어 불이익한 판단을 받게 되는데, 이 경우에 있어서의 당해 당사자의 불이익을 받는 지위를 말한다.

주장책임은 변론주의하에서는 주요사실은 당사자가 변론에서 주장하지 않으면 판결의 기초로 삼을 수 없다는 점으로부터 나온다.

2. 직권탐지주의와 주장책임

직권탐지주의하에서 주장책임은 완화된다. 다만, 직권탐지의 대상이 되는 사실에 대하여도 직권탐지가 의무가 아닌 한 주장책임이 문제될 수 있다.

> **판례**
>
> 행정소송에 있어서 특단의 사정이 있는 경우를 제외하면 당해 행정처분의 적법성에 관하여는 당해 처분청이 이를 주장·입증하여야 하고, 행정소송에 있어서 직권주의가 가미되어 있다고 하여도 여전히 당사자주의, 변론주의를 기본구조로 하는 이상 행정처분의 위법을 들어 그 취소를 청구함에 있어서는 직권조사사항을 제외하고는 그 취소를 구하는 자가 위법된 구체적인 사항을 먼저 주장하여야 한다(대판 1995.7.28, 94누12807).

3. 주장책임의 내용

주장책임에 관하여는 다음과 같은 점을 지적할 필요가 있다.

① 주장책임은 **주요사실**에 대하여만 인정되며 간접사실과 보조사실은 주장책임의 대상이 되지 않는다. 왜냐하면 변론주의는 주요사실에 대해서만 인정되고 간접사실과 보조사실은 그 적용이 없기 때문이다. 주요사실이라 함은 법률효과를 발생시키는 법규의 직접 요건사실을 말하고, 간접사실이라 함은 주요사실을 확인하는 데 도움이 됨에 그치는 사실을 말한다. 증거능력이나 증거가치에 관한 사실을 보조사실이라 하는 데 간접사실에 준하여 취급된다(이시윤, 429면).

② 어느 당사자든지 변론에서 주장하였으면 되고 반드시 주장책임을 지는 당사자가 주장 하여야 하는 것은 아니다(이시윤, 428면).

③ 어느 당사자가 주장책임을 지는지를 정하는 것을 주장책임의 분배라 하는데, 원칙적으로 주장책임의 분배는 입증책임의 분배와 일치한다고 보는 견해(이상규, 869면)와 취소소송의 특수성을 고려하여 입증책임의 분배는 주장책임의 분배와 별도로 결정되어야 한다는 견해가 있다. 후자의 논거는 다음과 같다. "자기에 유리한 사실이 심리에 현출되지 않는 한에서 불이익을 받는다는 것과 일정 사실의 진위불명시에 받는 불이익은 논리적으로 항상 동일한 분배기준에 의하여 할 것은 아니라고 한다"(김동희, 671면). 그러나 주장책임은 주요사실에 대하여 입증책임을 지는 자가 부담하는 것이 원칙이므로 주장책임의 분배는 원칙적으로 입증책임의 분배와 일치한다고 보아야 한다.

④ 항고소송에 있어서 원고는 전심절차에서 주장하지 아니한 공격방어방법을 소송절차에서 주장할 수 있다.

판례1	항고소송에 있어서 원고는 전심절차에서 주장하지 아니한 공격방어방법을 소송절차에서 주장할 수 있고 법원은 이를 심리하여 행정처분의 적법 여부를 판단할 수 있는 것이므로, 원고가 전심절차에서 주장하지 아니한 처분의 위법사유를 소송절차에서 새롭게 주장하였다고 하여 다시 그 처분에 대하여 별도의 전심절차를 거쳐야 하는 것은 아니다(대판 1996.6.14, 96누754).
판례2	행정소송이 전심절차를 거쳤는지 여부를 판단함에 있어서 전심절차에서의 주장과 행정소송에서의 주장이 전혀 별개의 것이 아닌 한 그 주장이 반드시 일치하여야 하는 것은 아니고, 당사자는 전심절차에서 미처 주장하지 아니한 사유를 공격방어방법으로 제출할 수 있다(대판 1999.11.26, 99두9407).
판례3	전심절차에서 주장하지 아니한 공격방어방법이라 할지라도 항고소송절차에서 주장할 수 있는 것이고, 또 소송당사자는 실기한 공격방법에 해당하지 아니하는 한 변론종결시까지 수시로 공격방어방법을 제출할 수 있는 것이므로, 원심이 전심절차에서 주장된 바 없는 원고의 절차상의 위법주장을 심리판단하였다 하여 허물이 될 수 없다(대판 1985.8.20, 84누485).

Ⅱ. 입증책임 (증명책임)　　　　　　　　　　　[1999 공인노무사]

1. 의 의

입증책임이라 함은 소송상 증명을 요하는 어느 사실의 존부가 확정되지 않은 경우 당해 사실이 존재하지 않는 것으로 취급되어 불리한 법률판단을 받게 되는 당사자 일방의 위험 또는 불이익을 말한다.

입증책임의 문제는 심리의 최종단계에 이르러서도 어떤 사실의 존부에 대하여 법관에게 확신이 서지 않을 때에 누구에게 불이익을 부담하도록 하느냐의 문제이다. 입증책임은 사실에 대한 것이며 법에 대한 것은 아니다. 법에 대한 판단은 법원이 책임을 지고 해야 한다.

직권탐지주의하에서도 어떠한 사실이 입증되지 않는 경우가 있을 수 있으므로 입증책임은 변론주의뿐만 아니라 직권탐지주의에 의한 절차에서도 문제된다.

2. 입증책임의 분배

입증책임의 분배라 함은 어떤 사실의 존부가 확정되지 않은 경우에 당사자중 누구에게 불이익을 돌릴 것인가의 문제이다. 입증책임을 지는 자가 소송상 증명을 요하는 어느 사실이 입증되지 않는 경우에 불이익을 받게 된다.

특히 국가배상법상 과실과 같이 입증이 곤란한 사실에 대하여는 누가 입증책임을 부담하는가에 의해 소송의 승패가 좌우되므로 입증책임의 분배는 매우 중요한 문제이다.

예를 들면, 만일 국가배상법상의 과실의 존재를 원고가 입증하여야 한다면 과실이 입증되지 않는 경우에 국가배상책임이 인정되지 않게 되고, 국가배상법상의 과실의 부존재를 피고가 입증하여야 한다면 과실의 부존재가 입증되지 않은 경우 피고가 국가배상책임을 지게 된다.

3. 행정소송에서의 증명책임

민사소송법 규정이 준용되는 행정소송에서의 증명책임은 원칙적으로 민사소송 일반원칙에 따라 당사자 간에 분배되고, 항고소송의 경우에는 그 특성에 따라 처분의 적법성을 주장하는 피고에게 적법사유에 대한 증명책임이 있다. 즉, 처분사유에 관한 증명책임은 피고 행정청에게 있다. 거부처분 취소소송에서도 그 처분사유에 관한 증명책임은 피고 행정청에게 있다(대판 2019.7.4, 2018두66869).

피고가 주장하는 일정한 처분의 적법성에 관하여 합리적으로 수긍할 수 있는 일응의 증명이 있는 경우에 처분은 정당하며, 이와 상반되는 주장과 증명은 상대방인 원고에게 책임이 돌아간다[대판 2016.10.27, 2015두42817(시정명령및과징금납부명령취소)].

(1) 취소소송에 있어서의 입증책임

오늘날의 일반적인 견해는 공정력과 입증책임 사이에는 아무런 관련이 없다고 본다.

오늘날 취소소송에서의 입증책임의 분배에 관하여는 민사소송상의 입증책임의 분배원칙에 의하여야 한다는 견해와 행정소송의 입증책임은 행정소송의 특수성을 고려하여 독자적으로 정하여야 한다는 견해로 나뉜다.

1) 민사소송상 분배설(법률요건분류설 내지 규범설)

법률요건분류설은 각 당사자는 자기에게 유리한 법규요건사실의 존부에 대해 입증책임을 지는 것으로 분배시키고 있다.

① 소송요건의 존부는 원고에게 입증책임이 있다. 그 이유는 소송요건이 존재하면 원고에게 유리한 본안판결을 받을 수 있기 때문이다.

② 본안문제에 관하여는 다음과 같이 입증책임을 분배하고 있다.

    (i) 권리의 존재를 주장하는 자는 권리근거규정의 요건사실(권리발생사실 = 광의의 청구원인사실)에 대하여 입증책임을 진다.

    (ii) 권리의 존재를 다투는 상대방은 반대규정(권리장애규정, 권리소멸규정 및 권리저지규정)의

요건사실(항변사실)에 대하여 입증책임을 진다. 권리근거규정과 권리장애규정은 원칙과 예외의 관계에 있다. 즉, 법규가 본문·단서의 형식으로 되어 있는 경우에 본문은 권리근거 규정이고 예외는 권리장애규정이 된다.

③ 법률요건분류설을 적용하면 취소소송의 입증책임은 다음과 같이 분배된다.

(i) 권한근거규정의 요건사실은 처분권한을 주장하는 자가 입증책임을 부담한다. 적극적 처분(예 허가취소 처분, 시정명령)에 있어서는 피고가 처분권한의 존재를 주장하는 자이므로 권한근거규정의 요건사실의 입증책임을 부담하고, 소극적 처분(거부처분)에 있어서는 원고가 처분권한의 존재를 주장하는 자이므로 원고가 권한근거규정의 요건사실의 입증책임을 부담한다.

(ii) 권한장애규정의 요건사실은 권한을 부인하는 자에게 입증책임이 있다. 적극적 처분에 있어서는 원고가 권한을 부인하는 자이므로 원고가 권한장애규정의 요건사실(예 조세부과처분에 있어서 면세자 해당 사실)의 입증책임을 진다. 거부처분에 있어서는 권한을 부인하는 자가 피고이므로 피고가 권한장애규정의 요건사실의 입증책임을 진다. 예를 들면, 정보공개거부처분 취소소송에서 비공개사유의 주장·입증책임은 피고인 국가 등 공공단체에 있다[대판 1999.9. 21, 97누5114(정보공개거부처분취소); 대판 1999.9.21, 98두3426(행정정보공개거부처분취소)].

판례 1	**과세처분취소소송에 있어서의 입증책임 및 입증의 필요**: 과세처분의 위법을 이유로 그 취소를 구하는 행정소송에 있어 처분의 적법성 및 과세요건사실의 존재에 관하여는 원칙적으로 과세관청이 그 입증책임을 부담하나, 경험칙상 이례에 속하는 특별한 사정의 존재에 관하여는 납세의무자에게 입증책임 내지는 입증의 필요가 돌아가는 것이다[대판 1996.4.26, 96누1627(법인세 등부과처분취소)].
판례 2	**종합토지세 비과세대상 여부에 대한 입증책임의 소재**: 과세대상이 된 토지가 비과세 혹은 면제대상이라는 점은 이를 주장하는 납세의무자에게 입증책임이 있는 것이다[대판 1996.4.26, 94누12708(종합토지세등부과처분취소)].

민사소송상의 입증책임분배원칙을 그대로 취소소송에 적용하는 데 대하여 여러 비판이 제기되고 있다.

① 민사소송상의 원칙을 그와는 기반을 달리하는 항고소송에 적용하는 것은 타당하지 않다고 비판하는 견해가 있다.

즉, 사법규정은 대등당사자 사이의 이해조정규정인 동시에 재판규범으로서의 성질을 가지는 것이므로 거기에는 입증책임분배의 원리도 포함되어 있다고 볼 수 있으나, 공법규정은 공·사익의 조정을 내용으로 하고, 행정기관에 대한 행위규범으로서의 성격이 강한 반면, 재판규범으로서의 성격은 상대적으로 약하다고 한다(김동희, 673면).

② 행정법관계에서는 자유의 금지, 금지의 해제, 법률행위의 보충효과, 권리의무의 형성 등 성격을 달리하는 여러 행정처분이 있으므로 처분의 성질에 따라 입증책임의 분배도 달라져야 할 것이며 이 점에서도 오직 요건법규의 형식에 따라 입증책임을 정하는 것은 타당하지 않다는 비판도 있다(박윤흔, 954면).

2) 행정법독자분배설(특수성인정설)

행정소송에서의 입증책임의 분배는 행정소송과 민사소송의 목적과 성질의 차이, 행위규범과 재판규범의 차이 등에 비추어 독자적으로 정하여야 한다고 한다.

3) 판 례

가. 판례의 입장

판례가 입증책임분배에 관하여 어떠한 입장을 취하고 있는지는 분명하지 않다.

학설 중에는 판례가 취소소송에서의 입증책임의 분배에 있어서 민사소송상의 분배원칙에 입각하고 있다고 보는 견해도 있고(이상규, 872면), 행정소송법독자분배설에 입각하고 있다고 해석하는 견해도 있다(박윤흔, 954면). 생각건대, **판례**는 행정소송에서의 입증책임도 원칙적으로 민사소송의 일반원칙(법률요건분류설)에 따라 당사자간에 분배되어야 한다고 하면서도 항고소송의 특성도 고려하여야 하는 것으로 본다.

판례 1	민사소송법의 규정이 준용되는 행정소송에 있어서 입증책임은 원칙적으로 민사소송의 일반원칙에 따라 당사자간에 분배되고 항고소송의 경우에는 그 특성에 따라 당해 처분의 적법을 주장하는 피고에게 그 적법사유에 대한 입증책임이 있다 할 것이므로 당해 처분의 적법성이 합리적으로 수긍할 수 있는 일응의 입증이 있는 경우에는 그 처분은 정당하다고 할 것이며 이와 상반되는 주장과 입증은 그 상대방인 원고에게 그 책임이 돌아간다고 할 것이다[대판 1984.7.24, 84누124(법인세부과처분취소)].
판례 2	행정처분이 위법함을 내세워 그 취소를 구하는 항고소송에 있어서 그 처분의 적법성에 대한 주장입증책임은 처분청인 피고에게 있다[대판 1983.9.13, 83누288(건축허가신청서반려처분취소)].

판례3	행정청이 현장조사를 실시하는 과정에서 조사상대방으로부터 구체적인 위반사실을 자인하는 내용의 확인서를 작성받았다면, 그 확인서가 작성자의 의사에 반하여 강제로 작성되었거나 또는 내용의 미비 등으로 구체적인 사실에 대한 증명자료로 삼기 어렵다는 등의 특별한 사정이 없는 한 그 확인서의 증거가치를 쉽게 부정할 수 없다(대판 2017.7.11, 2015두2864).

나. 구체적 사례

(가) 소송요건

소송요건은 직권조사사항이지만 존부가 불분명한 경우에는 원고가 불이익을 받게 되므로 원고에게 입증책임이 있다.

(나) 권리행사규정의 요건사실

처분의 적법성에 대한 입증책임은 피고에게 있다(판례). 피고는 해당 처분의 적법성이 합리적으로 수긍할 수 있는 정도로 입증을 하여야 한다. 이는 행정처분의 근거법률은 통상 권한행사규정 ("… 한 경우에는 … 한 처분을 한다." 라는 형식의 규정)으로 규정되어 있고 이 경우에 권한행사규정의 요건사실에 대하여는 행정청이 입증책임을 진다는 것을 의미한다.

판례1	과세처분의 위법을 이유로 그 취소를 구하는 행정소송에 있어 처분의 적법성 및 과세요건사실의 존재에 관하여는 원칙적으로 과세관청이 그 입증책임을 부담하나, 경험칙상 이례에 속하는 특별한 사정의 존재에 관하여는 납세의무자에게 입증책임 내지는 입증의 필요가 돌아가는 것이다[대판 1996.4.26, 96누1627(법인세 등 부과처분취소)].
판례2	성희롱을 사유로 한 징계처분의 당부를 다투는 행정소송에서 징계사유에 대한 증명책임은 그 처분의 적법성을 주장하는 피고에게 있다. 다만 민사소송이나 행정소송에서 사실의 증명은 추호의 의혹도 없어야 한다는 자연과학적 증명이 아니고, 특별한 사정이 없는 한 경험칙에 비추어 모든 증거를 종합적으로 검토하여 볼 때 어떤 사실이 있었다는 점을 시인할 수 있는 고도의 개연성을 증명하는 것이면 충분하다(대판 2018.4.12, 2017두74702).
판례3	국민에게 일정한 이득과 권리를 취득하게 한 종전 행정처분을 취소할 수 있는 경우 및 취소해야 할 필요성에 대한 증명책임의 소재(=행정청)[대판 2012.3.29, 2011두23375(공상공무원 비해당자 결정 취소)].
판례4	과세소득의 존재 및 그 귀속사업연도에 관한 증명책임의 소재(=과세관청)(대판 2020.4.9, 2018두57490).

다만, 경험칙상 요건사실이 추정되는 경우 상대방이 경험칙 적용의 대상이 되지 아니하는 사정을 입증하여야 한다[대판 1992.7.10, 92누6761(상속세 등 부과처분취소)].

원고는 처분의 적법성을 합리적으로 수긍할 수 있는 증거와 상반되는 사실에 대한 주장과 입증에 대한 책임을 진다.

(다) 권한행사장애규정의 요건사실

과세대상이 된 토지가 비과세 혹은 면제대상이라는 점은 이를 주장하는 납세의무자에게 입증책임이 있는 것이라고 판시하고 있다[대판 1996.4.26, 94누12708(종합토지세 등 부과처분 취소)].

(라) 재량행위의 경우

재량권 일탈·남용에 관하여는 행정행위의 효력을 다투는 사람이 주장·증명책임을 부담 한다(대판 2017.10.12, 2017두48956).

(2) 무효확인소송에서의 입증책임의 분배

판례는 무효원인에 대한 주장·입증책임은 취소소송의 경우와는 달리 원고가 부담한다고 판 시하고 있다.

> **판례** 행정처분의 당연무효를 주장하여 그 무효확인을 구하는 행정소송에 있어서는 원고에게 그 행정 처분이 무효인 사유를 주장·입증할 책임이 있다[대판 1992.3.10, 91누6030 ; 대판 2010.5.13, 2009 두3460].

(3) 부작위위법확인소송에서의 입증책임

부작위위법확인소송에서 부작위의 존재(신청사실 및 신청권의 존재, 처분이 없는 사실의 존재)는 부작위를 주장하는 원고에게 입증책임이 있다.

다만, 일정한 처분을 하여야 할 법률상의 의무의 존부 및 상당한 기간의 판단은 법률판단의 문 제이므로 입증책임의 대상이 되지 아니한다.

상당한 기간이 경과하였음에도 신청에 따른 처분을 하지 못한 것을 정당화하는 사유에 대하여 는 행정청이 주장·입증책임을 진다.

제6장 행정소송의 판결

[문 제]

1. 파면처분이 취소된 경우에 행정청은 파면된 공무원을 복직시킬 의무를 지는가. 이 경우에 당해 공무원을 파면될 당시의 직에 복직시킬 의무를 지는가.

2. 허가신청에 대한 거부처분 후 법령상 허가요건이 보다 엄격하게 변경된 경우에 당해 거부처분에 대한 취소소송에서 법원은 어떠한 판결을 내려야 하는가. 법원이 취소판결을 내린 경우에 처분청은 신청을 인용하는 처분을 하여야 하는가.

제1항 판결의 의의

판결이라 함은 법률상 쟁송을 해결하기 위하여 법원이 소송절차를 거쳐 내리는 결정을 말한다.

제2항 판결의 종류

Ⅰ. 소송판결과 본안판결

소송판결이라 함은 소송요건 또는 상소요건의 흠결이 있는 경우에 소송을 부적법하다 하여 각하하는 판결을 말한다. 소각하판결은 소송판결이다.

본안판결이라 함은 본안심리의 결과, 청구의 전부 또는 일부를 인용하거나 기각하는 종국판결을 말한다. 본안판결은 내용에 따라 인용판결과 기각판결로 나뉜다.

Ⅱ. 기각판결과 인용판결

1. 기각판결

기각판결이라 함은 본안심리의 결과, 원고의 주장이 이유없다고 하여 그 청구를 배척하는 판결을 말한다. 원고의 청구가 이유 있다고 인정하는 경우에도 그 처분을 취소 또는 변경하는 것이 현저히 공공복리에 적합하지 아니하다고 인정하는 때에는 법원은 원고의 청구를 기각할 수 있는데, 이러한 기각판결을 사정판결이라 한다.

2. 인용판결

인용판결이라 함은 본안심리의 결과, 원고의 주장이 이유있다고 하여 그 청구의 전부 또는 일부를 인용하는 판결을 말한다. 인용판결은 소의 종류에 따라 이행판결, 확인판결, 형성판결로 나뉜다.

Ⅲ. 형성판결, 확인판결과 이행판결

1. 형성판결

형성판결이라 함은 일정한 법률관계를 형성·변경 또는 소멸시키는 것을 내용으로 하는 판결을 말한다[예 취소소송에서의 인용판결(취소판결)].

형성판결은 적극적 형성판결과 소극적 형성판결로 나뉜다. 적극적 형성판결은 법률관계를 적극적으로 형성하는 판결을 말하고, 소극적 형성판결은 처분의 전부 또는 일부의 취소와 같이 법률관계를 소극적으로 형성하는 판결을 말한다.

2. 확인판결

확인판결이라 함은 확인의 소에서 일정한 법률관계나 법률사실의 존부를 확인하는 판결을 말한다[예 무효등확인소송에서의 인용판결, 부작위위법확인소송에서의 인용판결(부작위위법확인판결), 법률관계의 확인을 구하는 당사자소송에서의 인용판결].

3. 이행판결

이행판결이라 함은 피고에 대하여 일정한 행위를 명하는 판결을 말한다. 항고소송에서의 의무이행소송이 인정되고 있지 않으므로 항고소송에서는 이행판결이 있을 수 없으나 공법상 당사자소송에서는 국가 또는 공공단체에 대하여 일정한 행위를 명하는 이행판결이 있을 수 있다.

제3항 취소소송의 판결의 종류

Ⅰ. 각하판결

취소소송의 소송요건을 결여한 부적법한 소에 대하여는 본안심리를 거절하는 각하판결을 내린다. 소송요건의 충족 여부는 변론종결시를 기준으로 판단한다.

Ⅱ. 기각판결

본안심리의 결과, 원고의 취소청구가 이유 없다고 판단되는 경우 기각판결을 내린다. 기각판결은 다음과 같은 경우에 내린다. ① 계쟁처분이 적법하거나 위법하지 아니하고 단순한 부당에 그친 경우, ② 사정판결을 할 경우에도 기각판결을 내린다.

Ⅲ. 인용판결(취소판결)

1. 의 의

취소소송에서 인용판결이라 함은 취소법원이 본안심리의 결과 원고의 취소청구가 이유 있다고 인정하는 경우, 당해 처분의 전부 또는 일부를 취소하는 판결을 말한다.

2. 종 류

취소소송에서의 인용판결에는 처분이나 재결에 대한 취소판결, 무효선언을 하는 취소판결이 있다. 또한 계쟁처분에 대한 전부취소판결과 일부취소판결이 있다.

3. 적극적 변경의 가능성

취소소송의 인용판결로 처분을 적극적으로 변경하는 것이 가능한지에 대하여 견해가 대립되고 있다. 행정소송법 제4조 제1호에서 취소소송을 행정청의 위법한 처분 등을 취소 또는 변경하는 소송으로 정의하고 있는데, 여기에서 '변경'이 소극적 변경(일부취소)을 의미하는지 아니면 적극적 변경을 의미하는지의 문제로 제기된다.

판례는 이 '변경'은 소극적 변경, 즉 일부취소를 의미하는 것으로 보고 있다(대판 1964.5.19, 63누177).

4. 일부취소의 가능성(일부취소의 인정기준)　　　　　　[2014 변시]

처분의 일부만이 위법한 경우에 위법한 부분만의 일부취소가 가능한지가 문제된다. 처분의 일부취소의 가능성은 일부취소의 대상이 되는 부분의 분리취소가능성에 따라 결정된다.

일부취소되는 부분이 분리가능하고, 당사자가 제출한 자료만으로 일부취소되는 부분을 명확히 확정할 수 있는 경우에는 일부취소가 가능하지만, 일부취소되는 부분이 분리가능하지 않거나 당사자가 제출한 자료만으로 일부취소되는 부분을 명확히 확정할 수 없는 경우에는 일부취소를 할 수 없다.

(1) 일부취소가 가능한 경우

① 조세부과처분과 같은 금전부과처분이 기속행위인 경우 부과금액의 산정에 잘못이 있는 경우 당사자가 제출한 자료에 의해 정당한 부과금액을 산정할 수 있다면 부과처분 전체를 취소할 것이 아니라 정당한 부과금액을 초과하는 부분만 일부취소하여야 한다.

판례 1	**과세처분취소소송의 심판대상과 자료의 제출시한 및 취소범위**: 과세처분취소소송의 처분의 적법 여부는 과세액이 정당한 세액을 초과하느냐의 여부에 따라 판단되는 것으로서 당사자는 사실심변론종결시까지 객관적인 조세채무액을 뒷받침하는 주장과 자료를 제출할 수 있고 이러한 자료에 의하여 적법하게 부과될 정당한 세액이 산출되는 때에는 그 정당한 세액을 초과하는 부분만 취소하여야 할 것이고 전부를 취소할 것이 아니다[대판 2000.6.13, 98두5811(양도소득세 부과처분취소)].
판례 2	개발부담금부과처분 취소소송에 있어 당사자가 제출한 자료에 의하여 적법하게 부과될 정당한 부과금액을 산출할 수 없을 경우에는 부과처분 전부를 취소할 수밖에 없으나, 그렇지 않은 경우에는 그 정당한 금액을 초과하는 부분만 취소하여야 한다(대판 2004.7.22, 2002두868).
판례 3	일반적으로 금전 부과처분 취소소송에서 부과금액 산출과정의 잘못 때문에 부과처분이 위법한 것으로 판단되더라도 사실심 변론종결 시까지 제출된 자료에 의하여 적법하게 부과될 정당한 부과금액이 산출되는 때에는 부과처분 전부를 취소할 것이 아니라 정당한 부과금액을 초과하는 부분만 취소하여야 하지만, 처분청이 처분 시를 기준으로 정당한 부과금액이 얼마인지 주장·증명하지 않고 있는 경우에도 법원이 적극적으로 직권증거조사를 하거나 처분청에게 증명을 촉구하는 등의 방법으로 정당한 부과금액을 산출할 의무까지 부담하는 것은 아니다[대판 2016.7.14, 2015두4167(기반시설부담금 부과처분 취소)].
판례 4	마을버스 운수업자 甲이 유류사용량을 실제보다 부풀려 유가보조금을 과다 지급받은 데 대하여 관할 시장이 甲에게 부정수급기간 동안 지급된 유가보조금 전액을 회수하는 내용의 처분을 한 사안에서, 구 여객자동차 운수사업법 제51조 제3항에 따라 국토해양부장관 또는 시·도지사는 여객자동차 운수사업자가 '거짓이나 부정한 방법으로 지급받은 보조금'에 대하여 반환할 것을 명하여야 하고, '정상적으로 지급받은 보조금'까지 반환하도록 명한 부분은 위법하여 일부 취소하는 것이 타당하다. 위 환수처분은 국토해양부장관 또는 시·도지사가 지급받은 보조금을 반환할 것을 명하여야 하는 기속행위이다(대판 2013.12.12, 2011두3388).

② 여러 개의 운전면허를 가진 사람이 음주운전을 한 경우 취소되는 운전면허는 음주운전 당시 운전한 차량의 종류에 따라 그 범위가 달라진다(대판 2004.12.23, 2003두3017; 대판 2004.12.24, 2004두10159).

> **판례**
>
> 한 사람이 취득한 여러 종류의 자동차운전면허는 가분성이 있으므로 한 사람이 여러 종류의 자동차운전 면허를 취득하는 경우뿐 아니라 이를 취소 또는 정지함에 있어서도 서로 별개의 것으로 취급하는 것이 원칙이다. 제1종 보통, 대형 및 특수 면허를 가지고 있는 자가 레이카크레인을 음주운전한 행위는 제1종 특수면허의 취소사유에 해당될 뿐 제1종 보통 및 대형 면허의 취소사유는 아니므로, 3종의 면허를 모두 취소한 처분 중 제1종 보통 및 대형 면허에 대한 부분은 위법하므로 이를 이유로 분리하여 취소하면 될 것이며 제1종 특수면허부분은 재량권의 일탈·남용이 있는 경우에 한하여 취소될 수 있다(대판 전원합의체 1995.11.16, 95누8850). 〈해설〉 그러나, 승용차를 음주운전한 경우에 제1종 보통면허와 함께 대형면허를 취소한 것은 적법하다. 왜냐하면 제1종 보통면허만 취소하면 대형면허로 승용차를 운전할 수 있으므로 음주운전에 대한 제재로서 운전면허를 취소한 효과가 없기 때문이다. 또한 음주운전에 대한 면허취소처분은 음주운전을 막아 교통상 위해를 방지한다는 목적을 갖는 경찰조치의 성격도 가지므로 음주운전을 한 자가 보유하는 다른 운전면허도 취소할 필요가 있다. 판례도 이러한 입장을 취하고 있다(대판 1997.3.11, 96누15176).

③ 행정청이 여러 개의 위반행위에 대하여 하나의 제재처분을 하였으나, 위반행위별로 제재처분의 내용을 구분하는 것이 가능하고 여러 개의 위반행위 중 일부의 위반행위에 대한 제재처분 부분만이 위법하다면, 법원은 제재처분 중 위법성이 인정되는 부분만 취소하여야 하고 제재처분 전부를 취소하여서는 아니 된다(대판 2020.5.14, 2019두63515).

> **판례**
>
> [1] 여러 처분사유에 관하여 하나의 제재처분을 하였을 때 그중 일부가 인정되지 않는다고 하더라도 나머지 처분사유들만으로도 처분의 정당성이 인정되는 경우에는 그 처분을 위법하다고 보아 취소하여서는 아니 된다. [2] 행정청이 여러 개의 위반행위에 대하여 하나의 제재처분을 하였으나, 위반행위별로 제재처분의 내용을 구분하는 것이 가능하고 여러 개의 위반행위 중 일부의 위반행위에 대한 제재처분 부분만이 위법하다면, 법원은 제재처분 중 위법성이 인정되는 부분만 취소하여야 하고 제재처분 전부를 취소하여서는 아니 된다. [3] 1) 피고는, 폐기물처리업(종합재활용업)체인 원고에 대하여, 원고가 2018년 4월경부터 2018년 5월경까지 A 업체 등에

판례

폐수처리오니로 생산한 '부숙토'를 판매하여 위 업체들로 하여금 그 부숙토로 '비탈면 녹화토'를 생산하게 함으로써 폐기물관리법 제13조 제1항, 제13조의2에서 정한 폐기물 재활용 기준을 위반하였다는 사유(= 제1처분사유)를 비롯하여 총 세 가지 처분사유로 폐기물관리법 제27조 제2항에 따라 3개월의 영업정지 처분을 하였다. 2) 원심은, 제1처분사유와 관련하여, 원고가 폐수처리오니를 이용하여 폐기물관리법령이 재활용 방법으로는 허용하는 '부숙토'를 생산하였을 뿐 그 부숙토를 폐기물관리법령이 허용하지 않는 방식으로 직접 사용한 것은 아니라는 이유만으로 폐기물관리법령에서 정한 폐기물 재활용 기준 위반에 해당하지 않는다고 보고, 피고는 제1처분사유를 제외하고 제2처분사유, 제3처분사유만 고려하여 제재의 유형과 수위를 다시 결정하여야 하며, 세 가지 처분사유가 모두 인정됨을 전제로 한 이 사건 처분은 그 전부가 재량권을 일탈·남용한 것으로서 위법하다고 판단하여 이 사건 처분 전부를 취소하였다. 3) 그러나 대법원은, 폐기물처리업자가 폐수처리오니에 생물학적 처리과정을 거쳐 일단 매립시설 복토재 또는 토양개량제로 사용할 수 있는 부숙토를 생산하였다고 하더라도 이를 다시 제3자에게 제공하여 그로 하여금 부숙토를 원료로 폐수처리오니의 재활용 용도로 허용되지 않은 생산 품목인 비탈면 녹화토를 최종적으로 생산하게 하였다면, 이것 역시 폐기물처리업자가 폐기물관리법령이 정한 재활용 기준을 위반한 것이라고 보아야 한다는 법리를 설시하고, 제1처분사유 중 A 업체 부분이 인정된다고 판단하였다. 또한 대법원은, 피고는 세 가지 처분사유에 관하여 각각 1개월의 영업정지를 결정한 다음 이를 합산하여 원고에 대하여 3개월의 영업정지를 명하는 이 사건 처분을 하였으므로, 설령 원심의 판단처럼 이 사건 처분 중 제2처분사유, 제3처분사유는 인정되는 반면 제1처분사유가 인정되지 않는다고 하더라도, 이 사건 처분 중 제1처분사유에 관한 1개월 영업정지 부분만 취소하여야 한다고 판단하였다[대판 2020.5.14, 2019두63515(영업정지처분취소)].

(2) 일부취소가 불가능한 경우

일부취소가 불가능한 경우에는 전부취소를 하여야 하는데, 그 예는 다음과 같다.

① 과징금 부과처분과 같이 **재량행위인 경우**에는 처분청의 재량권을 존중하여야 하고, 법원이 직접 처분을 하는 것은 인정되지 아니하므로 전부취소를 하여 처분청이 재량권을 행사하여 다시 적정한 처분을 하도록 하여야 한다. 재량행위의 일부취소(예 영업정지 개월 중 영업정지 3개월을 취소하는 것)는 원칙상 행정청의 재량권을 침해하는 것이므로 인정될 수 없다.

판례 1	**영업정지처분이 적정한 영업정지기간을 초과하여서 위법한 경우 그 초과부분만을 취소할 수 있는지 여부(소극):** 행정청이 영업정지 처분을 함에 있어서 그 정지기간을 어느 정도로 할 것인지는 행정청의 재량권에 속하는 사항인 것이며, 다만 그것이 공익의 원칙이나 평등의 원칙 또는 비례의 원칙 등에 위반하여 재량권의 한계를 벗어난 재량권 남용에해당하는 경우에만 위법한 처분으로서 사법심사의 대상이 되는 것이나, 법원으로서는 영업정지처분이 재량권 남용이라고 판단될 때에는 위법한 처분으로서 그 처분의 취소를 명할 수 있을 뿐이고, 재량권의 한계 내에서 어느 정도가 적정한 영업정지기간인지를 가리는 일은 사법심사의 범위를 벗어난다[대판 1982.9.28, 82누2(영업정지처분취소 · 행정처분취소)].
판례 2	**재량권을 일탈한 과징금 납부명령에 대하여 법원이 적정한 처분의 정도를 판단하여 그 초과되는 부분만 취소할 수 있는지 여부(소극):** 처분을 할 것인지 여부와 처분의 정도에 관하여 재량이 인정되는 과징금 납부명령에 대하여 그 명령이 재량권을 일탈하였을 경우, 법원으로서는 재량권의 일탈 여부만 판단할 수 있을 뿐이지 재량권의 범위 내에서 어느 정도가 적정한 것인지에 관하여는 판단할 수 없어 그 전부를 취소할 수밖에 없고, 법원이 적정하다고 인정하는 부분을 초과한 부분만 취소할 수는 없다[대판 2009.6.23, 2007두18062(시정명령등취소)].

그러나, 공정거래위원회가 위반행위에 대한 과징금을 부과하면서 여러 개의 위반행위에 대하여 외형상 하나의 과징금 납부명령을 하였으나 여러 개의 위반행위 중 일부의 위반행위에 대한 과징금 부과만이 위법하고 소송상 그 일부의 위반행위를 기초로 한 과징금액을 산정할 수 있는 자료가 있는 경우에는, 하나의 과징금 납부명령일지라도 그 일부의 위반행위에 대한 과징금액에 해당하는 부분만을 취소하여야 한다(대판 2019.1.31, 2013두14726).

② 금전부과처분에서 당사자가 제출한 자료에 의해 적법하게 부과될 부과금액을 산출할 수 없는 경우에는 동 금전부과처분이 기속행위일지라도 법원이 처분청의 역할을 할 수는 없으므로 금전부과처분의 일부취소가 인정되지 않는다.

판례 1	개발부담금부과처분 취소소송에 있어 당사자가 제출한 자료에 의하여 적법하게 부과될 정당한 부과금액을 산출할 수 없을 경우에는 부과처분 전부를 취소할 수밖에 없다[대판 2004.7.22, 2002두868(개발부담금부과처분취소)].

판례 2	수 개의 위반행위에 대하여 하나의 과징금납부명령을 하였으나 수 개의 위반행위 중 일부의 위반행위만이 위법하지만, 소송상 그 일부의 위반행위를 기초로 한 과징금액을 산정할 수 있는 자료가 없는 경우에는 하나의 과징금납부명령 전부를 취소할 수밖에 없다[대판 2004.10.14, 2001두2881(시정명령취소)].
판례 3	당사자가 사실심 변론종결 시까지 객관적인 과세표준과 세액을 뒷받침하는 주장과 자료를 제출하지 아니하여 적법하게 부과될 정당한 세액을 산출할 수 없는 경우에는 과세처분 전부를 취소할 수밖에 없고, 그 경우 법원이 직권에 의하여 적극적으로 납세의무자에게 귀속될 세액을 찾아내어 부과될 정당한 세액을 계산할 의무까지 지는 것은 아니다(대판 2020.6.25, 2017두72935 ; 대판 2020.8.20, 2017두44084).

5. 일부취소의무

일부취소가 가능한 경우에는 원칙상 전부취소를 하여서는 안되며 일부취소를 하여야 한다.

판례	여러 개의 상이에 대한 국가유공자요건비해당처분에 대한 취소소송에서 그 중 일부 상이가 국가유공자 요건이 인정되는 상이에 해당하고 나머지 상이는 해당하지 않는 경우, 비해당처분 전부를 취소해야 하는지 여부(소극): 국가유공자 등 예우 및 지원에 관한 법률 제4조 제1항 제6호 등 관련 법령의 내용, 형식 및 입법취지를 비롯하여 국가유공자등록신청 당시 신청인이 여러 개의 상이를 주장함으로써 국가유공자 요건의 관련 사실을 확인하는 과정에서 여러 개의 상이가 문제 되는 경우 각각의 상이 별로 국가유공자요건에 해당하는지 여부에 대한 심사가 이루어지는 점, 이에 따라 법의 적용대상자로 될 상이를 입은 것이 아닌 사람 또는 국가유공자요건이 인정되지 않은 상이에 대하여는 상이등급의 판정을 위한 신체검사를 실시하지 아니하는 점, 나아가 여러 개의 상이를 주장하면서 국가유공자등록신청을 한 신청인의 의사는 단지 국가유공자로 등록되는 데 그치는 것이 아니라 교육훈련 또는 직무수행 중 입은 각각의 상이의 정도와 그 상이등급에 상응하는 국가유공자로 등록해 줄 것을 구하는 것이라고 봄이 타당한 점, 외형상 하나의 행정처분이라 하더라도 가분성이 있거나 그 처분대상의 일부가 특정될 수 있다면 그 일부만의 취소도 가능하고 그 일부의 취소는 당해 취소부분에 관하여 효력이 생긴다고 할 것인 점 등을 종합하면, 여러 개의 상이에 대한 국가유공자요건비해당처분에 대한 취소소송에서 그 중 일부 상이가 국가유공자요건이 인정되는 상이에 해당하더라도 나머지 상이에 대하여 위 요건(국가유공자요건)이 인정되지 아니하는 경우에는 국가유공자요건비해당처분 중 위 요건이 인정되는 상이에 대한 부분만을 취소하여야 할 것이고, 그 비해당처분 전부를 취소할 수는 없다고 할 것이다[대판 2012.3.29, 2011두9263(국가유공자요건비해당처분취소)].

Ⅳ. 사정판결 [1995·2015 공인노무사, 2009 행시]

1. 의 의

사정판결이라 함은 취소소송에 있어서 본안심리 결과, 원고의 청구가 이유 있다고 인정하는 경우(처분이 위법한 것으로 인정되는 경우)에도 공공복리를 위하여 원고의 청구를 기각하는 판결을 말한다.

행정소송법 제28조 제1항

① 원고의 청구가 이유 있다고 인정되는 경우에도 그 처분이나 재결을 취소·변경하는 것이 현저히 공공복리에 적합하지 아니하다고 인정하는 때에는 법원은 원고의 청구를 기각할 수 있다. 이 경우 법원은 그 판결의 주문에서 그 처분 등이 위법함을 명시하여야 한다.

---

2. 사정판결의 요건

① 처분이 위법하여야 한다.

② 처분을 취소하는 것이 현저히 공공복리에 적합하지 아니하다고 인정되어야 한다. 이 요건의 인정은 위법한 처분을 취소하여 개인의 권익을 구제할 필요와 그 취소로 인하여 발생할 수 있는 공공복리에 대한 현저한 침해를 비교형량하여 결정하여야 한다.

판례

사정판결의 요건인 현저히 공공복리에 적합하지 아니한지 여부는 위법한 행정처분을 취소·변경하여야 할 필요와 그 취소·변경으로 인하여 발생할 수 있는 공공복리에 반하는 사태 등을 비교·교량하여 판단하여야 한다[대판 2006.9.22, 2005두2506(보험약가인하처분취소)].

공공복리라는 개념은 매우 모호한 개념인데, 공익과 같은 의미로 해석할 수 있을 것이다.

사정판결은 극히 예외적으로 위법한 처분을 취소하지 않는 제도이므로 사정판결의 적용은 극히 엄격한 요건아래 제한적으로 하여야 한다[대판 2009.1.30, 2008두19550, 2008두19567(병합)].

판례 1	[1] 행정소송법 제28조에서 정한 사정판결의 요건에 해당하는지 판단하는 방법과 기준: 행정소송법 제28조에서 정한 사정판결은 행정처분이 위법함에도 불구하고 이를 취소·변경하게 되면 그것이 도리어 현저히 공공의 복리에 적합하지 않은 경우에 극히 예외적으로 할 수 있으므로, 그 요건에 해당하는지는 위법·부당한 행정처분을 취소·변경하여야 할 필요와 취소·변경으로 발생할 수 있는 공공복리에 반하는 사태 등을 비교·교량하여 엄격하게 판단하되, 처분에 이르기까지의 경과 및 처분 상대방의 관여 정도, 위법사유의 내용과 발생원인 및 전체 처분에서 위법사유가 관련된 부분이 차지하는 비중, 처분을 취소할 경우 예상되는 결과, 특히 처분을 기초로 새로운 법률관계나 사실상태가 형성되어 다수 이해관계인의 신뢰 보호 등 처분의 효력을 존속시킬 공익적 필요성이 있는지 여부 및 정도, 처분의 위법으로 인해 처분 상대방이 입게 된 손해 등 권익 침해의 내용, 행정청의 보완조치 등으로 위법상태의 해소 및 처분 상대방의 피해 전보가 가능한지 여부, 처분 이후 처분청이 위법상태의 해소를 위해 취한 조치 및 적극성의 정도와 처분 상대방의 태도 등 제반 사정을 종합적으로 고려하여야 한다. [2] 기반시설부담계획의 부분적 위법사유를 이유로 그 전부를 취소하는 것은 현저히 공공복리에 적합하지 아니하여 사정판결을 할 사유가 있다고 볼 여지가 있다고 한 사례[대판 2016.7.14, 2015두4167(기반시설부담금부과처분 취소)].
판례 2	판례는 징계면직된 검사의 복직이 검찰조직의 안정과 인화를 저해할 우려가 있다는 등의 사정은 현저히 공공복리에 반하는 사유라고 볼 수 없다는 이유로, 사정판결을 할 경우에 해당하지 않는다고 보았고[대판 2001.8.24, 2000두7704(면직처분취소)].
판례 3	관리처분계획의 수정을 위한 조합원총회의 재결의를 위하여 시간과 비용이 많이 소요된다는 등의 사정만으로는 재결의를 거치지 않음으로써 위법한 관리처분계획을 취소하는 것이 현저히 공공복리에 적합하지 아니하다고 볼 수 없다는 이유로 사정판결의 필요성을 부정하였다[대판 2001.10.12, 2000두4279(관리처분계획취소)].

사정판결이 행해진 예로는 다음을 들 수 있다.

판례	대법원은 환지예정지지정처분취소소송에서 환지예정지지정처분이 토지평가협의회의 심의를 거치지 아니하고 결정된 토지 등의 가격평가에 터잡은 것으로 그 절차에 하자가 있는 위법한 처분이라고 보면서도 "환지예정지지정처분의 기초가 된 가격평가의 내용이 일응 적정한 것으로 보일 뿐만 아니라 환지계획으로 인한 환지예정지지정처분을 받은 이해관계인들 중 원고를 제외

판례

하고는 아무도 위 처분에 관하여 불복하지 않고 있으므로 원고에 대한 환지예정지지정처분을 위법하다 하여 이를 취소하고 새로운 환지예정지를 지정하기 위하여 환지계획을 변경할 경우 위 처분에 불복하지 않고 기왕의 처분에 의하여 이미 사실관계를 형성하여 온 다수의 다른 이해관계인들에 대한 환지예정지정처분까지도 변경되어 기존의 사실관계가 뒤엎어지고 새로운 사실관계가 형성되어 혼란이 생길 수도 있게 되는 반면 위 처분으로 원고는 이렇다 할 손해를 입었다고 볼 만한 사정도 엿보이지 않고 가사 손해를 입었다 할지라도 청산금보상 등으로 전보될 수 있는 점 등에 비추어 보면 위 처분이 토지평가협의회의 심의를 거치지 아니하고 결정된 토지 등의 가격평가에 터잡은 것으로 그 절차에 하자가 있다는 사유만으로 이를 취소하는 것은 현저히 공공복리에 적합하지 아니하다고 보여 사정판결을 할 사유가 있다."고 판시하였다[대판 1992.2.14, 90누9032(환지예정지지정처분취소 등)].

③ 사정판결의 경우 처분 등의 위법성은 처분시를 기준으로 판단하고, 공공복리를 위한 사정판결의 필요성은 변론종결시(판결시)를 기준으로 판단하여야 한다[대판 1970.3.24, 69누29(행정처분취소)].

3. 사정판결의 절차 등

법원이 사정판결을 함에 있어서는 미리 원고가 그로 인하여 입게 될 손해의 정도와 배상방법 그 밖의 사정을 조사하여야 한다(법 제28조 제2항).

당사자의 주장이 없더라도 직권으로 사정판결을 할 수 있다[대판 1992.2.14, 90누9032(환지예정지지정처분취소 등)]. 물론 사정판결은 피고인 행정청의 청구에 의해 행해질 수도 있다.

사정판결을 하는 경우 법원은 그 판결의 주문에서 그 처분 등이 위법함을 명시하여야 한다.

판례

사정판결의 요건을 갖추었다고 판단되는 경우, 법원이 취할 조치: 사정판결은 처분이 위법하나 공익상 필요 등을 고려하여 취소하지 아니하는 것일 뿐 처분이 적법하다고 인정하는 것은 아니므로, 사정판결의 요건을 갖추었다고 판단되는 경우 법원으로서는 행정소송법 제28조 제2항에 따라 원고가 입게 될 손해의 정도와 배상방법, 그 밖의 사정에 관하여 심리하여야 하고, 이 경우 원고는 행정소송법 제28조 제3항에 따라 손해배상, 제해시설의 설치 그 밖에 적당한 구제방법의 청구를 병합하여 제기할 수 있으므로, 당사자가 이를 간과하였음이 분명하다면 적절하게 석명권을 행사하여 그에 관한 의견을 진술할 수 있는 기회를 주어야 한다[대판 2016.7.14, 2015두4167(기반시설부담금 부과처분 취소)].

4. 효 과

사정판결은 원고의 청구를 기각하는 판결이므로 취소소송의 대상인 처분 등은 당해 처분이 위법함에도 그 효력이 유지된다.

사정판결이 있는 경우 원고의 청구가 이유 있음에도 불구하고 원고가 패소한 것이므로 소송비용은 승소자인 피고가 부담한다.

5. 원고의 권익구제

사정판결로 해당 처분 등이 적법하게 되는 것은 아니므로 원고가 당해 처분 등으로 손해를 입은 경우 손해배상청구를 할 수 있다.

원고는 피고인 행정청이 속하는 국가 또는 공공단체를 상대로 손해배상, 제해시설의 설치 그 밖에 적당한 구제방법의 청구를 당해 취소소송 등이 계속된 법원에 병합하여 제기할 수 있다(법 제28조 제3항).

6. 적용범위

행정소송법상 사정판결은 취소소송에서만 인정되고, 무효등확인소송과 부작위위법확인소송에는 준용되고 있지 않다(제38조). 사정판결이 무효등확인소송에도 인정될 수 있는지에 관하여 견해가 대립하고 있는데, 판례는 부정설을 취하고 있다.

> **판례**
>
> 당연무효의 행정처분을 소송목적물로 하는 행정소송에서는 존치시킬 효력이 있는 행정행위가 없기 때문에 행정소송법 제28조 소정의 사정판결을 할 수 없다[대판 1996.3.22, 95누5509(토지수용 재결처분 취소등)].

제4항 부작위위법확인소송의 판결의 종류

Ⅰ. 각하판결

부작위위법확인소송의 소송요건을 결여한 부적법한 소에 대하여는 본안심리를 거절하는 각하판결을 내린다. 부작위 자체가 성립하지 않는 경우(예 신청권이 없는 경우 (이견 있음), 거부처분이 행해졌음에도 부작위로 알고 소송을 제기한 경우)및 부작위가 성립하였으나 소송계속 중 처분이 내려져 소의 이익이 상실된 경우 각하판결을 내린다.

Ⅱ. 기각판결

본안심리의 결과 원고의 부작위위법확인청구가 이유 없다고 판단되는 경우 기각판결을 내린다.

부작위가 존재하는 경우 통상 그 부작위는 위법하므로 인용판결을 한다. 부작위는 그 자체로서 위법하다고 한 판례가 있다(대판 2005.4.14, 2003두7590). 그러나 부작위가 존재하는 경우에도 그 부작위가 정당한(적법한) 경우가 예외적으로 있을 수 있다. 즉, 신청요건이 충족되지 않은 경우 행정청은 행정절차법에 따라 보완을 명하여야 하고 보완을 하지 않는 경우 반려처분(거부처분)을 할 수 있지만, 신청요건의 결여가 중대하여 처분을 할 수 없을 정도인 경우에 행정청의 부작위는 정당(적법)하다고 보고 기각판결을 하여야 한다. 기각판결을 받은 원고는 신청서류를 보완하여 다시 신청을 할 수 있다. 만일 신청요건의 결여가 중대하여 처분을 할 수 없을 정도인 경우에도 부작위가 위법 하다고 보고 인용판결을 하면 행정청은 거부처분을 할 수밖에 없고 국민의 권익이 구제되지도 않을뿐더러 무용하게 절차를 반복하게 하는 결과가 된다. 또한 적법한 신청이라 하더라도 화재 등 재해로 신청서류가 없어진 경우에 그 부작위는 정당(적법)하다고 할 수밖에 없다.

신청권을 소송요건의 문제가 아니라 본안의 문제로 보는 견해에 의하면 신청권이 존재하지 않는 경우 기각판결을 하여야 한다.

실체적 심리설에 따르는 경우 실체법상 신청에 따른 처분을 해 주어야 하는 경우 인용판결을 하고 신청에 따른 처분을 해 줄 의무가 없는 경우 기각판결을 한다.

Ⅲ. 인용판결

본안심리의 결과 원고의 부작위위법확인청구가 이유 있다고 인정하는 경우 인용판결(부작위위법확인판결)을 내린다. 절차적 심리설에 의하면 부작위 상태가 계속되는 경우에, 실체적 심리설에 의하면 신청에 따른 처분의무가 있는 경우에 부작위위법확인판결을 내린다.

제5항 무효등확인소송의 판결의 종류

Ⅰ. 각하판결

무효등확인소송이 소송요건을 결여한 경우에는 본안심리를 거절하는 각하판결을 내린다.

Ⅱ. 기각판결

본안심리의 결과 원고의 무효등확인청구가 이유 없다고 판단되는 경우 기각판결을 내린다. 기각판결은 다음과 같은 경우에 내린다.

① 계쟁처분이 적법하거나 위법하지 아니하고 단순한 부당에 그친 경우

② 계쟁처분이 위법하지만 당해 위법이 중대하거나 명백하지 않은 경우

다만, 계쟁처분의 위법이 취소사유에 불과하나 당해 무효확인소송이 취소소송의 요건을 충족하고 있는 경우에 판례는 무효확인청구에는 취소청구가 포함된 것으로 보고 취소판결을 할 수 있다고 본다. 그러나 법원은 석명권을 행사하여 원고의 의사를 명확히 하여 원고가 취소청구를 의욕하는 경우에는 무효확인소송을 취소소송으로 정정한 후 취소판결을 하고, 만일 원고가 무효확인청구를 고집하는 경우에는 기각판결을 하여야 하는 것으로 보는 것이 타당하다(소송의 종류 참조).

행정소송법은 취소소송에서의 사정판결에 관한 규정을 무효등확인소송에 준용하고 있지 않다. 그런데 학설상 무효등확인소송에서도 사정판결이 인정될 수 있는지에 관하여 전술한 바와 같이 견해가 대립되고 있다.

Ⅲ. 인용판결

본안심리의 결과 원고의 무효등확인청구가 이유 있다고 인정하는 경우(무효인 경우) 인용판결(무효등확인판결)을 내린다.

제6항 공법상 당사자소송의 판결의 종류

Ⅰ. 각하판결

당사자소송이 소송요건을 결여한 경우에는 본안심리를 거절하는 각하판결을 내린다.

Ⅱ. 기각판결

본안심리의 결과 원고의 청구가 이유 없다고 판단되는 경우 기각판결을 내린다.

Ⅲ. 인용판결

본안심리의 결과 원고의 청구가 이유 있다고 인정하는 경우 인용판결을 내리는데, 당사자소송의 소의 종류에 따라 확인판결을 내리기도 하고(例 공무원지위를 확인하는 판결) 이행판결을 내리기도 한다(例 공법상 금전급부의무의 이행을 명하는 판결).

제7항 항고소송에서의 위법판단의 기준시   [1996 공인노무사]

처분은 그 당시의 사실상태 및 법률상태를 기초로 하여 행해지게 된다. 그런데 처분 후 사실상태 또는 법률상태가 변경되는 경우가 있다. 이 경우에 있어서 법원이 본안심리의 결과 처분의 위법 여부를 판단함에 있어서 어느 시점의 법률상태 및 사실상태를 기준으로 하여야 할 것인가 하는 문제가 제기되는데, 이에 관하여 취소소송의 본질을 무엇으로 볼 것인가에 따라 처분시설과 판결시설이 대립하고 있다.

Ⅰ. 처분시설

처분시설이라 함은 처분의 위법 여부의 판단은 처분시의 사실 및 법률상태를 기준으로 하여 행하여야 한다는 견해를 말한다. 이 설이 통설이다.

처분시설의 주요 논거는 다음과 같다. 취소소송에 있어서 법원의 역할은 처분의 사후심사이며, 법원이 처분 후의 사정에 근거하여 처분의 적법 여부를 판단하는 것(판결시설)은 행정청의 제1차 적판단권을 침해하는 것이 되고 법원이 감독행정청의 역할을 하는 것이 되어 타당하지 않다고 본다.

Ⅱ. 판결시설

판결시설이라 함은 처분의 위법 여부의 판단은 판결시(구두변론종결시)의 사실 및 법률상태를 기준으로 행하여야 한다는 견해이다.

판결시설의 주요 논거는 다음과 같다. 취소소송의 본질은 처분으로 인하여 형성된 위법상태를 배제하는데 있으므로 원칙적으로 판결시의 법 및 사실상태를 기준으로 판결하여야 한다고 본다.

Ⅲ. 절충설

절충설은 원칙상 처분시설이 타당하다고 하면서도 예외적으로 계속적 효력을 가진 처분(예 물건의 압수처분, 통행금지구역의 설정)이나 미집행의 처분(예 집행되지 않은 철거명령)에 대한 소송에 있어서는 판결시설을 취하는 것이 타당한 경우가 있다고 본다(박윤흔, 1013면; 김남진, 705면). 이에 추가하여 거부처분취소소송의 경우에도 실질적으로 의무이행소송과 유사한 성격을 갖는다는 점에서 위법판단시점을 판결시로 보는 것이 타당하다는 견해가 있다(정하중).

Ⅳ. 판례

판례는 처분시설을 취하고 있다[대판 1996.12.20, 96누9799(징병검사명령처분취소); 대판 2005.4.15, 2004두10883(주택건설사업계획 승인신청반려처분취소)].

즉, 행정처분의 위법 여부는 행정처분이 있을 때의 법령과 사실 상태를 기준으로 판단하여야 하며, 법원은 행정처분 당시 행정청이 알고 있었던 자료뿐만 아니라 사실심 변론종결 당시까지 제출된 모든 자료를 종합하여 처분 당시 존재하였던 객관적 사실을 확정하고 그 사실에 기초하여 처분의 위법 여부를 판단할 수 있다(대판 2019.7.25, 2017두55077).

> **판례 1**
>
> 공정거래위원회가 과징금 산정 시 위반 횟수 가중의 근거로 삼은 위반행위에 대한 시정조치가 그 후 '위반행위 자체가 존재하지 않는다는 이유로 취소판결이 확정된 경우' (구 과징금부과 세부기준 등에 관한 고시(2014.5.30. 공정거래위원회 고시 제2014-7호로 개정되기 전의 것, 이하 '구 과징금 고시'라 한다) Ⅳ. 2. 나. (2)항은 과거 시정조치의 횟수 산정 시 시정조치의 무효 또는 취소판결이 확정된 건을 제외하도록 규정하고 있고, 행정청으로부터 행정처분을 받았으나 나중에 그 행정처분이 행정쟁송절차에서 취소되었다면, 그 행정처분은 처분 시에 소급하여 효력을 잃게 되고, 위반 횟수 가중에 잘못이 있으므로) 과징금 부과처분의 상대방은 결과적으로 처분 당시 객관적으로 존재하지 않는 위반행위로 과징금이 가중되므로, 그 처분은 비례·평등원칙 및 책임주의

판례 1	원칙에 위배될 여지가 있다. 다만 공정거래위원회는 독점규제 및 공정거래에 관한 법령상의 과징금 상한의 범위 내에서 과징금 부과 여부 및 과징금 액수를 정할 재량을 가지고 있다. 또한 재량준칙인 '구 과징금 고시' Ⅳ. 2. 나. (1)항은 위반 횟수와 벌점 누산점수에 따른 과징금 가중비율의 상한만을 규정하고 있다. 따라서 법 위반행위 자체가 존재하지 않아 위반행위에 대한 시정조치에 대하여 취소판결이 확정된 경우에 위반 횟수 가중을 위한 횟수 산정에서 제외하더라도, 그 사유가 과징금 부과처분에 영향을 미치지 아니하여 처분의 정당성이 인정되는 경우에는 그 처분을 위법하다고 할 수 없다(대판 2019.7.25, 2017두55077).
판례 2	행정소송에서 행정처분의 위법 여부는 행정처분이 행하여졌을 때의 법령과 사실상태를 기준으로 하여 판단하여야 하고, 처분 후 법령의 개폐나 사실상태의 변동에 의하여 영향을 받지는 않으므로, 난민 인정거부처분의 취소를 구하는 취소소송에서도 그 거부처분을 한 후 국적국의 정치적 상황이 변화하였다고 하여 처분의 적법 여부가 달라지는 것은 아니다[대판 2008.7.24, 2007두3930(난민인정불허가결정취소)].
판례 3	**행정청이 수익적 행정행위를 하면서 협약의 형식으로 부담을 부가하였는데 부담의 전제가 된 주된 행정처분의 근거법령이 개정되어 부관을 붙일 수 없게 된 경우 협약의 효력이 소멸하는지 여부(소극)** : 행정청이 재량행위인 수익적 행정처분을 하면서 처분의 상대방에게 일정한 의무를 부과하는 부담을 부가하였다면 이러한 부담은 독립하여 행정소송의 대상이 되는 행정처분이 된다 할 것인데, 행정처분의 위법여부는 행정처분이 있을 때의 법령과 사실상태를 기준으로 하여 판단하여야 하고, 처분 후 법령의 개폐나 사실상태의 변동에 의하여 영향을 받지 않으므로, 행정청이 수익적 행정처분을 하면서 부가한 부담 역시 처분 당시 법령을 기준으로 위법 여부를 판단하여야 하고, 부담이 처분 당시 법령을 기준으로 적법하다면 처분 후 부담의 전제가 된 주된 행정처분의 근거법령이 개정됨으로써 행정청이 더 이상 부관을 붙일 수 없게 되었다 하더라도 곧바로 위법하게 되거나 그 효력이 소멸하게 되는 것은 아니다(대판 2009.2.12, 2005다65500).
판례 4	공정거래위원회의 시정명령 및 과징금 납부명령이 재량권 일탈·남용으로 위법한지 판단하는 기준 시점: 행정소송에서 행정처분의 위법 여부는 행정처분이 행하여졌을 때의 법령과 사실상태를 기준으로 하여 판단해야 하고, 이는 독점규제 및 공정거래에 관한 법률에 기한 공정거래위원회의 시정명령 및 과징금 납부명령(이하 '과징금 납부명령 등'이라 한다)에서도 마찬가지이다. 따라서 공정거래위원회의 과징금 납부명령 등이 재량권 일탈·남용으로 위법한지는 다른 특별한 사정이 없는 한 과징금 납부명령 등이 행하여진 '의결일' 당시의 사실상태를 기준으로 판단하여야 한다[대판 2015.5.28, 2015두36256(시정명령및과징금납부명령취소)].

> **판례 5**
> 교원소청심사위원회가 한 결정의 취소를 구하는 소송에서 결정의 적부를 판단하는 기준 시점
> (=결정시) 및 판단대상: 교원소청심사위원회가 한 결정의 취소를 구하는 소송에서 그 결정의 적
> 부는 결정이 이루어진 시점을 기준으로 판단하여야 하지만, 그렇다고 하여 소청심사 단계에서
> 이미 주장된 사유만을 행정소송의 판단대상으로 삼을 것은 아니다. 따라서 소청심사 결정 후에
> 생긴 사유가 아닌 이상 소청심사 단계에서 주장하지 아니한 사유도 행정소송에서 주장할 수 있
> 고, 법원도 이에 대하여 심리·판단할 수 있다(대판 2018.7.12, 2017두65821).

V. 결 어(처분시설)

취소소송은 행정청이 내린 처분을 다투어 취소를 구하는 소송이므로 처분의 위법판단의 기준
시를 원칙상 처분시로 보아야 한다. 다만, 후술하는 바와 같이 거부처분취소소송에서 위법판단
의 기준시는 처분시로 보되 취소판결의 기준시는 판결시로 보는 것이 거부처분취소소송의 문
제점을 보완하여 의무이행소송과 유사한 권리구제기능을 수행하게 할 수 있으므로 타당하다.

VI. 행정처분의 위법 여부를 판단하는 기준시점이 처분시라는 의미

행정처분의 위법 여부를 판단하는 기준 시점에 대하여 판결시가 아니라 처분시라고 하는 의미
는 처분시 적용할 법령과 행정처분이 있을 때의 사실상태를 기준으로 하여 위법 여부를 판단할
것이며, 처분 후 법령의 개폐나 사실상태의 변동에 영향을 받지 않는다는 뜻이지, 처분 당시 보
유하였던 처분자료나 행정청에 제출되었던 자료만으로 위법 여부를 판단한다는 의미는 아니다.
처분의 위법판단의 기준시 문제는 사실심 변론 종결시의 소송자료를 기초로 판결을 내린다는
것과는 별개의 문제이다.

> **판례 1**
> **항고소송에서 행정처분의 위법 여부 판단기준:** 항고소송에서 행정처분의 위법 여부는 행정
> 처분이 있을 때의 법령과 사실 상태를 기준으로 판단하여야 하며, 법원은 행정처분 당시 행정청
> 이 알고 있었던 자료뿐만 아니라 사실심 변론종결 당시까지 제출된 모든 자료를 종합하여 처분
> 당시 존재하였던 객관적 사실을 확정하고 그 사실에 기초하여 처분의 위법 여부를 판단할 수 있
> 다[대판 2010.1.14, 2009두11843(시정명령등취소)].

> **판례 2**
>
> 항고소송에서 행정처분의 적법 여부는 행정처분 당시를 기준으로 판단하여야 하는지 여부 (원칙적 적극) 및 이때 행정처분의 위법 여부를 판단하는 기준 시점이 처분 시라는 의미: 항고소송에서 행정처분의 적법 여부는 특별한 사정이 없는 한 행정처분 당시를 기준으로 판단하여야 한다. 여기서 행정처분의 위법 여부를 판단하는 기준 시점에 관하여 판결시가 아니라 처분시라고 하는 의미는 행정처분이 있을 때의 법령과 사실상태를 기준으로 하여 위법 여부를 판단하며 처분 후 법령의 개폐나 사실상태의 변동에 영향을 받지 않는다는 뜻이지 처분 당시 존재하였던 자료나 행정청에 제출되었던 자료만으로 위법 여부를 판단한다는 의미는 아니다. 그러므로 처분 당시의 사실상태 등에 관한 증명은 사실심 변론종결 당시까지 할 수 있고, 법원은 행정처분 당시 행정청이 알고 있었던 자료뿐만 아니라 사실심 변론종결 당시까지 제출된 모든 자료를 종합하여 처분 당시 존재하였던 객관적 사실을 확정하고 그 사실에 기초하여 처분의 위법 여부를 판단할 수 있다(대판 2017.4.7. 2014두37122 ; 대판 2018.6.28. 2015두58195).

처분시설을 취하는 경우 처분 후의 법 및 사실관계의 변경은 사정판결사유가 될 수 있다.

Ⅶ. 부작위위법확인소송의 위법판단의 기준시

부작위위법확인소송은 아무런 처분을 전제로 하지 않고, 인용판결의 효력(법 제38조 제2항, 법 제30조 제2항)과의 관계에서 볼 때 현재의 법률관계에 있어서의 처분권 행사의 적부에 관한 것이라고 할 수 있기 때문에 판결시설이 타당하다는 것이 통설이며(이상규, 876면) 판례의 입장이다 [대판 1990.9.25. 89누4758(교원임용의무불이행위법확인 등)].

Ⅷ. 거부처분취소소송에서의 위법판단 및 판결의 기준시

[2010 행시(일반행정)사례]

거부처분취소소송에서 위법판단 및 판결의 기준시를 처분시로 보는 견해, 판결시로 보는 견해 및 거부처분의 위법판단의 기준시에 관하여 처분시설을 취하면서도 다투어지고 있는 거부처분의 위법판단의 기준시와 거부처분취소판결의 기준시는 구분하여 보는 견해가 있다.

1. 처분시설

처분시설은 취소소송에서의 위법판단의 기준시에 관하여 처분시설을 취하고, 거부처분취소소송에서도 동일한 이유로 처분시설이 타당하다고 보는 견해이다. 이 견해가 판례의 입장이다.

처분시설에 의하면 처분시를 기준으로 거부처분의 위법 여부를 판단하고 위법하면 인용판결을 적법하면 기각판결을 내리는 것이 논리적이라고 본다. 처분시설에 의하면 처분시를 기준으로 거부처분이 위법하면 처분 후 근거법령이 변경되거나 사실관계가 변경된 경우에도 당해 거부처분을 취소하여야 한다.

그런데 이러한 입장에 서는 경우에 거부처분 후 확정판결 전에 법령이 개정되거나 사실관계에 변동이 생겨 판결시를 기준으로 판결을 내린다면 기각판결을 내려야 하는 경우에는 인용판결이 내려져도 처분청이 처분후의 사정변경을 이유로 다시 거부처분을 할 수 있게 되어 인용판결이 권리구제에 기여하지 못하고 인용판결후의 새로운 거부처분에 대하여 다시 소송이 제기되도록 하여 불필요하게 소송이 반복되는 결과를 가져온다. 또한 판결의 권위를 떨어뜨리며 판결에 대한 국민의 불신을 야기할 수도 있다.

2. 위법판단시·판결시구별설

위법판단시·판결시구별설은 소송경제와 신속한 권리구제를 도모하기 위하여 거부처분취소소송에서 거부처분의 위법은 처분시를 기준으로 하되 인용판결은 판결시를 기준으로 하여야 한다는 견해이다.

이 견해에 의하면 거부처분이 당해 거부처분시를 기준으로 적법하면 기각되고, 위법한 경우 사정변경이 없으면 인용판결을 하고, 사정변경이 있으면 판결시를 기준으로 인용하는 것이 타당한 경우 인용을 하고, 판결시를 기준으로 공익을 고려하여 인용하는 것이 타당하지 않은 경우 기각판결을 하게 된다.

3. 판결시설

판결시설은 거부처분취소소송에서 인용판결은 행정소송법 제30조 제2항과 결부하여 행정청에게 신청에 따른 처분의무를 부과한다는 짐에서 실질적으로 의무이행소송과 유사한 성격을 가지므로 이행소송의 일반적인 법리에 따라 거부처분의 위법성 판단시점을 판결시로 하는 것이 타당하다는 견해이다(정하중).

이 견해에 의하면 거부처분시를 기준으로 거부처분이 적법한지 여부를 묻지 않고, 판결시를 기준으로 거부처분이 적법하면 기각판결, 판결시를 기준으로 위법하면 인용판결을 하게 된다. 이 견해에 의하면 거부처분이 거부처분시를 기준으로 적법한 경우에도 사정변경에 의해 판결시를 기준으로 위법하면 인용판결을 하게 된다.

이 견해는 거부처분취소소송이 처분청의 일차적 판단권 행사의 결과인 처분을 사후적으로 취소하는 취소소송이라는 점을 간과하고, 처분권을 대신 행사한다는 점과 거부처분취소소송을 실질적으로 명문의 규정 없이 전형적인 의무이행소송과 같게 보는 점에서 문제가 있다.

4. 결 어(위법판단시·판결시구별설)

다음과 같은 이유에서 거부처분취소소송에서 위법판단시와 판결시를 구별하는 견해가 타당하다. ① 항고소송을 통한 위법한 처분의 통제 및 국민의 권리구제라는 항고소송의 기능에 합치한다. ② 행정청의 1차적 판단권의 존중과 분쟁의 일회적 해결의 요청을 조화시키는 견해이다. ③ 의무이행소송이 도입되지 않은 상황하에서 어느 정도 의무이행소송의 권리구제기능을 성취할 수 있다.

5. 의무이행소송에서의 위법판단 및 판결의 기준시

의무이행소송에서 인용판결의 기준시는 판결시가 된다. 다만 의무이행소송에서도 거부처분의 위법 여부를 판단하고 동 거부처분을 취소하여야 하는지, 그리고 거부처분의 위법판단의 기준시를 처분시로 하는 것이 타당한지, 판결시로 하는 것이 타당한지에 관하여 견해의 대립이 있을 수 있다.

제8항 취소판결의 효력 [2002 공인노무사]

확정된 취소판결의 효력에는 형성력, 기속력 및 기판력이 있는데, 형성력과 기속력은 인용판결에 인정되는 효력이고, 기판력은 인용판결뿐만 아니라 기각판결 및 각하판결에도 인정되는 효력이다.

Ⅰ. 형성력

1. 의 의

계쟁처분 또는 재결의 취소판결이 확정될 때에는 당해 처분 또는 재결은 처분청 또는 행정심판기관의 취소를 기다릴 것 없이 당연히 효력을 상실하는데, 이를 형성력이라 한다.

취소판결은 계쟁처분을 취소하는 것인데, 취소는 형성력을 갖는 행위이다.

처분 개념에 관한 실체법적 개념설에서는 취소를 법적 행위의 효력을 상실시키는 것으로 이해하는데, 쟁송법적 개념설에서는 취소판결에서 취소라 함은 위법상태를 제거한다는 의미를 갖는다. 취소판결에서 취소는 법적 행위에 대하여는 법적 효력을 상실시키는 효력을 갖고(법적 효력을 상실시키는 효력도 위법상태를 배제하는 효력의 하나라고 할 수 있다), 사실행위에 있어서는 위법상태를 배제하는 효력을 갖는다.

2. 형성력의 내용

취소판결의 형성력은 형성효, 소급효 및 대세효로 이루어진다. 즉 취소판결은 계쟁처분의 효력을 소급적으로 상실시키며 제3자에 대하여도 효력이 있다.

(1) 형성효

형성효라 함은 계쟁처분의 효력을 상실(배제)시키는 효력을 말한다. 사실행위의 경우에는 그 지배력을 배제하는 의미를 갖는다.

(2) 소급효

1) 의 의

취소판결의 취소의 효과는 처분시에 소급하는데, 이를 취소판결의 소급효라 한다. 소급효에 관한 명문의 규정은 없지만, 법치행정의 원칙를 실현하기 위하여 계쟁처분에 의해 형성된 위법 상태를 배제하여 원상을 회복한다는 취소소송제도의 본질상 인정되는 효력이다.

2) 소급효의 제한

일반적 견해는 취소판결의 소급효에 대한 제한을 두지 않고 취소판결은 항상 소급효를 갖는다고 보고 있다. 그러나 취소판결의 소급효가 법치주의의 내용을 이루는 법적 안정성을 침해하는 경우에는 명문의 규정 또는 판결에 의해 예외적으로 취소판결의 소급효가 제한될 수도 있다고 보는 것이 타당하다.

3) 소급효의 결과

소급효가 미치는 결과 취소된 처분은 소급적으로 효력을 상실한다.

(3) 제3자효(대세적 효력, 대세효)

1) 의 의

취소판결의 취소의 효력(형성효 및 소급효)은 소송에 관여하지 않은 제3자에 대하여도 미치는데 이를 취소의 대세적 효력(대세효)이라 한다. 행정소송법 제29조 제1항은 이를 명문으로 규정하고 있다.

대세효를 인정한 취지를 승소자의 권리를 확실히 보호하기 위한 것으로 보는 견해가 있는데 (홍정선), 대세효를 인정한 취지는 이것보다는 행정상 법률관계를 통일적으로 규율하고자 하는

데 그 기본적인 취지가 있다고 보는 것이 타당하다. 취소판결의 효력이 제3자에게도 미침으로 인하여 제3자가 불측의 손해를 입을 수 있으므로 행정소송법은 제3자의 권리를 보호하기 위하여 제3자의 소송참가제도(제16조)와 제3자의 재심청구제도(제31조)를 인정하고 있다.

2) 제3자의 범위

행정상 법률관계를 통일적으로 규율하고자 하는 대세효 인정의 취지에 비추어 취소판결의 효력이 미치는 제3자는 모든 제3자를 의미하는 것으로 보는 것이 타당하며 이것이 일반적 견해이다.

3) 취소판결의 제3자효의 내용

가. 일반원칙

취소판결의 형성력은 제3자에 대하여도 발생하며 제3자는 취소판결의 효력에 대항할 수 없다.

나. 일반처분의 취소의 제3자효

일반처분의 취소의 소급적 효과가 소송을 제기하지 않은 자에게도 미치는지에 관하여 견해가 대립되고 있다.

(가) 상대적 효력설(부정설)

취소소송은 주관적 소송으로서, 그 효력은 원칙적으로 당사자 사이에서만 미치는 것이므로 명시적 규정이 없는 데도 불구하고, 제3자가 그 효력을 적극적으로 향수할 수 있다고 인정하는 데에는 무리가 있다고 본다(김동희, 711면).

(나) 절대적 효력설(긍정설)

일반처분이 불특정 다수인을 대상으로 하는 처분이라는 점, 공법관계의 획일성이 강하게 요청된다는 점 등에 비추어 원칙적으로 제3자의 범위를 한정할 이유는 없다고 한다(김철용, 656면).

(다) 결 어(장래효·소급효구별설)

일반처분의 취소의 제3자에 대한 효력에 관하여 장래효와 소급효를 구별하는 것이 타당하다.

① 일반처분이 취소되면 일반처분은 장래에 향하여 절대적으로 효력을 상실한다.

② 일반처분의 취소의 소급효는 불가쟁력의 발생 여부에 따라 달라진다고 보는 것이 타당하다. 불가쟁력이 발생한 제3자에 대하여는 법적 안정성을 보장하기 위하여 일반처분의 취소판결이 소급효를 갖지 않는다고 보아야 한다. 달리 말하면 일반처분을 근거로 이미 법률관계가 형성되었고, 취소소송제기기간이 지난 경우에는 일반처분에 근거하여

형성된 기성의 법률관계를 다투면서 일반처분의 취소를 원용할 수 없다.

불가쟁력이 발생하지 않은 제3자에 대해서는 일반처분의 취소의 소급효가 미친다고 보아야 한다.

4) 취소된 처분을 전제로 형성된 법률관계의 효력 상실

취소판결의 형성효, 소급효와 대세효로 인하여 취소된 처분을 전제로 형성된 법률관계는 소급하여 그 효력을 상실한다. 다만, 이러한 해결은 법적 안정성의 측면에서 문제가 있을 수 있다.

예를 들면, 환지처분이 취소되면 환지취득자는 환지처분에 의해 취득한 소유권을 상실하고 종전의 토지에 대한 소유권을 취득한다. 공매처분이 취소되면 공매처분을 기초로 하여 체결된 사법상 매매계약은 효력을 상실하며 그에 의해 형성된 경락인의 소유권취득도 그 효력을 상실한다. 따라서 체납자가 경락인을 상대로 한 소유권이전등기말소청구를 인용하여야 한다. 이 경우 경락인은 공무원에게 고의 또는 과실이 있는 경우 국가배상을 청구할 수 있다.

판례 1	경매 담당 공무원이 이해관계인에 대한 기일통지를 잘못한 것이 원인이 되어 경락허가결정이 취소된 사안에서, 그 사이 경락대금을 완납하고 소유권이전등기를 마친 경락인에 대하여 국가배상책임을 인정한 사례(대판 2008.7.10, 2006다23664).
판례 2	[1] 도시 및 주거환경정비법상 주택재개발사업조합의 조합설립인가처분이 법원의 재판에 의하여 취소된 경우, 주택재개발사업조합이 조합설립인가처분 취소 전에 도시 및 주거환경정비법상 적법한 행정주체 또는 사업시행자로서 한 결의 등 처분이 소급하여 효력을 상실하는지 여부(원칙적 적극) 및 이때 종전 결의 등 처분의 법률효과를 다투는 소송의 당사자지위까지 함께 소멸하는지 여부(소극): 도시 및 주거환경정비법(이하 '도시정비법'이라고 한다)상 주택재개발사업조합의 조합설립인가처분이 법원의 재판에 의하여 취소된 경우 그 조합설립인가처분은 소급하여 효력을 상실하고, 이에 따라 당해 주택재개발사업조합 역시 조합설립인가처분 당시로 소급하여 도시정비법상 주택재개발사업을 시행할 수 있는 행정주체인 공법인으로서의 지위를 상실하므로, 당해 주택재개발사업조합이 조합설립인가처분 취소 전에 도시정비법상 적법한 행정주체 또는 사업시행자로서 한 결의 등 처분은 달리 특별한 사정이 없는 한 소급하여 효력을 상실한다고 보아야 한다. 다만 그 효력 상실로 인한 잔존사무의 처리와 같은 업무는 여전히 수행되어야 하므로, 종전에 결의 등 처분의 법률효과를 다투는 소송에서의 당사자지위까지 함께 소멸한다고 할 수는 없다. [2] 甲 주택재개발정비사업조합설립 추진위원회가 주민총회를 개최하여 주택재개발정비사업의 시공자로 乙 주식회사를 선정하는 결의(이하 '제1결의'라고 한다)를 하였고, 조합설립

판례2

인가처분 후 甲 주택재개발정비사업조합이 조합총회를 개최하여 乙 회사를 시공자로 선정(추인)하는 결의(이하 '제2결의'라고 한다)를 하였는데, 위 각 결의의 무효확인을 구하는 소송 계속중에 甲 조합에 대한 조합설립인가처분을 취소하는 내용의 대법원판결이 선고된 사안에서, 甲 조합에 대한 조합설립인가처분은 법원의 재판에 의한 취소로 소급하여 효력을 상실하였고, 甲 조합 역시 조합설립인가처분 당시로 소급하여 도시 및 주거환경정비법(이하 '도시정비법'이라고 한다)상 주택재개발사업을 시행할 수 있는 행정주체인 공법인으로서 지위를 상실하였으므로, 甲 조합이 조합설립인가처분 취소 전에 도시정비법상 적법한 사업시행자임을 전제로 개최한 조합총회에서 이루어진 제2결의는 소급하여 효력을 상실하였고, 한편 시공자 선정은 추진위원회 또는 추진위원회가 개최한 주민총회의 권한범위에 속하는 사항이 아니라 조합총회의 고유권한이므로, 추진위원회가 개최한 주민총회에서 주택재개발사업의 시공자를 선정한 제1결의도 무효라고 보아, 원심판결을 파기하고 자판한 사례[대판 2012.3.29, 2008다95885(주민총회결의무효확인)]. 〈해설〉 행정기관을 구성하는 공무원의 지위상실이 아니라 행정주체 자체가 지위를 상실한 경우이므로 사실상 공무원이론의 적용대상으로 볼 수 없다.

판례3

행정처분을 취소하는 확정판결이 제3자에 대하여도 효력이 있다고 하더라도 일반적으로 판결의 효력은 주문에 포함한 것에 한하여 미치는 것이니 그 취소판결 자체의 효력으로써 그 행정처분을 기초로 하여 새로 형성된(새로운 사법상의 매매계약에 의해 형성된) 제3자의 권리까지 당연히 그 행정처분 전의 상태로 환원되는 것이라고는 할 수 없고, 단지 취소판결의 존재와 취소판결에 의하여 형성되는 법률관계를 소송당사자가 아니었던 제3자라 할지라도 이를 용인하지 않으면 아니된다는 것을 의미하는 것에 불과하다 할 것이며, 따라서 취소판결의 확정으로 인하여 당해 행정처분을 기초로 새로 형성된 제3자의 권리관계에 변동을 초래하는 경우가 있다 하더라도 이는 취소판결 자체의 형성력에 기한 것이 아니라 취소판결의 위와 같은 의미에서의 제3자에 대한 효력의 반사적 효과로서 그 취소판결이 제3자의 권리관계에 대하여 그 변동을 초래할 수 있는 새로운 법률요건이 되는 까닭이라 할 것이다[대판 1986.8.19, 83다카2022(손해배상): 환지계획변경처분에 의해 취득한 토지를 제3자에게 양도한 후 동 환지계획변경처분이 취소된 경우 취소소송을 제기한 자가 동 취소판결을 근거로 동 토지를 양수한 제3자에 대한 소유권이전등기말소를 청구한 사건].

3. 취소판결의 형성력의 준용

행정소송법 제29조 제1항의 취소판결의 형성력은 집행정지결정 또는 집행정지결정의 취소결정에 준용되고(제29조 제2항), 무효확인소송에도 준용된다(제38조 제1항).

Ⅱ. 기속력 [2005·2010·2012·2018 공인노무사]

1. 의 의

기속력이라 함은 행정청에 대하여 판결의 취지에 따라 행동하도록 당사자인 행정청과 그 밖의 관계행정청을 구속하는 효력을 말한다. 기속력을 구속력이라 부르기도 한다.

기속력은 인용판결이 확정된 경우에 한하여 인정되고 기각판결에는 인정되지 않는다. 따라서 취소소송의 기각판결이 있은 후에도 처분청은 당해 처분을 직권으로 취소할 수 있다.

제30조(취소판결 등의 기속력)
① 처분 등을 취소하는 확정판결은 그 사건에 관하여 당사자인 행정청과 그 밖의 관계행정청을 기속한다.

---

2. 성 질

구속력의 성질을 무엇으로 볼 것인가에 관하여 기판력설과 특수효력설이 대립하고 있다.

(1) 기판력설

기판력설은 기속력은 취소판결의 기판력이 행정 측에 미치는 것에 지나지 않으며 그 본질은 기판력과 같다고 보는 견해이다. 프랑스법에서는 반복금지효 및 원상회복의무를 기판력(autorit de la ch ose juge)의 한 효과로 보고 있다.

(2) 특수효력설

특수효력설은 기속력은 취소판결의 실효성을 확보하기 위하여 행정소송법이 특별히 부여한 효력이며 기판력과는 그 본질을 달리한다고 보는 견해이다(김동희, 687면).

즉, 기판력은 법적 안정성을 위하여 후소의 재판을 구속하여 모순된 판결을 금하는 소송법상의 효력인 데 반하여 기속력은 판결의 실효성을 확보하기 위하여 판결의 취지에 따라 행동하도록 관계행정청을 구속하는 실체법상의 효과를 발생시키는 효력이므로 양자는 본질을 달리 한다고 한다. 통설은 특수효력설을 취하고 있다.

(3) 판 례

판례도 특수효력설을 취하는 것으로 보인다(대판 1957.2.6, 4290행상23). 판례는 기속력과 기판력을 아래와 같이 구별하고 있다.

> **판례**
>
> 행정소송법 제30조 제1항이 규정하는 취소 확정판결의 '기속력'과 같은 법 제8조 제2항에 의하여 행정소송에 준용되는 민사소송법 제216조, 제218조가 규정하는 '기판력'의 의미: 취소 확정판결의 '기속력'은 취소청구가 인용된 판결에서 인정되는 것으로서 당사자인 행정청과 그 밖의 관계행정청에게 확정판결의 취지에 따라 행동하여야 할 의무를 지우는 작용을 한다. 이에 비하여 행정소송법 제8조 제2항에 의하여 행정소송에 준용되는 민사소송법 제216조, 제218조가 규정하고 있는 '기판력'이란 기판력 있는 전소 판결의 소송물과 동일한 후소를 허용하지 않음과 동시에, 후소의 소송물이 전소의 소송물과 동일하지는 않더라도 전소의 소송물에 관한 판단이 후소의 선결문제가 되거나 모순관계에 있을 때에는 후소에서 전소 판결의 판단과 다른 주장을 하는 것을 허용하지 않는 작용을 한다[대판 2016.3.24, 2015두48235(감차명령처분취소등)].

(4) 결 어

기판력과 기속력은 그 본질과 기능이 다르다. 그리고 다음과 같이 그 효력이 다르다. ① 기판력은 소송당사자 및 이와 동일시할 수 있는 자에 미치는데, 기속력은 처분청 및 관계행정청을 구속한다. ② 기판력은 주문에 포함된 것에 한정되는데, 기속력은 주문 및 이유인 위법사유에 미친다. ③ 기판력은 동일한 처분에 대해서만 미치는데, 기속력은 동일한 처분뿐만 아니라 새로운 처분에도 미친다.

3. 내 용

기속력은 소극적 효력(반복금지효)과 적극적 효력(원상회복의무, 재처분의무)으로 나뉠 수 있다.

(1) 반복금지효(저촉금지효)　　　　　　　　　[2007·2009·2012사시 사례]

취소판결이 확정되면 처분청 및 관계행정청은 취소된 처분에서 행한 과오와 동일한 과오를 반복해서는 안되는 구속을 받는다. 달리 말하면 처분청 및 관계행정청은 판결의 취지에 저촉되는 처분을 하여서는 안 된다.

저촉금지효(抵觸禁止效, 반복금지효)는 판결의 취지에 반하는 행위(달리 말하면 동일한 과오를 반복하는 행위)를 금지하는 효력이다.

① 동일한 처분의 반복금지: 동일한 처분을 하는 것은 취소판결의 기속력에 반한다. '동일한 처분'이라 함은 동일 사실관계 아래에서 동일 당사자에 대하여 동일한 내용을 갖는 행위를 말한다.

(i) 취소된 처분의 처분사유와는 기본적 사실관계에서 동일성이 없는 다른 처분사유를 들어 동일한 내용의 처분을 하여도 동일한 처분이 아니므로 기속력에 저촉되지 않는다.

> **판례**
>
> 재결의 기속력은 재결의 주문 및 그 전제가 된 요건사실의 인정과 판단, 즉 처분 등의 구체적 위법사유에 관한 판단에만 미친다고 할 것이고, 종전 처분이 재결에 의하여 취소되었다 하더라도 종전 처분사유와는 다른 사유를 들어서 처분을 하는 것은 기속력에 저촉되지 않는다고 할 것이며, 여기에서 동일 사유인지 다른 사유인지는 종전 처분에 관하여 위법한 것으로 재결에서 판단된 사유와 기본적 사실관계에 있어 동일성이 인정되는 사유인지 여부에 따라 판단되어야 한다 [대판 2005.12.9, 2003두7705(주택건설사업계획 승인신청서 반려처분취소): 새로운 처분의 처분사유와 종전 처분에 관하여 위법한 것으로 재결에서 판단된 사유가 기본적 사실관계에 있어 동일성이 없으므로 새로운 처분이 종전 처분에 대한 재결의 기속력에 저촉되지 않는다고 한 사례].

예를 들면, 어떤 행정법규 위반을 이유로 한 허가취소처분(철회)이 그에 대한 취소판결에 의해 취소되었더라도 행정청은 이제는 다른 행정법규 위반을 이유로 당해 허가를 취소(철회)할 수 있다. 동일한 법규 위반사실에 대하여 법적 근거만을 변경하여 동일 허가 등을 철회할 수는 없다. 또한 취소된 처분의 징계사유와 다른 징계사유를 내세워 동일한 내용의 징계처분을 할 수 있다.

(ii) 처분의 기본적 사실관계가 동일하다면 적용법규정를 달리하거나 처분사유를 변경하여 동일한 내용의 처분을 하는 것은 동일한 행위의 반복에 해당하여 취소판결의 기속력에 반한다.
(iii) 취소사유가 절차 또는 형식의 흠인 경우에 행정청이 적법한 절차 또는 형식을 갖추어 행한 동일한 내용의 처분은 새로운 처분으로 취소된 처분과 동일한 처분이 아니다.

② 판결의 이유에서 제시된 위법사유의 반복금지: 기속력은 판결의 이유에 제시된 위법사유에 대하여 미치므로 판결의 이유에서 제시된 위법 사유를 다시 반복하는 것은 동일한 처분이 아닌 경우에도 동일한 과오를 반복하는 것으로서 기속력에 반한다.

(i) 취소판결에서 위법으로 판단된 처분사유를 포함하여 동일한 내용의 또는 다른 내용의 처분을 하는 것은 동일한 과오를 반복하는 것으로서 기속력에 반한다.

(ii) 법규 위반을 이유로 내린 영업허가취소처분이 비례의 원칙 위반으로 취소된 경우에 동일한 법규 위반을 이유로 영업정지처분을 내리는 것은 기속력에 반하지 않지만, 법규 위반사실이 없는 것을 이유로 영업허가취소처분이 취소된 경우에 동일한 법규 위반을 이유로 영업정지처분을 내리는 것은 기속력에 반한다.

(iii) 또한 여러 법규 위반을 이유로 한 영업허가취소처분이 처분의 이유로 된 법규 위반 중 일부가 인정되지 않고 나머지 법규 위반으로는 영업허가 취소처분이 비례의 원칙에 위반된다고 취소된 경우에 판결에서 인정되지 않은 법규 위반 사실을 포함하여 다시 영업정지처분을 내리는 것은 동일한 행위의 반복은 아니지만 판결의 취지에 반한다.

> **판례**
>
> 공무원에 대한 파면처분이 재량권의 범위를 벗어나 위법한 처분이라고 하여 법원에 의해 취소판결이 확정되었음에도 불구하고, 행정청이 다시 징계위원회의 의결을 거쳐 동일한 사유로 해임처분을 한 경우에 확정판결의 기판력(기속력)에 저촉된다고는 볼 수 없다(대판 1985.4.9, 84누 747).

③ 취소된 행위를 기초로 한 처분의 금지: 행정청은 취소된 행위를 기초로 하는 일체의 처분을 하여서는 안 된다.

(2) 원상회복의무(위법상태제거의무)　　　　　　　　　　　　　　[2010 입시 사례]

취소판결이 확정되면 행정청은 취소된 처분에 의해 초래된 위법상태를 제거하여 원상회복할 의무를 진다.

예를 들면, 재산의 압류처분이 취소되면 행정청은 당해 재산을 반환해야 할 의무를 진다. 또한 파면처분이 취소되면 파면되었던 원고를 복직시켜야 한다.

예를 들면, 도로점용허가처분의 취소가 확정되면 처분청은 취소판결의 기속력에 따라 참가인에 대하여 이 사건 도로의 점용을 중지하고 원상회복할 것을 명령하고, 이를 이행하지 않을 경우 행정대집행이나 이행강제금 부과 조치를 하는 등 이 사건 도로점용허가로 인한 위법상태를 제거하여야 한다. 또한, 처분청은 수익적 행정행위의 직권취소 제한에 관한 법리를 준수하는 범위 내에서 일정한 요건 하에 직권으로 이 사건 건축허가의 일부를 취소하거나 변경하는 등의 조치를 할 의무가 있다. 그 이유는 도로점용허가

취소판결의 직접적인 효과로 이 사건 건축허가가 취소되거나 그 효력이 소멸되는 것은 아니지만, 이 사건 도로점용허가가 유효하게 존재함을 전제로 이루어진 이 사건 건축허가는 그 법적·사실적 기초를 일부 상실하게 되기 때문이다.

취소판결의 기속력에 원상회복의무(위법상태제거의무)가 포함되는지에 관하여 명문의 규정은 없지만, 취소소송제도의 본질 및 행정소송법 제30조에 근거하여 이를 긍정하는 것이 타당하다. 판례도 이를 긍정하고 있다.

판례 1	어떤 행정처분을 위법하다고 판단하여 취소하는 판결이 확정되면 행정청은 행정소송법 제30조의 취소판결의 기속력에 따라 그 판결에서 확인된 위법사유를 배제한 상태에서 다시 처분을 하거나 그 밖에 위법한 결과를 제거하는 조치를 할 의무가 있다(대판 2019.10.17, 2018두104).
판례 2	[1] 이 사건 원심판결 중 '1차 변경처분(기존 노후화된 도선 1척을 신형 선박)세종 9호)으로 교체하는 내용의 1차 도선사업변경면허) 중 2차 변경처분(세종9호의 정원 부분만을 규율하는 처분)에 의하여 취소되지 않고 남아 있는 부분'을 취소하는 부분이 확정되면 이 사건 항로에서 세종9호를 도선으로서 운항할 법적 근거가 사라진다. 따라서 세종9호의 정원 부분만을 규율하는 2차 변경처분은 그 기초를 상실하여 실효되는 것이라고 보아야 한다. 〈해설〉 피고는, 원심이 2차 변경처분에 대한 청구를 기각함으로써 2차 변경처분은 유효하게 존속하는 것이므로, A업체가 2차 변경처분에 근거하여 신형 선박을 도선으로서 계속 운항할 수 있다고 주장하였다. 그러나 대법원은, '1차 변경처분 중 2차 변경처분에 의하여 취소되지 않고 남아 있는 부분'이 쟁송대상이 되고, 이것을 취소하는 판결이 확정되면 A업체가 신형 선박을 도선으로서 운항할 법적 근거가 사라지며, 피고는 취소판결의 기속력에 따라 필요한 조치를 취하여야 한다고 판단하였다. [2] 피고는 취소판결의 기속력에 따라 위법한 결과를 제거하기 위하여 「유선 및 도선사업법」 제9조 제1항에 의하여 A업체에 대하여 이 사건 항로에서 세종9호의 운항을 중단할 것을 명령하는 등의 필요한 조치를 취하여야 한다[대판 2020.4.9, 2019두49953 (도선사업면허변경처분 취소)].

취소된 위법한 처분이 없었을 것을 전제로 원상회복을 행하여야 한다. 따라서 파면처분의 취소에 따른 원상회복은 동일 직급으로 복직시키는 것도 원상회복으로 보는 견해도 있으나 원직에의 복직을 말하며, 경우에 따라서는 승급·승진도 해 주어야 한다.

(3) 재처분의무

[2010 공인노무사, 2014 행시]

1) 거부처분취소에 따른 재처분의무

판결에 의하여 취소 또는 변경되는 처분이 당사자의 신청을 거부하는 것을 내용으로 하는 경우에는 그 처분을 행한 행정청은 판결의 취지에 따라 다시 이전의 신청에 대한 가부간의 처분을 하여야 한다(법 제30조 제2항).

당사자가 처분을 받기 위해 신청을 다시 할 필요는 없다. 행정청의 재처분의 내용은 '판결의 취지'를 존중하는 것이면 된다. 반드시 원고가 신청한 내용대로 처분해야 하는 것은 아니다.

> **판례**
>
> **[계획재량 영역에서의 취소판결 기속력 범위에 관한 사건]** [1] 취소 확정판결의 기속력의 범위에 관한 법리 및 도시관리계획의 입안·결정에 관하여 행정청에게 부여된 재량을 고려하면, 주민 등의 도시관리계획 입안 제안을 거부한 처분을 **이익형량에 하자**가 있어 위법하다고 판단하여 취소하는 판결이 확정되었더라도 행정청에게 그 입안 제안을 그대로 수용하는 내용의 도시관리계획을 수립할 의무가 있다고는 볼 수 없고, 행정청이 다시 **새로운** 이익형량을 하여 적극적으로 도시관리계획을 수립하였다면 취소판결의 기속력에 따른 재처분의무를 이행한 것이라고 보아야 한다. [2] 원고가 학교시설로 도시계획시설이 결정되어 있는 부지를 취득한 후 그 지상에 가설건축물 건축허가를 받고 옥외골프연습장을 축조하여 이를 운영하여 오고 있던 중, 피고에게 위 부지에 관하여 도시계획시설(학교)결정을 폐지하고 **가설건축물의 건축용도를 유지하는 내용의** 지구단위계획안을 입안 제안함. 이에 대하여 피고가 이를 거부하는 처분을 하자, 원고는 피고를 상대로 한 항고소송을 제기하여 위 거부처분의 취소판결을 확정받음. 이후 피고가 새로운 재량고려사유를 들어 도시계획시설(학교)결정을 폐지하고, **위 부지를 특별계획구역으로 지정하는 내용의** 도시관리계획결정을 하였는바, 이러한 새로운 내용의 도시관리계획결정이 피고가 원고의 입안 제안을 그대로 수용하지 않은 것이더라도 기존 취소판결의 기속력에 반하지 않는다고 보아, 이를 취소판결의 기속력에 반한다고 판단하여 원고의 청구를 인용한 원심판결을 파기한 사례(대판 2020.6.25, 2019두56135).

재처분의무의 내용은 당해 거부처분의 취소사유에 따라 다르다.

가. 거부처분이 형식상 위법(무권한, 형식의 하자, 절차의 하자)을 이유로 취소된 경우

이 경우에는 적법한 절차를 거치는 등 적법한 형식을 갖추어 신청에 따른 가부간의 처분을 하여야 한다. 행정청은 실체적 요건을 심사하여 신청된 대로 처분을 할 수도 있고 다시 거부처분을 할 수도 있다.

나. 거부처분이 실체상 위법을 이유로 취소된 경우

① 이 경우에 위법판단기준시에 관하여 판례와 같이 처분시설을 취하는 경우 거부처분 이후의 사유(법령의 변경 또는 사실상황의 변경)를 이유로 다시 거부처분을 하는 것은 재처분 의무를 이행한 것이다.

판례

거부처분 취소의 확정판결을 받은 행정청이 거부처분 후에 법령이 개정·시행된 경우, 새로운 사유로 내세워 다시 거부처분을 한 경우도 행정소송법 제30조 제2항 소정의 재처분에 해당하는지 여부(적극): 행정처분의 적법 여부는 그 행정처분이 행하여진 때의 법령과 사실을 기준으로 하여 판단하는 것이므로 거부처분 후에 법령이 개정·시행된 경우에는 개정된 법령 및 허가기준을 새로운 사유로 들어 다시 이전의 신청에 대한 거부처분을 할 수 있으며 그러한 처분도 행정소송법 제30조 제2항에 규정된 재처분에 해당된다[대결 1998.1.7, 자 97두22(간접강제): 건축불허가처분을 취소하는 판결이 확정된 후 국토이용관리법 시행령이 준농림지역 안에서의 행위제한에 관하여 지방자치단체의 조례로써 일정 지역에서 숙박업을 영위하기 위한 시설의 설치를 제한할 수 있도록 개정된 경우, 당해 지방자치 단체장이 위 처분 후에 개정된 신법령에서 정한 사유를 들어 새로운 거부처분을 한 것이 행정소송법 제30조 제2항 소정의 확정판결의 취지에 따라 이전의 신청에 대한 처분을 한 경우에 해당한다고 한 사례].

---

② 위법판단의 기준시에 관하여 판결시설(또는 위법판단시·판결시구별설)을 취하면 사실 심 변론종결시 이전의 사유를 내세워 다시 거부처분을 할 수 없다.

③ 위법판단기준시 및 판결기준시에 관하여 어느 견해를 취하든지 사실심변론종결 이후에 발생한 새로운 사유를 근거로 다시 이전의 신청에 대한 거부처분을 할 수 있다.

판례

행정소송법 제30조 제2항에 의하면, 행정청의 거부처분을 취소하는 판결이 확정된 경우에는 그 처분을 행한 행정청은 판결의 취지에 따라 이전의 신청에 대하여 재처분할 의무가 있고, 이 경우 확정판결의 당사자인 처분 행정청은 그 행정소송의 사실심 변론종결 이후 발생한 새로운 사유를 내세워 다시 이전의 신청에 대하여 거부처분을 할 수 있으며, 그러한 처분도 이 조항에 규정된 재처분에 해당한다[대판 1999.12.28, 98두1895(토지형질변경불허가처분취소)].

---

④ 거부처분시 이전에 존재하던 다른 사유를 근거로 다시 거부처분을 할 수 있는지가 문제된다. 거부처분사유가 달라지면 거부처분의 동일성이 달라지며 거부처분사유도 기본적 사실관계의 동일성이 인정되는 한도 내에서만 처분사유의 추가변경이 인정된다는 판례의 입장을 취하면 거부처분 이전에 존재하던 사유 중 처분사유와 다른 사유(기본적 사실관계에 동일성이 없는 사유)를 근거로 다시 거부처분을 하는 것이 **가능**하다. 이 경우 동 거부처분은 새로운 처분이 되며 재처분의무를 이행한 것이 된다.

> **판례** 종전 확정판결의 행정소송 과정에서 한 주장 중 처분사유가 되지 아니하여 판결의 판단대상에서 제외된 부분을 행정청이 그 후 새로이 행한 처분의 적법성과 관련하여 새로운 소송에서 다시 주장하는 것이 위 확정판결의 기판력에 저촉되는지 여부(소극): 기히 원고의 승소로 확정된 판결은 원고 출원의 광구 내에서의 불석채굴이 공익을 해한다는 이유로 한 피고의 불허가처분에 대하여 그것이 공익을 해한다고는 보기 어렵다는 이유로 이를 취소한 내용으로서 이 소송과정에서 피고가 원고 출원의 위 불석광은 광업권이 기히 설정된 고령토광과 동일광상에 부존하고 있어 불허가대상이라는 주장도 하였으나 이 주장 부분은 처분사유로 볼 수 없다는 점이 확정되어 판결의 판단대상에서 제외되었다면, 피고가 그 후 새로이 행한 처분의 적법성과 관련하여 다시 위 주장을 하더라도 위 확정판결의 기판력에 저촉된다고 할 수 없다[대판 1991.8.9, 90누7326(광업권출원각하처분취소)]. **〈해설〉** 이 판결에서 기판력은 기속력이라 보아야 한다.

2) 절차상의 위법을 이유로 신청에 따른 인용처분(예 건축 허가)이 취소된 경우의 재처분의무

행정소송법 제30조 제3항은 신청에 따른 처분이 절차의 위법을 이유로 취소된 경우에는 거부처분취소판결에 있어서의 재처분의무에 관한 제30조 제2항의 규정을 준용하는 것으로 규정하고 있다. 여기에서 '신청에 따른 처분'이라 함은 '신청에 대한 인용처분'을 말한다.

입법취지는 신청에 따른 인용처분에 의해 권익을 침해당한 제3자의 제소에 따라 절차에 위법이 있음을 이유로 취소된 경우에는 판결의 취지에 따른 적법한 절차에 의하여 신청에 대한 가부간의 처분을 다시 하도록 하여 신청인의 권익을 보호하기 위한 것이다.

여기에서 '절차의 위법'은 실체법상(내용상)의 위법에 대응하는 **넓은 의미의 형식상의 위법**을 말하며 협의의 절차의 위법뿐만 아니라 권한·형식의 위법을 포함하는 것으로 해석하여야 한다.

> **판례**
>
> [1] 절차상 또는 형식상 하자로 인하여 무효인 행정처분이 있은 후 행정청이 관계 법령에서 정한 절차 또는 형식을 갖추어 다시 동일한 행정처분을 하였다면 당해 행정처분은 종전의 무효인 행정처분과 관계없이 새로운 행정처분이라고 보아야 한다. [2] 이 사건 처분은 새로운 국방·군사시설사업 실시계획 승인처분으로서의 요건을 갖춘 새로운 처분일 뿐, 종전처분과 동일성을 유지하되 종전처분의 내용을 일부 수정하거나 새로운 사항을 추가하는 것에 불과한 종전처분의 변경처분이 아니므로, 비록 종전처분에 하자가 있더라도 이 사건 처분이 관계 법령에 규정된 절차를 거쳐 그 요건을 구비한 이상 적법하다[대판 2014.3.13, 2012두1006(국방·군사시설사업실시계획 승인고시처분무효확인및취소)].

3) 종전 거부처분 이후 법령 등의 변경과 재처분내용의 문제   [2010 행시(일반), 2013 변시]

가. 거부처분 가능 여부

재처분은 새로운 처분이므로 재처분시의 법령 및 사실상태를 기초로 하여 행해져야 한다. 따라서 종전의 거부처분 후 법령 및 사실상태에 변경이 있는 경우에 위법판단의 기준시에 관하여 처분시설에 의하면 처분청은 종전 처분 후 발생한 새로운 사유가 기본적 사실관계의 동일성이 없는 사유인 경우 그 새로운 사유를 내세워 재처분으로 다시 거부처분을 할 수 있고 이 거부처분이 기속력인 재처분의무에 반하지 않지만, 판결시설에 의하면 사실심변론 종결 이전의 법령 및 사실상태의 변경을 이유로 다시 거부처분을 할 수 없다.

> **판례 1**
>
> **종전 처분 후 발생한 새로운 사유를 내세워 다시 거부처분을 하는 것이 처분 등을 취소하는 확정판결의 기속력에 위배되는지 여부(소극):** [1] 행정처분의 적법 여부는 그 행정처분이 행하여진 때의 법령과 사실을 기준으로 하여 판단하는 것이므로 확정판결의 당사자인 처분 행정청은 종전 처분 후에 발생한 새로운 사유를 내세워 다시 거부처분을 할 수 있고, 그러한 처분도 행정소송법 제30조 제2항 소정의 재처분에 해당한다. 여기에서 새로운 사유인지는 종전 처분에 관하여 위법한 것으로 판결에서 판단된 사유와 기본적 사실관계의 동일성이 인정되는 사유인지 여부에 따라 판단되어야 한다. [2] 원고가 아파트 건설사업계획승인 신청을 하였으나 미디어밸리의 시가화 예정 지역이라는 이유로 거부되자 그 취소소송에서 처분 사유가 구체적이고 합리적이지 못하여 재량권 남용이라는 이유로 그 처분의 취소판결이 확정된 후 피고가 종전 처분 후이지만 종전 소송의 사실심 변론종결 이전에 발생한 개발제한지역 지정의 새로운 사실을 이유로 한 거부처분이 위 취소 확정판결의 기속력에 반하지 않는다는 원심을 수긍한 사례[대판 2011.10.27, 2011두14401(건축불허가처분취소)]

> "사실심 변론종결 이전의 사유를 내세워 다시 거부처분하는 것은 확정판결의 기속력에 저촉되
> 어 허용되지 아니한다."라고 판시하고 있는데[대판 1990.12.11, 90누3560(토지형질변경허가 신청
> 불허가처분취소) 2001.3.23, 99두5238], 그 의미는 사실심 변론종결 이전에 유효하게 주장할 수
> 있었던 사유를 내세워 다시 이전의 신청에 대한 거부처분을 할 수 없다는 것일 뿐, 거부처분 후
> 법령이 개정된 경우에도 개정된 법령에 따른 새로운 거부처분을 할 수 없다는 취지는 아니다[대
> 판 1998.1.7, 97두22(간접강제)].

판례 2

다만, 처분청이 취소판결 이후에 재처분을 부당하게 늦추면서 인위적으로 새로운 사유를 만든 경우 그 새로운 사유를 들어 다시 거부처분을 하는 것은 신의성실의 원칙에 반하고 판결의 기속력을 무력화시키는 행위이므로 인정될 수 없다.

나. 원고의 신뢰의 보호: 새로운 거부처분의 위법 여부

처분시의 개정 전 법령의 존속에 대한 국민의 신뢰이익, 인용판결에 대한 신뢰이익과 거부처분 후 개정된 법령의 적용에 관한 공익사이의 이익형량의 결과 전자가 후자보다 더 보호가치가 있다고 인정되는 경우에는 그러한 국민의 신뢰를 보호하기 위하여 처분 후의 개정법령을 적용하지 말고 개정전 법령을 적용하여야 한다.

4) 거부처분취소에 따른 재처분의무의 실효성 확보: 간접강제 [2013 변시, 2014 행시]

가. 의 의

행정소송법은 거부처분취소에 따른 재처분의무의 실효성을 확보하기 위하여 간접강제제도를 두고 있다.

즉, 행정청이 거부처분의 취소판결의 취지에 따라 처분을 하지 아니하는 때에는 1심 수소법원은 당사자의 신청에 의하여 결정으로서 상당한 기간을 정하고 행정청이 그 기간 내에 이행하시 아니하는 때에는 그 지연기간에 따라 일정한 배상을 할 것을 명하거나 즉시 손해배상할 것을 명할 수 있다(법 제34조 제1항). 이를 간접강제결정이라고 한다.

나. 인정범위

간접강제제도는 거부처분취소소송에 인정되고 있는데, 부작위위법확인소송에 준용되고 있으나(법 제38조 제2항) 무효확인판결에는 준용되고 있지 않은데, 이는 입법의 불비이다. 행정소송법개정안은 간접강제제도를 무효확인판결에도 준용하는 것으로 하고 있다.

> **판례**
>
> 거부처분의 무효확인판결에 간접강제제도가 허용될지에 관하여 논란이 있을 수 있는데, 판례는 무효확인판결에는 간접강제가 허용되지 않는다고 보고 있다. 그리고 그 논거로 취소소송에 관한 규정을 무효확인소송의 경우에 준용하는 행정소송법 제38조가 간접강제를 규정하는 행정소송법 제34조를 준용하고 있지 않다는 것을 들고 있다[대결 1998.12.24, 자 98무37(건축허가무효확인판결에 기한간접강제)].

다. 요 건

처분청이 거부처분의 취소판결의 취지에 따라 재처분을 하지 않았어야 한다(재처분의무의 불이행). 재처분을 하지 않았다는 것은 아무런 재처분을 하지 않은 것뿐만 아니라 재처분이 기속력에 반하여 당연무효가 된 것을 포함한다.

> **판례**
>
> 거부처분에 대한 취소의 확정판결이 있음에도 행정청이 아무런 재처분을 하지 아니하거나, 재처분을 하였다 하더라도 그것이 종전 거부처분에 대한 취소의 확정판결의 기속력에 반하는 등으로 당연무효라면(예 종전거부처분 후 아무런 사정변경이 없음에도 다시 거부처분을 한 경우)이는 아무런 재처분을 하지 아니하는 때와 마찬가지라 할 것이므로 이러한 경우에는 간접강제신청에 필요한 요건을 갖춘 것으로 보아야 한다[대결 2002.12.11, 자 2002무22(간접강제)].

위법판단의 기준시에 관하여 처분시설을 취하는 경우 종전 거부처분 후 발생한 새로운 사유(판결시설을 취하는 경우에는 사실심변론종결 후의 법령 또는 사실관계의 변경)를 내세워 다시 이전의 신청에 대한 거부처분을 할 수 있고[대결 1998.1.7, 자 97두22(간접강제)], 그러한 처분을 하면 재처분의무를 이행한 것에 해당된다. 거부처분 후의 새로운 사유에 기초하여 내려진 재처분이 무효인 경우에도 그러하다.

그러나 '사실심 변론종결 이전에 주장할 수 있었던 사유'를 내세워 다시 거부처분을 할 수는 없다. 예를 들면, 종전 거부처분 당시에 이미 존재하던 사유로서 종전의 거부처분과 동일성이 있는 범위 내의 사유는 종전의 거부처분 취소소송에서 유효하게 주장할 수 있는 사유이므로 재처분에서 거부사유가 될 수 없고, 그러한 사유를 근거로 한 재처분으로서의 거부처분은 기속력에 저촉되어 무효가 된다.

라. 절 차

당사자는 **제1심수소법원**에 간접강제결정을 신청하고, 제1심수소법원이 간접강제결정을 한다.

마. 간접강제결정

제1심수소법원은 재처분의무의 이행을 위한 상당한 기간을 정하고 행정청이 그 기간내에 이행하지 아니하는 때에는 그 지연기간에 따라 일정한 배상을 할 것을 명하거나 즉시 손해 배상할 것을 명할 수 있다.

이 경우 행정소송법 제33조(소송비용에 관한 재판의 표력)와 민사집행법 제262조(채무자의 심문)가 준용되는 것으로 되어 있다(법 제34조 제2항). 따라서 간접강제결정은 피고 또는 참가인이었던 행정청이 속하는 국가 또는 공공단체에 그 효력을 미친다.

바. 이행강제금의 강제집행

간접강제결정에서 정한 상당한 기간이 지났음에도 당해 행정청이 판결의 취지에 따른 처분을 아니하는 경우에 신청인은 그 간접강제결정을 집행권원으로 하여 집행문을 부여받아 이행강제금을 강제집행할 수 있다.

간접강제결정에 기한 배상금은 거부처분취소판결이 확정된 경우 그 처분을 행한 행정청으로 하여금 확정판결의 취지에 따른 재처분의무의 이행을 확실히 담보하기 위한 것으로서, 확정판결의 취지에 따른 재처분의 지연에 대한 제재나 손해배상이 아니고 재처분의 이행에 관한 심리적 강제수단에 불과한 것이다. 따라서 간접강제결정에서 정한 의무이행기한이 지나 배상금이 발생한 후에라도 확정판결의 취지에 따른 재처분의 이행이 있으면 특별한 사정이 없는 한 배상금을 추심함으로써 심리적 강제를 꾀할 목적이 상실되어 처분상대방이 더이상 배상금을 추심하는 것은 허용되지 않는다[대판 2004.1.15, 2002두2444(청구이의) ; 대판 2010.12.23, 2009다37725].

사. 민사소송법상 청구이의의 소

실무상 이행강제금 결정에 대해 민사집행법상의 청구이의의 소가 허용되고 있고, 이 청구인의 이의 소가 제기되면 이행강제금 결정의 집행이 정지되게 되어 있어 실무상 간접강제의 실효성이 크게 제약을 받고 있다. 따라서 이행강제금결정에는 청구이의의 소를 인정하지 않는 것이 타당하다.

4. 범 위

(1) 주관적 범위

기속력은 당사자인 행정청과 그 밖의 관계행정청을 기속한다(법 제30조 제1항). 여기에서 '관계행정청'이라 함은 당해 판결에 의하여 취소된 처분 등에 관계되는 무엇인지의 처분권한을 가지는 행정청, 즉 취소된 처분 등을 기초로 하여 그와 관련되는 처분이나 부수되는 행위를 할 수 있는 행정청을 총칭하는 것이라고 할 것이다(이상규, 886면).

(2) 객관적 범위

기속력은 '판결의 취지'에 따라 행정청을 구속하는 효력인데, 판결의 취지는 처분이 위법이라는 것을 인정하는 판결의 주문과 판결이유 중에 설시된 개개의 위법사유를 포함한다[대판 2001.3.23, 99두5238(손실보상재결처분취소)]. 그러나 판결의 결론과 직접 관계없는 방론이나 간접사실에는 미치지 아니한다.

기판력은 후소법원을 구속하는 효력으로서 판결의 주문에 포함된 것에 한하지만, 기속력은 행정청을 구속하는 효력으로서 판결에 설시된 개개의 위법사유를 포함한다.

> **판례** 원심판결의 이유는 위법하지만 결론이 정당하다는 이유로 상고기각판결이 선고되어 원심판결이 확정된 경우 '판결의 취지'는 상고심판결의 이유와 원심판결의 결론을 의미한다[대판 2004.1.15, 2002두2444(청구이의)].

취소판결의 기속력은 원칙상 처분에 명시된 처분사유에 한정된다(쟁점주의). 따라서 행정청은 다른 처분사유(처분의 기본적 사실관계의 동일성이 없는 사유)를 내세워 동일한 내용의 처분을 할 수 있다.

> **판례** [1] 종전 처분이 재결에 의하여 취소되었다 하더라도 종전 처분시와는 다른 사유를 들어서 처분을 하는 것은 기속력에 저촉되지 않는다고 할 것이며, 여기에서 동일 사유인지 다른 사유인지는 종전 처분에 관하여 위법한 것으로 재결에서 판단된 사유와 기본적 사실관계에 있어 동일성이 인정되는 사유인지 여부에 따라 판단되어야 한다. [2] 이 사건 종전 처분(주택건설사업계획승인신청서반려처분)의 처분사유는 이 사건 사업(주택건설사업)이 주변의 환경, 풍치, 미관 등을 해할 우

려가 있다는 것이고, 그에 대한 재결은 이 사건 사업이 환경, 풍치, 미관 등을 정한 1994.7.5. 고시와 군산시건축조례에 위반되지 않고, 환경·풍치·미관 등을 유지하여야 하는 공익보다는 이 사건 사업으로 인한 지역경제 승수효과와 도시서민들을 위한 임대주택 공급이라는 또 다른 공익과 재산권행사의 보장이라는 사익까지 더해 보면 결국 종전 처분은 비례의 원칙에 위배되어 재량권을 남용하였다는 것이므로 종전 처분에 대한 재결의 기속력은 그 주문과 재결에서 판단된 이와 같은 사유에 대해서만 생긴다고 할 것이고, 한편 이 사건 처분(새로운 주택건설사업계획승인신청서반려처분)의 처분사유는 공단대로 및 교통여건상 예정 진입도로계획이 불합리하여 대체진입도로를 확보하도록 한 보완요구를 이행하지 아니하였다는 것 등인 사실을 알 수 있는 바, 그렇다면 이 사건 처분의 처분사유와 종전 처분에 관하여 위법한 것으로 재결에서 판단된 사유와는 기본적 사실관계에 있어 동일성이 없다고 할 것이므로 이 사건 처분이 종전 처분에 대한 재결의 기속력에 저촉되는 처분이라고 할 수 없다(대판 2005.12.9, 2003두7705: 새로운 처분의 처분사유와 종전 처분에 관하여 위법한 것으로 재결에서 판단된 사유가 기본적 사실관계에 있어 동일성이 없으므로 새로운 처분이 종전처분에 대한 재결의 기속력에 저촉되지 않는다고 한 사례). 〈해설〉 이 판례는 재결의 기속력에 관한 판례이지만, 판결의 기속력도 이와 동일하다.

(3) 시간적 범위 [2013 변시]

처분의 위법 여부의 판단시점은 처분시이기 때문에 기속력은 처분 당시까지 존재하던 사유에 대하여만 미치고 그 이후에 생긴 사유에는 미치지 아니한다. 따라서 취소된 처분 후 새로운 처분사유가 생긴 경우(법 또는 사실상태가 변경된 경우)에는 기본적 사실관계에 동일성이 없는 한 행정청은 동일한 내용의 처분을 다시 할 수 있다.

[1] 행정소송법 제30조 제2항의 규정에 의하면 행정청의 거부처분을 취소하는 판결이 확정된 때에는 그 처분을 행한 행정청이 판결의 취지에 따라 이전의 신청에 대하여 재처분할 의무가 있으나, 이 때 확정판결의 당사자인 처분 행정청은 그 확정판결에서 적시된 위법사유를 보완하여 새로운 처분을 할 수 있다. [2] 행정처분의 적법 여부는 그 행정처분이 행하여진 때의 법령과 사실을 기준으로 하여 판단하는 것이므로 거부처분 후에 법령이 개정·시행된 경우에는 개정된 법령 및 허가기준을 새로운 사유로 들어 다시 이전의 신청에 대한 거부처분을 할 수 있으며 그러한 처분도 행정소송법 제30조 제2항에 규정된 재처분에 해당된다. [3] 건축불허가처분을 취소하는 판결이 확정된 후 국토이용관리법시행령이 준농림지역 안에서의 행위제한에 관하여 지방자치단체의 조례로써 일정 지역에서 숙박업을 영위하기 위한 시설의 설치를 제한할 수 있도록 개정된

판례 1

경우, 당해 지방자치 단체장이 위 처분 후에 개정된 신법령에서 정한 사유를 들어 새로운 거부처분을 한 것이 행정소송법 제30조 제2항 소정의 확정판결의 취지에 따라 이전의 신청에 대한 처분을 한 경우에 해당한다[대판 1998.1.7, 97두22(간접강제)].

판례 2

취소 확정판결의 기속력은 판결의 주문 및 전제가 되는 처분 등의 구체적 위법사유에 관한 판단에도 미치나, 종전 처분이 판결에 의하여 취소되었더라도 종전 처분과 다른 사유를 들어서 새로이 처분을 하는 것은 기속력에 저촉되지 않는다. 여기에서 동일 사유인지 다른 사유인지는 확정판결에서 위법한 것으로 판단된 종전 처분사유와 기본적 사실관계에서 동일성이 인정되는지 여부에 따라 판단되어야 하고, 기본적 사실관계의 동일성 유무는 처분사유를 법률적으로 평가하기 이전의 구체적인 사실에 착안하여 그 기초인 사회적 사실관계가 기본적인 점에서 동일한지에 따라 결정된다. 또한 행정처분의 위법 여부는 행정처분이 행하여 진 때의 법령과 사실을 기준으로 판단하므로, 확정판결의 당사자인 처분 행정청은 종전 처분 후에 발생한 새로운 사유를 내세워 다시 처분을 할 수 있고, 새로운 처분의 처분사유가 종전 처분의 처분사유와 기본적 사실관계에서 동일하지 않은 다른 사유에 해당하는 이상, 처분사유가 종전 처분 당시 이미 존재하고 있었고 당사자가 이를 알고 있었더라도 이를 내세워 새로이 처분을 하는 것은 확정판결의 기속력에 저촉되지 않는다[대판 2016.3.24, 2015두48235(감차명령처분취소등)]. 〈해설〉 감차명령은 자동차운수사업면허의 일부 변경처분으로서 재량행위로 보아야 한다. 사건의 개요는 다음과 같다. [1] 원고 신미운수 주식회사(이하 '원고 신미운수'라고 한다)는 별지 1 목록 기재 차량 70대를 포함하여 101대의 택시를, 원고 주호교통 주식회사(이하 '원고 주호교통'이라고 한다)는 별지 2 목록 기재 차량 23대를 포함하여 101대의 택시를 각 보유하여 일반택시운송사업을 하고 있다. [2] 피고는 2008.5.22. "원고들이 2007.11. 합계 48대(원고 신미운수 25대, 원고 주호교통 23대)의 택시를 도급제 형태로 운영하여 다른 사람으로 하여금 여객자동차 운송사업을 경영하게 하였다."는 사유로, 원고들에게 구 여객자동차 운수사업법(2008.3.21. 법률 제8980호로 전부 개정되기 전의 것) 제13조 제1항, 제76조 제1항 제13호 등에 의해 위 각 택시에 대하여 감차명령(이하 '종전 처분'이라고 한다)을 하였다. [3] 원고들은 서울행정법원 2008구합22549호로 종전 처분의 취소를 구하는 소를 제기하였고, 위 법원은 2009.7.9. 원고들의 택시 48대 운영행위가 명의이용행위에 해당한다고 보기 어렵다는 사유로 종전 처분을 취소하는 내용의 원고들 승소판결을 선고하였다. 이에 피고가 불복하여 서울고등법원 2009누22623호로 항소하였으나, 항소심법원은 2010.1.27. 그 변론을 종결하여 같은 해 2.10. 항소기각 판결을 선고하였다. 피고가 이에 상고하였으나 2010.5.27. 상고기각되어 그 무렵 위 원고들 승소판결이 확정되었다(이하 확정된 위 원고들 승소판결을 '이 사건 확정판결'이라고 한다). [4] 그 후 피고는 2013.3.22. 원고들에 대하여 "원고들이 2006.7.3.부터 2010.9.14. 까지 소외 1에게 차량 1대당 일정 임대료를 매월 지급받는 방법으로 총 263회에 걸쳐 원고들의 차량을 임대하고, 원고 신미운수는 같은 방법으로 2007.3.경부터 2010.9.30.까지 소외 2에게 총 233회, 2007.4.경부터 2010.9.30.까지 소외 3에게 총 294회, 2007.7.경부터 2008.12.31.까지 소외 4에게 79회에 걸쳐 원고 신미운수의 차량을 임대하여 소외 1과 소외 2, 소외 3, 소외 4(이하 '소외 2 등'이라고 한다)로 하여금 여객자동차 운송사업을 경영하게 하였다."는 이유로, 여객자동차 운수사업법 제12조 제1항, 제85조 제1항 제13호 등에 의하여 별지 1, 2 목록 기재 각 차량에 대하여 감차명령(이하 '이 사건 처분'이라고 한다.)을 하였다.

[5] 대법원은 원심과 달리 다음과 같이 판시하였다. [1] 피고는 이 사건 처분 당시 이 사건 중복차량에 관하여 별지 3 목록 제1, 2항의 해당차량별 '명의이용기간'란 기재와 같이 위반행위 기간을 특정하였다. 그런데 해당 차량 중 별지 3 목록 제1항 순번 2, 4, 7, 9번 및 제2항 순번 3, 5, 6, 7번 기재 차량의 경우 그 처분의 대상인 위반행위에 종전 처분의 대상인 2007. 11.에 있었던 명의이용행위도 포함되어 있고, 이 사건 처분사유 가운데 종전 처분의 대상이었던 이 사건 중복차량 중 일부 차량의 위 기간 동안의 명의이용행위 부분은 종전 처분사유와 그 기본적 사실관계가 동일하다고 보아야 하므로, 피고가 이 사건 처분을 하면서 이 부분까지도 위반행위에 포함시킨 것은 이 사건 확정판결의 기속력에 저촉된다 할 것이다. [2] 그러나 이 사건 처분사유 가운데 종전 처분의 대상이었던 위 기간 동안의 명의이용행위를 제외한 나머지 부분은 법률적으로 평가하기 이전의 구체적인 사실에 착안하여 볼 때, 종전 처분사유와 그 기간을 달리함으로써 기본적 사실관계에 있어 동일성이 인정되지 않는다고 봄이 타당하므로, 피고가 위 부분 위반행위를 이 사건 처분의 처분사유로 삼았다 하더라도 이 사건 확정판결의 기속력에 저촉되는 것은 아니다. [3] 그리고 이 사건 확정판결의 기판력은 그 소송물이었던 종전 처분의 위법성 존부에 관한 판단 그 자체에만 미치는 것이고, 이 사건 처분을 대상으로 하여 그 소송물을 달리하는 이 사건 소에는 미치지 않는다. [4] 그럼에도 원심은 이와 달리, 여객자동차 운수사업법 제12조 제1항에서 금지된 명의이용행위의 경우 그 행위의 반복이 예상된다는 법률적·규범적 요소를 위주로 기본적 사실관계에 있어 동일성 여부를 판단하여야 한다는 등 그 판시와 같은 이유로 이 사건 처분 중 이 사건 중복차량에 관한 부분 전부가 이 사건 확정판결의 기속력 내지 기판력에 위배되어 위법하다고 판단하였다. 이러한 원심판결에는 확정판결의 기속력 내지 기판력에 관한 법리를 오해하여 판결 결과에 영향을 미친 잘못이 있다.

다만, 전술한 바와 같이 거부처분취소판결이 판결시의 법 및 사실상태를 기준으로 내려진다면 행정청은 판결 이전의 사유를 들어 다시 거부처분을 할 수는 없다.

5. 기속력 위반의 효과

기속력에 위반하여 한 행정청의 행위는 당연무효가 된다[대판 1990.12.11, 90누3560(토지형질변경허가신청불허가 처분취소)].

제9항 무효등확인판결의 효력

무효등확인판결에는 취소판결의 제3자효와 기속력에 관한 규정(제29조, 제30조)이 준용된다(제38조 제1항).

무효등확인판결에는 간접강제에 관한 규정이 준용되지 않는다.

제10항 부작위위법확인판결의 효력

[문 제] 부작위위법확인소송이 신청에 대한 행정청의 부작위에 대한 구제제도로서는 우회적인 구제수단이라고 하는 의미는 무엇인가.

부작위위법확인판결에는 취소판결의 제3자효와 기속력에 관한 규정(제29조, 제30조) 및 거부처분취소판결의 간접강제에 관한 규정(제34조)이 준용된다(제38조 제2항).

> **판례** 甲의 乙에 대한 부작위위법확인소송의 판결이 확정된 후, 乙이 그 취지에 따른 처분을 하였으므로 甲의 간접강제신청은 그에 필요한 요건을 갖추지 못한 것이라고 한 원심을 수긍한 사례[대결 2010.2.5, 자 2009무153(간접강제신청)].

부작위위법확인판결의 기속력은 행정청의 판결의 취지에 따른 재처분의무이다. 그런데 부작위법확인소송에서 인용판결의 기속력으로서의 재처분의무는 행정청의 응답의무인가 아니면 신청에 따른 특정한 내용의 처분의무인가에 관하여 견해가 대립하고 있다.

Ⅰ. 응답의무설

부작위위법확인판결의 기속력으로서의 재처분의무는 행정청의 응답의무라고 보는 견해로 다수견해이며 이 견해가 타당하다. 이 견해에 의하면 행정청은 신청의 대상이 기속행위인 경우에 거부처분을 하여도, 판결의 기속력의 내용인 (재)처분의무를 이행하는 것이 된다(김동희, 710면).

이 견해의 논거는 다음과 같다.

① 부작위위법확인판결은 부작위가 위법하다는 것을 확인하는 것에 불과하므로 이 재처분의무의 내용은 행정청의 가부(可否)간의 응답의무이며 신청에 따른 적극적인 처분을 하여야 할 의무는 아니다.

② 부작위의 성립요건으로서의 법령상, 조리상 신청권은 행정청의 응답을 구하는 권리에 불과하다. 행정소송법 제2조 제1항 제2호는 부작위의 성립요건으로 '일정한 처분을 하여야 할 법률상 의무'를 요구하고 있는데, 여기에서 '일정한 처분'이라 함은 특정내용의 처분을 의미하는 것은 아니며 신청에 대한 가부의 응답을 말한다고 보아야 한다. 따라서 행정청이 거부하는 것도 기속력에 반하지 않는다.

③ 특정처분의무설을 취하는 경우 법원이 신청에 따른 처분의 적법 여부를 스스로 판단하여야 하는데, 이는 법원이 일차적 판단권을 행사하는 결과가 되어 문제가 있고, 법원의 부담이 너무 커진다. 이는 위법판단의 기준시 및 인용판결의 기준시를 판결시로 보는 경우에 더욱 그러하다.

④ 특정처분의무설을 취하는 경우 부작위위법확인소송은 실질적으로 의무이행소송과 같은 것이 되는데, 이는 부작위위법확인소송만 인정하고 의무이행소송을 인정하지 않은 현행 행정소송법의 입법취지에 반한다. 판례도 이 입장을 취하고 있다[대판 1990.9.25, 89누4758(교원임용의무불이행위법확인 등)].

II. 특정처분의무설

부작위위법확인소송 인용판결의 기속력의 내용으로서의 처분의무는 당초 신청된 특정한 처분을 뜻하는 것으로 보는 견해를 말한다. 이 견해의 논거는 다음과 같다.

① 부작위위법확인소송의 본안에서 부작위의 위법성을 판단하기 위하여 행정청의 처분을 구할 실체법적 권리(청구권)의 유무가 다투어지지 않을 수 없다.

② 행정소송법 제2조 제1항 제2호의 '일정한 처분을 하여 줄 의무'란 '신청에 따른 처분을 하여 줄 의무'라고 보아야 한다.

③ 행정소송법 제30조 제2항이 부작위위법확인소송에 준용된다(홍준형, 724~725면).

④ 부작위위법확인소송의 기속력을 응답의무로 이해하면 처분청이 다시 거부처분을 하는 것이 가능하다는 결론이 되며 권리구제를 위하여는 그 거부처분에 대하여 다시 취소소송을 제기하여야 하므로 비효율적이고 경제적이지 못하므로 무용한 소송의 계속을 방지하기 위하여 부작위위법확인소송 인용판결에 실질적 기속력을 인정하는 것이 타당하다(김성수, 875~876면). 입법론으로는 실효성 있는 권리구제를 위하여 의무이행소송을 도입하여야 할 것이다.

제11항 기각판결의 효력

기각판결에는 대세효가 인정되지 않고 당사자 사이에 상대적인 기판력만이 발생한다. 그리고 처분이 위법하지 않아 기각판결이 난 경우 처분이 적법하다는 것에 기판력이 발생한다는 것이 통설 및 판례의 입장이다. 사정판결의 경우에는 처분의 위법에 대하여 기판력이 발생한다.

제12항 기판력

1. 의 의

기판력은 일단 재판이 확정된 때에는 소송당사자는 동일한 소송물에 대하여는 다시 소를 제기할 수 없고 설령 제기되어도 상대방은 기판사항이라는 항변을 할 수 있으며 법원도 일사부재리의 원칙(一事不再理의 原則)에 따라 확정판결과 내용적으로 모순되는 판단을 하지 못하는 효력을 말한다.

기판력은 확정판결의 주문에 포함된 법률적 판단의 내용은 이후 그 소송당사자의 관계를 규율하는 새로운 기준이 되는 것이므로 동일한 사항이 소송상 문제가 되었을 때 소송당사자는 이에 저촉되는 주장을 할 수 없고 법원도 이에 저촉되는 판단을 할 수 없는 구속력을 의미하는 것이다.

기판력제도는 국가의 재판기관이 당사자간의 분쟁을 공권적으로 판단한 것에 기초한 법적 안정성에서 유래 된 것이다. 달리 말하면 기판력은 분쟁의 종국적인 해결을 위하여 확정판결에 의해 이미 해결된 법적 분쟁에 대하여 다시 소송으로 다투는 것을 막기 위하여 인정된 판결의 효력이다.

행정소송법은 기판력에 관한 명문의 규정을 두고 있지 않다. 행정소송에서의 판결의 기판력은 행정소송법 제8조 제2항에 따라 민사소송법상 기판력규정이 준용되어 인정되는 것이다.

기판력은 확정된 종국판결에 인정된다. 인용판결뿐만 아니라 기각판결, 소송판결(각하판결)에도 인정된다.

2. 범 위

기판력이 미치는 범위에는 주관적, 객관적, 시간적 범위가 있다.

(1) 주관적 범위

취소소송의 기판력은 당사자 및 이와 동일시 할 수 있는 자(예 승계인)에게만 미치며 제3자에게는 미치지 않는다. 소송참가를 한 제3자에게도 기판력이 미치지 않는다.

취소소송의 기판력은 당해 처분이 귀속하는 국가 또는 공공단체에도 미친다. 본래 소송의 대상은 법주체이어야 하며 따라서 취소소송의 피고는 처분의 효과가 귀속되는 국가 또는 공공단체이어야 하는데 소송편의상 처분청을 피고로 한 것이기 때문이다. 따라서 기판력은 처분청 이외의 다른 행정청에도 미친다고 보아야 한다. 판례는 기판력이 관계 행정청에도 미치는 것으로 보고 있다[대판 1992.12.8, 92누6891(면직처분무효확인)].

(2) 객관적 범위

일반적으로 기판력은 판결의 주문에 포함된 것에 한하여 인정된다(민사소송법 제216조 제1항). 이유부분은 민사소송에서와 같이 행정소송에서도 판결주문을 해석하기 위한 수단으로서의 의미를 가질 뿐 기판력에 있어서는 의미를 갖지 못한다.

① 판결의 주문에는 소송물에 관한 판단의 결론이 적시된다. 취소소송의 소송물은 위법성 일반이라고 본다면 취소소송의 기판력은 인용판결의 경우에는 당해 처분이 위법하다는 점에 미친다.

> **판례** 취소판결의 기판력은 소송물로 된 행정처분의 위법성 존부에 관한 판단 그 자체에만 미치는 것이므로 전소와 후소가 그 소송물을 달리하는 경우에는 전소 확정판결의 기판력이 후소에 미치지 아니한다[대판 1996.4.26, 95누5820(주택건설사업계획승인처분무효)].

기각판결의 경우에는 당해 처분이 적법하다는 점에 미친다. 다만, 사정판결의 경우에는 당해 처분이 위법하다는 점에 기판력이 미친다. 기각판결이 난 경우에는 원고는 다른 위법사유를 들어 당해 처분의 효력을 다툴 수 없다. 취소소송의 소송물이 개개의 위법사유라고 본다면 개개의 위법사유에 관한 판단에 한하여 기판력이 미친다.

무효확인소송의 기판력은 인용판결의 경우에는 당해 처분이 위법하다는 점과 당해 처분이 무효라는 점에 대하여 미치고, 기각판결의 경우에는 당해 처분이 무효가 아니라는 점에 미친다. 따라서 무효확인소송에서 기각판결이 난 경우에도 취소소송의 요건이 갖추어진 경우에는 취소소송을 제기할 수 있고, 국가배상청구소송도 제기할 수 있다.

소송판결의 기판력은 그 판결에서 확정한 소송요건의 흠결에 관하여 미친다(대판 1996.11.15, 96다31406 ; 대판 2015.10.29, 2015두44288).

판례

확정된 종국판결의 사실심 변론종결 이전에 발생하고 제출할 수 있었던 사유에 기인한 주장이나 항변은 확정판결의 기판력에 의하여 차단되므로 당사자가 그와 같은 사유를 원인으로 확정판결의 내용에 반하는 주장을 새로이 하는 것은 허용되지 아니한다[대판 2015.10.29, 2015두44288(부작위법확인의소등)]. 〈해설〉〈사건의 개요〉① 원고는 2005. 4. 7. '원고가 1970. 1.경 베트남에서 군인으로서 직무수행 중 부비트랩이 폭발하여 오른쪽 눈 안구에 화상을 입었고, 이로 인하여 오른쪽 눈 중심성 망막염 및 황반변성의 장애와 왼쪽 눈 시력저하의 장애를 입었'고 주장하면서 위 각 장애를 국가유공자의 상이로 추가인정해 줄 것을 피고에게 신청(이하 '이 사건 신청'이라 한다)한 사실, ② 피고는 2005. 8. 23. 이 사건 신청을 거부(이하 '이 사건 거부처분'이라 한다)하였고, 이에 원고는 2005. 11. 11. 국가보훈처장에게 이 사건 거부처분의 취소를 구하는 행정심판을 청구한 사실, ③ 국가보훈처장은 2006. 7. 6. 이 사건 거부처분 전체를 취소하는 재결을 하면서 재결 이유에서 오른쪽 눈 중심성 망막염 및 황반변성의 장애가 군인으로서 직무수행 중 발생한 장애로 인정된다는 점만을 판단하였을 뿐 왼쪽 눈 시력저하에 대해서는 명시적인 판단을 하지 않은 사실, ④ 그후 피고는 위 재결 취지에 따라 오른쪽 눈의 장애에 대하여 국가유공자 상이로 추가 인정하였으나 왼쪽 눈에 대해서는 아무런 처분을 하지 아니하였고, 이에 원고는 2012. 10. 15. 피고를 상대로 서울행정법원 2012구단24606호로 이 사건 신청 중 '왼쪽 눈 시력저하의 상이 추가인정 신청'에 대하여 피고가 아무런 처분을 하지 아니한 부작위가 위법하다는 확인을 구하는 소송(이하 '종전 소송'이라 한다)을 제기한 사실, ⑤ 서울 행정법원은 피고가 이 사건 거부처분을 하였으므로 부작위 자체가 존재하지 않는다는 이유로 2013. 3. 8. 원고의 소를 각하하는 판결(종전 판결)을 선고하였고 그 무렵 위 판결이 확정된 사실(잘못된 판결이 확정됨), ⑥ 원고는 2013. 11. 15. 다시 피고를 상대로 서울행정법원에 이 사건 신청 중 '왼쪽 눈 시력저하의 상이 추가인정 신청'에 대하여 피고가 아무런 처분을 하지 아니한 부작위가 위법함의 확인을 구하는 이 사건 소송을 제기한 사실 등을 알 수 있다. 〈원심 판결〉 원심은 이 사건 소송이 종전 소송에 관한 확정판결의 기판력에 저촉된다는 피고의 주장을 배척한 후 원고의 주위적 청구를 인용하였다(기판력에 반하는 판결). 〈대법원 판결〉 대법원은 다음과 같이 원심과 달리 판단하였다. ① 종전 소송과 이 사건 소송은 당사자가 서로 동일하고, 종전 소송의 청구취지와 이 사건 소송의 주위적 청구취지도 "원고의 2005. 4. 7.자 왼쪽 눈에 관한 상이 추가인정 신청에 대한 피고의 부작위가 위법함을 확인한다."는 것으로서 서로 동일할 뿐 아니라, 원고가 이 사건 소송에서 피고의 위법한 부작위의 원인으로 주장하는 "2006. 7. 6.자 행정심판 취소 재결에 의하여 이 사건 거부처분이 취소되었다."는 사정은 이미 종전 소송의 변론종결 이전에 발생한 사정으로서 당시 위 소송에서 현출되었음에도 위와 같은 이유로 각하 판결이 선고되었고, 이에 대하여 원고 스스로 항소하지 않아 소각하 판결이 그대로 확정된 이상, 위 소송에서 판단이 이루어진 '소송요건의 흠결', 즉 "원고의 이 사건 신청에 대한 피고의 부작위가 존재하지 않는다."는 점에 관하여 종전 소송 확정판결의

> 기판력은 이 사건 소송에 미친다고 할 것이므로, 원고가 이 사건 거부처분이 취소되었다는 동일한 사유를 원인으로 하여 종전 소송 확정판결의 내용에 반하는 주장을 새로이 하는 것은 허용되지 아니한다고 보아야 한다. 따라서 원고의 이 사건 주위적 청구가 종전 소송 확정판결의 기판력에 저촉되지 아니한다는 원심의 판단에는 소송판결의 기판력에 관한 법리를 오해하여 판결에 영향을 미친 위법이 있다. 그러므로 원심판결을 파기하고, 사건을 다시 심리·판단하게 하기 위하여 원심법원에 환송하는 판결을 하였다. **〈평석〉** 부작위위법확인소송에서 부작위여부는 판결시를 기준으로 판단된다. 따라서, 서울행정법원의 종전 판결은 잘못된 판결이다. 즉, 서울행정법원은 피고가 이 사건 거부처분을 하였으므로 부작위 자체가 존재하지 않는다는 이유로 부작위위법확인의 소를 각하하는 판결을 선고하였는데, 이 사건 거부처분이 행정심판의 재결에 의해 소급적으로 취소되었으므로 서울행정법원이 한 판결시에는 거부처분이 존재하지 않고 부작위 상태인 것으로 보는 것이 타당하다.

② 기판력은 해당 처분에 한하여 미치므로 동일한 처분에는 미치나 새로운 처분에 대하여는 미치지 않는다. 이에 대하여 기속력은 동일한 처분뿐만 아니라 새로운 처분에도 미친다.

(3) 시간적 범위
기판력은 사실심변론의 종결시를 기준으로 하여 발생한다.

3. 기판력의 적용

기판력은 전소에서 확정된 법적 문제가 후소에서 다시 문제되는 때에 작용하는데 구체적으로는 다음의 세 경우이다. ① 후소의 소송물이 전소의 소송물과 동일하거나 (⑩ 동일한 처분에 대하여 절차의 하자를 이유로 취소소송을 제기하여 기각당한 후 내용상 위법을 이유로 다시 취소소송을 제기한 경우), ② 후소가 기판력에 의하여 확정된 법률효과와 정면으로 모순되는 반대관계를 소송물로 하거나(⑩ 취소소송에서 기각판결이 확정된 후 무효확인소송을 제기한 경우), ③ 전소의 소송물(또는 소송물과 기판력의 대상이 일치하지 않는다는 견해에 의하면, 기판력의 대상)이 후소의 선결문제로 되는 때 (⑩ 처분에 대한 취소판결 후 동 처분으로 인한 손해에 대해 국가배상청구소송을 제기한 경우, 처분에 대한 무효확인판결 또는 기각판결을 받은 후 부당이득반환청구소송을 제기한 경우 등)이다.

(1) 취소소송에서의 기각판결의 무효확인소송에 대한 기판력
취소소송에서 기각판결이 확정되면 계쟁처분이 위법하지 않다는 것이 확정된다. 따라서 원고는 다시 이를 무효라 하여 그 무효확인을 소구할 수는 없고(대판 1992.12.8, 92누6891; 대판 1993.4.27, 92누9777), 후에 무효확인소송에 있어서 법원은 취소소송의 기각판결의 기판력에 구속되므로 무효확인판결을 내릴 수 없다.

> **판례** 행정처분취소청구를 기각하는 판결이 확정되면 그 처분이 적법하다는 점에 관하여 기판력이 생기므로 원고가 다시 이를 무효라 하여 그 무효확인을 소구할 수는 없다[대판 1992.12.8, 92누 6891(면직처분무효확인); 대판 1993.4.27, 92누9777(증여세 등 부과처분무효확인)].

이에 반하여 무효확인소송에서 기각판결이 확정되어도 무효확인소송의 대상이 된 처분의 위법을 주장하면서 취소소송이나 국가배상소송을 제기할 수 있다.

(2) 취소판결의 국가배상청구소송에 대한 기판력   [2010 사시 사례]

취소소송의 판결의 기판력이 국가배상소송에 대하여 미치는 것은 취소소송의 소송물(위법성)이 후소인 국가배상소송의 선결문제로 되는 경우이다. 취소소송의 소송물(또는 기판력의 대상 즉 위법성)이 국가배상소송에서 선결문제로 되지 않는 무과실책임(위법·적법 여부를 묻지 않는 엄격한 의미의 무과실책임)의 경우에는 취소소송판결의 기판력이 국가배상소송에 미치지 않는다.

과실책임의 경우에는 위법성이 선결문제가 되므로 취소소송의 판결의 기판력이 국가배상소송에 미치는지 여부가 문제된다.

취소판결의 국가배상소송에 대한 기판력의 문제는 취소소송의 소송물을 무엇으로 볼 것인가 하는 것과 취소소송에서의 위법과 국가배싱소송에서의 위법을 어떻게 볼 것인가에 따라 다르다.

1) 취소소송의 소송물을 처분의 위법성 일반으로 보는 견해

가. 긍정설

취소소송에서의 위법과 국가배상소송에서의 위법이 동일한 개념이라고 보는 협의행위위법설에 의하면 취소판결 및 기각판결의 기판력은 국가배상소송에 미친다.

청구기각판결의 경우에는 후소(국가배상소송)에서 그 처분의 위법성을 주장할 수 없게 되고, 청구인용판결의 경우에는 국가배상청구소송 수소법원은 처분의 위법성을 인정하여야 한다(홍정선).

나. 부정설[10]

국가배상청구소송의 위법을 취소소송의 위법과 다른 개념으로 보는 견해(상대적 위법성설 또는 결과위법설)에 의하면 취소판결의 기판력은 국가배상청구소송에 미치지 않는다고 보아야 할 것이다.

다. 인용판결·기각판결구별설

국가배상청구소송의 위법 개념을 취소소송의 위법 개념보다 넓은 개념으로 본다면 인용판결의 기판력은 국가배상소송에 미치지만, 기각판결의 기판력은 국가배상소송에 미치지 않는다고 보아야 한다.

라. 사 견(개별결정설)

행위위법설에 따르면 동일한 처분의 위법이 문제되면 취소판결의 기판력은 국가배상청구소송에 미친다고 보는 것이 논리적이다. 즉, 국가배상소송에서 취소된 처분 자체가 가해행위가 되는 경우 취소소송의 인용판결의 기판력은 국가배상소송에 미친다. 그러나 취소된 처분 자체가 가해행위가 아니라 처분에 수반되는 손해방지의무 위반이 손해의 원인이 되는 경우에는 위법의 대상이 다르므로 처분의 취소판결의 기판력은 처분에 수반되는 손해방지의무 위반으로 인한 손해에 대한 국가배상청구소송에 미치지 않는다.

또한 국가배상법상 위법 개념에 관하여 **상대적 위법성설**을 취하면 항고소송에서의 위법과 국가배상청구소송에서의 위법 개념이 다르므로 취소판결의 기판력은 국가배상소송에 미치지 않는다.

---

10) 어떠한 행정처분이 후에 항고소송에서 취소되었다고 할지라도 그 기판력에 의하여 당해 행정처분이 곧바로 공무원의 고의 또는 과실로 인한 것으로서 불법행위를 구성한다고 단정할 수는 없는 것이고, 그 행정처분의 담당공무원이 보통 일반의 공무원을 표준으로 하여 볼 때 객관적 주의의무를 결하여 그 행정처분이 객관적 정당성을 상실하였다고 인정될 정도에 이른 경우에 비로소 국가배상법 제2조 소정의 국가배상책임의 요건을 충족하였다고 봄이 상당할 것이며, 이 때에 객관적 정당성을 상실하였는지 여부는 피침해이익의 종류 및 성질, 침해행위가 되는 행정처분의 태양 및 그 원인, 행정처분의 발동에 대한 피해자측의 관여의 유무, 정도 및 손해의 정도 등 제반 사정을 종합하여 손해의 전보책임을 국가 또는 지방자치단체에게 부담시켜야 할 실질적인 이유가 있는지 여부에 의하여 판단하여야 한다[대판 2003.11.27, 2001다33789 판결(손해배상(기))]. 〈해설〉본 판례를 근거로 부정설의 입장을 취했다고 판단한 견해(김철용, 495면)도 있으나 판례의 입장은 분명하지 않다고 봄이 타당하다. 본 판례는 기판력이 미치지 않는 이유가 위법이 다름을 이유로 한 것이 아니라 취소소송의 위법으로 곧 국가배상법상 불법(위법+고의·과실)을 인정할 수는 없다는 이유에서이다. 따라서 부정설의 근거로 보는 것은 잘못이라고 판단된다.

2) 처분의 위법사유마다 취소소송의 소송물이 다르다고 보고 취소소송의 판결의 기판력은 개개의 위법사유에 한정된다는 견해

처분의 개개의 위법사유가 취소소송의 소송물이라고 보는 견해에 의하면 취소소송의 판결의 기판력은 개개의 위법사유에 한정된다. 따라서 청구기각판결의 경우에 원고는 후소인 국가배상 청구소송에서 전소인 취소소송에서 주장한 것과 다른 위법사유를 주장할 수 있게 된다. 이 견해에 의하면, 취소소송에서 기각판결을 받은 경우에 불복제기기간이 지나 다른 위법사유를 들어 취소소송을 제기할 수 없는 경우에는 다른 위법사유를 들어 국가배상청구소송을 제기할 수 있게 된다.

(3) 국가배상판결의 취소소송에 대한 기판력

국가배상소송에서의 처분의 위법 또는 적법의 판단은 취소소송에 기판력을 미치지 않는다. 왜냐하면 국가배상소송에서의 위법 또는 적법은 기판력이 미치는 소송물이 아니기 때문이다.

제7장 행정구제수단으로서의 헌법소송

헌법소송에는 위헌법률심판, 헌법소원, 탄핵심판, 정당해산심판, 권한쟁의심판이 있는데, 행정구제수단으로서 중요한 것은 헌법소원 및 권한쟁의심판이다.

Ⅰ. 헌법소원

헌법소원에는 두 종류가 있다. 하나는 공권력의 행사 또는 불행사로 인하여 기본권이 침해된 경우에 기본권을 침해받은 자가 제기하는 권리구제형 헌법소원(헌법재판소법 제68조 제1항에 의한 헌법소원)이고, 다른 하나는 법원에 위헌법률심판의 제청신청을 하였으나 기각된 경우에 제청신청을 한 당사자가 헌법재판소에 제기하는 위헌심사형 헌법소원(헌법재판소법 제68조 제2항에 의한 헌법소원)이다. 이 중 행정구제수단으로서 중요한 것은 권리구제형 헌법소원이다. 헌법소원에서는 공권력의 행사 또는 불행사가 다투어지는데, 여기에서의 공권력에는 행정권도 포함된다.

권리구제형 헌법소원의 소송요건은 다음과 같다. ① 공권력의 행사 또는 불행사로 자신의 기본권이 침해된 자가 제기할 것. 따라서 기본권의 주체만이 헌법소원을 제기할 수 있다. ② 공권력작용에 의해 자신의 기본권이 현재 그리고 직접 침해를 당했어야 한다. 즉 자기관련성, 현재성 및 직접성이 있어야 한다. ③ 헌법소원은 다른 법률에 구제절차가 있는 경우에는 그 절차를 모두 거친 후에 심판청구를 하여야 한다(헌법재판소법 제68조 제1항 단서). 이를 헌법소원의 보충성 내지 보충성의 원칙이라 한다. ④ 헌법소원심판은 법이 정한 청구기간내에 제기하여야 한다(헌법재판소법 제69조). ⑤ 권리보호이익 내지 심판의 이익이 있어야 한다.

'다른 법률에 의한 구제절차'라 함은 공권력의 행사 또는 불행사를 직접 대상으로 하여 그 효력을 다툴 수 있는 권리구제절차(예 항고소송)를 의미하고, 사후적·보충적 구제수단(예 손해배상청구, 손실보상청구)을 뜻하는 것은 아니다[헌재 1989.4.17, 88헌마3(검사의 공소권행사에 관한 헌법소원)]. 따라서 항고소송이 가능한 경우에는 원칙상 헌법소원이 인정되지 않는다(헌재 2009.2.26, 2008헌마370).

> **판례**
>
> **법학전문대학원 설치 예비인가 거부결정에 대한 헌법소원 심판청구가 보충성 요건을 충족하는지 여부(소극)** : 이 사건 예비인가 거부결정은 법학전문대학원 설치인가 이전에 청구인들의 법적 지위에 영향을 주는 것으로 항고소송의 대상이 되는 행정처분에 해당한다고 할 것인데, 학교법인 명지학원은 위 결정에 대한 행정소송을 제기하지 아니하였고 청구인 국민학원은 이 사건 예비인가 거부결정의 취소를 구하는 행정소송을 제기하였다가 2008.8.29. 교육과학기술부장관의 법학전문대학원 설치에 관한 본인가결정이 내려지자 그 청구취지를 '법학전문대학원 설치인가 거부처분의 취소'를 구하는 것으로 교환적으로 변경하여 현재 소송 계속 중이다. 결국 학교법인 국민학원과 학교법인 명지학원의 이 사건 예비인가 거부결정에 관한 헌법소원 심판청구는 행정소송에 의한 권리구제절차를 모두 거치지 아니한 것으로 보충성 원칙에 반하여 부적법하다(헌재 2009.2.26, 2008헌마370).

다만, 헌법재판소는 이 보충성 요건을 완화하여 해석하면서 헌법소원을 널리 인정하고 있다.

> **판례**
>
> 즉, 헌법소원은 기존의 구제절차가 없는 경우뿐만 아니라 '헌법소원심판청구인이 그의 불이익으로 돌릴 수 없는 정당한 이유 있는 착오로 전심절차를 밟지 않은 경우 또는 전심절차로 권리가 구제될 가능성이 거의 없거나 권리구제절차가 허용되는지의 여부가 객관적으로 불확실하여 전심절차이행의 기대가능성이 없을 때'에도 예외적으로 헌법재판소법 제68조 제1항 단서 소정의 전심절차 이행요건은 배제된다[헌재 1989.9.4, 88헌마22(검사의 공소권행사에 관한 헌법소원)].

헌법소원은 원칙적으로 청구인 자신의 기본권이, 현재 그리고 직접 침해당한 경우라야 적법하게 이를 제기할 수 있다. 즉 자기관련성, 현재성(권리보호의 이익), 직접성을 갖추어야 한다.

권리구제형 헌법소원의 심판은 그 사유가 있음을 안 날부터 90일 이내에, 그 사유가 있은 날부터 1년 이내에 청구하여야 한다. 다만, 다른 법률에 의한 구제절차를 거친 헌법소원의 심판은 그 최종 결정을 통지받은 날로부터 30일 이내에 청구하여야 한다(제69조 제1항). 위헌심사형 헌법소원은 위헌여부심판의 제청신청을 기각하는 결정을 통지받은 날부터 30일 이내에 청구하여야 한다(제69조 제2항).

위헌심사형 헌법소원이 인용된 경우에 '당해 헌법소원과 관련된 소송사건'(당해 헌법소원의 전제가 된 당해 소송사건)이 이미 확정된 때에는 당사자는 재심을 청구할 수 있다(제75조 제7항).

Ⅱ. 권한쟁의심판

1. 의 의

권한쟁의심판이라 함은 국가기관 상호간, 국가기관과 지방자치단체간 및 지방자치단체 상호간에 권한의 존부 또는 범위에 관하여 다툼이 있을 때 당해 국가기관 또는 지방자치단체가 헌법재판소에 제기하는 권한쟁의에 관한 심판을 말한다(헌법재판소법 제2조 제4호, 제61조 제1항).

2. 종 류

권한쟁의심판의 종류는 다음과 같다. ① 국가기관 상호간의 권한쟁의심판(국회, 정부, 법원 및 중앙선거관리위원회 상호간의 권한쟁의심판), ② 국가기관과 지방자치단체간의 권한쟁의심판[가. 정부와 특별시·광역시 또는 도간의 권한쟁의심판, 나. 정부와 시·군 또는 지방자치단체인 구(이하 '자치구'라 한다)간의 권한쟁의심판], ③ 지방자치단체 상호간의 권한쟁의심판(가. 특별시·광역시 또는 도 상호간의 권한쟁의심판, 나. 시·군 또는 자치구 상호간의 권한쟁의심판, 다. 특별시·광역시 또는 도와 시·군 또는 자치구간의 권한쟁의심판).

3. 청구요건

권한쟁의심판청구는 피청구인의 처분 또는 부작위가 헌법 또는 법률에 의하여 부여받은 청구인의 권한을 침해하였거나 침해할 현저한 위험이 있는 때에 한하여 이를 할 수 있다(제61조 제2항).

판례	낙동강의 유지·보수는 원래 국가사무로서 경상남도지사에게 기관위임된 사무에 불과하므로 '청구인의 권한'이라고 할 수 없고, 따라서 피청구인의 이 사건 처분으로 인하여 '청구인의 권한'이 침해될 개연성이 없다. 이 사건 청구는 '권한의 존부와 범위'에 관한 다툼에도 해당하지 않는다(헌재 2011.8.30, 2011헌라1).

Ⅲ. 위헌법률심판

헌법재판소가 법률의 위헌 여부를 판단하기 위하여 한 법률해석에 법원은 구속되지 않는다는 것이 대법원 판례의 입장이다.

> **판례**
>
> **헌법재판소가 법률의 위헌 여부를 판단하기 위하여 한 법률해석에 법원이 구속되는지 여부(소극):** 구체적 분쟁사건의 재판에 즈음하여 법률 또는 법률조항의 의미·내용과 적용범위가 어떠한 것인지를 정하는 권한, 곧 법령의 해석·적용 권한은 사법권의 본질적 내용을 이루는 것이고, 법률이 헌법규범과 조화 되도록 해석하는 것은 법령의 해석·적용상 대원칙이다. 따라서 합헌적 법률해석을 포함하는 법령의 해석·적용 권한은 대법원을 최고법원으로 하는 법원에 전속하는 것이며, 헌법재판소가 법률의 위헌 여부를 판단하기 위하여 불가피하게 법원의 최종적인 법률해석에 앞서 법령을 해석하거나 그 적용 범위를 판단하더라도 헌법재판소의 법률해석에 대법원이나 각급 법원이 구속되는 것은 아니다[대판 2009.2.12, 2004두10289(상속세부과처분무효확인 등)].

비형벌조항에 대해 잠정적용 헌법불합치결정이 선고되었으나 위헌성이 제거된 개선입법이 이루어지지 않은 채 개정시한이 지남으로써 그 법률조항의 효력이 상실되었다고 하더라도 그 효과는 장래에 향해서만 미칠 뿐이고, 당해 사건이라고 하여 이와 달리 취급할 이유는 없다. 한편 비형벌조항에 대한 적용중지 헌법불합치결정이 선고되었으나 위헌성이 제거된 개선입법이 이루어지지 않은 채 개정시한이 지난 때에는 헌법불합치결정 시점과 법률조항의 효력이 상실되는 시점 사이에 아무런 규율도 존재하지 않는 법적 공백을 방지할 필요가 있으므로, 그 법률조항은 헌법불합치결정이 있었던 때로 소급하여 효력을 상실한다. 비형벌조항에 대해 잠정적용 헌법불합치결정이 선고된 경우라도 해당 법률조항의 잠정적용을 명한 부분의 효력이 미치는 사안이 아니라 적용중지 상태에 있는 부분의 효력이 미치는 사안이라면, 그 법률조항 중 적용중지 상태에 있는 부분은 헌법불합치결정이 있었던 때로 소급하여 효력을 상실한다고 보아야 한다(대판 2020.1.30, 2018두49154).

> **판례**
>
> 세무사 자격을 보유하고 있는 변호사 甲이 국세청장에게 세무대리업무등록 갱신을 신청하였으나 국세청장이 세무사법 제6조 제1항, 제20조 제1항에 따라 甲의 신청을 반려하는 처분을 하자, 甲이 처분의 취소를 구하는 소송 계속 중 위 법률조항에 대하여 위헌법률심판제청을 신청하였고 원심법원이 위헌법률심판제청을 하였는데, 헌법재판소가 위 법률조항이 세무사 자격 보유 변호사의 직업선택 자유를 침해한다며 위 법률조항에 대한 헌법불합치를 선언하면서 2019.12.31.을 시한으로 입법자가 개정할 때까지 위 법률조항의 계속 적용을 결정하였으나 국회가 개정시한까지 위 법률조항을 개정하지 않은 사안에서, 헌법재판소가 헌법불합치결정에서 위 법률조항의 계속 적용을 명한 부분의 효력은 일반 세무사의 세무사등록을 계속 허용하는

판례
근거 규정이라는 점에 미치고 이와 달리 위 법률조항 가운데 세무사 자격 보유 변호사의 세무대리를 전면적·일률적으로 금지한 부분은 여전히 적용이 중지되고 개정시한이 지남으로써 헌법불합치결정이 있었던 때로 소급하여 효력을 상실하였으므로 헌법불합치결정을 하게 된 해당 사건에 대해서는 위 법률조항이 그대로 적용될 수 없다는 이유로, 위 법률조항이 적용됨을 전제로 甲의 세무대리업무등록 갱신 신청을 반려한 국세청장의 처분이 위법하다고 한 사례(대판 2020.1.30, 2018두49154[세무대리업무등록취소처분취소등]).

판례색인

대 법 원

기타(고법/지법/행법)

헌법재판소

사항색인

부 록

Ⅰ. 사례형 답안작성방법

　사례형문제의 경우 관련법조문을 제시하여 주는 경우가 있다. 통상 시험용법전에 나오지 않는 법조문을 관련법조문으로 제시해 준다. 관련법조문이라도 시험용법전에 포함된 법률규정은 제시되지 않는 경우가 많다.

　관련법조문은 사례형문제의 해결에서 그 조문의 해석에 관한 학설과 함께 적절하게 근거로 제시되어야 한다.

　사례형문제는 판례를 기초로 만들어지는 경우가 많으므로 평소에 판례를 잘 보아 두어야 한다. 그런데, 사례형문제는 판례에 기초하여 출제되지만 논점을 변형하기도 하고 추가하기도 하므로 선입견을 버리고 사례형문제를 잘 읽고 답하여야 한다.

1. 답안작성의 순서

　사례문제의 답안구성은 '논점의 정리'라는 제목하에 사례의 법적 논점을 개괄적으로 제시하고, 각 논점별로 제목을 달아 관련 법조문의 해석 및 관련 행정법이론을 논하고 사례문제에 적용하여 각 논점별로 해결을 제시하고, 마지막으로 종합적인 문제해결을 제시하는 순서로 행한다. 논점별 해결에 앞서 사례문제의 해결에서 공통되는 중요한 논점(행위의 성질 등 중요한 이론적 문제)은 개별 논점의 검토에 앞서 미리 논하는 것이 적절한 경우도 있다.

2. 논점의 정리

　50점의 사례문제에서 논점의 정리에 대한 배점은 3점 내지 5점인 것이 보통이다. 논점의 정리에서는 사례문제에서 법적으로 논점이 되는 것을 제시하여야 한다. 관련되는 법조문 및 이론과 사례를 관련지어 중요하다고 판단되는 논점을 제시하여야 한다.

3. 논점의 검토(본론)

　관련 법령의 해석이나 행정법이론에 있어 학설의 대립이 있는 경우에는 중요한 학설의 주요내용과 함께 그 논거 및 그에 대한 비판을 논하며 자신의 입장을 표명하는 것이 좋다. 행정법에서는 다른 법에 비하여 이론이 상대적으로 중요하므로 관련 학설을 검토하는 것이 중요하다. 관련 학설의 내용만 간단히 쓰는 경우가 많은데, 이렇게 하면 좋은 점수를 받을 수 없을 것이다. 판례의 입장을 제시하는 것도 필요한데, 사례를 판례 위주로만 풀어서는 안 된다. 학설과 판례는 사례문제의 해결에 필요한 한도 내에서 논하면 충분하다.

논점 및 관련 학설은 시간의 제약을 고려하여 가능한 한 자세히 논하는 것이 좋고, 중요도를 고려하여 균형있게 서술하여야 한다. 또한 최근 채점에서 답안의 논리적 일관성을 중시하는 경향이 있으므로 논리적인 서술이 되도록 하여야 한다.

사례의 해결은 자신이 택한 학설에 따른 해결을 제시하되, 다른 견해에 서는 경우의 해결도 제시해 주는 것이 좋다. 행정법 사례문제에서는 사례의 해결이 특정되지 못하는 경우가 많다. 이 경우에는 경우(예를 들면, 국민의 권익을 침해한 공권력 행사가 위법한 경우와 적법한 경우 또는 조례가 처분인 경우와 처분이 아닌 경우)를 나누어 해결을 제시하여야 한다.

4. 결 론

각 논점별로 해결을 제시하되 결론에서 종합하여 최종적인 해결을 제시하여야 한다. 이 부분을 쓰지 않는 답안이 있는데, 종합해결(결론)에 3점 내지 5점의 배점이 주어지는 것이 보통이므로 종합해결을 반드시 제시하여야 한다. 종합해결에서는 수험생이 지지하는 입장에 서서 일관된 해결이 되도록 하여야 한다.

5. 쟁점제시형(논점제시형) 사례문제의 답안작성

최근 사례형 문제의 출제에 있어서 지문을 나누고, 각 지문에서 쟁점을 좁혀서 묻거나 구체적인 논점을 제시하고 그에 대한 답을 묻는 문제를 출제하며 지문별로 배점을 부여하는 문제가 출제되는 경향이 있다. 지문 중에는 사례해결을 묻는 경우가 많지만, 약술형 문제를 출제하는 경우도 있다. 이 경우에는 채점이 지문별로 행해지므로 지문별로 답안을 작성하여야 한다.

사례형인 경우에는 ① 문제의 소재(쟁점의 정리), ② 쟁점별 이론 및 판례의 검토 및 소결, ③ 사안에의 적용, ④ 사안의 해결 순으로 답안을 작성하면 될 것이다.

6. 권리구제를 묻는 문제의 답안작성

'권리구제'를 묻는 문제에서는 권리구제수단[행정심판, 행정소송, 헌법소원(간단히), 국가배상, 손실보상, 공법상 결과제거청구 등]을 망라하되 중요도에 따라 논의의 정도를 정하여야 하며 논리적 일관성을 유지하여야 한다. 예를 들면, 손해의 원인이 되는 행위가 위법하다고 결론을 내리면서 손실보상을 구제수단으로 열거하는 것은 논리적인 일관성이 없는 답안으로 감점사유가 된다.

손해의 원인이 되는 행위가 위법한지 적법한지가 명확하지 않은 경우에는 위법한 경우와 적법한 경우로 나누어서 구제수단을 제시하여야 하며 그러한 구별없이 손해배상과 손실보상을 구제수단으로 함께 열거하는 것도 타당하지 않다. 따라서, 권리구제수단 상호 간의 관계를 잘 공부해 두어야 할 것이다.

'권리구제수단'이나 '권리구제방법'을 묻는 문제도 많이 출제되는데 이 경우에도 권리구제수단만을 논해서는 안 되며 소송법 및 실체법상 권리구제가 가능한지도 함께 논하여야 한다.

또한, 권리구제를 묻는 문제에서는 집행정지 등 가구제도 함께 논해 주어야 한다.

Ⅱ. 논술형 답안작성방법

문제유형은 논술형, 약술형 또는 사례약술형, 근거제시형, 단답형 등으로 출제될 수 있다. 공인노무사 시험에서는 주로 약술형 또는 사례약술형으로 출제되고 있다.

논술형에서는 중요한 학설의 내용, 논거 및 그에 대한 비판을 가능한 한 자세히 서술하여야 할 것이다. 최소한 주요한 논거 및 그에 대한 비판은 반드시 서술하여야 한다.

논점별로 배점이 주어져 채점되기 때문에 주요한 논점을 모두 제시하고 논점별로 서술하여야 할 것이며 논점별로 균형 있는 답안을 작성하여야 한다.

판례의 입장을 밝히는 것이 필요하나 정확히 소개해야 할 것이다. 그리고, 판례의 문제점을 지적하면 더욱 좋을 것이다.

결론에서는 논술의 요약과 함께 현행제도의 문제점을 지적하고 해결방안(입법론, 발전방향 등)을 제시하면 가점이 될 것이다.

근거제시형에서는 특히 주요 학설 및 판례의 논거와 그에 대한 비판을 자세히 서술하여야 할 것이다.

단답형은 문제에 충실하게 논하여야 할 것이다.

근거제시형이나 단답형은 문제가 특정 주제에 한정되는 경우가 보통인데, 이 경우에도 주제의 의의 등 기초적인 이론을 답의 전제로서 서술하여야 할 것이다.

사례약술형의 경우에는 사례의 해결에 필요한 기초적인 이론을 서술한 후 사례의 해결을 제시하여야 할 것이다.

제1편 행정쟁송 개설

제2편 행정심판

제1장 행정심판의 의의

1. 甲은 태양광발전시설을 설치하기 위해 관할 군수 乙에게 개발행위허가를 신청하였으나 乙은 산림훼손 우려가 있다는 이유로 거부처분을 하였다. 甲은 「민원처리에 관한 법률」제35조에 따라 乙에게 이의신청을 하였다. 乙은 甲의 이의신청을 검토한 후 종전과 동일한 이유로 이의신청을 기각하는 결정을 하였다. 乙의 기각결정을 행정심판의 기각재결로 볼 수 있는지 설명하시오. [공인노무사 제29회(20년), 25점]

> 민원처리에 관한 법률 제35조 ③ 민원인은 제1항에 따른 이의신청 여부와 관계없이 「행정심판법」에 따른 행정심판 또는 「행정소송법」에 따른 행정소송을 제기할 수 있다.

제2장 행정심판의 종류

1. 의무이행심판 [공인노무사 제6회(97년), 25점]

제3장 행정심판의 당사자 및 관계인

1. 행정심판에 있어서 당사자의 절차적 권리 [공인노무사 제7회(98년)]

제4장 행정심판과 행정소송의 관계
제5장 행정심판의 청구

1. 행정심판청구기관 [공인노무사 제8회(99년), 25점]

제6장 행정심판제기의 효과

1. 행정심판의 제기요건에 관하여 논하시오 [공인노무사 제14회(05년), 25점]

2. 행정심판의 대상으로서의 부작위 [공인노무사 제15회(06년), 25점]

제7장 행정심판제기의 효과

제8장 행정심판법상 가구제

1. 취소심판의 재결이 내려지기 이전에 청구인이 제기할 수 있는 행정심판법상의 잠정적인 권리구제수단에 관하여 설명하시오. [공인노무사 제24회(15년), 20점]

제9장 행정심판기관

제10장 행정심판의 심리

제11장 행정심판의 재결

1. 행정심판의 재결을 논하라. [공인노무사 제7회(98년), 50점]

2. 행정심판의 재결의 효력에 관하여 약술하시오. [공인노무사 제12회(03년), 25점]

3. 사정재결에 대해 설명하시오. [공인노무사 제13회(04년), 25점]

4. 행정심판재결의 행정청 및 그 밖의 관계 행정청에 대한 기속력 [공인노무사 제16회(07년), 25점]

5. 행정심판의 재결의 종류에 대해 설명하시오. [공인노무사 제18회(09년), 25점]

6. 서울특별시 X구에 위치한 사설학원에서 대학입학전문상담사로 근무하는 甲은 과학적이고 체계적인 학생입학지도를 위해 「공공기관의 정보공개에 관한 법률」에 따라 교육과학기술부장관 乙에게 학교별 성적분포도를 포함하여 서울지역 2010년 대학수학능력시험 평가 원데이터에 대한 정보(수능시험정보)의 공개를 청구하였다. 이에 대해 乙은 甲의 청구대로 응할 경우 학교의 서열화를 야기할 뿐만 아니라 업무의 공정한 수행에 현저한 지장을 초래한다는 이유로 비공개결정을 하였다. 甲의 권리구제와 관련하여 다음의 질문에 답하시오.(단, 무효확인심판과 무효확인소송은 제외한다.) [2011년 5급공채(일반행정)]

   (3) 만약 甲이 행정심판을 제기한 경우에 행정심판위원회는 어떠한 인용재결을 할 수 있는지 행정심판 유형에 따라 기술하고 이때 행정심판법상 甲의 권리구제수단의 한계에 대해서도 검토하시오. (20점)

7. 취소심판의 재결이 내려지기 이전에 청구인이 제기할 수 있는 행정심판법상의 잠정적인 권리구제수단에 관하여 설명하시오. [공인노무사 제24회(15년), 25점]

8. A 국립대학교 법학전문대학원에 지원한 甲은 A국립대학교총장 (이하 'A대학총장'이라 함)에게 자신의 최종입학점수를 공개해 줄 것을 청구하였으나, A대학총장은 영업비밀임을 이유

로 공개거부결정을 하였다. 甲이 위 결정에 대하여 행정심판을 청구하였고 B행정심판위원회는 이를 취소하는 재결을 내렸다. 그럼에도 불구하고 A대학총장은 위 행정심판위원회의 재결을 따르지 아니하고 甲의 최종입학점수를 공개하지 아니하고 있다. 이에 甲이 행정심판법상 취할 수 있는 실효성확보수단을 설명하시오. [공인노무사 제28회(19년), 25점]

제12장 고지제도

1. 고지제도를 논하라. [공인노무사 제5회(95년), 50점]

2. 행정심판법상 불고지와 오고지의 효과에 관하여 약술하시오. [공인노무사 제12회(03년), 25점]

제13장 특별행정심판

제3편 행정소송법

제1장 행정소송의 의의와 종류

1. 관할 행정청 갑의 어업면허의 유효기간이 만료됨에 따라 동어업면허의 연장을 허가하여 새로이 어업면허를 함에 있어서 관련법령에 따라 면허면적을 종전의 어업면허보다 축소하였다. 갑이 자신의 재산권을 침해하는 면허면적축소와 관련된 법령의 취소를 청구하는 소송을 제기하거나, 어업면허면적을 종전으로 환원하여 주는 처분을 청구하는 행정소송을 제기하는 것이 적법하게 인정될 수 있는가? [공인노무사 제20회(11년), 50점]

2. 甲은 건축법령상 고도제한으로 자기소유의 대지상에 2층건물 밖에 지을 수 없다는 것을 알고 사위(詐僞)의 방법으로 고도기준선을 낮춰 잡아 관할 행정청에 3층 건물에 대한 건축허가를 신청하였다. 이에 위 대지의 북쪽 가옥을 소유하고 있는 乙은 위 건물이 완공될 경우 일조권이 침해되므로 위 건물에 대한 건축허가와 공사를 막고자 한다. 乙의 항고소송상 구제방안을 논하시오. (2002년 사법시험, 50점)

3. 국민건강보험공단은 甲에게 보험료부과처분을 하였고, 甲은 별도의 검토없이 이를 납부하였다. 그러나 甲은 이후 당해 보험료부과처분이 무효임을 알게 되었다. 甲이 이미 납부한 보험료를 돌려받기 위하여 제기할 수 있는 소송의 종류에 대하여 설명하시오. [공인노무사 제26회(17년), 25점]

4. 甲은 부동산의 취득으로 인한 취득세 및 농어촌특별세의 납세의무부존재확인소송을 제기하려고 한다. 이러한 납세의무부존재확인소송의 법적 성질에 관하여 설명하시오. **[공인노무사 제28회(19년), 25점]**

제2장 행정소송의 한계

행정소송에의 한계에 관하여 논하라. [공인노무사 제10회(01년), 1998년 법원행시]

제3장 소송요건
제1절 행정소송의 대상

1. Y구 의회의원 甲은 평소 의원간담회나 각종회의 때 동료의원의 의견을 무시한 채 자기만의 독단적인 발언과 주장으로 회의 분위기를 망치고 Y구 의회는 탄압의회라고 적힌 현수막을 Y구 의회는 탄압의회라고 적힌 현수막을 Y구 청사현관에 부착하고 철야 농성을 하였으며, 만취한 상태에서 공무원의 멱살을 잡는 등 추태를 부려 의원으로서의 품위를 현저히 손상하였다. 이에 Y구 의회는 甲을 의원직에서 제명하는 의결을 하였다. **[2009년 행정고시(재경)]**
   (1) 甲은 위 제명의결에 대하여 행정소송을 제기할 수 있는가? **(10점)**

2. A군(郡)의 주택담당 지방공무원으로 근무하던 甲은 신규아파트가 1동의 건물로 되어 있기 때문에 동별(棟別) 사용승인이 부적합함에도 불구하고 동별 사용승인을 하였다. 이에 A군의 인사위원회는 이러한 사용승인으로 말미암아 민원이 야기됨은 물론, 건축 승인조건인 도로의 기부채납이 지연되거나 이행되지 않을 우려가 있음을 이유로 지방공무원법 제48조 성실의무 위반을 들어 甲을 징계의결하려고 한다. A군의 인사위원회는, 「A군지방공무원징계양정에 관한 규칙」 제2조 제1항 및 [별표 1] '징계양정기준'에 의하여 이 같은 비위사실에 대하여는 견책으로 징계를 하여야 할 것이지만, 동 규칙 제4조 제1항 및 [별표 3] '징계양정감경기준'에 따라 甲에게 표창공적이 있음을 이유로 그 징계를 감경하여 불문으로 하되, 甲에게 경고할 것을 권고하는 의견을 하였고, 이에 따라 A군의 군수는 甲을 '불문경고'에 처하였다. 한편 A군이 소속한 B도(都) 도지사의 「B도지방공무원인사기록및인사사무처리지침」에는 불문경고에 관한 기록은 1년이 경과한 후에 말소되어 또한 불문경고를 받은 자는 각종 표창의 선정대상에서 1년간 제외하도록 규정하고 있다. **[2009년 행정고시(일반행정)]**
   (1) 불문경고의 법적 성질을 검토하시오. **(10점)**

3. 甲은 교육공무원법 제11조의3 및 교육공무원임용령 제5조의2 제1항에 의하여 국립 A대학교 소속 단과대학 조교수로 4년의 기간을 정하여 임용되었다. 甲은 임용기간이 만료되기 4

개월 전 임용기간의 만료 사실과 재임용 심사를 신청할 수 있음을 임용권자로부터 서면으로 통지받았다. 이에 따라 甲은 재임용 심사를 신청하였으나 임용권자는 甲에게 임용기간 만료 2개월 전에 재임용 탈락의 통지를 하였다. 甲은 이 재임용 탈락 통지에 대하여 취소소송을 제기할 수 있는가? (2008년 사법시험, 15점)

4. 甲은 A구(區) 구청장인 乙에게 임야로 되어 있는 자신의 토지 위에 건축을 하기 위해 토지형질변경행위허가를 신청하였다. 이에 乙은 당해 토지의 일부를 대지로 변경하고 그 나머지를 도로로 기부채납 하는 것을 조건으로 토지형질변경행위를 허가하였다. 이에 따라 甲은 건물을 신축하였는데 신축건물이 기부채납 토지 부분을 침범하게 되자 乙은 토지형질변경행위허가를 취소하고, 그 대신에 기부채납 토지부분을 감축하여 주면서 감축된 토지에 대한 감정가액을 납부하도록 하는 내용의 토지형질변경행위의 변경허가를 하였다. 그러나 甲은 감정가액을 납부하지 않고 준공검사를 마치지 못하는 사이에 예규로 설정된 사무처리기준이 변경되어 기부채납을 하도록 하는 의무가 면제되었다. 이에 甲은 금전납부의 부담을 없애 달라는 내용의 토지형질변경행위의 변경행위를 신청하였으나, 乙은 甲이 금전납부의 부담을 이행하지 아니하고 준공검사를 마치지 않았다는 이유를 들어 甲의 신청을 반려하였다.

[2008년 행정고시(일반행정)]

(1) 甲이 금전납부의 부담만을 위법으로 하여 행정소송을 제기할 수 있는 지 검토하시오. (15점)

(2) 乙의 반려행위에 대한 甲의 취소소송 제기가능성을 검토하시오. (15점)

5. X시장은 「개발제한구역의 지정 및 관리에 관한 특별조치법」 제12조 제1항 제1호 마목과 동법 시행령 및 동법 시행규칙의 관련 규정에 의거하여, 개발제한구역 내의 간선도로 중 특정구간에 고시된 선정 기준에 따라 사업자 1인을 선정하여 자동차용 액화석유가스충전소(이하 '가스충전소'라고 한다) 건축을 허가하기로 하는 가스충전소의 배치 계획을 고시하였다. 이에 A와 B는 각자 자신이 고시된 선정 기준에 따른 우선순위자임을 주장하여 가스충전소의 건축을 허가해 줄 것을 신청하였다. 이에 X시장은 각 신청 서류를 검토한 결과 B가 고시된 선정기준에 따른 우선순위자라고 인정하여 B에 대한 가스충전소 건축을 허가하였다.

(2) 만약 A가 X시장의 B에 대한 건축허가처분 취소심판을 제기하여 인용재결이 된 경우, B는 인용재결에 대해 취소소송을 제기할 수 있는가? (2011년 사법시험, 10점)

6. 다음 질문에 답하시오(단, 행정쟁송법과 무관한 노동법적인 쟁점에 대해서는 서술하지 말 것).
[공인노무사 제21회(12년), 50점]

근로자A는 甲노동조합을 조직해서 그 설립신고를 하였으나 乙시장은 "설립신고서에서 근로자가 아닌 구직 중에 있는 자의 가입을 허용하고 있다."(「노동조합 및 노동관계조정법」 제2조 제4호 라목)는 사유로 설립신고서를 반려하였다. 이에 甲노동조합은 취소소송을 제기하고자 하는바, 乙시장의 설립신고서 반려는 취소소송의 대상이 될 수 있는가?

7. A회사의 근로자 甲은 노동조합을 설립하고자 「노동조합 및 노동관계조정법」 제10조에 따라 설립신고를 하였으나, 甲이 설립하려는 노동조합은 경비의 주된 부분을 사용자로부터 원조받는 조직으로, 동법 제2조 제4호에 의해 노동조합으로 보지 아니하는 것이다. 그럼에도 불구하고 관할 행정청은 甲의 조합설립신고를 수리하였고, 이에 A회사는 甲의 조합은 무자격조합임을이유로 신고수리에 대해 취소심판을 제기하였다. 다음 물음에 답하시오. **[공인노무사 제23회(14년), 50점]**

(1) A회사가 제기한 심판청구의 적법성에 관한 법적 쟁점을 설명하시오. **(30점)**

(2) 만약 A회사의 취소심판이 인용되어 취소명령재결이 행해진다면, 甲은 이러한 인용재결에 대해 취소소송으로 다툴 수 있는가? **(20점)**

8. 부작위위법확인소송의 본안판단 요건으로서 부작위의 의의와 성립요건을 설명하시오. **[공인노무사 제23회(14년), 25점]**

9. 甲은 2015. 1. 16. 주택신축을 위하여 개발행위허가를 신청하였다. 이에 관할 행정청 乙은 「국토의 계획 및 이용에 관한 법률」의 규정에 의거하여 "해당 개발행위에 따른 기반시설의 설치나 그에 필요한 용지의 확보계획이 적절하지 않다"라는 사유로 2015. 1. 22. 개발행위불허가 처분을 하였고, 그 다음날 甲은 그 사실을 알게 되었다.

그런데 乙은 위 불허가 처분을 하면서 甲에게 그 처분에 대하여 행정심판을 청구할 수 있는지 여부와 행정심판을 청구하는 경우의 심판청구 절차 및 심판청구기간을 알리지 아니하였다. 甲은 개발행위 불허가 처분에 불복하여 2015.5.7. 행정심판위원회에 취소심판을 청구하였다. 아울러 甲은 적법한 제소요건을 갖추어 취소소송도 제기하였다. **[공인노무사 제24회(15년), 50점]**

(1) 甲의 취소심판은 청구기간이 경과되었는가? **(20점)**

(2) 乙은 취소소송의 계속 중 "국토 및 자연의 유지와 환경보전 등 중대한 공익상의 필요가 있고 주변 환경이나 경관과 조화를 이루지 못 한다"라는 처분사유를 새로이 추가할 수 있는가? **(30점)**

10. 다음 질문에 답하시오. **[공인노무사 제25회(16년), 50점]**

(단, 행정쟁송법과 무관한 노동법적인 쟁점에 대해서는 서술하지 말 것.)

(1) A회사에 근무하는 근로자 甲은 사용자와의 임금인상에 관한 문제를 해결하고 근로조건

의 개선을 도모하고자 A회사에 노동조합을 조직하고 관할시장 乙에게 설립신고서를 제출하였다. 이에 관할시장 乙은 A회사 노동조합 설립신고서에는 'A회사로부터 해고되어 노동위원회에 부당노동행위의 구제신청을 하고 중앙노동위원회의 재심판정이 있기 전의 자'를 조합원으로 가입시킬 수 있다고 명시되어 있고, 이는 「노동조합 및 노동관계조정법」 제2조제4호 라목의 '근로자가 아닌 자의 가입을 허용하는 경우'에 해당한다는 이유로 甲의 설립신고서를 반려하였다. 관할 시장 乙의 설립신고서 반려행위에 대하여, 취소소송을 통한 권리구제 방안을 논하시오. (35점)

(2) 취소소송의 인용판결 확정으로 A회사노동조합은 적법하게 설립신고를 완료하였다. 이후 A회사 사용자는 임금인상을 요구하는 근로자 丙에 대하여 업무정지를 명하고, 수일 후에 해고를 명하였다. A회사노동조합은 이에 대해 관할 지방노동위원회에 구제신청을 하였다. 관할 지방노동위원회는 A회사에게 "丙을 원직에 복직시키고 업무정지 및 해고기간 동안 정상적으로 근무하였다면 받을 수 있었던 임금상당액을 지급하라"는 구제명령을 내렸다. A회사는 丙에 대한 업무정지 및 해고는 정당하고 임금상당액도 지급할 의무가 없다는 취지로 중앙노동위원회에 재심을 신청하였다. 이에 대해 중앙노동위원회는 "해고는 부당노동행위에 해당하나 업무정지는 부당노동행위에 해당하지 않으며, A회사는 해고기간 동안의 임금상당액만을 지급하라"는 재심판정을 하였다. 이 때 A회사가 취소소송을 제기하는 경우 취소소송의 대상은? (15점)

11. 건설회사에 근무하는 甲은 건설현장 불법행위 단속을 나온 공무원 乙의 중과실로 인하여 공사현장에서 업무 중 골절 등 산재사고로 인한 상해를 입었고, 이를 이유로 2014년 2월경 근로복지공단으로부터 휴업급여와 장해급여 등을 지급받았다. 그런데 이후 甲이 회사가 가입하고 있던 보험회사로부터 별도로 징해보상금을 지급받자 근로복지공단은 甲이 이중으로 보상받았음을 이유로 2016년 3월경 이미 지급된 급여의 일부에 대한 징수결정을 하고 이를 甲에게 고지하였다. 그러나 甲이 이 같은 징수결정에 대해서 민원을 제기하자 2016년 11월경 당초의 징수결정 금액의 일부를 감액하는 처분을 하였는데, 그 처분 고지서에는 "이의가 있는 경우 행정심판법 제27조의 규정에 의한 기간 내에 행정심판을 청구하거나 행정소송법 제20조의 규정에 의한 기간 내에 행정소송을 제기할 수 있습니다."라고 기재되어 있었다.

한편 공무원 乙은 공직기강확립 감찰기간 중 중과실로 甲에 대한 산재사고를 야기하였음을 이유로 해임처분을 받자 이에 대해서 소청심사를 거쳐 취소소송을 제기하였다. 다음 물음에 답하시오. [공인노무사 제26회(17년), 50점]

(1) 甲은 감액처분에 불복하여 행정심판을 청구하였고 각하재결을 받은 후 재결서를 송달

받은 즉시 2017년 5월경 근로복지공단을 상대로 위 감액처분의 취소를 구하는 행정소송을 제기하였다. 이 경우 당해 취소소송의 적법 여부를 검토하시오. **(25점)**

(2) 해임처분취소소송의 계속 중 乙이 정년에 이르게 된 경우, 乙에게 해임처분의 취소를 구할 법률상 이익이 인정되는지 여부를 검토하시오. **(25점)**

12. 행정심판 재결이 취소소송의 대상이 되는 경우를 설명하시오. **[공인노무사 제26회(17년), 25점]**

13. 甲은 2018.11.1.부터 A시 소재의 3층 건물의 1층에서 일반음식점을 운영해 왔는데, 관할 행정청인 A시의 시장 乙은 2019.12.26. 甲이 접대부를 고용하여 영업을 했다는 이유로 甲에 대하여 3월의 영업정지처분을 하였다. 이에 대하여 甲은 문제가 된 여성은 접대부가 아니라 일반 종업원이라는 점을 주장하면서 3월의 영업정지처분의 취소를 구하는 행정심판을 청구했다. 관할 행정심판위원회는 2020.3.6. 甲에 대한 3월의 영업정지처분을 1월의 영업정지처분으로 변경하라는 일부인용재결을 하였고, 2020.3.10. 그 재결서 정본이 甲에게 도달하였다. 乙은 행정심판위원회의 재결내용에 따라 2020.3.17. 甲에 대하여 1월의 영업정지처분을 하였고, 향후 같은 위반사유로 제재처분을 받을 경우 식품위생법 시행규칙 별표의 행정처분기준에 따라 가중적 제재처분이 내려진다는 점까지 乙은 甲에게 안내했다. 행정심판을 통해서 구제를 받지 못했다고 생각한 甲은 2020.6.15. 취소소송을 제기하고자 한다. 다음 물음에 답하시오. **[공인노무사 제29회(20년), 50점]**

물음 1) 甲이 제기하는 취소소송의 대상적격, 피고적격, 제소기간에 대하여 논하시오. **(30점)**

물음 2) 甲은 乙의 영업정지처분 1월이 경과한 후에도 그 처분의 취소를 구할 소의 이익이 있는지 논하시오. **(20점)**

14. A시 시장인 乙은 甲이 A시에서 진행하고 있는 공사가 관련 법령을 위반하였다는 이유로 해당 공사를 중지하는 명령을 하였다. 甲은 그 명령 이후에 그 원인사유가 소멸하였음을 들어 乙에 대하여 공사중지명령의 철회를 신청하였다. 그러나 乙은 그 원인사유가 소멸되지 않았다고 판단하여 甲의 신청에 대하여 아무런 응답을 하지 않고 있다. 乙의 행위가 위법한 부작위에 해당하는지에 대하여 설명하시오. **[공인노무사 제29회(20년), 25점]**

15. X시장의 환지예정지지정처분(이하 '이 사건 처분'이라 함)으로 불이익을 입은 甲은 이 사건 처분이 위법하다는 이유로 취소심판을 청구하였고 행정심판위원회는 처분의 위법을 인정하였다. 다만 행정심판위원회는 이 사건 처분이 취소될 경우 다수의 이해관계인에 대한 환지예정지지정처분까지도 변경됨으로써 기존의 사실관계가 뒤집어지고 새로운 사실관계가 형성되는 혼란이 발생할 수 있다는 이유로 이 사건 처분을 취소하는 것이 공공복리에 크게

위배된다고 인정하여 위 심판청구를 기각하는 재결을 하였다. 甲이 이에 불복하여 취소소송을 제기할 경우 그 대상에 대하여 설명하시오. **[공인노무사 제30회(21년), 25점]**

제2절 원고적격

1. 甲은 건축법령상 고도제한으로 자기 소유의 대지상에 2층 건물 밖에 지을 수 없다는 것을 알고 사위(詐僞)의 방법으로 고도기준선을 낮춰 잡아 관할 행정청에 3층 건물에 대한 건축 허가를 신청하였다. 이에 위 대지의 바로 북쪽에 가옥을 소유하고 있는 乙은 위 건물이 완공 될 경우 일조권이 침해되므로 위 건물에 대한 건축허가와 공사를 막고자 한다. 乙이 그 구제 방법으로 생각할 수 있는 항고고송에는 어떤 것이 있으며 그러한 항고소송이 현행법상 허용 되는지 여부를 아래 단계별로 논하시오. **(2002년 사법시험, 50점)**

   나. 甲이 신청한 대로 건축허가가 나온 단계

2. A시와 B시 구간의 시외버스 운송사업을 하고 있는 甲은 최근 자가용의 이용 급증 등으로 시외버스 운송사업을 하는데 상당한 어려움에 처해 있다. 그런데 관할행정청 X는 甲이 운 영하는 노선에 대해 인근에서 대규모 운송사업을 하고 있던 乙에게 새로이 시외버스 운송사 업면허를 하였다. 甲은 X의 乙에 대한 시외버스 운송사업면허에 대하여 행정소송을 제기할 수 있는가? **[2009년 행정고시(재경), 15점]**

3. 甲은 乙이 대표이사로 있는 A운수주식회사에서 운전기사로 근무하고 있는데, A회사의 노 사간에 체결된 임금협정에는 운전기사의 법령위반행위로 회사에 과징금이 부과되면 추후 당해 운전기사에 대한 상여금 지급시 그 과징금 상당액을 공제하기로 하는 내용이 포함되 어 있다. 다음 질문에 답하시오.

   (1) 甲의 법령위반행위로 인하여 A회사에 과징금이 부과된 경우, A회사에 갈음하여 대표이 사인 乙이 스스로 당해 과징금 부과처분에 대한 취소소송을 제기한다면 이 소송은 적법 한가? 또한 乙이 甲의 법령위반행위로 인한 과징금의 액수가 과다하지만 그 액수만큼 甲 에 대한 상여금에서 공제할 수 있어 회사에 실질적인 손해가 없다고 생각하여 과징금부 과처분에 대한 취소소송의 제기에 적극적인 태도를 보이지 않는 경우, 甲이 당해 과징금 부과처분에 대한 취소소송을 제기한다면 이 소송은 적법한가? **[공인노무사 제22회(13년), 30점]**

4. 취소소송에서 원고적격의 확대와 관련하여 이른바 제3자효 행정행위의 원고적격에 대해 설명하시오. **[공인노무사 제25회(16년), 50점]**

제3절 협의의 소의 이익

1. 甲은 일반음식점을 경영하는 자로서 식품위생법 위반으로 인하여 2월의 영업정지처분을 받았다. 영업정지기간이 경과한 후 甲은 식품위생법시행규칙에 2회 이상 법규위반에 대한 가중적 제재규정이 있어 불이익을 받을 우려가 있다는 이유를 들어 당해 처분에 대한 취소소송을 제기하였다. 위 취소소송의 적법 여부를 논하시오. (2003년 사법시험, 25점)

2. Y구 의회의원 甲은 평소 의원간담회나 각종 회의 때 동료의원의 의견을 무시한 채 자기만의 단독적인 발언과 주장으로 회의 분위기를 망치고, 'Y구 의회는 탄압의회'라고 적힌 현수막을 Y구 청사현관에 부착하고 홀로 철야농성을 하였으며, 만취한 상태에서 공무원의 멱살을 잡는 등 추태를 부려 의원으로서 품위를 현저히 손상하였다. 이에 Y구 의회는 甲을 의원직에서 제명하는 의결을 하였다.
   만일 법원이 甲의 취소소송을 받아들여 소속의 계속 중 甲의 임기가 만료되었다면, 수소법원은 어떠한 판결을 하여야 하는가? [2009년 행정고시(재경), 10점]

제4절 피고적격이 있는 자를 피고로 할 것
제5절 제소기간

1. 행정소송의 제소기간에 대하여 약술하라. [공인노무사 제12회(03년), 25점]

제6절 행정심판전치주의

1. 행정심판전치주의에 대하여 논하라. [공인노무사 제4회(93년), 50점]

제7절 관할법원

제4장 행정소송에서의 가구제

1. B시 도시가스사업 허가를 받아 경영하던 中 부관에서 정한 기간이 만료되자 갱신허가를 신청하였으나 거부되었다. B는 이 거부처분에 대해 행정쟁송을 제기하면서 집행정지신청을 할 수 있는가? [2007년 행정고시(일반행정), 30점]

2. 서울특별시 X구에 위치한 대학입학전문상담사로 근무하는 甲은 과학적이고 체계적인 학생 입학지도를 위해 「공공기관의 정보공개에 관한 법률」에 따라 교육과학기술부장관 乙에게 학교별 성적분포도를 포함하여 서울지역 2010년 대학수학능력시험 평가 원데이터에 대한 정보(수능시험정보)의 공개를 청구하였다. 이에 대해 乙은 甲의 청구대로 응할 경우 학교의

서열화를 야기할 뿐만 아니라 업무의 공정한 수행에 현저한 지장을 초래한다는 이유로 비공개결정을 하였다. 甲의 권리구제와 관련하여 다음의 질문에 답하시오.(단, 무효확인심판과 무효확인소송은 제외한다.) [2011년 행정고시(일반행정)]

  (1) 甲이 형행 행정쟁송법상 권리구제와 수단으로 선택할 수 있는 방식에 대하여 기술하시오. (10점)

3. 행정소송법상 집행정지의 요건을 설명하시오. [공인노무사 제21회(12년), 25점]

제5장 행정소송의 심리

1. A고등학교 교장인 甲은 소속 교사인 乙의 행실이 못마땅하고, 그 소속 단체인 교사 연구회에 대하여도 반감을 가지고 있던 중에 乙이 신청한 A학교시설의 개방 및 그 이용을 거부하였다. 그러자 평소 甲의 학교운영에 불만을 품고 있던 乙은 학교장 甲의 업무추진비 세부항목별 집행내역 및 그에 관한 증빙서류에 대하여 정보공개를 청구하였다. 이에 甲은 청구된 정보의 내용 중에는 개인의 사생활 비밀 또는 자유를 침해할 우려가 있는 정보가 포함되어 있다는 것을 이유로 乙의 청구에 대하여 비공개 결정하였다. 甲의 비공개결정에 대하여 乙이 취소소송을 제기하여 다투고 있던 중, 甲은 위 사유 이외에 학교장의 업무추진비에 관한 정보 중에는 법인·단체의 경영상의 비밀이 포함되어 있다는 것을 비공개결정 사유로 추가하려고 한다. 그 허용 어부에 대하여 검토하시오. [2009년 행정고시(일반행정), 15점]

2. 甲은 정당한 이유 없이 계약을 이행하지 않았음을 이유로 입찰 참가자격 제한처분을 받았다. 이에 대해 甲이 취소소송으로 다투던 중 처분청은 당초 처분사유 외에 위 계약 당시 관계 공무원에게 뇌물을 준 사실을 처분사유로 추가하였다. 처분청의 행위는 소송상 허용되는가? [공인노무사 제20회(11년), 25점]

3. 취소소송의 입증책임 [공인노무사 제8회(99년), 25점]

4. 다음 질문에 답하시오(단, 행정쟁송법과 무관한 노동법적인 쟁점에 대해서는 서술하지 말 것). [공인노무사 제11회(12년)]

  (1) 근로자A는 甲노동조합을 조직해서 그 설립신고를 하였으나 乙시장은 "설립신고서에서 근로자가 아닌 구직 중에 있는 자의 가입을 허용하고 있다."(「노동조합 및 노동관계조정법」 제2조 제4호 라목)는 사유로 설립신고서를 반려하였다. 이에 甲노동조합은 취소소송을 제기하고자 하였다. 취소소송의 관할법원은 "구직 중에 있는 자도 「노동조합 및 노동관계조정법」상 근로자의 지위를 가지고 노동조합에 가입할 수 있다."는 이유로 乙시장의 설

립신고서 반려를 취소하였고 그 판결은 확정되었다. 그러나 乙시장은 또 다시 설립신고서를 반려하면서, "주로 정치운동을 목적으로 하는 경우"(「노동조합 및 노동관계조정법」 제2조 제4호 마목)에 해당함을 그 사유로 제시하였다. 이에 甲노동조합은 다시 취소소송을 제기하고자 하는바, 그 청구는 본안에서 인용될 수 있는가? (25점)

5. 甲은 2015. 1. 16. 주택신축을 위하여 개발행위허가를 신청하였다. 이에 관할 행정청 乙은 「국토의 계획 및 이용에 관한 법률」의 규정에 의거하여 "해당 개발행위에 따른 기반시설의 설치나 그에 필요한 용지의 확보계획이 적절하지 않다"라는 사유로 2015. 1. 22. 개발행위 불허가처분을 하였고, 그 다음날 甲은 그 사실을 알게 되었다.

그런데 乙은 위 불허가 처분을 하면서 갑에게 그 처분에 대하여 행정심판을 청구할 수 있는지 여부와 행정심판을 청구하는 경우의 심판청구 절차 및 심판청구기간을 알리지 아니하였다. 甲은 개발행위 불허가 처분에 불복하여 2015. 5. 7. 행정심판위원회에 취소심판을 청구하였다. 아울러 甲은 적법한 제소요건을 갖추어 취소소송도 제기하였다. [공인노무사 제24회 (15년), 50점]

 (1) 甲의 취소심판은 청구기간이 경과되었는가? (20점)

 (2) 乙은 취소소송의 계속 중 "국토 및 자연의 유지와 환경보전 등 중대한 공익상의 필요가 있고 주변 환경이나 경관과 조화를 이루지 못 한다"라는 처분사유를 새로이 추가할 수 있는가? (30점)

6. 사업자 甲은 위법을 이유로 행정청으로부터 2개월 영업정지처분을 받았다. 이에 대한 甲의 처분취소소송과 그 처분으로 인한 영업 손해에 대한 국가배상청구소송이 병합될 수 있는지 설명하시오. [공인노무사 제24회(15년), 25점]

7. 중기계를 생산하는 제조회사에 근무하는 甲은 골절 등의 업무상 사고로 인하여 ㄱ상해를 입었음을 이유로 근로복지공단으로부터 휴업급여와 장해급여 등의 지급결정을 받았다. 그 후 근로복지공단은 甲이 실제 상해를 입지 않았음에도 허위로 지급신청서를 작성하여 급여지급결정을 받은 사실을 들어 甲에 대한 급여지급결정을 취소하였고, 甲은 급여지급결정의 취소처분서를 2021. 1. 7. 직접 수령하였다. 이와 함께 근로복지공단은 이미 甲에게 위 급여지급결정 취소처분이 위법함을 이유로 2021. 5. 7. 급여지급결정 취소처분에 대한 무효확인소송을 제기하였다. 다음 물음에 답하시오. (단. 각 물음은 상호 관련성이 없는 별개의 문항임) [공인노무사 제30회(21년), 50점]

 (1) 위 무효확인소송에서 급여지급결정 취소처분이 무효라는 점에 대한 입증책임은 누가 부담하는가? (10점)

(2) 위 무효확인소송의 계속 중 甲은 추가적으로 급여지급결정 취소처분의 취소를 구하는 소를 병합하여 제기할 수 있는가? (20점)

(3) 위 무효확인소송에서 기각판결이 확정된 후 甲이 급여지급결정 취소처분의 '법령 위반'을 이유로 국가배상청구소송을 제기한 경우, 무효확인소송의 기각판결의 효력과 관련하여 국가배상청구소송의 수소법원은 급여지급결정 취소처분의 '법령 위반'을 인정할 수 있는가? (20점)

> 「국가배상법」 제2조(배상책임) ① 국가나 지방자치단체는 공무원 또는 공무를 위탁받은 사인(이하 "공무원"이라 한다)이 직무를 집행하면서 고의 또는 과실로 법령을 위반하여 타인에게 손해를 입히거나, 「자동차손해배상 보장법」에 따라 손해배상의 책임이 있을 때에는 이 법에 따라 그 손해를 배상하여야 한다. 다만, 군인·군무원·경찰공무원 또는 예비군대원이 전투·훈련 등 직무 집행과 관련하여 전사(戰死)·순직(殉職)하거나 공상(公傷)을 입은 경우에 본인이나 그 유족이 다른 법령에 따라 재해보상금·유족연금·상이연금 등의 보상을 지급받을 수 있을 때에는 이 법 및 「민법」에 따른 손해배상을 청구할 수 없다.

8. 국가공무원 甲은 업무시간 중 민원인으로부터 골프접대 등의 뇌물을 수수하였다는 이유로 징계권자로부터 해임의 징계처분을 받고, 그 징계처분에 대하여 소청심사를 거쳐 취소소송을 제기하였다. 피고 행정청은 취소소송의 계속 중 甲이 뇌물수수 뿐만 아니라 업무시간 중 골프접대를 받는 등 직무를 태만히 한 것도 징계사유의 하나라고 소송절차에서 주장하였다. 이러한 피고의 주장이 허용되는지 설명하시오. [공인노무사 제30회(21년), 25점]

> 「국가공무원법」 제78조(징계 사유) ① 공무원이 다음 각 호의 어느 하나에 해당하면 징계 의결을 요구하여야 하고 그 징계 의결의 결과에 따라 징계처분을 하여야 한다.
> 1. 이 법 및 이 법에 따른 명령을 위반한 경우
> 2. 직무상의 의무(다른 법령에서 공무원의 신분으로 인하여 부과된 의무를 포함한다)를 위반하거나 직무를 태만히 한 때
> 3. 직무의 내외를 불문하고 그 체면 또는 위신을 손상하는 행위를 한 때

제6장 행정소송의 판결

1. A시와 B시 구간의 시외버스 운송사업을 하고 있는 甲은 최근 자가용 이용의 급증 등으로 시외버스 운송사업을 하는데 상당한 어려움에 처해 있다. 그런데 관할행정청 X는 甲이 운영하는 노선에 대해 인근에서 대규모 운송사업을 하고 있던 乙에게 새로이 시외버스 운성사업면허를 하였다. **[2009년 행정고시(재경)]**

    (2) 법원은 X의 乙에 대한 시외버스 운송사업면허처분에 위법사유가 발견되어 甲의 행정소송을 인용하고 乙에 대한 시외버스 운성사업면허처분을 취소하고자 한다. 그러나 이미 많은 시민들이 乙이 운영하는 버스를 이용하고 있다는 이유로 면허취소판결을 하지 아니할 수 있는가? **(10점)**

2. 甲은 숙박시설을 경영하기 위하여 「건축법」 등 관계 법령이 정하는 요건을 구비하여 관할 A시 시장 乙에게 건축허가를 신청하였다. 그러나 시장 乙은 「건축법」 제11조 제4항에 따라 해당 숙박시설의 규모나 형태 등이 주거환경이나 교육환경 등 주변 환경을 고려할 때 부적합하다는 이유로 건축허가를 거부하였고, 甲은 이에 대해 건축허가거부처분취소소송을 제기하였다. 甲의 취소소송은 인용되었으나, 동 소송의 계속 중 A시 건축조례가 개정되어 건축허가요건으로 「건축법」 제49조 등 건축법령의 규정보다 강화된 피난시설의 구비를 요구하게 되었으며, 甲이 허가 신청한 건축물은 현재에도 여전히 이를 구비하지 못한 상태이다. 이 경우 시장 乙은 위 취소소송의 인용판결에도 불구하고 강화된 피난시설요건의 미비를 이유로 甲에게 재차 건축허가거부처분을 할 수 있는가?(단, A시 개정건축조례가 적법함을 전제로 함) **[2010년 행정고시(일반행정), 20점]**

3. 서울특별시 X지구에 위치한 사설학원에서 대학입학전문상담사로 근무하는 甲은 과학적이고 체계적인 학생입학지도를 위해 '공공기관의 정보공개에 관한 법률'에 따라 교육과학기술부장관 乙에게 학교별 성적분포도를 포함하여 서울지역 2010년 대학수학능력시험 평가 원데이터에 대한 정보(수능시험정보)의 공개를 청구하였다. 이에 대해 乙은 甲의 청구대로 응할 경우 학교의 서열화를 야기할 뿐만 아니라 업무의 공정한 수행에 현지힌 지장을 초래한다는 이유로 비공개결정을 하였다. 甲의 권리구제와 관련하여 다음의 질문에 답하시오.(단, 무효확인심판과 무효확인소송은 제외한다.)

    (4) 만약 甲이 취소소송을 제기하여 인용판결이 확정되었음에도 불구하고 乙이 계속 정보를 공개하지 않을 경우 甲의 권리구제를 위한 행정소송법상 실효성 확보수단과 그 요건 및 성질에 대해 기술하시오. **[2011년 5급공채(일반행정), 10점]**

4. A시는 택지개발사업을 위해 관련 법령에 따른 절차를 거쳐 甲소유의 토지 등을 취득하고자

甲과 보상에 관하여 협의하였으나 협의가 성립되지 않았다. 이에 A시는 관할 토지수용위원회에 재결을 신청하여 "A시는 甲의 토지를 수용하고, 甲은 그 지상 공작물을 이전한다. A시는 甲에게 보상금으로 1억원을 지급한다"라는 취지의 재결을 받았다. 그러나 甲은 보상금이 너무 적다는 이유로 보상금 수령을 거절하였다. 그러자 A시는 보상금을 공탁하였고, A시장은 甲에게 보상 절차가 완료되었음을 이유로 위 토지 상의 공작물을 이전하고 토지를 인도하라고 명하였다. 甲이 위 명령에 대해 관할 행정법원에 취소소송을 제기하여 청구기각판결을 받아 그 판결이 확정되었더라도 甲은 후소인 국가배상청구소송에서 위 명령의 위법을 주장할 수 있는가? **(2010년 사법시험, 10점)**

5. X시장은 「개발제한구역의 지정 및 관리에 관한 특별조치법」 제12조 제1항 제1호 마목과 동법 시행령 및 동법 시행규칙의 관련 규정에 의거하여, 개발제한구역 내의 간선도로 중 특정구간에 고시된 선정 기준에 따라 사업자 1인을 선정하여 자동차용 액화석유가스충전소 (이하 '가스충전소'라고 한다) 건축을 허가하기로 하는 가스충전소의 배치 계획을 고시하였다. 이에 A와 B는 각자 자신이 고시된 선정 기준에 따른 우선순위자임을 주장하여 가스충전소의 건축을 허가해 줄 것을 신청하였다. 이에 X시장은 각 신청 서류를 검토한 결과 B가 고시된 선정기준에 따른 우선순위자라고 인정하여 B에 대한 가스충전소 건축을 허가하였다. **(2011년 사법시험)**

(3) A가 X시장의 처분에 불복하여 소송을 제기하였을 경우, B는 이에 대응하여 행정소송법 상 어떤 방법(B가 아무런 조치를 취하지 못하는 사이 A가 제기한 위 소송에서 A가 승소하여 그 판결이 확정된 경우를 포함한다)을 강구할 수 있는가? **(15점)**

6. 甲은 乙이 대표이사로 있는 A운수주식회사에서 운전기사로 근무하고 있는데, A회사의 노사간에 체결된 임금협정에는 운전기사의 법령위반행위로 회사에 과징금이 부과되면 추후 당해 운전기사에 대한 상여금 지급시 그 과징금 상당액을 공제하기로 하는 내용이 포함되어 있다. 다음 질문에 답하시오. **[공인노무사 제22회(13년)]**

(2) 과징금부과처분에 대한 취소소송에서 법원이 A회사에 대한 과징금의 금액이 지나치게 과다하다고 판단할 경우, 법원은 적정하다고 판단하는 한도 내에서 과징금부과처분의 일부를 취소할 수 있는가? **(20점)**

7. 거부처분에 대한 의무이행재결 또는 취소판결이 확정되었음에도 불구하고 행정청이 그 재결 또는 판결의 취지에 따른 처분을 하지 아니 하는 경우, 당해 재결 또는 판결의 실효성 확보 방안에 관하여 서술하시오. **[공인노무사 제22회(13년), 25점]**

8. 종국판결에 의하지 않은 취소소송의 종료에 관하여 설명하시오. **[공인노무사 제22회(13년), 25점]**

9. 이행재결의 기속력 확보수단으로서의 직접처분을 설명하시오. **[공인노무사 제23회(14년), 25점]**

10. 항고소송에 있어서의 사정판결에 관하여 설명하시오. **[공인노무사 제24회(15년), 20점]**

11. 甲회사는 대형할인점 건물을 신축하기 위한 건축허가 신청을 하였다가 행정청으로부터 거부처분을 받자 그 거부처분의 취소를 구하는 소송을 제기하여 승소하고 그 판결이 확정되었다. 그 이후 甲회사의 대형할인점 건물부지 인근에서 고등학교를 운영하는 학교법인 乙이 위 판결에 대하여 재심을 청구하였다. 이 청구는 적법한가? **[공인노무사 제25회(16년), 25점]**

12. [문제 1] 甲은 A국 국적으로 대한민국에서 취업하고자 관련법령에 따라 2009년 4월경 취업비자를 받아 대한민국에 입국하였고, 2010년 4월 체류기간이 만료되었다. 乙은 같은 A국 출신으로, 대한민국 국적 남성과 혼인하고 2015년 12월 귀화하였으나, 2016년 10월 협의이혼 하였다. 이후 甲은 2017년 7월 乙과 혼인신고를 하고, 2017년 8월 관할행정청인 X에게 대한민국 국민의 배우자(F-6-1)자격으로 체류자격 변경허가 신청을 하였다. 그러나 甲은 당시 7년여의 '불법체류'를 하고 있음이 적발되었고, 이는 관련법령 및 사무처리지침(이하 '지침 등'이라 함)상 허가요건 중 하나인 '국내합법체류자' 요건을 결여하게 되어 X는 2017년 8월 甲의 신청을 반려하는 처분을 하였다. 한편 甲과 乙은 최근 자녀를 출산하였다. 甲은 위 허가를 받지 못하면 당장 A국으로 출국하여야 하고, 자녀 양육에 어려움을 겪는 등 가정이 파탄될 위험이 생기므로 위 반려처분은 위법하다고 주장한다. **[공인노무사 제27회(18년), 50점]**

물음 (1) 만일, 甲이 X의 반려처분에 불복하여 행정심판을 제기함과 동시에 임시처분을 신청하는 경우, 임시처분의 인용가능성에 관하여 논하시오. **(20점)**

물음 (2) 위 반려처분에 대하여 甲이 취소소송을 제기하여 승소판결이 확정되었다. 그러나 X는 위 '지침 등'에 따른 체류자격 변경허가를 위한 또 다른 요건중의 하나인 '배우자가 국적을 취득한 후 3년 이상일 것'을 충족하지 못한다는 것을 이유로 다시 체류자격 변경허가를 거부하고자 한다. 이 거부처분이 적법한지에 관하여 논하시오. **(30점)**

[문제 2] 건축사업자 甲은 X시장으로부터 건축허가를 받아 건물의 신축공사를 진행하던 중 건축법령상의 의무위반을 이유로 X시장으로부터 공사중지명령을 받았다. 甲은 해당법

령의무위반을 하지 않았다고 판단하고, 공사중지명령처분은 위법하다고 주장하며 공사중지명령처분의 무효확인소송을 제기하였다. 법원은 사건의 심리결과 해당 처분에 '중대한' 위법이 있음이 인정되지만 '명백한' 위법은 아닌 것으로 판단하였다. 법원은 어떠한 판결을 내려야 하는지 설명하시오. (25점)

박 균 성

저자 약력

서울대학교 법과대학 졸업, 서울대학교 법과대학 법학석사

프랑스 엑스-마르세이유대학 법학박사

프랑스 엑스-마르세이유대학 초청교수(Professeur invité)

단국대학교 법학대학 교수, 서울대학교·사법연수원 강사

한국공법학회 학술장려상 수상(1996. 6), 2018년 「법의 날」 황조근정훈장 수훈

세계인명사전 마르퀴즈 후즈후 등재(2007. 11), 한국법학교수회 회장

국무총리 행정심판위원회 위원, 중앙행정심판위원회 위원

법원행정처 행정소송법개정위원회 위원, 헌법재판소법 개정위원회 자문위원

한국법제연구원 자문위원, 법제처 행정심판법개정심의위원회 위원

법제처 법령해석심의위원회 위원, 감사원 정책자문위원, 법무부 정책위원회 위원

민주화운동관련자 명예회복 및 보상심의위원회 위원(대법원장 추천)

사학분쟁조정위원회 위원(대법원장 추천), 국민권익위원회 자체평가위원

경제·인문사회연구회 기획평가위원회 위원, 중앙토지수용위원회 위원

한국공법학회 회장, 한국인터넷법학회 회장, 입법이론실무학회 회장

한국토지보상법연구회 부회장, 한국토지공법학회 부회장

사법시험, 행정고시, 입법고시, 변호사시험, 공무원시험, 승진시험, 외무고시, 변리사,

기술고시, 감정평가사, 관세사, 세무사 등 시험위원

現 경희대학교 법학전문대학원 교수

　　한국공법학회 고문

　　한국행정법학회 법정이사

　　한국토지보상법연구회 회장

저　　서

『행정법론(상)』(제20판), 박영사, 2021.

『행정법론(하)』(제19판), 박영사, 2021.

『행정법강의』(제18판), 박영사, 2021.

『행정법기본강의』(제13판), 박영사, 2021.

『행정법입문』(제8판), 박영사, 2021.

『행정법연습』(제5판), 삼조사, 2015.

『박균성 교수의 경세치국론』, 박영북스, 2012.

종합행정법 기본서(공저), 박영사, 2021.9.(예정)

종합행정법총론 객관식 9급(공저), 박영사, 2021.9.(예정)

종합행정법총론 객관식 7급(공저), 박영사, 2021.12.(예정)

종합행정법각론 객관식(공저), 박영사, 2021.12.(예정)

공인노무사
행정쟁송법

초 판 발 행　　2011년　9월 15일
전면개정판발행　　2012년 10월　5일
전면개정제2판발행　　2014년　1월 20일
전면개정제3판발행　　2015년　1월　5일
전면개정제4판발행　　2016년　7월 25일
전면개정제5판발행　　2018년　3월 12일
전면개정제6판발행　　2019년 10월　4일
전면개정제7판발행　　2020년　8월 25일
전면개정제8판발행　　2021년　9월　1일

저　　　　　자　박 균 성
발　　행　　인　정 상 훈
디　　지　　인　신 아 름
발　　행　　처　고시계사

서울특별시 관악구 봉천로 472
코업레지던스 B1층 102호 고시계사

대 표 817-2400　　팩 스 817-8998
考試界·고시계사·미디어북 817-0418~9
www.gosi-law.com
E-mail : goshigye@chollian.net

파본은 바꿔드립니다. 본서의 무단복제행위를 금합니다.

정가 40,000원　　ISBN 978-89-5822-606-2　93360

법치주의의 길잡이 66년 月刊 考試界